룰루 E. 프라이 서신 자료집

이화 창립 150주년 기념 총서 1

룰루 E. 프라이 서신 자료집

Lulu E. Frey

이화역사관 엮음
정덕애·최주리 옮김

이화여자대학교출판문화원

간행사

이화 창립 150주년을 향해 힘찬 도약을 준비하는 시점에서 『룰루 E. 프라이 서신 자료집』을 간행하게 된 것을 진심으로 축하합니다.

1886년 한국 최초의 여성 교육기관으로 시작한 이화는 지난 139년 동안 진리의 불빛으로 세상을 밝히는 지성의 전당으로, 시대와 사회가 요구하는 글로벌 여성 인재들을 양성해왔습니다. 이화는 역사의 매 순간 여성의 인격화, 양성평등, 인류 평화의 원대한 목표 아래 다가올 시대의 변화를 예비하고 개척과 도전의 정신으로 대응함으로써 한 단계씩 도약하는 지혜를 발휘했습니다.

그리고 이제 이화는 한국을 넘어 세계 최고 수준의 연구와 교육 역량을 갖춘 명문대학으로 거듭나기 위해 모든 영역에서 노력을 기울이고 있습니다. 한국 여성 교육의 신세계를 개척해온 이화의 역사를 돌아보고, 미래의 여성 교육, 나아가 대학 교육의 미래지향적 방향성을 열어가는 것이 이화의 소명이자 책무입니다.

이러한 시점에서 이화 창립 150주년 기념사업의 일환으로 시작된 『룰루 E. 프라이 서신 자료집』의 출간은 매우 의미 있는 결실이라고 생각합니다. 이화역사관에서는 이화 창립 150주년을 앞두고 이화의 역대 지도자 및 이화에서 헌신한 선교사에 관한 자료를 적극적으로 발굴하는 한편, 이를 자료집으로 출간해 한국 근대사, 교육사, 여성사에서 큰 역할과 공적을 남긴 이화의 스승들을 널리 알리기 위한 역사 편찬 사업을 진행하고 있습니다. 이번에 출간되는 『룰루 E. 프라이 서신 자료집』은 아펜젤러 교장 서신 자료집, 역대 이화학당장, 이화여자전문학교 교장, 이화에 헌신한 선교사 자료집으로 이어지는 '이화 창립 150주년 기념 총서'의 첫 수확물입니다.

『룰루 E. 프라이 서신 자료집』은 1893년부터 약 29년간 이화와 한국 여성을 위해 헌신한 프라이 당장이 남긴 편지들을 자료집으로 편찬한 것입니다. 이 편지들은 1970년 프라이 당장의 유족이 이화여자대학교에 기증한 것들로 그동안 이화역사관에서 소장하고 있던 것을 '이화 창립 150주년 기념사업'의 일환으로 번역 발간하게 되었습니다.

편지의 주인공인 프라이 선생은 이화학당 제4대 당장으로 1910년 대학과를 설립해 한국 여성 고등교육의 새로운 역사를 써 내려간 인물입니다. 미국에서조차 여성에게 대학 교육이 가능했던 것은 1836년 첫 여자대학이 생겼을 때인데, 이화학당이 설립되고 불과 24년 만에 대학과가 설치된 것은 프라이 당장의 굳은 신념과 결단 덕분이었습니다. 1910년 대학과의 설립으로 1914년 최초의 여학사가 배출됐고, 이는 해방 후 1946년 대한민국 제1호 종합대학으로 인증받는 역사로 이어졌습니다.

1886년 한 사람의 학생으로 배움의 등불을 밝힌 이래 사랑과 헌신, 섬김과 나눔의 숭고한 정신은 이화의 오랜 역사 속에 굳건히 이어져 한국 여성 교육의 새로운 역사를 만들어왔습니다. 이제 한국 여성을 넘어 세계 여성 교육의 장으로 거듭나고 있는 이화 도약의 발판에는 프라이 선생을 비롯해 헌신적인 봉사와 지혜로운 노력으로 이화의 눈부신 성장과 발전을 이끌어온 역대 선교사 선생님들, 스승님들, 선배님들, 이화의 교육과 훈련을 받은 졸업생들의 활약, 그리고 사회에서 이화를 지지해주신 모든 분의 사랑과 헌신이 있었습니다.

이화의 창립 정신을 소중히 계승하면서 새로운 가능성을 열어가는 이화의 미래를 기대하며, 『룰루 E. 프라이 서신 자료집』이 이화를 위해 헌신하신 선교사 선생님들과 이화정신의 참다운 가치를 돌아보는 하나의 계기가 되기를 소망합니다. 끝으로 자료집의 간행을 위해 애써주신 모든 분께 감사를 드립니다.

이화를 세워주시고, 인도해주시고, 오늘도 지켜주시고, 또 미래를 열어주실 하나님께 이 책을 감사하며 바칩니다.

2025년 1월

이화여자대학교 총장

김은미

차례

룰루 E. 프라이의 서신 (국문)

1893년

1894년

1900년

1901년

1902년

1903년

1904년

Letters of Lulu E. Frey (Original Text)

The Year 1893

The Year 1894

The Year 1895

The Year 1896

The Year 1898

The Year 1900

The Year 1901

기타 서신

일러두기

1. 이 책은 1893~1921년까지 룰루 E. 프라이가 쓴 친필 편지 등을 번역하고 원문과 함께 엮은 것이다.
2. 한 통에 여러 날짜의 편지가 있는 경우, 가장 빠른 일자를 밝혀 차례에 적었다.
3. 띄어쓰기, 대소문자, 밑줄 및 구두점의 표기는 원문대로 두었으나, 명백한 오탈자는 수정했다.
4. 가독성을 위해 일부 긴 문단을 나누었다.
5. 판독이 어려운 경우, 철자 수와 무관하게 '○○○○○'로 표시했다.
6. 본문 중에 삽입된 그림은 룰루 E. 프라이가 직접 그린 것으로, 원본을 살려 실었다.
7. 본문 날짜 표기의 경우 국문은 '0000년 00월 00일', 원문은 'Month, Day, Year' 순서로 통일했다.
8. 단행본, 잡지, 신문의 경우, 국문은 '『 』' 기호로, 원문은 이탤릭체로 표시했다.
9. 국문의 인명, 지명 등 외래어 표기의 경우, 국립국어원 외래어표기법을 따랐으나, 널리 쓰여 이미 용례가 굳어진 경우에는 예외로 두었다.
10. 본문의 '[ ]'는 옮긴이가 추가한 것이다.
11. 각주는 모두 엮은이주이다.

룰루 E. 프라이의 서신

(국문)

Lulu E. Frey

1893년

태평양 위의 선박 차이나호
1893년 9월 27일

사랑하는 아버지

우리는 아직도 바다 위에 있고 이제야 대양의 크기를 인식하기 시작했습니다. 하루 평균 600킬로미터를 항해하는데 샌프란시스코를 떠난 후 호놀룰루에 정박한 하루를 제외하고 쉴 새 없이 항해했습니다. 하와이 군도를 제외하고는 땅 한 점도, 지나는 배는 고사하고 망망대해 외에는 아무것도 보지 못했습니다. 지난 금요일 우리는 날짜변경선을 지났고 달력에선 토요일이 없어졌어요. 금요일이 지나고 바로 일요일이 오니 일주일에 6일만 있는 것이 매우 신기했습니다. 이에 대해 생각해본 적이 없으시다면 우리가 서경 180도를 향해 가고 있고 하루에 30분씩 늘어난다는 것을 기억하시면 이해가 되실 겁니다. 만약 동쪽을 향해 180도까지 간다면(우리는 단지 일부분만 가지요) 도착해서 하루를 더하면 됩니다. 바다 위에 있는 것이 땅에 있을 때보다 여러 면에서 다르다는 것을 발견했어요. 그래도 이곳에 우리 나름의 작은 세상이 있다고 생각해요. 호놀룰루에서 200명가량의 일본인이 삼등 선실에 탔고 그보다 많은 수의 중국인들이 선박의 다른 쪽 끝에 타고 있습니다. 어린아이를 포함해 75명 내지 100명이 일등칸에 있어요. 이 일본인들은 매우 흥미로운 사람들입니다. 호놀룰루에 4년 노동 계약을 하고 온 사람들인데, 이들은 형편없는 임금을 받았고 이제 계약이 끝나 자기네 나라로 돌아가는 것을 매우 기뻐하고 있습니다. 이들은 영어를 모릅니다. 저는 교육과 설교를 위해 모국으로 돌아가는 두세 명의 일본 학생들이 주재하는 모임에 한번 내려가 보았습니다. 이들은 다음 날 저에게 설교해줄 것을 요청했어요. 저는 거절할 수가 없어서 조금은 떨리고 두려웠지만 가겠노라 했습니다. 이 젊은이 중 한 사람이 제 말을 통역해 주어 저는 난생처음 이방인 청중에게 설교(?)를 했습니다. 그들이 어제 해리스 양Mary Wealthy Harris Follwell(1862~1958)에게도 요청한 것을 보면 분명히 좋은 일이라고 생각하는 것 같았어요. 이 방법이 좀 이상하긴 하지만 젊은이들은 자신들의 말보다 외국인의 말을 통해서 더 많은 것을 성취할 수 있다고 생각하는 것 같았습니다.

엊저녁에는 조선으로 가는 헐버트 씨Homer Bezaleel Hulbert(1863~1949)가 강당에서 이 나라에 대한 강의를 해주었습니다. 그는 조선을 매우 좋게 묘사했습니다. 헐버트 씨는 아주 최근까지 회중파 신도였고 서울에서 정부 소속 교사로 일했습니다. 지금은 출판 일을 하기 위해 우리 선교회 소속으로 가고 있습니다. 그는 설교도 할 예정입니다. 헐버트 씨 부부는 둘 다 젊고 어린아이가 하나 있는데, 함께 있어 매우 즐거운 동행이었습니다. 유키에는 그들을 위해 일하는 일본인 여성인데 일본 나가사키에 내려줄 예정입니다. 우리는 요코하마를 떠난 후 2주간 더 항해할 거예요. 일상이 약간 단조로워지기 시작했어요. 하지만 내내 너무나 날씨가 좋았습니다. 오늘은 어둡고 비가 오지만 풍랑이 거칠지 않아 배를 처음 탔던 이틀간을 생각하면서 우리는 모두 마음 깊이 감사하고 있어요. 아만다 스미스가 "바다 위의 궁전"에 관해 했던 말이 떠오릅니다. 아름다운 식당에서 이 편지를 쓰는 동안 위층 강당에서 음악 소리가 내려왔습니다. 우리 일등 객실은 매우 편안하고 욕실은 거의 완벽해요. 상갑판은 달빛이 내리는 아름다운 밤에 특히 환상적입니다. 갑판을 열한 바퀴 돌면 1.5킬로미터라서 우리는 운동하려고 걷는답니다. 엊저녁은 바람이 너무 세서 걸을 수 없었지만 지금까지는 배가 나아가기 어려울 만큼 바람이 없었답니다.

지난 일요일 밤에 일본 여자 한 명이 죽었어요. 바다에 수장해야 하지만 그녀의 남편이 일본으로 데려가기를 원해서 시신을 염해 집으로 갈 수 있게 모금을 했습니다. 그녀도 그렇고 남편도 불교 신자 같아요. 교인 청년 중 한 명이 그녀가 죽기 전에 성경을 읽고 기도를 했는데, 그녀는 말을 할 수 없었으니 하나님의 진리를 이해했는지 아닌지 알 수 없었습니다. 유키에는 기독교인들이 그 남편에게 돈을 주는 것에 대해 매우 심란해했는데, 그가 시신을 고향으로 가져가 불교식 장례를 지내면 불교만 돕는 것이고 기독교를 방해하는 것이라고 생각했기 때문이에요. 그녀는 논리를 잘 따지며 자신의 의견이 매우 맞는다고 생각하지요.

이틀만 더 가면 요코하마에 도착할 텐데 다행입니다. 날씨가 너무 더워 모두가 제게 갖고 가라고 한 따뜻한 옷들은 고스란히 짐가방 안에 있고, 제가 가진 몇 개 안 되는 얇은 옷들을 다 입어버렸어요. 태평양을 이 행로로 건너오는 모두에게 얇은 옷을 충분히 가져가라고 조언해주세요. 저뿐 아니라 모두가 3주간의 무더운 날씨에 준비되어 있지 않았습니다.

천장의 푼카가 작동하는 동안 한 장만 더 쓸게요. 오후 4시가 되면 차와 케이크가 나오는데, 티타임을 갖는 동안 중국인 일꾼들이 식탁 길이만큼 긴 부채인 푼카를 잡아당기며 부채질을 해줘요. 부채 바람이 있어 매우 편안했어요. 지도를 보시면 우리가 쿠바보다 훨씬 남쪽으로 왔었다는 것을, 그래서 우리가 얼마나 더웠을지를 이해하실 겁니다.

우리와 같은 배에 공사를 지냈던 중국인이 두 명의 부인과 열일곱 정도의 아들, 두 살 난 딸아이와 함께 타고 있었어요. 부인은 둘 다 전족이었는데 저는 이때 전족을 난생처음 보았습니다. 딸아이 이름은 "메이 워싱턴"으로, 그 아이의 발은 전족이 아니었던 걸로 봐서 그 나이 되도록 안 했으면 이제 안 할 모양입니다. 또한 나이 든 일본인 승려도 있었어요. 삭발한 머리에다 길고 검은 장삼을 입은 이상하게 보이는 사람이었죠. 오늘 밤 루카스 씨가 인도에 관해 또 다른 강의를 할 예정입니다. 부채가 멈췄으니 이제 갑판에 공기를 쐬러 가야겠어요.

1893년 9월 28일

내일 우리는 상륙합니다. 오늘 바다는 물결 하나 없이 거울 같군요. 날씨 덕분에 아주 빠른 시간에 잘 왔습니다. 헐버트 씨 내외는 물건을 사러 고베로 간다네요. 우리는 나가사키로 가서 그들이 올 때까지 기다리려 합니다. 일본인에게 설교할 또 다른 기회가 있었어요. 요청받기 전에는 전혀 생각지도 못한 일이었지요. 바닥에 앉아 제 얼굴을 올려다보는 다른 모습의 그 많은 사람에게 설교하려 하니 너무나 이상했습니다. 저는 이 일본 사람들만큼 조선 사람들에게도 관심을 가질 수 있기를 희망합니다. 이런 교제들은 너무 즐겁고 한편으로는 배를 떠나기가 싫지만, 여정의 종점에 닿기를 고대하고 있어요. 요코하마에 도착하면 우리는 모두 헤어집니다.

사랑을 담아

룰루로부터

추신.

지난 편지에 많은 이야기를 한 것 같은데 너무 오래전이라 무슨 말을 썼는지 잊어버렸어요. 크리스마스 이전에 받아볼 수 있게 어머니 사진을 보내달라고 꼭 말씀해주세요. 제가 호놀룰루에서 보낸 편지를 아버지께서 일주일 뒤 받으실 것 같은 생각이 드네요.

~ ~ ~

서울, 조선
1893년 10월 18일

사랑하는 가족들에게

이 편지는 서울에서 보내는 첫 번째 편지이니 모두에게 씁니다. 일요일에 우편물이 나간다는 말을 오늘 오후에 듣고 편지를 빨리 쓰고 있어요. 하루에 대여섯 시간씩 공부를 하다 보니 여유 시간이 나면 마음이 급해요. 제물포까지의 여정에 관해서는 이미 썼죠. 제가 편지를 썼던 그날 밤 10시에 존스 부인Margaret Josephine Bengel Jones (1869~1962)과 헤어져 작은 일본 증기선에 승선했습니다. 헐버트 부인의 어린 딸까지 포함해서 우린 모두 여섯 명이었어요. 저를 포함한 네 여성은 선실 바닥에서 잤는데, 사방 1평도 채 안 되고 제가 설 수도 없는 높이였다고 하면 이 선실의 크기를 짐작하시겠죠. 새벽 3시경에 이 작은 배가 통통거리며 제물포에서 서울로 떠났어요. 그날 아침 10시쯤까지 통통거리며 천천히 가다가 썰물이 나가면서 갑자기 멈추어 섰고, 다시 밀물이 들어올 때까지 8시간가량을 진흙 속에 멈춰 있어야 했습니다. 존스 부인은 우리가 오후 티타임쯤이면 서울에 도착하리라 생각하고 점심 한 끼 먹을 식사만 준비해주었으니, 서울에 도착했을 때 우리가 느낀 허기가 어느 정도였을지 짐작하실 수 있겠지요.

저녁 6시경에 다시 움직여서 서울에서 6킬로미터 떨어진 용산에 마침내 도착했어요. 때는 밤 10시였고 우리를 온종일 기다린 가마들은 이미 돌아갔습니다. 페인 양Josephine Ophelia Paine(1869~1909)과 해리스 양과 나는 일본인 여관을 찾아 하룻밤 묵기로 했습니다. 곧 우린 벨 알렌Belle Jane Allen(1862~1946)이 여러분께 말한 바 있는 일본식 침상에 포개 누워 아무것도 먹지 못한 채 금방 곯아떨어졌습니다. 어떤 남자가 그곳에 남았다가 우리가 도착하면 집에 가서 가마꾼을 데려오기로 했는데 깜빡 잠드는 바람에 6시에야 말을 전하러 떠났다는 사실을 아침에 알게 되었습니다. 우리는 그렇게 오래 기다리느니 서울까지 걸어가기로 했고, 8시에는 우리 집에 도착해 스크랜튼 부인Mary Fletcher Scranton(1832~1909)과 루이스 양Ella Anthony Lewis(1862~1927), 그리고 봄에 서울에 온 의사 커틀러 양Mary Maria Cutler(1865~1948)의 환영을 받았습니다. 우리 식구는 모두 여섯 명이고 정말로 행복한 가정입니다. 페인 양은 자신의 방에 저를 데려가 주었고, 바로 저를 가슴으로 받아주었어요. 우리는 정말 마음이 잘 맞았습니다. 그녀는 1년 동안 혼자 지냈기에, 만약 그녀가 나를 마음에 들어 하고 나도 그녀를 좋아한다면 방을 같이 쓰려고 결심하고 있었습니다. 우리 집에는 아름답게 장식된 매우 넓은 서재가 있고 그 끝에 침실이 있어요. 침실에 딸린 광에는 책과 선반이 많이 있고 짐을 넣을 공간도 있습니다. 침실 밖에는 우리만의 욕실도 있고요. 해리스 양은 근처에 작은 방이 두 개 딸린 집으로 갔는데, 제가 사는 집이 가장 좋은 위치에 있는 것 같아요. 페인 양은 작년에 온 보스턴 출신 아가씨입니다. 그녀가 어머니께 안부를 전해달라면서 저를 잘 보살피겠다고 말하라고 하네요.

우리 집에 관해 말씀드렸지요. 아름다운 응접실이 있는데 이곳의 많은 물건이 스크랜튼 부인의 것이고, 또 아주 쾌적한 다이닝룸도 있어요. 요리사와 고용인들은 비교적 훌륭해요. 음식 맛도 뛰어나고 이들은 우리를 정성껏 시중해줍니다. 매번 디너파티에 있는 것 같아요. 스크랜튼 부인은 동부 사람이라 매사가 완벽해야 합니다. 우리는 음식에 필요한 모든 물자를 거의 다 얻을 수 있어요. 모든 것이 제가 예상했던 것보다 훨씬 더 훌륭합니다. 하지만 쾌적한 우리 집과 외국인 사회가 우리의 전부입니다. 학교를 포함한 우리 집은 상당히 크고 도시를 내려다보는 언덕 위에 있습니다. 이곳의 집들은 지붕이 가장 아름다운 부분이라 우리는 정말 아름다운 광경을 내려다보고 있습니다. 하지만 도심에 내려가면 장면은 아주 달라집니다. 집들의 높이는 2미터 정도이고 초가이거나 기와를 덮었는데, 그 더러운 마루들을 보면 다른 무엇보다도 돼지우리가 연상됩니다. 폭이 2미터도 안 되는 거리의 양쪽으로 집들이 구획 없이 늘어서 있습니다. 우리 고향에서 가장 더러운 길은 이곳에 비하면 미시간 애비뉴나 브로드웨이 애비뉴 같아요. 소위 이곳에서 길이라 부르는 곳의 더러움을 짐작도 못 하실 거예요. 하수도 시설이 없어 말로 형용할 수 없는 모든 오물이 길에 있습니다. 유일하게 아름다운 것은 머리 위 푸른 하늘이지만 뭔가 끔찍한 것을 밟을까 봐 하늘도 쳐다보지 못합니다. 저는 있는 그대로를 전할 뿐, 더 나쁘게 묘사할 수는 없으니 과장하는 것이 아닙니다.

일요일에 우리는 장로회와 감리회 선교사들의 연합 예배에 갔습니다. 피셔 스왈른 부인Sarah Fisher Swallen(1863~1945)을 거기서 만나 서로 반가워했어요. 저는 그녀의 집으로 함께 가서 식사도 하고 즐겁게 이야기를 나누었습니다. 제가 요코하마에 있을 때 받은 페인 양의 편지에서 부인이 출산을 했다고 해 놀랐었지요. 아기는 아주 작고 예쁜 여자아이였고 그들은 아기를 매우 대견해했어요. 부인이 하룻밤 자고 가라고 했지만 제가 사양했고, 가마를 내어주겠다는 부인의 호의에 스왈른 씨가 가마꾼들을 불러주었어요. 저는 가마꾼들이 길을 모를까 봐, 그리고 그럴 때 그들과 말이 통하지 않을까 봐 걱정이 되었어요. 바로 그때 존 워너메이커가 도와주었고, 저는 그를 만나게 되어 너무 기뻤어요. 저는 안전하게 집에 돌아왔습니다. 존에 대해 다시 이야기해드릴게요. 그는 페인 양의 개인 고용인으로, 우리 집에서 고용되어 일하는 매우 중요한 인물입니다.

오늘 밤 우리는 근처 선교사 집에서 열린 기도 모임에 갔습니다. 여기 사람들은 매우 사교적이고 기도 모임이나 사교 모임으로 자주 만납니다. 이번 주 금요일 저녁에는 문학 모임이 우리 집에서 있어요. 이곳의 외국인들은 도서관과 테니스장을 갖고 있답니다. 동양의 나라들에서 외교관들이 선교사들과 어울릴 수 있는 유일한 곳이라고 말하더군요. 도서관 건물과 마당을 소유하고 있는 서울 연합회는 선교사들과 여러 다른 나라에서 온 공사들과 그 부인들, 그리고 훌륭한 지위의 외국인들로 구성되어 있습니다. 이곳의 사역자들은 일본의 사역자들보다 훨씬 더 건강해 보이는데, 그것은 아마도 이러한 사교적 특전 때문인 것 같습니다. 페인 양은 토요일에 러시아 공사관의 티파티에 초대를 받았어요. 디너파티는 좀 더 자주 열린다고 하네요. 하지만 겨울이 오면 별로 갈 데가 많지 않을 것 같습니다.

우리 여학생 중 하나가 다음 주에 결혼을 한다고 하니 다음 편지에서는 결혼식에 관해 이야기해드릴게요. 제가 이곳에 온 후 식이 잡혀서 다행이에요. 이 결혼식에 더해, 선생님 중 한 분의 시력이 최근 약해졌고 또 곧 김치 만드는 때가 닥쳐서 우리는 한 2주간 다른 일을 할 필요 없이 공부만 하게 될 것 같습니다. 김치는 사워크라우트 같은 것인데, 학생들은 김치 만드는 것을 돕기 위해 각자 집으로 갑니다. 저는 언어 공부를 시작했어요. 조선어가 중국어나 일본어보다 훨씬 어렵다고 하더니 정말로 어렵네요. 저의 선생님은 영어를 전혀 모르고 저도 조선어를 전혀 모르니 우리가 같이 공부하는 걸 보면 정말 재밌어요. 영어를 전혀 모르는 선생님이면 우리가 강제로 조선어로 말할 수밖에 없으니 제일 좋은 것 같습니다. 때론 제 실력에 전혀 진척이 없는 것 같지만 어쨌건 흥미로워요. 놀랍게도 제가 프랑스어를 알고 있는 것이 도움이 되네요. 제가 프랑스어를 많이 알아서도 아니고 조선어가 프랑스어와 비슷해서도 아닌, 이 나라에 여러 해 있었던 프랑스 신부들이 만든 훌륭한 프랑스어-조선어 사전이 있기 때문입니다. 영어-조선어 사전은 단어가 많지 않은 매우 작은 것밖에는 없어요. 페인 양이 오늘 하나를 샀는데 14페소를 주었어요. 물론 우리는 프랑스어-영어 사전을 함께 사용합니다. 저의 선생님은 8시 30분에 오셔서 11시까지, 그리고 1시에서 4시까지 계십니다. 그래서 저는 어느 때보다 오랜 시간을 학교에 있지만, 제가 공부하고 싶지 않으면 그 분을 돌려보낼 수도 있어요.

이제 밤이 늦었네요. 제 룸메이트가 자고 싶어 하니 저도 이만 밤 인사를 해야겠습니다. 며칠 내로 집에서 보낸 편지가 도착했으면 좋겠어요. 마지막 편지를 받은 이후 시간이 많이 지난 것 같네요.

사랑을 담아

당신의 룰루 E. 프라이

사적 편지

사랑하는 어머니

어머니만 보시도록 제가 몇 자 적으려 합니다. 제가 행복한 만큼 어머니도 행복하시고 건강하시기 바랍니다. 앤 이모의 병세에 차도가 있는지 묻고 싶어요.

지금은 밤이 깊었고 방금 목욕을 마쳐서 오래 앉아 있을 수는 없어요. 그래도 몇 자 적어서 내일 나가는 우편에 부칠게요. 저는 어머니를 정말이지 너무너무 자주 생각하고 또 너무나 보고 싶지만, 향수병에 걸린 건 아닙니다. 우리 사이에 1만 3,000킬로미터의 거리가 있지만 어머니를 이전과 다름없이 많이 사랑해요. 이토록 저를 아껴주는 룸메이트를 만난 것은 제게 큰 행운이에요.

저에게 신문을 보내실 때 손수건을 간혹 넣어주세요. 벌써 네 개나 잃어버렸는데 다행히도 좋은 것들은 아니에요. 또, 어머니가 염색하시고 제시더러 예쁘게 만들라고 해서 옷을 보내주시면 좋겠어요. 여기나 일본에서는 검은색 실크를 구할 수가 없는데, 내년 여름에 절실히 필요해요. 로드와일러 양Louisa Christina Rothweiler(1853~1920)이 1월이나 2월에 돌아올 예정이니 그녀 편에 보내주시면 좋겠어요. 물론 염색이 잘 안 되면 안감으로 쓰든지 어머니가 필요한 다른 데 쓰셔도 돼요. 어머니가 경비를 계산하고 있다가 총액이 어느 정도 모였을 때 알려주시면 제가 돈을 보내겠습니다. 지금은 돈이 많지 않아요. 겨울 경비가 상당히 많이 들고 제가 첫해에는 봉급을 반만 받기 때문입니다. 이 일이 어머니를 너무 귀찮게 하지 않았으면 해요. 염색한 후 옷을 만드는 일은 제시에게 자기 취향에 맞게 하라고 하세요. 여름에 입을 옷이라 약간 레이스가 달려 있으면 좋겠어요.

안녕히 주무세요. 어머니께 사랑과 키스를 보냅니다.

당신의 딸
룰루 E. 프라이

서울, 조선
1893년 11월 7일

사랑하는 동생 조지아에게

이번에는 너에게 편지를 쓰니 엄마 편지는 없다고 엄마께 말씀드려줘. 엄마의 편지에서 네가 학교에 다니지 않는다고 읽은 것 같았는데 다시 읽어보니 학교를 다닌다고 쓰여 있네. 네가 우리 학교의 여자아이들을 보면 어떻게 생각할지 궁금하다. 너는 그 애들이 너만큼 똑똑한 것을 알게 될 거야. 고운 다홍색의 옥양목 치마를 입은 이 아이들은 아주 예쁘단다. 교실 문 바로 밖에는 아이들이 신발을 벗어놓는 곳이 있어. 이 아이들은 모자를 쓰지 않아. 그러니까 네가 모자를 벗어야 하는 때에 이 아이들은 신발을 벗지. 아이들이 영어를 조금 할 줄 알고 나도 조선어를 아주 조금 아니까 우리는 양쪽을 조금씩 사용하여 말한단다. 그러니 네가 우리의 대화를 듣는다면 어떤 얘기를 하고 있는 건지 이해하지 못할 거야. 나는 "잘했어요" 또는 "잊지 말아요" 그리고 내가 배운 몇 구절을 그들에게 말하지. 시간이 조금만 더 지나고 나면 아이들과 잘 지낼 수 있을 만큼 말할 수 있게 될 것 같아.

아이들을 가르치는 일이 나는 너무 좋아. 이 조선 학생들이 공부하는 것을 네가 들을 수 있었으면 좋겠다. 조선인 선생님에게서 배우는 학생들과 비교해봐도 우리 학생들은 나쁘지 않아. 여기서는 학생들에게 입을 다문 채 공부하라고 가르치지 않아. 내가 제물포에 있을 때 남자아이들 학교를 방문한 적이 있어. 작은 남자아이들이 한 줄에 여섯 명씩 두 줄로 다리를 괴고 앉아, 공부하는 책 구절에 곡조를 붙여 부르며 그에 맞추어 몸을 앞뒤로 흔들었지. 아이들은 각자 자기 책에 완전히 집중하면서 목소리를 있는 대로 내질렀지. 사뭇 우스운 광경이었지만, 선생님이 '열심히 공부한다'고 생각할 때 이 아이들은 너희처럼 장난을 치지 않아. 우리 여학생들도 너희처럼 책상에다 석판과 연필을 갖고 있지만, 교회에서는 모두 바닥에 있는 돗자리에 앉아. 그리고 그들은 기도할 때 주일학교에서 너희 여자아이들이 하듯이 잡담하지 않아. 마루 쪽으로 인사하듯 고개를 완전히 숙이고, 다른 사람들이 무엇을 하는지 보려고 힐끗대지 않기 때문이야. 내 생각에 미국 아이들은 이 작은 이방인 아이들에게서 몇 가지는 배워야 해. 그렇지 않니?

우리 학교에는 35명의 학생이 있고, 장로회 학교에 10명이 있어. 나는 거리에서 어린아이들을 볼 때마다 학교에 있는 이 아이들이 갖는 특권을 함께 누리지 못하는 게 너무 안타까워. 부모들은 새로운 교리를 가르친다는 것 때문에 아이들을 학교에 보내지 않으려고 해. 우리는 부모들이 어린 여자아이를 여러 해 동안 학교에 다닐 수 있게 하겠노라 약속하지 않으면 입학을 시키지 않아. 그 아이들이 성장했을 때는 기독교인인 훌륭한 남자와 결혼하도록 하지.

나는 오전에 공부하고 오후에는 수업을 해. 그리고 일주일에 사흘은 저녁에 선생님과 함께 공부하지. 내가 얼마나 빡빡하게 살아가는지 알겠지? 하지만 내가 하고 싶은 일이니 너무 만족해. 나는 저녁 식사 전에, 그리고 잠자리에 들기 전에 짬을 내어 편지를 쓴단다. 이제 내가 어떤 일을 하는지 거의 다 알겠지? 옷에도 관심을 가져야 해. 아이들 옷은 금방 해지기 때문에 각자 몇 벌씩 가지고 있는지 계산해두고 있다가, 새옷이 필요해졌을 때 아이들의 옷을 재단하고 만드는 일을 검수한단다. 내가 바느질을 하는 건 아니고, 원단과 만든 옷을 관리해. 아이들 옷은 여름이나 겨울 것이 비슷한데, 다만 겨울옷은 겹으로 만들어 그 사이에 솜을 집어넣지. 옷을 빨 때는 그것을 뜯었다가 마르면 다시 넣어서 꿰매 입는 거지. 네 옷도 매주 그렇게 만들어야 한다면 재미있지 않을까?

네가 우리 병원에 있는 아기들을 보았으면 좋겠어. 지금은 세 명을 데리고 있는데, 이 아이들이 학교 갈 나이가 될 때까지 데리고 있을 거야. 아이들을 맡기겠다고 찾아오는 수많은 사람을 우리는 돌려보내야 해. 모두 기독교인으로 훈련시키면 좋겠지만 그럴 만한 돈이 없기 때문이지. 우리 선생님들이 각자 아기를 하나씩 맡고, 또 따로 아기들을 돌보는 여인도 있어. 비용이 조금 들어가겠으나 곧 이 여자아이들이 자라서 다른 사람들에게 예수님에 대해 가르칠 수 있으니, 이 백성들에게는 엄청난 도움이 될 거야. 너는 "미국 아해Mecuk ayhe"인 것에 대해 정말 감사해야 해. 플로렌스와 레나[1]는 요즘 어때? 올 겨울 너와 레나는 함께 좋은 시간을 보내겠지.

이제 저녁 식사 종이 울리네. 이 편지가 네게 도착할 때는 온 땅에 눈이 덮여 있겠고 너는 크리스마스를 고대하고 있겠지. 우리도 여학생들을 위해 멋진 시간을 가질 거야. 여러 개의 인형 상자를 받았는데, 모두 75개이고 어떤 것은 정말 멋진 옷을 입은 예쁜 인형이야. 우리 아이들 모두에게 나눠주고도 남을 거야. 그래서 몇 개는 여기 사는 미국 소녀들의 어머니들에게 팔아서 다른 용도로 돈을 사용하려 해. 이곳에는 아주 예쁜 미국 여자아이들이 있어. 그 아이들을 네가 알았으면 좋았을 텐데. 스크랜튼 박사님William Benton Scranton(1856~1922)네 어린 딸들인 오거스타, 마리안과 캐서린 스크랜튼이 있고, 아펜젤러 씨Henry Gerhard Appenzeller(1858~1902)도 네 나이 또래의 예쁜 딸이 있어. 내가 이곳에 도착하기 직전에는 또 다른 여자아이와 남자아이가 있었는데, 남매였던 그 아이들은 일주일 사이에 죽어서 강가에 묻혔어. 그 아이들의 부모님은 미국으로 돌아갔는데, 사람들 말이 엄마는 어린아이들을 잃고 거의 미쳤다고 하더라. 너무 슬프지 않니?

---

1 플로렌스 컬Florence Edith Curl(1882~1971)과 레나 콜튼Lena May Colton(1881~1950). 프라이의 여동생 조지아의 친구들.

내 룸메이트인 페인 양은 중국인 재봉사에게서 새 드레스를 맞추었어. 남자가 여자 옷을 만든다는 게 이상하지 않니? 그 남자는 솜씨가 있어. 그는 자기가 본 적이 있는 것이나 그림에 있는 것이나 무엇이든 똑같이 만들 수 있어. 땋은 머리가 마루까지 내려오고 우스운 옷과 모자를 쓴 그 사람이 여기 앉아 있는 모습은 정말로 이상해. 이곳에는 여러 가지 희한한 것들이 많은데 직접 봐야 완전히 이해가 될 거야. 오늘 밤 나는 집 밑에서 불길이 타오르는 것을 보았는데, 네가 이 여학생들 방이 어떻게 데워지는지 궁금해할 것 같네. 방바닥은 돌로 되어 있고, 그 위에 황토가 덮여 있고, 또 그 위에 기름종이로 만든 단단하고 윤기 있는 장판을 덮었어. 그 아래에서 장작불이 타면 뜨거워진 바닥의 열기가 방을 덥히지. 아이들은 우리의 외국식 난방을 좋아하지 않아.

이들은 밤에 잘 때 요와 이불을 꺼내. 요는 첫 번째로 까는 매트고, 이불은 누운 몸 위를 덮는 거야. 아이들은 의자를 사용하지 않아서 이들의 방 안에 있는 유일한 비품은 자기들 옷을 넣는 상자뿐이야. 이 상자들은 정말 예뻐. 대개 작은 가방 크기로 까맣고 쇠 장식이 둘러 있어. 네가 이 아이들과 같이 앉아 있으면 얼마나 많이 먹을 수 있을지도 궁금하다. 나는 견딜 수 없거든. 이들이 먹는 것 중 어떤 것은 너무나 냄새가 나서 감히 시도해볼 용기조차 나지 않는단다.

내가 여기로 오면서 너에게 썼던 편지는 받았니?

1893년 11월 11일

사랑하는 조지아. 우편물이 내일 나가니까 오늘 밤 이 편지를 끝내야겠어. 집에서 오는 편지가 없어서 나는 너무 실망했어. 여기 온 이후 세 번 우편물이 도착했는데 세 번 다 집에서 온 편지는 없더라. 편지를 총 네 통 받았는데 모두 다른 사람들에게서 온 거야. 오늘은 조선 사람들과 우리에게 아주 중요한 날이었어. 여기 사람들이 왕의 행렬을 부르는 "거둥Kerdong"이란 것을 보았거든. 너와 내가 본 무엇과도 달라서 묘사하기 어려운데, 네가 직접 볼 수 있었다면 좋았을 것 같네. 왕은 엄청난 격식을 갖춰 한 달에 한 번 정도만 외출해. 수백 명의 군인들, 그리고 수많은 고관대작과 하인들이 그 뒤를 따른단다. 왕은 50명의 장정이 든 아름다운 차양이 덮인 의자에 앉아 있고, 수많은 하인 무리가 뒤따르지. 왕비는 닫힌 가마 안에 있는데, 여기서는 지위가 높은 여인들이 남편이나 자기 집에 온 여인네들 외에는 자기의 얼굴을 절대 보여선 안 되기 때문이야. 왕비의 시녀들과 무희들과 하인들. 왕의 아들과 그 부인과 그들의 하인 무리. 오!

그 외에는 나도 잘 모르겠어. 그들은 화려한 색깔을 좋아해서 모두 매우 예뻤어. 우리는 행렬이 잘 보이는 곳에 있었고, 왕은 일부러 우리 쪽을 보시고 우리 여학교 팻말도 읽어주셨어. 식구 모두에게 내 사랑을 전해주고, 멀리 있는 언니를 잊지 말아줘.

룰루 프라이

∾∾∾

21 애서튼 거리, 보스턴, 매사추세츠주
1893년 12월 30일

친애하는 프라이 부인

낯선 사람의 편지를 받고 놀라셨으리라 생각합니다. 저는 부인의 따님에게 관심이 많답니다. "먼 땅"에 있는 그 따님이요. 그녀는 제 딸 조시 페인과 같이 있지요. 며칠 전 딸의 편지를 받았는데 "프라이 양과 해리스 양 모두 지난번 우편물 중 집에서 온 편지가 없었다"고 쓰여 있더군요. 저는 제가 샌프란시스코에서 떠나는 모든 기선의 시간표 없이 어떻게 지낼 수 있었을까 싶어요. 저는 정확히 언제 제 편지를 부쳐야 할지 아는데, 샌프란시스코로 건너가기까지 6일의 배송 기간을 둬야만 하죠. 부인도 시간이 얼마나 걸리는지 알아보세요. 이 시간표가 제게 큰 위안이 되듯이 부인께도 도움이 될 것입니다.

따님이 그렇게 멀리 어머니의 곁을 떠난다는 이야기를 들었을 때 제 마음은 부인을 위해 아팠답니다. 저는 따님의 사진도 갖고 있어요. 그녀가 조시와 함께해 너무도 기쁩니다.

당신의 진정한 벗, S. P. 페인
자메이카 플레인은 우리 지회의 주소입니다.

1894년

서울, 조선
1894년 2월 20일

얘들아

너희는 나를 잊어버렸니? 내가 편지 쓰겠다고 약속하고선 오랫동안 쓰지 못했지만 너희를 잊지는 않았어. 난 자주 너희 생각을 하고 다시 돌아가서 너희를 일요일마다 가르칠 수 있기를 소원하지. 여기서는 일요일에 수업을 할 만큼 조선어를 잘 알지 못하지만 주중에는 학교에서 영어를 가르친단다. 만약 공중을 나는 배가 토요일에 나를 1만 5,000킬로미터 떨어진 곳에 데려갔다가 월요일 아침에 빨리 데려올 수 있다면 난 매주 일요일마다 너희와 함께 있겠지. 너희 중 누군가가 언젠가 발명할 수 있으려나? 물론 난 매우 안전한 것이 좋아. 태평양 한가운데 떨어져서 거대한 짐승 같은 것에 먹히기는 싫거든. 안 그래? 그럴 수 있다면 이 재미난 나라와 사람들에 대해 너희에게 모두 이야기해줄 수 있을 텐데. 편지를 쓰는 것보다 그런 식이 너희나 나에게 훨씬 좋겠지.

이제 이 작은 조선 남자아이를 잠시 봐줄래? 이 아이의 몸집은 너희만 하고 얼굴은 너희가 밖에서 햇볕과 바람을 맞으며 놀았을 때의 안색과 비슷해. 머리카락은 너희 중 몇몇처럼 까만데 아주 달라. 왜 다른 줄 아니? 내가 말해줄게. 모든 소년은 결혼하기 전까지는 머리카락을 땋아서 등 뒤로 내리고 있어. 이 아이가 다른 소년들처럼 열두 살 정도에 결혼하게 된다면 머리카락을 묘하게 꼬아서 머리 위로 틀어 올릴 거야. 서른 살이나 마흔 살이 되도록 결혼을 안 하면 여전히 소년처럼 머리카락을 등 뒤로 내리고 있겠지. 이런 경우는 매우 드물지만 몇 사람이 그런 것을 보았는데 매우 이상해 보였어. 이 소년이 너희와 매우 다른 점은 또 있어. 만약 너희가 올해 크리스마스부터 내년 크리스마스까지 계속 흰옷만 입는다면 웃기지 않겠어? 너희 어머니들은 너희가 깨끗하게 보이게끔 차라리 검은 옷을 입히실 거야. 내가 보여주는 이 소년은 방금 새해 옷을 입어서 매우 깨끗해. 더러운 아이를 찾기는 너무 쉽지만 너희에게 보여주고 싶지 않아. 하지만 만약 너희가 하얀 양말과 바지와 웃옷을 걸친 채 일하고 논다면 너희도 더럽게 보이지 않겠니?

이들의 신발은 썩 괜찮은 것 같아. 나무로 만든 신발인데 4센티미터 높이의 두 토막을 밑바닥에 대어 발이 진흙 위로 올라오지. 그 신발은 오래가는데도 10센트 정도밖에 안 해. 이 아이가 어떤 종류의 모자를 쓰는지도 궁금해할 것 같구나. 아무것도 안 쓴다고 말하면 너희가 이상하다고 생각할 것 같네. 그건 이 아이가 가난해서가 아니라 결혼을 안 해서야. 결혼을 하면 모자를 쓸 수 있어. 그가 결혼한 후 나를 만나러 오면, 베란다에 신발을 벗어놓고 모자는 쓴 채로 집 안에 들어올 거야. 반면에 너희는 집 안에 들어올 때 신발을 신은 채 들어오고 모자는 벗겠지. 너희 모두 예의가 바르지만 단지 두 나라 풍습의 차이란다.

지금은 새해 기간이야. 우리 달력으로 2월 6일에 시작해서 오늘인 20일에 끝나. 이들은 예수님을 모르니 크리스마스를 기념하는 것은 아니고 설을 쇠는 거야. 사람들은 즐거운 시간을 갖지. 물론 맛있는 먹을거리도 있어. 마른 생선, 해조류, 밥과 다른 재료들이 들어간 국, 그리고 무로 만든 냄새가 고약한 절임이 있는데 난 아직 맛볼 용기가 없어. 또 떡과 밀감과 견과류와 조선 사탕과 대추 등이 있지. 여기 사람들이 앞의 것들을 우리보다 훨씬 좋아하니까 우리는 그냥 뒤의 것들을 같이 먹어야겠지. 그렇게 생각하지 않니?

설날이 되면 아이들은 우리에게 절을 하러 온단다. 모두 무릎을 꿇고 머리가 바닥에 닿을 때까지 절을 하지. 여자아이들은 약간 다르게 절하는데 아주 예뻐. 1년 중 이때가 연을 날리는 철이야. 너희도 거들고 싶지 않니? 이 아이들은 너희보다 훨씬 높이 연을 날릴 수 있어. 연은 사각형에다 가운데 커다란 구멍이 있고, 꼬리는 전혀 없는 매우 이상한 형태야. 어느 때고 창문 밖을 내다보면 열 개도 넘는 연들이 매우 높이 떠 있는 것을 볼 수 있어. 여자아이들은 무엇을 하는지 아니? 지금도 아이들 소리가 들려. 여자아이들에게는 시소판이 있는데 한 아이가 널판자 한쪽 끝에 서고 다른 아이는 다른 쪽 끝에 서지. 하나가 아래로 판을 구르면 다른 아이가 하늘로 솟아오르고, 그 아이가 내려와 구르면 먼젓번 여자아이가 다시 하늘로 올라가. 처음에 나는 아이들이 떨어질까 두려웠는데, 이 아이들은 항상 매끈하게 발끝으로 땅에 내려와. 나도 겁이 없어지면서 오늘 아침에 직접 해보려고 했지. 하지만 우리 조선 아이들처럼 성공적으로 뛰지는 못했어.

이 사람들(예수님도 모르고, 예수님을 아는 사람만이 죽은 후에 가게 되는 천국의 존재도 믿지 않는 사람들)은 매우 희한한 믿음과 이상한 풍습을 갖고 있어. 이들은 밤중에 악령을 쫓기 위해 문지방에다 수많은 폭죽을 터트린단다. 또한 그림을 무서워하는데, 악령이 그림의 얼굴 속에 있을지도 모른다고 생각하기 때문이야. 어제는 한 친구가 나에게 지푸라기 인형을 보여주었어. 이들이 이 인형을 가지고 뭘 하는지 아니? 속에 돈을 넣고 인형을 버린단다. 남자아이들이 돈을 꺼내기 위해 인형을 찢는데, 이로써 인형을 버린 어리석은 사람은 올 한 해를 더 안전하게 보낼 수 있다고 생각하지. 지푸라기 인형이 자기를 상징한다고 생각해서 그것이 갈기갈기 찢겨 한 번 죽었으니 자신은 다시 죽을 수 없다고 보는 거야. 이듬해에 그가 여전히 살아 있으면 같은 일을 반복할 거야.

이 사람들이 살고 있는 희한한 집에 대해, 그것이 뭘로 만들어져 있는지에 대해 내가 말해주지 않았지. 이들은 널빤지 대신 나뭇가지를 가로세로로 끈으로 묶어 작은 사각형 구멍을 만든 다음 바깥쪽과 안쪽 모두에 진흙을 덮어 벽을 만들어. 지붕은 짚으로 되어 있고 창문은 종이야. 바닥은 돌인데 그 밑으로 집을 데우기 위해 불을 지피지. 내 친구인 페인 양과 내가 이런 집에서 일주일을 살았는데, 다리 길이가 50센티미터 정도인 식탁에서 식사를 하고, 이들처럼 뜨거운 마루에서 잠을 잤단다. 이불 몇 개를 바닥에 깔고 몇 개는 위에 덮은 것이 우리 침대였어. 이들은 항상 바닥에 앉기 때문에 우린 의자 없이 지냈어. 이들의 음식을 먹지도 않았고, 이들이 신던 양말 비슷한 것을 제외하고는 이들의 옷을 입지도 않았지만, 이외에는 모두 이들이 하는 대로 했지. 그러자 많은 이가 우리를 보러 왔고 우리는 예수님을 알릴 좋은 기회를 얻었어.

교회 옆에 우리가 살 작은 집을 지을 정도의 돈이 없으니 그런 식으로 살아야만 했단다. 방 몇 개 지을 돈만 있다면 사람들이 주일뿐 아니라 어느 때고 예수님에 대해 들으러 올 수 있을 텐데. "참으로 복된 소식이구나!"라고 말하고 많은 사람이 자신이 들은 선행을 기억하면서 하나님을 섬기기 시작하겠지. 예수님이 누구냐는 질문에 누군가 "모른다"거나 "어제 들었다"고 답한다면 이상하지 않겠니? 이 사람들은 하나님에 대해 들은 적이 없기 때문에 하나님을 섬길 수 없어. 하지만 하나님을 항상 알아온 고국에 있는 사람들은 어떤 핑계를 댈 수 있을까? 이 사람들은 우리와 겉모습은 약간 다르지만 영혼은 우리와 꼭 같아. 우리 모두가 예수님을 사랑하고 이 지상에서 그분을 섬긴다면, 천국에 갔을 때 "우리는 그분과 같아질 것"이므로 그곳에서 모두는 같은 존재일 거란다.

너희 중 누구라도 소식을 전해주면 좋겠어. 적어도 한 사람이라도. 내 주소를 너희에게 남기려 했는데 마지막 일요일에 교회를 못 가서 너희를 다시 볼 수 없었구나. 내 주소는 단순하게 이렇게 쓰면 돼.

Lulu E. Frey,
Seoul,
Korea,

그러면 내가 바로 받을 수 있지.

누구든 내게 편지 쓰려면 빨리해줘. 그리고 반에 있는 모든 아이의 이름을, 새 학생들까지 포함해서 보내주면 내가 다시 너희에게 편지를 보낼게.

너희가 약속한 대로 나를 위해 기도하는 것을 잊지 말아줘. 나도 항상 너희를 기억할게.

사랑하는 너희의 선생님
룰루 E. 프라이

서울, 조선
1894년 2월 20일

사랑하는 어머니

우편물이 왜 이리 안 오나 하고 있었는데 쌓여서 한꺼번에 커다란 뭉치가 도착했네요. 제가 받은 열 통의 편지 중 네 개가 어머니 것인데요, 12월 25일, 1월 1일, 5일, 7일 자이고 조지아의 것도 동봉되어 있었습니다. 리다가 쓴 좋은 편지도 있고 로라[2]가 보낸 첫 번째 편지도 있어요. 엠마 데임이 보낸 것과 버티 라이프가 보낸 것도 있군요. 메리[3]의 편지를 아직 기다리는데 그 친구는 정말 꾸물대네요. 제가 보낸 선박 시간표를 받으셨죠? 보스턴에서 온 것도 받으셨나요? 페인 부인이 조세핀에게 보낸 편지에서 이미 어머니께 하나 보냈다고 적으셨던데요. 리다는 네티 언니[4]에 대해, "걔는 책도 보고 몽상도 좀 하다 보면 다른 일을 할 시간이 없는 아이란 걸 알잖니"라면서 이해를 구하더군요. 저도 그러리라 생각은 했지만 그건 정말 습관이에요. 언니가 결혼하기 전에는 친구들에게 긴 편지를 쓰곤 한 것을 저는 기억해요. 하지만 어머니만 저를 잊지 않으신다면 저는 행복할 거예요. 리다에게 답신은 썼어요.

매티 험프리에 관한 소식은 제게도 의외였어요. 그녀에게 정말 잘된 일이네요. 리지와 같은 학교에 다니나요? 지금쯤 할머니의 건강이 좋아지셨기를 희망해요. 할머니께도 편지 보냈는데 어머니도 읽어보셨어요? 애나 이모는 제 편지에 답을 하지 않으시네요, 웹[5]도 그렇고요. 상관없어요. 우리 가족 외에는 가장 친한 친구들이 친척들보다 더 가깝게 느껴져요. 세인트조로 편지 쓰라고 하셨죠? 주소를 보내주시면 언제 가이한테 편지를 쓸게요. 제가 주소 적는 것을 소홀히 했더니 이제는 확실하지가 않네요. 누구든 제 소식을 알고 싶어 하는 사람에게 어머니가 편지를 쓰라고 알려주시면 저는 기쁜 마음으로 그들의 소식을 받고 반드시 답을 보낼게요. 무슨 뜻인지 이해하시죠? 선생님이 와서 여기서 마쳐야겠어요.

저는 3월 시험을 위해 매우 열심히 공부하고 있습니다. 얼마 전 아버지께 보내드린 책에서 선교사들이 이수해야 하는 과정을 보셨겠지요. 다음번에 저는 동사에 관한 과목을 들어야 하는데, 이번 학기에 듣는 과목 중 가장 어렵습니다. 나머지 과목은 비교적 쉬워요. 밤 9시면 스크랜튼 부인 방에서 마시는 초콜릿 한 잔을 방금 얻어 마시고 돌아왔어요. 페인 양은 한 잔 마실 때마다 1킬로그램씩 살이 찌는 것 같다고 해요. 저는 지금 그렇게 많이 찌는 것 같지는 않고 지난달 0.5킬로그램이 빠졌어요. 페인 양은

---

2 로라 패터슨Laura Patterson(1867~1949). 프라이의 고향 친구.

3 메리 밀러Mary Elizabeth Miller(1867~1944). 프라이의 고향 친구.

4 네티 디킨슨Nettie M. Frey Dickinson(1862~1895). 프라이의 언니.

5 웹스터 스터라인Webster Kelsey Sterline(1878~1983). 애나 이모의 아들로, 프라이의 사촌동생.

0.5킬로그램이 늘었고요. 그녀는 지금 90킬로그램이나 나가는데, 그녀가 내 살을 가져갔다고 말해주었어요. 우리 사진을 어머니가 좋아하셨다니 기뻐요. 그 사진은 일본 사람이 찍고 현상한 거예요. 그들은 매우 혁신적인 국가죠. 페인 양이 누구랑 닮았는지 잘 모르겠어요. 로라는 전혀 아니고 메리 밀러와 더 비슷한 것 같아요. 그녀의 체격과 눈과 머리 색깔이 메리와 비슷하네요.

2월 24일 토요일 밤

페인 양과 저는 오후에 스왈른 부인 집에 갔어요. 진흙탕은 정말 끔찍하네요. 이제까지 미국에서 이런 광경은 본 적이 없다는 말씀입니다. 스왈른 부인은 중국인 재봉사에게 짧은 아기 옷, 그리고 자신이 입을 편한 원피스를 맞추었대요. 그녀는 아름다운 명주 비단을 갖고 있었어요. 그것은 시원할 뿐 아니라 예쁘고 단정해서 저도 재봉사를 구하면 하나 만들어야겠다고 생각했어요. 남자들이 와서 우리 옷을 만든다는 것이 이상하지 않나요? 이 재봉사는 원피스를 그림만 보고서 재단을 하더군요. 모두 더운 날씨에 대비하고 있고, 저도 편한 원피스를 제외하고는 어머니가 보내주실 옷만 도착하면 상당히 준비가 된 셈입니다. 이곳의 사정은 제가 생각했던 것과는 여러 면에서 매우 다릅니다. 예상보다 훨씬 많은 사교 모임이 있어요. 자주 말씀드렸듯이 주위 환경이 말로 표현할 수 없을 정도이기 때문에 우리들의 모임이 더 위안이 됩니다. 우리는 무더운 여름을 대비하기 위한 계획을 세우기 시작했어요. 여름에 갈 곳이 없으니 제물포 근처 섬 하나에다 작은 집들을 지어 선교사들 모두가 휴양지로 쓸 수 있게 하자고 논의하고 있어요. 중국이나 일본에 있는 선교사들처럼요. 이번 여름 안에 이루어질 수 있을지는 잘 모르겠네요.

저는 지난여름 내내 말했던 해먹을 잊어버리고 갖고 오지 않아 속상해요. 아시다시피 아빠나 조지아에게 하나 사달라고 하려다가 여의치 않아 제가 직접 사야겠다고 생각했는데 잊어버렸어요. 제 옷을 보내달라고 했을 때 해먹 생각은 못 했네요. 그나저나 제 옷값이 얼마인지 잊지 말고 알려주셔야 해요. 제가 어머니께 송금해드릴게요. 해먹을 받을 수 있다면 존 콜튼 부인 것 같은 것을 원해요. 그녀는 어떻게 지내요? 저는 오자마자 레나와 오스카에게 편지를 썼어요. 페인 양과 저는 그들이 준 책을 매우 즐겨 읽고 있어요. 안 읽는 날이 없을 지경입니다. 우린 함께 책을 많이 읽지요. 지금은 빅토르 위고의 『레미제라블』을 읽고 있어요. 그 책은 정말 재미나지요? 스왈른 부인에게 빌린 책이에요. 서울 연합회 도서관에서도 많은 잡지와 문고판 소설들을 빌릴 수 있어요. 저는 아직 회원은 아니지만 어제 제 이름을 올렸어요. 페인 양이 제가 회원이 되길 아주 원하더군요. 물론 회원이 되면 여름에 테니스장도 사용할 수 있고 금요일 오후 티타임과 매달 열리는 사교 모임에도 참석할 수 있고, 또 도서관도 이용할 수 있으니 정말 좋긴 할 거예요.

오늘 삯바느질하는 여인에게 속옷 수선을 맡겼어요. 그것을 한 번도 입을 수가 없어서 앞쪽 시접을 트고 팔 아래와 양옆도 텄어요. 부인들이 제게 만들어준 코르셋 커버와 속바지를 기억하시죠? 이렇게 약간 수선을 하니 이제 그것들을 입을 수 있고 앞으로 더 자주 입게 될 것 같아요. 봄에 그것을 입을 예정이고 좀 더 얇은 것은 여름에 입을 예정입니다. 이제 편지를 마치고 목욕을 해야겠어요. 수위가 방금 제가 쓸 물을 가져왔네요. 페인 양과 저에게는 중국식 욕조가 있는데, 집에서 본 어떤 것보다도 마졸리카 도자기같이 생겼어요. 저는 우리 집 것보다 이것이 더 좋은데, 아연은 깨끗이 닦기가 어렵지만 이것은 항상 깨끗하기 때문이에요. 우리 집 고용인들은 아래 세탁실에서 물을 데워뒀다가 우리가 종을 치면 그것을 가져와 목욕통에 넣어줍니다. 이들이 어떤 방식으로 물을 나르는지 어머니가 볼 수 있으면 좋을 텐데요. 이들은 등받침이 장착된 하네스를 착용하는데, 양쪽 끝으로 갈고리가 달린 긴 막대가 나와 있고 여기에 끈으로 양동이를 매답니다. 이들은 두 양동이를 가득 채워 나르는데, 두 팔이 아니라 등에 힘이 들지요. 이들은 온갖 종류의 짐을 나르는 데에 머리와 등을 사용합니다. 사랑하는 소중한 어머니, 안녕히 주무세요. 제가 얼마나 사랑하는지 어머니는 모르실 거예요.

월요일 아침

선생님이 공부하는 데 필요한 일본제 필기도구를 사러 잠시 외출했는데, 이참에 조금 더 쓸게요. 어제 페인 양과 저는 이곳 토착민들의 예배를 보러 동대문에 갔어요. 날씨는 아름다웠고 가마를 탄 채 도시를 가로지르는 것은 즐거웠어요. 가마꾼들이 조심한다고는 했지만 때로 흔들거려 썩 편하진 않아요. 아름다운 일본식 이륜 인력거와는 비교도 할 수 없을 정도였어요. 그것을 타고 싶어서라도 일본으로 다시 가고 싶어요. 그곳은 도로도 너무 아름다워요. 서울에는 예쁜 것이라고는 주위의 산밖에 없지만 풍경은 매우 신기해요. 사람들은 우리가 이상한가 봐요. 어떤 남자가 제 가마 옆을 나란히 달리면서 저를 쳐다보는 거예요. 많은 사람이 우리 모습에 웃음을 터뜨렸어요. 저희가 사는 동네는 외국인에 익숙해서 사정이 다르지만 어디서나 우리는 길에서 먼저 갈 권리를 갖고 가장 높은 존대를 받습니다. 미국 사람들이 외국인에게 먼저 가라고 길을 내주는 것을 보신 적이 있으세요? 우리가 걸어갈 때면 하인들이 앞서가면서 "물렀거라"라고 말하고, 그러면 모두 흩어지지요. 동대문에 있는 우리 학생인 애니는 우리가 그곳으로 빨리 외국인 몇 명을 보내주었으면 해요. 사람들이 창문으로 훔쳐봐서 겁이 난다네요. 외국인들이 거기 있으면 괴롭힘을 받지 않을 텐데요. 그들이 동포로부터 스스로를 지키기 위해 우리를 보호막으로 쓴다는 것이 이상하지 않나요?

1894년 3월 1일

어젯밤 서울 연합회의 사교 행사에 다녀왔어요. 다른 많은 사람처럼 저도 검정색 실크 의상을 입었는데, 벨벳이나 실크 또는 얇은 모직 옷을 입은 사람도 있더군요. 저녁 식탁에서 저는, 미국을 떠나면 더는 "뭘 입어야 하나" 하는 고민은 하지 않아도 될 거라 생각했다고 말했죠. 우리는 아주 유쾌한 저녁을 보냈어요. 음료와 여러 종류의 케이크와 차와 샐러드 등이 제공되었어요. 독일 영사, 영국 영사 부인, 세관원 브라운 씨, 여러 명의 외교관과 선교사들이 있었죠. 미국 서기관과 부인은 참석지 못했는데 서기관이 꽤 오래 병으로 고생한다고 하네요.

학교에서 쓴 조지아의 새로운 편지를 받았어요. R 양의 우편과 제시의 편지도요. 그리고 모두에게서 소식을 들어 기뻤는데, 어머니께는 한 줄도 받지 못해 실망했어요. 로드와일러 양이 3월 17일에 요코하마에 도착할 것으로 예상되니 2주 정도 지나면 우리에게 오겠지요. 지금 여기는 매우 행복한 한 가정을 이루고 있으니 우리가 그녀를 좋아하게 되기를 희망해요. 스크랜튼 부인은 로드와일러 양이 온다는 소식에 매우 기뻐하고 있어요. 그녀가 오면 우리는 25세에서 61세까지 모두 일곱 명의 식구를 이룰 겁니다. 제 옷이 도착하면 제시의 편지에 답장을 쓸게요. 신문 어디선가 그랜트 오빠[6]가 어머니를 방문했다고 읽었어요. 오빠에 관해 말씀해주실 어머니의 다음 편지가 간절히 기다려지네요. 제가 보낸 편지를 오빠가 받았나요? 편지를 받으면 답장을 보낼 것처럼 말하더니 왜 내게 답장하지 않는 걸까요? 오빠가 내게 3개월마다 소식을 달라고 했는데, 3개월이 지나서 편지를 쓰려고 보니 오빠 주소가 없었어요.

---

6 그랜트 프라이Grant Frey(1864~1899). 프라이의 오빠.

아버지 편지를 받아 기뻤어요. 아버지는 여러 소식이 담긴 긴 편지를 쓰시네요. 좀 더 자주 편지를 써주시면 좋겠어요. 어머니가 제 편지를 저에게서 왔다는 이유를 제외하고도 흥미로운 읽을거리로 여기실 줄은 몰랐어요. 당신 딸이 선교사라는 사실에 익숙해지면, 다른 사람들이 제 편지를 보도록 그렇게 애쓰시지 않으리라 생각했어요. 물론 저의 첫인상이 가장 흥미롭지요. 하지만 이곳의 일들을 보고 또 보니 이제는 익숙해져서 특별히 말해야겠다는 생각을 하지 않게 돼요. 그것들에 관해 아버지가, 사람들이 "강요되진 않지만 찾는" 것이라 표현하신 것을 보니, 제 편지의 내용과 수년간 제가 이곳 사람들 사이에서 경험한 것이 청중의 관심을 끌 수도 있겠구나 싶어요. 그러니 어머니가 제 편지를 저를 위해 간직해주시면, 제가 집으로 돌아가서 강연을 해야 할 때 큰 도움이 될 거예요. 처음에 저에게 낯설어 보였던 것들, 어머니나 다른 사람들에게도 이상했던 것을 그때는 잊어버릴 겁니다. 왜냐하면 이미 저는 많은 일에 익숙해지고 있으니까요. 사람들에게 충격을 준 일, 즉 가드너 씨가 스튜어트 씨네 뒤뜰에서 한 일은 서울의 거리에서는 가장 흔히 보는 광경입니다. 제가 한 구획만 걸어도 그런 행동을 하는 사람들을 열댓 명은 보지요. 그들은 우리가 코를 푸는 행위에 대해 생각하는 정도로 생각해요. 오늘 저의 선생님이 잠시 화장실에 갔다 와도 되냐고 물어보았어요. 물론 조선어로 말했고, 그래서 그걸 영어로 말할 때만큼 그렇게 나쁘게 들리지는 않았어요. 그들은 그 말의 의미에 대해 우리처럼 생각하지 않아요. "악을 생각하는 사람에게 그것은 악이다."

할머니의 건강이 좋지 않다는 소식을 듣고 속상했어요. 애나 이모는 누굴 닮아서 속이 그토록 좁죠? 할머니를 닮은 건 아닐 거예요. 모든 일이 어떻게 끝날지 알고 싶어요. 제가 집에 보내는 편지에는 가족 일에 대해 많이 쓰지 않아요. 그렇게 하면 다른 사람들이 제 편지를 읽을 수 없을 테니까요. 이 편지는, 제가 내내 말씀드리고 싶었지만 앞서의 이유로 삼가던 자질구레한 것들을 적으려 해요. 마사 아주머니가 돌아가셨다니 다행이네요. 그녀의 마지막 날들은 자신이나 다른 사람에게도 딱한 일이었어요.

네티 언니와 아버지가 보낸 신문들과 장갑이 왔어요. 장갑은 너무 좋아요. 신문에는 "프라이"라고 쓰여 있는데 글은 애다의 동생이 쓴 것 같네요. 저는 한 우편물을 보고 나면 또 다음 우편물을 기다리며 살아요. 주로 15일 간격으로 오지요. 나이가 많은 선교사님들께서는 조금 지나면 조바심이 덜해질 것이라 하시지만 아무래도 이런 제 기질은 어머니에게서 물려받은 것 같아요. 그렇지 않나요?

어머니에게 뭔가 보내달라고 계속 부탁하기가 창피하지만, 내니와 네티 언니가 만들곤 했던 드레스 받침용 고무를 여러 개 만들 수 있게 충분히 보내주실 수 있는지요. 가슴 덮개를 사느니 그게 더 낫지 않겠어요? 또 한 가지 부탁은, 미국 우표나 1달러 지폐를 간혹 넣어주시면 자잘한 것들 때문에 어머니를 귀찮게 할 필요가 없을 것 같아요. 환전이 너무나 귀찮은 일이거든요. 우리는 은전을 가져가 금으로 바꾼 뒤 뉴욕에 있는 선교회 본부를 통해 어떤 방법으로든 수표를 받는답니다.

그 과정에 불필요한 절차가 너무 많아 얼마 안 되는 돈이라면 그렇게까지 하고 싶지 않아요. 하지만 50달러 정도 모이면 그렇게 해서 보내드릴게요. 환율이 너무 낮아서 돈이 있더라도 지금 환전하면 손해예요.

에타 스네이[7]가 노스캐롤라이나주 르노르에 있는 감리회 여학교에서 숙식 제공에 50달러 이상의 월급을 주는 자리를 얻었다고 로라가 편지에 썼어요. 그녀를 위해 정말 잘되지 않았어요? 이제 너무 늦어서 그만 써야겠어요. 잠자리에 들기 전에 다른 여러 통의 편지도 마쳐야 해요. 편지들을 내일 아침 식사 전에 부쳐야 하거든요.

모두에게 사랑을 보냅니다.

룰루

에타가 제 편지를 갖고 다닌대요. 감리회 선교사 친구가 있으면 더 신용이 있어 보인다면서요.

---

7 에타 스네이Etta Aline Snay(1867~1948). 프라이의 고향 친구.

서울, 조선
1894년 5월 3일

사랑하는 내 동생에게

내가 네게 편지 하나를 빚지고 있어. 지난 배편으로 네 편지가 왔으니, 다시 네 편지를 받고 싶으면 지금 바로 답신을 써야겠네. 편지가 오려면 얼마나 오랜 시간이 걸리는지. 하지만 편지가 얼마나 먼 거리를 이동해야 하는지 생각하면 그 시간은 짧게 느껴지네. 오늘 내내 비가 왔어. 가장 우울한 비야. 하지만 정원에는 좋을 거야. 이제 이곳은 봄이 왔고 모든 것이 아름다워 보여. 내 말은 우리 정원이 그렇다는 말이야. 밖은 여전히 더럽고 날이 더워질수록 악취가 예전보다 더 심해져. 우리는 밖에서 하는 일을 나누었어. 페인 양은 채소밭을 가꾸기로 했고 나는 과일 정원을 맡았단다. 스크랜튼 부인은 잔디와 꽃을 가꾸지. 작은 과일나무 외에도 포도와 산딸기와 블랙베리와 까치밥과 딸기를 키운다고 내가 말했던가? 그 모두를 미국에서 가져왔단다. 정원에 심을 씨앗을 캘리포니아에 주문했거든. 언젠가 여기 와서 우리와 함께 식사하지 않겠니? 네가 우리 주변에 있는 아름다운 산들을 볼 수 있으면 좋겠어. 왼쪽으로는 단단한 회색 바위 같은 산이 하나 있고 오른쪽으로는 푸른 숲이 덮인 또 다른 산이 있어. 둘 다 아름다운데 완전히 달라.

어젯밤 한 여학생이 올림머리를 하고 앞머리는 둥글게 말고 오더니 자기가 프라이 선생님이라네. 그녀의 피부가 나처럼 희니까 미국인치고 나쁜 외모는 아니지. 코도 납작하고 눈도 작지만 미국에서 우리 식으로 옷을 입으면 미국인처럼 보이긴 할 것 같아.

네가 우리 반 학생들이 산수 시간에 구구단 외우는 것을 들었으면 좋겠어.

"둘 번 한 둘 있소."
2 × 1 2 is

"둘 번 셋 여섯 있소."
2 × 3 6 is

아이들은 공부를 참 잘해. 때론 공부하기보다 놀고 싶어 하는데, 그럴 때면 너와 비슷해. 오늘 학생들은 구구단을 복습했어. 칠판 위에 이런 식으로 숫자가 적혀 있었어.

2, 4, 6, 8, 10, 12, …
3, 6, 9, 12, 15, …
4, 8, 12, 16, …

외울 시간이 되었을 때 내가 쳐다보자 누가 그것을 지웠어. 나는 한 학생에게 일어나 "7단"을 외워보라고 했지. 그 아이는 "일곱 번" 하고 시작하고서 칠판을 흘끗 봤는데, 숫자가 지워져 있으니 그 말만 되풀이했어. 그 학생이 곤란에 빠진 상황에 나는 웃음을 참지 못했단다.

1894년 5월 5일 토요일

네가 보낸 작은 달력에 의하면 오늘이 5일이고 내일이 웹의 생일이네. 난 생일들이 다가오면 항상 기억하곤 했지.

오늘 학생들을 위해 그네를 달았더니 아이들이 신나 했어. 줄은 짚으로 만들었어. 난 그것이 튼튼하지 않다고 생각했는데 사람들은 짚으로 온갖 밧줄을 다 만들더라.

조금 전 매기가 들어와 자기 새들을 보여주었어. 얘들은 새가 아주 작을 때 잡아서 먹이도 주고 기르는데, 새는 충분히 생장하면 날아가버리지. 소녀들이 새에게 어미 새 같은 소리를 내면 새들이 먹이를 찾아와. 새들은 작은 입을 열고, 그럼 아이는 쌀을 그 안에 넣어줘. 그 아이는 새를 손가락에 앉혀 데려왔는데 빨강, 파랑, 초록으로 물감을 들여놔서 참새라기보다는 작은 카나리아처럼 보였어. "불쌍한 새들, 어미가 없구나"라고 내가 말하자 "아니에요, 제가 걔네들 어머니예요"라고 아이가 말했어.

매기는 정말 좋은 아이야. 머리를 나처럼 꾸미고 왔다는 아이가 그 아이란다. 어제는 아주 멋진 "주머니"를 나에게 주었는데, 초록색 줄이 달린 진한 분홍색 비단 주머니로, 줄 끝에는 색색의 장식이 달려 있었어. 일전에 어머니께 하나 보내드리겠다고 약속했는데, 어머니가 사용하실 만한 비단을 아직 발견하지 못했어. 페인 양은 어차피 어머니가 그것을 달지 않고 기념품으로 갖고 계실 거라고 하네.

내가 네티 언니에게 너와 마사의 치마와 허리띠를 만드는 데 쓰라고 보낸 흰 옷감과 실크 천을 받았겠지. 옷감은 길이 쪽으로 줄어들 수 있으니 소매를 약간 길게 만들고, 만약 빨지 않고 치마를 만든다면 치마에 시접을 넣어야 해. 네가 내 옷으로 만든 빨간 원피스를 사진으로 보았는데, 여기서 보이는 것만큼 예쁘다면 그 옷을 입은 너도 정말 멋져 보이겠지.

너도 레나처럼 메리의 아기 덕분에 즐겁겠구나. 다음 편지에서 그 아이의 이름이 뭔지, 누구를 닮았는지, 아기에 관해 모든 것을 써주렴. 스크랜튼 아이들과 아펜젤러의 작은 딸이 우리 집 마당에서 제비꽃을 따며 노는 소리를 듣고 있어. 제비꽃은 풀밭에 무성하고 작은 야생초들 옆에 물망초도 있어. 페인 양이 어느 날 말했지. "조지아가 이 꽃들 따는 것을 좋아하지 않겠어?" 난, "그래, 하지만 곧 싫증 내고 집에 가기를 원할걸" 하고 답했지.

이제 소중한 동생아, 엄마에게 편지를 써야 하니 네 편지는 이만 줄일게. 자주 네 소식을 듣게 해줘. 네 편지를 너무 좋아해.

모두를 향한 깊은 사랑과
너를 향한 키스를 전하며
언니 룰루

서울, 조선
1894년 5월 5일

나의 사랑하는 어머니

사람들이 제 편지를 좋아한다니 기쁘고 으쓱하네요. 그런 일을 어머니도 좋아하시고 또 저를 사랑하시는 것을 알지만, 적어도 2주에 한 번 어머니와 대화를 나누는 기쁨을 없애지 말아주세요. 다음번에 저에게 편지 쓰려고 하실 때 "이런저런 일"이 기사화

되면 어떻게 들릴까 생각하며 쓰시면 제가 편지를 쓰려 할 때 어떤 기분인지 어느 정도 이해가 되실 거예요. 하지만 괜찮아요. 저는 어머니 당신에게 편지를 쓰니까요. 그 편지가 다른 사람의 관심을 끌 만하다고 생각하신다면 어머니가 편지를 돌려도 개의치 않을게요. 하지만 어머니를 통해 대중에게 읽히는 글을 쓰는 건 저는 할 수 없어요. 그러면 편지를 쓰는 기쁨을 빼앗길 테니까요. 나의 어머니를 볼 수 없다면 간혹 가다, 적어도 편지로나마 제 마음을 열고 싶습니다.

편지 두 통을 동봉합니다. 하나는 조의 것이고 하나는 제시 거예요. 원하시면 어머니가 읽을 수 있게 일부러 둘 다 봉하지 않았어요. 편지에 특별히 재미있는 것은 없지만 어머니에게 말하지 않은 사소한 일들이 있을 수 있어요. 이 우편물 안에 조지아에게 보내는 편지도 있어요. 버지에게도 편지를 써서 콜럼버스로 보냈어요. 그녀와 로라가 떠났다면 편지를 전달해주겠죠. 로드와일러 양에게 나무에 관해, 그리고 우리 집에 베란다가 있는지에 관해 물으셨죠. 우리에게는 30미터 길이로 뻗어 있는 앞 베란다가 있어요. 제가 보낸 연찬회 사진에서 일부분을 보실 수 있을 거예요. 캘리포니아에다 좋은 해먹을 보내달라고 했는데, 콜튼 부인의 것처럼 좋은 것이 여름이 끝나기 전에 도착하기를 바라고 있어요. 우리 문 바로 밖에 해먹을 걸 고리도 설치해뒀어요. 우리 방 사진을 두 장 보내요. 하나는 네티 언니에게, 그리고 하나는 어머니에게 드려요. 더 마음에 드는 것으로 고르세요. 사진 하나에서 (독일제) 난로와 조선 "장롱" 두 개가 보일 거예요. 그중 하나는 페인 양이 방물장사에게서 산 건데 자개가 놓인 검은 장입니다. 그건 정말 예뻐요. 그 사이에 침실 문이 있고요. 아치형 통로는 침실로 연결되고, 화장실로 가는 길이기도 합니다. 침대 머리가 아치와 문 사이에 있어요. 베개 한쪽이 보이시죠? 또 다른 사진에는 페인 양의 책상과 지금 제가 편지를 쓰고 있는 테이블, 그리고 제가 중국인에게서 산 흔들의자, 난로, 탁상이 보여요. 이 두 사진을 나란히 놓아도 우리 서재의 반만 보이네요. 새로 산 책장과 또 다른 예쁜 장롱을 사진에 담을 수 없었어요. 테이블 위의 상자는 제가 편지에 썼던 뮤직박스예요. 두 사진 다 조선의 건축을 잘 보여주고 있지요. 이제 목욕물이 기다리니 목욕하러 가야 해요.

조지아 편지에 나오는 말처럼 이제 우리 "주제를 바꿔요." 어머니와 페인 부인이 친구가 되어 기뻐요. 어느 날 두 분이 서신을 주고받는다는 것을 안 직후 같은데요, 제가 조세핀에게 말했죠. "우리 어머니들끼리 서로 친해졌으면 좋겠어." 언젠가는 두 분이 만나시겠죠. 페인 양은 자기 어머니께 제가 쓰려고 생각지도 않은 시시콜콜한 것까지 모든 일을 다 써요. 그러니 어머니는 저를 통해 아시는 것보다 우리 가정 생활에 대해 더 많은 것을 알게 되시리라 생각해요. 에드나 프랫은 어떻게 지내요? 그녀가 내게 편지를 쓰면 좋겠어요. 사람들은 신문에 인쇄된 제 편지를 통해 제 소식을 듣지만 제가 같은 방식으로 그들 소식을 들을 수는 없다는 점을 생각하지 못하는 것 같아요. 하지만 제가 충실하게 답장할 수 있는 것보다 더 많은 편지를 받고 있긴 해요.

어머니가 맥커디 딸 중 하나와 내내 함께 지낸다고 해서 기뻤어요. 제가 어머니 곁에 있는 것보다 그들이 함께 있는 편이 어머니께 더 도움이 될 것입니다. 곧 조지아가 어머니를 보살필 만큼 나이가 들 것이고, 조지아가 결혼할 때가 되면 제가 어머니와 함께 살 수도 있을 거예요. 비록 현재로서는 제가 이곳에서 여생을 보낼 것 같지만요. 첫 5년이 지나면 그 후는 언어를 배우는 수고를 더니까 더 일을 잘할 수 있을 거예요.

이제 잘 준비를 해야 해요. 안녕히 주무세요. 다시 저에게 편지 써주세요. 집에서 편지를 못 받으면 저는 항상 실망해요.

사랑을 담아

룰루

~ ~ ~

서울, 조선
1894년 5월 9일

사랑하는 어머니

어머니가 3월 23일과 4월 4일에 부친 편지가 오늘 도착했어요. 또한 그랜트 오빠와 엘시 W. 그리고 어머니가 모르시는 다른 여러 명이 쓴 편지도 왔어요. 며칠 내로 답장을 쓰지요. 오늘 저녁 출항하는 기선에 이 편지를 보내요. 두통이 너무 심해 편지를 급히 쓸 만큼 생각을 할 수 없답니다. 우편엽서를 싫어하지는 않으시죠? 제 편지의 우표를 사람들이 달라고 하나요? 크고 푸른색 우표는 구하기 어려워요. 오늘 우편으로 세 장의 부활절 북마크를 받았고 지난번에는 부활절 카드도 받았어요. 사람들이 기억해주는 것이 너무 좋아요. 한 장은 그랜트 오빠가 보냈어요. 모두에게 제 사랑을 전해주시고 아이들 모두에게 키스해주세요.

사랑을 담아

룰루

~ ~ ~

서울, 조선

1894년 5월 16일

사랑하는 아버지

제가 집으로 보낸 지난 편지 몇 통은 매우 실망스러우셨을 거예요. 하지만 몸이 안 좋아서 어쩔 수 없었어요. 저는 이제 다시 수업을 시작했고 다시 건강해지면 이전처럼 괜찮을 거예요. 어제 저는 테니스장에 갔지만 치지는 않았어요. 어떤 분이 제게 다시 나올 만큼 건강해진 것 같다고 말씀하시더군요. 저는 "아, 네. 우리 집에 의사가 있는데 그녀가 고약한 약을 주기 때문에 나를 방어하려면 회복할 수밖에 없답니다"라고 말했어요. 페인 양은 내내 제 간호사가 되었고 의사의 고약한 약을 제게 먹이는 일을 오히려 즐기는 듯 보였어요. 아시다시피 저는 약을 잘 먹지 못하잖아요. 페인 양이 저에게 너무 잘해주어 그녀가 일본으로 떠나면 어떻게 해야 할지 모르겠어요. 그곳은 여름에 이곳보다 훨씬 더울 텐데 그녀는 순전히 기분 전환을 위해 갑니다.

지난 여러 편지에서 이곳 사람들이 앓고 있는 끔찍한 병들에 관해 말씀드렸죠. 그 모든 것에도 불구하고 조선은 건강한 기후를 갖고 있어요. 7~8월에 찾아오는 6주 정도의 장마철은 제외하고 말이죠. 그때는 푸른곰팡이가 가구에 슬고 옷이나 장갑이나 구두에도 군데군데 곰팡이가 피어요. 무명 제품을 제외하곤 안전한 것이 없어요. 모직 옷들과 가죽 제품을 봉해 놓을 수 있게 제 옷 상자가 양철로 싸여 있었으면 좋을 텐데요. 이전에 말씀드렸듯이 병은 대부분 도시의 오물에서 비롯돼요. 며칠 간격으로 이 도시를 가로지르며 부는 바람이 있고, 그건 우리 모두에게 끔찍한 두통을 가져옵니다. 조선인들은 그것을 "풍두통"이라고 부릅니다. 처음에는 웃었지만, 차츰 저도 바람이 도시를 가로지르면서 더러움을 모으기 때문이라는 결론에 도달했어요.

남쪽에서는 아직도 전투가 계속되고 있습니다. 엄청나게 많은 소식을 듣지만 그것이 진짜인지는 확신할 수 없어요. 신문이 없는 나라에서는 무슨 일이 일어나고 있는지 확실히 알기란 매우 어렵습니다. 어쨌건 여기 서울에는 당장 문제는 없습니다. 지난 편지에서 신문 보도를 통해 아버지께서 접한 소식 때문에 걱정하시지 말라고 말씀드렸지요. 아마도 많은 기사가 그렇듯이 그것도 가짜일 가능성이 커요. 홀 박사William James Hall(1860~1894)의 신도들이 북쪽에서 겪는 어려움에 대해 편지에 썼지요. 그는 아직도 그곳에 있습니다. 더 이상은 어떤 소식도 듣지 못했으니, 아직까지는 그들이 괜찮다고 생각해요. 지금까지도 잘 있으리라 판단됩니다. 조선인들은 벌을 줄 때 매우 잔인합니다. 일본에서 8년 넘게 망명 생활을 해온 김 씨가 얼마 전 암살당했다는 뉴스를 아버지도 읽으셨겠지요. 그는 정변을 주도했습니다. 사람들 말에 의하면 그는 조선 왕의 계획에 따라 중국으로 유인되어 거기서 살해되었어요. 어쨌건 그의 사체는 이곳으로 이송되어 정부에 대항하려는 모든 사람에게 하는 경고로 일곱 조각으로 잘려서 각 지역으로 보내졌습니다. 이런 형벌이 잔인해 보이지만, 되돌아보면 백 년도 안 되는 과거에 마녀사냥처럼 미국인도 이만큼 나쁜 짓을 했다는 것을 아실 겁니다. 영국인들도 크롬웰의 뼈를 파내서 의자에 앉히고 머리에 왕관을 씌우며 조롱하지 않았습니까? 제 기억이 분명치 않지만 그 사실을 참조할 책이 없네요.

이 나라가 곤란에 처한 것은 의심할 나위가 없습니다. 사람들은 양반계급에 의해 너무 짓밟히고 있어요. 결과가 어떻게 될지는 모릅니다. 상황이 아주 나빠지면 아마 모두 일본으로 가야 할 거예요.

우리 일은 지금 매우 잘되고 있어요. 일요일마다 교회는 가르침을 받고자 하는 사람들로 가득 찹니다. 하지만 아직까지 저는 학교 일 외에는 하는 일이 없어요. 해야 할 일은 많이 보이는데, 저는 귀가 있어도 듣지 못하고 입이 있어도 말하지 못하는 흉상 같은 처지입니다. 많이 배우진 못했지만 그래도 조금씩 조선어를 습득하고 있습니다. 매주 화요일 밤에 우리 응접실에서 조선어를 완전히 습득한 헐버트 씨가 강연을 합니다.

오늘 영국 공사관으로부터 5월 24일 여왕의 생신을 기념하는 가든파티에 초청을 받았어요.

지난 우편물에 그랜트 오빠의 편지가 왔는데, 그의 여행에 대한 설명이 있더군요. 오빠가 일정한 주소를 줄 수 없으니 곧 답장을 써서 B[벨폰테인]로 보내겠어요. 그럼 아버지께서 오빠에게 전송해주세요. 오빠는 편지를 메릴랜드주 볼티모어에서 써서 버지니아주 리치먼드에서 부친 것 같아요. 봉투가 너무 찢겨서 제 손에 쥐어졌을 때는 편지가 거의 밖으로 떨어져 나올 지경이었어요. 제 편지들이 그렇게 나쁜 상태로 아버지께 간 적이 있나요?

가족들 모두가 어떻게 지내는지 보고 싶어 잠시라도 가고 싶어요. 제 일이 여기 있으니 오래 머물고 싶지는 않을 것 같지만요. 결국 그렇게 먼 거리는 아니지요. 지구 한쪽 끝에서 다른 쪽까지의 거리는 과학이 발달하면서 매년 더 짧아지고 있잖아요. 6월 14일에 조선을 떠나 7월 10일에 보스턴에 도착한다고 생각해보세요! 폭풍이 기선을 지연시키지만 않으면 그렇게 될 수도 있지요. 이건 밴쿠버 기선회사 이야기입니다.

아버지 편지는 항상 환영이에요.
당신 딸로부터 사랑을 받아주세요.
룰루

서울, 조선
1894년 5월 17일

사랑하는 어머니

우리는 또 다른 우편물을 간절히 기다리고 있어요. 기선 하나가 내일 들어오니 일요일까지 우편을 받을 수 있겠지요. 그런데 중국에서 오는 배이니 집에서 오는 우편물은 없을 것 같네요.

이번 주는 우리 젊은 사람만 남아 있어요. 스크랜튼 부인이 조선 선생인 여 부인과 함께 동대문에 갔는데, 여 부인이 없으면 일이 약간 더 어렵답니다. 여학생들은 그녀를 너무나 무서워해 그녀가 있어야 얌전하게 굴어요. 학생들은 뒷마당에 커다란 그네를 매달아서 요즘같이 날씨가 아름다우면 공부하기보다는 그네를 타고 싶어 해요. 조선 여자아이들은 많은 면에서 미국 여자아이들과 비슷하죠. 조지아는 공부를 열심히 하나요? 지금은 방학할 때가 다 되어서 아마 좋아하고 있을 것 같네요. 여름 동안 조지아가 음악을 계속 연습하기를 바라요. 제가 전혀 음악을 모르는 것이 후회가 되네요.

아버지께 5월 24일 영국 공사관에서 있을 가든파티에 대해 편지에 썼지요. 저는 수 놓인 하얀 면직 옷을 처음 입을까 생각합니다. 그게 가장 알맞을 것 같아요. 미국 공사관은 지금 수리 중이에요. 저는 아프기 며칠 전 씰 부인을 방문했어요. 그녀의 동생 그래함 부인이 같이 있었는데, 그들은 어머니 나이 정도예요. 알렌 부인Frances Ann "Fannie" Allen(1859~1948)은 제가 말씀드렸듯이 서기관의 부인인데 꽤 젊은 부인이에요. 하지만 여기는 우리 모두 합해야 60명 정도의 외국인(유럽인)만 있으니 젊은 사람 늙은 사람 구별하지 않아요. 저는 어디서도 이보다 더 좋은 공동체를 본 적이 없습니다.

할머니께서 건강을 회복하고 계시다니 기쁩니다. 웹은 어때요? 네티 언니가 다시 고통받고 있다는 소식을 들으니 정말 마음이 아프네요. 지난번 언니에게 편지를 썼는데 시간이 나면 다시 쓰려고 해요. 언니네가 다시 시골로 간다니 안타까워요. 리다도 같이 가나요? 그곳 기후가 습하지 않다면 도시에 있을 때보다 언니 몸이 더 나빠지지는 않겠지요. 언니가 그곳을 아늑한 곳으로 만들 거예요. 의심할 여지가 없죠. 언니는 훌륭한 안목을 갖고 있어요. 또, 언니는 용감한 여인이니 비슷한 상황에 있는 다른 사람들보다 더 안 좋은 상황은 아닐 거예요. 언니의 내면에는 견디어낼 자원과 힘이 있습니다. 이곳에는 켄터키에서 온 부유한 부인이 있는데, 그 아들이 왕의 고문입니다. 그녀는 우리가 방문하는 것을 너무 좋아해서 사람이나 물건이나 그 무엇에 관해서든 가장 재미있는 방식으로 이야기를 해주세요. 그러나 혼자일 때 그녀는 이 세상 누구보다 가장 비참한 여자가 된답니다.

이제 교실로 가야 해요. 우리 학교는 7월 1일이 되어야 닫아요. 페인 양은 6월 15일에 일본으로 갑니다. 올해가 조선에서 맞는 두 번째 여름이었으면 저도 같이 갔을 텐데 지금으로서는 갈 수 없어요.

수업을 마쳤고 다시 한가해졌어요. 페인 양은 제가 어머니에게 견본으로 보낸 것과 같은 옷감으로 재단사에게 옷을 맞추었어요. 그는 옷을 이틀 만에 쉽게 만들어요. 하루에 금전으로 40센트만 주면 매우 깔끔하게 만들어줍니다.

생각해보니 아버지에게 『S. S. 저널』지의 정기 구독을 연장할 필요가 없다고 말씀해주세요. 학기가 다 끝나서야 올 테고, 또 이제 더는 국제 관계 수업을 하지 않으니까요. 『리퍼블리칸』지는 한 해 더 볼까 봐요. 그 신문에는 모든 뉴스가 있고 저에게 정기적으로 도착하거든요. 그들이 제 편지에 감사한다면 그 보답으로 신문을 그냥 보내줄 수도 있을 텐데요. 감사가 그 정도까지는 아닌가 봐요.

원산으로 떠난 스왈른 부인이 매우 그립습니다. 며칠 전 그녀에게서 편지를 받았어요. 그녀는 자신들이 개척 선교사같이 느껴진다고 하더군요. 그곳은 바로 바닷가라 지대가 높고 시원한데 생선 냄새가 견딜 수 없다네요. 그렇지요. 우리는 자기 집이 아니고서는 모든 장소에 대해 조금씩은 불편함을 가지고 살아갑니다.

뉴저지주 케이프메이에 사는 소녀로부터 다정한 편지 한 통을 받았어요. 그녀는 나에 대한 이야기를 듣고 자기 이름도 룰루라서 편지를 쓰고 싶었답니다. 그 편지 안에 예쁜 '왕의 딸' 북마크가 있었어요. 캔자스주에 사는 친구에게서도 편지를 받았는데, 그 친구도 북마크를 동봉해주었어요. 그랜트 오빠가 제게 보낸 이쁜 것까지 해서 북마크가 세 개나 한 번에 왔네요. 출판되어 대중에게 읽힐 편지를 쓰는 일이 고되게 느껴지기 시작했어요. 어머니에게 집안 편지를 보내는 것이 너무 기분 전환이 돼요.

오후 티타임이 되었으니 이제 인사드릴게요. 곧 그리고 자주 편지 써주세요. 한 번 빼고는 집에서 오는 편지를 모두 받았어요.

어머니와 모두에게 사랑을 담아

룰루

서울, 조선
1894년 5월 22일

나의 사랑하는 어머니

어머니가 여러 날에 걸쳐 쓰시고 4월 14일에 부치신 편지가 오늘 도착했어요. 조지아가 보낸 훌륭한 편지와 아버지가 보내신 다정한 네 단어 인사도 왔어요. 해티 프라이, 에타 스네이, 엠마 데임도 각각 편지를 보냈고, 메리가 보낸 편지와 메임 힐먼Mary “Mame” Roilla Hillman(1870~1928)이 보낸 편지도 모두 함께 오늘 도착했어요. 다음번 우편물은 많지 않을까 봐 걱정되지만 매번 우편물이 오는 날은 행복하게 놀란답니다.

사랑하는 어머니에게 간구드릴 일은 제 편지를 쪼개서 출판용으로 짜깁기하지 말아 달라는 것입니다. 많은 오해가 그렇게 해서 일어나더군요. 한 문단을 문맥에서 꺼내 다른 곳에 붙이니까 완전히 다른 것을 의미하게 돼요. 제발 그렇게 하지 마시길 간구드려요. 아시다시피 제가 무엇이든 모든 것을 묘사할 때는 가족이 보라고 쓰는 편지이지, 대중이 보라고 쓰는 것은 아니에요. 어머니는 편지가 게재하기에 적합한 것인지 쉽게 아실 겁니다. 한두 가지를 생략하면 게재할 수 있을 법한 편지를 어머니나 아버지에게 한 달에 한 번꼴로 보냅니다. 그것도 너무 자주인 걸요. 사람들은 곧 제게 싫증이 날 것이고, 그렇게 자주 신문에 나면 제 편지들은 그들의 비웃음을 살 거예요. 얼마 전 어머니가 좋으시면 신문에 게재하셔도 괜찮겠다고 생각해서 월식에 대해 썼고, 아버지께 도성 밖을 산책한 일화에 대해 쓴 편지 역시 게재용이라고 생각하면서 건조하게 썼지요. 어머니가 저를 완전히 이해하시도록 하려면 무엇을 더 말씀드려야 할지 모르겠습니다. 제 편지를 잘라 다시 배열하고 모든 오타를 정정하고 수사를 바꾸면 더 이상 제 편지가 아니라 어머니 편지입니다. 편지가 길면 어머니가 알아서 여기저기 개인적인 것은 생략하셔도 되지만 많은 편지에서 여러 가지 일을 꺼내 함께 섞지는 말아주세요.

제가 특별히 쓰기를 원하시는 것이 있으면 알려주세요. 제가 할 수 있는 한 해볼게요. 다만 어머니께서 저를 과시하고 싶을 때를 제외하고는 제 편지를 소중하게 다루지 않으시는 것 같아 속상합니다. 저는 당신의 딸이지만 그냥 평범한 선교사일 뿐입니다. 사람들이 읽고 싶어 한다고 어머니께서 말씀하신, 신문에 게재된 제 글을 보셨으면 해요. 저는 흥미로운 신문 뭉치를 받지만, 이상하게도 그 안에 제 편지는 하나도 없어요.

어머니가 좋은 의도이신 것은 알아요. 저도 인정받고 싶지만, 그렇다고 해서 과시하는 것은 제 본심에 너무도 위배되는 것임을 어머니께서도 잘 아시지요. 제가 이렇게 길게 설명하는 것은 다음 편지에서 더는 이 일로 편지지를 낭비하지 않기 위해서입니다. 편지를 가지고 무슨 일을 하시든지 저에게도 알려주세요. 지난 우편물에 오랫동안 기다리던 그랜트 오빠의 편지가 있었어요. 제가 집에 보낸 편지를 신문에 게재하는 것을 모르도록 어머니가 저에게 비밀로 하게 하셨더군요. 이 세상은 결국 좁아서, 제가 서울에 온 지 한 달도 안 되어 제가 배에서 보낸 편지들이 사람들 손에 있다는 것을 적어도 네 사람한테 들었어요. 제 입장이 되어 생각해보시면 제가 어떤 느낌인지 아실 겁니다. 제 말을 이해하실 만큼 어머니는 저를 잘 아시리라 생각해요.

스크랜튼 부인에 대해 물어보셨죠. 그녀는 매우 다정하고 세련된 뉴잉글랜드 여성입니다. 그녀의 아들과 며느리, 아펜젤러 씨와 부인은 8년 전 우리 선교회에서 파견한 첫 번째 선교사들입니다. 그녀는 여성해외선교회에서 파견한 첫 선교사로서 아들과 함께 왔어요. 그녀가 모든 것을 시작했지요. 로드와일러 양은 3년 뒤에 왔어요.

제 친구 스왈른 부인은 일전에도 썼듯이 지금 원산 해변에 있어요. 그녀가 매우 보고 싶습니다. 그녀와 남편은 매우 행복하며 누가 봐도 잘 어울리는 부부입니다.

케네디 장군이 결혼한다는 상대가 누구예요? 정말 놀라운 소식이군요.

편지를 또다시 짧게 쓰는 것을 용서해주세요. 선교회에 편지를 써야 하는데 상태가 안 좋아 이 편지를 쓰는 것이 전부네요. 오늘 학교에서 한 시간 수업을 했는데, 그것이 오늘 제가 간신히 한 전부입니다. 봄철이 저에게는 항상 힘들어요. 그래도 차츰 풍토에 적응하고 있는 것 같아요. 온도가 집에서보다 더 높이 올라가지는 않지만 그래도 태양의 열기는 다르네요.

몇 년 전 정부가 고용한 선생 중 한 명인 길모어George Gillmore(1857~1933)가 조선을 제대로 묘사한 책을 읽었어요. 그는 여기 날씨가 버지니아주 리치먼드 같다고 썼더군요. 클라라[8]의 편지는 도착하지 않았어요. 다음번 기선 편에 실을 수 있게 며칠 내로 그녀에게 편지를 쓰겠어요. 그 편지가 조선에 관한 회의가 열리는 날짜에 맞추어 도착하길 희망해요.

8 클라라벨 밀러Clarabel Miller(1874~1941). 프라이의 고향 친구 메리 밀러의 동생.

그래요, 기선 시간표를 사용하는 것이 중요하다고 생각해요. 어머니께서 그걸 어떻게 사용하는지 잘 모르시는 것 같아요. 왜냐하면 페인 양의 어머니 편지가 어머니 것보다 항상 일주일 늦게 쓰인 것이거든요. 오늘 것은 4월 22일이라고 쓰여 있어요. 제 생각에 어머니가 매주 편지를 하루 늦게 부치는 바람에 샌프란시스코에서 한 기선을 놓치고 묵혔다가 그다음 기선으로 넘어가는 것 같습니다.

가든파티 초청장을 동봉합니다. 내내 비가 와서 그날도 날씨가 이대로라면 썩 유쾌하지 않을 것 같아요.

네티 언니가 안정을 찾아서 예상보다 상황이 더 나아지기를 희망해요. 얼마나 애들이 보고 싶은지 모르겠어요. 그들이 저를 잊지 않도록 해주세요.

사랑을 담아
룰루 E. 프라이

서울, 조선
1894년 5월 26일

사랑하는 어머니

어머니에게 몇 자 쓸 기회가 생겼네요. 페인 양에게 이번 여름 나를 떠나려 하다니, 그게 얼마나 심술궂은 계획인지 우리 어머니께 다 이르겠노라고 말했어요. 해먹이 도착하면 매일 일과 후 해먹에서 책을 읽으며 보낼 생각이에요. 미국에다 하나 주문했거든요. 올 때 하나를 갖고 오지 않은 것이 어리석었어요. 어제는 영국 공사관에서 가든파티가 있었어요. 많은 미국 사람 외에도 영국, 독일, 프랑스, 중국, 일본, 포르투갈, 러시아 그리고 조선을 대표하는 이들이 모두 모였습니다.

어제가 할머니 생신이셨던 것이 기억났어요. 할머니가 일흔다섯이신가요? 매번 우편물이 갈 때마다 할머니에게 다시 편지 써야지 하면서도 소위 "형식적인 편지들"을 쓰는 것만으로도 너무 바쁘네요. 이번 우편물에 저는 우리 선교회 여성분들께 부치는 두 통의 편지와 캔자스주 토피카에 부치는 한 통의 편지를 넣었답니다.

클라라벨이 이번 여름 레이크사이드에 간다고 메리가 썼네요. 정말 좋은 시간을 보내겠죠. 거기서 저에게 편지 쓸 시간도 있었으면 해요. 지난가을에는 그녀가 메리랑 같이 갔던가요? 메리가 클라라벨을 데리고 간 이야기는 했는데 그건 제가 떠난 후의 일이었어요.

요즘 저는 시간을 교실과 딸기밭에서 나눠 쓰고 있어요. 하루 두 끼 먹기에 충분한 딸기를 수확하고 있는데, 곧 세 끼에 다 먹을 수도 있을 것 같아요. 우리 식구 수는 적지 않지요. 시장이 없는 곳이지만 우리만의 텃밭을 갖고 있어 정말 좋아요. 제가 집으로 돌아가면 여러 종류의 부업을 할 수 있을 거예요. 포도 넝쿨과 과일나무 가지 다듬기, 정원 가꾸기, 가르치기, 간호하기, 장의사 일과 온갖 종류의 대장 노릇은 다 할 수 있어요.

오늘 저는 스크랜튼 부인과 여섯 명의 노처녀들이 주인 노릇하는 것을 우리 불쌍한 하인들이 어떻게 견디나 생각했어요. 그래도 그들은 우리와 같이 있는 것을 아주 좋아하는 것 같아요. 아마 우리가 더 좋은 임금을 주나 봐요. 조선에서는 양반이 대가 없이 아랫사람에게 일을 요구할 수 있어요. 우리를 위해 일하는 사람들, 제 말은 조선 사람들은 모두 임금을 받는 것을 경이로워해요. 가장 많이 받는 이는 미국 돈으로 한 달에 3달러를 받는데 자신이 부자라고 생각해요. 이전에 제가 말했듯이, 사촌 로버트 스튜어드가 인도에서는 한 사람이 한 가지 일밖에 하지 않아 뭔가 하려면 너무나 많은 사람이 동원된다고 말한 것과 비슷해요. 한 사람이 부유해지면 다른 사람들이 그를 위해 일한다는 점에서 정확히 같지는 않지만, 아무튼 토착인들은 미국 사람만큼 효율이 높지 않으니 우리는 일을 빨리 끝내기 위해 차라리 스스로 하는 것이 낫겠다고 느낍니다.

클라라가 떠나니 편지를 캐리 버틀러에게 보낼게요. 위틀록네는 어디서 살지요? 그들에게 제 안부를 전해주세요.

어머니가 제 선교사 회비를 내주셨으면 해요. 충분한 돈을 어머니에게 보낼게요. 낙담하지 마세요. 은행에 충분한 돈을 예금해놓았지만 환율이 너무 낮아 그 돈을 지금은 보내기가 싫어요. 머지않아 환율이 올라가겠지요. 우리에게는 여기 봉급이 거의 두 배가 되어 더 좋지만 지금 환율에 집으로 송금하는 것은 낭비 같아 보여요.

이제 늦어서 인사를 해야겠어요. 네티 언니와 프랭크 형부와 모두에게 제 사랑을 전해주세요.

사랑을 담아
룰루 E. 프라이

~ ~ ~

제물포, 조선
1894년 6월 14일

사랑하는 어머니

바로 1년 전 오늘 저는 무디학교를 떠났고 8개월 전 조선에 갓 도착해서 같은 탁자에 앉아 어머니에게 편지를 썼지요. 이번에 저는 일본으로 소위 건강 여행을 떠나는 중이에요. 의사들과 식구들이 그렇게 결정했지만 사흘 전까지만 해도 저는 까맣게 몰랐답니다. 실은 정말 가고 싶지 않았어요. 조선에서 맞는 첫 여름부터 휴가를 간다는 것이 제 자존심을 상하게 했기 때문이지요. 자, 너무 걱정하지 마세요. 단지 약간 피곤할 뿐이지 아프지는 않습니다. 봄철에 입맛이 없는 것은 어머니도 아시잖아요. 저는 여기서 고베로 갑니다. 우리 기선은 토요일 아침에 출발해요. 여기까지 오는 데 꽤 애를 먹었어요. 항만은 일본, 러시아, 영국, 중국, 미국 함정으로 가득 차 있어요. 일본 해병은 여기와 서울 사이를 강배를 이용해 오가는데, 어제 강으로 갔을 때 배로 갈 수 없다는 사실을 알게 되었어요. 그래서 육로로 데려다줄 가마꾼을 고용했죠. 페인 양은 여덟 명, 저는 여섯 명 그리고 장로회 소속인 아버클 양Victoria Chalmers Arbuckle(1867~1911)은 네 명의 가마꾼이 붙어 가마를 들었고 두 마리 조랑말이 우리 짐을 날랐어요. 세 차례의 폭우를 만났고 서울로 오는 천여 명의 일본 군인을 지나갔어요. 이것이 무엇을 의미하는지 아무도 모르는 것 같아요. 조선 땅에서 일본과 중국 사이에 전투가 일어난다는 의미일까 생각하니 두렵습니다. 두 나라 다 불쌍한 작은 조선을 원하고 있어요. 조선인들 사이에서는 정부에 반대하는 소요가 있고, 다른 나라들은 이 나라를 집어삼킬 절호의 때라고 생각하는 것 같아요. 미국과 영국이 우리를 보호하기 위해 여기 있는 것 같습니다. 우리 자신에게는 어떤 해도 가해지지 않겠지만 무슨 일이 있을지는 우리도 모릅니다.

지난 일요일에 어머니에게서 온 장문의 멋진 두 통의 편지를 받았어요. 제가 출발하기 전에 받아서 너무 기뻤어요. 여러 장소에 갈 예정이니까 다른 편지들을 보려면 조선에 돌아올 때까지 기다려야겠지요. 아마도 7월 말경까지 돌아올 것 같아요. 오늘은 비가 심하게 옵니다. 장마철이 시작되어 바다 여행이 그렇게 즐겁지는 않을 것 같군요. 저는 서울로 되돌아갔으면 좋겠어요. 하지만 페인 양은 처음 이야기가 나온 때부터 제가 안 가면 자신도 가지 않겠다고 했지요. 그래서 오랫동안 계획되었던 그녀의 휴가를 망치기보다는, 그리고 저도 다시 강건해지리라 희망하면서 감언이설에 설득당해 가게 되었습니다. 페인 양은 후쿠오카에서 내리고 저는 고베로 가요. 제가 여권이 나오지 않아서 바로 내륙으로 들어갈 수는 없거든요. 고베에서 여권을 받으면 요코하마 주변의 여러 곳을 갈 예정입니다.

고베에서 편지를 쓸게요. 평상시처럼 서울로 편지를 보내주세요. 편지가 당도할 때쯤 저도 돌아올 것 같아요.

어머니가 잘 계셨으면 해요. 해티 프라이의 편지를 보니 조지아가 방학 여행으로 그곳에 간다는 말을 했다네요. 해티의 편지는 정말 반가웠어요. 소식을 듣고 싶어 하는 친구 모두가 제게 편지를 써줬으면 좋겠고, 제가 먼저 답장을 안 한다고 삐치지 않았으면 해요. "프랫 박사에게 무슨 일이 있냐"고요? 제가 어떻게 알겠어요? 제 추측에는 많은 사람이 그러하듯 그 사람도 제가 돌아가기 전 저를 잊어버릴 거예요. 상처받지 마세요. 저도 받지 않아요. 어머니가 제게 보낸 물건들에 대해 물으셨죠. 숄이 영영 도착하지 않아서 너무 속상해요. 여러 차례 숄이 있었으면 했는데요. 편지용 우표를 붙이고 "편지 우편물"이라고 쓰시면 안전하게 올 거예요. 장기적으로 보아 그것이 제일 저렴해요. 어머니 편지에 대한 추가 우표 요금은 신경 쓰지 마세요. 제가 그것을 지불해야 한 적은 없습니다.

더운 날씨가 다가오니 네티 언니가 나아졌길 바라요. 지금 상태로 그녀가 계속 살아가야 하는 것은 아닐 겁니다. 최악의 오두막에 사는 고국의 사람들조차 여기 진흙 초가집에 사는 사람들에 비하면 궁전에 사는 겁니다. 아버클 양 말이 장로회는 독신 여성의 봉급을 100달러 깎았답니다. 그녀는 선교사로서의 삶이 겪는 여러 어려움에 대해 설명하는 긴 편지를 선교회에 보냈어요. 그녀에 의하면 그들이 새 집을 짓고 싶어 하는 대지가 있는데, 그곳에 토착민들이 사는 작은 집이 몇 채 있답니다. 그 오두막 중 하나에 산다고 생각하니 자기 아버지의 돼지우리가 더 호사스럽다는 생각이 든다고 하네요. 그녀는 정말 괴짜예요. 시카고에서 사람들이 제게 말하던 여자가 바로 그녀예요. 그녀는 무디학교의 학부장인 캐프론 부인으로부터 선교사로 가기에는 적합지 않다는 말을 들었어요. 제가 그런 인상을 준 적은 없기를 바라요. 착한 사람인데 사람들이 조금 오해를 해요. 하지만 그녀 아버지의 돼지우리 비유는 정말 적합한 비유이지요.

모두에게 제 사랑을 전해주세요. 제가 고베에 도착하면, 아마 지금부터 일주일 후가 될 텐데 바로 편지 쓸게요.

L. E. F.

나가사키, 일본
1894년 6월 18일

사랑하는 어머니

같은 우편물 편에 제가 제물포에서 쓴 편지도 받으실 것 같네요. 우리는 다른 기선으로 오기로 결정했어요. 여기서 저는 2주 있다가 도쿄와 요코하마를 비롯한 다른 곳으로 갑니다. 제가 보고 들은 것을 어머니에게 편지 쓸게요. 저에 대해 걱정하지 마세요. 저는 좋은 시간을 갖고 건강하게 일터로 돌아갈 것입니다. 유키에는 여기서 저를 만나 기뻐했어요. 벨 알렌은 건강 문제로 러시아 블라디보스토크로 떠났어요. 그녀가 미국에 좀 더 있지 않고 와서 정말 안타까워요. 나가사키 학교의 기어 양Jean Margaret Gheer(1846~1910)이 선교사 모집 여행을 하러 오늘 미국으로 떠납니다. 그녀는 아주 안 좋아 보였어요. 저는 일본의 날씨가 조선보다 더 나쁘다고 생각하지만, 어머니는 그럼 왜 제가 여기 왔는지 궁금해하시겠죠. 그저 기분 전환이에요. 늘 하시듯 조선으로 편지를 보내주세요. 조선으로 돌아가기 전까지 집의 소식을 듣지 못하는 것을 어떻게 견뎌야 할지 모르겠어요.

사랑을 담아
룰루 E. 프라이

~ ~ ~

아오야마, 도쿄, 일본
1894년 7월 9일

나의 사랑하는 어머니

나가사키에서 마지막 편지를 썼을 거예요. 반 페튼 부인Emma Caroline Van Petten (1854~1916)과 함께 거기를 떠나서 범선을 타고 왕족 같은 대우를 받았어요. 선장은 영국 사람이었어요. 그는 욕실이 딸린 자신의 개인 방을 우리에게 내주었고, 덕분에 우리는 매일 아침 멋진 해수욕을 했답니다. 우리는 고베에서 요코하마로 기차를 타고 갈 예정이었는데, 함께 있던 우리 배 선장의 사위(그는 또 다른 영국 범선의 선장이라더군요)가 무료로 태워줄 테니 다음 날 아침에 함께 가자고 우리를 설득했어요. 바다가 더 시원하고 육로만큼 요코하마에 빨리 도착하리라는 것을 우리는 알았죠. 가는 길은 너무나 쾌적했는데, 그래도 저는 육지에 다시 도착해 기뻤어요. 요코하마는 지진의 피해가 상당했다고 하더군요. 도쿄와 요코하마 근처 모두 상당한 피해를 입은 모습이었어요. 요코하마에서 히튼 양Carrie Ann Heaton(1862~1941)을 만났고 우리는 거의 1년 만의 만남이라 서로 너무 기뻤어요.

요코하마에 사흘 머물고 일본 협의회 참석을 위해 도쿄로 떠났어요. 닌데 감독 William Xavier Ninde(1832~1901)이 부인과 두 아들과 함께 참석했고 우리 선교회에 속한 메리 C. 닌드Mary Clarke Nind(1825~1905)라는 노부인도 참석했는데, 이름은 비슷하지만 감독과는 아무 관계도 아니랍니다. 어제는 감독님의 설교를 들었어요. 오늘 아침 여성 협의회의 아침 회의에 참석하고 오후에는 도쿄로 가고 싶어요. 알렌 양의 집이 있는 아오야마는 교외인데, 제가 썼듯이 그녀는 여름을 보내러 블라디보스토크에 가 있습니다. 내일은 닛코로 출발하려 해요. 사람들 말이 아주 아름다운 곳이라고 하는데 거기서 며칠 머문 다음 요코하마에서 며칠 더 있다가 히튼 양이 살고 있는 내륙도시인 나고야로 가려고요. 거기서는 하루만 있다가 고베와 아리마로 갈 예정입니다. 아리마는 선교사들을 위한 휴양지예요. 거기서 일주일 내지는 열흘 정도 있으려 하는데, 그다음 나가사키로 가고 그때쯤이면 남아 있는 시간도, 지갑도 비었을 거예요.

인력거 장식을 이번 편지에 못 보낼 것 같아요. 가다가 부서지지 말아야 할 텐데요. 조선에 다시 도착하면 제가 다녔던 장소들과 본 것을 묘사하도록 하겠습니다. 일본은 매우 아름다운 나라이지만 저는 조선으로 파송된 것에 만족하고 있습니다.

가족 모두 편안하시기를 바라요. 이렇게 긴 시간 동안, 또 남은 한 달 동안 어머니 소식을 못 듣는 것은 너무 끔찍해요. 제게 일본으로 편지 보내려 하지 마세요. 전쟁이 나도 우리가 들어갈 수만 있다면 8월 중순에는 조선에 있을 것입니다. 조선은 사태가 매우 심각해 보이고 우리는 고무적인 어떤 소식도 듣지 못하고 있습니다.

모두에게 사랑을 담아

룰루 E. 프라이

서울, 조선
1894년 7월 20일

나의 친애하는 페인 양과 프라이 양

작은 쪽지를 붙여서 조선에서 보내는 편지들을 보냅니다. 여러분께 받은 모든 편지가 매우 흥미롭습니다. 모두 좋은 시간을 보낸다니 우리도 기쁩니다. 우리에 대한 걱정으로 좋은 시간을 망치지 마세요. "이는 네가 머리카락 한 터럭이라도 희고 검게 할 수 없음이라." 우리는 싸움의 한복판에 있고 그것을 벗어날 수 없네요. 무슨 일이 닥칠지 모르지만 언약을 지키시는 하나님 손안에 우리가 있다는 것을 압니다. 여러 해 전에 배운 위티어의 감미로운 말들이 최근 자주 내 마음에 떠오르네요. 우리가 살아가는 매우 불확실한 상황 때문에 그런 것 같습니다.

시구는 다음과 같아요.

갈라진 종려수 잎을 공중에 올리고 있는
하나님의 섬이 어디에 있는지 나는 모르네
나는 단지 그분의 사랑과 보호 너머로
표류할 수 없다는 것만 안다네.

그래서 고요한 바다 옆에서
나는 소리 죽인 노를 기다리네
그분으로부터 대양으로나 해안으로나
어떤 해악도 내게 올 수 없도다.

그래요, 그렇죠! 내가 앉아서 여러분께 시나 인용하려는 것은 아니에요. 하지만 이 구절들이 내 마음의 상태를 여러분께 보여줄 것입니다. 나는 모든 사람이 나처럼 느낀다고 생각해요. 걱정은 없어요. 하루의 임무가 우리에게 오는 대로 하나씩 수행하고 있을 뿐이죠. 우리가 제어할 수 없는 일들은 그분의 현명한 목적에 맞게 모든 것을 만드시는 하나님의 손에 맡기고 있습니다.

하나님께서 관여하지 않으시면 전쟁은 확실히 일어납니다. 우리는 만반의 준비를 하고 있지만 우리가 할 수 있는 것이 거의 없음을 압니다. 볼티모어호가 다시 돌아왔고 모노카시호도 제물포에 있습니다. 하지만 볼티모어호의 선장은 기분이 매우 상해 있다고 하더군요. 들리는 소문으로는 제물포같이 별 볼 일 없는 곳에 오게 되었다고 매우 화가 났다는 것 같아요. 그는 미국인들이 정치에 참견해서 스스로 분란을 초래했다고 비난하고 있는데, 그 사람이 우리에 대해 어느 정도 알고 있는지 잘 보여주네요. 하지만 그 사람을 너무 나쁘게 생각지 말아야겠어요. 물론 요코하마와 고베와 상하이 같은 항구가 우리의 이 작은 나라에서 발견할 수 있는 무엇보다 훨씬 더 매력적이겠죠. 아마도 그는 몇 명의 선교사를 보호하는 것보다 더 '고상한' 전투를 위해 자신의 칼을 쓰기를 희망하나 봅니다. 그 사람 없이도 우리는 잘 지낼 수 있을 거예요.

위안袁世凱(1859~1916)이 어제 서울을 떠났어요. 그가 중국에 갔는지 아니면 어디 다른 곳에서 자기네 군대를 만났는지는 모릅니다. 거의 모든 중국인이 이 도시를 떠났어요. 스튜어드와 온정도 가게를 정리하고 자기 물건을 싸서 곧 떠날 예정이며, 틱힝도 그럴 거예요. 그래서 우리에게 남아 있는 것은 창고에 있는 통조림과 이곳에서 나는 식재료뿐입니다. 우리는 버터 없이 빵을 먹고, 거의 고기를 먹지 않으며 생활하는 방법을 터득하고 있습니다. 우리와 오랫동안 육류를 거래해온 일본 사람이 외국 고객을 포기하고 일본군에 물자를 보급하는 데에만 전념할 수밖에 없답니다. 날씨가 너무 더워 고기 생각이 많이 나진 않으니 상관없어요.

상황이 호전되기 전에 돌아올 생각을 하는 것은 현명하지 못해요. 두 분이 시도하면 올 수 있을지 잘 모르겠지만 그런 시도는 안 했으면 해요. 의사 선생이 감독한테 편지를 써서 중국 협의회 참석 후 조선으로 오는 것이 가능한지 물어볼 것입니다. 감독의 방문을 포기할 수는 없지만, 지금은 그가 다음 달에 오는 것이 불가능해 보여요. 헤드랜드 가족은 제물포로 돌아가라는 권고를 이틀 전에 받고 그렇게 했어요.

약 30명의 영국군이 공사관에 있어요. 우리 군대도 지금쯤 나타나길 기대했었는데 군대가 올지는 우리도 모릅니다. 베베르 씨Karl Waeber(1841~1910) 가족은 돌아왔습니다. 아마도 이 소식은 이전에 내가 말한 것 같군요.

여러분이 서울에 남겨놓은 개인 자산의 목록이 있었더라면 좋았을 걸 그랬어요. 개인 물건과 선교회 재산에 관해 우리 모두 전체 목록을 만들고 있어요. 모든 종류의 비상사태에 대비해서죠. 우리는 모두 잘 있습니다. 여러분도 잘 있기를 바라요. 만약 여러분이 일본에 오래 머물러야만 한다면 우리가 여러분의 선생님을 그쪽으로 보내고 싶네요. 여러분이 공부하기에 얼마나 좋은 시간인지.

많은 사랑을 담아, 언제나 두 분의
M. F. 스크랜튼

아리마, 일본
1894년 7월 23일

사랑하는 가족들 모두에게

여러분은 내가 메리에게 닛코에 관해 이야기한 편지를 읽었겠지요. 우리는 그곳을 6일 전에 떠나서 요코하마로 갔다가 도쿄와 나고야를 거쳐 이곳으로 왔어요. 이곳은 산속에 있는 외국인을 위한 여름 휴양지입니다. 닛코만큼 아름답지도 높지도 않지만 매우 쾌적하고 시원합니다. 중국에서 그리고 일본의 모든 지역에서 선교사들이 이곳으로 왔고, 조선에서는 우리 셋이 왔어요. 임박한 전쟁 소식이 너무 우울하여 우리는 거의 피난민같이 느낀답니다. 앞으로 얼마간은 돌아가지 못할 수도 있어서 두렵습니다. 이곳을 방문하는 것은 너무 좋지만 추방당한 듯한 느낌은 유쾌하지 않아요. 이번에는 호텔에 머물지 않고 스펜서David Smith Spencer(1854~1929) 부부와 몇 명의 가까운 여자 친구들과 함께 작은 집에서 지내고 있어 물론 훨씬 즐겁습니다. 우리는 몇 주 동안 스스로 만족스럽게 지내자고 결론을 냈지요. 조선으로 빨리 돌아가는 것이 불가능하면 우리 우편물이나마 보내달라는 전보를 오늘 조선으로 보냈어요. 저는 집에서 오는 편지를 받고 싶어 너무나 초조합니다. 여러분이 모두 죽었을지도 모른다는 생각에 겁이 나요. 한마디 소식이라도 들은 지 너무 오래되었어요. 이 편지에 답장하실 때 여러분 중 한 분은 일본 나가사키의 감리회 여학교로 보내시고, 또 한 분은 서울로 보내주세요. 만약 내가 여전히 일본에 있으면 첫 번째 편지를 받을 것이고 서울에 있게 되면 이곳으로 보낸 편지가 그쪽으로 전송될 것입니다.

우리가 있는 작은 집은 일본식으로 지어졌어요. 여름 별장용으로 딱 알맞은 건축물입니다. 어제는 일요일이었고 우리는 성령이 충만한 아침 예배를 보았습니다. 작은 교회는 외국인으로 거의 만석이었어요. 두 사람이 제 관심을 매우 끌었습니다. 그들은 중국 내륙 선교회에 속한 남자들이었는데, 그곳 사람들처럼 살고 그들처럼 옷을 입었어요. 내 머리만큼 밝은 색깔의 머리카락을 땋아서 발꿈치까지 늘어트리고 있는 두 외국인을 상상해보세요! 나는 기독교화를 위해 토착민들을 서구인처럼 만드는 것도, 서구인이 토착민처럼 되는 것도 불필요하다고 생각해요. 보시다시피 고향을 떠나온 지 1년밖에 되지 않았는데도 제 주관은 뚜렷합니다.

닌데 감독과 그 가족은 조선으로 가는 것을 포기했어요. 이번 가을에는 전쟁 때문에 어떤 회의도 하지 못할 것 같습니다. 모든 일이 이처럼 불확실한 상태이니 어떤 일도 잘 계획할 수가 없네요.

이 편지를 아버지에게 보낼게요. 어머니에게는 나고야에서 우편엽서를 보냈어요. 아버지보다 어머니가 그것을 더 좋아하실 것을 알아요. 오늘 밤 우편물이 나가니 편지가 짧은 것을 용서하세요.

모두에게 제 사랑을 전해주세요. '모두에게'라는 제목이 보여주듯이 이 편지는 가족 모두를 위한 것입니다.

사랑을 듬뿍 담아
룰루 E. 프라이

아리마, 일본
1894년 7월 28일

사랑하는 어머니

이곳에 도착하자마자 아버지에게 짧은 편지를 썼어요. 아직 우리는 언제 조선으로 돌아갈 지 모릅니다. 오늘 아침 감독님이 편지를 보냈는데, 그 역시 조선으로 가는 것이 불확실하답니다. 우리는 돌아가고 싶은데 확실히 방법이 보이지 않는군요. 실제로 전투가 시작되지는 않았지만 일본군과 중국군이 수천 명씩 그곳에 있고 보급품이 매우 모자라기 시작했대요. 우리 집 창고가 비었을 때 전적으로 의존하는 중국 가게들이 "기둥을 뽑고" 중국으로 돌아갔답니다. 우리 식구들은 채소밭에 의존하고 있다고 합니다. 그러니 우리가 지금 돌아가면 먹일 사람이 둘이나 더 늘어나는 거예요. 미국 공사인 씰 씨John Malhelm Berry Sill(1831~1901)가 여기 같이 있는 아버클 양에게 지금은 돌아오지 말라고 조언했습니다. 우리는 여기서 스펜서 씨 내외와 여자 친구들과 함께 편안하게 지내고 있어요. 이곳에서는 버터가 450그램당 1.10엔이니 조선에 있는 것보다 생활비가 더 많이 드는 편은 아니에요. 이곳은 기분 좋게 시원해요. 하루에 한 번 우리는 "만병통치"라는 물이 나오는 광천에 갑니다. 철분, 유황과 탄산이 섞인 물이지요. 엊저녁 우리는 유황 목욕을 하러 온천에 갔어요. 제 일생 그렇게 목욕을 즐긴 적은 전혀 없었던 것 같아요. 우리는 매일 밤 가기로 했어요. 우리 둘이 함께 가면 단돈 5센(2.5센트)밖에 하지 않으니, 여기 있는 동안 온천을 계속하면 저는 훨씬 좋아질 것 같아요. 근처에는 좋은 음용수를 제공하는 매우 아름다운 몇 개의 폭포가 있습니다. 아리마의 세 풍광, 즉 온천, 광천수, 폭포를 담은 사진 세 장을 동봉합니다. 우리가 당연히 만족해야 한다고 생각지 않으세요? 페인 양은 돌아가고 싶어 안달이고, 저도 건강만 괜찮았다면 더 가고 싶었을 테지만 지금 상태라면 돌아가도 별로 도움이 될 것 같지 않군요. 날씨가 더 선선해지면 다시 건강해질 것 같아요.

벨 알렌이 올해 일을 맡은 것이 없어 아마 고국으로 돌아가야 할 거라고 제가 엽서에 썼지요. 할 수 있으면 그녀 편에 소포를 보낼게요. 부피가 큰 것은 그녀에게 짐이 되어 안 되겠지만 실크 같은 것은 보낼 수 있어요. 페인 양과 제가 나고야에 있을 때 산 접시 같은 것을 어머니에게 보낼 수 있으면 얼마나 좋을까요. 우리는 약 14엔을 주고

50개 넘는 온갖 종류의 너무나 아름다운 접시와 찻잔, 과일 접시, 샐러드볼, 주전자 등을 샀는데, 14엔 정도면 금화로 8달러가 넘지 않아요. 제가 집에 갈 때 어머니께 몇 개 가져갈게요.

방금 M. F. 스크랜튼 부인에게서 편지를 받았어요. 그녀는 전쟁이 불가피하며, 우리가 지금 돌아오려 하지 말아주었으면 한다고 적었습니다. 두꺼운 옷 때문에 약간 걱정이에요. 두꺼운 옷은 단 한 벌만 갖고 왔는데 일본에서 은둔 생활을 할 것은 아니니까요. 웬만한 크기의 모든 일본 도시에는 영국 가게가 있어 미국 것보다 싸고 좋은 영국제 물건을 구할 수 있어요. 물론 고향에서만큼 다양하지는 않지만 이 정도도 만족하고 있어요. 일본이 지난 30년간 이룬 발전에 대해 어머니는 전혀 모르실 거예요. 가고 싶은 곳 거의 어디나 데려다줄 수 있는 객차와 어디든 뻗어 있는 전봇대 선, 모든 도시마다 설치된 수도 시설, 도쿄의 전차, 어디에나 있는 유럽식 숙박시설 그리고 일본어를 몰라도 어디나 여행하는 데 어려움이 전혀 없을 정도로 영어를 구사하는 현지인이 많이 있습니다.

나라에 관한 한 이곳은 머물기에 훌륭한 장소입니다. 만약 우리가 오랜 기간 머물러 있어야 할 상황이라면 어딘가 가서 일을 해야 하겠죠. 하지만 제 마음은 지금 조선 사람들과 함께합니다. 제 앞의 길은 우울하고 불확실해 보이지만 제가 원하는 것이 무엇이든 간에 우리는 지금 여기 일본에 있는 것이 최선이라고 느낍니다. 우리 자신과 우리의 모든 것을 하나님의 손에 맡길 수밖에 없습니다.

제가 어머니에게 편지를 쓰면서 집 소식은 한마디도 듣지 못하는 상황이 너무나 이상해요. 어머니께 받은 마지막 편지가 5월 3일과 7일 자로, 제가 조선을 떠나기 단 이틀 전에 받은 것이죠. 그 편지들은 어머니가 제게 써주신 최고의 편지들이었어요. 이제 저는 그 후의 편지들을 원해요. 집에서 오는 편지 없이 일주일을 지냈을 때 제가 얼마나 끔찍하게 느꼈을지 생각해보세요. 제가 말씀드렸나요? 부산에서부터 전선이 끊어져 우리 전보가 되돌아왔어요. 그래서 우리의 편지가 조선에 닿아, 다시 그들이 우리에게 우편을 보내줄 때까지 우리는 기다려야만 해요. 아버지에게 보낸 편지에서 제가 어디에 있건 편지를 받을 수 있도록 나가사키와 서울로 각 한 통씩 보내달라고 썼어요. 하지만 다른 말씀을 드리기 전까지는 나가사키로 편지를 보내주세요. 편지는 그곳에서 일본이든 조선이든 제가 있는 장소까지 쉽게 전송될 수 있습니다. 모두들 어떠신지 알고 싶어 제가 얼마나 초조해하는지 어머니는 모르실 겁니다.

스크랜튼 부인에게서 방금 받은 편지를 페인 양이 그녀의 어머니에게 동봉할 것이고, 그녀가 그것을 읽은 후 어머니에게 보내줄 것입니다. 그 편지를 통해 돌아가는 상황에 대한 감을 잡으실 수 있을 거예요. 페인 양과 저는 어머니들이 우리가 분쟁에서 벗어나 일본에 있다는 것에 기뻐할 것이라고 생각해요. 저는 닛코에서 여러 통의 편지를 썼는데, 그녀가 답신을 쓰지 않은 것 같아요. 만약 아직 쓰지 않았다면 나가사키의 감리회 여학교 주소로 제게 편지를 보내달라고 해주세요. 그리고 제게 편지를 쓸 다른 사람들에게도 알려주세요.

이제 이 편지를 끝내고 코엔 부인에게도 편지를 써서 같이 보내야 해요.

모두에게 사랑을 보내요. 나의 두 집 사이에서 망명 중인 저를 잊지 말아주세요.

당신의 매우 사랑하는 딸로부터

룰루 E. 프라이

~ ~ ~

아리마, 일본
1894년 7월 30일

사랑하는 어머니

다른 기선 편으로 우편을 보낼 기회를 잡았어요. 알려드릴 소식은 많이 없어요. 다만 25일에 전쟁이 공식적으로 선포되었고 몇 시간 만에 일본이 중국을 공격해서 1,500명이 탄 전함이 침몰했어요. 서울에서 120킬로미터 떨어진 아산에서 일어난 일이라고 하네요. 전투가 서울에서도 있었다고 들었는데 그 소문은 신빙성이 떨어져요. 내일이면 소식이 더 들려올 테니 다시 편지 쓸게요. 그 편지는 아마도 캐나다 선사의 엠프레스호로 갈 수 있을 거예요. 어머니도 저희만큼 모든 진실을 알고 싶어 하신다고 생각해요. 미국 신문에 실린 기사는 많이 신뢰할 수 없어요.

저는 매일 뜨거운 유황 온천을 하고 있어요. 그것을 너무나 즐기고 있고, 건강도 훨씬 좋아지고 있어요. 우리는 여기서 한 달 더 머물다가 나가사키로 가서 때를 기다릴 거예요. 모든 일이 잘 풀리면 곧 돌아갈 수 있겠지요. 그러나 하나님만이 아실 터이지만 현재는 전망이 어두워 보입니다. 우리는 친절한 친구들과 함께 있고 경비를 모두 지불할 만한 충분한 돈도 있어서 누구에게도 짐이 되지는 않습니다.

페인 양이 어머니께 사랑을 전하며, 그녀가 나를 잘 보살피고 있다고 말씀드려 달래요. 실제로도 그래요. 그녀는 정말 저에게 잘해줍니다. 특히 두 나라 사이에서 꼼짝 못하고 있는 이때 우리는 함께 있어 너무 감사해요. 우리가 여기에서 계속 머물러야 한다면 아마도 나가사키에서 가르치는 일을 할 것입니다. 내내 단절되어 있다고 생각하는 것보다 뭔가 일을 하면 훨씬 더 기분이 좋겠지만 가을이 오면 모든 것이 정해지겠지요. 제 대학 친구인 롤라 키드웰이 이번 가을에 오는데, 나가사키 학교에 취직했대요. 그녀를 만나게 되면 너무 기쁠 거예요. 유키에는 거기서 미술을 가르치며 훌륭히 일하고 있지요. 여전히 저를 좋아하는 것 같은데 그녀의 오랜 약점인 둘러대는 습관은 여전합니다.

다음에 나가사키로 제게 편지 쓰실 때 최근 신문들을 좀 보내주세요. 그렇게 많이는 말고 최신 것 몇 개만요. 마지막 소식을 들은 지 오래되어 그 후 많은 일이 있었겠지요.

페인 양이 침대에 들어 저도 자러 가야겠어요. 네티 언니가 이번 여름을 건강하게 잘 지내길 바라요. 시골로 옮긴 이후 언니로부터 소식을 듣지 못했어요. 아버지가 무슨 사업을 시작하셨는지도 듣지 못해 매우 궁금해요. 어머니의 5월 7일 자 편지에 "다음 편지에서 네 아버지가 무슨 일을 하려고 생각하는지 알려주마"라고 쓰셨잖아요. 편지가 왔다 갔다 하는 길이 세 가지 있는데, 어머니가 이 편지를 며칠 간격으로 받으셨다면 편지들이 다른 선사의 선박으로 가서 그래요. 샌프란시스코, (워싱턴) 타코마 그리고 밴쿠버입니다.

어머니, 조지아, 아버지 그리고 아이들 모두 무사하길 바랍니다. 할머니는 어떠세요? 제가 곧 할머니께 편지를 쓸게요. 제 사랑을 전해주세요.

그럼 안녕히 주무세요. 어머니는 곧 일어나 아침을 준비하시겠군요. 모두 무엇을 하고 있을지 상상하는 것이 저는 좋아요.

당신을 매우 사랑하는 딸

룰루 E. 프라이

~ ~ ~

아리마, 일본
1894년 8월 9일

사랑하는 어머니

조선을 떠난 후 집으로 보내는 열 번째 편지입니다. 지금의 상황은 제 평생 가장 견디기 힘든 시간이지만 나중에 밀린 편지들을 읽으면서 얼마나 행복할까 상상하며 스스로를 다독이고 있습니다. 우리가 독립 100주년 여름휴가를 보내고 돌아왔을 때 신문이 한 통 가득 차 있던 것을 기억하시죠? 우리가 편지를 받으려면 아직 시간이 더 있어야 하니까 저는 그런 비슷한 모습을 상상합니다. 배들은 아직 조선으로 가는 승객을 태우지 않고, 정기 노선은 단지 한 척만이 오고 있을 뿐입니다. 우리는 고베에서 우편물이 못 가게 잡아두려 했는데 주소가 조선으로 되어 있어 그대로 가야 한다네요. 페인 양이 며칠 전 고베로 내려가서 "히고마루"의 항해사 중 한 사람을 만나 제물포에 있는 존스 씨George Heber Jones(1867~1919)에게 보내는 쪽지를 가져다줄 수 있는지 물었습니다. 존스 씨가 서울로 전령을 보내서 우리 우편물을 제물포로 보내라고 해 히고호의 이 선원에게 전달해줄 것을 요청하는 쪽지였죠. 이 친절한 선원은 고베로 그것을 가져다주겠다고 했습니다. 하지만 히고호는 부산보다 더 멀리 가지 않을 수도 있을 것 같아요. 지난번 여정에서 그 배는 나포될까 두려워 밤중에 불도 없이 매우 조심스럽게 갔다고 해요. 이 배들은 일본 회사에 속해 있으므로 모두가 중국군의 포격 대상이 되지요. 이 분란에 대해 종합적이고 정확한 요약을 한 신문을 얻을 수 있다면 어머니에게 보내드릴게요.

며칠 전 로드와일러 양에게서 편지를 받은 후 우리는 드디어 안심할 수 있었습니다. 그녀가 전하기로, 아직까지는 안전하며 우리가 떠난 후 중국 상인들이 철수해서 그들은 물건을 사 창고를 채워놓았답니다. 우리는 그들이 고통을 받고 있지는 않을까 걱정했거든요. 그들은 버터와 신선육 없이 버텨야 하지만 충분한 채소와 과일 그리고 통조림 고기가 있는 한 지낼 수 있답니다. 우리 학생 16명은 부모와 함께 시골로 갔습니다. 교정은 피난민으로 가득 찼고 선생님들은 학교 안에 많은 여인과 아이들을 받았답니다. 지금은 전쟁이 느리게 진행되고 있는 것 같습니다. 우리가 언제 일터로 돌아갈지는 전혀 모릅니다. 겨울이 다 가도록 못 갈 수도 있지만, 우리는 단지 현재만 보면서 오래지 않아 상황이 희망적으로 전환되기를 바랄 뿐입니다.

이번 주에는 중국과 일본의 선교사들이 모이는 흥미로운 기독교 수양회를 가졌어요. 닌데 감독이 지금 이곳에 있어요. 어제 와서 우리와 며칠을 보낼 거예요. 그는 매우 다정한 성품의 사람입니다. 우리는 갤러웨이 감독Charles Betts Galloway(1849~1909)에게 반했어요. 너무나 재치 있고 사고가 넓은 분이라 우리는 그가 남부 출신이란 느낌을 전혀 받지 않았고, 오히려 우리와 같은 편이라고 느꼈어요. 모든 사람이 그와 같다면 고향의 교회에서는 어떤 분란도 없을 겁니다.

우리는 스펜서 부부와 아이들 외에도 여섯 명이 함께 즐거운 시간을 보내요. 며칠 전 우리는 스펜서 부인에게 예쁜 종 세트를 선물했고, 함께 난센스로 가득한 긴 시를 썼어요. 하루하루 그렇게 빨리 지나갔고 저는 아무 일도 하지 못했어요. 독서도 못 하고 편지도 거의 쓰지 못했네요.

벨 알렌은 블라디보스토크에서 아직 돌아오지 않았어요. 사실 지금의 상황에서 그녀가 그곳을 벗어날 수 있을지 의문입니다. 해전이 너무 격심해서 선박들이 가기를 두려워한답니다. 저는 무엇을 해야 할지 아직 결정하지 못했어요. 우리는 다음 주 내지는 그다음 주에 나가사키로 갈 예정인데, 그녀가 다행히도 배에 탈 수 있었다면 그곳에서 그녀를 만날 수 있을 겁니다. 제가 어디 있는지 신경 쓰지 마시고 편지를 나가사키 감리회 여학교나 요코하마 221 야마테로 보내주세요. 제가 어디 있든 결국 편지를 받을 것입니다.

로드와일러 양이 보낸 마지막 편지를 동봉하니 어머니가 읽으시고 페인 부인에게 전송해주세요. 어머니가 믿을 만한 뉴스를 간절히 바라고 계시다는 걸 저도 알아요. 어머니가 집에 계시든 떠나 계시든 편안한 여름을 맞기를 바라요. 저는 제 침대에서 하룻밤 더 자고 싶어요. 일본 호텔은 편안한 외제 침대가 설치되어 있지 않지만 대체로 일본에서의 여행 전체가 매우 즐겁고 가격도 합리적입니다.

할머니, 네티 언니, 프랭크 형부와 아이들 그리고 모두의 안부가 궁금해 집에서 오는 편지를 제가 얼마나 기다리는지 어머니는 상상도 못 할 거예요. 조지아에게도 마지막 편지를 썼어요. 회의에서 며칠 전 사진을 찍었는데, 나중에 받으면 어머니에게 한 장 보낼게요. 일본인들은 우리 나라에서보다 훨씬 싼값에 사진을 찍어요. 제가 보낸 아리마의 온천과 폭포 사진 세 장은 사진틀에 붙인 값을 포함해도 3센트밖에 들지 않았어요. 그러니 사진들을 어머니에게 보냈다고 해서 제가 사치한다고 생각지 말아주세요. 어머니도 저만큼 그 장소들을 보면서 즐거워하셨으면 해요.

이제 이곳에서의 상황을 이해해주시고 바로 제게 편지를 쓰고 계시겠지요. 우편물이 들어올 때마다 어머니의 소식이 올 때까지 한 번이 지나갔구나 하고 생각합니다.

지금쯤 제가 아리마에서 쓴 첫 편지를 받으셨겠죠. 모두 다 편안하시기를 바랍니다. 저도 아침에 교회에서 뻣뻣해진 목을 제외하면 많이 회복되었습니다.

사랑을 담아
룰루

나가사키, 일본
1894년 8월 18일

사랑하는 어머니

고베에서 어머니에게 엽서를 썼는데 쇼핑을 하다가 잃어버렸어요. 나중에 어머니께 갈 수도 있겠지요. 그러나 이 편지는 제가 우편물을 보내려던 배편으로 갈 겁니다. 페루호가 검역 중이기 때문이에요. 이쪽 세상은 전쟁과 전염병으로 여간 혼란한 것이 아니랍니다. 조선에서 먹을 것이 부족하다는 낙담할 만한 소식이 전해졌어요. 더 오래 있으면 그곳에 있는 우리 식구들이 떠나야만 할까 봐, 아니면 굶게 될까 봐 두렵습니다.

스왈른 부인이 저에게 매우 슬픈 편지를 보냈어요. 서울뿐만 아니라 조선의 모든 지역에서 다 분란이 있는 모양이에요. 우리는 오늘 아침에야 고베에서 여기로 도착했어요. 지금은 우리 일터로 돌아가는 것이 불가능하므로 이곳에 얼마간 머물 생각입니다. 고베에서 독일 배를 타고 이곳에 왔는데 정말 아름다운 배더군요. 승객들과도 유쾌한 시간을 보냈습니다.

조선에서 궁 소속의 전기공이었던 한 젊은이가 배에 타고 있었어요. 조선의 궁은 전기로 불을 밝히거든요. 그 사람이 우리에게 현 상황을 상당히 있는 대로 알려주었어요. 일본이 서울을 장악하고 있고, 중국은 빠르게 조선으로 더 많은 군대를 보내고 있다네요. 중국인들은 느리지만 끈질기지요. 그들은 훈련받은 군대는 아니지만 수적으로 적어도 일본군의 열 배는 됩니다. 언제 어떻게 모든 것이 끝날지는 아무도 예측할 수 없습니다.

어제 영국 전함이 바다 한가운데서 우리 배를 멈춰 세웠어요. 그 배는 조선으로 우편을 가져갔고 우리는 편지를 바로 부칠 기회를 잡았지요. 여기 도착했을 때 우리 우편물도 같은 배로 왔어요. 나가사키 친구들이 우리가 고향 편지를 고베로 회송해주길 원한 것을 알고 고베로 보냈는데 그 편지들이 오기 직전 우리가 떠났나 봐요. 그래서 우리는 며칠 더 기다려야 하지요. 인생이란 그런 것이죠. 우리가 감사해야 할 일이 많아요. 우리는 친구나 돈이 없지 않으니 가능한 한 만족하며 기다릴 수밖에요. 유키에는 제가 다시 이곳에 와서 좋아해요. 반 페트 부인과 페인 양과 저는 오늘 오후 해수욕을 갈 거예요. 아리마에 있는 유황 온천을 떠나기가 너무 싫었지만 이곳이 현재로선 우리에게 최상의 장소이지요. 그곳은 여기보다 더 비싼데도 편의성은 그 반도 못 된답니다.

알렌 양에 대해서는 아무것도 듣지 못했어요. 여기까지 쓰고 나서 반 페트 부인에게 방금 물어보았는데, 알렌 양과 사이먼스 양Maud E. Simons(1865~1898)이 아직 블라디보스토크에 있으며 위험을 감수하고 나중에 오는 배를 타고 온다고 합니다. 아마도 그녀를 보게 될 것 같아요. 사람들 말이 그녀가 훨씬 좋아졌다네요. 다음번 편지에서는 그동안 제게 쓰신 모든 편지에 답장을 쓸 수 있었으면 좋겠네요.

모두에게 사랑을 보내요.

룰루 E. 프라이

~ ~ ~

갓스이 여학교
나가사키, 일본
1894년 8월 27일

사랑하는 어머니

우리가 고향에서 온 편지들을 받기 위해 얼마나 고생했는지 말씀드려야겠어요. 조선으로 돌아가는 것이 불가능해졌음을 안 후 우리 앞으로 온 편지들을 전송해달라고 조선에 편지를 썼어요. 하지만 답답한 마음에 우리는 다음 배가 들어올 때 편지를 받을 수 있게 전보를 치기로 결정했지요. 그런데 어머니께 말씀드렸듯이 전신선이 끊어져 조선의 남쪽인 부산 너머로는 전보를 보낼 수 없게 되었지요. 페인 양은 우리가 아리마에 있을 때 조선에서 오는 배가 도착하는 날 고베로 가, 일등 항해사에게 돌아올 항해에서 우리 우편물을 가져다 달라고 부탁했어요. 그런데 또 갑자기 우리가 아리마를 떠나게 되었고, 특히 조선에서 히고호가 도착하기 전 나가사키에 꼭 도착하고 싶었어요. 우리가 여기 도착했을 때 부인들이 "오기 전에 고베에서 우편물을 받았어요?"라고 물었죠. 우리가 아리마에서 보낸 편지에 대한 답신으로 조선에 있는 식구들이 우리 우편물 뭉치를 아리마로 보냈던 것입니다. 우리가 얼마나 간절히 편지를 기다리는지 아는 프랜치 양이 우리가 고베에서 며칠 머물 예정이니 편지들을 받을 수 있으리라 생각하고 고베로 전송했는데, 우리가 아슬아슬하게 놓친 거예요. 즉시 우리는 여관집 여주인에게 전보를 보내 우편물을 나가사키로 전송해달라고 했죠. 가장 최근의 소식이 담긴 또 다른 뭉치를 받을 수 있을까 하고 여전히 히고호를 기다리고 있었습니다. 토요일 오후 해수욕을 하러 항만으로 내려갔더니 그 배가 들어왔어요. 우리는 기뻐하며 배에 올라 항해사들을 만나려 했는데, 너무나 놀랍게도 그 배는 기적을 울리며 우리가 가기 전에 항구에서 30분도 머물지 않고 빠져나갔어요. 보통 배들은 항만에서 적어도 하루는 있거든요. 우리는 그 배의 첫 정박지인 모지항에 전보를 쳐서 항해사에게 나가사키로 편지를 보내달라고 했죠. 답신으로 제물포의 존스 부인에게서 편지가 왔는데,

그들이 서울로 기별을 보냈지만 그 배가 출항한다고 했던 오후 4시가 아니라 새벽 4시에 나가버려서 우리 편지들이 시간 내에 도착하지 못했답니다. 어쨌건 며칠 후 고베에서 우리에게 전송한 뭉치를 받았는데, 5월과 6월에 어머니가 쓰신 네 통의 편지, 또 아버지, 조지아, 네티 언니, 리다가 쓴 각 한 통의 편지들 그리고 친구들이 보낸 몇 개의 편지가 있었어요. 우리가 얼마나 그 편지들을 삼킬 듯이 읽고 또 읽었는지요.

며칠 전 스크랜튼 부인에게서도 몇 통의 편지를 받았습니다. 부인은 존스 씨의 부탁대로 집에서 오는 우편물의 두 번째 뭉치를 우리에게 보냈다는데 그것들이 어디로 갔는지는 저희도 몰라요. 우리는 우편배달부가 올 때마다 간절히 지켜보는데 매번 실망하고 있습니다. 스크랜튼 부인은 얼마나 우리가 돌아오고 싶어 하는지 알기 때문에 씰 씨에게 편지를 써서 우리가 돌아올 수 있는지 물어보았다고 합니다. 그는, 매우 어렵지만 우리가 간다면 다른 미국인들을 보호하는 것처럼 보호하겠다고 했답니다. 우리는 안전한 선박을 찾자마자 돌아가는 것을 심각하게 고려하고 있습니다. 일장기 아래 항해하는 것은 안전하지 않다고 생각해요. 머지않아 독일이나 러시아 선박이 있을 거예요. 우리는 이곳에서 옷을 몇 개 맞추었는데 여기를 떠나기 전에 끝내서 가져가려 해요. 중국 재단사들이 모두 서울을 떠났다고 하니 거기에 가서는 아무것도 하지 못할 걸 알기 때문입니다.

나가사키는 틀어박혀 있기에는 좋은 장소이지만 학교가 곧 개학할 것이고 우리는 그곳에 있어야만 한다고 느낍니다. 떠나기 전에 벨 알렌이 돌아와서 그녀를 볼 수 있었으면 해요. 또, 델라웨어 출신 친구인 키드웰 양이 도착하면 반가울 거예요. 그녀는 우리 소속 여학교인 갓스이에서 가르칠 텐데, 바로 지금 우리가 머물고 있는 곳입니다.

8월 28일

특별히 드릴 말씀은 없네요. 오늘 독일 국적 배가 조선으로 가는데 저희는 오늘 갈 수가 없어요. 2주 후에 떠나는 배가 있으면 딱 좋을 것 같습니다. 그쯤이면 우리가 사야 할 것을 모두 사서 포장하고 떠날 준비가 되었을 테니까요.

신문 기사를 보고 걱정이 많으신 걸로 알고 있어요. 다시 한번 부탁드리는데 기사들이 진짜인지 확신하기 전에는 그것들을 믿지 마세요. 그 기사들은 저희가 보면 너무 터무니없어요. 하지만 기자들은 더 놀라운 기사를 쓸 수만 있다면 거짓말을 해서라도 써서 더 많은 돈을 번다는 것을 우리는 알아요. 돌아갈 때 우리에게는 어떤 해도 없을 거예요. 걱정하지 마세요. 어머니 말씀처럼 저는 하나님의 손안에 있습니다.

사랑으로
룰루

~ ~ ~

나가사키, 일본
1894년 9월 3일

사랑하는 아버지

불과 1년 전에 저는 샌프란시스코로 가려고 시카고에 있었죠. 물론 걱정거리가 없지는 않았지만 짧고도 행복한 한 해였어요. 봄에는 의사의 지시로 조선을 떠났어요. 짧은 시간에 이루어진 일들이라 제가 일본에 있다는 것을 인식하는 데 시간이 걸렸습니다. 완전히 인식하게 되자 이번에는 조선에서 기약 없이 쫓겨난 자신을 발견했습니다. 제가 최근에 심한 향수병에 걸렸는데 오로지 조선에 대한 향수병입니다. 전쟁은 아마도 오래 지속될 것이며 우리 미국 공사는 페인 양과 저에게 안전한 배를 발견할 수 있다면 돌아오라고 마지못해 허락했습니다. 독일 화물선이 항구에 들어왔고 우리는 승선을 예약했어요. 그 배는 이틀 만에 제물포에 도착할 예정이고, 가는 길에 어떤 항구에도 들르지 않겠다고 약속했어요. 그렇게 빨리 간다면 불편함을 감수할 수 있다고 생각했습니다.

우리는 밀가루 4포대, 설탕 1포대(164달러), 버터 5킬로그램, 건육 통조림 10개를 사서 가져가려고 배에 실었어요. 우리가 서울에서 거의 모든 식료품을 구매하는 중국인 상인들이 중국으로 돌아갔기 때문이죠. 마지막 순간에 닌데 감독에게 전갈이 왔는데, 그의 능력이 닿는 한 우리를 일본에 머물게 하라는 내용이었어요. 매우 실망했지만 이것도 하나님의 섭리가 작용한 것이라 확신하며 다시 한번 기약 없이 머물게 되었습니다. 차우차우푸호의 선장이 친절하게도 우리 짐을 돈도 받지 않고 (조선에 있는) 식구들에게 실어주기로 하고 여행사는 뱃삯을 환불해주었습니다. 다음 날 편지가 왔는데 모든 사태가 조용해졌고, 아마도 얼마간 그럴 것이니 독일 배로 돌아와도 좋다고 하네요. 그래서 지금 우리는 2주 후에 있을 그 배의 다음 항해를 간절히 기다리고 있습니다.

전쟁에 관해 알고 싶으세요? 미국 신문에서 전쟁에 관한 어떤 것이라도 보셨다면 기사가 매우 혼란스러웠을 거예요. 저조차도 믿을 만한 소식이 거의 없어 아버지에게 말씀드리지 않았어요. 하지만 일본에 있는 우리가 조선에 있는 친구들보다 전쟁에 관해 더 많이 아는 이유는, 일본에는 많은 일본어 신문 외에도 상당수의 영어 신문이 있는 데 반해, 조선에는 뉴스를 얻는 방법이 단 한 가지밖에 없기 때문입니다. 즉 입에서 입으로 전달되는 것뿐이죠.

여러 해 동안 "동학"이라 불리는 집단이 있었어요. 그들은 외국인, 특히 선교사들 때문에 자신들이 압박을 받는다고 믿으면서 우리가 떠나지 않으면 고통이 있을 것이라고 여러 차례 위협했습니다. 이번 봄 그들은 정부로 위협의 화살을 돌렸습니다. 그들의 군대는 남쪽 지역 중 한군데에서 모였고 왕은 군사를 준비했습니다. 한두 번 소위 전투라는 것을 했는데, 왕은 겁이 나자 중국에 원군을 요청했습니다. 그런데 일본과 중국 사이의 협약에 따르면 중국이 군대를 조선에 보낼 때는 일본에 통보할 의무가 있습니다. 그럼에도 중국 군대가 움직일 때까지 중국은 통보하지 않았고, 일본은 이에 분개하여 즉시 대기 중인 5,000명의 군사와 여러 척의 군함을 조선으로 보냈습니다. 일본은 이것이 조선에 살고 있는 자국민 2,000명을 보호하기 위해서라는 구실을 댔지만, 사실 일본이 여러 해 동안 중국에 반감을 갖고 있다가 도발이 있자마자 전쟁을 일으키려 한다는 것은 잘 알려져 있었지요. 두 나라 다 오랫동안 불쌍한 작은 조선에 눈독을 들이고 있었고, 이 일이 안정되려면 오랜 시간이 걸리리라는 것이 우리의 예상입니다.

이 나라에 들어온 지 몇 주도 안 되어 두 나라는 공식적인 전쟁을 선포했고, 같은 날 일어난 해상 전투에서 중국 수송선이 수천 명의 군인과 함께 침몰했어요. 뿐만 아니라 또 다른 배는 나포되었고, 많은 중국군이 포로로 잡혀 매우 잔인한 취급을 받았습니다. 더 막강한 세력들이 조선에 들어오자 조선인들은 마비된 듯 보였고 소요 사태는 끝났어요. 지난 며칠간 중국군이 승리하지 않았다면 승리는 모두 일본 쪽입니다. 일본 군대는 장비도 좋고 훈련도 잘 받은 반면, 중국군은 수적으로 일본군의 세 배이지만 훈련이 신통치 않아 위력이 없어요. 중국인들이 항상 손에 쥐고 있는 부채와 우산으로 군인들을 무장시켰다는 우스갯소리도 있지요. 이 말은 물론 사실이 아니지만 중국 군인이 모두 훈련되지 않은 남자들인 것은 사실입니다. 일본은 최고 인재들을 징집했고, 그 때문에 감리회 학교 여러 군데에서 선생님들을 빼앗겼지요.

영국과 러시아는 전리품으로 그들 몫을 챙기려 적절한 순간에 싸움에 참여할 군대를 갖춘 채 대기하고 있습니다. 러시아는 북쪽 항구인 원산과 함께, 될 수 있는 한 더 많은 것을 가지려 해요. 특히 원산항은 건설 중인 러시아 철도의 종점으로 삼으려고 간절히 바라고 있습니다. 전쟁에서 이 두 나라가 어떤 역할을 하게 될지 우리는 아직 모릅니다. 그리고 너무나 많은 세력이 복잡하게 얽혀 있어 이 모든 분란의 끝이 무엇이 될지도 아무도 감히 예언하지 못합니다.

수도는 일본이 점령하고 있고, 아시다시피 그곳은 성벽에 둘러싸인 도시이지요. 다른 세력이 중국을 도우러 오지 않는 한 일본은 얼마간 아무 문제 없이 그곳을 지배할 거예요. 중국은 천천히, 그러나 분명히 움직여요. 그들은 쉽게 포기하지 않을 것이며, 앞으로 일본에 심각한 문제를 야기할 것이라 우리 모두 생각합니다. 저는 심정적으로 중국보다는 일본 편입니다. 일본이 부를 늘리고 자기네 명예를 높이려 한다는 건 의심의 여지가 없습니다. 하지만 일본은 조선에 좋은 작용을 할 거예요. 일본은 혁신적이에요. 지난 40년간 일본이 이룩한 발전은 놀라우며 지금도 가만히 머물러 있지 않아요. 특히 매일 밤 도시가 완전한 어둠 속에 놓이는 곳, 수도는 고사하고 시 하수도 시설도 제대로 갖춰져 있지 않고 철도와 호텔은 들어본 적도 없는 곳에서 바로 왔기 때문에 저는 전깃불, 수도, 철도, 호텔, 그 외 서구적 사고를 향한 발전의 징후들을 보고 감지할 수 있었어요. 만약 일본이 승리하면 이런 개혁을 조선의 새로운 정부에서도 이루어내길 희망하고 기대해요. 현재 상황에 대한 더 정확한 정보를 말씀드리고 싶지만 아시다시피 지금은 시작일 뿐입니다. 전쟁의 진행 과정을 계속해서 전해드리려 노력할게요.

편지 서두에서 말씀드렸듯이 약 2주 후에 서울로 돌아갈 예정인데, 우리는 보호를 받을 테니 걱정하지 마세요. 우리 미국 공사 씰 씨는 훌륭한 분이세요. 우리는 그분을 자랑스러워하고, 그의 판단과 능력에 깊은 믿음을 갖고 있어요. 제 일이 저의 일부분이 되었기 때문에 가능하면 돌아가야 한다고 생각합니다. 아버지가 간절히 제 소식을 듣고 싶어 하신다는 걸 잘 아니까 기회가 닿는 대로 편지를 쓸게요. 다시 한번 아버지가 외국에서 접하는 소식을 모두 믿지 마실 것을 간청드려요. 어떤 선교사도 목숨을 잃지 않았고, 어떤 이도 큰 위험에 처한 바 없습니다.

가족 모두 잘 계셔주셔서 감사하고, 제가 모두에게 편지를 쓸 수 있어 기쁩니다. 저는 건강을 되찾았어요. 긴 겨우내 열심히 일할 수 있는 에너지를 충분히 비축한 것 같이 느껴요.

친절하게도 저의 안부를 묻고 무사하기를 기원해주신 모든 분께 감사를 전해주세요.

가족 모두에게 사랑을 보내며 특히 소중한 아버지께 사랑을 전해요.

저는 당신의 딸입니다.
룰루 E. 프라이

갓스이 여학교
나가사키, 일본
1894년 9월 5일

사랑하는 어머니

어머니가 7월 7일과 16일에 쓰신 편지를 어제 받았어요. 페인 양과 저는 항만으로 들어오는 기선을 보았는데, 조선에서 바로 돌아오는 히고호인 것을 보고 기뻐했죠. 우리는 부두로 서둘러 가서 작은 배를 타고 가 항해사들에게 그간의 소식을 듣기 위해 히고호에 올랐어요. 그런데 놀랍게도 우리 친구 네 명이 그 배에 타고 있더군요. 그들은 휴식도 취하고 보급품도 가져가기 위해 조선을 떠나왔다고 했어요. 그들이 같은 배로 열흘 후에 돌아갈 예정이라 우리는 같이 조선으로 가려고 해요. 제가 말씀드린 차우차우푸호는 히고호가 떠난 후 18일 뒤에나 갈 예정이라, 다른 사람들과 함께 포로로 잡히는 위험을 감수하고서라도 이번에 가려 해요.

저런, 어머니 편지에는 너무나 걱정이 어려 있어 제가 어머니를 볼 수 있으면 좋겠어요. 편지를 쓰고 난 후 어머니가 수백 가지 기분을 느꼈을 거라고 저는 혼잣말을 했어요. 조지아에 관해서는, 어머니가 저에게서 희망을 보기까지 얼마나 많은 시간을 보내셨는지 기억나지 않으시나요? 어머니가 저를 알아주지 않는다는 생각에 제가 얼마나 울곤 했는지요. 조지아도 다만 어떤 격려가 필요할 거예요. 그 아이에게 자신이 뭔가 될 것이라 생각하게 하기 위해 우리는 노력해야 해요. 그 아이는 이 질풍노도의 사춘기만 잘 극복하면 강한 여인이 될 거라고 믿습니다. 리다 험프리가 그렇게 아프다니 정말 안됐네요. 그 병이 그렇게 치명적인 줄은 몰랐어요. 그녀는 항상 제게 친절했고 다른 사람들에게도 마찬가지였죠. 모두에게 제 사랑을 전해주세요. 무디학교 때 친구인 랜싱 양이 지금 이곳에 있는 네덜란드 개혁교회 여학교에서 가르치고 있어요. 그녀가 건강 때문에 중국으로 갔다고 어머니에게 말씀드린 것 같은데, 이제 그녀는 훨씬 나아서 돌아왔어요. 오늘 밤 우리는 그녀가 있는 곳으로 가서 저녁을 같이 먹을 거예요.

파웰 양의 결혼 소식을 듣고 깜짝 놀랐어요. 또한 캐시디 씨와 호웰 양의 결혼 소식도 에타 스네이가 알려주었어요. 학교에 변화가 있겠군요. 신문이 서울에 쌓여 있을 테니 돌아가서 시간이 되면 그것을 재미있게 읽을 수 있겠죠?

조지아의 옷은 유감이네요. 옷값이 얼마 되지 않으니 잃어버려도 괜찮아요. 어머니에게 그것이 잘 가는지 보기 위해 보낸 것이기도 하거든요. 비용을 물으셨는데, 한 통 22미터를 2엔에 샀으니 1미터에 약 4.5센트 주었네요. 저도 비슷한 원피스가 있는데, 그것이 끔찍하게 줄어버려 조선에 돌아가면 몇 개 더 보낼게요. 제가 커다란 패턴을 보냈다고 생각했어요. 조지아의 예쁜 실크 드레스를 위해 7미터짜리를 샀어요. 3미터로 제 실크 블라우스를 만들 수 있으니, 3미터로 조지아 것도 만들고 나머지 4미터로는 확실히 치마도 만들 수 있을 겁니다. 만약 충분하지 않다면 일본에다 더 보내라고 할 수 있어요. 어머니에게 보낸 드레스는 14미터가 들어갔어요. 그것으로 충분했으면 좋겠어요. 이것들과 다른 몇 가지를 벨 알렌 편에 보낼게요. 우편으로 부치기에는 너무 비싼 거라서요. 조지아에게 흰색 옷이 그렇게 싸다는 말씀을 하실 필요는 없어요. 어차피 좋아할 테니까요. 제가 어머니에게 돈을 보내지 않아서 여름 나들이를 못 가셨다고 하시니 기분이 매우 좋지 않네요. 어머니가 오히려 이 예쁜 실크 옷을 더 좋아하실 거라 생각합니다. 그리고 돈은 나중에 갈 거예요. 제가 일본으로 오지 않았으면 이것들을 보내기 전에 돈을 먼저 보냈을 텐데, 그러면 어머니와 조지아는 나들이를 갈 수 있었겠죠.

제가 일본에 온 건 이기적인 의도는 없었고, 전에 말씀드렸듯이 모두가 너무나 강하게 권했기 때문입니다. 하지만 그것이 최선이었다고 생각해요. 왜냐하면 저는 완전히 새 사람으로 회복한 느낌이거든요. 어머니께 보낼 소포 안에 있는 모든 것에 대해, 각각 누구를 위한 것인지 목록을 만들려 합니다. 아직 소포에 관해 아무 말도 하지 말아주세요. 크리스마스 선물로 준비했는데, 만약 더 빨리 도착하면 크리스마스 때까지 기다릴지는 어머니 좋을 대로 하세요.

어머니 편지를 다시 읽어보니 미국에서 내전이 일어날까 걱정하시는군요. 우리 기독교 국가에서는 그런 일이 없기를 기원해요. 그런 일은 이교도 민족들 사이에서만 일어날 수 있는 일이라고 생각해요. 전쟁이란 얼마나 끔찍한지요. 이곳의 전쟁에 관해 아버지께 보낸 편지에 썼어요. 아버지가 그 편지를 출판하길 원하실까 걱정이네요. 제가 정치적인 일에 관심은 굉장히 많지만 문외한이라 그럴 가치는 없어요. 고국의 상황을 제게도 알려주시고, 저도 이곳의 소식을 알려드리려 노력할게요.

네티 언니가 새 집을 가진다니 너무 기뻐요. 언니가 옛날 집의 도면을 보내주었는데 너무나 재미있었어요. 조선에 다시 도착하면 언니의 편지와 리다의 편지에 빨리 답장을 하려 해요. 그러면 어머니께 보낼 편지를 줄여야겠지요. 저에게 뭐든 큰일이 일어나면 저는 여하튼 어머니에게 편지를 씁니다. 그것이 지난 몇 주간 긴장과 기다림 속에서 어머니에게 모든 편지들을 보낸 이유입니다. 물론 네티 언니와 아버지도 그 편지들을 읽겠지요.

메리가 아기 때문에 너무 바빠서 저에게 편지를 쓸 시간이 없는 것 같아요. 그녀에게 제가 짧은 메모라도 싫어하지 않을 거라고 말씀해주세요. 동창회 초대 편지를 열었을 때 많이 실망했어요. 그녀의 필체로 주소가 써 있길래 그녀에게서 온 편지인 줄 알았거든요.

어머니가 어머니 자신의 사진을 찍어 제게 보내주시면 좋겠어요. 제가 집을 떠나기 전에 찍으시게 해서 사진을 챙겨올 걸 그랬네요.

방금 편지 쓰기를 멈추고 조세핀에게 저를 사랑하냐고 물었어요. 어머니에게는 그 질문이 자연스럽게 들리지 않나요? 저는 그녀를 조세핀이라고 부르는데, 조시라고 부르는 것보다 더 그녀에게 어울려요. 그녀는 덩치가 커서 그 이름이 더 맞아요. 그녀는 항상 자기 이름을 조세핀이라고 서명해요. 우리는 일본에서 함께 고립되어 다행이라고 여러 번 이야기했어요.

오늘 미국으로 신문을 몇 개 보낼게요. 제가 보낸 것을 읽으신 뒤 페인 부인에게 보내시면, 그녀 역시 당신이 받은 것을 어머니에게 보낼 거예요. 그 안에 좋은 소식은 거의 없지만, 그래도 읽을거리가 있을 거예요.

많은 사랑을 담아
룰루 E. 프라이

서울, 조선
1894년 9월 24일

사랑하는 어머니

다시 한번 편지 위에 서울이라고 적을 수 있어 너무 기뻐요. 우리는 강을 가로질러 올라가는 배를 구할 수 없어서 가마를 타고 왔어요. 페인 양과 아버클 양과 저는 우리끼리 오는 것에 대해 약간 망설였지만, 남자들과 그 부인들은 그렇게 빨리 올 수가 없었어요. 우리는 2시에 제물포를 떠나 10시에 이곳에 도착했어요. 준비해온 점심을 먹기 위해 도중에 멈추지도 않았지요. 오는 길에 일본군이 멈춰 세울까 두려웠는데 그들은 우리를 쳐다보기만 했고 우리는 계속 갔습니다. 서울에서 제물포까지 거리상 반쯤 되는 곳에 있는 조선 여관을 우리는 중도시설이라고 부르는데, 그곳에 멈추어 있던 대규모의 군대를 지나갔어요. 강을 건널 수 있을까 걱정했는데 강에 도착하자 태워줄 나룻배를 어려움 없이 구할 수 있었어요.

우리의 다음 걱정은 서울 성문이었어요. 우리가 두 시간이나 늦었으니 문이 닫혀 있으면 어떻게 해야 하나 하고요. 존이 같이 있었다면 성벽을 타고 올라가 우리가 건너갈 밧줄을 내려주었을 터인데, 우리 짐을 배로 운반하라고 그를 남겨두고 왔거든요. 그런데 쓸데없는 걱정이었어요. 성문에 도착하니 우리를 환영하듯 활짝 열려 있었거든요. 파수꾼(일본인)은 졸린 눈을 간신히 떠 우리가 중국인이 아닌 것을 확인했고, 우리는 아무 문제 없이 통과했어요.

우리 집은 어둠 속에 있었지만 도서관 건물에서 음악이 흘러나오고 있었어요. 그곳에서 서울 연합회가 영국·미국 군인들과 함께 저녁 여흥 시간을 갖고 있더군요. 커다란 성문을 그렇게 안전하게 통과하고 오면서 노랫소리를 들으니 "두 달이나 일본에 머물면서 피하려 한 위험이 바로 이것인가?"라는 말이 나왔지요. 분명히 말씀드리지만 우리는 집에 와서 너무 기뻐요. 돌아온 다음 날 저녁 공사관 마당에서 외국인들을 위해 열린 파티 프로그램을 동봉합니다.

어젯밤 우리는 기독인 문학회의 모임에 갔어요. 캐나다 장로교인이면서 자립 선교사인 맥켄지 씨William John McKenzie(1861~1895)가 자신이 쓴 글을 읽었죠. 그의 주제는 "조선에서 처음 넉 달을 보낸 나의 인상"이었고, 다른 사람들의 경험에 입각한 토론이 뒤따랐어요. 매우 즐거운 모임이었어요. 보시다시피 전쟁에 대한 소문에도 불구하고 모든 것이 잘 진행되고 있어요. 수도가 공격을 받기 전까지는 우리는 안전하며, 그런 일은 아마도 곧 일어나지 않을 거예요. 중국인들은 매우 느리게 움직이니까요.

저는 (말 그대로) 턱밑까지 일이 찼습니다. 페인 양과 제가 학교 전체 일을 책임지고 있는데, 가르치는 일만 있는 것이 아니에요. 새 옷을 만드는 일 외에 옷을 세탁하고 수선하는 일도 챙겨야 합니다. 전쟁이 우리 학생 수에 영향을 미칠까 걱정했는데 전혀 아닌 것 같아요. 여름에 떠났던 모든 학생이 돌아왔고 새 학생도 몇 명 있어요. 저에 대해 걱정하지 마세요. 지금 저는 매우 안전하다고 느끼고, 겨우내 분명히 괜찮을 거예요. 8월 3일 자와 9월 16일 자 어머니 편지를 받았어요. 9월 16일 자 편지를 제가 9월 22일에 읽었으니 너무 최근 날짜가 아닌가요? 최신 소식을 좋아하지만 너무 최근 날짜를 적으실 필요는 없어요. 물론 어머니가 8월 16일을 잘못 쓴 것을 알아요. 편지가 정기적으로 오지 않아도 걱정하지 마세요. 그곳에 도달하기가 어려운 상황이니까요. 이 편지를 할머니에게 보내셔도 좋아요. 바쁜 일부터 정리하고 편지 쓸 시간이 생기면 바로 할머니에게 쓸게요.

사랑을 담아
룰루

~ ~ ~

서울, 조선
1894년 10월 8일

사랑하는 어머니

온종일 어머니에게 편지를 쓰고 싶었는데 늘 그렇듯 시간이 없었어요. 아침에 일어나 아침과 점심을 먹는 시간을 제외하고는 1분도 쉬지 못했고, 저의 선생님과 공부하는 시간만 겨우 한 시간 정도 가질 수 있었어요. 오늘은 월요일입니다. 이제 월요일에 어머니에게 편지 쓰는 일이 저에게는 자연스러운 것 같아요. 만약 제가 델라웨어에 있다면 어머니는 제 편지를 내일 받으실 수 있을 테고, 저는 토요일에 답신을 기대할 수 있을 텐데요.

지난 토요일 페인 양과 저는 진고개에 있는 우체국에 편지도 부치고 전신환도 사러 갔어요. 우체국장은 항상 우리를 안으로 들어오라고 초대해요. 거기 앉아 있는 동안 페인 양이 우리 사서함 안에 편지가 두 통 놓여 있는 것을 발견했어요. 하나는 그녀 것이고 또 하나는 제 편지였어요. 군인 수송 편으로 온 것 같은데 제 것은 요코하마에서 전송된 어머니 편지더군요. 저는 읽고 또 읽었답니다. 말씀하신 견본이 뭔지 알 수 없네요. 조지아가 푸른색 옷 입는 것을 어머니가 싫어하시니 분명 조지아 옷은 아닌 것 같군요. 그 아이는 붉은색이나 초록색이 더 잘 어울려요. 그 안에 동봉된 알브리튼 씨[9]에 관한 기사를 읽고 가슴이 아팠어요. 또 다른 것은 전쟁에 관한 것이었죠. 맙소사, 고국의 신문들이 얼마나 거짓말을 하고 있는지요. 현재는 일본군이 수도와 평양을 장악하고 있고, 중국군은 북쪽으로 쫓겨났어요. 다음 움직임은 어떻게 될지 우리도 몰라요. 4,000명의 일본군이 죽었다는 기사는 사실이 아닙니다. 일본군은 베이징 공격을 준비하고 있는 듯해요. 만약 베이징을 함락하는 데 성공한다면 그들은 중국을 거의 모두 자기 손바닥 안에 두는 격이죠. 우리는 그것이 두렵지 않아요. 사실 우리는 그보다 "동

9 조시아 알브리튼Josiah Luke Albritton(1847~1931). 프라이가 선교사 소명에 관해 의논했던 교회 목사.

학"(조선의 반란자들)을 더 두려워합니다. 지금은 그들이 조용하지만, 자신들이 압박받는 이유라고 믿는 외국인들을 공격하기 위해 세를 모으는 중이랍니다. 일본인도 그 외국인 목록에 포함되어 있어요. 사실 그들은 일본인을 가장 극렬하게 싫어하고 미국인은 가장 좋아하는 것 같습니다.

지금 우리는 조개탄을 만들고 있어요. 지금 갖고 있는 것과 지난봄에 남은 것을 더하면 충분해 보입니다. 겨울을 날 수 있게 약간의 나무만 사면 되겠어요. 우리가 스크랜튼 부인의 옛날 방으로 옮겼다고 말씀드렸나요? 이곳에는 두 개의 커다란 벽장이 있고, 고향의 우리 집 욕실보다 크지는 않지만 꽤 큰 멋진 욕실이 딸려 있어서 매우 편안합니다. 서재는 이전에 쓰던 서재와 거의 같은 크기예요.

돌아와 보니 제 옷들이 예상했던 것보다 훨씬 나은 상태였어요. 장갑들은 심하게 손상되어서 끼기가 싫지만요. 하지만 모두들 그런 상태의 장갑을 끼니 그나마 위안이 됩니다. 그래도 올겨울 저녁에 낄 수 있게 예쁜 연한 갈색 장갑을 어머니가 보내주시면 좋겠어요. 신문 안에 넣으면 안전하게 올 수 있을 거예요. 버틀러 씨 가게에서 사시고 그더러 제게 부치라고 하세요. 그는 그것을 "견본"으로 부치는 방법을 알고 있어요. 완전히 합법적인 방법입니다. 어머니 편지를 모두 받았어요. 어떤 것은 저를 찾느라 수 킬로미터를 헤매고 다녔는데 분실되지 않았네요. 엄청난 양의 고향 신문도 받아서 아주 즐기면서 읽고 있어요. 아버지는 제 편지가 인쇄된 신문을 보내겠다고 하셨는데 잊으신 모양이에요.

이제 어둡기 전에 이 편지를 우체국에 가져가야 하니 작별 인사를 해야겠어요. 어머니는 리다 험프리의 죽음에 대해 아무 말씀도 안 하시네요. 그 소식을 듣고 저는 매우 슬펐어요. 제게 전달하신 할머니 편지의 한 구절에서 그저 짐작했을 뿐입니다. 할머니께 될 수 있는 대로 빨리 편지를 쓸게요. 개학하고 시간이 지나면 모든 일이 정리되어 여유가 있을 거예요. 게다가 지금은 집안 살림도 해야 하는데, 요리사가 상당히 제 시간을 잡아먹네요.

다시 한번 작별 인사와 함께 모두에게 사랑과 키스를 보냅니다.

사랑을 담아

룰루

메리에게 제가 보낸 스카프를 받았는지, 클라라에게 제가 일본으로 가기 전 보낸 타이를 받았는지 물어봐주세요.

~ ~ ~

서울, 조선
1894년 10월 11일

사랑하는 아버지

내일 아침이면 제가 제물포에 처음 도착한 지 1년이 됩니다. 이번 여름 일본에서 보낸 석 달은 다른 어떤 달보다 저에게 더 긴 시간 같았어요. 제가 일본에서 돌아온 지 3주가 지났어요. 공사관의 군인들이나 선원들 외에 이곳의 어떤 것도 전쟁을 상기시키지는 않아요. 그들은 즐거운 시간을 보내는 것처럼 보이고 우리도 그들 덕에 더 즐겁습니다. 엊저녁에는 러시아 군인들이 마련한 여흥에 참석했어요. 그들은 훌륭한 목소리를 가진 건장한 남자들이에요. 물론 그들의 말을 한마디도 이해할 수 없었지만 그래도 그 모두를 즐겼답니다. 영국과 미국 군인들도 외국인 공동체를 위해 여흥을 베풀었지요. 붉고 푸른 군복을 제외하면 전쟁을 상기시키는 것은 아무것도 보이질 않아요. 일본인들은 많은 칭송을 받을 만합니다. 그들에게 반대하던 사람들도 그들이 전쟁 준비 및 계획을 수행하는 데 보여준 능력을 인정할 수밖에 없어요. 처음에 조선인들은 중국 편을 들면서 일본에 대해 분개했어요. 많은 조선인들이 강제로 중국 군대로 편입되었는데, 아버지가 보내신 신문 기사에서 언급된 것처럼 그들은 전방으로 보내달라고 청원하지 않았어요. 그러기에는 너무 겁이 많지요. 그들은 단지 아들이 아버지에게 하듯 중국에 복종합니다. "아버지가 아들에게 잘못을 한다 하더라도 아들이 무엇을 할 수 있겠나?"라고도 말하더군요. 하지만 제 생각에 많은 이들이 이제는 일본을 더 신뢰하게 되었어요. 그들은 많은 것을 가져왔지만 그들이 조선인들에게서 얻은 것에는 값을 잘 치러준 반면, 우리 북쪽의 이웃인 중국에 대해서도 같은 말을 할 수는 없을 듯해요. 중국군이 지나간 곳은 메뚜기 떼가 한바탕 휩쓸고 간 것 같아요. 그들은 아무런 값도 치르지 않았고, 겁에 질린 사람들이 도망갔다가 돌아와 보니 집 안은 이미 텅 비어 있더랍니다. 아직 익지 않은 벼까지 뿌리째 뽑혔어요. 왜 중국인들이 이런 원칙을 따르는지 저도 모르겠어요. 그들은 어떠한 군대 훈련도 받지 못한 무법적 폭도라고 생각해요. 그들의 숫자가 일본군보다 많지만 후자는 보병, 기병, 포부대, 부교, 전신줄 등의 장비를 갖추고 있어 모든 전투를 이기는 것이 쉽습니다. 중국군은 해전에서 너무나 많은 군함을 잃었기에 곧바로 일본 군함의 위력을 시험하고 싶어 하지는 않는 것 같아요.

일본군의 광범위한 준비 태세로 미루어 그들이 다음에는 베이징을 공격하려 한다는 생각이 드네요. 그들은 일방적인 승리를 너무 많이 거두어 매우 자신감에 차 있습니다. 중국에 있는 사람들에게는 안되었지만, 그래도 두 나라가 싸움을 해야 한다면 자기 땅에서 해야지, 불쌍한 조선 사람은 고통을 받지 않아야 마땅하지요. 왜 조선에 기근이 들었다고 말하는지 아마도 이해하실 겁니다. 중국군이 주둔했던 북쪽 지역은 사람들이 굶주림에 시달렸는데, 농사가 실패해서가 아니라 중국인이 곡식을 강탈했기 때문입니다. 하지만 미국이 조선 관료에게 곡식을 보내는 것도 저는 매우 현명치 못하다고 생각합니다. 그것은 필요한 사람에게 결코 닿지 못하고, 이미 잘사는 사람들의 창고에만 쌓일 것이기 때문입니다. 이 정부가 얼마나 엉망인지 아버지에게 이해시킬 수 있으면 좋겠어요. 일본은 정부가 완벽한 것과는 거리가 멀지만 문제를 바로잡을 능력은 있다고 생각합니다. 어쨌거나 우리는 전혀 두렵지 않습니다. 아버지가 여기 계셔서 상황을 보실 수 있다면 우리와 같은 생각이실 거예요. 우리는 위험의 가능성을 보지만 위험이 일어날 것이라 예상하지는 않습니다. 그러니 저에 관해서 너무 걱정하지 마세요. 우리는 평소와 다름없이 일하고 있어요. 지난가을에 학교를 열었을 때만큼 많은 학생은 아니지만 매일 새 학생이 오고, 예전 학생도 돌아옵니다. 그래서 추운 날씨가 오기 전에 학생 수는 작년만큼 늘어날 것이라 생각합니다.

제가 받은 편지와 신문을 보니 이번 겨울에 미국을 위협하는 어려운 시기가 올 것이라 하네요. 어떤 이는 편지에서 그것은 신의 섭리가 아니라 정치적인 것이라 말하네요. 미국이 당면한 위험에 관해 제게 소식을 전해주세요. 저는 아버지에게 전쟁 뉴스로 답하겠어요.

아버지께서 온전하시고 행복하시기를 바라요.

저는 당신의 다정한 딸입니다.

룰루 E. 프라이

~ ~ ~

서울, 조선
1894년 10월 22일

사랑하는 어머니

항상 그렇듯이 다음 편지를 간절히 기다리고 있어요. 어머니도 제가 어머니 편지를 기다리듯 제 편지를 손꼽아 기다리는지 궁금하네요. 페인 양이 며칠 전 보스턴 선교지회에서 보낸 상자를 받았는데요, 그녀의 어머니가 보내신 것들 중 반은 저를 위한 것이었어요. 이 종이가 그중 하나이고 예쁜 사탕 상자도 있었답니다.

모든 일이 평상시처럼 지나갑니다. 올해 저는 매우 바쁜데, 해가 갈수록 더 큰 능력이 생겨 할 일이 더 많아질 것으로 기대해요. 어머니가 잠깐 들르셔서 우리가 30명의 여학생과 얼마나 행복한 시간을 보내는지 보셨으면 좋겠어요. 어제 장로회와 감리회 교인들이 전도지 주일을 축하하는 합동 예배를 보았어요. 물론 남자와 여자는 관습에 따라 별도의 모임을 가졌어요. 우리는 우리 교인들을 매우 자랑스럽게 생각했습니다. 오후에는 연합교회에서 외국인을 위한 정규 예배를 가졌어요. 몇 명이 돌아가며 주관하니 정확히 정규 예배라고는 할 수 없겠네요. 씰 씨도 설교를 했다는 말을 어머니께 해야겠어요. 그는 연사 중 한 사람이었어요. 우리 공사님을 생각할 때마다 저는 미국이 자랑스러워요. 그분이 민주당 대의원인 것을 감안하면 민주당에도 후한 점수를 주고 싶을 정도예요. 그분은 설교를 약속하고 나서 자신이 전도지에 대해 무슨 이야기를 할 수 있을까 고민했다는 말로 시작했어요. 전도지를 나누어주는 사람이 너무 공격적이라 사람들이 그가 오는 것을 보면 무서워했다는 옛날이야기를 했죠. 하루는 그 사람이 어떤 남자 집에 가서 자신의 일이 전도지를 나누어주는 것이라 알렸대요. "아, 그래요"라고 하더니 그 남자는 말했대요. "당신이 전도지tract를 나누어주고 여기서 문 쪽으로 발자국track이 제대로 나가는지 봅시다."

그러고 나서 씰 씨는 전도지에 대해 말하는 대신 그 단어tract의 T를 K로 바꾸어 발자국track에 대해 말하겠다고 했어요. 그는 롱펠로가 그것을 "발자국"이라고 불렀다고 말하면서 "시간의 모래 위에 새겨진 발자국"을 인용했어요. 이어 예수님의 발자국에 대해 말씀하시면서 전도지가 선한 발자국이며, 신도들이 따라가야 할 것은 예수님의 발자취라고 하셨어요. 외교관이 선교사들에게 설교를 하다니, 생각해보세요. 우리나라나 다른 나라들이 자신들을 대표하기 위해 보낸 사람을 볼 수 있다면 저만큼 어머니도 놀라실 거예요. 우리는 이런 분쟁의 시기에 훌륭한 공사와 서기관이 있다는 것에 감사할 필요가 있어요.

오늘 오후 독일 영사관에서 주최하는 테니스 파티에 초대받았어요. 날씨가 서늘해지기 시작해서 이번 가을에는 더 이상 테니스를 칠 것 같지 않네요. 우리는 일주일에 두 번 테니스장에서 테니스를 치고, 여성 회원들이 교대로 차와 케이크를 접대하는데 오늘은 사적인 모임이었어요. 오늘은 조개탄과 같이 땔 나무도 샀어요. 조개탄은 석탄 가루로 만들어졌다고 이전에 썼었죠. 난방비가 많이 나와요. 며칠 전에는 진고개로 걸어갔는데 작은 돌멩이가 구두 속에 들어와 물집이 생겼어요. 저는 털 슬리퍼가 딱 좋아요. 제 것만큼 어머니도 그것을 좋아하길 바라요. 매일 아침저녁 옷을 입거나 벗을 때 그것을 신어요. 처음에는 뒤축이 없어 이상하게 보이겠지만 너무나 쉽게 발을 넣을 수 있어 어머니도 좋아하실 거예요. 벨이 자신의 계획에 대해 쓴 편지를 아직 받지 못했어요.

어머니가 스트롱 양Ellen Strong(1860~1903)에 대해 말씀하셨는데, 네, 저도 그녀를 알아요. 사교적 방문을 주고받는 것을 꺼리는 한 영국인 자매를 빼고는 모두 알아요. 루이스 양은 아직 일본에 있고 더 좋아지고 있어요. 다음 선박으로 버스티드 박사John Bernard Busteed(1869~1901)와 그 부인이 온다고 해 기다리고 있어요. 우리가 일본으로 갔을 때 그는 미국으로 갔던 것을 기억하시지요. 나가사키까지 우린 함께 배를 타고 갔어요. 그는 브루클린에서 결혼한 신부를 데리고 돌아온다고 해요.

우편물이 오기 전에 이 편지를 보내는 이유는, 기선이 제물포를 떠나기 전에 잡고 싶어서예요. 어머니가 편안하시기를 빌어요. 조지[아]에게 보내는 편지를 며칠 전 쓰기 시작했는데 아직 끝맺음을 못했어요. 네티 언니에게 짧은 편지를 썼고 아버지에게도 하나 썼는데 모두 받았기를 바라요.

사랑을 듬뿍 담아
룰루 E. 프라이

모든 것이 잠잠하다고 말한다는 것을 잊어버렸네요. 일본군은 여전히 태세를 갖추고 있지만 최근에 교전은 없었어요.

L. E. F.

221 야마테, 요코하마, 일본
1894년 11월 9일

존경하는 프라이 부인

지난 9월 룰루를 마지막으로 보았을 때, 그녀가 제게 고국에 돌아갈 계획이라면 부인께 전해달라며 소포를 하나 주었어요. 제가 직접 가지 않더라도 기회가 되면 첫 순서로 보내달라고 부탁했죠. 저는 아주 잘 회복되어 이제 안식년이 필요치 않아서 계속 머물기로 결정했습니다. 그래서 이 소포를 오하이오주 레이크 카운티의 윌로비에 사는 프라이 양Cecelia May Frey(1861~1926)을 통해 부인께 보냅니다. 그녀가 고향에 도착하면 특급 우편으로 보낼 텐데, 관세 등의 청구서도 함께 갈 거예요. 부인께서 받아보신 후 잘 받으셨는지 제게 알려주시면 좋겠어요.

전쟁은 일본에 있는 저희에게는 전혀 문제가 없지만, 중국에서는 항상 피난 갈 대비를 하고 있다고 해요. 일본군이 아니라 중국인 무리의 끔찍한 폭력 때문에 두렵습니다. 하나님께서 그들 모두를 안전하게 지켜주시기를 기원합니다.

부인과 네티 양에게 사랑을, 그리고 가족 모두에게도 각별한 안부를 전해주세요.

진심을 담아

벨 J. 알렌

∾∾∾

서울, 조선
1894년 11월 27일

사랑하는 어머니

페인 양, 해리스 양과 로드와일러 양 모두 홀 박사 추모 예배에 갔어요. 저는 간신히 앉아 있을 수 있어 어머니에게 편지를 씁니다.

일전에 편지에도 썼듯이 홀 박사는 발진티푸스 열로 매우 편찮으셨어요. 그는 평양으로 갔는데 거기서 병에 걸렸습니다. 장로회 선교부의 젊은 마펫 씨Samuel Austin Moffett(1864~1939)가 그를 서울로 데리고 왔어요. 건강한 사람에게도 그 여행은 힘든 것이었어요. 강을 따라 올라오면서 배가 모래톱에 걸렸고, 그들은 노를 저어야 하는 냄비만 한 배로 옮겨야 했습니다. 의사들은 처음부터 그에 대해 거의 희망을 가지지 않았어요. 그는 토요일 밤 6시에 세상을 떠났고, 너무 전염성이 강한 병이라 일요일 오후에 매장되었어요. 홀 부인은 우리 로제타 셔우드 박사Rosetta Sherwood Hall(1865~1951)예요. 우리 여성선교회가 파송한 분인데, 2년 전에 여기서 홀 박사와 결혼했지요. 그녀는 한 살 된 남자아이가 있고, 또 몇 개월 뒤 출산할 예정이라 더 슬퍼요. 그녀는 자신도 열이 나는지 며칠 더 기다려본 후에 미국으로 떠날 예정입니다.

오늘은 끔찍한 날이네요. 어둡고 비가 오며 바람 소리는 너무도 음침하게 들립니다. 하지만 침대에서 일어날 수 있다는 감사함이 앞서 우울한 느낌은 없습니다. 그렇게 많은 고약한 약을 먹어도 열이 떨어지지 않아 기분이 꽤 저조했는데, 2주도 더 지난 오늘 처음으로 정상 체온입니다.

지난번 우편물을 통해 어머니와 조지아의 편지와 함께 『리퍼블리칸』지도 왔어요.

여러 달 동안 아버지 편지는 없군요. 아버지는 "네 편지 받았음" 정도라도 써주셨으면 좋겠어요. 아버지가 '이건 편지도 아니'라면서 제게 곧 다시 쓰겠다고 적어 보내신 쪽지를 일본에 있을 때 받았어요. 그 이후 편지를 쓰셨다면 잘못 배달되었나 봐요. 어머니 편지는 항상 제대로 도착해요.

제가 나가사키에서 조지아에게 보낸 거북이 등껍질 인력거가 그 아이 생일날 잘 도착했는지 궁금해요. 혹시 받지 못하셨나요?

에피 맥밀란에 대해 더 알려주세요. 뭔가가 잘못되었다는 암시만 하셨잖아요. 신문을 보내주시면서 다음 편지에서 이야기하겠다고 하셨죠. 그 일에 대해 다시 말씀도 없었고 신문도 안 보내주셨어요.

롭 콜튼과 게일 잭슨에 대한 소식은 놀랍군요. 그래도 그녀가 젊음보다 돈이 더 좋다니 할 수 없지요. 저는 세 여성이 즐거운 시간을 가지리라 생각해요. 그녀는 메리처럼 훌륭한 감리교도가 될 것이라 짐작합니다. 메리에게 너무 오래 기다리지 말고 편지를 쓰라고 이야기해주세요. 우편물은 잘 들어오고 있어요. 아기 모습을 보고 싶네요.

네티 언니와 가족 모두에게 제 사랑을 전해요.

사랑을 담아
룰루

~ ~ ~

서울, 조선
1894년 12월 4일

사랑하는 어머니

오늘은 아버지 생신이군요. 아니, 할아버지 생신이네요. 아버지는 어제였죠.

저는 다시 건강합니다. 어제는 수업을 했어요. 스크랜튼 부인은 말렸지만 기분이 꽤 괜찮았고, 또 제가 아니면 마땅히 일을 할 사람도 없어서요. 대체 인력을 찾을 수 있는 고향과는 상황이 매우 달라요.

우리는 에스더를 홀 부인과 함께 미국으로 보낼 준비를 시키느라 바쁩니다. 에스더는 1년 반 전에 결혼한 우리 학생이에요. 홀 부인은 그녀에게 의학교육을 시킬 예정이고, 그녀의 남편도 하인으로 함께 자기 집에 데려갑니다. 그녀의 집은 뉴욕주 리버티에요. 그녀가 에스더의 남편을 하인으로 데리고 있으면서 에스더를 교육시키고 지위를 높이는 것이 조금은 어렵지 않을까 우리 모두 생각하고 있어요. 부인이 남편보다 그렇게 우위에 있는 것은 조선의 풍습이 아닙니다. 미국에서도 일반적이지 않듯이요. 하지만 모든 일은 시간이 가면 제대로 풀릴 것입니다. 미국에서 잘해보려는 남자를 아무도 말릴 순 없지요. 모든 조선인들이 미국에 가고자 하는 열병을 갖고 있어요. 그들에게 그런 기회가 주어진다면 이곳에는 늙고 죽어가는 사람 외에는 아무도 남아 있지 않을 것 같군요. (예전 학생이자 우리 병원의 여전도사인) 메리의 남편이 몇 주 전에 떠나서 지금은 샌프란시스코에 있는 일본인을 위한 감리회 학교에 다니고 있어요. 그는 그곳의 경이로움에 대해 쓴 편지를 보냈지요.

이제 교실로 가야 해요. 어머니에게 더 자주 편지 쓸 시간이 있으면 좋겠어요. 크리스마스 편지도 쓰고 싶었는데 지금 쓰기는 너무 늦었네요. 그것을 써야 할 때 아팠거든요. 어머니가 크리스마스 때까지 받고 싶어 하셨던 제 선물을 제때 보내드리지 못하게 되어 미안해요. 알렌 양의 출발이 늦어진 데다가 아예 안 갈지도 모르겠어요. 다른 사람을 통해 보낼 기회가 있을 거예요.

사랑을 가득 담아

당신의 룰루

우리는 매일 우편을 기다립니다.

서울, 조선
1894년 12월 5일

사랑하는 동생 조지아

네 편지들을 잘 받았고, 너도 지금쯤 내 편지를 받았겠지. 내가 일본에서 돌아온 후 한두 번 네게 편지를 썼으니까. 네 소식을 듣는 것은 항상 즐겁단다. 네 편지 중 어떤 것은 허바드 선생님을 즐겁게 하지만 어떤 것은 창피하게 만들까 걱정이구나. 네가 철자를 잘 몰라서가 아니라, 내가 우리 학생들에게도 말하듯이 네가 “조심 없는 아해 chosim upnon ayhe”, 즉 부주의한 학생이기 때문이지. 학생들은 그렇게 불리는 것을 좋아하지 않아서 다음번 숙제에는 훨씬 조심한단다. 단어를 확실히 모르면 엄마가 가르쳐주실 거야. 내게도 항상 그러셨거든.

너와 레나가 함께 좋은 시간을 보내고 있다니 반갑구나. 레나에게 새 숙모가 생겼다지? 좋은 일이네! 고향에 다시 돌아가면 모든 것이 너무 바뀌어서 나는 늙은 립 반 윙클이 된 기분일 거야. 그래, 네가 7개월 만에 4센티미터나 더 자랐다니 곧 나만큼 크겠구나. 어린아이였을 때 너는 큰언니같이 되고 싶다고 했는데 아직도 그러니?

네티 언니가 집안일 하는 여자아이를 구하지 못했다고 네가 썼더구나. 아직도 그러니? 마사는 디킨슨 할머니 댁에서 지내며 학교를 다니고 있니? 네가 좋은 선생님을 만나서 공부를 잘하고 있다니 기쁘구나. 방과 후에는 뭘 공부하니? 여러 가지 많다고 네가 그랬는데.

난 네가 시드니에서 즐거운 시간을 가진 걸 알아. 할머니에게 긴 편지를 썼는데 할머니가 그것을 받으셨길 바라. 할머니는 항상 나를 따뜻하게 돌봐주셨지.

에스더를 미국으로 보낼 준비를 시키느라 이번 주 우리 모두 바빴어. 에스더는 우리 학생 중 한 사람이야. 지금은 기혼인데, 일주일 전에 남편이 죽은 홀 부인이 에스더와 그녀의 남편을 미국으로 데려갈 거야. 홀 부인은 에스더에게 의학 교육을 시켜서, 그녀가 조선으로 돌아와 자기 백성에게 예수님에 대해 가르치며 그들을 치료할 수 있기를 희망한단다. 그녀는 열여덟 살이야. 방금 우리를 보러 왔네. 어젯밤 그녀는 미국 옷을 입고 왔어. 내 낡은 푸른색 옷 알지? 까만 실로 테두리를 한 윗도리 말이야. 그 옷을 소매를 줄여 그녀에게 주었어. 그 치마를 입으니 그녀에게 훌륭한 드레스가 되었지. 홀 부인은 줄무늬가 있는 예쁜 플란넬 블라우스를 윗도리 아래에 받쳐 입으라고 주었어. 그녀의 모습을 보니 바로 유키에가 생각이 나더구나.

오늘 밤 방금 누가 밤을 가져다주었어. 너도 맛을 볼 수 있었으면 좋겠어. 우리 밤보다 세 배는 더 크고 너무 달고 맛있어. 또한 여기는 호두도 맛있지. 값도 싸단다. 오렌지는 일본에서 들여오고, 감은 이곳에서 엄청나게 많이 재배돼.

페인 양이 네게 주라고 전해준 일제 장난감을 보내. 작은 것 하나를 접시 물에 넣고 그것이 무슨 일을 하는지 지켜보렴.

어제 아침 어머니에게 편지를 썼어. 오후에 그 편지를 부친 후 미국에서 우리 우편물이 왔는데, 엄마가 11월 1일 날짜에 쓴 편지가 있더구나. 형부가 입은 피해가 너무 안타깝다. 그렇게 많은 돼지가 죽다니 커다란 손해였겠어. 어머니에게 곧 그 편지에 답을 하겠다고 말해줘.

이번 주부터 다시 수업을 하는데 내 공부는 하지 않을 거야. 의사가 두 가지를 다 하지는 말라고 했거든.

너에게 나가사키에서 거북이 등껍질로 만든 작은 인력거를 보냈는데 네 생일날까지 도착했기를 바라. 그걸 받지 못했니? 너나 어머니 다 그것에 대해 언급이 없구나. 그게 없어졌다면 유감이야. 내가 크리스마스 선물로 고향에 보낸 것들을 네가 받지 못했다고 해 실망했어. 하지만 벨 알렌이 고향에 돌아가지 않았기 때문이야. 소포는 여전히 일본 요코하마에 있단다. 벌써 크리스마스가 다가오니 이것이 너에게 도착하기 전에 크리스마스가 지나가겠구나. 네가 행복한 크리스마스를 맞이하여 원하는 물건들을 얻고 다른 사람들도 행복하게 해주기를 기대한다. 우리가 학생들에게 무엇을 해줄지는 아직 모르지만 나중에 네게도 알려줄게.

이제 잠자리에 들어야겠어. 너도 일어나 학교에 가야지.

부디 건강하고 아빠 엄마를 잘 보살펴드리렴. 네티 언니가 다시 아프다니 너무 속상하네. 언니가 새집에서 나아졌으면 좋겠다.

다시 편지해줘.

사랑하는 너의 언니

룰루 E. 프라이

~ ~ ~

서울, 조선
1894년 12월 10일

사랑하는 어머니

어머니 편지 겉장에 "받음 표시"라고 쓰셨네요. 며칠 전 어머니에게 짧은 편지를 쓰고 또 하나는 조지아에게 쓰면서 11월 1일 자 편지를 받았다고 표시했어요. 어머니 편지 하나에만 두세 장은 쓴 것 같아요. 기선이 올 때마다 어머니가 제게 편지를 보내시니 불평하는 것은 아니에요. 저는 만족해요.

방금 몇 군데를 방문하고 돌아왔어요. 장로회와 감리회는 여태까지 한 이웃에 있었는데, 이번 가을 장로회가 구역을 넓혀서 이 도시의 동쪽에 네 채의 집을 갖게 되었어요. 거기에는 우리 예배당과 진료소도 있는데요, 이번 가을에 페인 양과 저는 그곳으로 가고 싶지만 전쟁 때문에 그렇게 하지 않는 것이 낫겠다는 생각입니다. 우리는 이제 학교 일을 하는데 올해 계획된 일들이 있어 거의 불가능해 보입니다. 어머니가 저와 같이 그 모든 것을 보러 갈 수 있다면 좋았을 텐데요. 이곳에서 어머니의 장로회가 하는 일을 관심 있게 보셨을 것이고, 또 어머니도 가마를 타고 제가 묘사하기 어려운 광경들을 보실 수 있었을 거예요.

이 재미난 초가지붕 집들은 높이가 2.5미터도 채 되지 않고, 가마가 간신히 지나갈 수 있는 좁은 골목들은 너무 더러워 가능한 한 오래 숨을 참아야 하는데 그런 것이 모두 어머니에게 새로울 것입니다.

우리는 매우 더운 가을을 맞고 있고, 의사들은 그 때문에 우리가 그렇게 많은 병에 걸린다고 생각합니다. 제가 일본에서 돌아온 후 일주일에 평균 한 명꼴로 외국인들이 사망하고 있습니다. 하지만 악취는 날씨가 약간 선선해진 후부터 그렇게 나쁘지는 않다고 말해야겠네요. 우리만큼 어머니가 조선 순검의 모습을 재미있다고 생각하지는 않으실 거예요. 항상 길고 흰옷을 입은 조선 사람에 익숙해졌는데, 순검은 잘 맞지 않는 검정 바지를 입고 높고 좁은 테두리를 한 펠트 천 모자를 쓰고 있어 그 모습이 너무 우스워요. 넓은 길에서 커다란 소가 나무와 풀과 잎사귀들을 싣고 가는 것을 보았어요. 가난한 사람들은 이 풀과 잎사귀 외에는 불을 지필 것이 없어요. 조랑말들은 너무 작아서 짐으로 뒤덮인 듯이 보여요. 여기 사람들이 우리의 커다란 말을 보면 무슨 생각을 할까 궁금하네요.

오늘 우리는 방학을 맞았습니다. 어제 일요일은 스크랜튼 부인의 생일이었어요. 그녀는 62세입니다. 오늘 그녀는 여학생들과 우리 교회에 속한 여인들에게 큰 잔치를 베풀었어요. 정말 엄청난 인파였죠. 많은 외부인이 와서 맛있는 식사를 하고 갔어요. 물론 이런 일이 우리를 성가시게 하는 건 아니에요. 일은 조선 사람들이 다 했어요. 사람들이 좋은 물건들도 보내주었어요. 그들은 맛있는 잔치국수와 우리가 좋아하는 과일과 호두를 먹었어요. 크리스마스에 서울 사람들이 너도나도 좋은 것을 얻겠다고 오면 우리가 감당할 수 없을 것 같아 계획을 세우려 애쓰고 있어요. 이곳 사람들은 무엇을 먹고 입을 것인지 외에는 많은 고민을 하지 않는데, 그런 점에서는 발전한 문명이라고 뽐내는 다른 나라 사람들보다 크게 뒤처졌다고 생각지 않아요.

12월 11일

편지를 끝맺기 전에 몇 줄 더 적어요. 보내주신 신문들이 너무 흥미로웠어요. 어머니가 제 제물포 편지를 기고하신 것을 보았는데 첫 줄에 문법 실수가 있더군요. 어쩔 수 없죠. 그런 실수를 보시면 편집자에게 주기 전에 수정해주세요. 신문에 게재할 생각은 전혀 없이 급하게 그 편지를 썼거든요.

홀 부인은 금요일에 여기를 떠났어요. 그러나 제물포에 도착했을 때 아기가 홍역에 걸려 아직 출발하지는 않았다는군요. 그녀에게 작은 소포 하나를 맡기며 미국에 가서 부쳐달라고 부탁했어요. 금이나 은을 우편으로 부치는 것은 일본 우편법에 위반되거든요. 조지아에게 줄 작은 진주 반지와 아버지에게 드릴 거북이 등껍질로 만든 봉투칼을 보냈어요. 소포는 아버지 앞으로 보냈어요. 어제는 조지아의 흰옷과 비슷한 "왕마" 천도 4미터 정도 보냈어요. 모두 안전하게 받았으면 좋겠어요.

급하게, 그리고 사랑을 담아
룰루

~ ~ ~

서울, 조선
1894년 12월 17일 월요일

사랑하는 동생 조지아

이제 거의 크리스마스 때구나. 너는 무엇을 하고 지내니? 오늘 오후 나는 여학생들 설빔을 재단해야 해. 조선의 새해는 음력으로 따지니까 올해는 1월 25일이야. 여기 사람들은 명절을 3주간 쇠는데, 그때가 우리에겐 방학이야. 크리스마스 방학은 월요일과 화요일만 있을 예정이란다. 마치 고향에서 부활절에 하는 것처럼 새해에 새 옷을 입고 나오는 것이 이곳의 풍습이야. 나는 올해 수업을 하는 게 정말 좋았어. 내 학생들은 매우 똑똑해. 때론 혼을 내기도 하지. 하지만 그들만큼이나, 또는 그 이상으로 나도 속상해. 오늘 아침 어떤 아이가 내 질문에 대답하기를 완고하게 거부했어. 나는 그 아이가 대답하게 만들려고 매를 맞기 원하냐고 물었는데, 대답을 해주면 좋았으련만 여전히 입을 다물고 있어서 할 수 없이 매를 때렸지. 그리고 또 잠시 교실을 떠나 있다 돌아오니 여섯 명의 학생이 어젯밤 내린 첫눈을 가지고 장난을 치러 밖으로 나가버린 거야. 이 아이들을 도대체 어떻게 해야 하나? 나는 쉬는 시간도 주지 않고 종을 쳐서 모두 들어오게 한 후 한 사람씩 현관문 앞에 세워두고 눈으로 세수를 시켰어. 이제 다시는 내가 교실에 없을 때 기회를 잡아 밖으로 나가는 일이 없겠지. 내 상급 영어반은 정말 자랑스러워. 며칠 전 내가 영어 단어 세 개를 주고 문장을 만들라고 했지. 다른 단어는 잊어버렸지만 "iron"이란 단어가 있었고, 내가 몇 번 편지에 쓴 매기란 아이가 멈칫할 거라고 예상했는데 바로 세 문장을 이렇게 써서 보여주더구나.

I do not know what iron means. (나는 iron이 무슨 뜻인지 모른다.)
I do not know what ____ means. (나는 ____이 무슨 뜻인지 모른다.)
I do not know what ____ means. (나는 ____이 무슨 뜻인지 모른다.)

그러자 루시 브루스터가 나에게 "Iron does not like to sew(다리미는 바느질을 싫어한다)."라는 문장을 써주었어. 우리 학교에는 세례받지 않은 어린 여자아이가 하나 있는데, 그 아이 이름인 "무실"이 "다리미"라는 의미래. 아이들이 세례를 받으면 우리는 기독교식 이름을 준단다. 너도 내 아이들을 만날 수 있으면 좋겠어.

이제 크리스마스까지 나흘밖에 남지 않았네. 내가 편지를 쓰다가 멈춰서 시작한 날에 마무리 짓지 못했어. 네가 행복하고 건강하기를 바란다. 즐거운 크리스마스를 맞이했기를. 이 편지가 너에게 도착할 때쯤이면 크리스마스는 거의 잊혔겠지.

빨리 답장해줘.

사랑을 담아
룰루

12월 19일

사랑하는 어머니. 지난번 우편에는 아버지 편지만 있고 어머니 편지는 하나도 없었네요. 아버지 말씀이, 어머니가 네티 언니를 보러 가서 며칠 같이 있을 거라더군요. 언니가 보통 때보다 겨울철에 더 나빠지나요? 언니가 겨울을 따뜻한 기후에서 보낼 수 있으면 좋겠어요. 이 추운 날씨에 어떻게 지내세요? 저는 약간 추운 것 외에는 모두 괜찮아요. 우리가 지금 겪는 추운 날씨는 열병 환자에게는 좋아요.

월요일 밤에는 아펜젤러 부부의 결혼 10주년 석혼식에 참석했어요. 아펜젤러 부부는 두 사람 다 결혼식 때 입었던 옷을 그대로 입었는데 생각보다 나쁘게 보이지 않았어요. 결혼한 지 6년 되는 헐버트 부인은 자기 웨딩드레스가 치마받이 틀로 부풀리고 등에 세 개의 주름을 낸 예전 스타일이기 때문에 지금 입으면 너무나 우습게 보일 거라고 말했어요. 매 10년 주기로 스타일이 다시 돌아오는 것 같아요. 그나저나, 만약 예전에 광고로 나눠주던 ○○○○○ 종이를 포목점에서 얻을 수 있으면 간혹 하나 보내주세요. 세상의 다른 쪽에서 무슨 일이 벌어지고 있는지 우리도 알고 싶어요.

우리는 아주 즐거운 시간을 보냈어요. 음식은 정말 미국 집homey을 생각나게 했어요(제 말은 "honey"가 아니라 "homey"예요). 여기서 만드는 음식은 굉장히 맛이 달라요. 우리 요리사의 음식은 일종의 중국식 내지 조선식 맛이 납니다. 그런데 그날은 아펜젤러 부인Ella Jane Dodge Appenzeller(1854~1915)이 직접 부엌에 들어가 요리사와 같이 일을 했어요. 우리는 시간이 없어서 해주는 음식만 먹어요.

장로회는 지금 연례 회의를 하고 있어요. 회의 시간이 모두 아침에 있어 저는 수업 때문에 갈 수가 없어요. 8월에 열렸어야 했던 우리 감리회의 협의회는 1월에 열릴 예정입니다. 중국에서의 협의회는 감독님이 중지시켰어요.

어머니가 오셔서 크리스마스를 저희와 보낼 수 있으면 얼마나 좋을까요. 저는 종종 어머니를 잠시라도 보러 집에 있었으면 해요. 집에서 계속 사는 것은 아니더라도요. 어머니 사진이 오나 매번 우편을 기다려요. 다음번 우편물은 크리스마스 편지들을 갖고 오지 않을까 기대하고 있어요. 기선이 11일에 요코하마에 기항했고 우리에게 도착하려면 8일에서 10일 정도 걸리니 대충 조만간 도착하겠네요.

제가 어머니에게 여러 달 전에 보내려 한 소포가 크리스마스에 맞춰 도착하지 않았다니 속상하네요. 벨이 홀 부인을 만나서 부인을 통해 그것을 부치도록 해줄 수 있을지 모르겠어요. 홀 부인을 통해 예쁜 진주 반지를 보냈다고 지난 편지에 제가 썼었죠. 만약 그걸 잃어버렸다면 실망스러울 거예요. 사실 홀 부인이 너무 많은 짐을 가지고 가서 어떤 것은 분실될 수도 있을 것 같아요. 조지아의 여름옷을 만들라고 왕마도 보냈어요. 그 일을 생각하니 제가 보낸 작은 인력거가 분실되었는지 아닌지도 궁금하네요. 알려주시면 한시름 놓을 것 같아요. 그것이 확실히 그 아이 생일까지 도착하도록 편지 우표값인 85센트짜리 우표를 붙인 봉투에 넣어 충분한 시간을 두고 보냈거든요. 곧 답장을 주세요.

많은 사랑을 담아

룰루

1895년

서울, 조선
1895년 1월 15일 화요일 밤

사랑하는 어머니

다시 한번 제가 집 소식을 너무나 기다리고 있다는 말로 편지를 시작해야겠어요. 지난번 우편물에는 집에서 오는 편지가 없었고, 12월 7일 자 신문을 통해 네티 언니의 심각한 병세에 대해 읽었습니다. 좀 더 자세한 사항을 너무나 알고 싶어요. 『리퍼블리칸』지는 폐에 출혈이 있다고 말하네요. 그 정도로 심각한 것이 아니길 바랍니다. 오늘 밤 장난치다 넘어져 팔꿈치 위가 부러진 여학생 하나가 계속 끙끙 앓고 있어요. 의사가 뼈는 맞춰주었는데 붕대가 너무 얇아 새로 붕대를 둘러야만 할 것 같아요. 나이가 있는 학생 중에 클라라라는 아이는 아파서 병원에 있어요. 다리의 엉덩이 관절에 농양이 있는데 그게 뼈에까지 영향을 주어, 의사는 고관절염이라고 해요. 의사가 그 아이와 또 다른 외부에서 온 소녀를, 옛날 조지아가 다리에 추를 달고 누웠듯이 눕힐 수 있게 도왔어요. 의사가 정확히 같은 증상의 두 환자를 동시에 만났다는 게 이상하지 않아요? 질병과 어려움은 지구의 한쪽에만 국한된 것이 아니네요. 제 마음과 생각은 고향의 사랑하는 가족들과 함께 있지만, 이곳의 일이 두 손 가득합니다.

감독님과 감독님의 부인, 그리고 두 아들이 어젯밤에 왔습니다. 두 소년은 우리 집에 묵고 있는데 매우 유쾌한 아이들이에요. 저희 회의가 아침에 시작하니 내일 시간이 없을까 봐 오늘 밤 급히 편지를 쓰고 있어요.

페인 양과 저는 오늘 오후 스크랜튼 의사 부인 댁에서 이사벨라 버드 비숍 부인 Isabella Bird Bishop(1831~1904)을 위해 마련한 티파티에 참석했어요. 그녀는 여행을 끝내고 스코틀랜드로 돌아갈 예정입니다. 비숍 부인은 영국인이지만 집은 스코틀랜드 어딘가에 있답니다. 그녀와 함께한 시간은 정말 즐거웠어요! 그녀가 조선에 대한 책을 쓸지는 아직 잘 모르겠어요. 이 나라에 관해 그녀가 말해준 몇 가지를 이야기하고 싶지만 지금은 너무 시간이 늦었네요.

팔이 부러진 학생은 오늘 밤을 꽤 편안히 보낼 수 있게 치료되었어요. 저도 거의 나아가요. 어젯밤에는 체온이 정상이었고 계속 그랬으면 해요. 회의가 끝나자마자 바로 조선의 새해가 시작되니까 아마도 3주 내지 4주 휴가를 가질 것입니다.

어머니가 네티 언니를 돌보느라 지난 편지를 건너뛴 것을 알고 있지만, 어머니가 어렵다면 아버지라도 한두 줄 저에게 써달라고 일러주세요. 밴쿠버를 경유한 어머니 편지는 잘 도착했습니다.

저 대신 물건들을 보내준 벨에게 고맙다고 편지할게요. 예산 보고서를 보니 그녀는 나고야로 파송되었네요. 거기에 제 친구 캐리 히튼이 있는데 정말 잘됐어요.

모두에게 사랑한다고 말해주세요. 네티 언니가 훨씬 낫기를 바라요. 모두를 위해 기도밖에는 제가 할 수 있는 것이 없네요. 며칠 안에 어머니 편지를 받기를 고대해요. 우편물이 요코하마에 10일에 도착했다니 곧 올 것 같네요.

사랑하는 룰루

서울, 조선
1895년 1월 20일

사랑하는 어머니

어제 우편물에는 조지아가 보낸 반가운 장문의 편지가 있었는데, 오늘 제가 쓰는 것보다 더 좋은 답장을 써야 할 것 같아서 오늘은 어머니 편지에만 답장을 쓸게요. 어머니가 더 하실 말씀이 있는데 쓰지 않으신 것 같네요. 왜냐하면 어머니는 으레 하시는 맺음말, "당신의 진실한"도 쓰지 않으셨거든요. 또한 "너의 사랑하는 어머니로부터"도 없었죠. 어머니가 "너의 진정한 친구, 엠마"라고 서명하시던 시절이 생각났어요. 하지만 조지아 편지 뒤에 어머니 손글씨로 쓴 몇 장을 발견해서 너무 기뻤어요.

그랜트 오빠의 소식을 들었으면 좋겠어요. 오빠가 언제쯤 평범하게 살 수 있을지 의심스럽네요. 자기가 어디 있는지 간혹 우리에게 알려주기만 해도 그의 방랑벽을 신경 쓰지 않을 수 있을 것 같아요. 새로운 장소에 갈 때마다 한 줄 정도 보내는 데에는 돈도 많이 들지 않을 텐데요. 저에게 보낼 사진을 찍지 않으신다는 건 어머니도 저를 무시하시는 겁니다. 어머니도 점점 변하실 테니 더 오래 기다리면 나중에 제가 어머니를 알아보지 못하게 될 거예요. 제발 사진관에 가세요. 사진값으로 제가 빳빳한 지폐로 3달러 보낼게요. 그러면 4월 이전에 한 장 받아볼 수 있을 거라 기대할게요. 제 생일날까지 도착하면 좋겠지만 지금보다 이전에 찍지 않으셨다면 기대할 수 없겠죠. 제 모습이 좀 나아졌다고 하시니 기쁩니다. 너무 빨리 썼더니 글씨가 점점 날아가네요. 이따가 수업을 두 개 들어가야 하는데 그 전에 또 제 선생님도 올 거라서 정성스럽게 편지 쓸 시간이 없네요. 물론 다음번 편지는 시간을 들여서 잘 읽히게 쓸게요.

오늘은 조선 달력에 의하면 1년 중 가장 추운 날이라는데 정말로 그렇네요. 우리는 방에서 따뜻하게 지내기 위해 공을 들이고 있습니다. 오늘은 작은 화장실에도 불을 땠지만 그래도 서재는 아주 추워요. 조선 집들은 형편없이 만들어졌어요. 황토벽이 마르면 가장자리에 틈이 생겨서 바람이 스며들기 딱 좋지요.

우리는 동대문에 새집을 지으려 하고 있어요. 제가 건축가예요. 보시다시피 제가 새로운 재능을 개발했네요. 제 계획이 다른 사람들 것보다 조건에 더 잘 맞았거든요. 설계도가 정해지면 보내드릴게요. 저는 총 세 개의 설계도를 그렸는데 두 개 중에서 고민하고 있어요. 양쪽에 각각 장단점이 있어서요. 우리는 집터를 정하기 위해 모두 동대문 대지로 갔어요. 거기서 누가 살지는 아직 결정하지 않았어요. 적어도 몇 년간 제 차례는 안 올 거예요. 저는 두 번째 안식년을 마치고 돌아올 때까지는 아마도 학교 일을 할 테니, 어떻게 될지는 아무도 모르지요.

조지아가 선교 일에 관심이 있다니 반갑네요. 하지만 그 아이에게 선교사가 되라고 부추기지는 마세요. 어머니는 저에게 권고하지 않으셨고, 제가 가는 길에 어떤 간섭도 하지 않으셨지요. 만약 그 아이가 선교사가 된다면 오로지 하나님께서 만드신 선교사가 되었으면 합니다.

페인 부인이 어머니에게 편지를 쓰고 기선의 시간표를 보냈다고 제게 편지 주셨어요. 어머니 편지를 이제 더 빨리 받아볼 수 있을 거라 기대해봅니다. 페인 양의 편지들이 모두 제 편지보다 12일에서 15일가량 늦게 쓰여 있는 것을 보니 어머니가 매번 기선을 놓치시는 것 같네요.

이제 작별 인사를 해야겠어요. 수업 주관도 하고, 시험도 보고, 제 선생님과 친구 접대도 하는 동시에 편지도 썼네요. 안녕히 계세요. 제가 어머니를 얼마나 사랑하는지 모르실 거예요. 사진 잊지 마세요.

룰루

서울, 조선
1895년 1월 22일

나의 사랑하는 어머니

어머니의 12월 9일 자와 18일 자 두 편지가 어제 도착했습니다. 네티 언니의 심각한 병세에 대한 기사가 실린 12월 7일 자 신문을 이번 달 10일에 받았으니 어머니가 아슬아슬하게 기선을 놓쳤나 봅니다. 어머니가 네티 언니의 병세에 대해 그렇게 고무적으로 느끼신다니 너무나 감사해요. 만약 언니가 봄을 건강에 차질 없이 무사히 지날 수만 있다면 여름에는 비교적 건강해지겠죠. 오하이오주의 겨울은 언니에게 너무 혹독해서 걱정입니다. 우리는 정말 추운 겨울을 지냈는데 눈은 거의 오지 않았어요. 지금도 땅 위에는 눈이 하나도 없어요.

물건들이 어머니께 안전하게 도착해서 다행이에요. 어머니께 조선 물건을 몇 개 더 보낼 수 있으면 좋겠어요. 아시다시피 그 물건들은 모두 일본에서 산 것입니다. 닌데 부인은 저를 위해 집에 무엇이든 가져다주고 비용도 모두 대신 지불해주겠다고 친절하게 제안해주셨어요. 하지만 그녀는 이미 중국과 일본에 있는 선교사들을 위해 상자를 스무 개나 받아둔 상태라 제가 더 짐을 얹어드리기는 싫었어요. 예쁜 조선 물건 몇 개를 보낼 수 있는 또 다른 기회를 찾을게요. 여기 물건들은 일본 것에 비해 휴대가 가능한 것이 별로 없어요. 어제는 나흘간 하는 놋그릇 전시회의 둘째 날이었어요. 저는 예쁜 그릇 몇 개를 샀는데, 물론 그렇게 무거운 것은 보낼 수 없으니 그중 몇 개를 나중에 직접 들고 갈게요.

저는 어머니를 매우 자주 생각해요. 보내드린 옷감이 마음에 드셨으면 좋겠어요. 제작 주문이라 직접 보고 고른 것은 아니에요. 보여준 물건보다는 훨씬 더 마음에 드는 패턴을 골랐어요. 그 옷감을 벨에게 바로 보내게 해서 제 눈으로 직접 보지는 못했네요. 여름에 꼭 옷을 해 입으세요. 조지아에게는 7미터가 넉넉지 않을까 걱정되니 3~4미터를 더 구할 수 있도록 일본에다 부탁할게요. 어머니 것은 충분할 거예요. 어머니께 보낸 지난번 편지 받으셨죠? 슬리퍼는 어머니 것인데, 페인 양과 제가 유용하고 편안하다고 느낀 만큼 어머니도 그러시길 바랍니다.

조지아와 마사의 사진이 어제 안전하게 왔어요. 너무나 사랑스러운 사진이에요. 마사가 정말 잘 나왔어요. 너무 커버렸지만 말이죠. 조지아는 머리를 너무 평범하게 빗어선지 약간 아픈 듯이 보여요. 마침 조지아에게 마사와 같이 사진을 찍어 보내달라고 할 참이었는데 이 사진을 받아 너무 좋았어요. 조지아가 저를 그리워하는군요. 저도 그 아이가 보고 싶어요. 제가 집에 돌아가면 마냥 어리기만 했던 조지아는 없고, 다 큰 아가씨만 있을 거라 생각하면 목이 메고 눈물이 솟아요. 그 생각이 저를 가장 슬프게 해요. 저는 하나님께 제가 집에 돌아갈 때까지 모두를 살아 있게 해달라고 기도했고, 하나님은 그렇게 하실 겁니다. 불쌍한 그랜트 오빠! 왜 나를 그렇게 취급하는지요. 오빠 같지 않네요. 제가 이곳에 온 후 오빠의 편지를 받은 건 단 한 번뿐이에요. 그저 오빠의 모든 여정이 평안하길 바라요.

우리는 감독의 두 아들을 데리고 있는데 그 아이들과 있는 것이 너무 즐거워요. 한 아이는 열여섯 살이고 다른 아이는 열여덟 살이에요. 오늘 우리는 감독과 그의 부인 그리고 장로회 선교회의 애비슨Oliver R. Avison(1860~1956) 부부를 점심 식사에 초대했어요. 제가 살림을 맡고 있으니 제 어깨에 책임이 떨어졌죠. 우리는 우리 집의 작은 중국인 요리사와 시중드는 남자아이에게 거의 의존하고 있지만, 만약 뭔가 잘못되면 살림을 맡은 사람이 비난을 받을 거예요.

제가 일본에서 돌아온 후 보낸 편지와 손수건을 리다가 받았나요? 어머니는 작은 거북이 등껍질로 만든 인력거를 받지 못하셨나요? 말씀하신 장갑은 아직 도착하지 않았는데 아마 다음번 우편에서 오겠지요. 사진들은 잘 도착했어요. 페인 양은 크리스마스 우편과 함께 그 후 한 번 더 여러 가지 선물을 받았답니다. 제 생각에 만약 제 물건들이 분실되었다면 고향 집 근처가 분명해요. 아버지가 사랑하시는 오랜 일을 다시 시작할 기회로군요. 장갑이 매우 필요하니 빨리 도착했으면 해요.

우리 회의는 아직 계속하고 있고 매우 즐겁습니다. 어제는 남성 대표단의 리셉션, 남·북장로회와 침례교 남성회원 그리고 씰 공사의 인사가 있었어요. 우리 선교회의 반응도 모두 즐거웠지요. 교훈과 위트와 연민이 뒤섞인 시간이었어요.

마음으로는 더 쓰고 싶은 것이 가득하지만 더 쓸 시간이 없네요. 제가 집에 돌아가면 우리는 얼마나 신나게 이야기할까요. 며칠 전 아버지에게 『코리안 리포지토리』지 1월호를 보냈어요. 그 잡지는 매우 소중한 자료예요. 아버지가 다달이 그 잡지를 받았는지 말씀해주시겠어요? 전쟁과 그 결과에 관해서 정확한 정보를 얻을 수 있어 좋아하실 것이라 생각해요. 요즘 조선은 흥미로운 시기를 맞고 있습니다. 마치 오래된 도시가 발굴되고 새로운 도시가 빠르게 건설되는 것 같은 느낌이 들어요.

이제 끝내야겠어요. 곧 다시 편지 쓸게요. 제가 학창 시절에 했듯이 매주 월요일마다 어머니에게 편지를 쓰려고 해요. 그때보다 쓸 편지가 더 많지만 고향집 편지 쓰는 것은 아무것도 아니에요. 네티 언니와 아이들에게 그리고 형부와, 물론 아버지와 조지아에게도 사랑을 전해주세요.

진정한 사랑을 담아

룰루 E. 프라이

서울, 조선
1895년 1월 29일 화요일

나의 사랑하는 어머니

오늘 우편물이 도착했는데 집에서 온 편지는 없군요. 어머니가 편찮으시지 않기를, 네티 언니가 더 나빠지지 않았기를 바라요. 어머니가 저에게 의무감으로 편지를 쓰지 않았으면 해요. 그러면 편지를 쓰거나 받는 일에 아무런 기쁨도 없을 거예요. 하지만 매번 우편물에서 집에서 온 편지를 찾지 못하는 것은 항상 실망을 남깁니다. 지난 우편물로 편지 두 통이 왔는데 하나는 분명히 그 전 기선을 아슬아슬하게 놓친 것 같았어요. 괜찮아요. 저는 어머니가 바쁘신 것을 알고, 저도 바쁘고 어머니를 도울 수 없을 만큼 멀리 떨어져 있으니 제가 할 수 있는 일은 인내하며 기다리는 것뿐이겠지요.

닌데 감독과 부인은 오늘 아침 떠났어요. 어머니께 드릴 거북이 등껍질 핀을 갖고 있었는데 부인이 친절하게도 가져가주겠다고 해서 어머니와 네티 언니에게 보내야겠다고 생각했어요. 작은 인력거는 받으셨다는 편지가 없는 걸 보니 어디 다른 곳에 있나 봅니다. 어머니와 네티 언니에게 화려한 머리핀을 두 개 보냈어요. 어머니는 위가 둥근 것을 좋아하실 것 같고 언니는 더 뾰족한 것을 좋아할 것 같은데 마음대로 고르세요. 작은 핀 세 개는 언니의 것이고 큰 것 두 개는 어머니 거예요. 그건 진짜 거북이 등껍질이래요. 페인 양은 우편물로 작은 것을 여섯 개나 보냈는데 그 봉투가 검사를 받는 바람에 그녀의 친구가 관세로 1달러 20센트를 내야 했답니다. 값진 것이니 아껴두시라고 이 말씀을 드리는 것은 아니고, 제 생각을 하며 써주시고 소중하게 여겨주셨으면 해요. (아직 유행에서 뒤처진 것이 아니기를 바라요.)

이곳은 이제 매우 날씨가 춥습니다. 오늘 아침 7시에 0도였어요. 감독 일행분들이 40킬로미터도 넘는 거리를 인력거를 타고 가기에는 매우 추운 날씨죠. 폴링 씨Edward Clayton Pauling(1864~1960)도 함께 갔어요. 그는 침례교 소속 젊은이인데 미래의 폴링 부인을 만나러 요코하마로 떠났죠. 우리는 그를 매우 좋아해요. 그는 속 좁은 침례교인이 아닌, 교회 통합을 열망하는 진실된 사람이에요. 지난 화요일 우리 회의가 끝날 때 우리의 성찬식에 참여했지요. 그는 궁 옆 너머에 집을 샀어요. 그의 말로는 4만 명이 살고 있는 곳에 선교사는 한 명도 없답니다. 서울에서만도 활동할 여지가 많은 것을 아시겠죠. 다른 도시나 시골구석에는 더 말할 나위도 없고요.

오늘 리다에게서 멋진 장문의 편지를 받았어요. 불쌍한 친구. 리다에게 제안하기만 한다면 네티 언니 곁으로 바로 돌아가려 할 거예요. 리다 말로는 자기가 느리고, 또 언니네가 자기보다 더 나은 이를 구할 수 있을 거라고 하네요.

매번 편지마다 네티 언니가 어떤지 알려주세요. 어머니께서 너무 바쁘시고 아버지는 편지 쓰기가 불가능하시면 조지아를 대필자로 써서라도요.

사랑하는 딸 룰루

보내주신 모든 사진을 확인했어요. 조지아 반지와 아버지께 보낸 거북이 등껍질 북마크가 도착했기를 바라요.

나가사키, 일본
1895년 2월 8일

친애하는 룰루 프라이

당신의 편지를 받고 매우 기뻐서 지금보다 더 빨리 답장을 하려고 했는데 기선을 놓쳤어요. 내가 당신에 대해 무심했다고 생각지 말아주세요. 당신의 언니가 아프다는 소식을 듣고는 정말 마음이 아팠습니다. 매일 밤 난 그녀를 위해 기도합니다. 하나님께서 그녀가 병을 견디어내도록 도와주실 것이니 친구여, 집에서 멀리 떨어져 있는 지금 같은 상황에 너무 많이 심려하지 말고 자신을 잘 돌보길 바라요. 그렇게 해줄 거죠?

닌데 감독님이 당신 댁을 방문해서 좋은 시간을 가졌군요. 오, 나도 그곳에 같이 있었으면 좋았을 텐데요. 우리 역시 매주 좋은 모임과 설교 시간을 갖고 있긴 하지만요. 이 모임들이 사람들에게 매우 좋은 영향을 미쳤어요. 전쟁 이후 조선에서는 어떤 영향이 있나요? 중국 사람들은 많나요? 전쟁이 끝나고 중국인이 떠나간 조선을 보고 싶어요. 일본인은 많이 보이나요? 당신이 많은 일본인을 보리라는 것을 의심치 않아요. 지금 우리는 일본이 중국에 승리하고 있다는 뉴스를 매일 들어요. 우리 일본군이 매일 점령하고 있고, 어제 들은 가장 훌륭한 뉴스는 일본군이 전함 두 척을 침몰시켰다는 것입니다.

지금 중국 대사가 우리 나라와 평화협정을 맺으러 왔고 패스터 씨가 함께 왔는데, 그들이 정식으로 온 것은 아니라서 우리 황제가 받아들이지 않았어요. 그들은 나가사키 벨뷰 호텔에 머물고 있는데 일본 학생들이 그들을 조롱했지만 해코지를 하지는 않았대요. 순사들이 그들을 지키고 있어서 누구도 그들에게 해를 가할 수 없고, 이유 없이 호텔에 들어갈 수도 없답니다. 그러나 친구여, 생각해봐요. 우리 일본은 그들을 친절하게 대하고 있는데 여기 사는 중국인들은 그들을 보러 간 적이 없어요. 불쌍한 중국 대사는 호텔에 갇혀 있고 다음 화요일 오후에 나가사키를 떠납니다. 나는 그들이 어떻게 생겼는지 보러 가야겠어요. 틀림없이 늘 하는 땋은 머리를 하고 있겠지요. 룰루 양, 스왈른 부인에게서 소식을 들었나요? 그녀는 어디에 있나요? 그녀 소식을 듣고 싶고 편지도 쓰고 싶은데 그녀의 주소를 알면 전해줄 수 있나요? 그럼 그녀에게 편지를 쓸게요. 페인 양에게도 제 사랑을 전해주시고 당신에게도 제 사랑을 듬뿍 보냅니다.

당신의

Y. 나카오

추신.

우리 학교의 기록물을 보고 싶으시다면 제가 보내드릴게요. 잘 자요. 너무 졸려 눈을 뜰 수가 없으니 이참에 펜을 멈추려고요. 루이스 양에게도 사랑을 전해주세요.

서울, 조선
1895년 2월 15일

사랑하는 나의 어머니

이번 우편에 반가운 어머니 편지 한 장이 왔어요. 어머니는 샌프란시스코에서 기선이 출발할 때까지 충분한 시간 여유를 두고 편지가 도착하도록 계산하지 못하신 것 같네요. 지난 몇 통이 기선을 놓쳐서 조금 오래된 고향 집 소식을 전해주었거든요. 할머니, 신 이모, 캘 이모[10]와 페인 부인 때문이겠네요. 어머니가 저보다 그들에게 하루 전 먼저 편지를 쓰셨다고 적으신 걸 보니 그런 것 같아요. 제가 항상 불평한다고 생각지 말아주세요. 어머니가 한 달밖에 안 지난 제 편지를 받기 좋아하시듯이 저도 그렇답니다. 12월 28일 자 어머니 편지를 2월 13일에 받았으니 완전히 6주나 되었어요. 하지만 얼마나 오래되었건 그 편지들을 읽고 또 읽으면서 좋아했어요.

오늘 신문들과 장갑 꾸러미가 잘 도착했어요. 장갑이 정말 아름답네요. 어머니는 제가 그것들을 얼마나 좋아하는지 상상도 못 하실 거예요. 오늘 온 신문 위에 적힌 네티 언니의 필체를 보게 되어 기뻤어요. 아마도 이것이 일본에 남겨졌던 우편물이었나 봐요. 때로 우리는 잃어버린 신문들을 미국에서 정기 우편물이 들어온 며칠 후에 받곤 해요. 어제 사진 두 장을 보냈어요. 어머니가 알아보실 수 있으리라 생각해요. 『코리안 리포지토리』지 2호를 이 편지와 함께 아버지에게 보내요. 닌데 부인 편에 보낸 핀을 빨리 받아볼 수 있을 거라 기대하지는 마세요. 그분이 일본을 떠나려면 아직 몇 주는 있어야 합니다. 조지아에게 보낸 반지는 지금쯤 받았기를 바라요. 그 아이에게 물속에서 착용하지 않도록 조심하라고 해주세요. 그러면 진주가 까매질 거예요. 지금보다는 그 아이가 더 나이가 들면 그 반지를 좋아할 것 같네요. 그것 예쁘지 않나요? 그 아이가 크리스마스를 잘 지냈겠지요. 어머니에게 서부에서 드레스를 보내주다니 정말 친절하네요. 제게 그 원단의 견본 조각을 보내주시면 좋겠어요. 사진에서 제가 입고 있는 것은 일본에서 만든 분홍색 실크 블라우스입니다. 어머니에게도 견본 조각을 보내드린 것 같아요.

일주일 전에 쓴 편지에 뉴욕 감리회에서 발행한 15달러짜리 전신환을 함께 보냈어

10 미주리주 세인트조셉에 살고 있던 두 이모 캐롤라인Caroline B. Craig과 루신다Lucinda Barr.

요. 지금은 환율이 매우 낮아요. 할 수 있을 때 더 보내볼게요. 어머니에게는 빚을 지고 싶지 않아요. 지금은 어디나 돈이 풍족하지 않다는 것을 알고 있어요. 시절이 좀 더 밝아지기를 바라요. 우리는 작은 교회를 지으려 하는데 충당할 기금이 없어 각출한 돈을 모아 시작하려고 합니다. 그 일은 우리의 도움이 절실하게 필요하거든요.

학교가 다시 시작했어요. 매기 램지는 어머니가 그 아이에게 보내주신 카드와 키스를 받고서 매우 기뻐하고 있어요. 조지아가 그 아이에게 편지를 쓴다면 매기는 답장할 거예요. 그 아이는 매우 훌륭한 편지를 써요. 아 참, 유키에가 보낸 편지를 동봉해요. 이곳 가족들이 모두 재미나서 웃었고 로드와일러 양은 전쟁에 관한 부분만 헥토그래프를 통해 복사본을 만들었어요. 일본인들은 이 전쟁에서 승기를 잡았다는 사실에 매우 고무되어 있어요. 일본인들이 왕의 마음속에 이 도시를 청소해야 한다는 자각을 심어주었으면 해요. 불쌍한 왕! 왕은 이 도시가 얼마나 더러운지 알 수 없지요. 그가 행차하기 하루 전에 모든 하수도는 덮개를 덮고 거리는 비질을 하니까요. 그다음 날이면 모든 덮개들이 다시 벗겨지고 늘 그렇듯이 이전처럼 더러워지죠. 지난 며칠 다시 열이 나는 것 같아서 저는 낙심했어요. 스왈른 부인이 제게 편지를 해서 더운 날씨가 이어지는 동안 이 도시를 떠나 자기를 방문하러 오라고 하네요. 그녀는 여기서 떨어진 북쪽 해안가에 사는데, 반드시 그래야 할 상황이 아니면 응하지 않을 생각입니다. 올해 또다시 집을 떠나고 싶진 않아요. 다른 누군가가 떠날 차례이기도 하고요.

로드와일러 양이 2월 28일 샌프란시스코로 떠났어요. 어머니가 언젠가 솥을 받게 되면 너무 더러워져 있지 않을까 걱정이네요.

우리는 어여쁜 새 소녀를 받았어요. 그 아이가 나이 든 부인을 보고 싶다고 해서 저를 만나러 왔어요. 저의 연한 머리색을 이 사람들은 놀라워해요. 우리가 그 아이를 응석받이로 키우지 않기를 바라요.

자, 좋은 밤 되시고 모두에게 제 사랑을 전해주세요.

당신의 사랑하는 딸
룰루 E. 프라이

요코하마, 일본
1895년 2월 26일

친애하는 로드와일러 양과 여학교의 다른 자매들에게

여러분 각자에게 편지하지 못하는 것을 용서해주시겠지요? 루이스 양의 충고를 잊지는 않았지만 동양에서 여행할 때 개인 시간이 거의 없다는 건 여러분도 아시죠. 우리가 특히 시간에 얽매인 이유는, 우리 기선이 금요일에 떠나는데 아직 해야 할 일이 많이 남아 있기 때문입니다. 여러분도 아시다시피 우리는 제물포를 마침내 떠났지요. 제물포에 머물던 마지막 며칠간 저는 남은 겨울을 그곳에서 보낼 가능성이 매우 크다고 생각해, 우리가 거기에 셋집을 얻어 관리하며 지내면 어떨까 했어요. 하지만 안타깝게도 얻을 집이 없었답니다. 그 도시는 식민 지배를 하러 온 일본 관료들로 넘쳐났죠. 하지만 우리는 스튜어드 호텔에서 편하게 지냈어요. 사람들은 매우 친절하고 우리를 정성을 다해 대했어요. 일본인들은 메이지 왕조 창립기념일에 그 도시를 독점했어요. 우리나라 독립기념일이나 현충일과 거의 맞먹었죠. 소음과 광경은 리훙장李鴻章(1823~1901)이나 중국 황제가 거기 있었더라면 그들의 간담이 서늘해질 정도였지요.

불행히도 네 명의 술 취한 짐꾼이 우리 요리사를 길에서 공격하여 상처를 입혔고, 그 일로 영국 영사의 중재를 받아야만 했습니다. 그들은 불쌍한 조선인에게 끔찍한 데운 사케를 마시도록 강요했는데, 그 일은 우리같이 술 거래에 적대적인 모든 사람에게 혐오와 분개를 불러일으켰어요. 그리고 히고호가 마침내 항구에 들어왔습니다. 우리가 제물포에 있는 동안 존스 씨 부부의 친절함과 비숍 부인과의 친교, 그리고 스튜어드 호텔을 방문해준 두 명의 세관 직원이 없었다면 답답한 시간을 보냈을 겁니다. 우리는 히고호의 존스 선장과 다른 항해사들과 좋은 시간을 보냈어요. 그보다 더 유쾌한 선원들은 만난 적이 없어요.

부산까지는 매우 날씨가 좋았어요. 거기서 우리 몇몇은 상륙하여 장로회 선교회를 방문했습니다. 그들은 매우 좋은 사람들이더군요. 우리는 퍼붓는 빗줄기를 맞으며 나가사키에 도착했습니다. 코렐 박사Irvin Henry Correll(1851~1926)와 풀커선 부인Kate Josephine Fulkerson(1867~1903)이 거룻배를 타고 우리를 만나러 선상에 마중 와주었습니다. 코렐 박사의 딸들인 그레이스와 이디스 양은 미국으로 가는 길이었어요. 그들은 차이나호를 타고 항해할 예정입니다. 윌 또한 엠프레스호를 타고 미국으로 갈 예정이에요. 두 선박 다 3월 1일 요코하마를 출발합니다. 우리가 다시 출발했을 때 항만에는 파도가 일고 구름이 낮게 깔려 기압은 떨어지고 있었어요. 시모노세키까지 우리 배는 육지의 바람을 맞아 흔들렸고, 우리는 침낭에서 떨어지지 않기 위해 뭔가를 잡고 있어야 했습니다. 찬장의 물건들이 부딪히면서 엄청나게 시끄러웠어요.

시모노세키에서 겨우 바다가 잔잔해져 내륙해를 통과하는 항해는 즐거웠어요. 이후 요코하마로 객차를 타고 갔는데 매우 추웠습니다. 우리는 후지산 밑을 지나가면서 그 산을 오랜 시간 보았어요. 매우 깨끗하고 아름다운 산입니다. 산은 위에서 반 이상 내려온 곳까지 눈으로 덮여 있어요. 여러분의 안락한 집을 떠나 방랑하다가 편안한 "문명 사회"로 다시 돌아오니 좋군요. 우리는 3월 1일 엠프레스오브인디아호를 타고 항해할 겁니다. 관세와 더 빠른 통관을 위해 밴쿠버를 경유하는 편이 더 낫겠다고 생각하고 있어요. 또한 이번 여행을 통해 가능한 한 많은 세상을 보고 싶으니 태평양에서 캐나다를 횡단하는 열차를 매우 즐기려 합니다.

아빠는 일요일에 설교도 하고 우리 미타교회를 봉헌하러 도쿄에 갔습니다. 우리는 언제나 여러분과 함께 행복했던, 그리고 우리 집처럼 안락했던 시간을 기억할 겁니다. 학본과 클라랜스도, 그의 하인 아무개 씨(이름을 잊었네요)와 "리틀하우스" 부인도 잘 지내기를 바랍니다. 서울에 있는 모든 친구들에게 인사를 전해주세요.

진심과 애정을 담아

조지 F. 닌데

서울, 조선
1895년 3월 2일

사랑하는 나의 어머니

어머니가 샌프란시스코 기선의 출항일보다 한 이틀 정도 늦게 편지를 쓰셔서 큰 도움이 되었어요. 기선이 샌프란시스코를 2일에 떠났고, 2월 3일에 도착한 어머니 편지는 타코마로 보내져서 5일에 그곳을 출발해 요코하마에 2월 22일 도착하여 오늘 서울에서 수신했어요. 편지는 1월 29일 자입니다. 샌프란시스코에서 오는 우편은 요코하마에 타코마 기선보다 3일 이른 2월 19일에 도착할 예정이었지만 아직도 이곳에 도착하지 않았습니다. 이것은 제가 받아본 편지 중 가장 신선한 것으로 보낸 지 한 달밖에는 안 되었네요. 이틀 전 도착한 편지에 답장을 어제 썼는데, 아니 어제 부쳤는데요, 그 편지는 1월 11일에 쓰셨다고 되어 있어요. 그러니 이 날짜들 사이에 두 통의 편지가 더 오고 있는 모양입니다. 페인 양 친구에게서 온 편지 한 통과 어머니의 편지가 오늘 우리 집에서 받은 유일한 두 통의 편지입니다. 출항일보다 하루 일찍 편지를 쓰시면 샌프란시스코에서 8일이나 10일 동안 묵히지 않을 거예요. 하지만 그렇게 하려고 시력을 망치거나 힘을 다 소진하지는 마세요.

제가 신문 게재용 편지를 어머니에게 쓸 시간은 없어요. 저는 그냥 앉은 자리에서 그간 일어난 일들과 어머니가 흥미롭게 생각할 것을 재빨리 써 내려갈 뿐이에요. 여유가 있으면 기고하려 하는 『이교도 여인의 친구*Heathen Woman's Friend*』지에조차 한 자도 써 보내지 못했어요. 아시다시피 친구나 집에 편지를 쓰는 것보다 게재용 글을 쓰는 것이 훨씬 시간이 걸리지요. 그리고 결국 그 글은 더 흥미롭지도 않아요. 만약 제 편지가 다른 사람들이 읽기 적합하다면 잘된 일이지만, 제가 편한 방식대로 어머니와 대화하는 것처럼 편지를 쓴다면 어머니가 제 편지들에 대해 말씀하시는 대로 그것은 "뒤죽박죽"일 겁니다. 하지만 더 잘 쓸 수 있게 노력할게요.

애나 이모와 웹의 편지를 잘 읽었어요. 손수건과 웹의 사진은 매우 받고 싶었던 것이에요. 애나 이모에게 뭔가 보내고 싶은데 실크를 살 수 있을지 모르겠네요. 조선은 그걸 사기엔 좋은 곳은 아니에요. 제가 집에 보낸 실크는 일본제인 것 아시죠. 『디리니에이터』지를 받으면 너무 좋겠어요. 그보다 더 저를 즐겁게 하는 것도 없을 거예요. 클라라의 편지는 이틀 전에 받았어요. 봉투에 제 이름과 '조선 서울'만 써 있어도 제가 문제 없이 편지를 받을 수 있답니다. 제가 얼마나 중요한 사람인지 어머니는 잊으셨지요(?). 이곳의 외국인 공동체는 비교적 작아서 우리는 모두 잘 알려져 있어요. 제게 대부조합의 주식 1주를 주실 생각을 하셨다니 정말 감사하네요. 얼마 전 15달러를 보냈는데 4월 1일에 더 보낼게요. 어머니와 조지아가 여름 나들이를 할 수 있으면 좋겠어요. 아버지는 삶은 달걀과 비프스테이크를 마음껏 드실 수 있는 식당 음식을 좋아하시지요. 저는 할 수만 있다면 떠나고 싶지 않지만, 서울은 그 더러움을 제외하더라도 끔찍하게 더운 도시입니다. 작년에는 전쟁 때문에 사람들이 떠날 수 없었는데, 외국인 중 많은 이가 질병에 걸렸고 그중 죽은 이도 상당수 있었어요. 불쌍한 할머니가 동학에 대해 걱정하신다고 앤 이모가 편지에 썼네요. 외국인과 조선 관료가 마냥 손 놓고 있기만 하는 것은 아닙니다. 소요의 기세가 일어나는 매 순간 재빨리 조사를 합니다. 그렇게 많은 신도를 참수하는 것이 그 세를 줄일지 아니면 더 강하게 만들지는 모르겠어요. 어쨌든 당장은 위험이 없습니다. 세상의 이쪽에 있는 우리도 그곳과 다름없이 평화롭게 잡니다.

얼마 전 어머니에게 생명보험 신청 결과에 대해 편지 드렸죠. 완전한 실패라고 하지는 않겠지만, 그들은 지금 같은 분쟁 시기에 조선에서 위험을 감수하기를 두려워해요. 지금 이곳에 대리인이 없으니 빠른 시간 내 다시 시도할 수는 없겠습니다. 회사는 믿을 만하고 오래된 "뉴욕 생명"입니다. 저희 조상에 관한 어떤 것도 장애요소가 되진 않았지만 어머니가 보내주신 통계표를 갖고 있어 다음번 지원할 때는 더 잘 알 수 있을 것 같아 다행이에요. 네티 언니가 새 집으로 이사 가서 정말 기뻐요. 제가 오늘 언니 집을 잠시 방문할 수 있으면 얼마나 좋을까요. 여름이 오면 언니가 회복할 거라 믿어요. 물론 결혼하기 전처럼 건강해지지는 않겠지만요. 겨울 동안 언니가 다른 곳에 가 있었으면 해요. 어떤 방식으로든 언니를 도울 수 있으면 좋겠어요.

저는 방금 블라우스용으로 예쁜 실크를 샀어요. 간혹 가다 여기 서울에서 싸게 살 수 있어요. 조지아가 겨울 드레스를 장식할 수 있게 조금 보낼게요. 조금은 남아 있을 거예요. 예, 어머니가 보내신 견본 조각을 받아서 참 기뻤어요. 어머니의 흥미를 끌거나 기쁘게 하는 것이라면 무엇이든 제게도 관심거리입니다. 아버지의 긴 편지에 대해 잊어버리지 않았어요. 곧 답장을 쓰려고 해요. 제가 어머니에게 보낸 것과 같은 내용을 아버지에게 쓸 수는 없지요. 여기는 저 혼자이고 거기는 세 분이 계시니까요. 조지아와 마사의 편지도 좋았어요. 제가 어제 어머니에게 주머니와 매기 램지의 편지 그리고 작은 편지지 뭉치도 보냈습니다. 오늘 받은 편지에서 그걸 요청하셨네요. 저는 항상 제 편지에다 어머니를 위해 몇 장씩 넣는데 지난번 편지 쓸 때는 그걸 잊어버렸네요.

이제 그만 쓸게요. 월요일에 이 편지를 부치기 전에 시간이 있으면 조금 더 쓸게요.

모두에게 사랑을 담아

룰루

서울, 조선
1895년 3월 4일

사랑하는 조지아

너와 마사의 편지를 며칠 전에 받았어. 마사에게 곧 답장할게. 내가 보낸 모든 물건을 네가 받았다니 기쁘구나. 반지가 너무 크면 몇 년 더 있다가 껴봐. 그럼 네게 맞을 거야. 루신다 이모는 지금 내가 끼고 있는 반지를 내가 열두 살 때 주셨어. 그때 이후 아직까지 잘 끼고 있단다. 반지가 물에 젖지 않도록 조심해. 그러면 진주가 검게 변할 거야.

이제 봄 방학이 다가오는데 너는 쉬게 될 날을 손꼽아 기다리며 기뻐하겠지? 너와 함께 보낼 수 있으면 좋겠다. 그럼 우린 무엇을 할까?

수업 시간 전에 잠시 편지 쓸 짬을 내었어. 너와 마사의 사진을 받아 너무 기뻤어. 사진은 너희 둘 다 잘 나왔구나. 어머니가 나와 페인 양의 사진들을 받으셨나? 너도 그 사진들이 마음에 들어?

네티 언니 일로 나도 속상해. 내가 집에 있었으면 했을 거라 생각되는 만큼, 네가 할 수 있는 한 네티 언니를 위해 또 엄마를 위해 최선을 다해줘. 물론 학교에 있을 때는 그렇게 많이 못하겠지. 하지만 여름방학이 얼마 남지 않았잖니.

학생 중 한 명이 결혼하는데 우리는 식을 준비하느라 바쁘단다.

자, 이제 안녕.

너의 사랑하는 언니

룰루

~ ~ ~

서울, 조선

1895년 3월 9일

사랑하는 어머니

제 생일이니 어머니에게 몇 줄 적기 위해 시간을 냅니다. 예, 저는 이제 스물일곱 살이에요. 제 나이만큼의 지각을 가질 수 있다면 저는 늙어가는 것도 개의치 않습니다. 친구들이 제 생일을 잘 기억해주었어요. 페인 양이 좋은 린넨 손수건 여섯 개를 주었고, 해리스 양은 예쁜 실크 손수건을, 루이스 양은 옻칠한 상자를, 로드와일러 양은 조선 사람들이 사용하는 돌로 된 벼루를 주었어요. 어머니가 보내신 양가죽 장갑과 애나 이모의 손수건도 받은 선물 목록에 포함해야겠죠. 오늘 일본에 있는 닌데 감독의 아들에게서 아름답고 정교한 그림이 그려진 손수건 한 상자를 받았어요. 우리 식구 각자 세 장씩 나눌 수 있게 모두 열여덟 장이 들어 있었어요. 오늘은 로드와일러 양의 생일이기도 해요. 그녀는 아마 마흔한두 살일 거예요.

커틀러 박사는 몇 주 휴가차 제물포로 갔는데, 사실은 존스 부인을 도우러 간 거지요. 존스 부인은 곧 아이를 낳을 예정이에요. 페인 양과 저는 그녀에게 우리가 일본에서 만든, 연한 푸른색 실크로 안감을 댄 아름다운 아기 싸개를 선물했어요. 노블 씨 William Arthur Noble(1866~1945) 부부는 곧 고국으로 돌아가요. 노블 부인은 매우 건강이 좋지 않은데 결핵에 걸린 것은 아닌지 걱정이네요. 이곳에서 소명을 포기하는 것은 그들에게 엄청난 시련이 될 거예요. 원한다면 캘리포니아에서 직책을 얻도록 해보겠다고 닌데 감독이 그들에게 말했어요.

제가 미국에서 떠나기 한 달 전 먼저 태국으로 떠났던 장로회 선교회 소속의 리케츠 양이 보내준 사랑스러운 편지를 이틀 전 받았어요. 그녀는 출발하고 나서 계속 아파 어떤 임무도 부여받지 못했대요. 제가 걸린 말라리아도 일에서는 그 영향이 크게 드러나지 않지만 공부에는 영향을 미칩니다. 오후가 되면 열이 올라가는데, 그때는 공부하는 것이 너무 어려워 많은 시간을 허비했어요. 그랜트 오빠의 생일인 6일에 오빠에게 편지를 쓰고 어제 아버지에게도 한 통 썼는데 모두 조지아 편지에 동봉했어요. 매기 램지가 조지아에게 보내는 편지도 들어 있어요. 제가 이곳에서 먹는 음식에 대해 말씀드린 적이 없다고요? 어젯밤 우리는 고구마와 양파와 꿩을 함께 끓인 음식을 먹었어요. 오, 맙소사. 우리는 겨우내 통조림 채소로 살았는데, 식단 변화를 위해 엄청난 가격을 기꺼이 치렀어요. 그런데 그런 방식으로 음식이 나오다니! 새로운 요리사가 왔는데 평상시엔 요리를 잘하는 편이지만 어제 것은 우리가 생각지 않았던 새로운 음식이었죠.

우리는 오후 티타임을 갖기 위해 알렌 부인 댁으로 갑니다. 그래서 작별 인사와 함께 편지를 마쳐야겠어요.

사랑을 담아
룰루

서울, 조선
1895년 4월 8일

나의 사랑하는 어머니

월요일이 다시 다가와 어머니께 몇 자라도 적어야겠어요. 지난 편지는 급하게 써서 어머니 편지에 반도 답을 하지 못했네요.

숟가락에 대해: 나가사키에서 샀어요. 제가 크리스마스에 어머니께 보낸 모든 것은 일본에서 산 것입니다. 조선 물건들은 매우 투박해요. 물건값이 얼마인지 어머니께 알려야 했던 것에 대해 죄송하게 느껴요. 어머니를 속이고 싶었다는 게 아니라, 어차피 값을 다들 알 테니까요. 언제 또 다른 기회가 되면 그 숟가락들을 보낼 테니 어머니 좋으실 대로 하세요. 그것은 순은이고 미국에서는 하나에 200페소 이하로는 팔지 않을 거예요. 그 물건이 아름답기도 하지만 일본에 온 외국인은 싼 가격에 끌린다고 생각해요. 어머니께서 제가 집에 보낸 무언가를 팔아야 한다면 미국 시세보다 싸게는 팔지 마세요. 차라리 친구들에게 선물로 주고 싶어요. 제 오해일 수도 있지만 디킨슨가나 호웬스타인 사람들은 제게 조금도 관심을 가진 적이 없는 것 같아요. 하지만 상관없어요. 현실은 지금 숟가락들을 보낼 수 없다는 거예요. 제가 조선에 있고, 숟가락은 나가사키에 있으며, 어머니는 미국에 있기 때문이죠. 저는 집에 선물을 보내는 것이 좋지만 그것으로 장사할 생각은 없어요. 집에 갈 때 충분한 돈을 저축할 수 있으면 제가 본 예쁜 물건들을 많이 가져갈게요.

내일은 오래 기다려온 결혼식 날입니다. 오늘 결혼할 여학생의 머리를 당기기 위해 미용 전문가 여성이 여기로 옵니다. 결혼식 때 머리를 모양으로 이마 옆으로 납작하게 하여 뒤로 올린다고 제가 썼지요. 결혼식 날까지는 여자아이 식으로 등 뒤로 내려요.

어머니가 여기 계셔서 "구경Kugyung"할 수 있으면 좋겠어요. 조선에서 여자아이가 결혼하는 것은 작은 일이 아니고 경비도 만만치 않아요. 하지만 끔찍한 일은 신랑과 신부 두 사람이 식전까지 서로를 한 번도 본 적이 없다는 거예요. 그들은 처음 사흘 밤을 여기서 자는데, 그 사흘간 신랑은 이 땅에서 가장 좋은 음식을 하루에 다섯 끼씩 포식하지요. 우리는 이 결혼식 때문에 일주일 방학을 해요. 아니, 이때가 정규 봄 방학 기간인데 우리가 결혼식을 일부러 이때로 잡았지요.

커틀러 박사는 아직도 제물포에서 쉬고 있어요. 아팠던 33명의 우리 학생은 모두 완쾌되었어요. 날씨도 지금은 매우 좋고요. 어제 살짝 내린 비가 우리 정원에 어떤 영향을 주었을지 오늘 아침 보러 갔어요. 모든 것이 좋아 보였어요. 며칠 전 저는 딸기밭을 손보았어요. 굼벵이 벌레들이 그것들을 너무 심하게 먹어치워서 새 묘종으로 갈아야 했거든요. 굼벵이들이 나무나 포도 넝쿨에도 있어 매년 가지를 많이 쳐내야 해요. 집에서도 그랬나요? 아버지께서 그런 말씀을 하신 적이 있는지 기억나지 않네요.

언더우드 박사Horace Grant Underwood(1859~1916)가 서울에서 8킬로미터 떨어진 강가에 여름을 보내기 위한 아름다운 대지를 샀어요. 그가 짓는 집은 곧 완성될 예정인데, 그러면 그들은 여름에 그곳으로 가겠지요. 무더운 계절에 무엇을 해야 하는지가 엄청난 문제입니다. 만약 고향에 있었다면 우리는 쇼타콰로 갔겠죠, 안 그래요? 이곳의 열기는 너무 달라요. 공기가 온실의 열기처럼 매우 습하고 덥습니다.

어머니가 이번 여름에 한 주 정도 나들이를 가실 수 있게 약간의 돈을 보내볼게요. 아버지는 잘 계세요? 아버지는 기분 전환이 필요 없다고 항상 말씀하시죠. 네티 언니 역시 편안한 시간을 보내고 있을 거라 생각하지만, 다가오는 겨울에 언니가 어딘가 다른 곳에 가야 하는 건 아닐까 생각하면 더 조바심이 나네요. 더위만 보면 벨폰테인의 여름은 그렇게 나쁘지 않아요. 조지 닌데 가족이 여기를 떠난 뒤 쓴 편지를 동봉합니다. 우리는 이 편지가 꽤 흥미롭다고 생각했어요.

종이를 용서해주세요. 그랜트 오빠 이야기도 해주세요. 오빠가 편지를 쓰지 않아 저는 화가 납니다.

L. E. F.

서울, 조선
1895년 4월 9일

사랑하는 아버지, 어머니

오늘이 부모님의 34주년 결혼기념일이군요. 두 분께 오늘이 매우 행복한 날이 되기를 바랍니다. 두 분은 아직 주무시고 계실 테지만 우리는 분주한 하루를 시작했어요. 이 나라에서 결혼이 어떻게 이루어지는지 보실 수 있다면 어머니 아버지는 운명의 주사위가 이 이방인의 나라에 던져지지 않은 것을 다행으로 여기실 거예요.

우리는 신부를 캐리라고 불러요. 어젯밤 그 불쌍한 소녀는 우리에게 찾아와, 우리가 자신을 위해 한 모든 일에 얼마나 감사한지 이야기하려고 하더군요. 눈에는 눈물이 가득했고 목이 메서 거의 말을 할 수 없었어요. 그녀는 기독교인 가정으로 시집가는데, 그녀의 시댁 옆에 사는 친척들은 여전히 신도가 아니랍니다. 그 점 때문에 그녀는 매우 심란해했지만, 그들을 예수님에게 인도하리라는 위대한 희망을 우리에게 주었어요. 그녀 집 근처에 우리 예배당 하나가 있고, 그곳에서 그녀는 많은 도움이 될 거예요.

어머니에게 여름 나들이를 하시라고 35달러를 보내요. 꼭 어머니 자신을 위해 돈을 사용하셔야 해요. 이해하시죠? 제 생각은 하지 마시고요. 아버지께도 결혼 선물을 드릴 수 있으면 좋았을 텐데요. 많은 사랑을 받아주시겠어요?

더 쓸 시간이 없네요.

사랑과 함께, 두 분이 여러 해 동안 제 곁에 계속 계시길 희망하면서.

저는 당신의 다정한 딸입니다.
룰루 E. 프라이

4월 12일

이 편지를 부치는 것이 늦어졌네요. 안전하게 닿기를 바랍니다. 장로회는 대규모의 보강 지원을 받았는데, 곧 이에 대해 편지 쓸게요. 저는 건강하고 바쁘게 지냅니다.

사랑을 담아

ᔓᔓᔓ

서울, 조선
1895년 4월 20일

사랑하는 나의 어머니

오늘 우리는 우스운 우편을 받았어요. 각자 신문은 있는데 편지는 없어요. 아마도 편지들이 모두 대기 상태인가 봐요. 배달부가 제물포에서 한 번에 가져오기에는 우편물이 너무 컸나 봅니다. 그래서 내일 편지가 오길 기대하고 있어요. 3월 12일 자와 15일 자 『리퍼블리칸』지는 오늘 왔어요. 투표자 이름 중에 어머니 이름을 발견해서 기뻤어요.

지난 2주 동안은 집을 청소하느라 바빴어요. 우리는 종이를 꼼꼼히 지켜야 해요. 조심하지 않으면 바로 눈앞에서 종이를 훔쳐 가거든요. 사람들은 외국산 종이를 매우 갖고 싶어 하지요.

우리 교실은 정말로 산뜻하고 예쁘게 보여요. 우리 학교가 너무 빨리 성장해서 오늘 더 많은 책상을 들였답니다. 그저께는 입학을 문의하는 두 명을 거절했고, 어제 한 명을 받았고, 오늘 두 명의 지원서를 접수했어요. 어제 우리가 받은 아이는 주인에게서 도망친 노비로, 병원에서 만난 사람을 통해 우리에 관해 들었다면서 자기를 받아달라고 애원했어요. 그 불쌍한 아이가 예전처럼 매를 맞게 돌려보낼 수가 없어서 나쁜 짓만 안 하면 우리가 데리고 있어주겠다고 했어요. 그 아이에게 옷과 비누와 타월과 빗과 이를 없애는 약을 주고 욕실에 가서 깨끗이 씻으라고 했습니다. 아이는 정말 엄청나게 달라지더군요. 물론 그 아이의 주인이 쫓아올 거라고 생각하지만, 그래도 법은 우리 쪽이라고 생각해요. 전에 한 아이가 우리에게 오고 얼마 뒤 그 아이를 맡겼던 여자가 다시 아이를 데려가겠다며 찾아온 적이 있어요. 여자 말로는 아이의 아버지가 아이와 아이 엄마를 높은 사람에게 팔았다고 하더군요. 우리는 새 법에 따라 노비제가 금지되었으니 아이를 보낼 수 없다고 거절했지요.

도리어 그 남자가 법을 어겼으니 감옥에 넣겠다고 했어요. 여자는 남자의 이름 대기를 거부하고 떠났는데, 그 후 그 여자나 남자에 대해서는 아무것도 듣지 못했어요. 이 아이를 요구하는 사람에게 우리는 같은 식으로 응수할 것입니다. 그들이 그렇게 내놓으라고 요구하면 말이죠. 아이는 열다섯 살인데 평소에 우리가 받는 소녀들보다 나이가 더 많지요.

우리 방은 정말 예쁘고 여름 분위기가 나요. 제가 조지아에게 보낸 허리띠와 비슷한 조선 실크로 벽난로 장식을 했는데, 새 벽지 색깔인 연두색으로 물을 들였어요. 네티 언니에게 벽지의 견본 조각을 보냈어요. 또 우리 커튼도 같은 색으로, 조지아의 옷과 같은 왕마로 만들었어요. 초록 식탁보도 새로 사고 비슷한 색깔의 일본 물건들도 샀어요. 또 같은 색깔의 모기장도 있어요. 조선의 여인들은 위대한 염색꾼입니다. 그들은 자기 옷뿐 아니라 남편의 옷도 빨 때마다 새로 염색을 해요. 저는 처음에 이곳의 남자들이 하늘색, 연두색, 연보라색, 분홍색, 그 외 수많은 섬세한 색깔의 옷을 입은 것이 이상해 보였어요. 옷은 물론 버선까지도 이들은 모두 뜯어서 빨고 염색을 한다고 제가 이전에 말씀드렸죠.

월요일에 개학을 하고, 저는 다시 정기적인 일을 차분히 할 수 있어 기쁩니다. 게으름을 피우지 않았다고 확실히 말씀드릴 수 있어요. 학기 중보다 더 바빴어요. 빛나는 얼굴을 한 우리 학생들을 어머니가 볼 수 있으면 좋겠어요. 어젯밤 씰 씨가 "거미"에 대해 강연을 했는데, 저는 너무 피곤해서 강연을 들으러 갈 수 없었어요. 해리스 양은 강연이 매우 좋았답니다. 그는 정말 청중을 즐겁게 하는 강연자예요. 새로운 길을 만들기 위해 모인 회의에서 그가 의장을 맡았다고 합니다. 문명화된 도시의 길이 어떠해야 하는지를 사람들에게 보여주기 위해, 그 길은 가능한 한 미국의 길과 유사하게 만들어질 겁니다. 그 길을 만드는 데는 외국인들에게도 1,000달러 이상의 비용이 들 것입니다.

편지가 늘어지는데 하고 싶은 이야기의 반도 다 못 했네요. 잠자리에 들 시간이지만 평화 선언에 대해서만큼은 말씀드려야겠어요. 물론 이 편지가 어머니에게 닿기 전에 전보를 통해서 알게 되시겠지만 아마도 정확한 소식은 아닐 수 있어요. 중국은 (은으로) 4억 5,000만 페소, 3,000온스의 금을 지불하기로 약속했고, 전쟁으로 얻은 모든 땅과 대만, 그리고 제가 중국 이름으로만 들은 또 다른 지역까지 내줘야 한다고 해요. 정말로 일본은 엄청난 성공을 거둔 셈이죠?

우리는 지금 대원군의 손자가 투옥된 뉴스에 크게 흥분하고 있습니다. 대원군은 왕의 아버지예요. 이 사건에 대해 더 알게 되면 다시 자세히 쓸게요. 아니, 왕과 저는 친한(?) 사이가 아니에요. 그를 본 적이 있는 게 전부입니다. 고국의 신문은 조선 왕에 대한 묘사로 가득하지요. 『하퍼스』 주간지는 왕이 아름다운 거리에서 아름다운 마차를 탄 모습을 그렸더군요. 화가는 결코 서울을 본 적도 없고 자신의 진실성에 대해 개의치도 않는 것이 분명합니다.

1895년 4월 22일 월요일 아침

오늘은 아름다운 봄날 아침입니다. 진달래가 아름답게 피었어요. 이 꽃은 잎이 나기 전에 꽃이 피지요.

제가 수표를 넣은 편지를 안전하게 받으셨기를 바라요. 어머니가 레이크사이드에 며칠은 가 계실 수 있을 거예요. 제가 그곳에 갔을 때는 2주에 25달러가 채 안 들었거든요. 지난주에는 네티 언니에게도 편지를 썼어요.

케네디 씨의 사망 소식은 정말 안타깝네요. 지난 두 신문에는 부고가 실리지 않아서 안심했는데요. 제가 집에 다시 돌아가기 전 많은 변화가 있을 것은 분명하네요.

어머니는 편지에 그랜트 오빠가 어디로 갔는지 말씀하지 않으셨지만 네티 언니의 편지를 보고 짐작할 수 있었어요. 이 편지를 받으실 때 모두가 건강하시면 좋겠네요. 오늘 어머니 편지를 고대하고 있어요. 오늘 『코리안 리포지토리』지도 보냈어요. 아버지가 그것을 즐겨 읽으신다니 기뻐요.

많은 사랑을 담아

당신의 룰루

서울, 조선
1895년 7월 15일

나의 사랑하는 어머니

며칠 전 네티 언니에게 편지를 썼고 지금은 아버지에게도 쓰고 있어요. 6월 7일 자 어머니 편지가 도착했어요. 이번에는 한 통만 왔네요. 대개 어머니 편지는 두 통을 받거든요. 네티 언니가 더 나아지지 않았다니 정말 마음이 아파요. 점차 더 나아지지 않을까 생각해요. 언니는 의지가 매우 강하지만 부주의하죠. 저는 언니 자신의 부주의 때문에 더 크게 고생하는 것 같아요. 언니는 튼튼한 우리 몇 사람보다 더 오래 살 수도 있어요. 제가 언니에게 쓴 편지는 우표를 붙일 가치도 없었어요. 최근에 저는 읽을 만한 글을 쓸 능력이 없었거든요.

장마철이 시작된 것 같아요. 오늘도 비가 옵니다. 어제는 밤새 비가 왔어요. 저는 잠을 거의 자지 못했어요. 일요일에 교회 일을 하고 난 후에는 통 자지 못하는데, 그 일이 너무 긴장을 가져오기 때문이에요. 학교 일이 제게는 최상인 것 같아요.

아이다와 메리 맥키 이야기를 해주세요. 그들이 각자 남편감을 만났다는 기사를 보았어요. 그 말은 유치원 소유주가 바뀐다는 의미인가요? 아니면 폐원된다는 의미인가요? 여자아이들은 믿을 수가 없네요. 여성해외선교회 선교사들도 결혼하는 경우가 있지요. 최근에는 중국에서 한 사람과 일본에서 한 사람이 휴가 때 고향에 가서 결혼했어요. 그들을 다시 파송할 계획이었는데 말이죠. 본부에 있는 여성 임원들은 매우 실망스러울 거예요. 첫 번째 5년보다 두 번째 5년을 보내는 사람이 분명히 더 쓸모가 있거든요.

제가 존슨 양에 대해 이야기한 적이 있나요? 저와 같은 때에 출발 예정이던 시카고 출신 여자분인데 어떤 이유인지 파송되지 않았어요. 알고 보니 지난가을이나 겨울에 이미 일을 시작했어야 하는데 병이 나서 죽었다네요. 중국 푸저우가 임지였지요.

어머니가 네티 언니의 사진에 대해 물으셨죠. 전 그런 사진은 아예 없고 어머니 사진도 없어요. 어머니가 부주의하셨던 것 같아요. 어머니가 말씀하신 언니 사진은 옛날 사진과 함께 두꺼운 종이상자 속에 있어요. 그 상자는 거실 스탠드 아래 마루에 놓아 두었죠. 언니는 이미 오래전에 그 사진의 모습과는 달라졌습니다. 제가 말하는 사진은 어머니와 겨울에 남쪽에 있을 때 모자를 쓰고 찍은 사진이에요. 이번 여름에 언니가 도시로 나올 수 있을 만큼 좋아지면 저를 위해 사진을 찍으라고 설득해주세요. 언니의 마음에 닿으려면 요령이 필요해요. 모든 폐결핵 환자들처럼 언니도 매우 민감하기 때문이에요.

저는 그랜트 오빠의 편지를 안타까운 마음으로 기다리고 있어요. 왜 오빠가 저를 이렇게 취급하는지 저도 모르겠어요. 오빠는 정말 이상한 사람이에요.

할머니가 나아지지 않고 더 쇠약해지셨다니 유감이네요. 할머니께 시간을 내어 편지를 써야겠어요. 시드니로는 편지를 쓰고 싶지 않아요. 그들은 너무 비판적이에요.

애나 이모에게 뭔가 보내고 싶어요. 기회가 되면 이모가 작은 소금용 은수저를 갖고 있는지 봐주세요. 아시다시피 이모는 거의 모든 것을 갖고 있잖아요. 아주 진귀한 기념품이 아니면 싸거나 소용없는 것을 이모에게 보내고 싶지 않아요. 제가 다른 선물을 생각할 수도 있으니 이모에게 말하지는 말아주세요. 에타 스네이에게는 선물로 여섯 개를 보냈어요. 이번 여름 언젠가가 그녀의 생일이에요. 에타는 정말 좋은 친구예요. 로라는 저를 잊어버린 것 같네요.

페인 양은 아주 불편한 자리에 종기가 났어요. 지금은 좋아졌는데 새로 올라오지 않아야죠. 우리 집 딸기와 라즈베리는 이제 더 나지 않아요. 이번 비와 약간의 햇살이 블랙베리를 잘 나오게 할 것 같네요. 어머니는 과일을 많이 보관하시나요? 우리는 올해 꽤 결실을 잘 맺은 사과나무도 몇 그루 있답니다. 그 나무들이 완전히 자라면 수확량이 좋을 거예요. 저는 간혹 밖에 나가 하나씩 따 먹기도 해요. 조선에는 사과가 없는 대신 일종의 야생 능금이 있죠. 저는 과일을 먹으면 기분이 훨씬 나아져요.

요즘 어머니 생각을 자주 합니다. 언니의 병 때문에 어머니가 지게 된 부담을 함께 나눌 수 있으면 얼마나 좋을까요. 만약 제가 집에 있었다면 언니 곁으로 찾아갔을 거예요. 저는 걱정하지 않으려 노력합니다. 어머니 편지를 열 때마다 최상의 소식을 희망하지요. 하지만 최악을 위해 준비하려고도 노력해요.

이제 거의 저녁 시간이에요. 조금 출출해져서 종소리를 기다리고 있어요. 매일 밤 우리는 아이스크림을 먹어요. 아파서 몇 달째 입원 중인 클라라라는 학생이 아이스크림을 좋아해서 매일 약간씩 갖다주어요. 우리 음식 중 조선인이 좋아하는 몇 가지가 있지요. 우리 요리사는 너무 여러 가지를 좋아해요. 만약 제가 조선 음식으로만 살아가야 한다면 분명 죽고 말 거예요. 외국인은 시골을 여행하는 남자들을 제외하고는 누구도 조선 음식을 시도하지 않아요. 그럴 때 그들은 크래커와 차와 설탕의 도움을 받죠. 맥켄지 씨가 조선 음식을 먹긴 했지만 그는 여기서 1년 반밖에 살지 않았어요. 얼마 전 편지에 그가 죽었다고 제가 썼었지요. 구체적인 내용은 아직 잘 몰라요.

이제 저녁 식사 종이 부르네요. 안녕.

사랑을 담아
룰루

~ ~ ~

서울, 조선
1895년 7월 22일

사랑하는 어머니

너무 피곤해서 아무것도 생각할 수 없을 지경인데, 생각하는 것과 쓰는 것을 동시에 하기란 더군다나 힘드네요. 편지 수를 늘려서 양적·질적으로 부족한 부분을 메우려 합니다. 치통으로 힘들어하던 페인 양이 토요일 오전 치과 의사를 보러 급히 일본으로 떠났어요. 저는 이 큰 집에 혼자 남아 있어요. 낮 동안에는 너무 바빠 생각할 시간조차 없었어요. 밤에는 우리 선생님과 항상 곁에 있는 전도부인인 수잔이 저와 같이 있을 거예요.

네티 언니에 대해 무슨 말을 해야 할지 모르겠어요. 생각만 해도 눈물이 나요. 어머니 편지로 미루어보아 이 병의 결말을 기다리는 것 외에는 할 수 있는 일이 아무것도 없네요. 어머니가 주신 말씀 때문에 저는 글을 쓰는 데 있어 매우 신중을 기했습니다. 같은 이유로 언니에게 뭔가 보낼 마음도 들지 않네요. 언니가 생을 마칠 준비가 되어 있는가에 관해 생각할 때면, 저는 그녀가 매우 영적인 사람이라는 생각도 했지만 어머니도 아시다시피 삶에 매달리는 것이 결핵의 한 증상이지요. 반드시 자신이 삶을 놓아야 한다는 걸 깨닫게 될 때 언니는 죽음을 받아들일 준비가 되어 있을 것입니다. 우리 기독교인은 죽음을 두려워하지는 않지만 죽음을 탐하지도 않지요. 때가 되면 죽음의 은총이 주어진다고 제게 말하고 싶으시겠죠. 저로 말하자면 하루하루 올바로 살려고 노력하면서 죽음에 대한 두려움을 갖지 않습니다. 죽음이 다가왔을 때 저는 준비가 되어 있을 것입니다. 하나님은 우리에게 삶에 대한 사랑을 주십니다. 그것 없이 우리는 무용지물입니다.

콜레라가 번지고 있습니다. 우리가 무엇을 해야 할지는 아무도 모릅니다. 걱정 마세요. 모든 필요한 주의를 기울일게요. 내일 우리는 기도회를 가질 거예요. 8년 전 사람들이 수천 명씩 여기서 죽어갈 때 의사들은 추운 날씨만이 이것을 멈출 수 있다고 말했다고 해요. 그때 기도회가 열렸고, 그러자 한여름인데도 유행병이 기적적으로 멈추었대요.

마퀴즈 부인에 관해서는 무슨 일이죠? 저는 신문에서 그녀에 관한 기사는 아무것도 보지 못했어요. 며칠 전엔 재스민 라이트와 그녀의 아기를 찍은 멋진 사진을 받았어요. 조지아가 매기에게 답장 쓰는 일이 늦어져 유감이네요. 그 아이는 이 더운 여름날 납작하게 누워 인내심 있게 기다리고 있어요. 편지 한 통이면 아이는 너무 감사해할 거예요. 어머니가 동봉하신 이 졸업식 프로그램을 그녀에게 줄게요.

애니와 내니 소식을 받아 너무 기뻐요. 내니가 저에게 편지 쓰면 좋겠어요. 그녀가 저와 편지를 주고받는다면 좋겠지만 제가 먼저 첫 편지를 쓸 시간은 없네요.

해리스 양과 로드와일러 양은 일본 북부에 퍼진 콜레라 때문에 나가사키를 떠나지 않을 것 같아, 불행히도 조지아에게 나머지 실크 천은 보내지 못하겠네요. 어머니가 실크를 갖고 계신지, 또는 그것으로 무엇을 만들었는지 알려주세요.

지난 편지에서 네티 언니의 사진에 관한 어머니 질문에 답을 드렸지요. 그녀의 사진을 저는 아무것도 갖고 있지 않아요. 제가 글을 쓰는 작고 예쁜 이 책상을 어머니가 볼 수 있으면 좋겠어요. 중국 사람을 시켜서 만들었는데, 너무 예쁘고 편리하답니다. 10달러에 상응하는 값을 지불했어요. 같은 값으로 고향에서 이런 책상을 구할 수 있을지 의문이네요. 선반 위 부분은 가운데 둥근 거울이 있고 조각이 새겨져 있어요. 우리 집에 있는 것처럼 닫히는 뚜껑도 예쁘게 조각되어 있고요. 밑에는 세 개의 커다란 서랍이 있고 아래에 조각이 새겨져 있어요. 저는 이 책상이 아주 자랑스러워요.

아니요, 제가 리다의 마지막 편지에 한 달 전에 답을 했으니 최근에는 소식을 듣지 못했어요. 피곤해서 이제 그만 써야겠어요. 오늘 네 사람 몫의 일을 했답니다. 머리가 핑핑 돌 때까지 계속해서 일했어요. 다른 사람들이 돌아오면 이번에는 제가 어딘가로 쉬러 가야 할 것 같아 걱정이 되네요. 가능한 한 자주 편지 주세요. 편지는 샌프란시스코뿐만 아니라 타코마를 거쳐서도 자주 옵니다.

네티 언니와 프랭크 형부와 아이들과 아버지 모두에게 사랑을.

당신의

룰루

~ ~ ~

서울, 조선
1895년 8월 9일

나의 소중한 어머니

며칠 전 어머니에게 우편엽서를 보냈어요. 어제 6월 27일 자와 7월 9일 자 어머니 편지 두 통이 배달되었어요. 네, 편지가 빨리 갈 때도 있지만 집에 걱정이 있는 지금은 충분히 빠르다고 느껴지지 않는군요. 저는 네티 언니와 프랭크 형부에 관해 알고 싶어 다음 편지를 두 배나 초조하게 기다립니다. 암시적 표현이 무엇을 의미하는지 상상할 수조차 없어요. 편지 첫 줄에서 제가 장소와 날짜를 혼동한 것이 보이시죠. 최악의 상황이라도 들을 준비가 되어 있어요. 저는 언니가 죽는 것이 더 낫겠다는 생각이 듭니다. 너무 많이 고통을 받았으니까요. 하지만 아이들은 어떻게 해요. 아이들에 대한 사랑으로, 만약 제가 집에 있었다면 제 삶을 그들에게 바치고 싶어요. 그러나 하나님이 저를 원하신 곳에 제가 있다고 확실히 느끼고 있으며, 하나님이 어떤 식으로든 그 아이들을 보살펴주실 것을 확신합니다. 프랭크 형부가 아이들을 지키고 싶어 하는 것은 당연한 일입니다. 만약 죽는 사람이 형부였다면 우리도 디킨슨 집안이 아이들을 데려가겠다고 했을 때 말도 안 된다고 생각했을 거예요. 우리는 이 일을 우리 자신의 관점뿐 아니라 상대방의 관점에서도 보아야 합니다.

페인 양과 해리스 양이 돌아왔어요. 조세핀이 우리 식구들 품에 안전하게 돌아와서 기쁘다고 어머니에게 이야기하랍니다. 우리는 떨어져보아야 서로를 얼마나 사랑하는지 알 수 있지요. 저는 개학하기 전 스왈른 부인을 보러 원산에 갈 수도 있으리라는 생각을 희미하게 하고 있어요. 너무 피곤한데 많은 사람이 제 주위에 있으면 쉴 수 없을까 봐 걱정이 되네요. 여기서 우리는 육체적으로 피곤하다기보다는 정신적으로 더 불안해집니다. 집에서 피곤한 것과는 매우 달라요. 육체적 피곤함은 며칠 밤 잘 자고 나면 보통 괜찮아지잖아요.

다가오는 결혼식 때문에 제가 갈 수 있을지 모르겠지만 그래도 준비는 하고 있어요. 우리는 여름마다 필요할 경우 50달러씩 여비를 받습니다. 우리처럼 어디를 가도 대양을 건너야 하면 그 돈으로는 충분하지 않지만 제가 모은 약간의 돈을 더하면 여행 경비를 충당할 수 있어요. 페인 양과 저는 어머니가 보스턴에 가실 수 없다는 데 매우 실망했어요. 물론 언니의 상태로 보아 어머니가 떠나시는 것은 불가능했겠지요. 언젠가는 가실 수 있었으면 해요. 어머니와 조지아는 풍경을 즐기고, 어머니와 페인 부인도 서로를 좋아하실 텐데요.

채권에 관해 적은 편지를 어머니가 받지 못해 유감이네요. 저는 우리 외가 쪽의 족보에 관해 묻는 긴 편지를 썼어요. 에임즈 가족은 누구죠? 해리스 양의 할아버지가 마이슨 에임즈이고 증조부가 헨리 에임즈 그리고 고조부가 조셉 에임즈입니다. 할아버지의 출생지는 버몬트주의 살즈베리이고요. 그 후 우리 할아버지가 태어나신 페어헤이븐으로 이사를 왔어요. 어머니 생각에 그들이 친척일 수도 있을까요? 제 기억에 할아버지의 어머니가 에임즈였는데, 저는 아직도 어머니가 코팅턴 할머니에 대해 이야기하던 것을 기억해요. 우리 조상에 관해 살짝 혼동이 왔어요. 시간이 날 때 그들에 관해 알려주세요.

같은 편지에서 제가 채권에 관해 질문을 드렸죠. 페인 양과 저는 어떤 방식으로든 조금이나마 저축하기를 원해요. 생명보험은 거의 포기했어요. 채권이 더 낫다고 생각지 않으세요? 이자는 얼마이고 지불 금액은 얼마인가요? 우리는 아마도 각자 다섯 주를 분담할 수 있을 거예요. 어머니가 알아보시고 편지 주세요. 채권에 관한 안내문 같은 것이 있으면 그것도 보내주세요.

페인 양이 일본에서 새 옷을 상당히 장만해 돌아왔어요. 저는 새로 흰 블라우스와 아주 예쁜 산동 실크로 원피스를 만들었어요. 새 모자가 몇 개 있으면 좋겠어요. 며칠 내 제가 알아보고 어머니에게 캘[리포니아] 가게로 무엇을 보내주셨으면 하는지 말씀드릴게요. 우리가 주문한 것이 아마도 10월에 샌프란시스코에서 출발할 거예요. 저는 그랜트 오빠의 편지를 너무 잘 읽었어요. 오빠가 저에게 자주 편지 써주면 좋겠어요. 그는 한 달에 한 번 쓰겠다고 하지만 아마도 1년에 한 번도 겨우 쓸 거예요. 그렇게 생각하지 않으세요?

아직까지 우리 모두 잘 지냅니다. 무서운 병이 수백 명의 목숨을 앗아갔어요. 오늘 거의 정신이 나간 한 어머니가 아기를 병원으로 데려왔는데, 이미 너무 늦어 아기는 그녀 품에서 죽고 말았어요. 이런 고통을 보는 것이 너무 안타까워요. 사람들은 너무 가난하고 너무 많은 고아가 집도 없이 거리로 내몰립니다.

이곳에 나와 있는 꽤 많은 사람이 자전거를 갖고 있는데, 만약 가마보다 더 나은 여행 방법이 없다면 다시 집에 갈 때는 저도 하나 사야겠어요. 가마는 비싸고 성가셔요. 어머니가 저를 위해 사주신 채권 몫에 대해 감사하지만, 그래도 몇 주 더 사고 싶습니다. 제가 보낸 돈을 어머니가 쓰셨다면 할 수 없지요. 그랜트 오빠가 아버지에게 도움을 드리고 싶어 250달러를 보냈다고 하던데요. 그가 가족을 도울 수 있는 위치에 있다는 것이 기쁘네요.

오늘 우편으로 조지아의 옷과 같은 종류의 실크를 보내요. 예쁘게 옷을 잘 만드셨으면 좋겠어요. 그 아이에게 예쁜 이브닝드레스가 될 거예요. 세탁해도 염색이 바래지 않으니까 필요하면 뜯어서 다시 만들어도 돼요. 어머니 것도 만드셨어요? 만약 마음에 들지 않는 검정색이라면 어머니가 다시 염색하는 것이 더 낫지 않을까요?

로드와일러 양은 돌아올 수 없어 아직 일본에 있습니다. 다음 주에는 월든 감독John Morgan Walden(1831~1914)이 오실 겁니다.

해빅허스트 내외가 곧 떠난다는 것을 생각하면 견딜 수 없네요. 그들은 아이가 하나 말고 더 있나요? 아직 새 교회를 위해 부탁했던 콜튼 씨 수표를 받지 못했고, 최근에는 메리의 편지도 받지 못했어요. 매기는 조지아의 편지를 애타게 기다려요. 매번 우편이 도착할 때마다 그 아이가 와서 자기 편지가 왔는지 알고 싶어 해요. 조지아는 펜팔을 하기에 좋은 상대가 아닌 것 같군요. 페인 양은 운 좋게 조지아 옷과 같은 실크 자투리 옷감을 구했어요. 견본이 없어 잘 알 순 없지만 그것과 꼭 같기를 바라요.

자, 여러분 모두에게 많은 사랑을 보내요.

저는 당신의 딸입니다.
룰루 E. 프라이

~ ~ ~

서울, 조선
1895년 9월 3일

나의 사랑하는 어머니

7월 30일 자 어머니 편지를 기쁘게 받았어요. 오랫동안 기다려온 우편물이었거든요. 오늘 협의회가 끝났어요. 우리는 협의회를 감독님 없이 해야 했는데, 감독님이 중국 협의회에 참석하러 가는 일정 사이에 우리 협의회에 들르기에는 기선 시간이 맞지 않았거든요. 우리는 여성해외선교회의 가을 총회와 모임 때문에 상당히 많은 글을 써야 했습니다. 본부의 여성 임원들에게 네 명의 새 일꾼과 새 집 두 채를 지을 돈을 보내달라고 했어요. 우리를 위한 서양식 숙소를 새로 짓고, 학교 건물은 학교 용도로만 사용하고 싶거든요. 우리는 기숙사가 모자랍니다. 그래서 지금 우리가 있는 집의 앞부분을 교실로 사용하고 옛날 교실은 침실로 만들 계획입니다. 지금은 50명을 수용할 수 있어요. 건물을 약간 고치면 150명 이상을 수용할 수 있을 거라고 봐요. 아직 개학까지 열흘이나 남았는데 우리 학교는 급속히 충원되고 있어요. 옛날 학생이 모두 돌아왔고 새 학생도 몇 명 있어요. 우리는 결혼식 준비를 하느라 매우 바쁩니다. 루시 알더만이 내일 결혼해요. 그녀는 매우 다정한 소녀이고 우리에게 엄청난 도움이 되었어요. 모두들 그녀를 정말 그리워할 겁니다. 영어도 매우 잘하고 꽤 똑똑한 소녀예요. 그녀는 남성 병원의 의사 보조원과 결혼합니다.

실크가 구해질 때까지 기다리셨다니 다행입니다. 제가 2주 전에 보냈어요. 페인 양이 운 좋게 그 자투리를 찾아냈지요. 조지아의 예쁜 여름 드레스를 만들기에 길이가 충분하면 좋겠어요. 제가 조지아 나이였을 때 주로 입던 예쁜 풀라 실크 천을 저는 매우 좋아했죠. 제 옷은 잘 세탁이 되지 않았지만 그 아이 것은 잘될 거예요. 애나 이모를 위한 실크는, 다음 여름에 일본에 간다면 이모가 원하시는 모든 것을 기꺼이 가져다드릴 수 있지만 여기서 살 수 있는 것은 많지가 않아요. 슬리퍼는 북일본에서 샀어요. 제가 고국으로 돌아가기 전 다시 그곳에 갈 것 같지는 않군요. 다음 크리스마스 때는 애나 이모가 좋아할 뭔가를 보내고 싶어요. 어머니와 이모가 다시 사이가 좋아져서 기뻐요. 하지만 어머니, 너무 속내를 털어놓지는 마세요. 저는 이모를 완전히 신뢰하진 않아요. 이모는 절 그리 좋아하지 않으니 저에 관해서 의논하지 마세요. 어머니가 저의 재정 상태(제게 돈이 있다면)를 어느 누구에게도 이야기하지 않으셨으면 해요. 더구나 저를 지지하지 않는 사람에게라면 두말할 나위도 없지요. 어머니가 저의 바람을 존중해 줄 것을 알아요. 그래요, 이모는 네티 언니는 좋아했지만 저는 결코 아니었어요. 저는 웹에게 편지를 쓰면서 우표를 약간 보냈어요. 이번 주에는 할머니에게 편지를 써보도록 할게요. 할머니가 많이 편찮으시다니 정말 안타까워요. 노환 외에 할머니께 다른 병이 있나요? 웹을 학교에 보낸 것은 잘한 일이라 생각해요. 하지만 그 아이는 아직 너무 어려요. 고등학교부터 먼저 마쳐야 했어요.

조지아가 레이크사이드로 갈 때 어머니는 왜 같이 가지 않으셨어요? 좀 실망스러워요. 그 아이는 누구하고 갔나요? 조지아가 이 언니에게 편지를 써주면 좋겠어요. 그 아인 저에게 소홀해요. 그렇게 생각하지 않으세요? 우리가 우편을 받는 모습을 어머니가 보실 수 있다면 편지 쓰는 데 들인 시간을 후회하지 않으실 거예요.

오늘은 가을 시즌 테니스장을 개장하는 날입니다. 이제 콜레라가 종식되었기를 바라요. 몇 명 아픈 사람은 아직 있지만 위독한 사람은 없어요. 콜레라와 이질은 큰 차이가 없어요. 환자가 죽으면 의사는 매번 콜레라라고 선고하죠. 하지만 그가 살면 그것이 배탈이었다고 해요. 이곳에 콜레라가 엄청나게 창궐하므로 모든 배탈을 처음부터 조심해서 다루지 않으면 콜레라가 되는 것 같아요. 우리 작은 봉이가 얼마나 빨리 죽었는지. 뒷마당에서 제가 그 아이를 안고 들어온 후 죽기까지 열두 시간밖에 걸리지 않았어요. 때론 두세 시간 만에 죽기도 해요. 그래요, 콜레라에 대해서는 이제 그만 쓸게요.

아니요, 메리는 아직 제 편지에 답을 하지 않았어요. 하지만 머지않아 할 거라고 생각해요. 메임 힐먼이 제게 보낸 마지막 편지에서 7달러를 보냈는데, 그녀는 그 돈을 동대문 사업에 써달라고 명시했어요. 페인 양과 제가 1년 전 그곳에서 일주일을 보낼 때 쓴 편지를 받고 그 일에 관심을 갖게 되었대요. 우리는 그곳에 상주 선교사를 위한 새 집을 지어달라 요청했지요.

저는 인디애나폴리스에 있는 클라라벨 밀러에게서도 편지를 받았어요. 그녀는 오크 씨 댁에서 편지를 썼네요. 이곳에서 편지를 받으려면 5센트가 드는데, 그녀와 해티 프라이는 항상 2센트짜리 우표를 붙여요. 기분 상하지 않게 지나가듯이 언급해주시겠어요?

제가 이 편지를 종이도 충분한데 왜 이렇게 작은 글씨로 썼는지 모르겠어요. 어머니가 읽으시려면 안경을 쓰고 잘 읽어야 하실 텐데 말이죠. 새 교회는 기초를 놓았고, 여러 달 지나지 않아 우리가 들어갈 수 있으리라는 거대한 희망을 갖고 있어요. 조금씩 모금이 들어오고 있어요. 큰돈을 낸 사람도 있지만, 우리는 가난한 조선인들이 내준 작은 헌금에 너무나 감사하고 있어요. 그것은 토착민 교회에 서린 선한 영성을 보여주지요.

만약 어머니가 보낼 수 있는 작은 물건이라도 있다면 캘리포니아 주소인 414-418 프론트 스트리트, 스미스 현금 가게로 보내주시면 돼요. 곧 주문을 발주하니 보내고 싶으신 것이 있다면 빨리 보내시기 바랍니다. 저는 마땅히 부탁드릴 물건이 없네요. 저에게 필요한 것은 샌프란시스코에서 무엇이든 살 수 있으니까요.

다음 봄에 어머니가 예쁜 검은색 아사감으로 저를 위해 옷을 만들어주시면 좋겠어요. 언니가 준 옷을 너무 오래 입었더니 이제 덧대고 색이 바랬네요. 그 옷은 봄 스타일로 만들어주시고 우리 봄 주문과 함께 보내주세요. 시간 맞추어 어머니에게 알려드릴게요. 그 외에는 많은 것을 보내려 고생하지 마세요. 페인 양의 상자가 여기 곧 도착합니다. 그럼 잘 시간이라 그만 쓸게요. 내일은 바쁜 날입니다. 로드와일러 양은 아직 일본에 있어요. 그랜트 오빠가 좋아졌기를 바라요. 제게 소식을 알려주세요.

언제나처럼 제게 편지 써주세요. 아버지와 조지아에게도 사랑을.

사랑을 담아
룰루 E. 프라이

수요일 오전

결혼식 하기에 화창한 날입니다. 또 다른 중요한 일도 있었어요. 의사 보조원인 우리 메리가 궁중연회에서 왕비를 위해 통역을 하게 되었거든요. 그녀가 그 일을 맡게 되어 기뻐요. 예수님을 위해 말할 수 있는 기회를 그녀는 놓치지 않을 것이기 때문입니다. 그녀는 진실된 일꾼이에요. 그녀의 남편은 1년 전에 미국으로 갔는데, 지금 로어노크대학에 다녀요. 그곳은 버지니아주에 있지 않나요? 장로교인들은 한두 가지 예외적인 경우만 제외하고는 여전히 도시 밖에 있어요.

저는 "일본인 지역"에 볼일이 있어 이만 써야겠어요.

사랑을 담아, 당신의
룰루 E. 프라이

서울, 조선
1895년 9월 10일

사랑하는 조지아

지금쯤 너는 공부로 다시 바쁘겠구나. 난 네가 행복하다는 걸 안단다. 그렇지 않니?

네가 레이크사이드에 며칠 다녀와서 기뻐. 넌 그곳을 온전히 즐기고, 책이 가르쳐주지 않는 많은 것을 배웠겠지.

네 편지를 기쁘게 받았어. 네가 나에게 자주 편지를 쓰면 좋겠어. 그렇게 해줄래? 매기에게도 편지 써. 우편이 오는 날마다 그 아이에게 네 편지가 없다고 말하기도 창피해. 어머니는 내가 어린아이였을 때 선물이나 돈을 받으면 즉시 감사 편지를 쓰라고 가르치셨고, 그렇게 하는 것이 이제는 자연스러워. 어머니 말씀을 너도 들으면 좋지 않겠니?

그래, 네티 언니가 우리 곁을 떠났구나. 내가 집에 갔을 때 언니를 볼 수 없다는 생각을 하면 견딜 수 없단다. 나를 다시 봐서 기뻐할 언니를. 불쌍한 언니. 너무나 고생했고 이제 언니의 고통은 모두 끝났어. 그녀는 우리에게 좋은 언니였으니 우리는 조카들에게 좋은 이모가 되어야 해. 불쌍한 프랭크 형부는 물론 가능한 한 오래 자신이 아이들을 데리고 있길 원하겠지. 형부가 나에게 편지를 쓰면 좋겠어.

메리와 아기는 어떻게 지내? 왜 너와 함께 레이크사이드에 가지 않았니? 엄마는 어디 안 가셔? 건강하시지? 내가 적은 네 개의 질문에 모두 답하는 것을 잊지 마. 지난주에 할머니께 편지를 썼어. 내가 다시 집에 갈 때까지 할머니가 살아계셨으면 하지만, 그동안 내내 고통을 받으셔야 한다면 그건 사악한 바람 같기도 해.

어제는 우리에게 엄청난 날이었어. 새 교회의 정초석을 놓았거든. 헌금으로 143.31 페소가 들어왔어. 그 돈이 우리 달러에 비하면 상당히 적은 값이라고 엄마가 알려주실 거야. 멕시코 달러는 일본이나 조선의 1달러어치와 같은 가치야.

너 외국 우표를 모으고 있니? 그것은 네게 좋은 취미가 될 거야. 이제까지 네가 모르던 많은 나라에 대해 배우게 될 테니까. 난 내가 너무 아는 게 없어 너는 많이 알기를 원해. 모든 공부를 잘 배우렴. 그러면 네가 나이가 들었을 때 부끄러울 일이 없단다. 스미스 씨는 좋은 선생님일 거야. 아마도 변화가 있는 것이 좋겠지.

여러 달 동안 병원에서 아팠던 어린 소녀가 어제 죽어 지난밤에 묻어주었어. 그 아이는 너무 고통을 받아서 간절히 죽고 싶어 했지. 우리 학생 중 하나도 병원에서 매우 고생하고 있단다. 우리 생각에 그 아이는 머지않아 죽을 것 같아. 그 아이도 여러 달 동안 고통을 받았기에 만약 죽는다면 많이 애통해할 수는 없을 것 같구나. 그 아이는 작은 골무를 만들어 미국으로 보냈고, 어제 교회를 위해 4달러를 헌금했어. 우리 어린 학생들 모두 동전 꾸러미를 헌금하며 그것을 내는 것에 너무도 행복해한단다. 콜레라로 갑자기 죽은 우리 학생인 봉이는 네 나이인데 800푼을 모았어(미국 돈으로 16페니인데 여기서는 상당히 많은 돈이야). 우리가 그 아이의 상자에서 그 돈을 발견했지. 오늘 아침 그 아이 어머니가 여기 와서 심하게 울었어. 불쌍한 여인. 학교가 시작하면 모두들 그 아이를 그리워할 거야. 아주 밝은 아이였거든. 그랜트 오빠가 유럽으로 간 뒤 소식을 들은 적 있니?

사랑을 담아

룰루

~~~

서울, 조선
1895년 9월 23일

나의 소중한 어머니

오늘은 월요일입니다. 클라라를 묻느라고 오늘 수업은 없습니다. 불쌍한 그 아이는 너무 오래 병들어 많은 고통을 받았기에 그 아이가 떠났다고 해서 많이 비통해할 수는 없군요. 그 아이는 충분히 떠날 준비가 되어 있었고, 매일 떠날 날만 기다렸어요. 자기가 받은 선물 중 친구들에게 나눠줄 작은 정표를 고르던 모습은 정말 애처로웠어요. 작은 카드나 실크 조각 또는 상자 등 모두 그 아이가 소중히 여기고 오랫동안 간직했던 것들이에요. 그 아이의 오랜 친구이자 선생님인 여 부인에게는 작은 향수병을, 헐버트 부인에게는 작은 바가지를, 페인 양에게는 리본을 그리고 제게는 실크 조각과 부활절 카드를 주었습니다. 그 아이에게 죽는 날 천국에 갈 것이냐고 묻자 "네, 지금 가고 있어요"라고 답했고, 아이는 여정을 잘 준비한 사람처럼 그렇게 갔어요.

이런 질병과 죽음들이 저를 지치게 해요. 아시다시피 저는 이런 일에 익숙지 않아서 두렵고 불안해요. 봉이가 콜레라로 죽어 그렇게 빨리 매장된 날 밤, 저는 밤새 깨어 아침 동이 틀 때만을 기다렸어요. 그런 걱정스러운 일을 겪으면 잠을 잘 수 없어요. 며칠 전 밤에는 어떤 학생이 찾아와 어린아이 하나가 교실 창문 밖으로 떨어졌다고 하더군요. 그 아이를 검사해보니 걱정했던 것과 달리 갈비뼈는 부러지지 않았고, 다쳤다기보다는 겁에 질린 상태였어요. 그래도 모든 일이 끝나자 긴장이 풀리며 온몸에 오한이 들더군요. 어리석은 것을 알지만 어쩔 수 없어요. 실제 하는 일보다 이런 일이 저를 너무 지치게 해요. 저는 올여름 휴가를 갖지 못했는데 이런 증상과 관련이 있을 거예요.

오늘 우리의 작은 여학생을 꽃으로 장식한 관에 넣고 기독교식으로 장사를 지냈어
~~~

요. 사람들이 좋아하더군요. 전통 풍습은 시신을 단단히 묶는 거예요. 사람들은 "오, 이 아이는 마치 잠을 자고 있는 것 같군!"이라고 말했어요. 옷을 입은 몸과 얼굴을 보자 미라 같은 시체에 대한 두려움이 없어진 거죠.

마지막 편지를 쓴 이후 어머니 소식을 듣지 못했네요. 이곳도 말씀드릴 만한 일은 딱히 없었어요. 서울에서 이번 계절에 열리는 행사는 10월 9일과 10일에 열리는 조선 선교 10주년 모임인데 만찬으로 마무리될 예정입니다. 선교사들이 이곳에 10년간 있었으니 기념행사(스펠링을 못 쓰겠네요)를 할 만큼 충분한 업적이 쌓였죠.

일주일에 두 번씩 오후에 테니스를 치는 것이 우리에게는 재충전하는 시간입니다. 어떤 부인들은 테니스장에 딸린 도서관 건물에서 차와 케이크를 대접해주시는데, 정말 기분 전환이 됩니다.

9월 22일

엊저녁 페인 양과 해리스 양과 저는 벙커 부인Annie J. Ellers Bunker(1860~1938)에게 갔었어요. 그녀와 그녀의 남편은 2년 전 유럽을 거쳐 미국으로 갔었고, 지난봄에 우리 선교회 소속으로 다시 돌아왔어요. 우리는 공책과 연필을 꺼내 이곳에서 저곳으로 이동하는 티켓값과 그녀가 추천하는 숙소를 적었어요. 아직 오랜 시간이 남았지만 집으로 돌아갈 때가 되면 그쪽 항로로 돌아서 와볼까 해요. 그들은 실제 비용이 그렇게 많이 들지 않으며 여행이 주는 즐거움과 배움은 추가 비용을 상쇄하고도 남는다고 하더군요. 오늘 시간이 있으면 그 목록을 복사해 동봉할게요. 그럼 어머니는 지도를 가지고 원하시는 모든 장소를 여행하는 상상 여행을 하세요. 어머니가 책에서 접하셨거나 접하시는 장소 중 제가 보았으면 하는 흥미 있는 것들이 있다면 알려주세요. 저는 자투리 시간에 집어 드는 잡지를 제외하면 뭔가를 읽을 시간이 없어요.

미국의 학교 선생들은 지리 수업이나 읽기 수업을 위해 따로 준비할 필요가 없지만, 저는 그것을 외국어로 가르쳐야 해서 준비하는 데 더 많은 시간이 필요해요. 지금은 수업을 제대로 준비할 시간조차 없어요. 페인 양과 함께 유럽을 일주할 계획을 세우고는 있는데 어떻게 감당할 수 있을지 모르겠네요. 저는 집으로 가는 첫 여행에서 샌프란시스코를 통과해야만 한다고 생각했어요. 반대 방향으로 가면 가는 길에 모든 관광지를 다 보는 데 시간이 세 배는 더 걸릴 테니까요. 하지만 지금은 마음이 바뀌어서, 제가 다시 나오는 데 또 어떤 장애가 발생할지 장담하지 못하니 첫 번째 기회를 잡는 것이 가장 좋지 않을까 생각해요. 만약 어머니가 우리를 떠나시면 조지아는 저를 몇 년간은 필요로 하겠죠. 저는 그 아이를 위한 큰 꿈이 있어요. 그 아이가 저의 부족했던 점을 채워가며 컸으면 합니다. 그 아이가 보통 학교 교육을 마칠 수 있게 할 수 있는 일은 다 해주세요. 그러나 아이를 압박하지는 마세요. 다른 아이들이 월반하고 앞서 나간다 하더라도 한 번에 한 단계면 충분합니다. 당시에는 굴욕적일지 몰라도, 그들을 쫓기만 한다면 그 아이의 지식은 피상적이고 굳건하지 못할 거예요. 고등학교에서 배우는 라틴어만으로도 모든 일상생활을 누리기에 충분합니다. 저는 그 아이가 남는 시간을 현대 언어와 음악을 공부하는 데 더 쓰면 좋겠어요. 너무 힘들게 시키지는 마시고 음악 공부를 계속하게 하세요. 그 아이가 연주할 수도 있고, 또 나중에 필요하다면 다시 돈으로 바꿀 수도 있는 피아노에 저의 작은 돈을 투자할까 간혹 생각합니다. 한 대를 할부로 구입하는 데 얼마나 들까요? 그 아이를 어떤 학교에 보내야 할지는 몰라요. 그것은 어떤 부류의 여성이 되고 싶어 하는지에 따라서 정해지겠죠. 하지만 저는 그 아이가, 제가 더 실용적이라고 생각하는 것들을 희생하면서까지 학교의 모든 과정을 필수로 들어야 한다면 대학을 졸업하지 않는 편이 더 낫다고 봐요. 사람은 살면서 배워야 합니다. 저도 경험으로 몇 가지를 배웠는데 그 아이도 경험을 통해 많이 배우기를 바랍니다.

이제 도심지 건너 우편 깃발이 보이니 우체국으로 보낼 수 있게 편지를 급히 끝맺어야겠어요. 요코하마에 배가 도착한 날부터 얼마 지나지 않았으니 미국 우편물은 기대하지 않아요. 그래도 어쩌면 타코마 우편물은 갖고 올 수도 있겠네요. 간혹 가다 한 번쯤 그러거든요.

사랑으로

룰루 E. F.

아버지가 저에게 편지를 써서 네티 언니에 대해 이야기해주시면 좋겠어요.

서울, 조선
1895년 10월 7일

사랑하는 어머니

지금은 월요일 밤입니다. 지난주에는 어머니에게 우편엽서로 때웠는데, 어머니는 제게 절대 그러시면 안 돼요. 추운 겨울 아침 교실로 입고 갈 플란넬 재킷 만드는 일을 방금 마무리했어요. 이곳에는 이제 중국인 재봉사가 없어 필요할 땐 우리가 스스로 바느질을 조금씩 해야만 합니다. 선생님이 오기를 기다리는 동안 페인 양의 재킷 본을 잘랐어요. 조선 여인이 마무리할 수 있게 재단하는 것이지요. 제가 바느질에 대해 조금이나마 아는 것이 다행이라고 생각해요. 어떤 지식도 결코 쓸모없는 것이 없네요. 특히나 지구의 끝에서는 말이죠.

오늘 일본에서 연락이 왔는데, 상자들이 고베에서 다시 배로 옮겨졌대요. 며칠 내에 그것을 열어보는 기쁨을 누리겠네요. 그건 정말 엄청나게 재미있어요.

이번 주는 즐거운 주간입니다. 장로회가 연례 모임을 가졌고, 우리는 그들이 모이는 기회를 잡아서 조선 선교 10주년 모임을 이번 주로 미루었어요. 장로회는 다음 주에 모두 모일 거예요. 그 일이 끝나면 어머니에게 최대한 자세히 말씀드릴게요. 스왈른 씨는 원산에서 왔지만 스왈른 부인은 아기들 때문에 올 수 없었어요.

조지아가 돈을 감사하게 생각하고 유용하게 쓴다니 저도 기뻐요. 작은 돈을 알뜰하게만 써준다면 그 아이를 유럽에 보내 음악과 언어 교육을 받게 해줄 수도 있겠지요. 우리 가족 중 한 명은 제대로 교육받기를 저는 간절히 바라요. 마지막 편지에서 제가 정확히 뭐라고 했는지 기억하지 못하지만, 애나 이모나 다른 누구에게라도 그 문제에 관해 이야기하지 마시라고 어머니에게 말하지 않은 것을 나중에 후회했어요. 오, 맞아요. 유럽을 돌아서 귀국한다는 이야기였어요. 사람들은 선교사를 이해하지 못해요. 우리는 단지 주어진 기회를 활용하는 것뿐인데 우리가 속물이라도 되는 양 쉽게들 생각하죠.

조지 가이의 문제는 유감이네요. 진작 이런 일이 일어나지 않은 것이 놀라워요. 이상하게 복잡한 가족이네요.

저에 대해 걱정하지 마세요. 다른 사람들이 돌아왔고 콜레라도 올해는 끝난 것 같아요. 저는 제가 하는 일이 좋고 비교적 건강해요. 열은 매일 1도 안팎으로 오르내리고, 제

일도 매우 편안하게 할 수 있게 되어 이런 식으로만 유지되면 불평할 것이 없습니다.

오빠의 편지를 너무나 반갑게 받았는데, 오빠가 다시 이전의 침묵으로 되돌아가지 않았으면 좋겠어요. 유럽 어디에 있고 어떤 사업을 하고 있나요? 측량하는 일인가요? 조지아의 실크는 받으셨죠? 저는 그것을 8월에 보냈어요. 실크를 미리 재단해두지 않아 다행이에요. 내년 여름에 그 감으로 예쁜 드레스를 만들 수 있겠지요.

저는 남는 돈 몇 푼을 모으려 합니다. 그래서 귀국한 후 선교회 연설로 내내 불려다니지만 않으면 어머니랑 오션 그로브나 쇼타콰 같은 곳에 가고 싶어요.

네, 제가 가지고 있는 작은 책상은 아주 멋지지만 그걸 집에 가져가려면 운송비가 책상 가격보다 더 들 거예요. 대신 골동품이 될 만한 조선 가구는 한 점 가져가고 싶군요. 장담할 순 없지만 "더 이상 선교사가 아니기까지" 많은 날이 남았기를 바랍니다.

아직 알약을 주문하지 않으셨다면 신경 쓰지 마세요. 의사가 제게 카스카라 세그라다를 주었는데, 같은 작용을 하지만 액체로 되어 있어요. 어머니가 내년 여름 보스턴으로 가실 수 있었으면 좋겠어요. 페인 부인이 어머니가 오시는 것을 너무 좋아하실 거예요. 저희도 우리 어머니들이 함께 계시다는 사실을 아는 것이 너무나 기쁠 거고요.

우리 방에 깔 칭화 카펫을 중국에 주문했다고 제가 쓰지 않았나요? 저는 미국에서 그와 비슷한 것을 본 적이 없어요. 크기는 가로세로 4미터, 5미터이고 색깔은 푸른색과 회색입니다. 털 길이는 약 5센티미터 정도예요. 밋밋한 배경에 가장자리와 가운데에 그리스식 패턴이 있어요. 카펫은 곧 도착할 거예요. 이전에 비슷한 걸 여럿 보았지만 이것은 약간 달라요. 너무 따뜻해서 겨울용 카펫으로는 훌륭해요. 우리는 23엔, 즉 금화 약 14달러를 주었어요. 중국 목수를 시켜 책꽂이 아래 넣을 책장도 만들었는데, 고향집에 있는 것과 매우 비슷하지만 그렇게 높지 않고 화려한 장식이 위에 없어요. 책꽂이를 올려놓고 아래 칸에는 조선 책을 보관해요. 그 책들은 표지가 모두 종이라서 깔끔하게 정리가 되지 않지요. 또, 중국인을 시켜 다리가 부러진 라탄 의자에다 나무로 된 흔들의자 밑받침을 만들어 붙였더니 매우 예쁘고 안락해요. 이렇게 차츰 가구를 잘 장만해나가고 있어요. 토요일에 우리는 수 킬로미터 떨어진 곳에 있는, 너무나 아름다운 장소로 소풍을 갔습니다. 날씨는 완벽했고 일행도 너무 좋았어요. 알렌 부인(미국 서기관 부인)과 아들들, 베베르 부인(러시아 공사 부인), 아펜젤러 부부, 벙커 부인, 페인 양과 저 그리고 네 명의 아펜젤러 아이들이 함께였죠. 맛있는 먹을거리도 많았고, 교회 사분기 모임을 위해 4시쯤 집에 돌아올 때까지 충분히 쉬었어요. 새 교회의 기초공사는 끝났어요. 자금이 모자라고 추운 날씨가 다가와서 벽돌 일은 늦추어야 할 것 같습니다. 하지만 그동안 우리는 힘과 돈을 비축할 거예요.

페인 양이 침대에 들어 저도 곧 자야겠어요. 어머니의 활기 넘치는 편지들이 제게는 커다란 위안이 됩니다. 제 편지 하나가 『리퍼블리칸』지에 실린 것을 보았어요. 제 편지들이 너무 자주 실려서 독자들이 싫증을 낼 것 같군요.

어머니와 모두에게 사랑을. 안녕히 주무세요.

룰루

어머니가 아침 커피를 즐기시길 바랍니다.

L. E. F.

화요일 오전

오늘 아침은 정치적 풍랑이 심하군요. 일본인들이 궁중에 총을 쏘아 다시 한번 고삐를 거머쥐게 되었어요. 다시 더 알려드릴게요.

L. E. F.

서울, 조선
1895년 10월 14일

나의 소중한 어머니

말씀드릴 것이 너무 많아 어디서부터 시작해야 할지 모르겠어요. 시간이 많지 않으니 짧게 쓸게요. 마지막 편지에서 우리가 다시 분쟁 속에 있다는 말로 끝을 맺었지요. 그날 아침 우리는 5시에 궁궐 쪽에서 나는 총소리를 듣고 잠에서 깼어요. 다들 침대에서 나와 귀를 기울이다 웃어넘기고 다시 자러 갔지요. 며칠 전 조선 훈련대와 순검들이 큰 싸움을 했어요. 그들은 떼를 지어 서로의 집을 부수고 다녔는데 순검들이 참패해서 며칠 동안은 길에서 그들을 볼 수가 없었어요. 우리는 이 평화의 수호자끼리 또 한번 부딪혔구나 하고 생각했는데, 아침 식사 때 이 분쟁이 생각보다 더 심각하다는 것을 알게 되었어요. 너무나 많은 가짜 소문이 떠돌고 있어 저도 무엇이 맞는지 판단이 서질 않아요. 이 편지에 동봉한 『리포지토리』지가 잘 말해줄 거예요. 왕비가 잔인하게 시해되었고 왕은 죄인처럼 자신의 집에 칩거하고 있는 상황이라고 합니다. 왕의 아버지인 대원군이 왕좌에 앉았어요. 오늘 듣기로는 "실세들"은 대원군을 인정하지 않고 있고, 우리 영국, 프랑스, 러시아, 독일, 미국 대표들이 매일 뚫고 들어가 왕을 알현하고 있다고 해요.

지난주는 10주년 기념 주간이었고 분쟁 시기였지만 매우 즐거운 행사가 치러졌어요. 우리는 현명하게도 잔치를 할 시기는 아니라고 생각했기에 대연회는 포기했지요. 프로그램을 동봉할게요. 행사의 발표문들을 책 형태로 인쇄하려고 하니 책이 나오면 물론 한 부 보내드릴게요. 장로회는 함께 모여 연례 회동을 갖습니다. 저도 반나절 정도는 참석하려고 해요. 제가 매일 같은 시간에 수업이 있어 너무 불편하네요.

우리의 조용한 공동체에 일어난 여러 가지 일과 흥분된 나날들은 남감리회의 헨드릭스 감독Eugene Russell Hendrix(1847~1927) 일행이 당도하며 절정을 맞았습니다. 그들을 대접하는 일이 다행히도 우리 몫으로 떨어졌고, 매우 기꺼이 그들 일행을 대접했습니다. 수요일 저녁에 그들을 위해 열릴 예정인 리셉션의 초대장 쓰는 일을 방금 마쳤는데, 60여 명의 친구를 초대했어요. 우리 선교 공동체가 그렇게 크지는 않지만 전에도 말씀드렸듯이 10주년 기념 행사와 장로회 연례 회동으로 많은 방문객이 있거든요.

지난 일요일에 감독님은 매우 훌륭한 설교를 하셨어요. 생생하고 열정적인 설교를 직접 들을 수 있어 너무 좋았어요. 두 선교회의 남성들도 설교를 잘하지만 그들은 한 주간 내내 힘들게 일하고, 또 주일에 조선인들 대상 설교까지 한두 번 하고 나면 우리의 열광적인 반응을 이끌어내는 설교를 하기란 쉬운 일이 아니겠지요.

남감리회는 이곳에서 일을 시작하고 싶어 해요. 칼뱅주의가 그렇게 오랫동안 우세했는데 알미니안주의와 균형을 잡게 되어 다행입니다. 남감리회가 남장로회 사람들처럼 좋다면 이 공동체에 좋은 보탬이 될 것입니다. 그들은 윤 씨가 개척했으면 하는 수 킬로미터 북쪽에 자리한 시골로 갈 계획입니다. 윤 씨는 제가 편지에서 아주 사랑스럽고 작은 중국인 아내를 둔 사람이라고 자주 언급했지요. 그는 조지아주 옥스퍼드시의 밴더빌트대학에서 교육을 받았고 지금은 높은 정치적 지위를 갖고 있으며 외부 협판으로, 이교도 동료들 사이에서 예수님을 인정하기를 두려워하지 않아요. 이번 분쟁으로 수많은 사람이 목숨을 잃어서 북쪽 땅의 지형을 살피러 가려는 생각은 접어두기로 했어요. 윤 씨가 그들과 동행할 예정이었는데 그는 개화를 지지하므로 목숨을 잃을 수도 있어요. 진보 성향의 둘째 왕자는 언더우드 박사 댁에 숨어 있어요. 왕세자는 분별력이 없어 권력을 쥔 사람들이 시키는 일 이상은 할 수 없을 거예요. 이 왕국은 비참한 상황에 처해 있어요!

편지에서 계속 "그 일행"이라고 적었는데, 감독님과 함께 있던 리드 박사Clarence Frederick Reid(1849~1915)를 제가 언급하지 않았군요. 그는 매우 유쾌한 사람입니다. 16년간 상하이에서 선교사로 있었어요. 감독님은 그와 가족이 이곳에서 새로운 임무를 시작하게 할 의도인 것 같습니다. 분쟁 때문에 그가 조선에 오게 되면 당분간은 이곳에 땅을 마련해 정착할 것 같아요.

지난번 우편에서 로라가 보내온 길고 긴 편지를 받았어요. 그녀는 벨폰테인의 모든 뉴스를 이야기해주었어요. 어머니는 평소와 다름없이 보이고 아버지는 많이 늙으셨다고요. 어머니와 저는 날씬한 체질이지만 아버지는 몸집이 크셨다가 살이 많이 빠지셨으니 변화가 커보일 거예요. 지난 우편에서 어머니의 8월 28일 자 편지가 약간 늦게 도착했어요. 우리는 내일이나 머지않아 곧 또 다른 우편물이 올 거라 고대하고 있어요. 어머니가 필사해 보내주신 조지아의 편지들은 재미있었어요. 그쪽 장로회 신자들이 고안한 모금 방법은 특히 흥미로워요. 우리도 필요하면 언제 한번 시도를 해봐야겠어요. 다들 주머니가 상당히 비어 있으니 모두에게서 조금씩만 걷으면 아무도 느끼지 못하는 사이에 상당한 금액이 모이겠네요.

네티 언니의 죽음을 알고 난 뒤 제가 쓴 지난 편지들을 받으셨겠죠. 견딜 수 있는 것보다 상실감이 훨씬 거대하니 그 문제에 대해선 감히 언급하지도 못하겠어요. 편지에 쓸 수 없었던 모든 이야기를 집에 돌아가 언니에게 전할 수 없다고 생각하면 때로 감당할 수 없는 감정이 몰려옵니다. 언니는 아시다시피 항상 관심 있게 들어주었지요. 언니의 마지막 편지는 다시 읽을 용기가 안 나요. 그 편지에는 죽음에 대한 어떠한 암

시도 담겨 있지 않아요. 제가 그곳에 있었다면 언니는 제게 마음을 털어놓고 싶어 했을 거예요. 하지만 후회해도 소용없겠죠. 언니는 안전한 곳에서 행복해하고 있을 테니 너무 슬퍼하지 않는 것이 우리 삶의 임무라고 생각해요. 언니의 몫으로 예비되었던 보상이 언젠간 우리에게도 주어질 것입니다.

파리에서 그랜트 오빠가 보낸 편지를 받았어요. 이렇게만 썼네요. "내가 여기까지 왔고, 언젠가는 너를 만나게 될 것이라는 말 외에는 쓸 것이 없구나." 오빠는 정말 수수께끼예요. 그를 만나면 너무 기쁘겠지만 감히 기대하지는 말아야겠지요. 그래요, 안녕히 주무세요.

아버지와 조지아에게도 사랑을 보내요. 아이들을 보면 키스해주세요.

어머니의 딸
룰루 E. 프라이

~ ~ ~

서울, 조선
1895년 11월 9일

사랑하는 어머니

오늘 저에게 많은 편지가 도착했어요. 조지아가 쓴 것까지 합치니 편지가 아홉 통이나 되네요. 가장 감사한 것은 프랭크 형부의 편지예요. 그는 언니에 대해 너무나 다정하게 썼어요. 어머니와 사이가 멀어진 것에 대해서는 단순히 애나 이모가 마사를 원했다고만 언급했어요. 그는, "내 이름으로 된 집이 있는 한 절대로 내 아이를 그녀에게 줄 수 없다"고 말했고 이어서 그가 생각하는 바를 덧붙였어요. "소중한 아내를 잃은 날 내 가정을 깨어버리려 하는 이들이 나타나니, 나는 그저 머릿속에 떠오르는 대로 말할 수밖에 없었어." 이것이 그가 말한 전부입니다. 형부는 한 번도 어머니 이름을 언급하지 않았지만, 장래가 촉망되는 곳에 아이들을 두고 싶다는 열망 때문에 어머니께서 그 아이들에 대한 형부의 부성애를 간과하신 게 아닌가 생각됩니다. 어떻게 마사를 애나 이모 댁에 보낼 생각을 하실 수가 있어요? 마사가 애나 이모 집에 간다는 생각을 한 순간이라도 하셨다니요. 이모는 아이에게 좋은 옷을 입히겠지만 그런 건 중요하지 않아요. 만약 어머니에게 무슨 일이 생기더라도 조지아를 이모에게 보내지 마시기를 간곡히 부탁해요. 생각만 해도 온몸이 떨려옵니다. 어머니의 뜻을 이해하고 형부의 감정도 이해하지만, 제발 언니를 위해서라도 두 분이 화해하셨으면 좋겠어요. 제가 이 이야기를 어머니께 전했다고 형부에게 말하지 마세요. 언젠가 형부의 편지를 동봉해 보낼게요.

알브리튼 씨에게서 길고 훌륭한 편지를 받았는데, 1년도 더 지나서 받은 첫 편지네요. 웹 스터라인에게서도 한 통 받았고 리다 제이콥스 브라운에게서도 한 통을 받았어요. 그녀는 결혼에 대해 들떠 있었는데, 자기 나이가 마흔일곱이니 당연히 그렇지 않겠냐면서 이해해달라고 말했어요. 그녀는 남편이 자기에게 잘해주는데, 그녀가 새색시여서 그런 게 아니라 30년을 살고 사별한 전 부인에게도 매우 잘한 사람이었다고 하네요.

월요일 아침

조지아 말이 그랜트 오빠가 산속 공기를 마시며 나아지고 있다네요. 그곳이 안데스산인지 히말라야산인지 로키산맥인지 궁금한데, 어머니 편지에는 오빠에 대한 이야기가 적혀 있질 않네요. 조지아는 오빠에게서 편지를 받았다고 썼는데요. 어쨌건 그가 어디 있든 건강해지고 있다니 기뻐요.

김치 만드는 일이 끝나고 오늘 아침 다시 수업을 시작해요. 지금 종이 울리네요. 저는 아이들에게 크리스마스 때 뭘 보내려 하는데 조선 아이들이 쓰는 모자를 생각하고 있어요. 아이들이 저를 잊어버리면 안 되죠. 특별한 뉴스는 없어요. 오늘 궁궐이 공격을 당할 것이란 호외가 돌았고, 몇몇 외국 남자들이 궁궐로 건너갔지만 분란은 일어나지 않았어요. 왕은 겁에 질려 있어요. 독살당할까 두려워 먹는 것도 겁낸답니다.

할머니가 암이라는 소식을 받고 너무 충격을 받았어요. 어머니가 누공이라고 하시지 않았나요? 애나 이모 소식에는 더 큰 충격을 받았어요. 할머니의 병세가 너무 진행되어 수술이 소용없게 되었나요? 글쎄요, 돈이 그녀를 행복하게 할 수도 있겠지만 사람은 돈만으로 행복할 수 없지요. 필요한 만큼만 있고, 또 조금이나마 나눌 수 있다면 제게는 충분해요. 어머니도 그 정도는 받으시겠죠, 그렇지 않나요?

미안하지만 올리 헨리의 편지를 잃어버려서 그녀 남편의 이름을 기억할 수 없군요. 하지만 언젠가는 그녀에게 편지를 쓸게요. 그녀가 아기를 잃었다니 정말 안 되었네요. 그녀 자신도 너무 연약한데 그 일을 견디어낸 것이 놀랍습니다. 이번 겨울에는 아무것도 필요 없어요. 저 때문에 신경 쓰지 마세요. 어머니 사진이나 보내주시면 그게 제가 제일 원하는 것입니다.

한 번에 200달러를 넣을 수는 없어요. 적어도 지금은 불가능합니다. 제게 나름의 계획이 있는데 동의해주셨으면 해요.

디킨슨 부인에 대해서 말인데요, 자기가 나이가 많다는 걸 사람들이 알아보는 게 싫어서 줄곧 루실더러 자기를 '엄마'라고 부르게 한다면서 언니는 그녀를 흉보곤 했어요. 아이들, 심지어 헬렌까지도 그 차이를 알 것이라고 생각해요.

잠시 집에 들러 어머니를 볼 수 있으면 얼마나 좋을까요. 그럼 우리는 끝도 없이 즐거운 대화를 나눌 수 있을 텐데요. 불쌍한 형부는 이제 언니가 갔으니 자신의 고통과 좌절을 나눌 사람이 아무도 없다고 해요. 모든 일이 "어느 감미로운 날"에 다 괜찮아지겠지요.

학교 일이 저를 다시 불러 이만 그쳐야겠어요.

많은 사랑을 담아
룰루 E. 프라이

서울, 조선
1895년 12월 3일

나의 소중한 아버지

시간이 너무 늦어서 긴 편지를 쓸 순 없지만, 그래도 오늘이 아버지 생신임을 기억하고 있다는 걸 알려드리고 싶어 급하게 몇 자 적습니다. 하루와 한 해가 너무 빨리 흘러, 제가 집을 떠난 후 맞이하는 세 번째 생신이시네요.

아버지에게 우리가 여기서 겪고 있는 분란에 대해 날을 잡아 편지를 쓸게요. 지금은 너무 자세히 쓰는 것은 현명하지 않다고 생각해요. 10월 8일 왕비가 시해되고 나서 상황은 점점 더 나빠지고 있어요. 우리는 이것을 공포정치에 비유하기 시작했어요. 우리는 안전하다고 생각하지만, 하루에만도 어떤 일들이 일어날지 모르겠습니다. 일본인들이 왕을 물러나게 한 관료들과 한패가 되어 왕비를 시해한 것 같아요. 우리는 러시아 군대가 들어오는 것 외에는 다른 도리가 없다고 보고 있어요. 이전에는 그들이 오는 생각만 해도 싫었지만, 차라리 지금 이 상황보다는 나을 것 같습니다. 하지만 러시아가 이곳을 통치하면 우리 일을 방해하지 않을까 두렵습니다. 러시아가 그리스정교를 뿌리내리게 할 가능성이 높기 때문입니다. 하지만 그것은 훗날 이야기이지요. 하나님은 왕이시고, 무슨 일이 있든지 그의 위대한 뜻을 이루기 위해 사용하심을 우리는 기억합니다. 저는 전쟁이 초래하는 환란을 보았고, 역병이 초래하는 황폐함도 보았어요. 하지만 요즘 같은 공포는 결코 본 적이 없습니다. "동트기 전이 항상 제일 어둡다." 새벽이 머지않았으리라 생각합니다.

쓰려고 한 것보다 더 많이 말씀드렸네요. 저는 두렵지 않지만 죄 없는 사람들이 받는 박해와 고통을 보는 것, 그리고 그들을 도울 능력이 조금도 없다는 것이 끔찍해요.

이 편지를 받고 아버지가 걱정하시지 않았으면 좋겠어요. 아버지가 여기 계신다면, 그래서 페인 양과 제가 얼마나 편안하게 우리 방에서 읽고 쓰고 있는지 보신다면 저 때문에 초조해하실 필요가 없다는 것을 아실 거예요.

저는 아버지 편지를 초조하게 기다립니다. 아버지가 제게 한 자라도 적어 보내신 것이 오래전이란 것을 아세요? 마지막 우편이 아직 도착하지 않았어요. 요코하마에 도착하기로 한 예정일로부터 2주가 지났어요. 벨지호가 최근 요코하마 근처에서 침몰했다네요. 다른 기선으로 대체되지 않았다면 아마도 다음 기선이 올 때까지 기다려야 하겠죠. 하지만 두 배의 우편물로 보상받을 거예요.

안녕히 주무세요. 어머니와 조지아에게 사랑을, 그리고 아버지께 생신 키스를 보내요.

룰루 E. 프라이

ᕗᕗᕗ

서울, 조선
1895년 12월 9일

나의 사랑하는 어머니

오늘 제가 얼마나 실망했는지 말씀드려야겠어요. 10월 9일 자 편지에서 할머니의 심각한 병환에 대해 말씀해주신 이후 아무 소식도 전해주지 않으시네요. 오늘 11월 12일 샌프란시스코를 떠난 우편물이 도착했는데 이번에도 어머니 편지는 없고요. 그 사이의 편지와 신문은 어딘가 오는 중이라고 생각할 수밖에 없네요. 얼마 전 벨지호가 요코하마항에서 침몰했는데, 그 배를 대체할 배가 뜨지 않았다면 우편은 아마도 타코마나 밴쿠버로 보내져 지연되었겠죠. 어머니 편지는 11월 1일의 출항 시간에 맞추지 못했나봐요. 이 편지가 어머니에게 당도할 때쯤이면 모든 것이 괜찮아져 있을 거라 믿어요. 너무 괘념치는 마세요.

지난주에 아버지에게 편지를 썼는데, 신문에 기고하기 위한 편지는 아닙니다. 이 나라는 여전히 불안한 상태이고 앞으로 어떤 일이 닥칠지는 아무도 몰라요. 현재 정부의 우두머리들은 사악한 의도를 갖고 있어요. 오늘 거리는 이상해 보여요. 왕비의 죽음이 공표된 이후 나라의 모든 남자들이 하얀 삼베옷과 모자를 쓰고 나와요. 그들은 여러 날 동안 곡을 해야 하고 1년간 상복을 입어야 한대요.

페인 양과 저는 오늘 밤 식사하러 나가요. 그 김에 큰 여학생 몇 명을 근처의 친구

집으로 함께 데리고 나가주려 합니다. 매기는 더 이상 어머니와 조지아의 편지를 기다리지 않아요. 최근에는 저에게 묻지도 않고, 저도 어머니가 지킬 수 없는 약속을 그 아이에게 하지 않았어요. 우리 학생들은 미국에서 오는 편지를 소중히 생각해요. 저는 조지아가 매기에게서 받은 작은 물건에 짧게나마 감사를 전하지 않은 것이 부끄러웠어요.

크리스마스가 거의 다가왔는데 어머니와 아버지 그리고 조지아에게 아무것도 보내지 않아 죄송합니다. 올해 제가 보낼 수 있는 건 현금이 전부예요. 지금쯤 그것을 받으셨다면 좋겠어요. 어머니 사진을 기다리고 있는데 제 기대가 허사가 되지 않기를 희망합니다. 저에게 사진보다 더 나은 것은 아무것도 없어요.

메리는 제가 돈을 부탁한 뒤 편지를 쓰지 않네요. 그 부탁 때문에 친구의 편지를 받지 못하게 된 것이라면 유감이에요. 메리네 가정의 행복한 소식들을 엿듣고 싶은데 말이죠.

우리가 캘리포니아에 주문한 것들이 며칠 전에 왔어요. 모두들 상자를 여느라 즐거운 시간을 가졌죠. 우리는 약간의 개인적인 물건들 외에도 상당히 많은 식료품과 통조림들, 면 옷감과 학교 용품을 주문했어요. 페인 양과 저는 스스로에게 주는 선물로 맛있는 프랑스제 캔디를 샀는데, 그것을 즐기고 있답니다. 크리스마스 때 먹으려고 약간은 남겨두려 하고 있어요. 1월 초에 어머니에게 돈을 조금 더 부칠게요. 제시나 조 퍼키에게 예쁜 검은색 아사 드레스를 만들어서 스미스 가게로 보내달라고 해주세요. 스미스 씨는 우리가 그때까지 어떤 주문도 하지 않았을 때 다른 사람 주문분에 개인 소포를 같이 전송해주곤 한답니다. 우리의 주문분에도 다른 사람의 상자들이 딸려 오곤 하지요. 이 일이 어머니를 너무 귀찮게 하지 않기를 바라요. 여기서 재봉사를 구하는 것이 어려워서요.

[편지는 이름 서명 없이 여기서 갑자기 끝난다.]

서울, 조선
1895년 12월 23일

사랑하는 어머니

토요일에 어머니가 보내주신 두 통의 편지가 도착했어요. 지금은 월요일이에요. 제가 어머니에게 편지 쓴 이후 12일이 지났는데, 어머니도 저처럼 오래 기다리실까 걱정이네요. 저는 다시는 어머니로부터 소식을 듣지 못하나 하고 생각했지요. 기선 일정이 너무 불규칙하네요. 배가 들어왔을 때는 아주 좋았어요. 열 통의 편지와 꽤 많은 신문이 제 몫이었거든요.

이제 거의 크리스마스 때입니다. 우리는 학생들이 좋은 시간을 갖고, 모든 채플에서 예배드릴 수 있도록 매우 바쁘게 보내고 있어요.

불쌍한 할머니. 제가 떠날 때 할머니는 작별 인사를 하고 싶어 하지 않으셨어요. 할머니가 아프신 동안 제 이야기를 하셨나요? 천국이 우리의 사람들로 빠르게 채워지고 있네요. 만약 제가 다시 집으로 갈 수 있다면 누가 남아 있을까요.

정치적으로는 모든 일이 조용해 보여요. 60명 이상의 사람들이 투옥되어 잔혹한 대우를 받고 있답니다. 그들을 때릴 때 뿜어져 나온 피를 감추기 위해 감옥의 벽은 매일 회칠을 한답니다. 불쌍한 조선! 이 끔찍한 날들이 언제 끝날 수 있을까요!

그랜트 오빠가 스위스에서 보낸 편지 이후로는 오빠 소식을 듣시 못했어요. 오빠가 주소를 남기지 않아 어디로 편지를 써야 할지 모릅니다. 어머니가 오빠 소식을 들었다고 말씀하실 때는 제발 편지가 어디서 부쳐졌으며, 날짜는 언제였는지를 꼭 알려주세요. 그건 조지아가 늘 까먹는 일이죠.

어머니에게 그렇게 많은 금전적 걱정이 있다니 유감이네요. 그래도 돈 문제로 인생을 소진하지는 마세요. 어쨌건 어머니는 결코 궁핍하지는 않으실 거예요. 제가 더 도와드리고 싶지만 지금은 더 많이 보낼 수도 없고, 내년에는 봉급이 깎일 예정이니 오히려 지금보다 할 수 있는 일이 더 줄어들까 걱정입니다. 그래도 이곳에 돈 때문에 온 것은 아니니 큰 문제는 아니에요.

편지에 채권에 대해서 적으셨네요. 이 편지를 받기 전에 제가 보낸 돈을 분명히 받으셨겠지요. 저 대신 그 돈을 채권에 넣어주세요. 어머니께 보낸 돈은 어머니와 조지아가 가장 좋다고 생각하는 쪽으로 사용하시면 좋겠어요. 어머니가 생신 선물을 사실 수 있게 2달러짜리 금화를 동봉할게요. 생신 전에 받아보실 수 있을 거예요.

너무 바빠서 아침부터 긴 편지를 쓰기 벅차네요. 크리스마스 후에 더 좋은 편지를 쓸게요. 스왈른 부인 편지를 방금 받았어요. 그녀는 내년 여름 제가 방문하기를 고대한답니다. 저도 가고 싶어요. 할 수만 있다면 러시아 블라디보스토크로 여행을 가서 "구경kooguen"을 하고 싶어요.

우리는 증원 인력으로 칼튼 박사가 오기를 고대하고 있어요. 그녀는 중국 푸저우에서 전보될 예정인데, 그녀의 두 번째 파송 때 저와 차이나호를 같이 탔었답니다. 그래서 안면이 있죠.

크리스마스 후에 편지들을 많이 쓸게요. 웹에게 뭔가 보내고 싶은데요, 마음속으로 편지를 생각하고 있어요. 애나 이모에게 보내려고 오랫동안 봉투에 예쁜 손수건도 넣어놓았지요. 불쌍한 이모, 이모를 생각하면 마음이 아파요. 저 역시 법적 과정이 평화롭게 마무리되기를 바라요. 어떻게 끝났는지 듣기를 갈망하고 있어요.

엠마 돈이 예쁜 아사 손수건을 보냈네요. 그녀에게서 1년 반 동안 소식을 듣지 못했거든요.

조지아를 잘 살펴주세요. 어머니가 편지에 쓰신 생각에 대해 다음번에 길게 답장을 쓸게요.

어머니가 건강하시고 행복하시길 바라요. 저도 아이들을 볼 수 있으면 좋겠어요.

사랑을 담아
룰루 E. 프라이

친구들에게서 교회 건립 기금을 받고 있어요. 제가 현금을 사고, 그만큼 기금에 넣었어요. 이것이 제가 보내드리는 지폐의 출처랍니다.

서울, 조선
1895년 12월 28일

나의 사랑하는 어머니

오늘 어머니 편지를 두 통 받았어요. 하나는 11월 25일 자인데, 한 달 넘게 걸렸으니 제 편지가 어머니에게 가는 데 걸린 시간처럼 그렇게 빠른 것은 아니네요. "믿을 만한 작은 악당"이 당최 무슨 소리인지 모르겠다고요? 어머니가 다리 아래에서 만난 한 소년에게 제게 보낼 편지를 맡겼다고 하셨잖아요. 그 아이가 대신 부쳐주겠다고 해서요. 그런데 제가 편지를 모두 잘 받았으니 그 아이는 믿을 만한 사람이었다는 말이었어요.

오늘 어머니에게 긴 편지를 쓰기 시작했어요. 최근 편지들은 급하게 써서 만족스럽지 못하셨을 거예요. 지난번 편지에 어머니 생신 선물로 2달러 지폐를 동봉했어요. 생신이 오늘로부터 한 달 후이지요. 소송에 관한 한 지금쯤 어머니의 걱정이 끝났기를 바라요. 길고 힘든 갈등의 과정이 아닌, 관련 당사자들이 모두 만족하는 결과가 되었으리라 믿어요. 모두 끝나면 저에게 분명하게 설명해주세요.

집의 서쪽 대지를 누구에게 파실 생각이세요? 어머니와 아버지에게 항상 금전적 걱정이 있어서 너무 슬퍼요. 하지만 적어도 저는 어머니에게 짐이 되지 않는다는 사실에 감사하고 있어요. 어머니가 이미 갖고 계신 짐에 더 보태지 않는 것만으로도 어머니를 돕는 것이겠죠. 저는 제 일과 일이 주는 자립심을 즐기고 있습니다. 어머니와 모두가 보고 싶어 자주 페인 양에게 "오, 어머니를 단지 볼 수만 있다면!"이라고 말해요. 어머니가 몸이 안 좋으시다니 유감이네요. 제발 조지아를 위해서라도 건강을 잘 챙기세요.

아마도 다음 우편으로 캘리포니아에 물건을 보내라고 하게 될 것 같아요. 말씀하신 속옷을 바로 보내주시면 시간 내에 도착할 거예요. 크지 않은 소포이면 다른 사람의 물건과 함께 묶여서 배송되는 경우가 종종 있거든요. 우리 외국인들은 이곳에서 하나의 큰 가족 같아요. 제 치마 사이즈는 44인치예요. 지금 샌프란시스코에 모자를 주문하면 봄까지 충분한 시간이 있을 거예요. 다음 가을까지는 장갑이 필요 없어요. 보스턴에서 상자가 왔는데 <u>매우</u> 만족스러웠어요. 개인적인 물건과 학교 물건 모두요.

우리는 아이들에게 즐거운 크리스마스를 선사했어요. 큰 아이들에게는 각각 타월

한 개, 손수건 두 개, 조선어 책, 도금한 은수저, 그림엽서가 붙은 깃발과 사탕과 견과류 그리고 과일을 주었어요. 작은 아이들에겐 인형과 스크랩북과 사탕 등을 주었죠. 교회 여인들을 위해서는 크리스마스 날 아침에 아래쪽 교회에서 환등기 사진들을 보여주었어요. 어젯밤에는 남자 하인들과 그들의 친구 각 다섯 명씩, 그리고 우리 각자의 담당 선생님들이 와서 구경했어요. 『천로역정』의 성경적 풍경들, 미국과 유럽의 풍광들과 몇몇 우스운 사진들을 함께 보았어요. 그들은 정말 신기해했어요. 우리 집 시중드는 남자아이는 예수가 십자가에 못 박히는 장면을 보고 눈물이 났다고 하더군요.

그랜트 오빠의 소식은 정말 놀랍네요. 오빠는 정말 이상한 사람이에요. 그에 대해 누구도 정확히 알 수 없을 겁니다. 어머니가 오빠에 대해 확실히 들은 내용이 있다면 제게도 알려주세요. 오빠를 볼 수 있으리란 기대는 하지 않아요.

아 참, 채권에 관해서는 어머니가 저를 위해 그것 1주를 들지 않는 것이 좋겠어요. 제가 5주를 계속 지니고 있으면 어머니를 다시 뵐 때쯤 목돈이 될 거예요. 제가 어머니 돈을 빼앗는 것 같은 생각이 들게 하는 건 뭐든 싫어요.

카펫이 마음에 드냐고 물으셨죠. 정말 만족해요. 우리는 비슷한 것 두 개를, 하나는 서울 독서실에 또 하나는 장로회의 한 부인을 위해 주문할 예정입니다. 그녀는 그것과 정확하게 똑같은 것을 원해요. 카펫은 검은색과 갈색, 푸른색과 갈색, 붉은색과 갈색 등 다양한 색깔 조합이 있거든요. 어머니를 위해 집에도 하나 가져가고 싶지만 경비를 부담할 수가 없어요. 게다가 그건 매우 무거워서, 인건비가 비싼 미국에서는 세탁하기가 어려울 것입니다. 오늘 아침 우리 선교회의 버스티드 부부에게 딸아이가 태어났어요. 또 딸이라니요! 우리 선교회의 열두 아이 중 아들은 단 한 명입니다. 그런데 장로교인들은 반대로 딸이 기근이에요. 이것 참 이상하지 않아요?

제 크리스마스 선물에 대해 말씀드리지 않았죠? 지난여름 제가 크리스마스에 아무도 제게 꽃병을 주지 않았다고 불평했더니 이번에는 꽃병만 네 개를 받았답니다. 로드와일러 양은 예쁜 옻칠 그림을 주었고, 페인 양은 그녀의 어머니에게 부탁해서 산 멋진 황금 골무를 주었어요. 학생들에게도 작은 선물들을 많이 받았고 벙커 부인에게서 실크 손수건도 받았어요. 아침 식사 때 우리는 평상시처럼 유쾌한 시간을 보냈어요. 내년에는 우리가 모두 함께할 수 없을지도 몰라요. 어머니가 보내주신 크리스마스 상자에 담긴 물건들을 세어보았어요. 저에게 의당 주셔야 할 것보다 더 많이 넣으셨네요.

이제 조세핀이 잠자리에 들었고, 내일은 일요일이니 저도 자러 갈까 해요. 안녕히 주무세요. 어머니가 아침 커피를 즐기시길 바라요.

사랑을 담아,
룰루

아버지 편지를 기다립니다.

12월 30일

모두 잘 있고 행복하나 상당히 춥네요. 온도계 온도가 오늘 아침 영하 10도까지 떨어졌어요.

사랑을 담아,
룰루

1896년

서울, 조선
1896년 1월 6일

나의 소중한 어머니

네티 언니의 생일인 오늘이 어머니에게는 슬픈 날이겠지요. 그래요, 주어진 대로가 제일 좋겠죠. 언니는 우리 모두가 가야 할 여행을 떠난 것이고, 그녀의 고통은 다 끝났어요. 때로 언니는 왜 자신이 가야만 하는지 이해하지 못했지만 이제는 하나님 아버지의 뜻을 알겠지요.

크리스마스와 새해 첫날이 지나갔어요. 우리는 크리스마스 저녁 식사에 손님 세 사람을 초대했는데 제가 자주 언급하던 윤 씨와 그 부인입니다. 그는 조선인이고 부인은 중국인이에요. 영어를 잘하는 러시아 젊은이도 초대했어요. 작은 식탁에 다양한 국가를 대표하는 사람들이 가득 앉았어요. 로드와일러 양은 부모님이 모두 독일에서 태어나셨으니 우리는 그녀를 독일인으로 여깁니다. 그리고 우리 미국인 다섯 명은 서로 네 개의 다른 주를 대표하죠. 우리는 새해 방문객들도 영접했어요. 여러 이유에서 이전처럼 그렇게 많지는 않았어요. 단발령이 내려서 조선 남자들이 무리 지어 밖으로 나오는 것을 두려워합니다.

외국인들은 1시에는 궁궐로, 그리고 4시에는 외교 클럽으로 초대되었어요. 어떤 이들은 늦게 왔고 어떤 이들은 빨리 와서 모두 함께 모이니 상당한 숫자가 되었어요. 하지만 말했듯이 작년이나 재작년만큼 많지는 않았어요. 새해 첫날 밤 페인 양과 저는 언더우드 박사 댁 파티에 초대를 받아서 게임을 하며 매우 즐거운 시간을 보냈어요. 평소 귀가 시간보다 늦은 밤 12시 반에 돌아왔습니다. 이번 주는 기도 주간입니다. 우리는 선교사 댁에서 4시 반에 예배를 보았어요. 오늘은 장로회 선교회의 밀러 씨 Frederick Scheiblir Miller(1866~1937) 댁에서 모여요.

뉴스는 모두 단발령에 관한 것입니다. 조선인에게 상투를 잃는다는 것은 매우 힘든 일입니다. 그것에 대해 길게 쓸 시간은 없으니 나중에 자세히 쓸게요. 학교가 오늘 다시 개학했고, 공장이 돌아가면 우리도 일을 해야만 하지요.

지난주에는 스미스 형제 가게에 주문을 넣었어요. 다음 편지에 제 옷을 만들 원단을 살 수 있게 돈을 조금 보낼게요. 또한 채권 구입을 위해 좀 더 보내겠어요.

튼튼한 아마천을 사주세요. 허리에는 안감을 둘러주시되 소매에는 두르지 말아주세요. 레이스나 리본 같은 것으로 덧대서 예쁘고 깔끔하면서 멋스럽게 만들어주세요. 옷들은 빨리 구식이 됩니다. 저는 7월 1일이나 그 전에 원산으로 출발하고 싶은데, 어머니가 3월까지 캘리포니아로 보내주시면 스미스 씨가 다른 사람의 주문 물건을 보낼 때 같이 보내줄 거예요.

사람들이 빠른 파종을 위해 정원 씨앗을 일찍 주문해요. 우리가 하듯 많은 사람이 매우 일찍 주문하지만 3월에도 나가는 주문이 있어요. 이 편지가 2월 10일 전에는 어머니에게 도착할 테니 이 일을 하실 시간이 있을 것이라 생각해요. 어머니가 너무 바쁘셔서 이런 부탁을 드리고 싶진 않지만 어떤 식으로든 값을 보상할게요. 금화 25달러의 전신환을 만들었어요. 이 중 10달러는 드레스 몫입니다. 대략 그 정도면 되지 않을까 싶지만 추가 금액이 필요하면 제가 지불할게요. 15달러는 3월 채권 지불금입니다. 어머니에게 돈이 온전하게 닿기를 희망하고, 또 어머니가 잘 지내시기를 바랍니다. 최근에는 어머니께 소식을 듣지 못했네요. 어제 온 우편물에는 에타 스네이의 편지가 있었는데 집에서 온 편지는 없었어요. 『리퍼블리칸』지 12월 4일 자도 도착했어요. 이제 집의 편지가 한 번씩 건너뛰어서 오는 것 같군요.

사랑을 담아,

룰루

서울, 조선
1896년 1월 9일

나의 사랑하는 어머니

"엉클 샘"[11]이 이번에는 저에게 특별히 잘해주네요. 오늘 저는 여섯 통의 편지와, 아직 시간이 없어 읽지 못한 고향 신문들 외에도 메리의 사진과 아이들 사진도 받았어요. 11월 26일 자 어머니 편지는 밴쿠버를 통해 왔어요. 다음 우편물이 제물포에 이미 도착했다는 연락을 받았으니 그 후의 소식은 내일이나 모레쯤 받게 될 것 같네요. 어머니 편지는 너무 좋았어요. 아니요, 저는 향수병에 걸리지는 않았지만 고향 소식을 듣고 싶어 항상 안달하지요.

사진들을 받아서 너무 기뻤어요. 메리의 옆 모습 사진은 너무 좋아요. 아기는 정말 빛나고 귀엽고요. 이번 주에 그녀에게 답장을 쓸 시간이 없으니, 보내준 사진들을 제가 잘 받았다고 전해주세요. 그랜트와 헬렌의 사진도 좋아요. 그 둘의 사진은 훌륭한데 마사는 너무 달라 보이네요. 그 아이가 그렇게 많이 변했나요? 어머니 것은 왜 아직 안 오죠?[12]

며칠 전 로라에게서 가장 기괴한 편지를 받았어요. 그녀는 소위 "견신론"에 빠져 있어요. 전 그것이 불교적인 믿음에 기반을 두고 있다는 것 외에는 아무것도 몰라요. 만약 어머니가 그 주제에 관해 뭔가 알게 되면 저에게도 보내주세요. 불쌍한 로라. 우리 사이에서 이야기이지만 그녀가 자기 어머니와 비슷해지는 것 같아요. 그녀의 편지로 미루어보아 그녀가 만성 병자가 될 것 같아 걱정입니다. 에타 스네이 말로는 로라가 아주 좋아 보인다고 하던데요. 메임 힐먼이 크리스마스 선물로 『하이람 골프의 종교』라는 매우 예쁜 책을 보내주어 오늘 받았어요. 일본인들은 우리와 같은 날 새해를 맞는데, 새해 기념 행사가 너무 지나쳐 하루에 끝나지 않아요. 그 이유로 우편물이 지연되었고 이번에 두 차례의 우편물을 한 번에 받았어요.

우리가 크리스마스 저녁에 무엇을 먹었냐고요? 진짜 기억이 안 나는데 나쁘지는 않

---

11 미국을 의인화한 상징.

12 마사, 헬렌, 그랜트는 모두 언니 네티의 아이들.

게 먹었던 것 같아요. 매 계절 초입에 우리는 캘리포니아에서 보급품을 받습니다. 여름에는 텃밭에서 나는 채소와 과일이 있지요. 겨울에는 통조림 토마토와 배, 옥수수, 아스파라거스, 햄, 말린 소고기, 연어와 소시지를 캘리포니아에서 받아요. 게다가 생선, 닭고기, 꿩고기와 소고기는 언제든 살 수 있어요. 요리사에게 하루치 요리 재료를 주기 위해 창고에 들어갈 때면 종종 어머니 생각이 나요. 우리는 많은 양의 버터, 설탕, 밀가루, 옥수수가루, 배아 깻묵, 오트밀, 콩, 통조림 고기, 채소, 과일을 비축하고 있어요. 물론 큰 비용이 들지만 이곳에서 살아남으려면 이 방법밖엔 없어요. 어머니는 항상 기댈 수 있는 비축 식재료가 있었으면 좋겠다고 하셨죠. 우리도 이 도시에 이따금 원하는 것을 살 수 있는 좋은 가게들이 몇 군데 있었으면 좋겠어요.

이곳에서 달걀을 어떻게 사는지 어머니에게 말씀드린 적이 있나요? 짚으로 엮은 한 줄에 달걀을 끝에서 끝까지 10개씩 묶어 넣는답니다. 이렇게요:  그러면 달걀은 깨질 위험이 없고 그 꾸러미는 막대처럼 들 수 있어요. 우리가 고향에서 영국 호두라고 부르는 맛있는 견과류와 밤도 살 수 있어요. 식사 때마다 우린 일본 오렌지도 먹어요. 그러나 가끔은 그것 열 개와 사과 하나를 바꾸고 싶어요. 그렇게 저의 "반드시 먹어야 하는 과일" 조건은 충족됩니다. 고국의 식품 가게에서 식품을 들여오기 어려운 상황이 오면 우리는 이 나라에서 제법 많이 나는 쌀로 버틸 수도 있습니다.

어젯밤 저는 저녁 식사에 초대받았어요. 우리는 토마토수프, 생선, 거위, 감자, 깍지콩 통조림, 익혀 으깬 밤, 샐러드, 체리, 커피, 케이크와 견과류를 먹었어요.

제가 새해 첫날 초록색 실크 투피스를 입었다고 말씀드렸나요? 그 옷을 한 벌 다 입은 것은 처음이었어요. 지난여름에 블라우스와 함께 그 치마는 엄청나게 입었어요. 그 옷이 제게는 컸지만 감기에 걸릴까 무서워서 조세핀의 플란넬 셔츠를 하나 더 얻어 입었는데 아주 멋있었어요. (제가 가진 플란넬은 모두 연합회 단복뿐이거든요.) 유행에 뒤지지 않는 것처럼 느껴지더군요. 우리는 크리스마스 때 미국 군인들에게 (과일과 견과류를 다져 넣은) 민스 파이를 가져다주었어요. 우리 요리사가 파이를 만들었죠. 스크랜튼 부인과 아펜젤러 부인은 케이크를 보냈고, 장로교인들은 새해에 음식을 보낸 것 같아요. 군인들이 집에서 멀리 떨어져 할 일이 없는 것이 너무 안되었어요. 가만히 앉아서 뭔가 일어나기만을 기다려야 한다면 저라도 행복하지 않을 겁니다. 그들이 할 일이 없다고는 말하지 말아야겠네요. 우리를 밤에 지켜주는 게 그들이니까요. 비록 두 시간만에 교대를 하지만요. 제가 어머니에게 보낸 소포를 곧 받으실 거라 생각하니 너무 기뻐요.

지금쯤 의심할 나위 없이 받으셨겠죠. 그리고 홀 부인을 통해서 조지아와 아버지께 보낸 반지와 거북이 등껍질 북마크도 받으셨을 거예요.

모두에게 사랑을 전해주세요.

사랑을 담아,
룰루

로드와일러 양이 동대문에 있으니 어머니 질문에 대한 답은 다음 편지에서 적어 보내겠습니다.

ᘓ ᘓ ᘓ

서울, 조선
1896년 1월 13일

나의 사랑하는 어머니

지난번 어머니 편지를 받은 후 두 통이나 답장을 보내서 사실 쓸 말이 별로 없네요. 이럴 때 편지 쓰는 것이 얼마나 어려운지 아시죠. 저는 그랜트 오빠에 대해, 그리고 할아버지의 유언에 대해 어머니가 자세히 말씀해주시기를 간절히 기다리고 있어요. 어머니에게 아무 문제가 없기를, 그리고 어머니와 애나 이모 사이가 더 벌어지지 않기를 바라요. 평화를 위해서 희생하지 못할 것이 무엇이 있겠습니까?

지난 편지에서 제 옷값과 1분기 채권 납입금을 보냈어요. 만약 아사 천을 사고 제 옷을 만들어 특급으로 부치는 값이 10달러 이하로 들면 물론 거스름돈은 어머니가 가지세요. 더 든다면 차액을 보낼게요. 이제 제시는 더 이상 보조가 아닌 정식 재단사가 되었으니 어머니가 옷 만드는 값을 얼마를 지불해야 하실지 모르겠네요.

아버지께 단발령에 관해 쓰던 편지를 다 쓰지 못했는데, 여전히 그것이 시행되고 있어 어떻게 끝나게 될지 알게 되면 모두 함께 편지에 쓰겠습니다.

제가 버스티드 박사와 그 부인에 대해 말한 적이 있던가요? 아니면 편지에 썼던가요? 버스티드 부인이 첫아이인 여자아이를 출산했는데 12일 만에 죽었어요. 그녀가 너무 안되었어요. 아기를 맞는 기쁨을 고대하면서 예쁘고 작은 옷과 드레스를 여러 벌 준비했거든요. 우리가 하나님의 섭리를 항상 이해할 수는 없지만, 그분이 모든 것을 선하게 행하신다는 것을 알고 있으니 그것으로 위안을 삼지요.

저는 용기를 내어 콜튼 씨에게 메리에게 요청했던 후원금에 대해 편지를 썼어요. 그녀는 가정과 아기에 너무 매여 있어 다른 것을 생각할 수조차 없나 봐요. 우리는 교회를 가을에는 다 지을 수 있게 지금 공사가 시작되기를 간절히 원하고 있어요. 선교 본부가 우리를 조금이나마 도와주길 희망했는데, 이 어려운 시기에 그들에게 발생한 부채 때문에 조선에는 지원금이 1,200달러 적게 책정되었어요. 저는 콜튼 씨가 우리에게 뭔가 줄 수 있다고 생각해요. 그는 관대한 사람이고 사업가이니까요. 적어도 그에게서 어떤 답이든 듣게 되겠지요. 하지만 그들에게 이 일에 대해 말하진 말아주세요. 메리가 다시 임신했다고 어머니가 말씀하셨죠?

우리 여성해외선교회가 동대문의 집에 1,600달러를 배정했고 새 의사를 중국에서 전보시켜주겠다고 약속했는데, 아마도 그녀는 오지 않을 것 같아요.

최근에 날씨가 매우 혹독하네요. 어머니가 후드를 쓰고 계신 모습을 상상합니다. 제가 아이들에게 보낸 조선인의 "남바위" 같은 것을 좋아하실까요? 위쪽이 뚫려 있어서 어머니가 좋아하시지 않을 것 같은데, 그것이 조선식이랍니다. 조선 주머니를 만들 적절한 실크를 찾을 수 없어서 어머니에게 한 개도 보내지 못했네요.

여학생들이 골무를 더 만들면 아마도 조지아가 교회에서 그걸 팔 수 있을 거예요. 저와 소소한 편지를 주고받는 시카고 친구에게 몇 개를 보냈더니, 그녀가 지난 편지에 1달러를 보내면서 팔 수 있는 더 많은 골무와 우표들을 보내달라고 요청했어요.

쓸 거리가 많지 않네요. 하지만 저는 잘 있고 행복해요. 어머니, 아버지, 조지아에게 무한한 사랑을 보내요.

안녕히 주무세요.

룰루

어머니 사진들은 어떻게 되었어요?

~ ~ ~

서울, 조선
1896년 1월 28일

사랑하는 어머니

다른 사람에게 편지 써야지 생각하다가 날짜를 보니 어머니 생신날이네요. 오늘 57세가 되시나요? 제 나이의 딱 두 배네요. 저는 3월에 스물여덟이 되는 것 아시죠?

우리는 우편물을 다시 초조하게 기다려요. 추위 때문에 우편이 제때 오지 않네요. 때론 6~7주 전에 쓰인 어머니 편지들이 와서 최근 얼마간은 속상했답니다. 편지를 다 읽고 나면 다음 편지가 기다려지니까요.

1월 29일

오늘 12월 18일 자 어머니 편지가 도착했어요. 페인 양이 받은 편지는 25일 자이니 어머니 편지가 여전히 조금씩 더 늦네요. 하지만 그 편지는 매우 만족스러웠어요. 특히 시드니시에서 묘지 정리를 하신 이야기가요. 우리 조상에 관한 이야기입니다만, 오늘 해리스 양이 에임즈라는 사람에게서 편지를 받았는데 그는 그 집안의 역사를 쓰고 있답니다. 어머니에게 주소를 보내드릴게요. 그에게 편지를 쓰시려면 에이즐 에임즈 박사, #161 쇼무트 거리, 첼시, 매사추세츠주로 보내세요.

아니요, 어머니는 조의 병에 대해 쓰지 않으셨어요. 저는 어제서야 그녀에게 편지를 보냈어요. 그녀가 그런 고난을 겪다니 안되었네요. 어떤 식으로든 돕고 싶어요. 그녀를 위해 어머니가 할 수 있는 일을 해주셔서 기뻐요. 그래요, 책을 보내주세요. 책들을 화물로 보내는 것보다는 우편으로 보내는 것이 더 싸답니다. 네, 『예수와의 대화』도 보내주시면 제가 가르칠 때 매우 유용할 것 같아요. 우리는 잡지도 문제없이 받는데, "책"

이라고 표시하면 한 권당 4센트 정도 값에 옵니다. 제가 경비를 지불할게요. 돌돌 말지 마시고 그냥 납작하게 보내주세요. 종이는 잘 찢어지지 않아요.

네. 애나 이모 일로 마음이 아프네요. 몇 주 전에 아름다운 손수건을 이모께 보냈어요. 웹에게 보내는 편지 안에요. 할머니가 돌아가신 후에는 애나 이모에게 편지를 쓰지 않았어요. 할머니께는 9월 6일에 편지를 썼네요. 할머니가 9월 16일에 돌아가셨다고 어머니가 쓰셨던데 헷갈리셨나 봐요. 어머니의 지난 편지를 보니 10월 17일 자 편지에서 "할머니가 어제 돌아가셨다"라고 쓰신 구절을 찾았거든요. 할머니가 제가 편지를 썼다는 사실을 아셨다고 보긴 힘들겠군요.

제가 그랜트 오빠의 편지를 보내달라고 여러 번 요청했는데 한 번도 보내주지 않으셔서 어머니에게 돌려드릴 것이 아무것도 없어요. 얼마 전 제 옷에 관한 요청 사항과 함께 돈을 부쳤어요. 그 일이 어머니께 그리 커다란 골칫거리가 아니기를 바랍니다. 저를 위해 너무 많은 것을 하려고 애쓰지는 마세요. 어머니가 1년 전에 저를 위해 넣어주신 1주를 그대로 둔다면 6주가 될 것이고, 제가 집으로 다시 돌아갔을 때 제게 큰 도움이 될 것 같아요.

며칠 전 조지아에게 편지를 보냈어요. 그 아이는 점점 발전하고 있어요. 어머니는 제가 어렸을 때 썼던 일기에 대해 말씀하셨죠. 재미난 사실은, 저는 일기장을 여러 달 동안 내버려두었다가 리지 프라이가 저를 보러 온다는 말에 너무 창피해서 그걸 채우려고 했다는 거예요. 저는 매일 얼굴을 씻고 머리를 빗고 옷을 입었지만 이 세 가지를 매일 일기에 다 적는 건 너무 단조로우니 줄곧 생략하곤 했지요. 주 5일 학교에 간 것도, 토요일에 놀고 일요일에 주일학교에 간 것도요. 그 많은 페이지에 아무것도 쓰지 않고도 채울 수 있었던 요령에 대한 공을 어느 정도는 인정받아야겠지요.

내니가 어려운 시기를 겪고 있군요. 그녀의 남편이 무슨 사업을 하나요? 그들이 어렵다고 생각하신 데 특별한 이유가 있나요? 에드나가 골무를 받았다고 말씀해주셔서 기뻐요. 제가 보낸 열 개 값으로 오늘 1달러를 받았고 이전 편지에서도 1달러를 받았어요. 그렇게 한 푼씩 교회는 올라갑니다. 오빠에게서 소식을 들으면 즉시 제게 편지해주세요. 저도 오빠의 거처를 간절히 알고 싶어요.

네, 프랭크 형부의 편지를 받고 저도 즉시 편지를 썼지만 아직까지 답장은 없어요. 이번 우편이나 다음번에 그의 편지를 고대하고 있어요. 아이들이 제가 보낸 작은 선물을 받았다면 형부가 잘 받았다고 답장할 테니까요. 어머니는 처음에 형부가 빨리 재혼하리라 생각한다고 말씀하셨지요. 무엇 때문에 그렇게 생각하셨나요? 지금도 그렇게 생각하세요? 시카고에서 알고 지내던 친구인 번햄 양에게서 편지와 사진을 오늘 받았어요. 그녀는 필라델피아에 있는 여성 의과대학의 졸업반 학생인데 장로교도입니다. 만약 그녀가 감리교도였으면 우리가 너무나 필요로 하는 지금 그녀가 조선에 올 수 있도록 했을 텐데요. 우리는 중국 푸저우에서 전원하기로 되어 있는 칼튼 박사에게서 아무 말도 아직 듣지 못했어요. 그나저나 어머니가 1년 전에 받으신 조지아의 반지 등에 대해 감사 편지를 쓰실 수 있도록 제가 홀 박사의 주소를 드렸나요? 그녀는 뉴욕주 리버티에 살고 있어요. 그녀가 다시 조선에 돌아올지는 모르겠지만 어쨌건 올해는 아니에요. 제가 여섯 개의 숟가락과 조지아를 위한 빨간 실크 천을 이전에 말씀드린 G. H. 존스 부인을 통해 보냈어요. 그녀의 아버지 댁은 오하이오주 포머로이입니다. 관세가 붙으면 어머니가 지불하실 거라고 그녀에게 말해뒀어요. 지금 저는 식탁에 앉아 있는데, 다른 집으로 갔던 마사의 편지를 금방 수위가 가져다주었어요. 얼마나 기특한 편지인지요! 그 아이가 직접 쓴 편지라면 놀랄 만큼 잘 쓴 것입니다. 곧 답신을 써야겠어요. 아직 채 아홉 살이 안 된 어린아이가 이처럼 뛰어나게 훌륭한 편지를 쓰다니요.

저는 집에 들러 어머니를 잠시라도 보고 싶어요. 하지만 우리가 서로에게 편지를 쓸 수 있다는 것만으로도 커다란 위안이에요. 다음 편지를 고대하고 있어요. 지난 일요일 요코하마에 우편이 도착했으니 일주일만 지나면 이곳에 올 것입니다. 대개 여기까지 도착하는 데 10일 정도 걸리는데, 일주일 만에 받을 때도 자주 있어요. 어머니가 조지아에게 속마음을 털어놓는다고 말씀하시는데, 저에게도 그렇게 해주세요. 우리 집이 얼마에 저당을 잡혔나요? 아버지가 그것을 풀 희망은 있나요?

어머니에게 그리고 모두에게 사랑을 보냅니다.

사랑하는 어머니의 룰루

서울, 조선
1896년 2월 13일

사랑하는 아버지

약속드린 이 긴 편지를 오늘 적어도 시작은 해야겠네요. 오늘이 조선의 새해라서 우리는 사흘간 방학을 했어요. 1월 1일을 기념일로 하려는 시도가 있었지만 일반 대중 사이에서는 전혀 성공하지 못했어요. 시간이 지나면 그들이 자기들의 풍습을 포기할 수도 있지만, 한번에 우리 풍습을 모두 받아들여주길 바라선 안 되겠죠.

오늘은 매우 이상한 설날입니다. 그저께 어머니에게 엽서를 보내면서 모든 것이 잠잠하고 심각한 분란의 조짐은 없다고 썼어요. 그런데 제 엽서가 우체국에 도착하기도 전에 우리가 또 다른 정치적 격동을 맞고 있다는 사실을 알게 되었어요. 제가 10월에 아버지에게 궁궐이 당한 공격과 왕비 시해 그리고 왕의 감금에 대해 편지를 썼었지요. 그 책략의 선동자들 배후에는 일본인들이 있었어요. 중일전쟁 때 일본에 대해 감탄하던 우리의 감정은 그날 이후 대부분 없어져버렸어요.

몇 주일 동안 일본은 이 내각의 도움을 받아 방해받지 않고 모든 일을 자기네 방식대로 행했어요. 12월 30일에 왕을 지지하는 많은 무리가 궁궐에 들어가 왕을 복위시키려 시도했지만 실패했어요.

그 후 어떤 이들은 중국으로 도주했고, 많은 이가 체포되어 감옥에 구금되었으며, 또 다른 이들은 외국인들 사이에서 도피처를 찾았어요. 감옥 안의 형벌은 끔찍했어요. 잔혹한 매질 후 핏자국으로 뒤덮인 감옥 벽을 매일 회칠을 한다고 해요.

내각은 자신들의 위력을 보여주기 위해, 사람들이 상투를 자르게 하는 칙령에 왕이 강제로 서명하게 했어요. 우리에게 그것은 우습게 보이지만, 사람들에게는 이보다 끔찍한 재앙이 없습니다. 그들은 전쟁과 기근과 역병으로 고통받았지만 이 모든 것은 그들의 소중한 상투를 잃는 것에 비하면 아무것도 아닐 거예요. 조선 남자들이 어떻게 머리 위에 상투를 트는지 보여주는 사진들을 아버지께 보내드렸지요. 남편들과 아버지들이 상투 없이 집으로 돌아오자 사람들은 죽은 자를 대할 때처럼 울고 통곡하고 슬퍼했습니다. 이는 상당히 심각한 일이었는데, 머리에 쓰는 망과 핀과 장식 만드는 일을 하는 수많은 사람이 한겨울에 실직하게 되었기 때문입니다. 상투를 트는 전통이 많은

이에게 직업을 제공했던 것이죠.

모두들 이 정부가 오래 지속하지 못할 것이라 예언했는데, 그래도 변화가 막상 닥치자 우리에게는 충격이었어요. 이틀 전에 궁녀들이 쓴 영리한 술수 덕분에 왕은 무사히 궁궐을 빠져나와 러시아 공사관에 피난처를 구했어요. 여러 날 동안 궁녀들이 궁궐을 들락거리며 보초병들의 감시를 소홀하게 만들었고, 그들이 일일이 가마 안을 확인하지 않게 되었지요. 2월 11일 아침 7시에 왕과 왕세자와 세자빈은 같은 가마들을 타고 궁궐 문을 지나서 러시아 공사관으로 들어갔어요. 그 후 왕은 새 내각을 짜고 명령을 내리느라 바쁩니다. 그는 이전 내각의 구성원 일부를 체포하라고 명령했어요. 이전 내각의 행태에 크게 분노한 백성들은 대신 중 두 명을 잡아 도시 한복판 "대로"에서 그들을 죽였어요. 이것으로 만족하지 못하고 그 대신들의 시신에 거의 형체를 알아볼 수 없을 때까지 돌팔매질을 했습니다. 근처에 있던 일본인 한 명도 격분한 이들의 공격에 죽었고, 그 일본인을 도우러 온 두 사람도 죽었어요. 조선인들은 일본에 대해 매우 나쁜 감정을 갖고 있습니다. 저는 잘 모르지만 그들의 이런 증오에는 이유가 있습니다. 일본이 했던 것처럼 한 나라의 왕비를 죽이는 일은 그 나라 백성들에게 그리 쉽게 잊힐 일이 아니죠.

일본이 어떤 행동을 취할지는 알 수 없습니다. 우리는 러시아와 일본 사이에 전쟁이 있을 것으로 보았으나 러시아가 너무 조심스럽게 행동하고, 또 왕이 러시아의 보호를 구하고 있으니 현재로선 싸울 기반이 없어 보입니다. 그러나 시간이 말해주겠지요.

오늘은 매우 조용한 설날이네요. 보통은 수많은 조선 손님, 특히 어린아이들이 우리를 방문합니다. 아이들이 어른에게 절을 하고 동전이나 사탕, 케이크를 받는 것이 여기의 풍습입니다. 하지만 오늘 거리는 여러 명의 러시아와 조선 군인들만이 지키고 있습니다. 우리 하인들은 허가를 받아야만 나갔다가 들어올 수 있는데, 그들의 허가증은 우리가 미국 공사에게서 받아다 줍니다. 우리 외국인은 원하는 대로 오고 갈 수 있어요.

조선의 생활에는 단조로운 것이 전혀 없습니다. 이따금 긴장을 풀어야 할 정도이지요. 방학을 하면, 그리고 러시아와 일본이 해상 여행을 위험하게 만들지만 않으면 몇 주 동안 군산을 여행하려고 해요.

이 분란이 우편물의 배송을 방해하지 않았으면 좋겠어요. 이미 우편을 너무 오래 기다렸고, 저는 집 편지에 목말라 하고 있어요. 아버지 편지는 받으려면 오래 기다려야 해요. 그렇지 않나요? 저에게 빨리 편지 써주세요.

당신의 사랑하는 딸,
룰루

~ ~ ~

서울, 조선
1896년 2월 22일

나의 사랑하는 어머니

마침내 우편이 도착해서 크리스마스와 1월 6일 자 두 기념일의 어머니 편지 두 통을 받았어요. 그리고 상당히 길게 쓰신 아버지의 편지도요. 지난주에 아버지께 편지를 썼으니 다른 뉴스가 생길 때까지 답신을 미루고 기다릴까 봐요. 아버지가 제게 편지를 쓰지 않는 구실이 납득할 만하지 않네요. 아버지가 제 편지를 받고 싶어 하시니까, 또는 저와 제 일에 대해 불안해하시니까 편지를 써야 한다고 말하려는 건 아닙니다. 제가 집에서 이토록 멀리 떨어져 있는 상황에 아버지의 말씀을 듣는 것은 큰 기쁨이니 편지를 주셨으면 하는 거예요. 저의 벨[폰테인] 통신원은 거의 없기 때문에 여러 사람이 저에게 같은 이야기를 전할 가능성은 없습니다. 게다가 모두 각자의 스타일로 쓰고, 같은 이야기도 각자의 입장에 따라 약간씩은 다릅니다. 하지만 제가 원하는 것은 뉴스가 아니라 우리가 집에서 이야기할 때 그러하듯이 생각을 교환하는 것입니다. 저도 네티 언니의 생일날 언니 생각을 했어요. 언니의 죽음을 처음 들었을 때보다 요새 더 많이 울어요. 언니가 떠났기 때문이 아니라 언니가 외롭게 죽었고, 제가 그곳에 없어서 언니를 도울 수 없었다는 사실 때문입니다. 제가 곁에 있었다면 언니를 위해 여러 일을 했을 것입니다. 하지만 하나님은 모든 것을 아시고, 그분이 저를 인도해서 여기에 온 것임을 확신합니다. 제가 하나님을 두 장소에서 동시에 섬길 수는 없었겠지요. 하지만 제가 집에 있었더라면 모든 것이 조금은 달라지지 않았을까 하는 느낌을 떨칠 수 없어요. 언니가 제 마음을 이해하는 듯이 보였거든요.

어머니가 크리스마스를 즐기셨다니 기쁩니다. 어머니가 보낸 크리스마스에 대해 제가 읽고 있는 동안, 아마도 어머니는 저희의 크리스마스에 대해 읽고 계시겠죠. 그렇게 생각하니 좋네요. 물론 우리가 그 후의 소식에 대해 서로 알고 싶어 하는 것도 당연하리라 생각합니다. 일본인들이 우리에게 또다시 3주나 기다려 우편을 받게 하지 않았으면 해요.

엠마가 결국 결혼한다면 정말 우스운 일입니다. 저 역시 먼 미래에 같은 일을 해야 하나 생각하기 시작했어요. 그녀는 네티 언니보다 나이가 많지요. 아마 서른다섯일 거예요, 그렇지 않나요? 어제가 페인 양의 스물일곱 살 생일이었어요. 제 생일도 머지않았어요. 어머니 생신날 제가 쓴 편지를 오늘까지 어머니가 받았는지 궁금하네요. 선물을 사시라고 돈을 약간 보낸 것 같은데 저도 잊어버렸어요. 아마도 돈이 어머니에게는 다른 어떤 선물보다 괜찮지 않나 생각해요. 어쨌건 어머니 사진값도 보냈던 것 같은데 아닌가요? 메리에게 포즈를 취하는 것을 도와달라고 하세요. 시간이 모두를 변하게 하듯 어머니도 변하실 거라 생각하니 너무 많이 변하시기 전에 사진을 갖고 싶다는 생각이 들어 초조해지더군요. 네티 언니의 사진에 대해서는 너무 신경 쓰지 마세요. 저는 괜찮아요. 만약 푸른 벨벳 드레스를 입은 옛날 사진이나 다른 좋은 사진이 있다면 저는 그것으로 만족해요. 하지만 복사본에는 약간 기묘한 느낌이 있어요.

어머니가 일제 양탄자에 너무 빠지지 않기를 바라요. 애나 이모네 양탄자는 어떤 색깔인가요? 많은 양탄자가 푸른색과 흰색인데, 하지만 그것들은 거의 대부분 면직물이에요. 우리 중국제 양탄자는 모두 모직으로 아름다운 갈색과 푸른색이고, 가로세로 3.6×4제곱미터입니다. 어머니의 1.5×1.2제곱미터 크기 일제 양탄자보다 단지 조금 더 비싸지요. 우리는 약 금화 13달러를 지불했어요. 참고 기다리시면 제가 집으로 갈 때 가능하면 하나 가져다드릴게요. 응접실의 태피스트리를 거실에 사용하고, 응접실용 카펫을 새로 살 수 없으면 응접실은 닫아놓으세요. 조지아가 나이가 들어 결혼 상대가 생기면 그녀를 위해 좋은 것을(제 말은 카펫을) 사실 수 있을 겁니다. 그것이 제 생각에 가장 좋은 결정 같아요. 조지아는 아직 너무 어리니 남자아이들과 어울리지 못하게 하세요. 남자와 사귀는 것이 좋은 나이가 되었을 때 오히려 남자들에게 싫증이 날 수 있으니까요. 저의 첫 남자 친구는 조니 해밀턴이었는데 그때 제 나이는 열두 살밖에 되지 않았지요. 어머니가 밤 11시에 방문을 노크하셨던 것 기억나지 않으세요? 저는 그때 철이 없었어요. 너무나 모욕을 당한 기분이 들어 그에게 한 시간 더 있으라고 했답니다. 조지아는 아주 착한 아이예요. 그 아이가 우리의 실수를 보고 배우면 이상적인 어른이 될 거예요. 그 아이는 자라면서 어머니를 닮았다는 말을 들더군요. 로라 말이, 그 아이에게서 어머니의 어릴 때 사진 속 모습이 보인답니다.

아니요, 지금처럼 정치적인 소요가 많을 때 생명보험을 들려고 하는 것은 소용없을 것 같아요. 전에도 그래서 실패했지요. 게다가 그런 데 투자할 돈이 거의 없어요. 제가 채권에 돈을 얼마간 넣는다면, 지금으로선 그것이 제가 지불할 수 있는 돈의 전부입니다. 올해가 가기 전 100달러 정도 넣을 수 있을 것 같아요.

제가 새 옷감을 샀는데 견본 조각을 동봉합니다. 이번 봄에 그 옷을 만들어 여행할 때 입을 수 있을 것 같은데요, 하지만 여행하기에는 너무 좋은 옷이란 생각도 드네요. 모직 옷 여러 벌이 너무 더러워져서 빨았더니 짧아져 버렸어요. 제가 조지아 곁에 있다면 다시 재단해서 물려줄 수 있을 텐데요.

어머니는 제가 글을 잘 쓴다고 하셨는데 동의할 수 없어요. 그런 식으로 써서는 입에 풀칠도 못할 거예요. 저는 너무나 어머니와 비슷해요. 자신감이 부족하죠. 블레싱네 아이들이 잘 해내고 있다니 너무나 좋아요. 하지만 저의 소명을 바꿀 생각은 없습니다. 만약 건강이 허락하지 않아 얼마간 일할 수 없다 할지라도 제게 뭔가 할 수 있는 다른 일이 제공될 것을 확신합니다.

저는 샘 삼촌의 질병에 대해서는 전혀 몰랐어요. 슬프지 않아요? 어머니가 몇 달 전 삼촌의 건강이 좋지 않다고 한 것 같은데 그렇게 심각한 것인 줄은 생각지 못했어요.

선교를 위해 태국으로 갔던 친구 리케츠 양에게서 편지를 받았어요. 그녀는 인디애나주 델피의 집으로 돌아가 건강을 회복했는데, 이번 가을에는 태국으로 다시 가기를 희망하고 있어요. 그녀를 위해 잘된 일이죠. 척추에 문제가 있는 줄 알았는데 다행히 신경 문제인 것으로 판명이 났대요. 해티 프라이한테서도 편지를 받았어요. 그녀는 꽤 자주 제게 편지합니다. 그들 모두 데이톤에서 로티와 행복한 크리스마스를 보냈다네요.

페인 부인에게서 자주 소식을 듣나요? 그녀가 어머니에게 선박 시간표를 보냈나요? 어머니 편지가 여전히 그녀의 편지보다 일주일 늦는데, 어쨌건 편지가 오니 그건 문제가 아닙니다. 프랭크 형부에게서는 다시 편지를 받지 못했어요. 조카들이 잠시 밖에서 뛰놀 때 제가 보내준 남바위를 쓰면 편해할 거예요.

채권에 관해 몇 마디 더 쓸게요. 저는 아직 이해가 안 돼요. 매년 제가 100달러씩 넣는다면 제가 넣은 수백 달러가 그만큼의 지분으로 지불되겠지요. 그것이 그런 의미인가요? 나중에는 그렇게 할 수 있을 것도 같지만 지금으로선 여름 여행을 계획하고 있어 남은 돈을 그곳에 쓸 예정입니다. 가을 분기에는 그렇게 넣을 수 있겠지요.

언젠가 저는 작은 집을 멋지게 지을 계획입니다. 그래서 충분한 돈이 모이면 큰 집은 세를 놓고 작은 집에서 아늑하게 살아요. 그렇게 하시지 않겠어요? 우리 집 서쪽에 있는 대지는 팔았나요? 어머니에게 말을 어디에서 키우는지 여러 번 물어보고 싶었어요. 마구간을 지었나요? 아버지 설명에 의하면 어머니, 아버지, 조지아는 매우 안락하고 행복하고 감사가 넘치는 가족임에 틀림없어요. 저도 한걸음에 달려가 어머니를 보고 싶네요. 홍역에 걸린 우리 사람들은 21명 모두 잘 회복해가고 있어요. 하지만 우리는 모두 격리되어 지낸답니다. 알렌 부인이 워싱턴 탄생일 파티를 열었는네 우리 중 누구도 초대하지 않았지요. 우리는 교회나 기도회도 갈 수 없어요. 엊저녁에는 서울 연합회의 사교 모임과 기독교 문학 모임도 빠졌어요. 모두 다 겁을 내고 있지요. 헐버트 부인이 어젯밤 아들을 낳았어요. 선교회의 두 번째 아들이네요. 동봉한 것은 저의 새 푸른색 드레스 옷감이에요. 6.5미터로 은화 15달러가 들었고, 그것을 반으로 나누면 대략 금화로 얼마인지 아실 거예요. 폭은 1.5미터입니다.

안녕히 계세요. 이 편지가 어머니에게 도착할 때 모든 것이 편안하기를 바라요. 어머니 딸로부터 많은 사랑을 받으세요.

룰루

추신.

어머니가 『디리니에이터』지를 제게 보내신다니 기뻐요.

서울, 조선
1896년 3월 4일

사랑하는 어머니

어제 우편이 왔어요. 조지아에게서 온 편지 두 통과 아버지 편지도 받았어요. 어머니가 보내주신 마지막 편지는 1월 21일 자이고 페인 양의 어머니가 보내주신 편지와 같은 날에 쓰였더군요. 어머니 편지에, 아버지가 그랜트 오빠에 대해 말씀해주실 거라고 쓰셨는데 정작 아버지 편지에는 그에 대한 말씀이 없으시네요. 오빠가 어디에 있고 어떻게 지내는지 정말 알고 싶어 초조할 지경인데 어머니는 힌트조차 안 주시네요. 어머니는 또한 오려낸 기사(무엇인지, 무엇에 관한 것인지 저는 모르지만)를 동봉하겠다고 편지에서 말씀하셨어요. 그것을 보내는 것이 현명한 처신인지 모르겠지만 사실인지 알고 싶다고 하셨지요. 하지만 어머니가 그것을 동봉하지 않으셨으니 원하시는 정보를 드릴 수 없습니다.

타코마를 통해 온 우편이 오늘 들어왔는데 『리퍼블리칸』지 몇 호와 조지아의 사진 두 장뿐이고 미국에서 온 편지는 없군요. 조지아는 제가 정말로 상상했던 것 이상으로 젊고 우아한 아가씨가 되었네요. 어떻게 3년이 그 아이를 변화시켰는지 상상해보려고 해도 잘 안 되네요. 제네이드는 제가 기억하는 얼굴과 표정 그대로이네요. 물론 조지아도 언젠가는 변하겠지요. (며칠 후 저는 스물여덟 살이 됩니다.) 우리 둘 다 제가 집을 떠난 이후 세 살씩 나이가 들었는데 그 아이는 열세 살 소녀치고는 훨씬 더 성숙해 보이네요. 모두들 조지아 사진을 보고 열여섯 같아 보인다고 해요. 그 아이는 어른들뿐인 환경에서 자라선지 항상 조숙해 보였어요. 로티 프라이도 조금 닮았지만 어머니와 놀랄 만큼 더 닮아 보여 반갑네요. 코니 커난과 그녀 어머니의 부고를 보고 저는 충격을 받았어요. 위트워스 부인의 슬픔에 대해 생각하지 않을 수 없네요. 아버지가 돌아가신 충격에서 그녀가 회복하기까지 얼마나 오래 걸렸는지 기억하니까요.

조 퍼키의 문제들에 대해서는 안타까워요. 그녀는 확실히 어려운 싸움을 하고 있지만 어린 아들들에 대한 그녀의 희망이 언젠가 온전히 이루어져 노년에는 걱정 없이 평화롭기만을 간절히 희망합니다.

어제는 웹에게서 편지를 받았어요. 그에게 우표 몇 장을 보냈는데 이번엔 동전을 몇 개 보내달라네요. 웹에게 보낸 마지막 편지 안에 애나 이모에게 전하는 손수건을 넣었는데 받으셨는지 궁금하네요. 애나 이모에게 어떤 해결책이 있었으면 좋겠어요. 정말 끔찍한 일이지요, 웹은 알려나 모르겠네요. 그 아이가 과연 알까요?

스왈른 부인에게서 오늘 또 다른 편지가 왔는데, 북쪽의 상황이 불안정하다고 하네요. 제가 아버지께 보낸 글이 신문에 난 것을 보고 조금 놀랐어요. 문법도 안 맞는 저의 서간체를 좋아하시는 유일한 사람이 아버지 혼자만이 아니기를 희망합니다. 아버지가 편집자들에게 게재해달라고 강요하지는 않으셨겠죠. 문법 실수는 쓸 때보다 인쇄해서 볼 때 더 눈에 띄네요.

오하이오주 출신의 한 소녀가 캘리포니아에서 보낸 편지를 받았는데 꽤 재미있었어요. 그녀가 누구 친구인지 아세요? 말투로 봐서는 장로교인인 것 같아요. 그녀가 보여준 선교 정신은 놀랄 만해요. 만약 감리회 신도라면 그녀를 찾아내서 조선으로 데려오고 싶군요.

그나저나 필라델피아지부에서 스피어 양[13]이라는 분이 우리에게 온다고 들었어요. 홀 부인은 1897년에 돌아옵니다. 침례교도들이 새 사람을 기다린다고 들었어요. 어머니 말씀을 보니 우리도 곧 그를 만나게 되겠네요.

얼마 전에 어금니 하나가 부러졌어요. 저는 페인 양처럼 일본에 갈 수 없었는데, 고통을 더는 참을 수 없어 곧장 침대에서 일어나 병원으로 가서 뽑아버렸어요. 이것이 우리가 그렇게 많이 듣는 "선교사의 희생"의 일부입니다. 우리가 택한 삶이기 때문에 선교사를 동정하는 시선을 평소에는 비웃곤 했는데, 이번에는 정말 희생같이 느껴지더군요. 조지아는 제가 기회가 되면 집으로 올 것인지 알고 싶다네요. 그 아이가 어떻게 생각하는지 물어봐주세요.

모든 것이 좋습니다. 특별한 뉴스는 없어요.

룰루

제가 채권에 돈을 붓는다거나 어머니에게 돈을 보낸다는 사실을 비밀로 해주실 것을 다시 한번 당부드립니다. 저는 고향에 있는 학교 선생들과는 조금은 위치가 다르거

---

13 캐서린 스피어Katherine A. Spear는 조선에 오지 않고 인도로 파송됐다.

든요.

~ ~ ~

서울, 조선
1896년 3월 10일

사랑하는 어머니

저는 어제로부터 28년 전에 세상에 나왔어요. 비록 오래전이지만 그때 저로 인해 겪으신 고통을 어머니가 기억하고 계시리라 믿습니다. 그 중요한 일이 일어났을 때 아버지는 함께하지 않으셨으니 어머니의 고통에 완전히 공감하실 수 없을 거예요. 그랜트 오빠의 생일도 지나갔군요. 오빠에게 편지를 쓸까 했는데, 지난 편지에서 어머니가 오빠를 언급하셨길래 그가 어디 있는지, 혹은 그에 관한 무엇이든 이야기해주시면 그걸 보고 쓰려고 다음 우편이 올 때까지 기다리고 있어요. 저는 또한 프랭크 형부의 생일날 형부에 대해 생각했어요. 형부 생일이 제 생일 하루 전인 것 아시죠. 다시 형부의 소식을 듣지는 못했어요. 아이들이 튼튼하게 자랐으면 좋겠어요. 사람들이 제 생일을 많이 기억해주었어요. 스크랜튼 부인은 자기 사진을 저에게 주었고, 해리스 양은 부채를, 커틀러 박사는 책을, 루이스 양은 등잔(전깃불을 밝힌 도시에 사는 어머니에게는 필요하지 않은 것)을, 로드와일러 양은 실크 손수건을, 페인 양은 한 쌍의 예쁜 꽃병을 주었어요. 저는 복이 많지 않나요?

하지만 이 선물들을 받고 마냥 행복하지만은 않았어요. 이 나라가 이토록 많은 고통을 당하고 있는데 어떻게 마냥 좋을 수 있겠어요? 왕은 아직도 러시아 공사관 안에서 보호를 받고 있어요. 왕이 궁궐로 돌아가면 사람들이 더 만족할 텐데 그는 자신의 목숨을 자기 백성들이 처한 상황보다 더 소중히 여깁니다. 시골에서는 끔찍한 폭동이 일어나고 있어요. 온 마을이 불타고 사람들이 살해된다고 들었고, 폭도들이 서울을 태우러 온다는 위협도 들었습니다. 하지만 해마다 심각한 일들을 들어서인지 이제는 기꺼이 기다리며 섣불리 걱정하지 않습니다. 하지만 제가 이야기하려는 고난은 그런 것들이 아닌 혹독한 가난입니다. 얼마 전 제 바느질을 해주는 여인에게 들은 말인데, 그녀가 아는 한 가정에서는 세 사람이 굶어 죽었답니다. 의사 선생님은 다섯 명의 부랑아가 정원의 돌멩이를 집어 먹으려 하는 것을 보았다고 해요. 하지만 오늘은 좋은 날이고 날씨는 희망을 더 밝게 만드네요. 이 고통을 오래지 않아 끝낼 방법이 분명히 있겠지요. 일본인들이 남산을 요새화하고 있다는 소식을 들었어요. 그들이 뭔가 꾸미고 있는 것은 확실해요. 러시아가 뭘 하고 있는지는 몰라요. 사실 우리는 실제로 아무것도 모릅니다. 그저 뭔가 일어날까 살피고만 있지요. 어떤 일들은 필연적입니다.

일본인들이 우편을 이렇게 오래 잡고 있는 것도 무슨 의미인지 모르겠어요. 최근에는 일본에서 두세 편의 기선이 다녀갔는데, 어느 배도 오래 지체된 미국발 우편을 가져다주지 않았어요. 아직 잃어버린 것은 없지만 너무 오래 시간을 끌어 견디기 힘들 정도입니다.

오래전에 새 드레스에 대한 요청 사항과 돈을 보내드렸지요. 여기서도 새 드레스를 만들었는데 마지막 편지에서 견본 조각을 동봉했습니다. 고향에서 만든 옷보다 중국인이 만든 옷이 더 좋은 것 같지만도 않았는데 이번에는 재봉사가 괜찮게 만들어주었어요. 고향에서 옷을 만들어 받는 것보다 저렴하기도 했고요. 버스티드 부인을 통해 밀짚모자 두 개를 상하이에 주문했어요. 또 페인 양과 함께 각자 실크 치마도 맞추었어요. 제가 견본 조각을 동봉할게요. 이제 블라우스만 해 입으면 될 것 같아요. 치마를 4.5미터 이상 넓은 새 패턴으로 만들어달라고 했는데, 아마도 미국에서는 다시 좁게 만들지도 모르겠네요. 며칠 전 페인 양에게 고향에 돌아가 살게 되면 스타일에 신경 쓸 일이 없도록 구세군이나 권사가 되겠다고 말했어요. 이런 이야기는 아무에게도 보여주지 마세요. 아마 어머니에게도 이런 주제는 재미가 없을 거예요.

장로회 선교사인 아버클 양이 미국으로 돌아갑니다. 건강이 많이 안 좋아져서 이번 주에 출발해요. 그녀는 제가 오기 1년 전쯤 왔는데 이번에 건강이 악화되어 떠나라는 명을 받은 거예요. 남장로회 소속인 데이비스 양Linnie Fulkerson Davis(1862~1903)이 그녀와 일본까지 동행해요. 이번 봄에는 제가 건강해서 다행이고 계속 건강을 유지했으면 좋겠네요. 하지만 가능한 한 서울의 무더운 날씨는 피하려고 노력할 거예요. 루이스 양과 저만 지난해 내내 서울에서 집을 지켰으니 올해는 휴가를 갈 권리가 있지요. 페인 양의 휴가는 길지는 않았지만 그래도 기분 전환은 되었을 거예요.

우리는 건축을 아직 시작하지 못했고 모든 일이 불확실합니다. 하지만 동대문 건물은 가능한 한 빨리 시작하려 해요. 이곳 우리 집의 경우 50명의 여학생들로 상당히 붐비고 있어 뭔가를 하긴 해야만 합니다. 목수가 며칠 전에 우리 집을 진단했어요. 무거운 조선 기와를 지탱할 만큼 진흙 벽이 튼튼하지 않다네요. 어떤 방에서는 대들보가 기울었어요. 조선 집들이 무너지는 것이 희귀한 일은 아니에요. 페인 양은 자기 어머니에게 이 사실을 감히 쓸 수 없다고 하니 절대 전하지 말아주세요. 그래도 목수가 당장 큰 위험은 없다고 했어요. 페인 양 말로는 제가 생명보험에 들기를 어머니가 원하실 거래요. 그들이 제 생명보험 가입을 거부한 이유는 우리 집안의 가계가 정확하지 않아서가 아니라 조선의 분쟁 때문이라고 제가 설명해드렸죠?

사랑을 담아
룰루 E. 프라이

~ ~ ~

서울, 조선
1896년 3월 10일

사랑하는 내 동생 조지아

네 편지가 며칠 전에 도착했고 그 후 네 사진도 왔어. 사진을 받아 너무 행복하고, 항상 볼 수 있도록 내 머리맡에 두었어. 넌 거의 작은 숙녀처럼 보이는구나. 나는 네가 너무 자랑스러워. 겨울에는 즐겁게 스케이트도 타고 썰매도 탔는데 여름에는 내내 뭘 할 계획이니? 곧 봄방학을 맞을 텐데 너와 제네이드와 레나는 마음껏 즐기겠구나. 이곳도 곧 소풍철이란다. 요새는 어디로 소풍을 가니? 호숫가로?

그래, 네가 학교에서 까불었다고? 장난을 칠 때 치더라도 공부는 확실히 하도록 해. 나는 주로 놀다가 시간이 남으면 공부한 것 같아. 게으르거나 공부 시간에 놀고 있는 학생들을 꾸짖는 내 모습을 본다면 너는 아마도 언니가 어릴 때 아주 훌륭한 학생이었구나 하고 생각하겠지. 그렇지 못했다는 사실이 이제는 매우 부끄럽구나. 내 선생님인 윌라스 부인이 한번은 예정론을 이렇게 설명하셨어. "매일 나는 너에게 학교에서 잡담하지 말라고 말하지. 네가 가장 유혹을 덜 받을 곳에 앉히기까지 했어. 하지만 오늘이 지나가기 전에 너는 또 잡담을 하리라는 걸 알아." 선생님이 뭘 말하려는 건지는 알 수 있었지만 그녀가 나를 결코 칼뱅주의자로 만들지는 못했어. 나는 하나님이 누군가를 탕자가 되리라고 미리 정해놓고 이 세상에 보낸다고 믿지 않아. 가만있자, 내가 학교에 대해 말하고 있었지, 딴 길로 새었네. 너는 내년에 새 건물로 가니? 톰 허바드 선생님이 다시 너의 담임이니? 네가 원한 조선에 관한 편지는 쓰지 못했어. 할 수 없지. 나중에 네가 또 부탁할 수 있겠지.

벨폰테인은 멋진 마을로 변하고 있구나. 내가 돌아가면 거의 알아보지 못하겠네. 나는 『립 반 윙클』이나 『마더 구스』에 나오는 노부인이 된 것 같아. 그 부인은 치마를 자르고 "만약 내가 아니었음 개들이 짖었을걸" 하고 말하지. 난 마더 구스 이야기를 다 까먹었어. 불쌍한 할머니는 내가 성경을 정확하게 인용하지 못해서 실망하셨지. 내 기억력이 나빠서 마더 구스의 동시도 제대로 외우지 못한 것을 할머니가 모르시는 게 다행이구나.

책은 많이 읽고 있니? 페인 양과 나는 요즘 『바나바스』를 읽고 있어. 웹은 오래전에 그것을 읽었다네. 우리가 읽은 가장 감명 깊은 이야기는 몇 주 전에 읽은 『십자가의 동지 타이터스』였어. 너도 그 책을 읽으면 좋겠어. 킹슬리 양이 쓴 훌륭한 작품이야. 문고판도 있는데, 아빠와 엄마가 그 책을 좋아하실 것 같아.

아이들을 잘 돌보고 있니? 네티 언니가 아이들을 떠난 지 거의 1년이 되었네. 생각만 해도 견딜 수가 없구나. 언니에게 하고픈 말이 너무 많은데. 언니가 쓴 마지막 편지를 며칠 전에 꺼내 봤어. 자기가 더 나아졌다고, 다시 감기만 걸리지 않으면 이제 강해질 수 있다고 썼더라. 그 외로운 마지막 나날 동안 언니를 도울 수 있게 내가 언니 곁에 있기만이라도 했다면 얼마나 좋았을까. 하지만 도움을 필요로 하는 사람이 너무나 많고 우리가 모든 곳에 다 있을 수는 없겠지. 언니가 마지막 날들을 보내던 시기는 내가 조선 학생들을 데리고 홀로 우리 집에서 콜레라를 물리치려고 싸우고 있던 때야. 나는 매시간 증상을 살피고 있다가 가장 경미한 증상이라도 나타나면 바로 아이들에게 처방약을 먹였단다. 하나님은 항상 최선을 알고 계셔.

나에게 다시 편지 쓰렴. 그랜트 오빠에 대해 이야기해줘. 너에게 방금 열린 하루가 이곳에서 저무는 오늘이 그랬던 것처럼 빛나는 날이기를 바라. 잘 자.

너의 사랑하는 언니
룰루 E. 프라이

아니, 난 "내게 기회가 온다고 하더라도" 이곳에서 5년을 채우기 전에는 돌아가지 않을 거야. 강제로 돌아가야 한다면 모를까. 그리고 후에는 조선으로 다시 돌아올 거야.

서울, 조선
1896년 3월 18일

나의 소중한 어머니

인내심이, 아니 좀 더 진실을 말하자면 초조감이 오늘 보상을 받았네요. 우편이 왔거든요. 1월 27일 자와 2월 3일 자 어머니 편지가 도착했고, 클라라 밀러와 매기가 보내준 편지도 받았어요. 클라라는 항상 두꺼운 종이에 단면으로만 편지를 써서 그녀의 편지 때문에 16전을 우표 할증료로 더 내야 했어요. 하지만 그녀에게 이야기하지는 마세요. 그녀는 또한 2센트짜리 우표만 붙여 보내죠. 하지만 클라라의 편지는 할증료를 낼 만한 가치가 있었어요. 그쪽 소녀들이 우리 학생들을 위해 잠옷을 부칠 예정이라고 이야기해주었거든요. 정말 기쁜 일이 아닌가요? 매기는 이번 여름에 어머니를 초대할 거라고 썼네요. 어머니가 매우 반가우시리라 생각해요. 어머니와 조지아 둘 다요.

어머니가 부시네 집을 사는 것에 대한 솔직한 생각을 말씀드리면, 이미 사셨다면 죄송한 말씀이지만 저는 그러셔선 안 된다고 생각해요. 어머니는 이미 마음속으로 향후의 수입들에 대해 수천 가지의 운용 계획을 세우셨겠죠. 하지만 저는 어머니가 그곳으로 가신다고 생각하니 참을 수가 없어요. 어머니가 예전에 그 집에서 이사하려 하지 않으셨을 때, 네티 언니가 어머니께 왜 더 나아지려는 노력을 하지 않으시냐고 말했던 것 기억 안 나세요? 그 작고 불편한 집으로 다시 돌아갈 계획은 물론 아니시겠죠. 특히나 조지아가 처녀로 성장하고 있는 이 시점에서요. 응접실도, 벽장도, 욕실도 없고 집 한가운데에 작은 침실들과 작은 부엌이 있는 게 전부잖아요. 생각만 해도 속상합니다. 어머니가 작은 집에서 더 편안하실 것은 알지만 현대식 집을 지으면 돼요. 브루클린 하이츠 지역이 제일 좋아요. 도심지에서 왜 그렇게 멀리 외곽으로 나가려 하세요? 법원에서도 네 블록이나 떨어져 있잖아요. 제가 평생 집에서 다시 살지 않을 수도 있으니 개인적 감정 없이 말씀드립니다. 꼭 가야 하는 경우가 아니라면 저는 돌아가고 싶지 않아요. 마음속으로 이리저리 생각해보았는데, 혹시 블레싱 부인이 자기 옆집이라 어머니를 설득하지 않았나 의심이 드는군요. 그곳으로 다시 가지 마세요.

그랜트 오빠에 대해선 아무 말씀이 없네요. 같은 소식을 중복하는 것을 두려워 마세요. 저는 오빠 소식을 알고 싶어 초조한데 어머니나 아버지나 조지아조차도 다른 사람이 전했겠지 하고 저에게 아무 말도 하지 않네요. 어머니의 마지막 편지에서 오빠가 애틀랜타 엑스포에 참석한다고 들었다고 쓰셨던데, 그 말이 사실인가요?

페인 양은 유행성 감기로 누웠어요. 저는 피할 수 있기를 바라요. 이번 겨울 저는 매우 건강하게 지냈습니다. 아직 열은 조금 있는데 식욕은 좋아요. 봄철에 몸이 좋다고 느끼는 사람은 아무도 없듯, 저도 몸이 약간 무겁지만 기분이 우울하지는 않아요.

애나 이모 때문에 안타깝네요. 지금은 제 사진이 없는데 언제 한 장 찍을게요. 그런데 왜요? 이모가 사진을 원하나요?

지난번 편지에 우리가 여기서 제본을 할 수 있다고 썼는데, 지금은 그것을 제가 집에 갈 때까지 그냥 갖고 계세요. 이미 부치셨으면 할 수 없고요. 이 나라에서는 내일 당장 무슨 일이 일어날지 우리도 모르기 때문입니다. 혁명을 "정치적 공중제비"라고 부른다지요. 적절한 표현입니다. 그것들을 화물로 받기에는 요금이 많이 들고, 사람을 시켜 가져오라 하기에는 너무 부피가 커서 짐이 될 것 같아요. 벨 알렌이 부탁한 배터리를 제가 갖고 올 때 얼마나 불편해했는지 기억하시죠. 우리가 서로에게 도움을 주어야 한다고는 생각하지만, 커다란 물건으로 다른 사람에게 부담을 주기는 싫어요. 여러 읽을거리를 보내주셔서 감사합니다. 즐겨 읽을게요.

이 시기쯤 어머니가 제 옷에 대해 아마 걱정하고 계시겠지요. 귀찮게 해드려 죄송해요. 생각해보니 어머니에게 부탁하지 말 걸 그랬네요.

사진이 오고 있다니 기뻐요. 그래요, 2주 전에 조지아의 사진이 도착했어요. 그 아이가 실제로는 사진처럼 그렇게 성숙하게 보이지 않았으면 좋겠어요. 그 앤 여전히 제가 떠나오던 때의 그 어린아이처럼 편지를 쓰는걸요.

정치적인 소식은 없어요. 며칠 전 세 명의 일본 첩자가 러시아 공사관으로 들어갔는데 붙잡혔대요. 이제 도로는 이전보다 더 철저하게 경비되고 있어요.

어머니가 올봄엔 건강하시기를 바라요. 너무 일을 많이 하지도, 너무 걱정하지도 마세요. 인생을 가능한 한 편하게 생각하세요. 물론 현실이 쉬울 수는 없지요. 저는 이따금 모든 근심을 이전처럼 어머니에게 맡길 수 있게 다시 어린아이 때로 돌아가고 싶다는 생각을 한답니다. 저도 제 짐을 견디지만 어머니는 여전히 제 짐을 나눠 지고 계시니까 어머니 근심이 더 가벼워지지는 않을 것 같네요. 우리가 성장해도 여전히 하나님의 눈에는 어린아이이고, 우리는 그분 안에서만 안전하게 쉴 수 있어요. 안녕히 주무세요—

룰루

서울, 조선
1896년 3월 23일

사랑하는 어머니

페인 양이 오늘 드디어 침대를 벗어나서 우리는 매우 기뻤어요. 독감이 그동안 그녀를 매우 힘들게 했는데, 독감 환자들이 으레 그렇듯 그녀는 허약해져 있어요. 저는 이제까지 무사한데 걸릴 것 같은 느낌조차 전혀 들지 않네요. 제가 특별히 감사하게 느끼는 이유는, 만약 저도 아팠다면 우리 두 사람 모두가 힘들었을 것이고 학교 문도 닫아야만 했을 것이기 때문입니다. 지난주에는 저의 일뿐만 아니라 페인 양의 일까지 제가 도맡아 했어요. 물론 제 공부는 포기해야 했지요. 그런데 시험 위원회가 준비해놓은 조선어 회화 심사가 예정되어 있어, 이 시험을 반드시 치러야 합니다. 페인 양 일도 하면서 수업 준비도 해야 해서 걱정이에요. 미국에서 교사들은 자기 수업만 준비하면 되지만 우리는 다른 언어로 훨씬 더 많이 준비해야 해요. 제가 아직 조선어로 유창하게 설교할 수준은 아니지만 그래도 조금이나마 말할 수 있을 정도는 되어갑니다. 캘리포니아에 주문한 것이 슬슬 걱정되기 시작합니다. 오래전에 주문했는데 아무 소식도 듣지 못했어요. 리우데자네이루호가 샌프란시스코에서 36일 전에 떠났다고 들었는데 아직 아무 소식이 없네요. 그 배에 어머니 편지는 실리지 않았을 거예요. 우편을 실을 기선 시간에 맞추려면 사흘이 걸리는데, 어머니 편지는 늦어서 다음번 기선에 실렸다고 어머니가 말씀하셨거든요. 물론 물품에 배송 보험을 들어 금전적 손해는 없겠지만, 대부분 우리에게 절실히 필요한 것들입니다. 모든 일이 고요합니다. 우리 친구 윤 씨는 사신의 일원으로 러시아에 6개월간 가게 되었대요. 작은 체구인 그의 부인은 기분 전환 삼아 중국에 갔습니다. 정말 받을 가치가 있는 휴가이지요. 그 작은 여인은 용맹한 사람입니다. 로드와일러 양은 제물포로 갔고 거기서 선교 여행을 다니고 있습니다. 이제 마쳐야겠어요.

모두에게 사랑을 담아

룰루

그랜트 오빠 소식을 들으셨나요?

어머니가 편안하시기를 바라요. 조지아에게 골무 몇 개를 보낼게요. 하나당 10센트에 팔 수 있으면 1달러 지폐 한 장으로 보내주세요. 교회를 위해 쓰겠습니다.

L. E. F.

서울, 조선
1896년 3월 26일

나의 사랑하는 어머니

오늘 2월 10일 자와 12일 자 어머니 편지 두 통이 왔어요. 아니요, 어머니 편지들이 없어지지는 않았어요. 어머니가 편지 쓰신 날을 표시해두었다가 제가 받았다고 적어보내는 날짜들을 그때그때 지우면 다 받았는지 확인하실 수 있을 거예요. 조지아는 매기에게 편지를 써주었는데 어머니는 한 번도 안 써주시네요. 종종 쓰시겠다고 말씀하시고는 제게 보내는 편지에다 그 아이에게 보내는 한두 마디를 덧붙이기만 하셨죠. 올봄에 그 아이를 결혼시켜야만 할 것 같아 걱정되네요. 그 아이 어머니가 매우 초조해하고 있고, 이곳에 그 아이를 맡긴 지도 7년이 지나갔으니 우리 생각에는 그것이 최선인 것 같아요. 그 아이는 지금 열여섯 살입니다. 특출나게 똑똑한 아이라 우리가 큰 기대를 품었지요.

제가 말씀드린 기선이 호놀룰루에 갈 계획은 애초에 없었지만, 수리를 위해 그곳에 들어가게 되어 지연되었다고 하네요. 그 배에 실렸던 우편물이 오늘 모두 들어왔어요. 우리가 캘리포니아에 주문한 것들이 어떻게 되었는지 이제 알았네요. 오는 길이라고 하니 분실에 대한 걱정은 더 하지 않아도 되겠습니다. 아마도 며칠 내에 받을 수 있을 것 같아요. 상자가 온다는 사실을 알고서 너무나 기뻤어요. 상자를 기다리는 것만으로 며칠은 즐거울 것 같습니다.

여자아이들이 저를 위해 가운을 만들었다니 너무나 다정하지요. 어머니가 스테드만 씨를 통해 뭔가를 보내기에는 늦은 것 같으니, 저는 오스카 칼튼의 편지만 올 거라 예상하고 있습니다. 정말 괜찮아요. 저는 아무것도 필요 없어요. 언제 페인 양에게 작은 것이라도 선물을 보내주시면 좋겠어요. 페인 부인은 조세핀에게 뭔가를 보낼 때 항상 제 선물도 같이 보내주세요. 페인 양이 회복해 오늘 오후 수업을 했고, 저도 공부할 시간을 조금 벌었어요. 이번 기회에 제가 혼자 일할 수 있다는 것을 알게 되었네요. 만약 그녀가 고국에 돌아가고, 아무도 저를 도울 수 없더라도 저 혼자 어떻게든 꾸려나갈 수 있을 것 같아요. 그때가 되면 조선어도 더 잘 말할 수 있게 되기를 바랍니다. 선교회는 우리에게 지원군을 빨리 보내주지 않아요. 오늘 리다 제이콥스에게서 편지를 받았어요. 저에 관한 이 이야기가 사실이냐고 묻더군요. 토착민들이 저를 상자 안에 넣고 가두어서 제가 밖으로 나왔을 때 제대로 서지도 못했다는 이야기였어요. 정말 말도 안 되는 엉터리 얘기지요.

이제 저의 사랑하는 오빠에 대해 쓸까 해요. 어머니 편지를 보고 오빠가 심각한 상황에 있다고 짐작하게 되었는데, 어떤 상황인지 구체적으로 알려주지 않으셨으니 일단은 걱정을 접어둘 작정입니다. 사실을 이야기해주시기 바랍니다. 오빠가 스위스에서 보낸 편지 이후 오빠에게 어떤 소식이라도 들으셨나요? 오빠는 그의 말처럼 인도로 떠났나요? 어머니는 마치 오빠가 저를 보러 오고 있다는 듯이 말씀하셨어요. 오빠가 스스로 당당하게 느끼기 전에 내 친구들을 만나러 여기에 오는 일은 결코 없을 겁니다. 만약 그가 도피하고 있다면 더구나 이곳에 오지 않겠지요. "그들이 그에 대해 탐문하고 있다"는 어머니 말씀은 무슨 뜻인가요? "그들"은 누구를 말하는 건가요? 오빠에 대해 알고 싶어 초조합니다.

네, 저는 계속해서 그를 위해 기도하고 있어요. 여자 문제에 관해서인데요, 오빠가 프랑스 여인의 간호를 받으며 스위스에서 지내고 있다고 써 보낸 적이 있긴 한데 그밖에는 저도 아는 바가 없습니다. 오빠 말로는 그 여인과 파리, 호주, 미국에서 함께 지냈다고 해요. 그는 "너의 세계에서는 이상하게 보인다는 것을 알고 있기 때문에 너를 재미있게 해주려고" 편지를 쓴다고 했어요. 오빠가 시사하는 종류의 삶을 제가 미국에서보다 여기서 더 많이 본다는 걸 오빠가 알까요. 저에게 충격을 주기 위해 만들어낸 거짓말일 거라 생각해요. 혼자 그 생각을 하려 하면 오빠에 대해 너무도 부끄럽고 혐오스러워 울 수조차 없을 지경입니다. 오빠에 대해 적어주신 편지는 불태워버릴게요.

어머니 사진에 관해서 말인데요, 어머니 모습이 자연스러워 보이지 않네요. 다시 한 번 옆모습을 찍으세요. 어머니 얼굴과 생김새는 저하고 약간 비슷한데 옆모습이 훨씬 나아요. 사진에는 너무 통통하게 나와서 어머니가 많이 달라 보여요. 살이 찌신 거예요? 인화한 사진은 더 나아 보이겠지만, 그래도 메리에게 어머니를 모시고 가서 옆 사진을 찍어달라고 얘기해보세요. 저는 이런 정면 구도가 별로예요. 여기서 저도 괜찮은 사진을 찍어보려고 여러 번 시도했는데 번번이 실패했다는 걸 어머니도 아시잖아요. 지난가을 페인 양과 함께 사진을 찍었는데 제가 찍힌 부분은 실패였어요. 그녀는 잘 나와서 제 부분만 잘라냈습니다. 겨우내 찐 살이 빠지기 전, 올봄 안에 다시 찍어보려 합니다. 루이스 양과 저는 이번 여름 멋진 여행을 계획하고 있어요. 우리는 블라디보스토크로 배를 타고 가서, 일본을 거쳐 돌아오는 길에 원산에 들러 스왈른 부인과 몇 주를 지내려 해요. 이 나라에서는 모든 것이 너무 불확실하니 그 여행을 꼭 갈 수 있으리란 기대는 말아야겠어요.

오늘 밤 우리는 아주 멋진 기도회를 가졌어요. 침례교 친구인 폴링 씨가 회의를 주도했고, 제이슨 박사도 함께했죠. 제이슨 박사에 대해 상세히 알지는 못하지만, 그는 조선 신사로서 몇 년 전에 미국으로 가 미국 시민이 되었어요. 그리고 의과대학을 우등으로 졸업한 후 미국 여자와 결혼했지요. 그의 조선 이름은 서재필이에요. 그는 개혁을 돕기 위해 이곳에 있는 것 같아요.

이 나라의 정세는 매우 안 좋습니다. 남쪽의 한 지역에서 사람들이 다른 왕을 옹립했다네요. 왕은 나라를 어떻게 다스려야 하는지에 대해 생각이 전혀 없어 보여요. 그는 나약하며, 자신을 지키기 위해 세력을 잡은 내각이 시키는 건 뭐든지 하지요.

오스카와 레나의 반가운 소식을 들으니 기쁘네요. 콜튼 부부는 어때요? 메리 맥키는 유치원 일을 다시 하나요? 2월호 『여성의 선교사 친구*Woman's Missionary Friend*』지에서 제 첫 기고문을 보실 거예요. 자랑스러워할 만한 것은 아니지만, 아마도 여기서의 우리 일에 관심을 갖고 계신 지인들에게는 흥미로울 거예요.

이제 작별 인사를 해야겠네요. 자기 전에 에스더에게 짧은 글을 써야 하니까요. 금전적 문제가 잘 해결되었다니 기뻐요. 부시네 집을 샀는지 아닌지는 말씀하지 않으시네요. 안 그랬기를 바랍니다.

사랑을 담아

룰루 E. 프라이

서울, 조선
1896년 3월 28일

사랑하는 어머니

차이나호가 오늘 반가운 우편물을 가져다주었어요. 2월 20일 자와 28일 자 어머니 편지 두 통과 어머니 사진, 요양차 조지아주에 가 있는 로라 P.의 편지가 왔어요. 제가 오해하고 있는 것일 수도 있지만, 그녀는 "사만다 알렌"의 표현을 빌리면 문자 그대로 "아픈 상태를 즐기고 있는" 듯이 보여요. 그녀는 자신의 감정에 휘둘리는 경향을 물려받았어요. 엘지 W.가 반가운 편지를 보냈고, 또한 메임 힐먼의 편지와 일본에 있는 히튼 양의 편지도 받았어요. 이것들은 요코하마에 도착한 후 단 6일 만에 예상치도 않게 발송되어온 우편물이어서 더 좋았습니다. 오랫동안 기다린 우편물인데 막상 열어보니 묵은 내용이 적혀 있으면 기쁨이 반감됩니다. 어머니를 비난하는 건 아니에요. 어머니는 자주 편지 써주시니 너무나 좋지요. 하지만 어머니 편지가 3일 만에 샌프란시스코에 도착하리라는 착각은 말아주세요. 편지가 늦게 와서 저는 꽤 여러 번 실망했었어요. 마지막 우편이 이틀 전에 와서 이번 주에만 네 통을 받았는데, 이번 것은 날짜가 꽤 빨라요. 어머니 편지는 정확히 한 달 전에 쓰였네요.

그래요, 당연하겠지만 어머니는 약간 변하셨네요. 모르긴 해도 어머니가 보내주신 사본 사진이 최선은 아닌 것 같아요. 어머니가 벨폰테인에 흔히 있는 평범한 사진사에게 가서 상반신만 찍으시면 좋겠어요. 이 사진이 어머니를 제대로 보여주지는 않지만, 그래도 사진을 받아 너무 기뻐서 눈을 떼지 못하겠어요. 이마의 머리카락과 코는 자연스러워 보이고 포즈도 매우 훌륭한데 눈과 입의 표정이 자연스럽지 않게 나왔어요. 어머니는 요란한 주름 옷을 입으셨네요. 캘 이모나 신 이모가 그 옷을 주셨나요, 아니면 어머니가 고르셨나요? 매우 예쁘네요.

글쎄요, 필요한 건 별로 없어요. 가을에 양털 안감이 있는 검은 스타킹이나 보내주세요. 저는 상하이에 모자를 주문했어요. 해리스 양이 오늘 여동생이 보내준 모자를 받았는데 정말 예뻐요. 그것은 가벼운 철사와 레이스로 되어 있어요.

페인 양이 진고개로 지금 우편물을 보내려 해서 저도 그만 쓸게요. 페인 양의 어머니가 편찮으신데 신경쇠약이랍니다.

메리에게 전해주세요. 그녀와 편지를 주고받는 다른 이들보다 제가 더 나은 대접을 받길 원한다고요. 그녀의 아기가 낙상했다니 유감이네요.

그랜트 오빠에게서 좋은 소식을 오래지 않아 들었으면 해요. 어머니도 제게 소식을 전해주세요. 어젠가 그제도 어머니에게 편지를 썼는데, 별일 없으면 다음 주에 또 쓸게요. 오늘 『리포지토리』지를 보냈어요. 다른 흥미로운 것들 외에도 왕비 시해에 관한 완전한 해설을 보실 수 있을 거예요. 제가 어머니에게 말씀드렸던 제이슨 박사에 대한 작은 기사도 있어요.

어머니와 모두에게 많은 사랑을 보냅니다. 저에 대해 주위에 너무 자랑하지 마세요. 저는 수천 명 중 단지 한 명일 뿐입니다. "외국"이라는 화려함이 저를 둘러싸고 있는 것 같아요. 미국인들은 외국 것이라면 열광하지요. 저는 어머니가 피와 살로 된 저를 보실 때와 정확히 같은 사람입니다.

L. E. 프라이

이화학당
여성해외선교회 소속 여학교
서울, 조선
1896년 11월 23일

나의 사랑하는 아버지

아버지 소식을 들은 지 너무도 오래되었습니다. 아마도 그건 제 잘못이겠지요. 그래도 이번 가을 저는 돌아오자마자 바로 아버지께 편지를 썼어요.

모든 일이 평소와 다름없이 지나갑니다. 제 일처럼 흥미로운 일을 단조롭다고 부를 수 있다면, 간혹 이 단조로움을 깨는 뭔가가 일어나곤 하지요.

독립문 초석을 놓는 행사를 다녀왔는데 그 프로그램과 초대장을 동봉합니다. 이 나라의 몇몇 진보적인 사람들이 독립협회라는 단체를 만들었어요. 이전에 말씀드렸던 제이슨 박사는 가장 활동적인 회원입니다. 그는 미국의 독립정신에 많은 영향을 받아 다른 사람들에게도 영감을 주고 있습니다. 혼자 일당백을 하는 사람이지요. 협회는 오래된 사찰을 사무소로 보기 좋게 개조했고, 주변의 땅을 곧 커다란 공원으로 만들려 하고 있습니다. 진보적 정신이 고양된 이때, 그들은 전쟁 이후 중국의 힘이 쇠락했음을 보여주기 위해 300년 전 중국이 세운 오래된 아치를 허물고 땅에 묻었습니다. 그 이후로 정부의 방향은 여러 번 바뀌었어요. 진보파가 잠시 정권을 잡았고, 이어서 수구파가, 그리고 현재는 다시 진보파가 권력을 쥐고 있습니다. 불쌍한 왕은 자신이 안전한 장소에서 목숨을 부지하고 있다는 것을 자각하는 것만으로도 벅차 보입니다. 그는 아직도 러시아 공사관에 거주하고 있어요. 왕비의 시체는 발견된 부분, 즉 제가 지난 편지에서 말한 대로 손가락 두 개와 치아 하나만이 안치되어 있는 상황입니다.

제가 딴말을 하고 있군요. 정초석 놓는 이야기를 하려고 했었죠. 외국인들, 즉 일본과 러시아와 독일, 프랑스, 영국, 미국의 상류층들이 이 행사에 초대받았습니다. (여기서 미국인들은 외교관이든 선교사든 모두 상류층으로 대우받습니다.) 모든 절차가 매끄럽게 흘러갔고, 뒤이어 케이크와 샐러드 등이 나온 환영 만찬도 좋았어요. 우리는 조선인들이 매우 자랑스러웠습니다. (오늘 아침에 저의 선생님이 와서 우리가 지난 금요일 그 행사에 참석했는지 묻더군요. 그러더니 겁에 질린 표정으로 협회 회원을 죽이려는 모의가 있었고, 너무 늦지 않게 발각되었다고 말했어요. 현재 내각에 있는 협회 회원과 이 지역의 현감, 그리고 다른 저명한 사람들과 외국인들까지도 모두 죽이려는 모의가 있었다고 합니다.) 우리는 다들 자신이 위험한 상황에 휘말릴 수도 있었다는 사실을 다행히 알지 못했기 때문에 그 행사를 그저 만끽하고 온 것이지요. 그 모의에 가담한 다섯 명의 남자가 투옥되었고 다른 가담자들을 찾고 있다고 해요.

이번 주 목요일이 추수감사절입니다. 우린 축제를 위해 괜찮은 거위를 살찌우고 있어요. 여기서는 칠면조를 기르지 않아요. 그래서 몇 년 후 집에서 칠면조 구이를 저녁식사로 먹을 날만을 고대하고 있어요. 우리는 미국 공사관의 연례 리셉션에 초대받았어요. 씰 씨의 접대는 항상 훌륭하므로 재미난 시간을 기대하고 있어요. 대선에서 매킨리 씨가 당선된 소식을 듣고 우리 모두 기뻐하고 있어요. 우리는 결과가 발표된 바로 다음 날 당선 소식을 들었습니다. 그분이 클리블랜드 전 대통령이 했듯이 훌륭한 대표를 우리에게 보내주기를 바라요. 우리는 씰 씨와 같은 뛰어나게 훌륭한 공사를 다시 모시지 못할까 걱정하며 그가 떠나는 것을 아쉬워하고 있습니다.

아버지와 어머니, 조지아 그리고 내 모든 친구들을 오늘 보고 싶네요. 하지만 아버지와 다시 함께 있을 날이 머지않았다고 생각합니다. 제가 조선에 온 지도 벌써 4년차가 되는 해를 맞이했다는 것이 믿어지지 않는군요. 저에게 자주 편지 써주세요. 저를 기억하는 친구들 모두에게 안부를 전해주세요.

사랑을 담아
룰루 E. 프라이

1898년

서울, 조선
1898년 1월 24일

소중한 아버지께

아버지가 보내주신 소식지 같은 긴 편지를 정말 반갑게 받았어요. 아시다시피 제가 출판을 위한 편지를 쓰겠다고 약속하지 않았고, 이 편지 역시 전적으로 사적인 내용은 아닐지 몰라도 적어도 대중을 위한 편지는 아닙니다. 며칠 전 어머니가 보낸 물건과 아버지의 선물인 연고통이 무사히 도착했어요. 페인 양과 저는 그 통을 뜯느라 재미난 시간을 보냈지만, 그래도 마침내 뚜껑을 망가뜨리지 않고 여는 데 성공했답니다. 단단하게 납땜하지 않고 보내셨다면 제가 안전하게 받지 못했을 거예요. 보내주셔서 정말 감사해요. 그 상자에 "가려움증"이라고 쓰인 것을 읽자 페인 양이 즐거운 비명을 질렀어요. 오늘 한 불쌍한 학생이 슬픈 표정으로 왔길래 그 아이를 침실로 데리고 가 새로운 치료법을 시도해보았어요. 그랬더니 아이는 훨씬 나아졌고, 다시 교실로 돌아갈 수 있었습니다. 그쪽 방면으로도 이 약이 도움이 되었으면 좋겠어요.

우리는 볼드윈 박사와 그 부인의 유쾌한 방문을 즐겁게 회상하고 있어요. 그들은 지난 금요일에 와서 오늘인 월요일 아침에 떠났어요. 매우 짧은 방문이었지만 우리에게 미국의 햇살을 가져다준 방문이었습니다. 고국 친구들의 이런 방문이 얼마나 즐거운지 아버지는 모르실 거예요. 볼드윈 박사 부부는 선교회 집단에서 영향력 있는 사람들입니다. 그는 우리 선교회의 선교 위원 중 한 사람이고, 부인은 여성해외선교회의 뉴욕지부 회장입니다. 그들이 바로 요즘 같은 때 와주어서 우리가 필요한 것을 보고 갈 수 있었다는 게 기뻐요. 수백 통의 편지를 열심히 쓰는 것보다 우리의 의사가 선교 본부에 훨씬 분명하게 전달되리라 확신해요. 새 건물을 완공하기 위한 도움을 전혀 받지 못해 너무나 실망이 컸고, 우리가 처한 상황에서 뭘 더 해야 할지 걱정이 되어 거의 미칠 지경이었습니다. 그러나 항상 우리의 필요를 아시는 주님은 우리에게 용기를 주셨고, 우리가 처한 상황의 진면모를 고국으로 전달할 친구를 보내주셨습니다. 선교회가 우리의 필요를 진실로 이해해준다면 어떤 형태로든 도움의 손길을 내밀 것이라 생각합니다. 제 말은 여성 선교회가 말입니다. 아버지도 아시다시피 남성 선교회는 부채가 있어 그들의 역할을 할 수가 없어요. 저희는 매년 선교 본부에서 우리 새 교회를 위해 뭔가 해주길 고대했지만 아직까지 아무것도 해주지 못했어요.

그런데 선교회의 빚에 대해 어떻게 생각하세요? 그것은 전적으로 교인의 잘못인가요? 저는 목회자들에게 큰 책임이 있다고 생각하고 싶어요. 제가 미국을 떠난 후 그들이 선교에 관해 설교하는 방식을 개선하지 않았다면, 그건 신도들에게 제대로 정보를 주지 않은 것입니다. 사람들이 이 모든 나라에서 행해지는 선교의 계획과 결과에 대해 알 수만 있다면 그들은 지갑을 더 활짝 열 텐데요. 저는 목회자 자신도 제대로 알지 못한다고 생각해요. 어떻게 (여성해외선교회 소속은 제외하고) 회원들이 선교 활동에 대해 제대로 알 수 있겠어요? 우리 설교자들이 성지순례를 줄이고 대신 교회의 선교 기지들을 방문한다면 훨씬 더 많은 이에게 이익이 돌아갈 거라고 믿어요. 장황한 논설을 제가 쓰고 있군요. 요점은 몇몇 충실한 여성해외선교회 일꾼을 제외하면 교단의 남자들과 여자들 모두가 중국, 인도, 일본, 조선 등지에서 행해지는 위대한 사업에 대해 너무 모른다는 겁니다. 그들의 관심은 깊지가 않아서, 외국 선교를 위한 모금통이 지나갈 때 그저 동전 몇 푼만 꺼내는 정도입니다. 아버지는 어떤 교회지를 구독하세요? 저는 『북서부 기독교인 소식』지를 봅니다. 특히 서부 것을 제일 좋아하는데, 로드와일러 양이 그걸 구독해서 덕분에 얻어 읽고 있어요. 감리회는 거대한 교회이고 매우 빨리 성장하고 있어요. 우리 모두 교회의 발전을 따라가고, 또한 사업을 이끄는 사람들의 이름과 사업에 대해 알고 있어야 한다고 생각해요. 저는 『양의 뿔』지도 너무나 좋아요. 그것을 읽으면 확실히 은혜를 받아요. 아버지가 편집자를 아신다니까 더 흥미롭네요. 그 신문에다 조선에 대해 기고해볼까 하고 수차례 생각해보았지만 시간을 낼 수 없었어요. 게다가 제 글은 제가 봐도 너무 이상해서 불만이랍니다. 어머니와 아버지는 너무 익숙해서 제 실수도 그냥 지나치고 비판하지 않으실지 몰라도, 제게 관심이 덜한 사람들은 분명 저를 흉볼 거예요. 그럼에도 아버지나 어머니에게 나쁜 말은 당연히 하지 않겠죠. 하지만 우리는 예수님을 위해 바보 취급을 받는 것마저 감수해야 하지요. 성령의 은사가 아직 제 마음에 충분하리만치 깊이 들어오지 않았음을 인정합니다. 저는 예수님을 위해 제 몸뿐 아니라 제 삶의 모든 자아까지도 희생하고 싶습니다. 그리하여 어떤 식으로든 이 세상을 좀 더 나은 곳으로 만들 수 있기를 원합니다.

아버지께 말씀드릴 특별한 뉴스는 없어요. 모든 것이 평소와 같이 이루어지고 있습니다. 항구에 정박해 있는 영국 배들은 러시아를 향해, 여기까지는 올 수 있지만 더 너머는 안 된다고 분명하게 말하고 있습니다. 러시아가 더 멀리 나아가서 일본과 영국이 참전한다는 소식이 들려온다 해도 그리 놀라운 일은 아닐 겁니다. 실제로 그런 일이 닥칠까 걱정입니다. 러시아가 이 작은 나라를 통째로 점령하는 것을 보는 것보다 끔찍한 전쟁을 보는 것이 더 낫겠다는 생각이 듭니다.

페인 양은 요 근래 철로 지도와 기선의 출항 시간표를 열심히 공부하고 있어요. 그녀가 이곳에 저 혼자 일하라고 남겨두고 떠날 생각이라는 의미입니다. 아버지가 짐작하시는 것보다 더 많이 저는 그녀를 그리워할 거예요. 그녀가 돌아오고 나면 이번에는 제가 안식년을 맞아 떠날 테고, 그러면 다시 또 그녀가 저를 1년간 그리워하며 지내겠죠. 저는 이곳에 온 지 6년차 되는 해에 고향으로 가게 됩니다. 모두의 모습이 어떻게 변했을지 궁금해요. 로라 패터슨은 아버지와 어머니가 거의 변하지 않았다고 해요. 물론 조지아는 저와 떨어져 있는 사이 장성해 가장 많이 변했겠네요. 헬렌과 그랜트는 저를 기억조차 못 할 거예요. 마사는 조금은 기억하겠지요.

로드와일러 양과 저는 우리의 새 집을 위해 필요한 철물류를 주문했어요. 아버지가 여기에 계셔서 당신의 경험을 나누어주시면 좋겠어요. 선교사들이 모든 것에 능통해야 한다는 걸 아시겠죠? 왜 제가 이전에 아버지의 공구 상자를 들여다보면서 어떤 자물쇠나 창문 고리 등이 최상인지 물어보지 않았을까요? 제가 얼마나 지식이 부족한지 매일 발견하고 있습니다. 조지아에게는 모든 것을 관찰하라고 가르치세요. 우리가 보는 자연에서, 우리 주위의 인물들에게서, 그리고 모든 직업군에서 어떤 일들이 행해지는지 단지 관찰하는 것만으로도 엄청난 배움이 됩니다. 저는 아이에게 이런저런 일들이 아무리 자신과는 상관없어 보이더라도 관찰하고 알 필요가 있다는 점을 주지시켜야 한다고 믿어요. 편지가 길어졌군요. 이제 늦었으니 작별 인사를 해야겠네요. 아버지와 모두에게 사랑을 전합니다.

안녕히 주무세요.

당신의 딸 룰루

~ ~ ~

서울, 조선
1898년 2월 4일

나의 사랑하는 어머니

지난번 우편은 1월 28일에 왔어요. 오늘이 어머니 생신이니, 오늘 어머니 편지를 받았으면 적절했을 텐데 한 통도 못 받았네요. 제가 이곳에 온 후 이런 적이 몇 번 있었긴 하지만 그래도 실망스럽네요. 배달부가 자신을 그냥 지나쳐 갈 때 얼마나 실망스러운지 잘 아시겠지만, 하물며 2~3주를 기다린 경우라면 더 그렇지 않겠어요? 우편이 오는 날인 오늘, 늘 그렇듯 페인 양이 말했죠. "오늘 누구로부터 편지를 받을까, 너희 어머니?" 저는, "그래, 나는 어머니로부터 두 통의 편지를 받을 거야"라고 말했지만 결국 한 통도 오지 않았어요. 아버지가 작년 마지막 밤에 저를 생각하며 써주신 편지가 오늘 도착했어요. 아버지 말씀이, 어머니가 다음 날 신시내티로 가신다고 쓰셨네요. 그래서 저는 어머니가 떠나 있는 동안, 아니면 돌아오셔서 여행에 관해 쓰시겠구나 하고 생각했어요. 어머니가 다녀오셨기를 바라요. 페인 양은 조금 전에 연체된 편지를 받아 20전을 연체료로 내야 했어요. 저는 그것이 내 어머니에게서 온 거라면 기꺼이 그 돈을 낼 수 있겠다고 했지요. 아버지께 1월 25일에 보낸 편지에 어머니에게 보내는 편지도 동봉했어요. 어머니께 해리엇, 즉 해티 프라이의 상태에 대해 듣고 싶어 초조합니다. 그녀의 폐가 손쓸 수 없을 만큼 손상되지 않았기를 바랍니다.

최근 날씨가 너무나 아름다워요. 진짜 봄날 같아요. 다행히 우리는 이 기회를 이용해 몇몇 곳을 방문했어요. 지금은 비가 내리는데, 이 비가 그치면 곧 추워질 것 같아요. 오늘 오후 독서 모임에서 셰익스피어를 읽는데 저는 외출하지 않을 생각입니다. 페인 양이 이제 감기에서 회복되었어요. 그녀의 목은 기후 변화에 민감하기 때문에 저는 그녀가 습한 날 자주 외출하는 게 걱정스럽습니다. 그녀는 차라리 자기를 유리상자에 가둬버리지 그러냐고 말합니다. 그녀가 살롤과 키니네 같은 이상한 약을 먹고 좋아졌다고 제가 말했나요?

봄이 일찍 와서 우리 건물 공사가 다시 시작되기를 간절히 바라고 있어요. 아직 모인 돈은 몇백 달러 정도인데, 때가 되어 더 많은 돈이 필요하면 그만큼의 돈이 수중에 들어올 것이라고 믿어요. 3월에 여성해외선교회 집행위원회가 다시 열리는데, 비록 그때가 예산 책정 시기는 아닐지라도 그들이 우리를 위한 지원책을 마련해주기를 간절히 바라고 있어요. 우리는 이곳의 몇몇 지부가 갖고 있는 잔액을 요청했는데 그들이 운영 자금을 남길 수 있었던 게 우리의 뛰어난 관리 덕분이라고 주장했어요. 우리는 지금 짓고 있는 기숙사에 학생들을 위한 부엌과 식당, 욕실 정도는 갖추고 싶고, 그것을 짓기 위한 자금이 필요합니다.

아버지는 제 편지가 모자와 옷에 대한 내용으로 가득해서 어머니 외에는 누구도 읽을 수 없다고 말씀하시네요. 그러려고 쓴 편지들이긴 하지만 저도 개선하려고 노력할게요. 어쨌건 어머니가 모자를 딱 맞는 두루마리에 말아 보내주셔서 감사해요. 하지만 모자 자체는 좀 실망스러워요. 밀짚은 예쁘지만 색깔이나 테두리가 마음에 들지 않아요. 제가 모자를 요청드리면 미스 영에게 가서 제가 원하는 것을 말해주고 어머니가 제 옷을 주문할 때처럼 그녀에게 맡기면 안 될까요? 존스 부인, 해리스 양, 페인 양 모두 새 모자를 쓰고 나왔는데 아마도 최신 유행 스타일은 아니겠지만 우리 눈에는 멋있어 보였어요. 저는 제 옷이 깔끔하기만 하면 스타일에 관해서는 특별히 상관하지 않아요. 제가 상하이에서 산 모자는 아주 예쁘기는 하지만 너무 엄청난 돈을 치렀어요. 제가 부탁드리는 물건을 사는 것이 어머니는 귀찮으시겠죠. 조지아가 어머니의 귀찮은 일을 대신해줄 수 있게 된다면 기쁠 거예요. 조지아는 자기만의 옷 혹은 모자 취향이 있나요? 조가 그 아이의 옷을 만드나요? 드레스는 저에게 딱 맞습니다. 옷의 솔기를 늘렸는데 아직 다림질을 하지 않아서 입지는 않았어요. 제가 조금도 변하지 않았다는 걸 아시겠죠? 마지막 편지에서 어머니에게 안감을 마름질해서 맞추어달라고 부탁했지요. 제시가 그 일을 해줄 것 같나요? 여기 재봉사에게 부탁했던 여름옷들이 있는데 모두 형편없이 안 맞게 만들어주었어요. 저도 어떤 식으로든 어머니를 위해 뭔가 할 수 있으면 좋겠어요. 어머니가 거북이 등껍질 브로치를 원했던 것을 잊지 않고 있어요. 이번 여름에 일본에 가게 된다면 하나 사드릴게요. 제가 그곳에 갈 것 같지는 않지만, 만약 페인 양이 미국에 간다면 가는 길에 대신 하나 사줄 수도 있을 거예요.

커티스 아저씨가 돌아가셨다니 안타깝습니다. 한 사람 두 사람씩 모두 가네요. 집에 가기 전에 일어나는 변화가 너무 많으면 아예 가기 싫어질까 걱정입니다. 아버지와 어머니가 살아 계시는 한은 언제나 가고 싶겠지만요. 만약 6년 차에 집에 갈 수 없다면 저는 매우 실망할 거예요. 조지아가 졸업하는 것도 보고, 돌아오기 전에는 그 아이와 여행을 갈 계획입니다. 그때가 되면 너무 지쳐서 퉁명스러워지지 않을까 두렵지만 이제 얼마 안 남았습니다. 저는 하루 일만 생각하며 살려고 노력하지만, 올해 학교 일이 힘들어 너무 예민해졌어요. 일 때문에 걱정하는 것은 어쩔 수 없네요. 아버지는 제 편지가 사람들에게 큰 감명을 준다고 생각하시는 것 같아요. 제가 가면 보탬이 되지 않을까 봐 염려됩니다.

이 재미없는 편지를 너무 길게 썼네요. 이제 저녁을 먹으러 언덕을 올라갈 시간입니다. 가능하실 때 편지 써주세요.

우리 모두 편안합니다. 최근에는 온 가족이 항상 식탁에 모입니다.

평안하시기를 바랍니다.

많은 사랑을 담아

룰루 E. 프라이

이화학당
여성해외선교회 소속 여학교
서울, 조선
1898년 2월 17일

사랑하는 아버지께

고대하던 아버지의 12월 31일 자 편지가 안전하게 도착했어요. 아버지가 설명해주시는 벨폰테인의 개선 사업이 항상 제게는 흥미로워요. 아버지 편지에서나 『리퍼블리칸』지에서 도시와 그 주변 마을의 변화에 관해 읽을 때마다 저는 그 모습을 상상해보려 애쓰지만 잘 안 되네요. 아직도 중요한 이정표들이 여전히 거기에 있으리라 생각합니다. 또한 다시는 보지 못할 얼굴들도요. 가까운 이들의 부고 소식을 전해 받을 때마다 그 사실을 받아들이려 해보지만 쉽지 않네요. 제가 그곳으로 돌아가 빈자리를 확인하기 전까지는 인정할 수가 없을 것 같습니다. 제가 떠날 때 아기였던 이들은 여전히 제 마음의 눈에 아기로 남아 있습니다. 사실 아무도 더 나이가 들지 않았지요. 어젯밤 아버지와 어머니 꿈을 꾸었는데 지난번 두 분을 뵈었을 때보다 아버지 머리가 더 센 것 같았어요. 하지만 잠에서 깨어 아버지를 생각하면 전혀 변하지 않은 모습입니다. 참 어리석기도 하지요. 항상 느리다고 알려진 이쪽 세상에서도 시간이 이토록 빠른 변화를 가져오는데 미국에서는 얼마나 더 빨리 모든 것이 변하겠습니까!

어젯밤 기도 모임을 마치고 집으로 돌아오는데 누군가 가로등 덕에 도로 상황이 개선되었다고 이야기했습니다. 불과 며칠 전에 도착해서 모든 것이 아직 낯설기만 할 한 신사에게 제가 말했어요. "선생님은 개선된 점을 전혀 모르시겠죠." 그는 웃으면서 "모르겠어요"라고 말했어요. 그에게 이곳에 온 지 두 달밖에 안 된 숙녀 한 분이 자기는 개선된 것을 알 수 있다고 확인해주었습니다. 제가 이 나라에 머문 4년 반 동안 확실히 많은 변화가 있었지만 그것이 꼭 많다고는 말할 수 없는 것이, 반드시 해야 할 일에 비하면 이제까지 한 일은 양동이 안의 물 한 방울에 지나지 않기 때문입니다.

많은 도로가 확장되고 온갖 날씨에도 지나갈 만하게 만들어져서 큰길로만 다니면 나쁘지는 않게 되었지만, 만약 옆길로 가야 할 일이 있으면 상황이 다르답니다. 이제까지 이 도시는 가장 깜깜한 어둠 속에 있었지만 이제는 집집이 대문에 건 작은 석탄 기름등 덕에 도시에서 활력이 보입니다. 길 양쪽에 열린 채 방치된 더러운 하수구는 보기에 흉측하지만, 현재 상황에서는 그것들이 빛이나 공기와 단절되었을 때보다 이 도시가 더 건강하다고 생각합니다.

어젯밤 어떤 신사가 궁중에서 서대문으로 새 길이 난다고 말하면서 우리 학교인 이화학당이 곧 뒷골목에 위치하게 될 거라고 했습니다. 저는 우리가 러시아 공사관으로 가는 길목에 있는 한은 아닐 것이라 대답했지요. 조선은 이제 [대한]제국이고 지배자를 황제라고 부르지만 러시아가 매사를 좌지우지하네요. 하지만 영국과 일본이 결코 가만히 있지는 않지요. 얼마 전 제물포에 영국 함대가 왔었고 아직도 선박 몇 척은 그곳에, 그리고 다른 배들은 근해에 있습니다. 일본은 10척의 배가 오고 있답니다. 며칠 전 저는 일본 부영사에게 그들이 도착하면 무슨 일이 일어나는지 물어보았어요. 그는 어깨를 들썩하며 웃었고 예상대로 외교관답게 침묵을 지켰지요. 왕은 최근에 좀 불안한 듯 보입니다. 그는 미국 공사관에 들어가게 해달라고 간청했는데 미국의 정책이 다른 나라와 정치적 문제로 엮이는 것을 금지하기에, 알렌 박사Horace Newton Allen(1858~1932)가 그의 기개를 다소나마 북돋는 일 외에는 아무것도 할 수 없었다고 하네요. 내일 기선이 떠나니 이 편지가 곧 제물포로 갈 수 있게 여기서 끝내야겠어요.

사랑하는 친지들 모두에게 안부를 전해주세요.

룰루

서울, 조선
1898년 9월 24일

사랑하는 어머니

지금은 토요일 밤이고 10시가 넘었지만 침대에 들기 전에 조금이라도 써야겠어요. 오늘 우편이 왔는데 집에서 온 것은 없었어요. 아버지가 벨의 사고 소식이 실린 신문을 제게 보내셨어요. 그녀는 잘 회복되고 있다고 하더군요. 그것은 정말 슬픈 사건이었어요. 저는 방금 우리 연례 보고서 세 부를 어머니께 보내기 위해 둥글게 말아놓았어요. 400부만 인쇄해서 수량이 충분치 않지만 어머니가 보여주고 싶어 하는 사람들이 있을 것 같으니 보낼게요. 저는 서너 명에게 보내고 싶은데 주소를 모르니, 어머니에게 부쳐드리는 이 보고서를 친구들에게 발송해주세요. 아직은 몇 부만 인쇄되어 온 상태라 제 몫은 며칠 후에 다시 보내겠습니다. 오늘 페인 양에게서 편지가 왔어요. 그녀는 이번 가을에 돌아올까 심각하게 고려하고 있어요. 그녀가 지금 계획한 대로 따른다면 이 편지가 어머니에게 당도할 때쯤 그녀는 어머니를 방문하고 있겠네요. 사진 몇 장을 보내려고 하는데 아직 한 장이 안 나와서 모두 한꺼번에 보내려고 기다리고 있어요.

선교회 사진에는 여러 명의 아이들 외에도 선교회 회원이 아닌 여덟아홉 명이 포함되어 있어요. 그러니 사진에서 보이는 것만큼 우리 구성원의 수가 실제로 그렇게 많지는 않습니다.

아, 너무 졸리네요. 온종일 열심히 일했거든요. 토요일이 대개 주중보다 더 바쁜 날이고 일요일은 다른 날만큼 힘들어요. 저는 무척 피곤하지만, 오, 감사하게도 몸은 건강해요.

9월 25일

만약 페인 양이 벨폰테인으로 오면 그 편에 어떤 종류든 겨울 윗도리와 색깔이 맞는 평범한 모직 모자를 보내주세요. 산책용 모자나 밀짚모자 또는 터번도 좋고, 제가 베일을 달 수 있는 작은 것이면 좋아요. 어머니가 보내주신 작은 초록색 모자를 즐겨 쓰고 있어요. 제가 값을 드릴게요. 아직은 아펜젤러 씨가 없어서 그가 돌아올 때까지 전신환을 살 수 없어요. 만약 페인 양이 마음을 바꾸어 봄까지 돌아오지 않을 예정이라면 다른 사람 편에 모자와 윗도리를 보내주시면 좋겠어요. 번거로우시다면 안 보내주셔도 되지만 그래도 가급적 보내주시면 좋겠어요. 저는 지난겨울을 남루하게 보냈거든요.

캠벨 씨[14]가 신문을 다시 보내주지 않으시네요. 그에게 말씀하지는 마시고 지방 신문을 간혹 보내주세요. 조지아가 그것들을 말아 보낼 수 있으니 어머니의 걱정과 수고를 덜 수 있겠지요.

학교는 잘 운영되고 있고 건물 공사도 잘 진행되고 있지만 우리에게는 느린 것 같습니다.

1898년 9월 26일 월요일

모든 것이 순조롭습니다. 급하게, 그리고 사랑을 담아.

룰루 E. 프라이

14 존 캠벨John Quincy Adams Campbell(1865~1905). 『벨폰테인 리퍼블리칸』지의 소유주이자 편집장.

~~~

이화학당
여성해외선교회 소속 여학교
서울, 조선
1898년 11월 23일

사랑하는 아버지

아버지 편지를 또 받고 저는 다시 한번 기뻐하며 답신을 쓰려고 며칠간 별렀답니다. 그런데 이곳의 모든 일이 너무나 불안한 상태라 편지를 어떻게 써야 할지 모를 만큼 정신이 없었어요. 지금 상황이 훨씬 나아진 것은 아니지만 어쨌건 편지를 써보려 해요. 제가 집에 보낸 여러 편지에서 독립협회에 관해 언급했지요. 또한 『리포지토리』지 최근 호에 이 단체에 관한 좋은 기사가 있어서 다시 설명하지는 않겠습니다. 이 단체는 조선을 위해 많은 일을 해온 열정적인 조선인인 제이슨 박사가 조직했습니다. 그는 매우 똑똑한 사람이고, 귀화한 미국인이라는 점이 당연히 여러모로 그에게 도움이 되었어요. 지금 그는 미국에 있고 T. H. 윤 씨가 대신 일을 맡고 있어요. 그는 밴더빌트대학에서 수학한 아주 뛰어난 조선인인데, 미국에 오래 있었음에도 귀화하지 않아서, 안타깝지만 미국으로부터 받을 수 있는 보호는 받지 못하고 있습니다. 우리가 여기 먼 곳에서 미국을 얼마나 좋아하게 되었는지 아버지는 모르실 거예요. 참, 내일은 추수감사절이네요. 우린 칠면조 대신 거위를 먹어요. 고향을 떠난 후 칠면조를 한 번도 못 봤다고 쓰려 했는데 작년에 미국 공사관에서 아주 괜찮은 칠면조를 두 마리나 본 게 생각났어요. 이곳 토종 칠면조는 아닙니다.

다시 오늘의 주제로 되돌아갈게요. 그간 조용했는데 2주 전쯤 어느 아침에 우리가 아침 식사를 끝낼 무렵 윤 씨가 급하게 들어왔어요. 그는 다음과 같이 말했어요. 전날 밤 궁궐로 불려가 황제에게서 매우 이상한 질문을 받았답니다. “밤에 어디서 자는가?”, “때론 협회 인쇄실에서 유숙하는가?”, “신문사 빌딩이 외국 재산인가?” 이런 질문들이요. 그는 『조선 독립신문』의 편집자거든요. 며칠 전 협회가 위원회를 만들었고, 협회
~~~

회원 중 반을 자기네 사람으로 선출하겠다는 청원을 내 위원회의 재가를 받았어요. 그런데 어떤 사람이 왕에게 이들이 조선을 공화국으로 만들려 한다고 말했고, 물론 왕은 기분이 언짢았을 겁니다. 온화하게 표현하자면 말이죠. 왕은 이 사람들을 당장 체포하라고 명령했어요. 그날 밤 윤 씨가 집에서 자고 있는데 새벽에 고함치는 소리가 들려왔고, 그는 위험을 느끼고 깨어서 옷을 떨쳐입었다고 합니다. 아담하지만 용감한 그의 중국인 부인이 관헌들을 붙잡고 있는 사이, 그는 사람들이 모르는 문으로 도망쳐 철도 건설소에 무사히 도착해서 뚜껑 있는 인력거를 잡아탔다고 해요. 그러고는 무사히 대문을 통과해 여성병원까지 왔어요.

고함친 남자는 그에게 경고하려고 왔던 친구였는데, 그 사람은 다른 열여섯 사람과 함께 체포되었습니다. 윤 씨가 잡혔더라면 모두가 목숨을 잃었을 게 자명하지요. 커피 한 잔을 마시고 윤 씨는 우리 경내에 있는 이웃인 아펜젤러 씨 집으로 갔습니다. 외국인 소유지에서는 누구도 체포할 수 없으니 그곳은 비교적 안전했어요. 그러나 그 일 이후 사람들이 밤낮으로 가만있지 않았습니다. 지금까지 조선인에게서 그런 정신을 본 적이 없어요. 수일간 수백 명의 조선인이 경무청 앞에서 '자신들도 그 지도자들만큼 죄가 있으니 같이 가두라'고 자진 투옥을 탄원했고, 경무청의 시설에는 한번에 그 많은 사람을 가둘 수 있는 여력이 없었습니다. 독립협회가 시야에서 사라질 정도로 동조자들이 늘었고, 수천 명의 군중이 재판을 공개로 해달라고 들끓었어요.

"닷새가 지났고 군중의 결심은 전혀 흔들리지 않았다. 차가운 날씨나 살을 에는 서리나 비조차 이들에게는 어떤 영향도 주지 못했다. 300달러부터 몇 푼까지 기부금이 쏟아졌고 청과물상들은 정의와 자유를 위한 투쟁에 동참하기 위해 그들이 가진 모든 것을 기부했다. 시골 목재상들은 8일 날 오후에 비가 오자 밤에 연료로 쓰라며 우마차에 한가득 실어온 장작을 기부했고, 서울의 지물포상은 150개가 넘는 기름종이 모자 덮개를 보냈다. 며칠 전 밤에는 한 술집에서 이 모임에 한두 통의 일본주도 보내왔다. 하지만 대중 집회의 지도자들은 혹시 무질서해질 수 있으므로 술을 금지하는 안을 통과시켰다."

『독립신문』에서 인용한 기사인데, 지금 이 사람들의 정신을 잘 보여주는 글입니다. 저는 황제가 이 일이 다 끝나기도 전에, 그의 백성들이 더는 이전에 자기가 지배하던 온화하고 복종적인 사람들이 아니라는 사실을 알게 되리라 믿어요.

황제는 소요의 6일째 되는 날 투옥되었던 열일곱 명의 사람들을 풀어줄 정도의 현명함은 있었습니다. 그동안 군중은 대궐 앞으로 자리를 옮겼고, 황제는 그들이 그렇게 가까이 있는 것에 불안해했습니다. 그들은 여섯 가지 조항을 탄원했어요. 첫째는 왕에게 거짓을 고하고 이 사달을 일으킨 소위 "오흉五凶"이라 불리는 자들을 체포하고 처벌하라는 것이었죠. 그들은 모두 고위직 인사들이었어요. 군중은 이 청이 승낙되기 전에는 해산할 수 없다고 했습니다. 사람들은 더 오래 만날수록 더 강하게 말하게 되고, 그럴수록 왕과 현 정부의 행태에 대한 반감도 점점 더 커질 것은 자명했습니다. 사람들은 목이 쉴 때까지 이야기했고 어린아이같이 울었어요. 그들은 정말로 필사적이었어요. 마침내 그들의 탄원은 받아들여졌지만 여섯 가지 조항을 시행할 어떤 조치도 없었고, 사람들은 그에 대한 확약이 없으면 해산하지 않겠다고 버텼습니다. 그들이 왕의 의중을 의심하는 데는 이유가 있었어요. 이 사달을 야기한 관료들은 지방에서 일당 60전에 수천 명의 사람을 고용하고 곤봉으로 무장시킨 뒤 이 정의를 위한 소요를 제압하기 위해 데려왔고 그 배후에 황제가 있는 것 같았거든요. 그들은 양쪽에 하얀 솜뭉치가 달린 이상한 흰 모자를 썼고 대나무와 기름종이로 만든 등불을 들고 있었어요. 군중은 이런 낌새를 맡았지만 무장하지 않은 채 그들의 자리를 지켰고, 그러니 당연히 패할 수밖에요. 상인들이 이 소식을 듣자마자 가게 문을 닫고 군중을 따라, 소위 보부상이라 불리는 자들과 싸우기 시작했어요. 보부상들은 여기저기 다니며 물건을 파는 장사꾼 조합에 속한 사람들로 지난 몇 해간 왕실의 애호를 받은 이들입니다.

11월 30일

지난번 편지를 마치지 못해 미안해요. 다른 일들이 시급해서 편지 쓰기는 제쳐두어야 했습니다. 이 앞의 편지를 쓰던 수요일 저녁에는 모든 일이 급박하게 돌아가고 있었어요. 보부상들은 사대문 밖으로 쫓겨났고 군인들이 이들을 못 들어오게 막고 있었어요. 이 일에는 뭔가 설명하기 어려운 점이 있어요. 그들은 모두 시내 밖에 있는데, 며칠 동안 정부를 통해 후한 임금을 받았거든요. 그동안 왕이 자기가 한 약속을 지키지 않자 군중, 즉 협회가 아니라 일반 군중이 부정한 관료들의 집을 부쉈고, 그렇게 아홉 채의 집이 완전히 파괴되었답니다. 만약 왕이 정신을 차리지 않았다면 흥분한 민중에 의해 이 도시는 전소되었을 거예요. 어떤 이들은 이때가 가장 심각한 시기였다고, 즉 1894년 일본인들이 궁중을 습격한 사건을 제외한다면 조선이 개항한 이래 외국인에게 가장 위험한 시기였다고 합니다.

우리 공사인 알렌 박사는 항상 조심하는 분이라 모든 미국 소유지에 성조기를 달라고 명령했어요. 저는 여학생들을 시켜 성조기를 만들었고, 곧 우리 집에도 달았어요. 다음 날 군중이 그들이 필사적으로 위협했던 일들을 실행하려 했고, 이에 보부상들이 들어와 군중을 제압하려 했습니다. 엄청난 흥분 상태가 지속되었고 모두들 오늘 죽는구나 하고 생각했어요. 저는 여학생들이 깃발을 만들면서 하는 말을 들었죠. 한 여학생이, "만약 내일 내가 죽으면 천국으로 가게 될까?"라더군요. 매일 밤 언제든지 대피 경고가 떨어지면 순식간에 도망갈 수 있게 모두들 옷을 입고 있었어요. 여학생들은 "프라이 선생님이 밤새 옷을 입고 있으면 그때는 우리도 그래야 해"라고 말했어요.

하루는 저녁 식사 때 어떤 남자가 제게 찾아와 편지를 내밀었어요. 그것은 윤 씨가 협회의 주요 인물 중 한 사람인 고 씨를 소개하며, 이들이 숨을 곳을 제공해달라고 요청하는 편지였어요. 그래서 우리는 이틀 이상 우리 문간방에 여러 명(다섯 명이었죠)의 도망자가 묵을 수 있도록 해주었습니다. 저는 상황이 어떻게 흘러가는지 궁금하긴 했지만 두려움은 없었어요. 소요의 첫날 밤에 우리 선교회 한 사람이 사태가 얼마나 심각한지 말해주러 와서 "한쪽 눈을 뜬 채로 자라"고 말했죠. 그는 미국 공사관에서 권총을 빌려와 채비해두었다고 했어요. 우리도 전쟁 때 권총을 하나 구비해두긴 했는데 그동안은 그것을 사용할 일이 없어 꽁꽁 숨겨놨다가 이제는 어디에 두었는지 기억조차 나지 않았어요. 저는 그것이 있는 게 오히려 더 무섭겠다는 생각이 들어 찾을 생각도 하지 않았어요. "너는 밤에 찾아오는 공포를 두려워하지 아니하리라"라는 말씀이 어떤 무기보다 든든했고, 그 언약은 저에게 입증되었어요. 그 말씀과 함께 저는 평화롭게 누워 잠을 잤죠.

이제 제 이야기를 간단히 끝내자면요, 놀랍게도 아침에(이날은 10일째 되는 날이었어요) 왕이 군중을 직접 만나 그들의 청원을 듣기로 했다더군요. 이 나라 역사상 이런 일은 처음이라며 사람들이 매우 기뻐했어요. 그래서 시작은 유혈 사태가 일어날 것이 확실했던 하루가 왕의 만수무강을 비는 함성으로 끝을 맺었죠. 하지만 오늘까지도 왕은 백성과 한 약속을 지키지 않고 있네요. 수많은 사람이 지켜보는 가운데 그들을 속이지 않겠다고 분명히 말했는데도 말이죠. 사람들이 그를 믿을 이유가 조금도 없어요. 그는 그저 자신의 안위와 편안함에만 신경을 써요. 그래도 우리는 기다리면서 최선의 결과가 있기만을 바라고 있어요.

저는 다음 토요일에 페인 양을 마중하러 제물포로 가요. 그날은 아버지 생신이군요.

저는 그날 제물포로 가는 배 위에 있을 예정입니다. 페인 양이 탄 배는 5일 월요일에 들어와요. 그녀가 벨폰테인에 가서 제 친지들을 모두 만날 수 있었다는 것이 너무 기뻐요. 그녀를 만나서 가족들 이야기를 전해 들으면 마치 제가 직접 모두를 만난 것 같은 기분이 들 겁니다. 이 편지가 당도할 때 모두 편안했으면 좋겠어요. 아버지가 이 편지를 받으실 때쯤이면 아마도 이미 새해가 밝았겠죠. 이 편지를 보시면서 제가 또 다른 편지를 애타게 기다린다는 점을 기억해주세요.

사랑하는 딸

룰루 E. 프라이

1900년

제물포, 조선
1900년 7월 11일

나의 사랑하는 아버지

우리는 며칠간 여기서 휴식을 취하고 있습니다. 이곳에 있는 게 편안하긴 하지만 우리가 실제로 쉬러 온 건 아니지요. 서울-제물포 철도가 며칠 전에 완공되어 첫 열차가 7월 8일 일요일에 운행했습니다. 몇 년 전에 미국 회사가 이 길을 처음 놓기 시작했다는 것을 기억하시지요. 그런데 이 건설이 돈이 안 될 것 같으니까 완공되기 전에 일본인에게 팔아버렸어요. 제가 지난 3월에 왔을 때 철도는 강까지 지어진 상태였어요. 거기서부터는 한 시간가량 짐꾼이 미는 손수레를 타고 모래사장을 건너야 했고, 또 이어서 나룻배를 타고 강을 건너야 했답니다. 운이 없어서 조류가 나간 후에 강에 도착하면 나룻배까지 짐꾼의 등에 업혀서 가야 해요. 가장 치욕적인 경험입니다! 강 반대편에서는 전차를 타고 5킬로미터를 가면 도심지가 나옵니다. 이것은 우리가 육지에서 가마를 타고 여행하던 때와 비교하면 훌륭한 여행 방식이지요. 그러나 이제는 제물포까지 내내 열차만 타고 갈 수 있게 되었으니 더욱 개화된 느낌이 듭니다. 아버지는 두 시간에 44킬로미터를 가는 것이 그리 빠른 여정은 아니라고 생각하시겠지만, 모든 것이 느리게 움직이는 동양에서 지내다 보면 생각이 달라지실 겁니다.

월요일에 우리 일행 여러 명이 열차를 탔지요. 정거장의 군중과 레모네이드 판매대를 보니 마치 서커스단이 마을에 온 것 같은 생각이 들었어요. 많은 이가 그저 "바퀴가 굴러가는 것"을 보러 모였습니다. 우리는 겐카이호가 중국에서 들어올 때, 우리 친구들이 이 배에 승선했을 것 같아 이곳으로 내려왔습니다. 커틀러 박사는 오늘 미국으로 출발하고, 해리스 박사Lillian Norissa Harris(1865~1902)는 다른 기선을 타고 평양으로 가 그곳에서 언니인 폴웰 부인과 휴가를 보낼 것입니다.

어제는 이곳에 살고 있는 존스 부부, 그리고 이곳에 여름 별장이 있는 아펜젤러 부부를 만나러 갔어요. 우리가 알렌 부인 댁 저녁 식사에 초대받았거든요. 알렌 박사(우리의 미국 공사)는 바다가 내려다보이는 곳에 벽돌로 된 아름다운 여름 별장을 갖고 있어요. 그 집은 미국식으로 너무 멋있게 꾸며져 있어요. 이방인의 땅에 있다는 생각이 들 만한 요소는 아무것도 없었어요.

아버지는 "중국 문제"에 관심이 있으시지요. 알렌 박사가 저희에게 콜번 씨의 경험을 이야기해주었어요. 그는 전차 건설을 위해 이곳으로 파견 나온 주재원 중 한 사람이에요. 그는 톈진에 있었는데, 소요 소식을 듣고서 세이모어 제독[15]에게 베이징에 가는 것이 안전한지 물었다고 해요. 그러자 제독은, "이보게, 자네가 가고 싶을 때 가고, 머물고 싶은 만큼 머물게"라고 답했어요. "이 일은 곧 끝장날 걸세"라고 덧붙였죠. 그래서 콜번 씨는 베이징으로 떠났어요. 그는 호텔 주인에게 하루만 머물 예정인데 가장 흥미로운 관광지를 추천해달라고 말했대요. 그러자 주인은, "이 호텔 밖을 나가지 마세요. 안전하지 않습니다. 믿지 못하시겠다면 당신네 공사한테 물어보세요"라고 말했답니다. 그래서 그는 그곳을 벗어나는 것이 최선이겠다고 생각했어요. 기차를 기다리고 있는데 몇몇 외국인이 그에게 다가와 말했어요. "당신 여기서 뭘 하십니까? 이 사람들이 하는 말이 안 들려요?"

"아니요, 저는 중국어를 모르는데요." 그가 대답했어요. "이들은 지금 당신을 죽이자고 말하고 있어요. 2층 대기실에 우리 부인들이 있는데 우리를 데려갈 기차가 들어오지 않는군요." 콜번 씨는 철도인이므로 이렇게 말했어요. "당신이 통역해주시면 제가 뭘 할 수 있는지 알아보겠습니다."

그래서 그는 뇌물을 주고 이미 증기가 나오고 있던 기관차를 움직일 중국인 기술자를 구했습니다. 수 킬로미터 전방에 있는 다리가 불탔다고 했는데, 그들이 그 다리에 도착하자 주위는 모두 불바다였지만 쇠로 된 다리는 다행히 멀쩡해서 안전하게 건널 수 있었다고 합니다. 조금 더 멀리 가자 그들은 중국인 수백 명이 죽어 있는 것을 보았습니다. 중국인 기술자는 너무 겁에 질려 도망갔고, 콜번 씨는 그들과 함께 남았던 화부의 도움을 받아 모두를 안전하게 톈진까지 데려갔다고 합니다. 이것이 베이징에서 나오는 마지막 기차였다고 해요. 6월 18일 이후로는 베이징에 갇혀 있는 외국인들로부터 공식적인 말이 전해진 것은 없습니다.

---

15 에드워드 세이모어Edward Hobart Seymour(1840~1929). 영국 해군 제독.

우리 북중국 선교회가 베이징에서 연례 회의를 막 개최하고 있었는데, 그 도시에는 온갖 국적의 외국인으로 가득했다고 합니다. 미국 이사회도 같은 시기에 연례 모임을 갖고 있었지요. 그들에 대해 우리가 아는 것은, 선교사들과 600명의 중국인 신도들이 할 수 있는 한 최대로 요새화한 감리교회 안에 머무르고 있다는 것입니다. 그들은 모래주머니로 건물을 둘러싸고 벽에 구멍을 만들어 총구를 내놓았다고 합니다. 만약 그들이 살해되지 않았다면 지금쯤 굶어 죽지 않았나 싶어 두렵습니다. 많은 이산가족이 생겼는데, 부인들이 대부분 집 안에 있는 동안 남자들이 모두 회의에 갔기 때문입니다.

겐카이호가 어제 들어왔고, 우리는 모두 승선했습니다. 장로회 선교회에 속한 두 가족이 서울로 가는 길이었고, 우리 선교회의 홉킨스 박사와 부인이 일본으로 가는 길이었으며, 다른 선교회 회원들도 많이 있었어요. 서울에는 피난민이 된 두 가족이 있고 이곳 제물포에도 두 가족이 있어요. 그들은 잡히는 대로 들고 떠나와서 입을 옷이 가장 부족했어요. 이건 정말 끔찍하지 않나요?

어머니 편지를 방금 받았어요. 우리는 여기서 매우 안전하니 저에 대해 두 분 다 걱정하지 마세요. 중국군이 우리의 작은 나라를 침범하지 못하게 막으려고 일본 군대가 북쪽으로 갔어요.

우리는 오늘 오후 서울로 돌아갑니다. 3시에 커틀러 박사를 전송하려 해요. 그녀는 매우 지쳤고 신경이 쇠약해져 있어요. 고향 땅을 떠나 이 먼 곳에서 보내야 하는 5년은 매우 긴 세월입니다. 그녀는 너무 오래 있었지요.

이제 우리는 작별 인사를 하러 밖으로 나가 배로 향합니다. 기차를 타려면 4시까지는 돌아와야 해요. 우리의 양 떼와 새 건물도 돌봐야 합니다. 한번에 사흘간 출타하는 것이 우리가 감당할 수 있는 최대치의 시간입니다. 그렇게 해도 일이 산더미처럼 쌓일 테지요.

아버지 편지를 오랫동안 기다렸어요. 편지가 언제 오나요?

당신의 사랑하는 딸
룰루 E. 프라이

서울, 조선
1900년 10월 2일

사랑하는 어머니

우리 기선들이 지금은 매우 불규칙하게 운행해서 나가는 우편이나 오는 우편 모두가 지체되고 있어요. 아펜젤러 부부는 지난주에 출발했는데, 그들은 매우 작은 기선의 이등칸으로 가야 했어요. 중국으로 가려고 대기하고 있는 많은 사람이 오늘 출발할 예정이었지만 기선이 나가사키에서 고장나서 오지 않았다고 합니다. 우리 우편물도 그 배에 있었던 것 같아요.

페인 양이 고베에서 건너오는 박에스더를 마중하러 갔어요. 만약 우편이 다른 기선에서 출발하지 않았다면 이 배에 옮겨 실렸을 거예요. 에스더는 평양으로 가기 전에 며칠간 우리와 같이 있을 거예요. 홀 부인이 그녀를 미국으로 데려가 의과대학을 마칠 수 있게 돌보았으니 그녀가 에스더에 대한 우선권을 주장할 수 있겠지요.

다음 편지에서 그녀에 대해 더 자세히 말해드릴게요. 이 편지는 동봉한 50달러를 보내기 위해 급히 보냅니다. 제가 미국에서 산 물건들에 대해 선지급한 돈의 잔액을 어머니에게 보내드리기로 약속했었지요. 그 잔액을 오래전에 돌려받을 수 있을 거라 생각했는데 송장이 없어져버렸네요. 제가 다시 정산을 하려면 시간이 오래 필요할 것 같아요. 어제가 봉급날이었고 4분기 봉급이 들어왔어요. 그중 50달러를 페인트칠 값으로 어머니에게 보내요. 어머니 빚을 갚고 난 잔액과 이 돈이 집을 칠하는 데 충분하기를 바라요.

편지마다 제게 돈이 어떻게 사용되었는지 내역서를 보내주시면 저도 우리 집의 금전적 상황을 파악할 수 있을 것 같습니다. 그렇죠?

사랑하는 어머니. 여기서부터는 어머니만 보세요. 어제 제가 부치려고 준비한 편지 안에 50달러 송금환이 있어요. 어머니에게 꼭 필요한 액수에 비하면 단지 양동이 속의 물 한 방울이지요. 급한 돈 문제가 있다면 그에 대해 제게 전보를 보내주셨으면 좋았겠지만, 전보를 보내는 값이 기다리는 불편함보다 더 컸겠지요. 제가 보낸 100달러가 지금쯤 도착했으리라 생각해요. 제가 어머니와 조지아를 도울 수 있는 위치에 있어 너무 감사해요. 만약 제가 같은 돈을 받으면서 가족과 함께 살 수 있었다면 더 나은 생활을 했겠지요. 그러나 이곳과 집에서 같이 절약하면 우리 집도 지키면서 머지않아 어머니와 조지아를 위한 작은 집도 지어서 큰 집은 세를 놓으며 함께 살아갈 수 있을 겁니다. 하지만 그것은 미래의 일이지요. 우리 집이 부채에서 자유로워지고 조지아가 저를 도울 수 있는 위치에 놓이기 전에는 생각할 수 없겠습니다.

그동안 제가 어머니를 위해 계획한 대로 해주실 수 없나요? 집의 서쪽 반을 세 놓으면 어떻겠어요? 문 세 개만 만들면 충분한데, 응접실과 서재 사이에 이중문을 만드는 겁니다. 아버지 침실을 부엌으로 사용하고 식기실로 들어가는 문을 뚫으세요. 세 번째 문은 식기실로 들어가는 바깥 문인데, 만약 옆 베란다 문을 뒷문으로 사용한다면 그럴 필요까진 없을 것 같네요. 문을 만든다고 해서 집이 망가지지는 않을 겁니다.

어제 편지에서 제가 내역서를 요청했지요. 제가 알고 싶은 것은 어머니의 지출 항목입니다. 어디에 돈을 쓰시는지 안다면 제게 여유가 있을 경우 그 비용을 보내드리고 싶어서요. 어떤 식으로든 우리가 해결해야겠지요. 1년 동안 필요한 연료비, 가스비, 부채, 세금 그리고 생활비를 계산해 알려주시면 제가 매 분기마다 할 수 있는 만큼 마련해 보내드릴게요. 스튜어트 가게에서 우리가 마지막으로 주문한 송장을 갖고 있다고 들었어요. 곧 제가 금전적으로 어떤 상태인지 알 수 있으면 다음번 편지에서 돈을 더 보내보겠습니다. 어머니의 필요가 무엇인지 제게 분명하고 구체적으로 알려주세요. 제가 마련할 수 있는 만큼의 돈을 어머니에게 기꺼이 보내겠어요. 하나님이 어머니를 건강하게 하시고 조지아와 저를 위해 힘을 주시길 바랍니다.

사랑이 가득한 마음으로
당신의 딸
룰루 E. 프라이

서울, 조선
1900년 10월 10일

사랑하는 어머니

어머니와 조지아가 어떻게 지내고 무엇을 하고 있는지 알 수 있다면 오늘 아침 얼마나 위안을 받을까요. 아버지의 사망 소식이 당도한 이후 저는 제대로 잠을 자지 못했습니다. 아버지에 대해 괴로워서가 아닙니다. 우리 모두 머지않아 아버지와 다시 함께하게 될 테니까요. 지금 제 마음은 어머니와 조지아만으로 가득합니다. 다음번 어머니가 받으실 제 편지가 돈에 관한 내용인 줄 알기에 더 걱정이 됩니다. 이런 슬픈 시기에 그 편지를 어머니가 받으실 줄 제가 어찌 예견이나 할 수 있었겠어요? 어머니가 가장 필요하다고 생각하는 곳에 돈을 자유롭게 사용하셨기를 바랍니다. 언젠가 모든 빚이 잘 해결되어 순조롭게 나아갈 것이라 확신합니다. 어머니가 살아 계시는 동안 머물 집이 있었으면 합니다. 우리가 빚에서 벗어나 집을 지킬 수 있기를 제가 간절히 원하는 이유가 바로 그것입니다. 어머니가 저를 필요로 하지 않으시고, 또 제가 건강을 유지하는 한 저는 그 집에서 살 생각이 결코 없습니다. 저도 아버지처럼 순식간에 죽을 수 있어 이곳에 묻히기를 희망합니다. 학교 종이 울리네요. 지금은 일하는 것이 너무 힘든데, 그래도 만약 아무것도 하지 않고 있었다면 저는 지금쯤 걱정으로 죽었을 거예요. 왜 어젯밤 우편에 제게 온 편지가 하나도 없었는지 이해가 되지 않아요. 9월 7일 자 『리퍼블리칸』지, 9월 10일 자 페인 양의 어머니 편지는 왔어요.

장례식 직후인 8월 28일 이후로는 어머니께 아무 소식도 듣지 못했네요. 저는 너무 걱정이 됩니다. 혹시 편찮으신가요? 아니면 무슨 문제라도 있나요? 저는 또 다른 기선이 들어올 때까지 닷새를 기다려야만 합니다. 그 배는 다음 정기 기선이 샌프란시스코에서 일본으로 들어오기 전에 일본을 떠나니, 그 배가 길 잃은 편지를 가져오지 않는다면 이번에 저는 어떤 우편도 받지 못할 것입니다.

오후

오늘 아침 우리의 새 평양 선교사인 젊은이가 서울에 도착했습니다. 모리스 씨 Charles David Morris(1869~1927)는 아일랜드 사람이지만 귀화한 미국인입니다. 제가 조선으로 올 때 그와 한배를 탔었는데, 그는 오는 길을 돌아서 12년 동안 보지 못한 자신의 가족을 보러 아일랜드에 들렀습니다. 메임 힐먼이 아마도 이번 가을에 파송될 것이라고 코웬 부인이 제게 편지했어요. 뉴욕지부의 두 젊은 아가씨를 파송하려던 계획은 일단 보류되었어요. 중국에서 선교사들이 우리에게 올 것 같다면서요. 하지만 그들의 마음은 중국에 있어, 다시 돌아갈 희망이 완전히 없으면 모를까 여기 오고 싶어 하지 않습니다. 그리고 우리 역시 그들이 오고 싶어 하고, 또 우리와 함께 영원히 운명을 같이한다면 모를까 잠깐 동안만이라면 그들을 데리고 있고 싶지 않아요. 지붕 목재가 집 위에 얹어지고 있어요. 매우 고무적으로 들리지만 회반죽을 바르기 전에 아직 해야 할 일이 너무 많아요. 집은 추운 날씨가 시작되기 전에 회칠을 해두지 않으면 겨우내 얼어붙어 금이 갈 수 있어요.

우리는 부엌에서 나오는 오물과 분출구에서 나오는 빗물을 버리기 위한 기다란 배수관을 집 뒤에서 앞쪽으로 달고 있어요. 고향집처럼 유약 바른 타일만 있다면 좋을 텐데, 그걸 구할 수 없으니 돌로 상하좌우에 사용할 대체품을 만들어야만 합니다. 엄청난 돈이 들지만 많은 사람이 사는 곳이니 배수 문제는 꼭 해결해야 합니다. 이 도시에서 도시 수도 사업이 다음으로 개선될 사항이라고 합니다. 이제 서울에 전깃불이 들어오긴 하지만 우리 집 형편상 전등을 설치하긴 힘들 것 같습니다. 서울은 오물을 실어 가는 하수 시설만 잘 갖추면 환경이 매우 개선될 거예요. 이곳을 유해하게 만드는 것은 오물이지 날씨가 아닙니다.

제가 받은 손수건 두 개를 어머니에게 동봉합니다. 저는 나름의 이유로 이곳에서 상복을 입지 않을 생각입니다. 어머니도 너무 깊은 애도 기간을 갖지 않았으면 합니다. 그것은 산 자나 죽은 자 모두에게 도움이 되지 않고 너무 우울할 거예요. 손수건 하나는 이번 편지에, 그리고 다른 하나는 다음번에 넣겠습니다. 어머니 곁에서 함께하며 돕고 싶은 마음이 얼마나 큰지 몰라요. 아버지 없이 다시 삶을 시작하는 것 같습니다. 제가 얼마나 초조하게 어머니의 모든 소식을 기다리고 있는지 아시지요. 조지아더러 제게 자주 편지 쓰라고 해주세요. 지난번에 50달러가 든 편지를 보냈고 며칠 뒤에 또 30달러가 든 편지를 보냈어요. 어머니가 당장 필요한 것이 있다면 알려주세요. 최대한 빨리 돈을 더 보낼게요. 어머니도 인내심을 갖고 기다려주세요. 제 봉급이 네 분기로 나누어 들어오니 매 분기 말이 되어야만 제가 얼마만큼 보낼 수 있는지 더 잘 말씀드릴 수 있어요. 이번 달에 좀 큰 청구서가 오는데, 그것을 지불하고 나면 제가 무엇을 할 수 있는지 윤곽이 잡힐 것 같습니다. 하지만 어머니도 겨울 연료가 반드시 필요하지요. 만약 없다면 구매하세요. 돈이 곧 갈 것입니다. 저는 하나님께 건강과 힘, 그리고 제가 어머니를 위해 뭔가 할 수 있는 직책을 주신 것에 얼마나 감사한지 모르겠어요. 어머니를 정말 많이 사랑합니다. 어머니도 그것을 아시겠지요.

다시 어머니 소식을 듣기 전까지 더 할 말은 없네요. 너무 오래 기다리지 않게 해주세요.

조지아에게 사랑을 보내요.

당신의 사랑하는 딸
룰루 E. 프라이

서울, 조선
1900년 10월 18일

사랑하는 어머니

날짜를 쓰면서 보니 오늘이 조지아의 생일이군요. 조지아의 열여덟 번째 생일날에 그 아이를 볼 수 있으면 얼마나 좋을까요. 저는 이 외로운 시간에 어머니와 함께 있기를 간절히 소원합니다. 예, 시간은 제게도 너무 긴 것 같아요. 아버지의 별세 소식이 저에게 당도한 것이 단지 2주 전이지만, 저는 마치 아버지 없이 여러 해를 보낸 것 같은 기분입니다. 우리는 아버지를 계속해서 그리워하겠지만 고통은 조금씩 줄어들 것입니다. 그 사실을 인정하기 싫지만 그렇게 되겠지요. 우리가 잃어버린 사람을 덜 사랑해서가 아닙니다. 이에 대해 에머슨이 “영적 법칙”이란 수필에서 매우 아름답게 설명했어요. 그는, “우리가 나아가면 우리 뒤에 놓인 모든 사물은 기쁨을 주는 형태를 띠게 된다. 마치 멀리 떨어진 구름이 그러하듯”이라고 말했어요. 그 글을 전부 인용할 수는 없지만, 그는 이렇게도 말했어요. "단지 유한한 것만 애를 쓰고 고통받는다. 무한한 것은 미소를 띠며 안식 속에 길게 누워 있다." 우리의 상실에 슬퍼하는 것은 다만 육신뿐입니다. 우리의 영혼은 이제 여정이 끝났기에 항상 노래하고 말하던 본향에 자신이 안착했음을 하나님 아버지와 함께 기뻐합니다.

제가 몇 달 전 옮겨 적은 아름다운 작은 시가 있어요. 어머니가 그 시를 좋아하리라 생각해요. 어머니는 일생을 희생하시고도 그 사실을 스스로 인식하지 못하시니까요. 다른 종이에 그 시를 적어서 보낼게요.

어제 오랫동안 고대하던 우편이 도착해서 안심했어요. (단지 2주간이지만 기다리는 동안 다음 편지가 결코 오지 않을 것 같았거든요.) 저는 참는 것이 너무 힘들어요. 어머니와 함께 있으면서 돕고 싶지만 어머니와 조지아가 모든 것을 올바로 계획할 것을 알아요. 아버지 방에서 식기실로 통하는 문을 지하실 문과 함께 내고, 또 아버지 방에서 옆 베란다로 통하는 문을 내면 뒷문 없이도 잘 지낼 수 있을 거예요. 하지만 세입자에게 식기실을 주지는 않았으면 좋겠어요. 세입자에게는 주방의 찬장, 그리고 밑에 수납할 공간이 충분한 싱크대가 있으니까요. 어머니와 조지아가 식기실을 반드시 가지세요. 식기실을 그들에게 주면 다시 마련하기 힘들 거예요. 문을 내는 데 드는 돈은 제가 기한 내에 지불할게요. 어디에 얼마나 돈이 들었는지만 대충 알려주시면 좋겠어요. 지금 지불해야 할 가장 큰 비용이 장례 비용이라고 하셨지요. 그것이 어느 정도인지 모르겠네요. 125~150달러 정도면 될까요? 작년과 올해의 석탄값이 각각 20달러씩 모두 40달러 정도 되리라 짐작해요. 그리고 세금이 50달러가량 될 것이고 매달 융자금이 11달러로, 합계가 250달러가량 되겠네요. 어머니 눈앞에 놓인 청구서가 전부 어떤 것들인지 말씀해주시면 좋겠어요. 전체 금액을 지금 보낼 수 있으면 좋겠지만 그럴 수 없군요. 제가 50달러와 30달러짜리 수표 두 장을 보냈는데 어머니에게 어느 정도 도움이 될 거예요. 사랑하는 어머니, 저는 제가 가진 것을 나누는 데 인색하지 않습니다. 제가 가진 모든 것은 어머니가 살아 계시는 한 어머니 것입니다. 제가 할 수 있는 일이 너무 적다는 사실만이 저를 괴롭힙니다. 하지만 집세를 받고 조지아와 어머니와 제가 힘을 모으면 언젠가 우리는 걱정없이 지낼 수 있을 것입니다.

어머니 편지에서 단 한 문장이 저를 아프게 하네요. 전부 다정했지만 특히 이 구절이요. "난 네가 안됐구나. 네 돈을 빼앗고 싶지 않단다." 제 편지가 그렇게 보였나요. 저는 그런 의미가 아니었어요. 전 어머니를 너무 사랑하여 그런 식으로 이기적이 될 수는 없습니다. 다만 어머니가 얼마나 필요한지, 제가 보내는 것이 어느 정도까지 부채를 충당할 수 있는지 알고 싶을 뿐입니다. 어머니는 말씀하지 않으셨지만 제가 보낸 100달러로 당연히 은행 빚을 갚으셨으리라 생각합니다. 그 돈이 살림 경비로 필요하셨다 해도 좋아요. 어머니가 지난겨울 50달러를 융자하지 않았더라면 어떻게 했을지 몰랐겠다고 말씀하셨을 때 저는 기뻤어요. 어머니가 사용할 수 있는 그 돈이 제게 있어 반가웠어요. 저는 단지 제 돈이 어떻게 어머니를 돕는지 알고 싶을 뿐입니다. 제가 그것을 요구하는 것이 부당하고 어머니에게 상처를 주나요? 제가 특정한 용도로 써달라고 보낸 돈을 어머니가 다른 용도로 사용하셔도 괜찮아요. 다만 어떻게 사용하셨는지 말씀만 해주시면 저는 다시 계획을 세울 수 있겠지요. 우리가 하루 날을 잡아 이 문제를 논의하고 해결할 수 있으면 얼마나 좋겠어요. 편지로는 속 시원하게 다 이야기할 수 없네요.

조지아의 편지는 너무 반가웠어요. 그 아이는 제게 모든 것을 너무 잘 이야기해주었죠. 어머니가 제게 말씀해주시지 않은 것은, 아버지가 돌아가셨을 때 어머니가 무엇을 하셨는지예요. 누구에게 도와달라고 연락하셨나요? 무슨 일을 먼저 하셨어요? 어머니에게 그것은 얼마나 끔찍한 일이었을까요! 선교회 부인들이 물론 저를 위해서였겠지만 꽃을 봉헌했다는 이야기를 읽었을 때 눈물을 멈출 수 없었어요. 모두들 얼마나 사려 깊은지요! 그들에게 감사를 전하고 싶어요. 아이다 코맨이 친절하게도 어머니를 도와주었군요. 조지아의 학생들도 마찬가지입니다.

콜튼 씨가 회복했다니 너무 기뻐요. 어머니가 그분도 역시 가셨다고 말씀하실 것 같아 두려웠어요. 매 편지마다 어떤 일이 또 일어났을까 생각하는 건 숨이 막혀요. 애나 이모의 편지도 아주 감사히 받았어요. 물론 저는 어머니 편지를 먼저 읽었지요. 마지막으로 배달된 우편물이 9월 16일에 함께 부친 조지아의 편지와 어머니 편지, 그리고 더 이른 날짜의 다른 편지 두 통이었어요.

페인 양과 저는 중국인 인부들과 함께 학교의 새 책상을 설치하느라 어제와 오늘 계속 바빴어요. 저는 우리 선교회를 통해 뉴욕에서 책상을 주문했는데, 바로 피콰의 C 책상이에요. 책상 자체는 만족스럽지만 슬프게도 주문한 50개 중 31개만 사용할 수 있는 상태로 왔어요. 포장이 형편없었거든요. 생각해보세요. 주물을 짚으로 포장하다니요! 저는 항의를 할 참입니다. 환불을 받을 수 있을지는 모르겠지만요.

금요일

에스더가 오늘 아침 평양으로 떠났어요. 글렌크 양[16]은 푸저우로 돌아가기를 희망해서 내일 일본으로 떠나요. 중국에서의 소요는 전혀 해결될 기미가 보이지 않습니다. 이곳은 모든 것이 잠잠해 보입니다. 시골에서는 외국인에 대한 반감이 상당하다고들 하네요.

지난 일요일 아침에 궁궐에 큰불이 났어요. 수백 년 동안 왕과 왕비의 영령과 초상화를 모셔온 작은 절이 불에 탔다고 합니다. 어찌 된 영문인지는 아무도 몰라요. 우리 기독교인들은 매우 부주의하게도 그 불이 하늘에서 내려온 거라고 말했습니다. 만약 그 말이 왕의 귀에 들어가면 화재가 우리 탓이라고 할까 봐 두려웠어요. 하지만 모든 것이 잠잠했고, 궁궐 안에 있는 군인들과 다른 사람들이 의심을 받고 체포되었어요. 이곳에는 언제나 삶을 단조롭지 않게 하는 일들이 일어나요.

우리는 오늘 난로를 설치하려고 기다리고 있어 수업이 없어요. 헐버트 부인이 와서 학생들에게 음악 수업을 할 예정입니다. 내일부터 추워지기 시작한다니 꽃 화분들을 안으로 들여놓으려고 해요. 하루는 밤에 서리가 내렸는데, 다행히 우리가 미리 화분 위를 덮어두었답니다. 우리 집이 완성되어 있었더라면 좋았을 텐데요. 그러면 꽃들을 바로 온실로 들일 수 있었을 테니까요. 다 지어지면 세 개의 아치 가 모두 유리로 채워져 남쪽과 동쪽 해를 거의 온종일 받을 수 있으니 좋을 겁니다.

조지아가 자리를 잡을 기회가 있어서 기뻐요. 그 아이는 아직 어리니 개인 과외를 조금만 받아도 큰 도움이 될 거예요. 신문에 난 질문들을 읽었는데 저는 결코 그 시험을 통과하지 못할 것 같네요. 제 지식은 녹슬고 저는 세상에서도 벗어나 있어요. 벙커 씨 송금환으로 60달러를 보냈어요. 50달러는 어머니 12월 세금으로, 남은 액수는 12월 융자금으로 쓰세요. 어머니가 또 편지를 보내 뭔가 다급한 것을 말씀하시지 않는 한 이번 분기에는 더 보낼 수 있을 것 같지 않아요. 하지만 만약 우리가 돈을 빌려야 한다면 어머니가 거기서 빌리기보다는 여기서 제가 빌리는 것이 좋겠습니다. 그래도 어머니가 빌리시겠다면 저에게도 알려주세요. 그러실 거죠?

만약 송금환이 이 편지를 받아보실 때까지 오지 않으면 다음 편지에 올 것입니다.

16 마르게리타 글렌크E. Marguerite Glenk는 1898년 미감리회 여성해외선교회 뉴욕지부 파송을 받아 중국에 파송됐다.

두 사람 모두에게 사랑을 담아,
룰루 E. 프라이

시는 다음번 편지에 넣을게요.

~ ~ ~

이화학당
여성해외선교회 소속 여학교
서울, 조선
1900년 11월 6일

사랑하는 어머니

어젯밤 우편물이 도착했는데 메임 힐먼과 에타 스네이의 편지가 왔습니다. 하지만 집에서 온 편지는 없네요. 이 두 편지는 디저트용으로 적당하지만 저는 주요리인 집 편지가 필요해요. 페인 양의 어머니가 보내신 편지는 10월 5일 자로, 어머니의 마지막 편지가 쓰인 날로부터 9일 후에 쓰였네요. 아마도 어머니가 기선을 아슬아슬하게 놓치셨다면 다음번에는 어머니 편지 두 통이 한 번에 오겠지요. 그만큼 기다리겠다고 일단 마음을 먹으면 일주일이 빨리 지나갑니다. 우리가 서로의 소식을 따라잡으면, 즉 아버지가 돌아가신 후 쓴 제 편지를 어머니가 받으시고, 거기에 대한 어머니의 답신을 제가 받고 나면 정말 기쁠 것 같아요.

우리가 곧 괜찮아지리라 확신합니다. 우리가 겪은 것보다 더 나쁜 상황에 처해 있는 가족도 많잖아요. 옛날 여성들은 재산 없이 남겨졌어도, 그럼에도 스스로를 돌볼 수 있는 능력을 보여주었지요. 우리는 실수도 하겠지만 나아가면서 배울 것입니다. 저에게 어머니의 모든 계획과 희망을 자주 써주세요. 그리고 어머니의 계획이, 또 조지아의 계획이 어떻게 되어가는지도 알려주세요. 그 아이는 마지막 편지를 너무 감정을 잘 담아

써주었어요.

집에서 오는 편지 다음으로 『리퍼블리칸』지가 가장 반갑습니다. 저를 위해 어머니가 다시 구독 신청을 하셨나요? 아니면 캠벨 씨가 자진해서 보내는 것인가요? 어머니가 돈을 내신 것이면 그에게 감사할 필요가 없지요. 하지만 그렇지 않다면 그에게 편지를 써야겠습니다. 그것에 관해 아무 말씀도 하지 않으셔서 궁금하네요.

못과 망치 소리가 계속해서 들려오고 있습니다. 하지만 우리가 크리스마스 때까지 입주하지 못할까 걱정입니다. 일꾼을 구하기도 어려운데 아래층 바닥 골격도 아직 설치하지 못했어요. 식사 때마다 밖으로 달려가는 것이 너무 불편해서 겨울 전에는 식당과 부엌을 사용할 수 있기를 간절히 바라고 있어요. 건물이 완성되자마자, 오, 우리가 해야만 할 일이 많지요. 우리는 길 쪽으로 새로 담벼락을 만들고 수위실도 세워야 해요. 어린이들이 놀 수 있는 공간을 더 만들기 위해 집 옆에 늘어선 뒷간을 허물었고 집 아래쪽으로 새롭게 지으려 합니다. 새 집의 위치상 길도 바꾸어야 하고, 테라스 위로 3단계의 돌계단도 올려야 합니다. 언젠가는 이 모든 게 아주 멋있게 보이리라 기대합니다. 우리는 에덴동산을 만들려고 미국에다 나무와 관목과 많은 꽃씨를 주문했습니다. 4년 전, 그러니까 우리가 공사를 시작하기 전 이 땅은 매우 아름다웠는데 수많은 일꾼이 다니고 재목과 벽돌이 쌓이기 시작하면서 거의 모든 것을 죽여버렸어요.

지금은 우리가 "김치"를 만드는 계절입니다. 아이들은 모두 겨울에 먹을거리를 준비하느라 바빠요. 이 계절이 끝나면 우리는 항상 작은 병원이 되지요. 왜냐하면 아이들이 이 거친 11월 날씨에 바깥에서 일하며 내내 찬물에 손을 담그고 온몸을 물로 적시기 때문입니다. 오늘 아침 피어스 양Sarah Ellen Pierce Miller(1869~1944)을 만나러 가려 했는데 어젯밤에 내린 비로 날이 너무 습했어요. 게다가 오늘은 구름이 끼어 습기를 말릴 햇볕이 없으니 자전거를 타기 힘들겠다고 판단했지요. 해가 나와야 태양의 강력한 열기로 모든 것이 매우 빨리 마를 수 있으니까요. 이곳과 고향의 온도계가 같은 수치를 가리키는데도 왜 체감 기온은 다른지 의아합니다. 고향에서는 여름에 35도가 넘어도 괜찮았는데 여기선 30도만 되어도 참기가 거의 불가능한 수준입니다.

오늘 아침 얼마나 어머니가 뵙고 싶은지 몰라요. 언제쯤 하늘을 나는 배가 만들어져서 우리를 빠르게 이동시켜줄 수 있을까요?

매년 지금이 페인 양과 제가 밀린 편지를 쓰는 기간(김치 방학)이지만, 올해는 서신 쓰는 일이 거의 불가능하네요. 여러 가지 다른 일들이 우리 시간을 잡아먹어요. 매일 우리가 해야 하는 일들을 친구들이 볼 수만 있다면 우리를 용서할 거예요. 밤이 오면 책을 조금 읽는 것이 우리가 할 수 있는 전부입니다.

아버지가 돌아가신 후 어머니와 조지아를 위한 계획을 너무 몰두해 쓰는 바람에 여기서 제가 무엇을 하고 있는지는 정작 많이 말씀을 못 드렸네요. 우리 아기에 대해 말씀드렸던가요? 제가 고향집에 다녀온 사이 그레이스가 결혼해서 학교의 기둥이 되는 선생님이 되었어요. 그녀는 예쁜 아기를 낳았는데, 우리는 도로시라고 이름을 지었어요. 그 아기는 세상에서 가장 귀여운 존재예요. 매일 와서 학생들 식당에서 잠을 자고 그레이스의 휴식 시간에 젖을 먹어요.

일요일에 페인 양과 저는 예배에 모두 참석하는 것이 너무 힘들어서 교대로 갔어요. 그래서 도로시를 돌아가며 돌보았죠. 우리가 아기에게 이렇게 정신을 빼앗기다니, 1년 전만 해도 상상도 못 한 일이에요.

11월 8일 목요일 아침

페인 양이 일본에서 오는 상자를 찾으러 제물포로 갔어요. 우리가 컵과 접시를 주문했거든요. 이곳에서 접시를 깨뜨리지 않는 것이 얼마나 힘든지 모르실 거예요. 하인들은 조심성이 너무 없어요. 우리는 때로 그들의 월급을 깎고 싶은 충동마저 들지만, 그들의 임금이 우리에 비해 너무 비참하게 적어 그렇게는 할 수 없었어요. 외국산 접시 값을 지불하려면 그들 임금에서 커다란 부분을 떼어야 해요. 며칠 전 손님이 있었는데 페인 양이 낙담하여 들어왔어요. 같은 모양의 유리잔이 충분하지 않았거든요. 같은 모양의 수프 접시를 돌리기도 충분치 않았고, 나이프와 포크도 너무 모자랐지요. 저는 할머니에게 받은 나이프를 내주었고, 페인 양도 고이 간직했던 순은 포크와 스푼을 꺼냈어요. 그런대로 음식이 괜찮아 다행이었지만 그래도 실망스러웠어요. 우리가 새 집에 들어가게 되면 식기 세트도 완전히 새로 사야 할 것 같아요. 지금은 우리가 가지고 있는 것으로 그럭저럭 때울 수밖에 없겠지요. 하인들은 지금 기도 시간을 갖고 있고, 기도가 끝나면 장작을 나누어줄 것입니다. 우리는 장작을 살 때 토막의 개수당 가격을 치릅니다. 자른 장작은 100개에 약 40센트이고, 100개씩 묶은 뭉치들을 망아지 등에 실어 우리에게 보내옵니다. 그것을 창고에 저장할 때 수를 세고, 매일 아침 집과 학교에서 낮 동안 사용할 장작을 내줄 때도 셉니다. 남자들 중 한 사람이 이 일을 마칠 때까지 기다리는 동안 어머니에게 짧게 편지를 쓰고 있어요.

어젯밤 매킨리의 선거 소식이 우리에게 당도했어요. 알렌 박사가 회람을 돌렸는데, 봉투에다 그는 "정찬 도시락을 4년 더"라고 썼더군요. 이 멀리서도 우리는 선거 결과에 대해 불안해했어요. 만약 브라이언이 선출되면 우리 급여는 크게 깎일 것이고, 알렌 박사도 떠나보내야 했을 것입니다. 이런 것 외에도, 지금 바로 행정부가 바뀌면 미국에 앞날을 알 수 없는 엄청난 충격을 주게 될 거라 생각했어요. 미국에 그 정도는 볼 수 있는 현명한 사람들이 충분히 남아 있군요. 그래요, 윌이 민주당원이죠. 그것을 잊고 있었네요.

우리는 시카고의 시어스로벅 백화점에다 작은 주문을 넣었어요. 저는 앞부분 가장자리를 발틱해 물개털로, 그리고 깃은 시베리아 담비털로 두른 털 망토를 19달러 75센트 가격에 주문했어요. 주문에 맞게 돈도 냈는데, 글쎄 상자를 열어보니 아스트라칸 양털 망토가 있는 게 아니겠어요? 정말 기가 찼어요. 그것은 털이 길고 꽤 괜찮아 보이긴 했지만 제가 주문한 게 아니잖아요. 너무 실망했지만 이 먼 곳에서 제가 무엇을 할 수 있을까요? 누구든 그 많은 돈을 지불하고, 운임료에 관세까지 합치면 금화 30달러 정도가 넘는데, 당연히 자기 마음에 두었던 것을 받고 싶지 않겠어요? 그들이 자신들의 잘못으로 발생한 배송 사고를 바로잡겠다고 하니 어떻게 시정해줄 수 있는지 물어봐야겠어요. 모레 우편이 나가니 나중에 제가 더 알려드릴게요.

금요일 오전

오늘은 제가 쉬는 날이라 가능한 한 가장 편안하게 누워 책을 읽고 있어요. 어제는 자전거를 타고 나가 여러 업무를 보았습니다. 페인 양은 충치 치료를 위해 일본인 치과의사를 보러 나갔어요. 지난해에 저도 그렇게 해서 치아 하나를 보존했는데, 집에 돌아가면 제대로 메꾸어야겠어요.

내일 도착하는 기선이 고향 편지를 가져다주었으면 합니다. 제가 얼마나 어머니에 대해 불안해하는지, 얼마나 어머니에 대해 모든 것을 알고 싶어 하는지 아시지요. 어머니 인생의 작은 사항에까지 관심이 있습니다. 아버지가 실제로 돌아가셨다는 것을 인정하는 것이 얼마나 어려운지요. 저의 책상 위에는 어머니와 아버지 사진이 예쁜 칠기 사진틀 안에 나란히 끼워져 있어요. 아버지 사진을 매우 좋아합니다. 하지만 어머니 사진은 항상 슬퍼 보여요. 지금은 두 배로 더 슬퍼 보이네요. 어머니 사진이 도착한 이후 이 두 장의 사진은 줄곧 함께 제 책상 위에 있었어요. 그전에는 아버지와 그랜트 오빠의 사진을 함께 두었죠. 편지지가 가득 차서 이제 그만 써야겠어요.

어머니와 조지아에게 무한한 사랑을 담아

룰루

1901년

1901년 1월 1일

사랑하는 어머니

어머니에게 보내는 이 편지가 제가 쓰는 새해의 첫 편지입니다. 오늘 아침 우리는 손님을 맞기 위해 응접실을 준비하느라 매우 바빴어요. 이제 준비가 끝났습니다. 어제 우리의 새로운 여성 일꾼을 맞이하러 제물포로 갔어요. 언스버거 박사 Emma Ernsberger(1862~1935), 피어스 양, 페인 양, 저 그리고 케이블 씨Elmer Manasseh Cable(1875~1949)와 스웨어러 씨Wilbur Carter Swearer(1871~1916)가 동행했지요. 그리고 남감리회의 무스 씨Jacob Robert Moose(1864~1928) 역시 함께 갔어요. 그는 자기네 선교회에 합류하는 볼티모어 출신 여성을 찾았는데 그녀는 오지 않았습니다. 우리는 8시 25분 기차를 탔고 10시에 제물포에 도착했어요. 열차 안에서 기선이 섬을 돌아오는 것을 볼 수 있었습니다. 우리는 작은 나룻배를 타고 외항에 정박한 기선을 찾아갔는데, 사랑스러운 메임과 뉴욕지부에서 온 두 여성이 있었어요. 에스티 양Ethel M. Estey(1876~1929)과 해먼드 양Alice Hammond(1871~1972)은 둘 다 매우 좋은 사람이었어요. 그 두 사람은 우리와 숙식을 같이하면서 한 사람은 스크랜튼 부인과 일하게 될 예정이고 또 한 사람은 봄에 강물이 열리면 평양으로 갈 것입니다.

1월 2일

손님이 와서 편지 쓰기를 멈추고 즐거운 시간을 가졌어요. 이미 새해를 시작한 느낌입니다. 새해에는 어떤 일들이 기다리고 있을까 궁금하네요. 최근에 어머니 편지를 11월 22일에 쓰신 것까지 두 통 받았어요. 그 후에 쓰신 것도 곧 받겠지요. 페인 양은 어제, 아니 그저께 커다란 우편물을 받았는데 저는 아무것도 받지 못했고, 다만 무디학교에서 온 편지를 한 통 받았어요. 그걸 받기 위해 20센트를 더 지불해야 했어요. 어머니 편지 한 통에 1달러 지폐가 있었고 그전에도 한 장 있었는데 제가 감사하단 말을 안

한 것 같아요. 모두 합쳐 4달러를 받은 것 같습니다. 물론 그 돈은 매우 요긴하지만 어머니께서 쓰실 몫까지 털어서 보내지는 마세요.

어머니가 석탄을 얼마나 사용하시는지, 톤당 가격이 얼마인지 제가 여쭤보았던가요? 충분히 사용하지 못하시는 건 아닌지 걱정입니다. 편안하게 지내세요! 저는 동상에 걸려 힘들어하고 있습니다. 고향집에서는 걸린 적이 없는데 여기서는 매년 이렇게 고통을 받아요. 페인 양과 저는 석탄이나 장작을 아끼지 않고 따뜻하게 지내려고 하는데, 그래도 발이 너무 시린 건 어쩔 수 없네요. 오늘은 화창한 날이고 온도는 2.7도입니다.

오늘 오후 메임 힐먼을 보러 가려고 해요. 그녀가 이곳을 좋아했으면 합니다. 그녀의 어머니는 저만 아니었다면 메임이 이곳까지 오지 않았을 것이라고 생각하세요. 그래서 저를 그리 좋아하지 않으시죠. 그녀는 해리스 박사와 루이스 양과 함께 지내요. 루이스 양은 봄에 고향으로 돌아갑니다.

조지아가 콜럼버스를 방문한 이야기를 길게 썼던데, 저는 그 훌륭한 편지를 정말 즐겁게 읽었어요. 그 아이가 언급한 황금 띠가 어디에 있는지 제가 매우 궁금해하더라고 말해주세요. 저는 받지 못했는데, 조지아가 편지를 부치면서 우편으로 같이 보냈나요? 그걸 잃어버린 게 아니었으면 좋겠네요.

곧 융자금을 갚기 위한 돈을 좀 더 보내볼게요. 아직 봉급을 받지 못했고, 은행 잔고도 얼마 되지 않습니다.

우리 모두 집을 파는 것에 대해 같은 생각을 갖고 있을 것 같습니다. 집에 새로 들인 세입자는 누구인가요? 오래전 어머니가 위층 방을 3달러에 세를 놓았다고 했지요. 조지아의 편지 안에 어린 소녀가 보낸 편지도 있었어요. 그 방에 가족이 사나요? 아니면 작은 소녀와 그 어머니인가요? 궁금하네요.

1월 3일

오늘은 그랜트 오빠의 두 번째 기일입니다. 슬픈 기념일로 세월이 얼마나 가득한지요! 에퀴올을 저에게 몇 상자쯤, 한 여섯 상자 정도 남겨주세요. 제가 집에 있을 때 오빠가 주었던 12개 중 첫 상자를 사용하고 있어요. 그러니 어머니가 그걸 또 보낼 필요는 없어요. 처방을 잃어버렸다는 것이 사실인가요? 어머니가 그 약을 새로 짓기를 원하지는 않지만 만약 처방이 있다면 약을 지을 수도 있겠지요. 제가 어머니 곁에 있다면 함께 …을 찾아야 할 텐데…

[편지 뒷부분 소실]

1901년 1월 12일 토요일

사랑하는 어머니

깃대에 깃발이 올라서 우체부를 계속 기다리는데 아직 오지 않네요. 바느질하는 여인을 감독하는 동안 시간이 조금 남아서 이번 주 편지를 시작할게요. 오늘은 토요일, 즉 제가 늘 어머니에게 편지를 쓰는 날입니다. 저는 한 시간 이상 아이들의 옷을 짓는데 시간을 보냈어요. 옷에 덧댈 조각들, 바늘, 실, 목욕비누와 빨랫비누를 배급했고 새로 온 두 여학생이 입을 옷을 맞추어주었어요. 어제 열한 살짜리 소녀가 왔고 그 전날에는 열다섯 살 소녀가 왔어요. 우리와 오랫동안 함께 있었던 두 여학생은 각자 마중온 어머니와 함께 고향으로 갔습니다. 그들은 아마도 남장로교회로 갈 것이고, 매우 자랑스러운 인재가 될 것입니다. 우리는 그 둘을 결혼시키지 않은 채로 내보냈는데, 모두 건강이 좋지 않았고 또 그들의 결혼 비용을 부모가 감당하게 하는 편이 낫겠다는 판단에서였습니다. 그러고 나서 우리는 새해에 열여덟 살이 되었을 한 여학생의 장례를 치렀습니다. 그 아이는 오랫동안 결핵으로 고통받았기에, 저는 오히려 그 아이가 안식을 찾았다고 생각하니 위안이 되었어요. 하지만 그 아이를 매장하는 것은 엄청나게 힘든 경험이었어요. 우리는 8~9년 전 산 땅에 여덟 명 남짓의 아이들을 묻었습니다. 물론 법에 따라 매번 매장 허가를 받았지요. 그런데 이번에는 우리 하인이 온종일 이 관청에서 저 관청으로 왔다 갔다 했지만 허가가 떨어지지 않았어요. 우리는 미국 공사인 알렌 박사에게 사람을 보냈고, 다음 날 한성부판윤을 통해 필요한 서류를 받았어요. 그러고 나서 아이의 시신을 매장하고 있는데, 아홉 명의 순검들이 와서 안 된다고 말하더군요. 우리는 허가증을 보였지만 그들은 그것이 소용없다는 등의 말을 했어요. 그래도 어쨌건 매장 절차는 진행했지요.

1월 14일

조선인들이 아직도 우리의 매장지에 관해 걸고 넘어지고 있어요. 이 나라는 속임수가 만연해서 누구도 서로를 믿지 못해요. 제 생각에는 이 매장지가 원래 국가 땅인데 팔 권리가 전혀 없는 어떤 사람이 우리에게 판 것 같아요. 우리 공사인 알렌 박사가 문제를 바로잡아줄 것입니다. 우리에게 이런 종류의 일이 얼마나 많은지 어머니는 모르실 거예요. 며칠 전에는 추운 방에서 먹을 음식 하나 없이 가택 연금된 채 지내고 있던 한 여인을 구조하러 갔어요. 그녀의 아들이 탈영을 했는데, 그 아들을 찾을 수 없으니 군에서 어머니를 담보로 가두어놓은 겁니다. 우리는 그녀를 하룻밤 데리고 있다가 다음 날 아침 제물포로 보냈고, 지금은 그곳 외국인 집에 유모로 있습니다.

그리고 다음 날 밤에는 여학생들 때문에 가슴을 쓸어내린 일도 있었어요. 이 주는 기도 주간이어서 며칠 저녁은 예배가 남대문(스크랜튼 부인 교회)에서 열려요. 그런데 제가 아홉 명의 학생을 데리고 가다가 세 명을 잃어버린 거예요. 제 기분이 어땠을지 생각해보세요! 아직도 저는 어떻게 그 아이들이 뒤에서 처지다 잘못 길로 접어들었는지 이해할 수 없어요. 그 아이들은 외출하는 일이 거의 없고, 결코 혼자 다니지도 않습니다. 조선 여인들은 이 땅에서 안전하지 않기 때문에 저는 너무 겁이 났어요. 그 아이들은 어떤 이에게 길을 물었답니다. 저는 오랫동안 찾아다닌 끝에 아이들이 교회에 당도했다는 것을 알았어요.

이렇게 날이 갑니다. 장로회 선교회의 애비슨 박사가 발진티푸스로 상태가 안 좋습니다. 매 순간 그의 사망 소식이 올까 조마조마합니다. 우리는 그가 없으면 안 될 것 같은데요, 하지만 하나님은 항상 최선을 알고 계시지요. 박사는 장로회가 총괄하는 정부 병원을 맡고 있고, 현대식 병원을 설립하려는 계획을 세워 얼마 전 지원금도 받았습니다. 그에게는 부인과 여섯 명의 어린아이가 있어요.

새로 온 우리 젊은 여성 선교사들은 열심히 언어를 공부하고 있는데, 조선어가 끔찍하게 어렵다고 선언했어요. 그들이 너무너무 좋아요. 사랑스러운 메임 힐먼은 동대문에 가 있어서 거의 만나지 못합니다. 그녀 역시 매우 열심히 공부해서 놀러 올 시간이 없을 겁니다.

이 편지 속에 12달러를 동봉해 보냅니다. 이 돈이면 한 달 융자금을 갚겠지요. 페인 양과 저는 캘리포니아에 방금 주문을 넣었는데, 총 240달러가 들었어요. 그래서 우리 둘 다 돈이 좀 모자랍니다. 이번 분기 봉급을 아직 전부 받지 못했거든요. 어머니는 아버지 장례식 비용이 얼마였는지 아직 말씀해주지 않으시네요. 가능하다면 저도 알고 싶어요. 아버지가 저를 교육해주신 것에 너무 감사해요. 하지만 재산이 있으면 자식들을 교육시키는 것이 부모 된 도리라고 생각했기에 저는 아버지께 빚을 졌다고는 생각지 않았어요. 같은 이유에서 지난여름 제 밥값을 내겠다는 말씀도 드리지 않았죠. 오히려 그래서 모두 더 편안하게 느꼈을 거라 생각해요. 그러니 이제 제가 세금과 융자금과 장례식 비용을 돕도록 해주세요. 이 편지를 어머니가 받으실 때까지도 제게 알리지 않으셨다면 이제라도 알려주실 거라 믿습니다. 어머니가 편지에서 언급하신 가스값을 염두에 두고 있을게요. 만약 제게 여유가 생기면 갚겠지만 현재로선 힘들 듯합니다. 석탄값 역시 지난번엔 충분히 보내드리지 못했지요. 올해 석탄값은 얼마인가요? 어머니가 내핍 생활을 하며 어렵게 생계를 유지하시는 그 사실이 제 가슴을 아프게 합니다. 제발 어떤 것이든 제게 감추지 말아주세요.

지난 우편에서 미니가 보낸 고마운 편지를 받았어요. 그것이 제가 받은 마지막 우편이에요. 그 후 두 번 더 우편이 왔는데 제 건 없더군요. 저는 어젯밤에 또다시 실망했습니다. 우편은 두세 통이 함께 올 때도 있지만 거의 제시간에 와요. 하지만 기다리는 데는 인내가 필요하군요.

어머니 생신이 다가오네요. 어머니와 함께 있으면 얼마나 좋을까요. 아버지가 가시고 나니 이전보다 어머니를 더욱 보고 싶어요. 어젯밤 꿈에서 저는 아버지가 조선인의 상복을 입고 고향집으로 걸어오시는 것을 보았어요. 정말 이상하지요!

저 대신 조지아에게 키스해주시고 어머니께도 제 키스를 전합니다.

많은 사랑을 담아

룰루 E. 프라이

서울, 조선
1901년 2월 12일

사랑하는 어머니

학교에 출근하기 전에 어머니에게 조금 써야겠어요. 오늘은 우편이 오는 날입니다. 제가 받은 마지막 편지는 1월 1일 자 편지예요. 페인 양은 그 이후 자기 어머니에게서 편지를 받았는데, 불과 이틀 뒤인 1월 3일에 쓰인 것입니다.

모든 일이 평상시처럼 흘러가요. 어젯밤 메임 힐먼이 와서 밤새 우리와 함께 있었어요. 우리는 옛날 델라웨어 시절에 대해 이야기하며 즐거워했지요. 그녀에게 살짝 향수병이 찾아오긴 했지만, 그래도 일에 전념하기 시작했고 우리 역량에도 큰 보탬이 되리라 믿습니다. 다른 두 여성도 우리에게는 소중해서 그들이 가버리면 그리울 것입니다. 감리회에서 한 사람을 평양으로, 또 한 사람은 스크랜튼 부인 댁으로 보낼 예정입니다. 스크랜튼 부인 댁에 가는 여성은 그쪽에 자기 방이 마련되는 대로 부인과 함께 살면서 일을 도울 거예요. 세 명 모두 조선어 공부를 열심히 하고 있어요. 그 일이 얼마나 힘든지, 그리고 조선어로 말하게 되기까지 얼마나 오랜 시간이 걸리는지 잘 알고 있기에 그들에게 동정이 가네요. 오늘은 여성 모임을 다시 가졌어요. 그들은 제대로 배워야 하므로 제가 그들을 가르칠 수준에 합당하면 좋겠어요.

말씀하신 내용은 새해 풍습과 연결시킨 처음 듣는 모금 방법이네요. 얼마나 모았는지 알고 싶어요.

우리가 기분 전환을 위해 하는 유일한 일은 서울 연합 모임에 참석하는 것입니다. 한 주에 한 번 우리는 꽤 괜찮은 오락 시간을 갖습니다. 지난주의 프로그램은 꽤 정교했어요. 한때 미국 서기관이었고 지금은 왕의 고문인 샌즈 씨William Sands(1874~1946)는 우리에게 멋진 사교 모임을 선사하기 위해 돈을 아끼지 않습니다. 어린이들을 위해 맞추어준 의상은 공단에다 수까지 놓아 적지 않은 비용이 들었을 것 같아요.

이번 주에는 일본인 곡예사의 공연을 즐길 예정입니다. 피어스 양과 스크랜튼 부인은 다른 사람들과 여흥 위원회에 속해 있어요. 그런 일을 준비하는 것이 종교적으로 옳지 않다고 생각하고 어떤 식으로든 관여하기를 거부하는 사람들도 있었어요. 저는 그 일을 찬성하는 쪽인 피어스 양에게 이런 식의 오락은 요새 교육과정에도 들어가 있고 과학적이라고 이야기했죠. "곡예사"가 무엇을 의미하는지 모르신다면 저 대신 조지아에게 물어보세요. 저는 곡예사를 실제로 본 적이 없는데, 조지아가 저에게 그것에 대해 편지를 쓴 적이 있어요. 결국 사람들은 다시 생각해보기로 했고, 호들갑을 떨던 사람들은 자신의 말을 철회해야 했습니다. 다음 주에는 우리가 여흥을 준비해야 합니다. 우리는 음악과 낭독회 등으로 구성된 프로그램을 2월 22일에 맞추어 준비할 예정입니다. 그나저나 내일은 마사의 생일이네요. 저는 마사의 편지를 너무도 좋아하니 그 아이가 답장하길 기대하며 편지를 보내봐야겠어요.

이 편지를 마무리하고 있는 지금은 13일입니다. 어제는 너무나 바빴어요. 오전에는 수업, 오후에는 회의를 하고 나면 다른 건 더 할 수가 없어요. 내내 외국어로 일해야 하는 것은 고역이에요. 특히 조선어처럼 어려운 언어로 말이죠! 전 너무 피곤하고 불안해서 방학 때까지 기다릴 수 없을 지경이에요. 다행히 방학이 다음 주에 시작해서 너무 감사해요.

어머니와 조지아가 무엇을 하고 있을지 궁금해요. 저는 항상 두 사람이 서로를 의지하며 매우 행복하게 지내고 있을 거라 생각해요. 어머니에게 돈도 조금 보내야 하는데 페인 양의 협회 계좌가 텅 비어서 아직 봉급을 전부 주지 못하고 있어요. 제가 어머니에게 돈을 보내기 전까지는 어머니께 돈이 필요한 상황이 없었으면 좋겠네요. 로드와일러 양이 그녀가 할 수 있는 어떤 방식으로든 어머니를 기꺼이 돕고 싶다고 하지만, 어머니가 그녀에게 부탁할 필요가 없기를 바라요. 하지만 그 방법이 어머니가 은행에서 융자를 하는 것보다는 좋아요. 융자할 경우 어머니 사정이 어렵다는 걸 사람들이 모두 알게 될 테니까요. 의연한 태도가 매우 중요하지요. 저처럼 어머니도 사람들이 당신의 사정을 아는 것을 좋아하지 않으시지요. 시간만이 현재의 어려움에서 우리를 벗어나게 해줄 것입니다. 우리가 모든 일을 한꺼번에 할 수는 없으니, 가장 중요한 일부터 먼저 해결하려는 계획을 세워야 합니다. 장례 비용을 지불하기 전에 집에 페인트칠부터 먼저 하는 것이 좋겠어요. 원칙적으로는 빚을 먼저 청산하는 게 맞지만, 페인트칠이 꼭 필요하다고 생각해요. 봄 분기에 두 가지 일을 제가 다 할 수 있을지 아직 모르겠습니다.

우리는 오늘 일본에서 우편물 기선이 한 척 들어오기를 고대하고 있습니다. 내일과 모레도 한 척씩 들어올 예정이라 세 척 중에 하나는 반드시 반가운 편지와 돈을 가져다주리라 믿어요. 물론 우리는 우리 어머니들의 편지를 먼저 고대하지요. 그런데 페인 부인이 보내는 편지마다 어머니와 조지아의 안부를 물어요. 왜 어머니가 그녀에게 편지를 쓰지 않았는지 궁금해요. 조지아는 반드시 써야 한다고 생각해요.

지금은 날씨가 매섭게 춥습니다. 조선인들은 봄이라 부르지만 확실히 봄 날씨는 아닙니다. 이런 날씨가 지속되는 한 우리 건물의 완공 날짜는 그만큼 계속해서 지연될 겁니다. 건물이 다 지어지자마자 왕이 그걸 원할지도 모른다는 끔찍한 생각도 들더군요. 그는 길 건너 장로회의 땅을 샀는데, 그곳은 지대가 낮고 우리는 높아서 우리가 그를 내려다보는 형국이 된 걸 견딜 수 없을지 몰라요. 우리 왼쪽 땅도 그의 소유입니다. 만약 우리가 건물을 다시 지어야 한다면 우리 자신과 학생들을 위해 바닷바람을 쐴 수 있는 제물포로 학교를 옮기는 건 어떨까 하고 혼자 생각하고 있습니다. 물론 그런 날이 오려면 수년은 걸리겠지만, 그래도 계속 걱정은 되네요. 우리가 이익을 많이 남겨서 팔 수도 있지만, 이제까지 들인 노고와 걱정에 대한 대가는 얼마로도 보상할 수 없을 겁니다.

애비슨 박사는 발진티푸스에서 회복되었어요. 우리는 그를 잃을까 두려웠지요. 스크랜튼 부인은 약간 나아 보이지만 빠른 속도로 나빠지고 있어요. 그녀는 의사 부인이 돌아올 때까지 너무나 살고 싶어 해요. 의사 부인은 아이들과 스위스에 있고 큰아이가 졸업할 때까지 그곳에 머물기를 원하는데, 제 생각에 2년 후는 되어야 할 것 같아요. 스크랜튼 부인은 여전히 모든 일에 관여되어 있으므로 자신을 도울 해먼드 양의 존재를 아주 감사해합니다. 해먼드 양은 오하이오주 오벌린에 있는 학교에 다니는 연인이 있어요. 그녀는 협회에서 5년간 봉사한 뒤 결혼하기로 약속했어요. 그 연인이 조선으로 오고 싶어 한다고 해요.

이제 편지를 마치고 일하러 가야 해요. 다음 편지에서 어머니에게 융자금을 약간이나마 보내보겠습니다. 4월에는 집에 페인트칠할 돈을, 그리고 5월에는 6월치 세금을 보낼게요. 봄 분기에 제가 마련할 수 있는 돈이 필요한 금액보다 적을까 걱정이지만 제가 여기 은행에서 돈을 빌릴 수도 있어요. 제 계좌에서 초과 인출을 하고 다음 분기 봉급이 들어올 때까지 몇 주간 그 이자를 갚으면 됩니다. 집에 페인트칠을 하고 빚 걱정에서도 벗어나면 정말 기쁠 것 같아요. 여름 분기에 장례식 빚을 갚도록 노력할게요. 그러고 나면 세금과 융자금은 어느 정도 해결될 겁니다. 어머니가 융자한 돈에 대해 전부 제게 말해주세요. 언젠가는 월 11달러보다 더 많이씩 갚아나갈 수 있을 겁니다. 제가 고향집에 갔었을 때 이 문제를 더 자세히 들여다보지 못한 것이 후회스럽네요. 물론 이런 비상사태를 예견하지 못했긴 하지만요.

사랑을 듬뿍 담아.
저는 당신의 딸입니다.
룰루 E. 프라이

제물포, 조선
1901년 3월 1일

사랑하는 어머니

제가 제물포에 상륙한 지도 오늘로 1년이 지났군요. 도착한 날이 목요일이었으니 어제가 정말 딱 1년 되는 날이었어요. 오늘은 금요일입니다. 수요일 아침에 내려와 존스 부인 댁에서 저녁을 먹고 제물포에 도착해 일본인 호텔에서 휴식을 취하고 있어요. 이곳에선 집에서 누리는 것과 같은 호사를 누리진 못하지만, 방해하는 사람도 없고 누군가를 방문해야 할 필요도 없습니다. 우리는 『올드 빈센느의 알리스』를 읽고, 먹고 자는 일 외에는 다른 일이 없어요. 오늘 오후 집으로 돌아갑니다. 정말이지, 우리가 원한 건 오직 이런 종류의 안식뿐이었어요. 약간의 변화와 절대적인 휴식처럼 신경을 안정시키는 것도 없네요.

방학이 한 주 더 남았는데, 그간 일을 좀 하려고 합니다. 충분히 쉬었으니 일의 가닥을 다시 잡아서 견습 신도들을 방문하고 1년 가까이 못 쓴 밀린 편지들을 써야겠어요.

조지아가 잘된 것을 생각할 때마다 너무 감사한 마음입니다. 아버지의 성경 구절을 다시 인용해도 좋겠네요. 우리가 다시는 궁핍해지지 않기를 바라요. 일에 대해서는 전혀 두렵지 않습니다. 저는 제 밥벌이를 한다고 생각하고, 조지아 역시 같은 생각일 것입니다. 어머니의 경우는 다르지요. 어머니는 앞으로 조지아와 제가 벌어드릴 몫을 오래전에 다 하셨어요. 조지아가 교직이 주는 긴긴 무게를 어떻게 견뎌나갈지 알고 싶어 집에서 오는 편지를 더 애타게 기다립니다. 그 아이는 저보다 더 오랜 시간을 가르치지만 퇴근 후 교실 문을 떠나면 더 이상 아이들을 책임질 필요는 없겠지요. 그래도 그렇게 오랜 시간을 서 있어야 하니 그 아이에게는 부담이 될 것입니다. 조지아가 제대로 쉴 수 있도록 해주세요. 저도 잠이 필요하다는 걸 절감해요. 밤에 제대로 자지 못하면 아침 늦게까지 자야 합니다. 그 아이는 그러지 못하니 일찍 잠자리에 들었으면 해요. 이런 저의 "할머니"식 잔소리를 조지아는 좋아하지 않을 거예요.

집으로 가는 2시 기차를 타야 하니 급하게 마무리해야겠네요. 오늘 아침 일본에서 기선이 들어왔으니 돌아가면 어머니 편지가 도착해 있기를 바라요. 타코마호 우편이긴 하지만 간혹 어머니 편지가 오기도 하니 혹시 모르지요.

저는 또 다른 한 해를 시작합니다. 그러니 4년을 더 일하면 다시 집으로 갈 수 있겠네요. 그동안 우리 앞에 또 어떤 나날이 펼쳐질지는 하나님만이 아실 것입니다. 우리가 고난에 처했을 때 하나님은 우리에게 자비로우셨으니 저는 불평하지 않을 것입니다.

참 이상하지요. 고난이 닥칠 생각을 하면 아무것도 견디지 못할 것 같다가도 실제 그 일이 닥치면 또 제게 그것을 견딜 수 있는 힘이 있음을 발견하니까요.

자주 편지 주세요. 어머니에 대해 모든 것을 이야기해주세요. 그것이야말로 제게 가장 중요한 소식입니다. 마을의 뉴스 같은 것은 그다음이에요. 어머니 편지를 받으면 바로 답장 쓸게요. 편지가 없을 수도 있으니 이것을 바로 나가는 기선편에 부치겠습니다.

급하게, 그러나 사랑을 담아

룰루 E. 프라이

1901년 3월 5일

사랑하는 어머니

어제 1월 22일 자 어머니 편지 한 통을 받았어요. 고향 신문 두 개가 들어 있어 뉴스를 즐겼지요. 그래도 신문이 어머니의 편지를 대신하진 못합니다. 그런 생각은 한순간이라도 하지 마세요. 어머니의 도서관 소송에 대한 기사를 얼마 전부터 읽고 있는데, 왜 어머니가 편지에서 그것을 언급하지 않으셨는지 궁금하네요. 그 외에 다른 일들도요.

새해 축제가 오늘 정월 보름날에 끝나요. 하지만 지금이 주중이라 학생들은 금요일이나 토요일까지 돌아오지 않을 테고, 학교는 월요일에 개학할 겁니다. 학생들 중 35명은 방학 중에도 우리와 함께 있었어요.

우리는 제물포에서 며칠 보내고 왔는데, 그곳에서 어머니에게 짧은 편지를 써 서울로 오기 전에 부쳤어요. 신문에서 리우데자네이루호가 침몰한 기사를 보았는데, 그 기선에 실어 보낸 제 편지 한 통은 받지 못하시겠군요. 어떤 편지인지는 모르겠어요. 저는 어머니에게 돈을 넣은 편지 하나만 보냈는데요. 어머나, 어쩌죠, 날짜를 보니 제가 페인 양에게 받은 수표를 넣은 편지가 그 기선에 실린 것 같아요. 금화 12달러만 넣었는데, 나중에 받으셨는지 아닌지 제게 알려주세요. 그 편지는 아마도 1월 12일 자일 것입니다. 어머니가 그것을 제대로 받았으면 좋겠네요. 우리가 스미스 가게에 주문을 넣은 편지 안에도 거의 200달러가 동봉되어 있었는데, 그 기선에 실려 있어 너무 걱정입니다. 선교회의 양도성 예금증서라 돈을 돌려받는 것은 문제가 아닌데, 봄철과 여름철을 나기 위한 밀가루, 버터, 그밖에 다른 먹거리들의 주문이 들어가질 못해서요. 그래도 생명을 잃은 사람, 그리고 다시는 못 볼 그 배의 승객들을 기다리고 있던 친지들을 생각하면 이런 작은 고민은 아무것도 아니죠.

애나 이모 말씀이 제가 개인적으로 원하는 게 있으면 보내주시겠답니다. 하지만 제 사역을 위해 애걸할 수는 있어도 제 개인적 필요를 위해서는 아닙니다. 상자에 들어 있었으면 하는 것들이 몇 가지 있어요. 어머니에게 주문을 드릴 테니 사서 시드니로 보내주세요. 그 물건들을 빨리 사주셨으면 해요. 애나 이모에게 얼마나 빨리 그 상자를 부쳐주실 수 있는지 물어봐주세요. 그 상자는 가을 전에는 여기에 도착하지 않을 테니다음 겨울에 필요한 옷들입니다.

3월 6일

오늘은 그랜트 오빠의 생일이군요. 세월은 슬픈 기념일로 차 있어요. 사흘 후면 저는 서른세 살이 됩니다. 주름살과 흰머리가 빠르게 늘어가겠죠. 조지아도 역시 나이가 드네요. 열여덟 살 때 저는 제가 엄청 늙었다고 느꼈어요. 그 아이는 어느 사범학교에 갈 예정인가요? 만약 시원하고 쾌적한 곳을 고를 수 있다면 안식과 즐거움 속에서 공부할 수 있겠지요. 그 아이 없이 여름을 보내면 어머니는 너무 외로우시겠어요. 어머니가 집에 혼자 머물러 있을 생각만 해도 두렵습니다. 저와 여름을 함께 보내실 수 있으면 좋겠어요. 어머니가 연금을 받아 저는 너무, 너무 감사해요. 그것으로 어머니 옷값과 각종 모임비, 교회 헌금과 필요한 작은 것들을 지불하기 충분할 것입니다. 에퀴올 판매 수익금으로는 식대를 충당할 수 있겠죠. 어머니와 조지아 합쳐서 48달러는 두 사람분의 식대와 옷, 연료, 전기 등을 편안하게 유지하기 충분할 것입니다. 집의 부수적인 다른 지출들을 메꾸기엔 충분치 않겠지만요. 그래도 이제 어머니는 생활비 걱정을 하지 않아도 되고 빚을 질 필요도 없습니다. 점차 우리는 빚에서 벗어날 거예요. 다시 빚을 지는 일도 없을 거고요. 그렇지 않나요? 정말 죄송하지만 아직은 아무것도 보내드릴 수 없어요. 제가 계속 생각은 하고 있으니 할 수 있는 한 빨리 보내드리겠습니다. 믿으셔도 좋아요. 장례식 비용, 집 페인트칠 비용, 6월 세금, 가능하면 여름 3개월간의 융자금까지도요. 현재 은행 잔고가 40달러이고 지난달 식비도 아직 내지 않은 서로서는 6개월 안에 이 모든 걸 해결할 생각만 해도 현기증이 나네요. 불평하는 것이 아니라 다만 계획을 짜고 있는 것입니다. 다음 분기 봉급은 4월 1일에 들어옵니다. 돈이 들어오는 즉시 아직 받지 못한 이번 분기의 잔액도 들어올 거고요. 페인 양이 며칠 전 900달러를 받긴 했지만, 이곳의 은행은 일본 국립은행의 한 지점이기 때문에 수표는 모두 일본으로 가져가서 바꿔야만 우리가 여기서 돈을 받을 수 있어요. 이곳의 은행 담당자가 일본의 은행으로부터 돈을 바꿔주라는 지시를 받으면 그때부터 우리가 돈을 받아 사용할 수 있습니다. 만약 어머니가 돈이 절대적으로 필요하다고 하시면 제가 빌릴 수 있지만, 그곳의 페인트칠 값과 세금은 시간 내에 마련할 수 있습니다. 하지만 장례식 비용은 이번 가을까지 기다려야 할 것 같아요. 의사 진료비와 장의사 비용을 갚지 않는 것은 수치스러운 일 같지만 우리는 제대로 벗어나고 있고 하나님도 그 일이 끝날 때까지는 저를 지켜주실 것으로 믿습니다. 우리가 원할 경우 융자금을 더 빨리 갚아도 되는지, 그리고 어떤 이자(?)로 지난 6월의 세금을 냈는지 알려주세요. 그 액수가 차감되면 그 액수만큼 융자금이 작년보다 줄어드는 것인지요? 융자에 대해서는 잘 이해가 안 됩니다. 우리가 가진 주식에 대한 배당금으로 나오는 11달러 이자 일부는 빚을 차감하는 데 사용된다고 이해하면 되겠죠? 제가 아는 유일한 것은 집에 다른 저당권이 잡히지 않고 더 빨리 온전하게 어머니 것이 되면 우리 모두에게 더 좋다는 것입니다. 우리가 현재 지불하는 비율로 빚을 계속 갚아나가면 다 청산하기까지 몇 년이 더 걸리는지 물어보세요. 이런 속박에서 12~13년을 지내야 한다고 생각하면 견딜 수 없어요. 제가 계산해본 바에 의하면 그 정도로 길 것 같아요. 제가 다시 집으로 돌아갈 때 즈음해서 그 일이 끝나면 얼마나 좋겠어요? 저는 지금부터 6월까지는 조지아가 융자금을 지불해주었으면 합니다. 여름의 몫은 제가 지불할게요. 그렇게 빨리 그 아이가 집을 도울 수 있을 것이라곤 기대하지 않았어요. 하나님은 우리에게 자비로우십니다. 이제 자러 갈게요.

3월 7일 목요일

오늘, 아니 내일이 프랭크 형부의 생일이군요. 어윈 부인도 어머니와 같은 시기에 연금을 받는군요. 그녀가 과부인 줄 몰랐어요. 저는 그 가족을 잘 알아요. 빌즈 부인의 남편도 결핵 환자였군요. 그 소식을 들으니, 그리고 헬렌에 대해서도 유감입니다. 캘리포니아가 그녀에게 도움이 되는지 모르겠어요. 헬렌의 문제를 야기한 것이 오하이오주의 날씨는 아니니까요.

왜 조지아는 학교에 오고 갈 때 자전거를 안 타나요? 노스빌딩은 그리 멀리 떨어져 있지 않으니 날만 좋으면 집에 와서 식사를 하고 가도 될 텐데요. 그 아이는 점심 때까지 내내 교실에 있어서는 안 돼요. 그러면 오후를 산뜻한 기분으로 맞을 수 없어요.

어머니는 항상 "위층에 사는 여인과 아이"라고 말씀하시는데, 그들은 이름이 없나요? 그녀는 온종일 집에 있나요, 아니면 나가 있나요?

어머니가 유행성 감기를 피할 수 있어 다행이에요. 내내 그러시길 바라요. 우리가 키우는 아름다운 칼라의 꽃망울이 열네 개나 열렸어요. 4월 7일은 부활절입니다. 그때가 되면 이 꽃들이 절정에 달할 거예요. 몇 개는 아마도 지겠지만 이 꽃들은 천천히 개화하니까요. 오늘부터 딱 한 달 후네요. 지난 부활절에는 어머니와 함께 있었지요. 제 첫 강연을 기억하세요? 아버지가 저의 고향 방문을 즐기셨다고 생각하세요?

페인트칠은 5월 이전에 해야 할 것 같으니 그 전에 페인트칠 값을 보내려 노력할게요. 저는 100달러만 부칠 수 있는데, 그보다 많이 청구되어 어머니와 조지아가 지불할 여력이 안 된다면 도장공에게 차액은 후에 갚겠다고 하세요. 가능한 한 빨리 계약하세요. 다음 편지에 돈을 동봉하도록 할게요. 오늘이나 내일 편지가 오기를 고대합니다.

사랑을 담아

룰루

서울, 조선
1901년 3월 11일

사랑하는 조지아

네 편지와 어머니 편지가 며칠 전, 내 생일 전날에 도착했어. 같은 우편으로 책도 한 권 왔는데, 그 안에 "몰리로부터 사랑과 함께"라고 적혀 있더라. 몰리가 누구야? "말일 성도" 시절의 자신을 몰리라고 부르는 메리 밀러일까? 그녀가 아니라면 누구에게 감사 편지를 해야 할지 모르겠네. 책에는 편지도 없었어. 대신 두 개의 작은 금조각이 있었는데 리본 양쪽 끝에 달거나 목걸이에 다는 용도인 것 같아. 이처럼 새로운 스타일은 어떤 것이든 나를 기쁘게 하지만 설명서가 항상 있어야겠지. 아니면 나는 웃음거리가 되고 말 거야.

아버지가 플로리다에 사는 소녀에 대해 이야기하신 것 기억하니? 아버지가 조사관이던 사건의 증인이었던가, 아니면 어떤 단서를 제공한 아이였는데 아버지가 선물을 주고 싶어서 그다음 번에 그곳에 가셨을 때 (어딘가 산간벽지였어) 푸른색 공단 코르셋을 주셨다네. 그 아이는 그게 너무 예뻐서 자기 옷 위에 입었다고 하더라. 내가 받은 책은 에드 코맨 책방에서 왔고, 글씨는 메리의 필체처럼 보이는데 그녀의 편지를 못 받은 지가 너무나 오래되어서 잘 기억이 나질 않네.

나는 너무나 끔찍한 감기에 걸려 코를 푸느라 매 순간 펜을 놓아야 할 지경이야. 학교는 오늘 다시 시작했어. 방학 동안 잘 쉬었고 이 감기만 안 걸렸으면 다 좋았을 텐데 어쩌다 감기에 걸렸는지 모르겠네. 토요일은 내 생일이었어(서른세 살이라니 맙소사!). 자전거를 타고 동대문에 갔었지. 페인 양이 주행 기록기를 주어서 그걸 시험해보고 싶었거든. 가는 길은 너무 즐겼는데 돌아올 때는 약간 경사가 있었고 지독한 맞바람을 맞아야 해서, 스크랜튼 부인 댁에 도착했을 땐 이미 땀범벅이 되어 계속 부채질을 하며 앉아 있어야 했지.

나는 너무나 예쁜 선물을 여러 개 받았어. 장식판으로 쓰는 아름다운 일제 옻칠 쟁반이랑 찻잔과 접시, 스위스에서 온 작은 나무 신발, 캔디 한 상자와 주행 기록기 그리고 미국에서 온 이 책과 또 다른 작은 책자까지 받았단다.

제물포 여행에 대한 이야기는 어머니에게 보낸 편지에 이미 썼지만 너를 위해 약간은 남겨놓았어. 호텔에 있는 동안 존스 부인이 와서 우리를 데리고 데슐러 부인을 방문하러 갔어. 그녀는 매우 예쁘고 작은 일본 여인인데 25~30세로 보여. 그녀의 남편도 그 정도 나이인데 미국인이야. 사실 그 남자의 어머니가 내시 주지사의 부인이니, 그 사람은 내시 주지사의 의붓아들이지. 많은 젊은이처럼 그도 동양에 왔다가 이 작은 여인의 나긋한 태도와 예쁘고 다정한 얼굴에 반해서 몰래 동거를 했다는구나. 1~2년 전 미국으로 돌아가게 되었을 때 그는 그녀를 요코하마에 있는 수녀원에 넣었대. 그렇게 고향에 돌아온 그는 매우 아팠고, 자신의 죄에 대한 생각으로 괴로웠다고 해. 그는 주님에게 자신이 살아나 돌아갈 수만 있으면 그녀와의 관계를 바로잡겠다고 맹세했지. 그래서 그는 돌아왔고, 그녀를 아내로 삼았어. 그들은 정말 아름다운 집을 갖고 있어. 네가 볼 수 있으면 좋을 텐데. 꼭 도회지의 작은 저택 같고 대지는 작은 공원 같아. 집에 있는 모든 것, 식탁보, 은 식기, 가구 등 모든 게 그의 부유함을 보여주더라. 문짝, 창문, 무늬를 새긴 마룻바닥 등 모든 게 미국에서 완제품으로 와 여기서 조립되었어. 이 작은 여성이 나쁘다고 생각할 수는 없어. 그녀의 본심은 결코 아니었겠지만, 일본의 여자아이들은 이런 일을 위해 양육되는 경우가 많으니 엄밀히는 그녀가 아닌 그녀 부모의 잘못이라 해야겠지. 그는 잘생긴 젊은이라고 하는데 나는 본 적이 없어 잘 몰라. 그는 다른 외국 사람들과 거의 어울리지 않고 자기 사업과 가정일에만 몰두하고 있다고 해. 내 생각에 자기 죄 때문에 남의 시선을 의식하나 봐. 침실에는 평방 2제곱미터 넓이의 약간 높은 다다미가 깔려 있고, 작은 일본식 탁자와 찻주전자가 놓인 작은 일본식 화로가 있었어. 그녀의 고향집 생활이 이 이국적인 웅장함 안에 약간 있는 셈이지. 너무 애처로워 보이더라. 이것 외에도 자기 손님을 접대하기 위해 완전히 일본식으로 꾸민 방이 여러 개 있었어.

벽지가 오늘 도착해서 우리는 곧 도배를 시작할 거야. 연례 모임 때까지 완성하려고 해. 사실 그보다도 일찍 끝내야 하는데, 홀 부인이 연례 모임 전에 휴식을 위해 내려오고 노라 시즈Leonora Maud Seeds(1866~1958)가 4월 방학을 보내러 오게 되어 있기 때문이야. 어머니는 역에서 한 번 이야기를 나눈 적 있는 노라 시즈를 기억하셔. 마틴 박사도 올 거야. (그는 베이징이 포위되었을 때 피난을 갔던 사람들 중 하나야). 오 그래, 폴웰 부인도 아이들과 함께 오리라 기대하고 있어. 그녀는 연례 모임 전에 동생인 해리스 박사와 몇 주간 머물 거야. 메임 힐먼도 연례 모임 기간에 치를 첫해 시험을 통과하기 위해 언어 공부에 약간의 '마감칠'을 하러 이곳에 와. 내가 시험을 보지 않아도 돼서 다행이야. 연례 보고서를 쓰는 것보다 더 지겨운 일은 없어.

어머니에게 내가 페인트칠 값으로 100달러를 긁어모아보려 했지만 힘들었다고 전해드려줘. 4월 1일까지는 꼭 돈을 보낼 테니 어머니가 5월 1일까지는 받으실 수 있을 거야. 5월에 페인트칠을 하기로 했었지. 어머니가 그 일을 또 미루게 하지 마. 5월 둘째 주에는 사람을 고용하렴. 선박이 침몰하거나 예상치 못한 불행이 일어나지 않는 한 100달러를 받을 수 있을 거야. 내 둘째 분기가 4월 1일에 시작해.

너무 횡설수설했네. 오, 너한테 말해준다는 것을 항상 깜빡했는데, 스웨어러 씨의 애인이 그를 배신했고 조선 금과 진주도 돌려주지 않았대. 그는 매우 자상한 사람인데 앨리스 아펜젤러Alice Rebecca Appenzeller(1885~1950)와 약혼을 했다는 말이 있어. 그녀는 열여섯 살로, 지금은 교육을 받으러 미국에 가 있어. 그런데 만약 그 사이에 그가 다른 여성에게 매료된다면 그리 오래 기다리고 싶어 하지 않을지도 모르지. 혹은, 그는 매우 멋진 젊은이이지만 오히려 그녀가 학교에서 더 마음이 맞는 사람을 만날 수도 있겠다 싶어.

내가 꿈을 꾸냐고? 그럼. 나는 간혹 네티 언니와 그랜트 오빠와 아버지 꿈을 꾸는데, 네가 말하는 것 같은 무서운 내용은 전혀 없어. 그냥 꿈에서 만나면 '죽었다고 생각했는데 그렇지 않아 다행'이라고 말하거나 생각할 뿐이지. 아버지와 언니, 오빠의 죽음에 대해 생각하는 것은 나에게 어떤 공포도 불러일으키지 않는데, 아마도 그들이 죽은 모습을 보지 않았기 때문인 것 같아. 나는 항상 아버지와 언니, 오빠가 내가 앞으로 확실히 갈 곳, 그리고 다시 그들을 만나게 될 곳으로 먼저 가 있을 뿐이라고 생각해.

너는 곧 방학을 맞겠구나. 약간의 휴식이 반갑겠지. 학교에서 가르치며 항상 예의범절을 엄격하게 지켜야 하고, 또 많이 나돌아 다니지도 못하지 않니? 그래도 네가 교직에서 좋은 시간을 보내리라 믿는다.

만약 조지 아저씨가 시드니에 자리를 구하면 애나 이모도 시카고로 갈까? 우리 친척들이 점점 몇 명 안 남게 되었네. 너무나 많은 이가 죽었고 더 이상 태어나는 이는 없어. 얼마 전 밤에는 잠에서 깨어 너와 어머니 중 한 사람이 죽으면 다른 사람은 어떻게 해야 할까 하는 생각에 골몰했어. 나는 항상 전보를 받고 싶지 않다고 생각해왔지만 이젠 마음을 바꾸었어. 집에서 오는 편지는 모두 내 기운을 북돋지만 네가 지금 현재 어떤지가 항상 궁금하단다. 왜냐하면 그 편지가 물을 건너 내게 오는 동안 네가 수천 번도 더 죽을 수 있다는 사실을 알기 때문이야. 만약 두 사람 중 한 사람이 죽으면 나에게 전보를 보내겠다고 약속해줘. 그러면 전보가 오지 않는 한 나는 두 사람이 살아 있다 믿고 살아갈 수 있으니까. 그것이 얼마나 위안인지 이해가 되니? 만약 전보가 오면 내가 무엇을 해야 좋을지 결정할 수 있는 시간이 5~6주는 생기겠지. 단지 한마디로 보내고, 구체적인 것은 내가 간절히 기다리게 될 다음 편지에다 써주렴.

이제 그만 쓰고 자러 가야겠어. 누가 책과 장식물을 보냈는지 물어봐줘. 그걸 어떻게 사용하는지도. 자주 편지 줘, 나도 자주 답신할게.

많은 사랑을 담아
룰루 E. 프라이

네 사진이 커다란 위안이 돼. 때로 나는 사진에 키스도 한단다. 그건 너무 감상적이지?

이화학당
여성해외선교회 소속 여학교
서울, 조선
1901년 3월 16일

사랑하는 어머니

어머니 편지와 조지아의 편지가 함께 왔어요. 지난 월요일에 조지아에게 편지를 썼고 어머니 것은 며칠 후에 부칠 예정이었어요. 오늘은 토요일입니다. 우편은 어제 들어왔는데 고향 신문 두 개와 다른 몇 가지가 왔지만 편지는 없었어요. 저는 신문을 매우 흥미롭게 읽었습니다. 감리교회에서 상공 클럽과 "캐리 네이션"에 관한 토론이 있을 예정이라죠. 몇몇 개인적 관심사를 다룬 기사도 보았어요. 그나저나 맥엘던 던과 가족들의 이름을 매주 신문에서 읽네요.

장로교인들이 새 집을 지을 예정이라고 제가 말씀드렸죠. 왕이 2만 4,000달러를 주고 우리 집 바로 건너편에 있는 장로교인들의 집, 그리고 우리 땅과 비슷한 평수의 대지를 샀어요. 왕은 아름다운 언덕 위에 있는 우리 집을 올려다봅니다. 그는 우리가 자기를 내려다보는 것을 결코 참지 못할 거예요. 그래서 우리 땅도 원할 것입니다. 이제까지 우리는 미국 공사관이 지금의 자리에 있는 한 우리가 떠나야 할 일은 없을 거라 생각했어요. 그런데 지금은 왕이 공사관 자리까지도 사겠다는 이야기를 한다니, 그다음은 우리 차례가 될까 두렵습니다. 오, 우리가 다시 건물을 지어야 한다면 얼마나 끔찍할까요. 어쨌건 우리는 시원한 베란다에서 여름 한철은 보낼 수 있겠지요. 물론 장로회도 그들의 새 건물이 완공될 때까지는 이사를 가지 않을 거예요. 그들은 건축가를 구하고 있는데 아마 멋진 건물을 지으리라 생각합니다. 우리는 최선을 다했고, 우아하지는 않더라도 안락하고 편리한 건물을 갖게 될 것이라 믿습니다. 밤에 누워서 그 많은 새 방에 가구들을 어떻게 배치할 수 있을까 생각하며 깨어 있습니다. 여성해외선교회는 단지 개인 서재와 각각의 침실만 제외하고는 우리 집을 꾸밀 돈을 전혀 주지 않았어요. 우리 식당, 응접실, 복도들, 여분의 침실과 부엌에 넣을 가구들의 구매 비용은 모두 우리 지갑에서 내야 합니다.

우리는 벽지를 미국에다 주문했는데 며칠 전에 도착했어요. 싸지만 매우 예뻐요. 두

루마리 한 개당 19센트와 24센트입니다. 창문 커튼과 벽지와 카펫이 방에서 가장 중요하죠. 그것들이 예쁘면 의자와 식탁도 괜찮게 보이니까요. 지금은 회칠을 하고 있고, 그것이 마르자마자 최대한 빨리 목공 작업을 한 다음 문짝, 창문, 그 외 다른 몇 가지의 마무리 작업을 하면 칠할 준비가 될 것입니다. 집 내부 칠 말이에요. 이 집은 벽돌집이거든요. 제가 지금 더 돈을 보낼 수 없다고 어머니가 실망하지 않았으면 합니다. 참고 기다려주시면 돈이 갈 것입니다. 어머니만큼 저도 우리 집에 페인트칠을 하고 싶은 마음이 간절해요. 그 일은 3년 전에 했어야 해요. 제가 보내는 돈을 받으시면 바로 그 일부터 하실 거죠, 그렇죠?

조지아는 어디에 있는 사범학교에 가려고 해요? 콜럼버스에 있는 건가요? 거기는 너무 더워요. 저는 여름 사범학교를 잘 몰라요.

날씨가 너무 추워 우리 정원에다 모종을 아직 심지 못하고 있어요. 페인 양은 오늘 오후 콩을 심고 싶어 해요. 조금 따뜻해지긴 했지만 볕이 드는 곳을 빼고는 아직 녹지 않았어요. 볕이 드는 곳도 깊은 곳까지 녹지는 않았고요.

프랭크 블레싱에 관한 이야기는 너무 웃겨요. 전체 사건이 다 너무 재미있어요. 한 단어를 제가 이해하지 못했는데, 그레이스가 그에게 "누구 아이들"이냐고 물었을 때 그가 무엇이라 말한 거죠? "리스타…restar…ers" 뭐라고 적혀 있는데 단어 사이의 철자를 판독할 수 없었어요. 또 이 밀러 양이 누구인지도 알고 싶네요. 학교에서 그 사람 자리를 조지아가 대체한다는데, 그 여자가 결혼하려고 그러는 것인지, 왜 학교를 관두는 것인지 궁금합니다.

저는 이번 주 내내 끔찍한 감기가 들어 매우 불편했어요. 독감은 아닌 것 같았지만, 만약 제가 수업을 하지 않아도 되었다면 소파에 누워 쉬었겠지요. 그래도 감기가 갑자기 맹위를 떨치니 얼마 있지 않아 유행이 사라지리라 생각해요. 저는 이제까지 잘 버텼습니다. 어머니도 잘 계시니 너무 기뻐요. 조지아도 스스로 건강을 잘 챙겨야 합니다.

약을 먹여야 하는 아이 둘이 기다리고 있으니 그만 쓸게요. 게다가 우리 편지를 보내야 할 시간입니다.

많은 사랑을 담아
룰루 E. 프라이

서울, 조선
1901년 4월 10일

사랑하는 어머니

어제 우편이 왔는데 집에서 온 편지는 없었어요. 그래서 어떻게 어머니에게 답장을 써야 할지 모르겠네요. 어머니가 단지 기선을 놓친 것일 뿐, 다른 심각한 일은 없기를 바라요. 로드와일러 양에게서 긴 편지를 받았어요. 그녀는 가는 길에 어머니를 뵈러 들른다네요. 어머니가 그녀를 만났기를 바라요. 또한 커틀러 박사도요. 그 두 사람은 모두 제가 존경하는 분들이에요. 페인 양은 자기 어머니께 블라우스 두 벌을 우편으로 받았어요. 제가 조지아에게 블라우스 하나를 잊지 말고 보내달라고 했었는데요. 특별히 그 특수한 스타일 때문에 그 옷을 원해요. 매년 조금씩 스타일이 변하지요. 제가 겨울에 받고 싶은 물건들의 목록을 어머니가 받아서 시간 내에 상자로 보내주실 수 있으면 좋겠어요. 목록을 받지 못하셨다면 걱정하지 마세요. 나중에 우리 가을 주문과 같이 보내주시면 됩니다. 아직 발송하지 않으셨다면 어머니에게 제가 시기를 말씀드릴게요. 알려주세요.

날씨가 너무나 따뜻하고 좋아요. 나무에는 새싹이 돋습니다. 어제는 어머니의 결혼기념일이었죠. 우리는 엄청나게 바빠요. 어머니가 지금 우리를 보실 수 있으면 좋겠어요. 어제 우리 집에서 일하는 일꾼을 세어보니 50명이나 되었어요. 목수, 도장공, 벽돌공, 석공, 흙을 파고 나르고 벽을 쌓는 사람들이 있지요. 지금은 경사면을 고르고 있어요. 우리는 얼른 잔디 씨를 받아 심고 싶어 안달이 났어요. 이 모든 일을 감독하고 우리가 원하는 것을 일꾼들에게 이해시키기 위해 직접 삽과 괭이를 들어야 한다고 생각해 보세요. 그래요, 반드시 좋은 시간이 옵니다. 홀 부인이 내일 오는데 손님 방이 아직 완성되지 않았어요. 창문을 달고 칠을 하고 가구를 넣을 때까지 우리 방에 있는 간이침대에서 묵도록 할 계획입니다. 에스티 양과 해먼드 양이 우리 집의 손님 방을 쓰고 있어요. 연례 모임이 끝나면 그들과는 헤어져야 합니다. 에스티 양은 북쪽으로 가서 홀 박사를 도울 것이고, 해먼드 양은 남대문에 가서 스크랜튼 부인 일을 돕게 될 겁니다. 홀 부인은 몸이 온전치 않아 연례 회의 전에 쉬기 위해 이곳으로 내려올 거예요. 회의 때까지 우리와 함께 있다가 해리스 박사와 힐먼 양과 함께 동대문으로 갈 것입니다. 우리는 존스 부부를 접대할 계획이고, 이외에 몇몇 다른 사람도 더 올 수 있어요. 홀 부인이 며칠 동안 제물포에 머물다가 다음 주에 이곳으로 온다네요. 그러면 우리가 그녀를 위해 준비할 시간이 충분하겠어요.

4월 11일

이 편지를 어제 학교에서 쓰기 시작했는데, 학생들이 쓰는 베껴쓰기 공책용 펜으로 써서 모양새가 매끄럽지 않아 보이지요. 교실에서 학생들이 필기시험을 보고 있는 동안 다시 이 편지를 이어가고 있습니다. 제가 약속드린 페인트칠 값 100달러를 보낼 수 있게 되어 너무 기뻐요. 칠이 끝났다는 소식을 들으면 한 가지 걱정은 덜 것입니다. 어머니 계획을 알려주세요. 조지아가 학교에 갈 날이 얼마나 빨리 다가오는지, 얼마간 다녀야 하며, 어디로 갈 것이며, 그 아이 없이 어머니 혼자 어떻게 지내실 것인지에 대해서요. 저는 어머니와 여름방학을 함께 보낼 수 있기를 원하지만, 오호, 싸고 빠른 배는 아직 발명되지 않았어요. 아마도 20세기에 달성되어야만 하는 것 중 하나겠죠. 어머니가 혼자 있을 생각을 하면 너무 싫습니다. 오, 집에 같이 있는 부인에 대해 제가 잊어버렸네요. 어머니는 그 부인의 이름조차 말씀해주지 않고, 단지 지나가듯 언급만 하셨으니 제가 그녀에 대해 잊어버린 것도 당연하죠. 그녀가 그곳에 있다면 걱정하지 않겠어요. 그 집에 한 가족을 들일 수 있으면 좋겠네요. 하지만 우리는 돈이 부족하니 여러 개의 문을 만드는 것이 현명치 못할 수 있어요. 그래도 그렇게 한 후 집세로 곧 메꿀 수도 있겠지요. 조던 부인(루이스의 어머니)은 자기 집을 둘로 나누는 데 어머니의 경우보다 더 힘이 들었대요. 제가 집에 있으면 얼마나 좋을까요. 저의 건축 경험을 사용해 그 일을 잘 해낼 수 있을 텐데요.

우리는 테라스와 산책로와 계단을 다시 만들고 있어요. 우리 집엔 3단계의 테라스가 있는데, 매 단마다 약 10개의 계단이 있어 길에서 상당히 높이 있습니다. 우리 건물 2층에서는 이 도시의 아름다운 경관을 볼 수 있을 테고, 또 항상 산들바람이 불 거예요. 우리가 학생들과 함께 있으려면 여름 내내 실내에 머물러야 하는데, 그것도 이제는 그렇게 나쁘지만은 않을 겁니다. 저는 무디학교 친구인 번햄 박사를 기다리고 있어요.

그녀는 장로교인데 6월을 저와 같이 보내려고 중국에서 와요. 아직 내륙으로는 돌아갈 수 없다고 하네요. 원래는 지난여름에 오려 했는데 전쟁 중이라 영국 군인들을 간호하느라고 두 달을 보냈답니다. 전 그녀가 매우 값진 경험을 했다고 생각해요. 시즈 양은 이번에도 오지 못했어요. 우리를 보러 여러 번 오려 했지만 항상 방해하는 일이 생긴다는군요.

오늘은 해먼드 양의 생일입니다. 여기서 그쳐야겠어요. 수업은 끝났지만 다른 임무가 기다리고 있어요. 바쁜 것이 저한테는 좋습니다. 인생의 시련에 맥이 빠진 사람들은 대체로 일할 거리가 없는 사람들이지요.

많은 사랑을 담아

룰루 E. 프라이

1902년

이화학당
여성해외선교회 소속 여학교
서울, 조선
1902년 10월 16일

사랑하는 조지아

네가 세인트조에서 보낸 두 통의 반가운 편지를 받았단다. 네가 편안하게 긴 휴식을 취하고 5킬로그램이나 몸무게가 늘었다니 너무 기뻐. 어머니 말씀은 네가 겨우내 어려운 일을 할 수 있도록 더 잘 무장되었을 것이라 하시네. 너는 정말로 가르치는 것을 좋아하니? 아니면 그것이 너에게는 고역이니? 그나저나 엊저녁에 미니 레오노리에게서 반가운 편지를 받았어. 그녀는 열정적인 학교 선생님이야. 우리가 그저 돈을 벌기 위해서만 일한다면 대부분의 일이 고역일 거라 생각해. 하지만 너와 나처럼 우리 일에 대한, 또 인격 성장에 대한 동기가 있고 "일꾼이 그 삯을 받는 것이 마땅하여" 돈을 받는다면 모든 것이 달라 보이지.

또한 네가 집을 비운 동안 어머니가 잘 계셔서 너무 감사해. 네가 집에 없을 때 아버지가 돌아가신 생각 때문에 너도 분명히 걱정했겠지. 이틀만 지나면 너는 스물한 살이 되는구나, 그럴 수가. 내가 거의 스물두 살에 대학에 갔고, 스물네 살이 된 해의 6월에 졸업을 했지. 그때 나는 내가 꽤 늙었다고 느꼈는데 너도 그러니? 난 10년이 지난 지금도 똑같이 생각한단다.

우리는 증원을 받아 엄청나게 기뻐하며 고대하고 있어. 커틀러 박사, 홀 부인, 에드먼즈 양Margaret Jane Edmunds(1871~1945), 로빈스 양Henrietta Perry Robbins(1871~1955)이야. 선교 본부가 우리에게 남성 분들도 몇 명 보내주면 더 좋을 텐데. 그들은 스크랜튼 박사와 아펜젤러 씨의 빈자리조차 채워주지 않았어. 본부에서 가을 회의 후 뭔가 조치를 해주기를 희망하고 있어. 만약 무어 감독David Hastings Moore(1838~1915)이 고국에 계시는 동안 우리를 위해 뭔가 해주지 않는다면 나는 그가 별로 도움이 안 된다고 생각할 거야. 우리 여성해외선교회는 너무나 관대하고, 일꾼과 건물에 대한 우리의 절실한 필요에 귀 기울여주는 것 같아. 우리는 지금 평양에 큰 건물을 세우고 있어. 네 명의 여성을 위한 집이야. 또 내년에는 제물포에 집을 지을 거야. 지금 그곳의 젊은 여선교사들이 아펜젤러 부인의 여름 별장에 세 들어 살고 있어.

그저께 밤에는 도둑이 들었어. 우리 마당은 아니고 옆집 마당 주위를 서성대는 것을 학생들이 보았는데, 너무나 소란을 피우는 통에 우리 모두 잠에서 깨었어. 도둑은 레이놀즈 씨William Davis Reynolds(1867~1951)의 안경을 훔쳐갔어. 그 불쌍한 분은 안경이 없으면 꼼짝을 못 하지. 도둑이 더 많은 것을 들고 가려고 준비해놨는데 그걸 싣기 전에 겁을 줘서 쫓아내었대. 어젯밤 우리 수위가 밤새 집을 순찰했단다. 그의 자갈길 밟는 소리가 잠을 깨워 우리는 그저께에 이어서 이틀간 잠을 자지 못했어.

페인 양의 자전거가 방금 도착해서 이제 그녀는 타는 법을 배우려 해. 그녀가 탈 수 있게 되기를 희망하지만, 운동만 하면 너무나 숨이 차 하니 할 수 있을까 몰라. 그녀는 자전거를 좋아하지 않을 것 같아.

내 자전거는 힘을 거의 들이지 않아도 잘 굴러가서 너무나 즐겨 탄단다. 콜튼 양을 볼 때마다 감사 인사를 한다고 해도 나의 감사한 마음을 완전히 전할 수는 없을 거야. 나는 누가 그것을 훔쳐 갈까 두려워 극심한 공포에 사로잡혀 있단다. 자전거를 훔치는 게 유행이라 내 것을 자물쇠로 잘 채워 놓고 있어.

그레이스 쇼트의 일은 너무 안되었구나. 어떤 섭리는 그 이유를 이해하기 어려운데, 그래도 우리는 하나님이 실수를 하지 않으신다는 걸 알지. 어젯밤 나는 델라웨어에 있는 조선인인 우리 하 부인에게서 편지를 받았어. 그녀 말은 의화군이 학교를 다니느라 그곳에 있다고 하네. 그가 기독교대학에 가게 된 것이 얼마나 훌륭한 일이야! 나는 한두 번 그 사람을 만난 적이 있어. 너도 알다시피 왕세자는 많이 부족해. 그래서 왕이 죽으면 의화군이 다음 왕좌에 오를 가능성이 많아. 네가 언제 하 부인을 며칠간 벨폰테인에 초대해주면 좋겠어. 너는 그녀를 좋아할 거야. 그녀가 너와 어머니를 알게 되면 나도 좋을 것 같아. 그녀를 접대하는 건 그리 어렵지 않을 거야. 그녀의 남편은 제물포의 가장 높은 관료인 “감사”인데 그녀의 학교 경비를 모두 대고 있어.

늘 하듯이 12월 세금을 위해 50달러 수표를 동봉할게. 어머니에게 내가 구독하는 『디리니에이터』지를 1년 더 연장해달라고 부탁했는데, 차액은 매달 너의 대출금을 갚는 데 쓸 수 있을 거야. 집세로 받는 돈이 대출 이자를 갚기에 충분하니? 이것이 지금 내가 집에 보낼 수 있는 전부야. 곧 겨울 연료를 들여야 하는데 그게 너무 비싸거든. 신문에 보니 석탄 파업으로 미국에서도 석탄이 귀해질 것 같구나. 그리고 우리는 겨울 식료품을 비축하는 데도 돈이 많이 들어. 나는 필요한 것을 마련하기 위해 미리 매 분기마다 약간씩 떼어두어야지 하고 생각하지만, 또 매 분기마다 새로운 돈 쓸 일이 생기네.

어머니와 네가 잘 있기를 바라면서.
사랑을 담아
룰루 E. 프라이

1903년

제물포, 조선
1903년 9월 4일

사랑하는 어머니

저는 방학 중입니다. 조세핀과 월요일에 이곳에 와서 내일인 토요일에는 집에 갈 예정입니다. 이곳 여주인이 지난 토요일에 일본으로 출발했는데, 그들이 여기 있는 것처럼 우리를 접대하라는 지시를 하인들에게 남겨놓고 가서 극진한 대접을 받을 수 있었어요. 이들은 최선을 다하여 우리에게 기름진 땅에서 난 것을 먹이고 있어요. 즉 힐먼 양의 정원에서 난 옥수수, 콩, 토마토, 양배추 그리고 감자 같은 것을 말이죠. 그들은 창고 열쇠까지 우리에게 주면서 필요한 것이 있다면 무엇이든 가져가라고 해요. 우리가 여기를 방문하는 것보다 그들이 서울로 우리를 방문하는 일이 더 많다나요. 하지만 물론 그들의 물건을 마음대로 가져다 쓰지는 않았어요. 우리는 통조림 고기와 버터, 우유, 그리고 많은 양의 빵과 케이크를 가져갔는데, 우유와 버터는 우리 것이 떨어져서 그들의 창고를 이용해야 했어요. 앨리스와 밥Robert Arthur Sharp(1878~1906)(즉 샤프 씨 부부)이 수요일에 와서 오늘 아침까지 우리와 함께 묵었어요.

여기 베란다에 앉아 편지를 쓰면서 배가 가득 들어찬 항구를 보며 기분 좋은 바닷바람을 즐기고 있어요. 내륙으로 40킬로미터 떨어진 곳에 있는 서울에서는 우리가 보지 못하는 것이죠. 400미터가량 되는 선로 구간을 기차가 하루에 열두 번씩 왔다 갔다 다니는 것이 보이니 볼거리도 있지만 약간의 단점도 있어요. 우리는 아직까지 잠을 푹 자지 못했답니다. 낮에는 기분 좋은 미풍이 불지만 밤에는 거대한 폭풍이 지나가는 소리에 창문이 덜거덕거려 깊이 잠자는 것이 불가능해요. 장마철이 아직 끝나지 않아 어젯밤에는 끔찍한 폭풍우를 맞았답니다. 이 집의 외벽은 이중 벽돌로 되어 있는데, 그래도 빗물이 벽돌 사이로 들어왔어요. 집 앞쪽에 있는 밀러 양Lulu Adelia Miller(1870~1958)의 방은 올봄에 아름답게 도배를 했는데 이번 장맛비로 엉망이 되었고, 모든 것이 축

축하고 곰팡이가 피었어요. 저는 이번 가을에 낄 장갑이 없을까 봐 걱정이에요. 제 옷에 맞추어 어머니가 보내주신 푸른색 가죽 장갑을 조심스레 햇볕에 말렸어요.

우리 학생 하나가 이곳에 있는 매일학교에서 일을 시작하는 것을 돕기 위해 이틀 동안 아침마다 시내로 갔어요. 우리 이화 여학생이 젊은 제물포 남자와 결혼했는데, 그래서 이곳 부인들이 자기네 매일학교 선생님으로 그녀를 쓰려 하고 있거든요. 제가 조선에 처음 왔을 때 그녀는 작은 어린아이였지요. 우리가 하는 것과 너무나 꼭 같이 그녀가 학생을 가르치고 훈육하는 모습을 지켜보니 너무 재미있어서, 저는 페인 양에게 우리의 대리인이 우리를 대신해 가르치고 있는 것 같다고 말했어요. 우리가 우리의 예전 선생님을 따라 하고, 이제 우리 학생들이 우리를 따라 하네요. 이렇게 세상이 한 세대에서 다음 세대로 계속되나 봅니다. 우리가 항상 모든 학생들에게 깊은 인상을 줄 수는 없습니다. 어제 한 학생을 그 아버지에게 보냈는데, 그 아이에게는 어떠한 가망도 보이지 않았기 때문이에요. 그래서 다른 학생들을 위해서도 우리는 그녀를 보내는 것이 최선이라고 생각했어요. 여러 해 동안 시간과 돈을 들인 학생을 내보내야 한다는 건 실망스러운 일입니다.

우리 학교는 다다음 주에 개학하니 다음 주에는 준비를 시작해야 할 듯해요. 이번 가을에는 학생 수가 그리 많지 않을 것 같아요. 우리는 외부에서 의복을 제공받을 수 있는 학생만 받는다는 원칙을 두기 때문에 처음에는 그렇게 많은 학생이 오지 않겠지요. 사람들이 우리가 이전에 의복을 제공했다는 사실을 잊어버리기 전에는 아이들을 보내는 데 시간이 걸릴 것이라 생각합니다. 사실 그들은 자신들의 권리를 사취당했다고 느끼는 것 같아요. 우리가 일터에서 어떤 문제를 겪는지 미국에 계신 분들은 상상도 못 하실 겁니다. 우린 이들에게 자활 의지를 일깨우기 위해 애쓰고 있어요.

제 펜에 잉크가 떨어졌네요. 조지아가 다시 학교로 돌아갔나요? 그 아이의 여행에 관해서는 아직 어떤 말도 듣지 못했어요. 상세하게 듣고 싶군요.

남장로회와 남감리회가 이번 달에 연례 회의를 여기서 가질 예정이라 서울은 곧 매우 바쁠 것입니다. 북장로회는 9월 9일에 평양에서 모임을 시작합니다. 무어 감독이 모든 회의에 다 참석하고 나서 로스앤젤레스에서 모이는 5월 정기 총회에 맞추어 고국에 갈 수 있도록, 우리는 다음 회의를 2월 17일(맙소사!)에 할 것입니다.

서울, 9월 5일 토요일

어젯밤 집으로 가야겠다는 생각이 들었어요. 결국 누구든 자기 침대가 최고이지요. 기선이 오늘 떠나는데 제가 너무 늦어져서 그걸 잡을 수 있을까 걱정이지만, 시간 내에 편지를 보내볼게요. 조지아의 반가운 편지가 저를 기다리고 있네요.

당신의
룰루

~ ~ ~

이화학당
여성해외선교회 소속 여학교
서울, 조선
1903년 9월 12일

사랑하는 어머니

제 앞에 있는 어머니의 8월 10일 자 편지가 두 배는 반가워요. 로리 양이 어머니와 조지아가 다 잘 있다고 써준 친절한 편지가 지난 마지막 우편물에 왔지만 집에서 온 편지는 없었거든요.

어머니는 행간을 읽으시나 봅니다. 제 편지가 그렇게도 우울한가요? 더 잘 지내도록 노력할게요. 오늘 밤 두 가지 이유로 답신을 급히 보냅니다. 내일 우편이 나가니 어머니는 비교적 최신의 편지를 받으실 수 있을 거예요. 게다가 월요일부터는 학교가 시작하니, 아마도 제가 다음 주에는 너무 바빠 바로 편지를 보내긴 힘들 것 같아서요.

방금 베링해협 밑으로 터널(2,000만 달러)을 놓는 것에 대한 논의가 진행되고 있다는 기사를 읽었어요. 제가 이번에 시베리아를 경유하여 집으로 가면 다음번에는 아마도 더 짧은 철로가 완성될지도 모르겠네요. 바다를 전혀 건너지 않고 간다고 생각해보세요! 조지아는 바다가 괜찮다고 하더군요. 멀미를 전혀 하지 않는 사람이 있지요. 어머니와 저는 토하기도 잘하니 거친 바다를 견디어내기 힘들 거예요.

로라가 저에게 편지를 쓴다니 너무 기뻐요. 그녀의 편지는 기다릴 가치가 있어요. 하지만 거의 2년을 이미 기다렸네요. 그녀가 너무 많은 우표를 낭비할까 봐 걱정이 돼요. 그녀의 마지막 편지는 거의 우리 보고서 크기의 봉투에 접지도 않은 채 들어 있었죠.

그래요, 모리스 부부[17]는 아마 이틀 전에 결혼했을 거예요. 그들이 23일쯤에는 우리 집에 들를 거라 생각합니다.

저와 페인 양에 대해서는 걱정하지 마세요. 우리가 삶의 방식을 그렇게 급진적으로 변화시키기에는 너무 나이가 들었다고 생각해요. 결혼을 한다면 서른 살 전이 좋겠지요. 만약 제가 1년에 1,000달러씩 연금을 받는다면 여생을 어머니와 신문을 보며 함께 보내는 것보다 더 좋은 건 없을 것 같아요. 하지만 오호, 우리가 우리 앞으로 재산을 남겨줄 부자 친척이 없네요.

정치적으로 모든 일이 현상 유지를 하고 있습니다. 러시아와 일본은 타협하게 될 것 같아요.

우편을 내보내야 할 시간이라 이만 줄입니다. 이 편지가 닿을 때 어머니와 조지아가 행복하고 평안하기를 바라요. 오늘 밤 어머니를 잠시라도 볼 수 있으면 얼마나 좋을까요.

많은 사랑을 담아

당신의

룰루 E. 프라이

걸을 순 있지만 발목이 심하게 부어 여전히 붕대를 감고 있어요. 오늘 밤이 제가 넘어진 지 일주일째 되는 날이네요.

17 찰스 모리스와 클라라 오길비 모리스Clara Louise Ogilvy Morris(1881~1943).

1904년

129 W. 처치 스트리트, 어바나
1904년 1월[18]

소중한 에미 아주머니

최근에 아주머니와 가족들이 제 마음에 많이 자리 잡고 있어서 언제 한번 편지를 써야지 하고 생각하고 있었어요. 최근 동양에서의 전쟁 가능성에 대한 소식을 들으며 룰루가 괜찮을지 초조해하고 있습니다. 룰루에 대해 아주머니가 아시는 것을 저도 알고 싶습니다. 전쟁이 나면 그녀가 집으로 돌아올 것인지 등에 대해서요. 두 달 전에 그녀에게 편지를 썼는데 최근에는 아무 소식도 듣지 못했어요. 룰루의 일에 관해 클럽에 글을 기고하셨나요? 아주머니가 여기 계실 때 그런 글을 요청받았다고 말씀하셨지요. 그렇다면 그 글을 우리 선교 지회에서 제가 읽어도 될까요? 한두 달 상간에 전해 받을 수 있을지요? 혹시 어렵다면 아주머니의 선교 지회에서 읽은 그런 종류의 글이 있나요? 그거면 충분해요. 우리 지회장은 제가 아주머니에게서 그런 종류의 글을 받아주었으면 하고 간절히 바라고 있어요.

아주머니가 편안하시기를 바라요. 날씨가 괜찮아서 아주머니와 조지아에게 크리스마스 주간에 내려오라고 떼를 쓸 수 있으면 좋겠습니다. 애니 언니는 늘 그렇듯 여기 오지 못했어요. 짧은 휴가와 여행 경비 문제 때문에 집에 머물러야 했죠. 언니는 웨스트버지니아주 교육청에서 일을 하나 받았는데, 세인트루이스에서 열리는 웨스트버지니아 학교 전시 준비를 보조하는 시교육청 일이라고 해요. 제가 알기론 그 비슷한 일인 것 같아요. 지난여름에도 기관의 일을 꽤 했는데 신문에서 읽은 바로는 매우 성공적이었습니다. 이 일이 조지아의 관심을 끌 수도 있겠네요.

오늘 벨폰테인에서 해럴드 에머슨과 스미스 씨란 분이 메리를 만나러 왔어요. 저

---

18 사촌 내니가 프라이의 어머니에게 보낸 편지.

는 그들을 보러 가지 않았는데, 그들이 떠나고 나서야 해럴드 에머슨 씨를 만나러 가지 않은 것이 후회가 되더군요. "온화한 봄"이 오고 객차가 다시 다니면 아주머니와 제가 서로 더 자주 볼 수 있기를 바라요. 며칠 전 시골의 제러드 씨 댁에서 열린 저녁 파티에 간 사람 중에 메리도 있었어요. 그곳을 마사가 방문했었죠. 제러드 부인은 디킨슨 가문 출신이라 했던 것 같아요.

우리 모두 잘 있어요. 하지만 더 따뜻한 날씨가 찾아오길 바라고 있지요. 제가 부자여서 부엌에서 많은 시간을 보내지 않았으면 좋겠어요. 날씨가 정말 추웠죠? 조지아에게 제 사랑을 전해주시고, 시간이 나면 저에게 답장해주세요. 저는 많은 소식을 접하지 못합니다. 추위 때문에 이번 겨울은 집에서만 머물러 있었고, 간혹 아이들의 친구들이 방문해주었어요.

사랑을 담아
내니 드림

이화학당
여성해외선교회 소속 여학교
서울, 조선
1904년 1월 2일

사랑하는 어머니

전쟁에 관한 소문이 어머니에게 닿았는지, 그래서 어머니가 초조해하시는 건지 궁금하네요. 우리는 나날이 숨죽이며 다음에 무슨 일이 일어날지 알고 싶어 합니다. 어떻게 조선이 자신의 독립을 유지할 수 있을지 저는 알 수 없기 때문에, 마치 소중한 친구의 임종을 함께하는 느낌입니다. 일본은 군대를 상륙시켰고, 엄청난 양의 물자를 비축하고 있습니다. 미국 경비대 150명 정도가 곧 마닐라에서 도착할 것입니다. 불쌍한 사람들. 따뜻한 마닐라의 기후를 즐기다가 오면 우리를 보호하는 일이 추운 작업임을 알게 되겠지요. 우리에게는 어떤 문제도 있을 것 같지 않지만, 단지 고통받을 불쌍한 조선인들이 안타까울 뿐입니다. 전쟁 기간에는 모든 것이 비쌀 테고 일자리는 거의 없을 것입니다. 우리는 창고를 거의 가득 채웠는데, 그래도 얼마간은 어려울 수도 있으니 쌀과 나무를 더 들여오고 있습니다.

많은 전투 없이도 전쟁은 끝날 것이라 생각합니다. 러시아는 여물통 속의 개처럼 만주에 누워 있어요. 그곳에 너무 많은 자신의 이익이 걸려 있어, 조선을 일본으로부터 구하기 위해 그곳의 군대를 약화시키는 일은 하지 않을 것입니다. 러시아는 당분간 일본이 마음대로 하게 내버려둘 테고, 나중에 만주를 확보한 후에는 조선을 가지려 시도할 것입니다. 모든 것이 추측일 뿐이에요. 하나님을 제외하고는 누구도 결과가 어떻게 될지 알 수 없습니다. 이 사태는 조선의 황후인 에밀리 브라운에게 문제가 되지 않을 거예요. 그녀는 상상력이 매우 풍부한 한 기자의 머릿속에만 존재하는 인물이기 때문입니다. 사람들 말이 그 이야기는 독일에서 시작되었다고 해요. 우리 공사 부인인 알렌 부인 말은 유럽과 미국 전역에서 사람들이 에밀리에 대해 물어보고, 그 이야기가 허구라는 걸 쉽게 인정하지 않았답니다.

이 편지의 날짜를 보면 아시겠지만 어제는 새해 첫날이었어요. 우리는 많은 방문객을 맞았어요. 힐먼 양과 밀러 양도 인사하러 제물포에서 올라왔어요. 어젯밤 우리는 언더우드 박사 부부의 댁에 저녁 일행으로 초대받았어요. 샤레이드와 작은 놋쇠 물고기를 낚는 게임을 하면서 유쾌한 시간을 보냈지요. 기분 전환으로 아주 즐거웠어요. 언더우드 박사 부부는 항상 가는 해의 마지막 밤에 밤 예배를, 그리고 새해의 첫날 파티를 집에서 한답니다.

이제 우리 걱정은 하지 마세요. 알렌 박사는 매우 신중한 사람이고 저는 우리의 안위에 대해 두려움이 전혀 없습니다. 일본인이나 러시아인은 우리의 어떤 것도 반대하고 있지 않아요. 우리는 단지 약간 불편할 뿐이지만 "이방인에게 복음을 전파하기 위해 모두 감수해야 할 것입니다."

어머니와 조지아 모두 건강하고 행복하기를 바랍니다.

사랑을 담아, 당신의

룰루 E. 프라이

~ ~ ~

이화학당
여성해외선교회 소속 여학교
서울, 조선
1904년 1월 13일

사랑하는 어머니

어머니 편지를 너무 오래 기다리다 저의 편지가 늦어져서 어머니에게 쓸데없는 걱정을 준 것이 아닌가 걱정이 되네요. 지난 2주간 전쟁이 일어날 것 같은 상황이 전개되었는데, 아직은 아무 일도 일어나지 않아서 우리는 스스로 전 세계의 주목을 받는 장소에 있다는 사실도 잊어버렸어요. 만약 모든 국적의 사람들이 경비병을 데리고 온다면 모든 것이 너무 비싸져서 살 수도 없고, 식량도 바닥날 것입니다. 많은 경비병이 러시아, 미국, 이탈리아, 영국에서, 그리고 아마 프랑스에서도 왔고, 게다가 얼마나 많은 일본 군인이 평민 복장을 하고 서울로 쏟아져 들어왔는지 모릅니다. 그래서 우리는 보급품을 추가로 사들였습니다. 지난 늦가을에 캘리포니아로 주문한 금화 200달러어치 커다란 식량 꾸러미를 받았어요. 밀가루, 1년 동안 먹을 수 있는 온갖 종류의 통조림, 45킬로그램이 넘는 소금물에 담긴 버터 등이 들어 있었죠. 우리는 30킬로그램의 소고기를 염장하고 열두 마리의 닭도 손질하여 냉동해두었어요. 300개의 계란도 사고 세 상자(한 상자에 48통)의 크림도 샀습니다. 지난가을 가축 전염병이 돈 이후 우리는 소를 키우지 않아요. 감자는 68킬로그램만 상인에게서 구할 수 있었는데, 그의 말로는 적은 양으로 모든 고객에게 공급해야 한답니다. 굶어 죽을 걱정은 없고 집과 학교를 위해 우리가 쟁여놓은 장작을 보실 수 있다면 얼어 죽을 위험도 없음을 아실 겁니다. 우리는 쌀 50가마를 샀는데, 한 가마는 큰 밀가루 포대 두 개만큼 큽니다. 마른 생선 500마리도 샀고, 또 학생들을 위해 얼마나 많은 양의 콩을 샀는지 모르겠어요. 그러니 만약 우리가 포위되었다는 소식을 들으셔도 걱정하지 마세요. 우리는 수개월 동안은 굶주리지 않을 거예요. 조선이 논란의 중심에 있기는 해도 외국인에게 특별한 악의는 없으니 걱정하지 마세요. 불쌍한 조선인들은 분란에 참여하는 것이 아니라 그냥 구경하며 다음에 무슨 일이 일어나는지 지켜만 보고 있습니다. 어머니도 정치적 상황에 대해 우리만큼이나 잘 알고 계시겠지요. 현재 일본이 원하는 것은 페어플레이뿐이고, 만약 러시아가 일본이 원하는 대로 양보하면 전투는 없을 것입니다. 하지만 러시아가 그렇게 하지 않으면 일본은 타협하지 않을 것이고 의심할 여지 없이 전투가 벌어질 거예요. 저는 일본이 옳다고 생각합니다. 저는 전적으로 일본에 동정적인데, 당연히 그럴 것이 러시아는 개신교 선교사들을 용인하지 않을 것이고, 적어도 우리 일을 매우 불편하게 만들 것이기 때문입니다.

우리 모두 잘 있으며 모든 일이 평소와 다름없어요. 우리 집에는 아직도 배츨러 부인과 아이[19]가 하숙하고 있습니다. 그녀의 남편이 약 2주 후에 올 예정인데, 그다음에 그들은 남중국으로 떠난다고 합니다.

1월 14일

제가 안전하고 걱정할 필요가 없다는 것을 아실 수 있게 편지를 바로 부치려 합니다. 신문 기사에 개의치 마시고 바로 편지를 보내주세요. 기다릴게요. 12월 12일 이후 한 달간 어머니 소식을 듣지 못했어요.

많은 사랑을 담아,
룰루 E. 프라이

19 삿포로에서 활동한 영국 성공회 선교사인 존 배츨러John Batchelor(1855~1944)의 부인과 딸.

이화학당
여성해외선교회 소속 여학교
서울, 조선
1904년 1월 26일

사랑하는 조지아

토요일 우편이 12월 16일 자와 21일 자 어머니 편지 두 통을 가져왔네. 두 사람 다 잘 있다니, 그리고 내 작은 선물과 세금 용도로 보낸 50달러를 잘 받았다니 기쁘구나.

난 네가 신문에 실린 가짜 뉴스들을 보며 더 이상 걱정하지 않았으면 좋겠어. 물론 전운이 이곳을 감싸고 있지만, 기사들은 너무 과장되어 사실과는 거리가 멀단다. 우리는 내적으로나 외적으로 완벽한 평화 속에 살고 있어. 물론 우리의 작은 제국이 어떻게 될까 알고 싶어 하지. 그래도 우리 개인에게 위험이 닥칠 것이라고는 전혀 생각하지 않아.

이 편지에 200달러 금화에 해당하는 양도 증서를 넣어 보낼게. 네가 이것을 현금화하는 즉시 주택금융공사로 찾아가 우리 빚에서 차감하렴. 그렇게 하면 어머니와 네가 걱정하는 매달 상환액이 줄어들 거야. 3월에 정산이 끝나면 우리의 내역서와 내년에 매달 지불해야 할 액수를 내게 알려주길 바라. 보험료와 세금 때문에 어머니와 네가 걱정할 필요가 없도록 봄에 보험료를 보낼게. 매달 대출 상환액과 생활비가 널 지치게 만든다는 걸 알아. 빚이 우리 면전에 빤히 있는 한 우리는 어떤 것도 저축할 수 없겠지. 만약 내 계산이 옳다면 이 돈이 대출금을 500달러 밑으로 낮춰주리라 생각해. 너는 지난 3월에 우리 상황이 어떤지 내게 편지하지 않았지.

우린 학교 일도 걱정이 산더미야. 하지만 어쨌건 일은 진행되고 있어. 학교에 새 선생님이 왔는데 잘하고 있는 것 같아. 기관지염에 걸렸다가 점차 회복되고 있는 학생 하나만 제외하고는 우리 학생들도 모두 수업을 듣고 있어. 매일 아침 기온은 영하 5~10도 정도로 무섭게 추워. 어머니 말씀이 거기도 역시 춥다면서? 나는 메리 밀러에게 긴 편지를 써서 토요일에 부쳤는데, 이 편지가 닿기 전에 그녀가 먼저 받는다면 아마도 너에게 그 편지를 읽게 할 것 같구나. 레나 콜튼은 약혼했니? 지난번 네 편지에 그들이 그녀의 결혼을 내키지 않아 한다고 썼지? 조한트겐이라고 네가 말한 것 같아.

그들은 화해했니? 어머니가 접시 깔개를 좋아하셨다니 기쁘네. 일본인들은 섬세하게 만들지. 네가 동양 스타일의 베갯잇을 좋아하리라고 생각했어. 네 취향을 그렇게 잘 알지는 못하지만 말이야.

마사가 좋은 학교 교육을 받아 기쁘구나. 그랜트와 헬렌이 나중에라도 도시의 학교에서 교육받을 기회가 오면 부끄럽지 않도록 너무 뒤떨어지지 않았으면 해. 그 아이들은 내게 거의 편지를 쓰지 않는구나. 내 잘못인가? 마지막 편지를 마사에게 쓰고 그다음 것을 헬렌과 그랜트에게 쓴 것 같은데.

페인 양과 나는 『외교관 부인의 편지』라는 책을 흥미롭게 읽었어. 그 책은 궁중 생활과 풍습에 대해 잘 묘사하고 있어. 『네 개의 깃털』 이후로 그만큼 재미있는 이야기책은 읽어본 적이 없구나.

플로렌스가 회복되었기를 바라. 그녀가 얼마나 아팠는지 어머니가 편지에 쓰셨어. 결혼 생활은 고된 것이야. 이 작은 여인이 가진 아이에 대한 걱정들이란. 어젯밤 페인 양에게 나는, 주님이 우리를 어머니로서 가져야 할 걱정들로부터 모면하게 해주셨다고 말했지.

몇 개의 우편물이 방금 도착했어. 에타 스네이에게서 긴 편지가 왔네. 그녀의 소식을 들은 지 1년 이상이 지났구나. 로라가 오래전에 약속한 편지는 아직 오지 않았어. 그녀에게 내가 아직 기다리고 있다고 말해줘.

많은 사랑을 담아

룰루 E. 프라이

이화학당
여성해외선교회 소속 여학교
서울, 조선
1904년 2월 2일

사랑하는 어머니

어젯밤 우편으로 어머니의 크리스마스와 새해 편지들이 왔어요. 하나는 조지아가 시작했는데, 분명 그 아이가 편지를 잘 쓰려다가 중간에 싫증을 내자 어머니가 마무리 하신 것 같네요. 며칠 전 저는 메리에게 별로 재미없는 편지를 보냈어요. 그녀가 제게 보내준 편지에 대해 얼마나 감사하는지 알려주려고 몇 페이지를 쓸 수밖에 없었죠. 지난주에 조지아에게 편지를 보내면서 200달러 수표를 동봉했는데, 그것이 주택금융공사에 안전하게 입금되었는지 알려주세요. 그걸 알기 전까지는 초조할 것 같습니다. 그 200달러는 어머니가 알려주신 수치에 따르면 이자로 갚을 돈에서 200달러를 깎는 것입니다. 돈을 빌려서라도 모두 갚고 싶은데, 그렇게 되면 바울의 돈을 갚으려고 베드로를 등치는 격이 되겠지요. 작년에 어머니가 넣은 돈과 이 200달러를 합치면 빚이 500달러 정도로 줄어들 것입니다. 2년 전 어머니가 알려주신 수치로 계산한 거예요. 제발 계좌의 내역서를 반드시 제게 보내주세요. 물론 제가 직접 송금할 수도 있었지만, 저는 제 가족을 통해서 필요한 일을 처리하고 싶습니다.

새 옷을 입고 모자를 쓴 조지아는 얼마나 예뻐 보일까요. 그 아이의 모습을 볼 수 있으면 좋겠어요. 조지아가 베갯잇을 좋아하고 어머니가 접시 깔개를 좋아하셨다니 기뻐요. 달러는 무엇보다 유용하지만 제가 부탁드린 어머니와 조지아의 사진은 두 사람이 사진관에 가서 포즈를 취하지 않으면 살 수 없는 것이지요. 제 생일날 그것을 고대할게요. 올해 생일에 주시면 좋겠어요. 내년에는 하나님이 허락하시는 한 두 사람 다 얼굴을 마주볼 수 있게 될 테니까요. 그나저나 유럽 여행할 때 입을 드레스는 최신식이면 좋겠어요. 그러니 제가 말씀드릴 때까지는 주문하지 마세요. 물론 우리가 내년이라도 갈 수 있을지, 먼 훗날의 일은 모르는 거지요. 만약 여름 모자를 받는다면 다른 것은 필요 없을 것 같아요. 모자는 참 보내기 힘들지요. 힐먼 양의 어머니가 그녀에게 모자를 하나 우편으로 보냈는데 우편요금이 금화로 2달러 들었답니다. 이번 봄에 스미스 현금 가게에서 누가 주문을 넣는지 제가 알아볼게요. 만약 있으면 어머니가 모자를 사서 캘리포니아에 특급으로 부쳐주세요. 그러면 다른 사람의 상자로 올 수 있을 거예요.

페인 양은 이번 주 내내 독감으로 아팠는데 오늘 방에서 내려왔어요. 오늘은 너무 맑은 날이라 성촉절 마못이 겨울잠에서 깨어 자기 그림자를 분명히 보았을 거예요. 정치적 상황은 한 달 전과 크게 달라진 것이 없어 보여요. 걱정하지 마세요. 이런 식으로 무한히 갈 수도 있어요. 왜냐하면 러시아는 시간을 벌려는 듯이 보이고 일본도 마음먹은 대로 할 수 있는 것 같아 보이지는 않거든요.

피어스 양에 대한 글이 『리퍼블리칸』지에 실렸다니 무슨 일이에요? 그 남자는 선교사가 아니라 영국 해외성서공회의 대리인인데 봉급은 비슷하게 받아요. 피어스 양보다 세 살 정도 어린 스코틀랜드 출신의 젊은 남자이고 수수하고 지극히 평범하게 생긴 남자예요. 그는 그녀에게 헌신적이었고 그 둘은 행복한 한 쌍이 될 거라고 믿어요. 그래요. 시카고 화재에 대해 들었어요. 기도 주간 중 어느 날, 어떤 이가 자신이 받은 국제 전보에 대해 이야기해주었죠. 끔찍하지요!

곧 그리고 자주 편지 쓸게요.

사랑을 담아
룰루 E. 프라이

이화학당
여성해외선교회 소속 여학교
서울, 조선
1904년 2월 6일

사랑하는 어머니

어제 아침 생각지도 않은 어머니의 1월 5일 자 편지를 받았어요. 어머니가 저에 대해 지나치게 걱정하시지 않아 너무 기뻐요. 매일이 좀 더 전쟁 같은 상황이지만 저는 전혀 겁나지 않아요. 물론 그들이 궁을 차지하려 하고 그것에 대한 저항이 일어난다면 우리는 불꽃이 튀는 현장을 목격할 수 있는 최적의 자리에 위치하고 있습니다. 하지만 우리 주위로는 여러 국가들의 국기가 에워싸고 있으니 상당히 안전하다고 생각합니다. 지구상의 모든 지역에서 온 기자들이 벌떼처럼 들끓고 있고, 아주 작은 진실만이 신문 지면에 실리고 있으니 읽는 것을 모두 믿지 마세요. 연례 회의를 할 수 있을지는 전혀 모릅니다. 이 점이 감독님을 겁나게 하겠지만, 남북전쟁을 겪은 늙은 참전용사는 아직 기권할 기미가 보이지 않네요. 저는 왜소한 일본인들이 대단하다고 생각하지만 그래도 이 전쟁은 거대한 일입니다. 분명히 다른 나라들이 일본을 도와 이 공동의 적에게 굴욕감을 줄 것입니다. 조선 정부는 러시아에 매수되었고, 그 결과 친러시아 성향을 띠고 있어요. 육지전이 일어날 경우 러시아가 마음대로 쓸 수 있는 조선 군인의 수는 약 1만 5,000명입니다. 이 점은 상당히 우려스러운데, 그래도 저는 일본이 우세하리라 생각합니다.

어머니가 『디리니에이터』지에 대해 분명하게 말씀해주셔서 다행이에요. 즉시 출판사로 가서 벡 씨Stephen Ambrose Beck(1866~1941)에게 내년에 저를 위해 『디리니에이터』, 『석세스』 그리고 『S. S. 저널』지를 주문해달라고 했어요. 하지만 클럽을 통해서는 그 잡지들을 받을 수 없어요. 돈에 대해서는 걱정하지 마세요. 바로 길 건너 "서울 연합"에 가면 영국과 미국의 가장 인기 있는 잡지들을 접할 수 있어요. 어떤 분이 친절하게도 저에게 『리뷰 오브 리뷰스』지와 『레이디스 홈 저널』지를 보내주고 있어요. 그리고 제가 한번 편지를 보냈던 델라웨어에서도 편지가 왔는데, 거기 지회에서 저에게 『아웃룩』지를 보내주겠다고 하네요. 페인 양도 교회 신문 외에 여러 종류의 신문을 구독해요. 우리의 독서가 다른 오락을 대신하고 있네요. 우리 독서 클럽이 제 생각에는 이곳에서 가장 훌륭한 것이에요. 페인 양과 저는 합해서 5엔, 즉 각자 1.25 금화를 지불하는데, 매주 또는 열흘 주기로 새 책을 빌려 읽을 수 있어요. 우리는 얼마 전 『외교관 부인의 편지』를 다 보았고, 이제 『동양에서의 미국 외교』를 빌렸는데 둘 다 저에게는 무척 흥미로웠어요. 두 책 다 매우 비싼 책입니다. 이런 식으로 가장 최신 서적을 매해 50권 정도 읽어요.

리처드네 딸들이 어머니와 함께 있다니 기뻐요. 어머니가 왜 이웃들에 대해 자주 이야기하지 않는지 궁금하네요. 조지아가 밤에 없을 때는 집에서 누군가가 어머니와 같이 있다는 것을 알아서 더 안심이 되네요. 제가 집에 돌아가면 아직 풀러 아저씨가 정정하게 살아 계신 걸 볼 수 있겠지요. 그의 활력은 놀라워요. 이전에는 아저씨가 할아버지처럼 탄탄하게 보이지 않았어요. 누가 더 나이가 많나요? 아저씨가 할아버지 돌아가셨을 때의 그 나이 아닌가요? 어머니가 조지아와 저를 위해 할아버지와 할머니들의 성함 및 출생지 목록을 만들어주셨으면 해요. 예를 들어 미국에서 프라이 가문을 시작한 두 분의 이름, 그리고 독일 어디에서 그들이 왔으며, 그 가문의 어느 가지에 우리가 속하는지 같은 거요. 전체 가문 족보까진 아니더라도, 우리 선조들에 대해 다만 조금이라도 알고 싶어요. 저는 우리 양쪽 조부모님의 성함도 모르고 있으니 증조부와 고조부대는 물론 더 모르죠. 오래지 않아 물어볼 사람이 아무도 안 남아 있게 될 거예요. 칼톤 켈시가 죽었는지 어머니는 저에게 알려주지 않으셨어요. 어머니가 소식을 들을 참이었고, 그다음 편지에서 알려주겠다고 약속하셨는데 언급하지 않으셨죠. 아버지 형제 중 남은 유일한 사람은 에드 삼촌뿐이지요. 자신의 친지가 모두 죽어가는 것을 지켜보는 건 끔찍한 느낌이고 너무나 외로운 감정을 갖게 합니다.

캐머런 존슨에 대해서는 제가 아는 것을 모두 말씀드렸다고 생각해요. 캐머런 존슨이 자기 사촌인 렌 부인에 대해 제게 이야기해주었죠. 어느 오후에 우리는 그들을 티타임에 초대했어요. 그들은 학교를 보고 싶어 했는데, 일본으로 돌아가기 위해 급히 짐을 싸느라고 올 수 없다는 메모를 보냈어요. 그는 선교사들의 선교사인 셈이죠. 그와 그의 부인은 우리를 위해 고베에서 쇼핑이라도 해주고 싶어 할 만큼 친절했어요. 어머니가 언급한 옷감은 약간 두루마리 망사 같지 않아요? 그건 일본제입니다. 루이스 오길비 모리스 부인의 웨딩드레스가 그 감이었는데 드레스는 아름다웠어요. 그녀는 귀국할 때 그 감과 속치마용으로 일제 흰 실크를 사 가지고 가서 미국에서 옷을 만들었죠.

저는 그보다 더 멋진 웨딩드레스를 본 적이 없어요. 그 망사는 두루마리 단위로 살 수 있는데, 폭이 50센티미터 정도 돼요. 우리는 시폰이 없을 때 그것을 모자 테두리로 사용해요. 그것이 훨씬 빳빳하니까 시폰을 대신할 수는 없지만 그래도 어쨌건 예뻐요. 저는 질레트 부인Bertha Louise Allen Gillett(1875~1962)을 아직 방문하지 않았어요. 제가 방문하게 되면 어머니에게 그들의 작은 집과 그밖의 것들에 대해 모두 말씀드릴게요. 그녀는 갈색 머리의 아담하고 얌전한 여성이고, 남편은 키가 크고 금발이에요. 매우 멋있게 보이는 한 쌍이죠. 저는 그녀를 여러 번 만났어요. 질레트 씨Philip Loring Gillett(1872~1938)는 매우 재미있어요. 그는 제게 부인을 소개할 때, "제 안사람이 당신의 친척뻘입니다"라고 말했어요. 여기 외지에서는 자기가 아는 누군가를 아는 사람을 아는 것만으로도 유대가 형성되곤 하지요.

에타 스네이가 어머니가 말씀하신 로라에 관한 기사를 오려 보내주었어요. 그런 방식으로 오명을 떨치는 것을 저는 좋아하지 않지만, 그건 정말 로라답군요. 미드 씨는 너무 성격이 좋아요. 오늘 저는 로라에게 쪽지를 쓰려고 합니다. 오늘이 그녀의 생일이거든요. 그녀는 이런 식의 짧은 메모를 여러 개 받았을 텐데 여전히 아무 대답도 없군요.

오늘은 토요일입니다. 다음 주에 수업을 하고 그다음 3주간은 새해 방학이에요. 연례 회의가 우리 학교 일에 관한 한 편리한 시간에 열려서 좋네요. 무어 감독이 언제 이곳에 오는지는 확실히 모르지만, 회의의 시작일은 2월 17일입니다.

오늘은 너무나 아름답고 맑은 날입니다. 우리는 1월의 해동기를 맞고 있나 봐요. 하지만 항상 그렇게 느끼다가 3월이면 다시 추워지지요. 페인 양은 독감을 잘 이겨내었어요. 저도 말라리아를 제외하고는 괜찮아요. 어제 체온이 37.8도였는데 오늘은 재지 않았네요. 제 혈액에서 열병을 제거하려면 사랑하는 미국 땅이 필요한가 봐요.

제가 조지아에게 보낸 200달러를 받으셨겠지요. 저는 한번에 빚을 모두 다 갚을 수 있도록 저축도 하고 돈을 빌리기도 하려고 했어요. 그것이 저의 야망이었는데 이 전쟁 때문에 (일본) 은행에 있는 저의 작은 돈 전부를 잃을까 두려워졌어요. 그래서 그 정도만 먼저 갚을 생각을 했고, 제가 할 수 있을 때 다시 얼마를 더 지불할게요.

오늘은 여기서 줄여야 해요.

조지아에게 작은 메모를 쓸게요.

당신의 룰루

~ ~ ~

이화학당
여성해외선교회 소속 여학교
서울, 조선
1904년 2월 12일

사랑하는 어머니

어제로부터 일주일 전에 어머니에게 편지를 썼어요. 편지가 나간 뒤 저는 그 배가 마지막 기선이고 앞으로 언제 재개될지 모른다는 것을 알게 되었어요. 그 이후 어떤 배도 들어오거나 나가지 않았고, 어머니도 이미 아시겠지만 우리는 거대한 전투의 한가운데 있어요. 해전이 9일에 제물포에서 있었어요. 두 척의 러시아 전함과 한 척의 여객선이 소실되었어요. 항만 밖에서 전투를 한 후 폭격을 맞은 러시아 배들은 고장이나 안쪽으로 들어왔는데, 일본에 나포되느니 없애버리는 게 낫겠다고 판단했는지 두 척은 폭파하고 세 번째 배에는 불을 질렀어요. 같은 날 일본 함대는 포트 아서로 가서 러시아 함대를 포격해 한번에 네 척의 전함과 세 척의 순항선을 무력화시켰어요. 후에는 아홉 척이 심하게 부서졌다고 들었어요. 그러고 나서 그들은 그 도시를 폭격했지요. 제가 2년 전에 그곳을 방문했을 때 어머니에게 묘사했듯이 멋지게 요새화된 포트 아서를 말이죠. 그들이 어떻게 그런 일을 해냈는지 알 수는 없지만 상당히 많은 사람을 죽였고, 아마도 그곳에서 거둔 일본의 다른 승전에 관한 소식도 곧 들려올 것입니다. 일본은 만주로 진출하려는 의도 같습니다. 러시아 공사관은 오늘 국기를 게양하지 않았고 오늘 밤 그곳은 어두울 대로 어둡습니다. 우리는 그들이 떠날 준비를 하는 것을 보았습니다. 일본은 그들에게 호위대 그리고 오늘 제물포로 가는 특별 열차를 제공했고, 거기서 프랑스 전함이 포트 아서로 그들을 실어갑니다. 얼마 전 전투가 벌어졌을 때 우리는 분명히 대포 폭발음을 45킬로미터나 떨어진 이곳 서울에서도 들을 수 있었어요.

무어 감독이 타고 온 러시아 배는 항만에서 불탔고, 그는 우리 집에 머물러야 할 것 같았는데 작은 통통배 한 척이 내일 일본으로 출항한다는 소식을 듣고는 그것을 타고 가기로 했어요. 그가 이 편지를 친절하게도 일본으로 갖고 가서 어머니에게 부쳐주겠다네요. 우편물이 빨리 들어오기를 바라요. 평상시대로 편지를 써주세요. 아마도 일본에서 편지들이 묶여 있겠지만 언젠가는 들어올 거예요. 기선이 들어왔는데 집에서 온 편지가 없다면 저는 너무 실망할 거예요. 우리는 연례 회의를 단 하루만 했는데, 제물포에서 온 우리 손님들이 며칠 우리와 머물다가 오늘 오후에 떠나요.

우리는 학생들을 집으로 보내지 않기로 결정했어요. 부모들이 이런 불안한 시기에 아이들을 아무에게나 결혼시켜버려 그들에 대한 우리의 모든 노력이 허사로 돌아갈까 두려워서요. 우리는 안전하리라 생각합니다. 우리가 포위되어 있긴 해도 식료품 보급량이 충분하고, 만약 떠나야만 한다면 미국 선박들이 우리를 데려갈 수 있으니 한순간이라도 걱정하지 마세요. 일본이 계속해서 승리하면 전쟁은 곧 끝나겠지만 물론 이 첫 충격 후 러시아는 깨어나겠지요. 일본에 두려움을 가져야 할 일말의 가능성에 대해서도 러시아는 이전에 인식하지 못했지요.

이제 마쳐야겠어요. 편지가 오지 않더라도 제게 어떤 일이 생긴 게 아닐까 염려하지 마시고, 단지 제 편지를 실어 나를 배가 없다고만 생각하세요.

사랑을 듬뿍 담아

당신의

룰루 E. 프라이

이화학당
여성해외선교회 소속 여학교
서울, 조선
1904년 2월 20일

사랑하는 어머니

제가 안전하고 행복하다는 것을 알려드리려고 짧은 안부 전해요. 고요한 우리 집 안에 있을 때는 우리가 전쟁 한가운데 있다는 것을 인식할 수 없지만 "일본인 시가지"로 가서 긴 행군을 위한 준비를 마친, 군장을 꾸린 군인들이 북쪽으로 출발하는 것을 볼 때면 전운을 느낍니다. 전투는 아마도 압록강을 끼고 만주와 조선 사이의 국경에서 벌어질 것입니다. 일본군이 어느 정도 밑으로 물러날 수 있다는 이유로 알렌 박사는 모든 선교사들과 광산업자들의 가족에게 평양으로 내려오도록 명령했어요. 새로이 전개되는 국면을 보아야 그들이 서울까지 내려와야 할지 알겠습니다. 희망사항입니다만 압록강 이쪽에는 보급품이 없으니 러시아군이 우리 쪽으로 내려오지는 않을 것입니다.

제가 집에 남겨놓은 커다란 지도를 보시면 가운데 붉은 점이 서울이고, 북쪽으로 두 개의 도道를 지나 나타나는 강에 ❀ 모양으로 표시된 평양이 위치하고 있어요. 아직까지 강과 바다가 얼어 있어 해안가에서 반쯤 서울 쪽으로 내려온 곳에 위치한 해주 너머로는 선박이 갈 수 없어요. 그래서 어머니도 보시다시피 우리 사람들은 실질적으로 얼음에 갇혀 있는 셈입니다. 몇 주 더 지나면 배가 그 너머까지 갈 수 있겠지요. 만약 지금처럼 사태가 심각해 보이면 미국 선박 중 하나가 그들을 데려오거나 상하이로 데려갈 것입니다. 알렌 박사가 우리에게 먹을 입이 더 많아지면 비축된 식량이 부족할 수 있다고 걱정하기 때문입니다. 그쪽에 있는 선교사 중에는 스물세 명의 여성과 서른 명의 아이들이 있습니다. 서울에 있는 세 개의 식료품 가게 선반들이 매우 빈약해 보이기 시작합니다. 어제 우리는 피난 오는 사람들과 어떻게 식량을 나누어야 할지 걱정되어 더 많은 식료품을 샀습니다. 송도 쪽 사람들, 즉 남감리회 교인들은 서울로 소환되었고 조선의 동쪽 해안에 있는 원산 선교사들은 일본으로 가라는 명령을 받았어요.

저는 일본이 승리할 수밖에 없다고 생각하지만 곰곰이 생각해보면 러시아 군인들이 끊임없이 시베리아를 건너오고, 러시아의 보급품도 무한대로 공급될 가능성도 보입니다. 일본은 훨씬 유리하게도 잘 훈련된 군대를 갖고 있는데, 반면에 러시아의 제도는 곪아 있다고 하네요. 얼마나 오래 걸릴지 누가 알겠어요? 저는 내년이나 그 전에 집에 갈 수도 있겠지요.

전쟁 이야기 말고는 쓸 것이 없군요. 우리는 전쟁에 대한 소식 외에는 아무것도 듣지 못합니다. 우리 불쌍한 백성들이 얼마나 고통을 받을지요! 이제 작별 인사를 할게요. 며칠마다 저는 기선을 잡을 수 있을까 하고 편지를 씁니다. 하지만 편지가 오지 않더라도 걱정하지 마세요. 수송선이 왔다 갔다 하지만 기선은 보이질 않습니다.

어머니와 아이들 모두에게 사랑을 보냅니다. 마사의 편지가 2월 14일 그 아이 생일에 제게 도착했어요.

당신의
룰루 E. 프라이

추신.

어머니가 마지막 수표를 받아서 입금했다는 소식을 듣기 전에는 수표를 보내지 않을 생각입니다. 조지아에게 보낸 수표 말입니다.

이화학당
여성해외선교회 소속 여학교
서울, 조선
1904년 2월 23일

소중한 미니에게

네가 나에게 편지를 하나 빚졌을까, 아니면 내가 너에게 한 장 빚졌을까? 어쨌건 너한테 소식을 들은 후 오랜 시간이 흘렀네. 사실 누구든 소식을 들은 지 오래되었구나. 우편물에 어떤 문제가 생긴 건지 모르겠네. 어머니의 마지막 편지는 11월 17일 자인데, 어머니는 한 주에 한 통 내게 편지를 쓰셔. 그 편지들이 완전히 분실된 것이 아니라면 나중에 집에서 온 편지 서너 통을 한 번에 받게 되겠지. 오늘 기선이 도착할 예정이라 우리는 온종일 우편을 기다리고 있어.

이곳의 전쟁에 관해 너는 어떤 글을 읽었니? 조선이 얼마나 먹음직한 뼈다귀인지 아무도 알지 못했겠지. 그렇지 않니?

내가 이 편지를 언제 시작했나 모르겠네. 아마도 한 달 전인 것 같아. 오늘은 2월 23일이야.

일본은 여러 해전에서 성공을 거두고, 이제 육지에서 러시아를 상대하러 북쪽으로 가고 있어. 우리는 육지의 교전에 관해 매일 뉴스를 기다리고 있고, 일본이 계속 성공하기를 희망해. 왜냐하면 일본은 우리 일을 방해하지 않겠지만 러시아가 조선에서 세력을 잡으면 개신교 선교를 용납하지 않을 것 같거든. 불쌍한 작은 조선! 우리는 막 숨을 거두는 조선의 마지막 고통을 목격하고 있나 싶어 두려워. 나는 가난하고 억눌린 백성이 단지 불쌍할 뿐이야. 왕과 그의 관료들은 자신들이 그토록 오용한 권력을 빼앗겨도 싸지.

우리는 아직까지는 꽤 안전한데, 우리 일을 강제로 그만둬야 하지 않기를 계속해서 기도하고 있어. 그렇게 우리 쪽 사람들이 모두 흩어지게 되면 나중에 돌아오게 되었을 때 중국 북부에서 선교사들이 그랬던 것처럼 거의 모든 걸 다시 시작해야 할 거야. 미국은 항만에다 세 척의 수송선을 잡아두었는데, 나중에라도 우리가 사용할 필요가 생길 때를 위해서야.

북쪽에 있는 우리 사람들은 얼음에 포위되어 있어. 안 그랬으면 이전에 서울로 내려왔을 거야. 추위가 꺾이고 있으니 전투가 시작하기 전에 여성들과 아이들이 평양에서 제때 나와 제물포로 가는 배를 탈 수 있기를 바라고 있어. 꼭 나에게 편지를 써줘. 지금 바다를 항해하는 모든 배는 일본 수송선인데, 우리는 그 배로 편지를 주고받고 있단다.

모두에게 사랑을 담아

룰루 E. 프라이

~~~

이화학당
여성해외선교회 소속 여학교
서울, 조선
1904년 2월 27일

사랑하는 어머니

1월 22일 자 어머니의 소중한 편지가 이틀 전에 도착했어요. 우편이 와서 너무 감사해요. 일본이 황해와 동해를 통제하고 있는 한 우리는 계속 우편을 받을 겁니다. 선박이 없어 지금은 우리가 원해도 고향집으로 갈 수가 없어요. 그래도 어머니와 완전히 단절되지 않아서 좋아요. 어머니가 제 편지를 바로 받을 수 있기만을 바라요. 제가 언급하지 않은 일이 신문에 나면 그건 하등 중요한 일이 아니라고 믿으셔도 됩니다. 제 마음에 어떤 인상도 새기지 못한 일이라면 큰일이 아닙니다. 중요한 일은 모두 제가 말씀드리니까요. 몇 주 전 어떤 사람이 신문에다 외국인을 죽여버리는 것이 낫겠다는 글을 기고했다는데 그런 것에 대해 우리는 더 들은 바가 없고 아직 잘 살아 있습니다. 알렌 박사는 여성들이 동행 없이는 길거리에 나가지 않는 것이 현명하다고 생각해요. 하지만 우리는 조선인을 너무 잘 알고 있어서 필요할 때는 나가기도 합니다. 그래도 결코 조금이라도 괴롭힘을 당한 적은 없어요. 사실 저는 현지인들보다 술 취한 미국 경비병이 더 두렵답니다.

이곳은 매일 북쪽으로 진군하는 군인들을 빼고는 모든 것이 조용합니다. 일본군은 오늘 행군에 70대의 대포를 가져갔어요. 오늘 전 진고개에서 출발 준비를 마친 여러 명의 보병과 기갑부대를 보았어요. 평안도를 러시아가 침범했다는 소문을 들었지만 러시아군의 움직임에 대한 공식적인 소식은 없습니다.

장로회 의사인 애비슨 박사는 네 살과 다섯 살 난 두 아들을 어제 수송선으로 일본에 있는 파스퇴르 연구소로 데리고 갔어요. 자기네 작은 개가 미쳐서 그 아이들을 물었답니다. 그가 수송선으로는 갈 수 있게 허가를 받았기를 바라요. 생각만 해도 끔찍하
~~~

지 않아요? 저는 이처럼 미친개가 많은 나라를 본 적이 없어요.

아저씨의 사진을 봐서 너무 좋아요. 신문에서 즉시 사진을 오려냈어요. 아저씨가 벌써 90세이시네요. 할아버지가 돌아가실 때 89세였죠, 그렇지 않나요? 페인 양의 아버지 생신이 어머니와 같은 날이에요. 1월 28일에 그분은 66세가 되셨다네요.

그래요, 저는 곧 용기를 내어 캠벨 씨에게 현재 처한 상황에 대해 설명하는 편지를 쓰려고 합니다. 망설인 것은, 제가 편집자 스타일로 종이의 한 면에다 글을 쓰는 방법을 몰라서가 아니라요, 출판용으로 제대로 쓰는 방법을 몰라서입니다. 하지만 시도해 볼게요. 그러나 제가 쓴 그대로 인쇄되기를 바라요. 영어 표현을 바꾸면 의미가 달라질 수 있기 때문입니다.

우리가 전쟁 중에 오트밀 쿠키를 만들 수 있으리라 생각하셨어요? 글쎄, 어머니가 조언한 대로 재료를 반만 넣고 만들어보았어요. 만약 우리 입맛에 맞지 않는다면 재료를 낭비하는 게 되니까요. 그런데 쿠키가 너무 맛있어서 전체 레시피대로 다 만들 걸 그랬나 봐요. 우리는 이제 젖소가 없으니 모든 요리에 연유와 크림을 사용해야 해요. 그래서 저는 소다 대신 베이킹파우더를 사용해요. 그것이 더 부드럽고 맛이 좋거든요. 더 이상 감자를 구하는 것도 어려워 대신 쌀을 먹고 있어요. 그래도 우리는 잘 지내고 있어요. 3개월 이상은 버틸 많은 비축량이 있고, 그 후에도 갇혀 지내야 한다면 우리 텃밭에서 채소를 경작해 먹으면 돼요. 그러니 어머니는 눈곱만큼도 걱정하지 마시고 저 때문에 잠시도 잠을 설치지 마세요. 현재 제게 개인적인 위험은 아무것도 없고, 만약 위험이 오더라도 알렌 박사가 우리를 위해 최선을 다해줄 것입니다.

지금처럼 저에게 자주 편지 써주세요. 조지아에게 사랑을 전해주세요. 어머니에게도 듬뿍 드려요.

당신의

룰루 E. 프라이

제니 엘리엇 소식을 들으니 유감이네요. 그녀도 애나 이모처럼 고통을 받을까요? 우리는 이제 일본 우체국을 통해 편지를 보내는데, 그 편이 더 안전할 것 같아요.

~ ~ ~

이화학당
여성해외선교회 소속 여학교
서울, 조선
1904년 3월 5일

사랑하는 어머니

오늘은 어머니와 이름이 같은 소녀의 혼인날입니다. 저는 그 아이가 세례를 받을 때 어머니를 생각하며 엠마라고 이름 지었고, 그 후에 아이의 후원자 이름이 엠마 호프마이어라고 들었어요. 그래서 아이는 그 후원자의 전체 이름을 갖게 되었죠. 그녀는 스무 살이고 제물포에 사는 선한 기독교인 청년과 결혼합니다. 아마도 그쪽 매일학교의 선생님이 될 것 같아요. 전쟁 때문에 그들의 학교는 지금 문을 닫았습니다. 힐먼 양과 밀러 양이 잔치를 보러 왔어요.

더 이상 전쟁에 관한 소식은 없습니다. 러시아와 일본은 압록강 주변의 경계를 서로 강화하고 있습니다. 알렌 박사는 며칠 내 미국 선박을 진남포로 보내 여성들과 아이들을 데려올 예정입니다. 이 모든 사람을 어디서 묵게 할지가 문제일 것 같네요. 감리교인은 숫자가 적어 우리에게 문제는 거의 없습니다. 그들에게 닥친 위험이 급박하다고는 생각지 않지만, 그래도 내려오는 것이 최선일 것입니다. 위험이 한번 닥치면 갑자기 닥치기 때문에, 남자들은 나올 시간이 있더라도 여성이나 어린아이들에게는 매우 어려울 수 있지요.

저는 『리퍼블리칸』지에 보낼 편지를 쓰기 시작했어요. 하지만 이번 주 내내 바빠서 더는 쓸 시간이 없네요. 전쟁이 나도 우리 일은 전혀 달라지지 않습니다. 학생들은 모두 아직 이곳에 있고, 우리는 여름방학 때까지 아이들을 데리고 있으려 합니다. 저는 엠마가 결혼을 잘해서 너무 안심이 되어요. 다른 세 명의 학생을 위해서도 적합한 신랑감을 찾을 수 있으면 좋겠네요. 그녀는 오늘 오후 3시 기차를 타고 떠납니다.

지난번 어머니에게 편지를 쓴 이후 어머니 편지를 한 통도 받지 못했어요. 오늘 우편이 들어오면 좋겠는데 과연 올지 모르겠네요. 날씨가 따뜻해지니 수송선이 군인들을 이제 훨씬 북쪽으로 상륙시키고 있어요. 그래서 우리는 지금처럼 2~3주에 한 번씩 정기적으로 우편을 받지 못할 수도 있어요.

어머니와 조지아의 생일 선물을 샀는데, 어머니 생신에는 너무 늦었네요. 조지아의 생일에는 이르지만 그 아이가 이것을 여름 내내 입고 다니면 좋겠어요. 이 소포를 등기로 보내니 어머니에게 안전하게 갈 것입니다. 이번 우편에 가는 것은 아니에요. 제가 진고개에 가서 직접 부칠 텐데, 조지아에게 소포에 관해 편지를 쓰겠습니다.

특별한 소식은 없네요. 다만 북쪽에서 다음 주에 사람들이 내려올 것 같아요. 이 이야기는 이미 두 번이나 말씀드렸죠. 제가 얼마나 당황한 상태인지 아셨겠네요. 이 편지를 결혼식 전에 쓰기 시작했는데 오늘 오후에야 끝을 맺네요.

잠깐이라도 어머니를 뵙고 싶네요.

저는 잘 있어요. 많은 사랑을 담아
당신의
룰루 E. 프라이

~ ~ ~

서울, 조선
1904년 3월 12일

사랑하는 어머니

오늘 간단히 한 말씀만 드려요. 우리는 모두 무사하고 적어도 서울 주변은 모든 것이 평화로워요. 다음 주 초에 북쪽에서 오는 우리 사람들을 기다리고 있어요. 어제 신시내티호가 그들을 데려오기 위해 급파되었어요. 당연히 그들은 오기를 원치 않지만, 누구도 안전을 보장해주지 못하니 데려오려 합니다. 심각한 일이 일어났다는 것이 알려지려면 얼마간의 시간이 걸리지만, 언제든지 일어날 수 있어요. 저는 에스티 양, 홀 부인과 셔우드의 방문에 대비해서 침대를 이리저리 옮겼지요.

월요일 아침에는 커다란 장례 행렬이 예정되어 있어요. 이전 왕의 후궁이 노환으로 몇 주 전에 돌아가셨대요. 그녀는 아무리 전쟁 중이라도 예전처럼 위풍당당한 의식으로 매장되어야 하지요.

이틀 전에 우편이 왔는데 집에서 온 편지는 없네요. 아직도 전 수송선이 들어올 때마다 어머니 편지가 있기를 기대합니다. 아직 어머니께 드릴 소포를 보내지 않았어요.

우린 다시 손님을 받았어요. 케이블 씨가 찬송가 개정판 작업을 하는 동안 부인과 함께 며칠 묵으러 올라왔습니다. 케이블 부인이 공사관을 방문하는데 동행해달라고 해서 편지를 오래 쓸 수 없어요. 외출복을 입기 전에는 나가서 일요일 치 쌀을 내주어야 하고요. 낭비할 시간이 없답니다. 클럽에서 빌린 책 두 권도 언젠가 읽을 거예요. 제가 읽은 마지막 책은『철학 박사』였어요. 어머니는 그 책을 읽으셨나요? 애처로운 이야기이지만 교훈이 있어요. 여주인공에게는 슬픈 결말이지만 어떻게 다른 결말이 있겠어요? 제가 북부에서 태어난 게 너무 다행이네요!

학교는 평상시와 같습니다. 우리는 학생 한 명을 일주일 전 오늘 시집보냈는데, 그녀는 새집에서 매우 행복해하고 있고, 또 제물포에서 교회 일을 하는 데 익숙해지고 있다고 해요.

제가 약속한 편지를 마지막으로 쓴 후 몇 줄 더 썼을 뿐인데도 너무나 많고 많은 일이 저의 시간을 잡아먹네요.

어머니가 봄에 보험료를 입금해야 한다고 하셨는데 무슨 달인지는 말씀하지 않으셨어요. 4월 1일까지 그 돈을 발송할게요. 전쟁 소식은 전혀 없어요. 이런 식으로 사태가 무한정 길어질지 의문입니다.

이제 끝맺어야 해요. 사랑을 담아
룰루 E. 프라이

서울, 조선
1904년 3월 15일

사랑하는 어머니

오늘 받은 편지에서 어머니는, 아무것도 모르지만 단지 최선을 희망하며 용감해지려고 열심히 노력한다고 쓰셨어요. 어머니가 지금 저를 방문하셔서 제가 얼마나 안전한지 보실 수 있으면 좋겠어요. 신문에서 읽는 내용은 엄청나게 과장된 것이에요. 하지만 어머니가 일본이 승리하고 있다는 소식을 계속 들으시는 한 제가 안전하다는 것을 아실 수 있을 겁니다. 어제 대비의 장례 행렬을 구경하다가 포트 아서가 함락되었다는 소식을 들었어요. 우리가 듣는 순간 어머니도 그 뉴스를 들었을 것이 분명하겠지요. 저는 아직도 그 사실을 믿을 수 없는데, 오늘 그 기사가 사실이라는 것이 다시 확인되었습니다. 3년 전 제가 베이징으로 가는 길에 포트 아서에 하루 묵으면서 그 요새를 봤다고 말한 것을 어머니도 기억하시지요. 항만으로 들어가는 입구는 배 한 대가 겨우 지나갈 정도여서 조심스레 나아가야 하며, 양쪽으로는 높은 절벽이 서 있어서 이 도시를 완전히 시야에서 가려주어요. 또한 이 언덕들은 대포로 완전히 무장되어 있어서 그보다 더 막강한 광경을 저는 결코 본 적이 없습니다. 그래서 저는 아직 일본이 포트 아서를 완전히 함락한 것이 맞는지 의심스럽습니다. 앞으로 며칠 동안 어떤 뉴스가 오는지 보아야만 그것이 사실임을 완전히 믿을 수 있을 것 같아요. 우리 고향 신문에 나온, 2월 9일 제물포에서 있었던 해전에 관한 기사는 엄청나게 과장되었어요. 항만에 있던 세 척의 러시아 선박은 일본의 추방 명령을 받았고, 몇 킬로미터 나가서 사격을 받았어요. 한 척은 약 40분간 공격받은 뒤 흘수선이 심하게 손상되었죠. 하지만 다른 배들은 심각한 피해는 없었어요. 그들은 항만으로 되돌아왔는데, 적의 손에 들어가는 것보다는 자폭이 낫겠다고 판단해 두 척의 배를 폭파시키고 세 번째 배에는 불을 질렀어요. 몇 주 전 제가 제물포에 있을 때 간조 무렵 이 배들을 보았어요. 제 생각에는 일본이 코리에츠호를 세워서 수선할 것 같습니다. 그 배는 멋진 배이고 수백만 달러의 가치가 있다고 합니다.

이제 기자들이 "에밀리 브라운"이 죽었다고 하네요. 만약 그녀의 존재 자체에 조그만 진실이라도 있어서 그녀가 정말 죽은 게 맞다면 어떻게 장례를 지냈는지 우리도 보았을 것입니다. 저는 수많은 왕실 행차를 목격했고 황후의 장례식에도 참석했지만 이번 대비의 장례는 새벽 4시에라도 일어나 볼 가치가 있다고 생각했어요. 만약 일본이 우리의 바람대로 승리한다면 이런 장례가 이번이 마지막이 되지 않을까 생각해요. 새로운 조선의 시작을 우리는 보게 될 것입니다.

우리는 인력거를 타고 도시를 가로질러 5킬로미터를 가서 동대문으로 올라가는 긴 계단의 꼭대기에 앉을 수 있게 허가를 받았습니다. 사람들이 우리가 위에 있는 것을 보고 계단을 올라오려 했는데 순검이 그들을 뒤로 밀었고, 그들은 왜 외국인들은 그곳에 있게 허락을 해주냐고 물었습니다. 변함없는 대답은 "그들은 우리나라에 온 손님이 아니요, 우리가 그들을 손님으로 대접해야 하지 않겠소?"였습니다. 외국인으로서 우리는 조선의 토착민에게는 허락되지 않는 많은 특권을 가져요. 하지만 어머니는 외국인이 군중의 공격을 받고 죽임을 당했다는 신문 기사를 보며 걱정하시죠. 저는 이런 대우를 결코 받은 적이 없고, 오히려 토착민에게 세상에서 가장 친절한 대우를 받았습니다. 이 나라에는 "동학"이라 불리는 무법자 집단이 있는데, 신조에 있어서는 약간 의화단 같은 것이에요. 그들이 가끔 우리를 위협하긴 하지만 조선인들은 너무 겁이 많아 중국인들이 우리를 공격한 것과 같이는 절대로 공격하지 않아요.

제가 어머니에게 무덤으로 옮겨진 사람이 늙은 대비가 아니라 에밀리 브라운의 시신이었다면 그녀가 어떤 식으로 장례를 지냈겠는지에 대해 이야기하고 있었지요. 우리는 큰길 3킬로미터 구간에서 군인들과 만장을 든 사람들, 그리고 말을 탄 사람들을 볼 수 있었어요. 먼저 그녀의 개인 소지품을 실은 붉은 비단 상자 같은 가마들이 왔는데, 스무 개가 넘는 각각의 가마를 기다란 분홍색 겉옷을 입은 열 명의 남자들이 운반했어요. 그 뒤로는 50명이 넘어 보이는 문상객이 말에 타고 있었고요. 이들은 모두 삼베로 된 상복을 입었어요. 수백 명의 조선 군인들이 진한 푸른색과 붉은색 제복을 입었고, 악운을 쫓는 네 사람이 그 뒤를 따랐어요. 이들은 가장 끔찍한 모습의 가면을 쓴 남자들인데 네 개의 놋쇠 눈과 엄니를 하고 귀에는 커다란 종을 단 가면을 쓴 채 수레 위에 타고 있었어요. 가장 천한 계급 외에는 누구도 악령의 눈 밖에 나는 일을 하려는 위험을 감수하지 않겠지요. 초록색과 붉은색, 푸른색과 노란색의 화려한 두 개의 관이 있었어요. 처음 것은 악령을 속이기 위한 빈 관이에요. 이 관들을 삼베옷을 입은 500명의 가마꾼이 들고 갔어요. 군인들과 조문객과 관료들이 50명 이상 되는 분대를 지어 행렬을 늘려서 지나가는 데 세 시간이 걸렸어요. 가장 신기한 것들은 종이로 만든 말이었는데, 실제 말보다 세 배는 컸고, 사람들은 그것을 수레에 실어서 끌고 갔답니다. 모두 여섯 필이었는데 둘은 회색, 둘은 흰색, 그리고 둘은 갈색이었어요. 그 말들이 길을 흔들거리며 지나갈 때 거대한 붉은 혀가 양옆으로 널름거렸고 갈기는 넘실거렸어요. 그리고 망자가 사후 세계로 갈 때 탈 수 있도록 불태워졌어요.

포트 아서의 요새가 파괴된 이후 특별한 전쟁 뉴스는 없어요. 조선과 만주 사이 국경선에 4,700명의 러시아군이 있다고 들었고, 일본군은 몇 주 동안 북쪽으로 가고 있다고 하니 곧 육지전이 확실히 있을 겁니다. 알렌 박사는 선교사들을 데려오려 신시내티호를 북쪽으로 보냈는데 몇 사람 오지 않았어요. 그들은 위험을 감수하는 편이 일을 중단하는 것보다 낫다고 생각해요. 그들이 어떤 해도 입지 않기를 우리는 바라고 있어요.

우리는 우편은 정기적으로 받지만 소포는 받을 수 없어요. 그래도 충분한 양의 식량을 저장해놓고 있고, 또 어떤 고난도 없으리라 믿고 있어요. 물론 모든 것이 매우 비쌉니다. 소고기 500그램을 구하기 위해 한 달 전 지불했던 가격의 두 배를 지불해야 하죠.

오늘 우편물이 떠나니 여기서 맺고 편지를 부쳐야겠어요. 궁금해하는 친구들에게 안부를 전해주세요.

많은 사랑을 담아

어머니의 딸

룰루

서울, 조선
1904년 4월 20일[20]

사랑하는 어머니

금요일 밤에 궁에서 큰불이 났습니다. 페인 양과 제가 막 방으로 자러 갔는데 순검들이 호각을 불어대는 소리와 여러 목소리가 들려왔어요. 무슨 일이 일어났는지 보려고 할 때 어떤 이가 "불이야!"라고 소리쳤습니다. 곧 그곳이 궁인 것을 보았고, 너무나 가까운 곳이라서 우리는 재빨리 옷을 입었습니다. 준비가 채 끝나지도 않았는데 전깃불이 나갔고, 저는 초를 찾아 돌아다녀야 했습니다. 시간은 밤 11시경이었습니다. 14~15명의 병원 환자를 학교 식당으로 대피시켰는데, 병원이 길가에 있어 궁과 매우 가까웠기 때문입니다. 화재 현장에서 가장 가까운 곳이 교회여서 우리는 교회를 구하려고 분주히 움직였습니다. 그러나 궁을 에워싼 담이 두껍고 높아 불은 그곳에서 더 번지지 않았습니다. 저는 그렇게 아름다운 광경을 본 적이 없습니다. 무서운 바람이 불어서 일단 타기 시작한 건물을 구하기란 불가능했습니다. 궁은 담에 둘러싸인 하나의 작은 도시로, 그중에서도 불탄 지역은 도시의 광장 여섯 개에 해당하는 넓이입니다. 오래된 나무에서 비둘기들이 불안한 듯 앞뒤로 계속해서 날아다녔습니다. 비둘기들은 불빛이 반사되어 어두운 하늘을 배경으로 황금색을 띠고 있었습니다. 우리는 비둘기에 대해 계속해서 이야기했어요. 다음 날 아침 화재의 원인에 관해 여러 추측이 난무했는데, 하늘에서 내려온 "불새"가 불을 옮긴 것이라는 이야기가 사람들 사이에서 신빙성을 띠었습니다. 황제는 자신이 하늘을 거슬렀기 때문에 불이 난 것이라 생각해서 속죄하기 위해 여러 날 동안 음식을 줄여달라고 했답니다. 우리는 5시까지도 자러 가지 않았습니다. 불똥이 튀어 우리 집까지 불이 번질까 봐 너무나 두려웠어요.

모두 황제가 다른 궁들 중 하나로 돌아가야 한다고 이야기했는데, 그중 두 곳은 특히 아름다워요. 하지만 왕은, 누구든 자기에게 그런 조언을 한다면 그때부터 그 사람은 더 이상 자기 사람이 아닐 것이라고 궁중에 공표했습니다. 그래서 200만 엔을 들여 건물들을 재건하는 공사가 시작되었습니다. 왕은 외국인들과 가까운 곳에 있기 위해 우

---

20 1904년 6월 3일 자 『벨폰테인 리퍼블리칸』지에 실린 프라이의 편지임.

리 지역으로 왔는데, 이곳에서 자신이 더 안전하다고 느끼기 때문입니다. 그는 우리 집 바로 맞은편에 있는 러시아 공사관과 미국 공사관 사이의 기다란 대지를 샀어요. 그곳은 정궁에서 미국 공사관 뒤로 바로 연결되는 사유지입니다. 영국 공사관도 궁중의 다른 쪽에 위치하고 있습니다. 황제는 거대한 외국식 벽돌 빌딩을 두서너 개 갖고 있어 지금 그곳들에서 지내고 있습니다. 300명 이상의 궁중 여인들을 그가 어디서 묵게 하는지는 알 길이 없습니다. 그가 우리 건물을 부러운 시선으로 보는 것 같아 걱정이 됩니다. 우리는 훨씬 높은 장소에 있어서 왕이 있는 곳을 내려다볼 수 있습니다. 어린 왕자는 여섯 살로, 며칠째 우리 정문에서 마주 보이는 궁의 뜰에서 놀고 있습니다. 8~10명의 남녀가 그의 뒤를 바짝 좇으며 시중을 들고 있습니다.

전쟁 뉴스는 여전히 별로 없습니다. 러시아 해군이 패전했다는 소식이 가끔 들리긴 해요. 우리가 이러한 소식을 듣는 순간 어머니도 이 뉴스를 틀림없이 읽으시겠죠. 무선 전보가 하는 역할을 보는 것은 흥미롭습니다. 일본은 최신 설비를 갖추었고, 기병대만 제외하면 러시아와 싸울 준비가 잘 되어 있습니다. 기병대의 말은 크기가 작고 훈련이 잘되어 있지 않아요. 그래서 우리는 러시아 기병이 들판을 가로질러 돌격할까 봐 두려워하고 있습니다. 간혹 일군의 부대나 한두 명의 일본 군인을 보는데, 이들만 아니라면 조선에서 전쟁이 치러지고 있다는 사실을 결코 알지 못할 정도입니다. 러시아 공사관은 어둠 속에 버려졌습니다.

그 건물의 책임을 맡은 프랑스 공사가 황제에게 그곳을 임시 거처로 삼는 것이 어떤지 제안했다고 하는데, 일본이 허락할 리 없습니다.

미국의 모든 회사들이 조선으로 물품을 보내는 것이 위험하다며 배송을 전면 거부하고 있어요. 그래서 우리는 미국의 보급품을 받지 못하고 있습니다. 그래도 텃밭을 가꾸고 있고 고기도 살 수 있으니 적어도 가을까지는 굶주리지 않을 겁니다. 몇 달은 먹을 수 있는 버터와 캔 우유, 밀가루가 있습니다. 최악의 경우 알렌 박사가 특별 선박을 통해서 중국 쪽 보급품을 받아올 수도 있습니다. 우리 일은 예전과 다름없이 진행되고 있습니다. 여성들은 시골로 여행 가는 것이 금지되어 있긴 하지만, 그래도 충분히 안전해 보입니다. 사람들은 그 어느 때보다도 복음의 소리를 듣고 싶어 하고 있습니다.

4월 23일

오늘 이 편지를 끝내고 발송해야 합니다. 미국 경비대가 오늘 아침 일찍 떠났어요.

그래도 스무 명 정도는 남아 공사관을 지킨답니다. 현재로서는 폭도나 그 어떤 위험도 없어 보입니다. 우리는 오늘 아침 벨폰테인에 계신 어머니처럼 행복하고 평안합니다. 친구들이 우리의 안부를 물어왔다니, 정말 감사하네요. 누군가에게 기억되고 있다고 느끼는 것은 항상 기쁩니다. 그들에게 그렇게 말씀해주세요.

사랑을 담아,
당신의 딸
룰루 E. 프라이

~ ~ ~

서울, 조선
1904년 5월 10일

사랑하는 어머니께

어제 반가운 우편이 도착했어요. 어머니와 조지아의 편지를 받았지요. 어머니가 융자금을 500달러 아래로 줄였다니 저도 기뻐요. 이제 우리는 빛을 보기 시작했어요. 작년처럼 매달 8달러 얼마씩 내는 대신 5달러 얼마씩만 다달이 갚게 될 테니 훨씬 수월해질 겁니다. 하지만 반 이상이 매달 이자로 빠져나간다는 건 정말 불행하지 않아요? 조지아가 이번 여름에 어머니와 함께 어딘가 가고 싶어 하던데요. 제가 마지막 편지에서 어머니의 서부 여행 경비를 보낼 수 있어 너무 기뻐요. 하지만 어머니와 조지아가 함께 여행하기에는 충분치 않을 것 같네요. 두 사람이 어떤 식으로든 단 며칠만이라도 여행할 계획을 세우길 바라요. 가령 월요일에 벨폰테인을 출발해 토요일에 세인트조로 간다든지요.

제가 보낸 소포에 대한 편지를 받으셨죠. 소포는 편지를 받아보신 후로도 오랫동안 받지 못하실 수 있어요. 그것을 전달해주기로 한 존슨 부인이 일본에서 2주 내지는 그 이상 머물 계획이었기 때문입니다.

노블 씨가 고국으로 떠나기 전 개최한 이틀에 걸친 선교 회의를 방금 끝냈어요. 전시임에도 불구하고 우리는 온갖 종류의 일에 대한 계획을 세웠습니다. 우선은 일본 출신의 목사를 데려와서 이 나라로 쏟아져 들어오는 일본인 사이에 감리교회를 조직하는 것입니다.

어머니는 메이 레몬 스토우의 친구가 조선에 왔다가 Y.M.C.A.의 질레트 씨와 결혼한 것을 기억하고 계시죠. 그 사람이 발진티푸스로 매우 아픕니다. 그의 부인은 몇 주 전에 사고를 당했어요. 우리가 방문했을 때 그녀는 팔이 부러져 의자를 받치고 앉아 있었죠. 자전거를 타고 나갔는데 조선인을 피하려 하다 전차 선로에 부딪혀 넘어지면서 팔을 접질렀다고 하네요. 인대가 늘어났는데 뼈가 부러진 것만큼, 또는 그보다 더 나쁜 상태였어요. 그녀는 아직 꼼짝할 수 없고 머리도 빗지 못하는 상태니 남편을 수발할 수도 없어요. 발진티푸스는 너무나 치명적인 병이라 우리가 원해도 도와주겠다고 나설 수가 없어요. 브라운 양Mary E. Brown(1871~1907)과 웸볼드 양Katherine Camilla Wambold(1866~1948)은 둘 다 훌륭한 간호사이고 로스 박사[21]는 젊은 의사로서 그를 간호하는 것을 돕고 있어요. 애비슨 박사가 주치의이지요. 그렇게 좋은 돌봄과 좋은 신체 조건을 가지고 질병과 싸우고 있으니 그가 잘 견디어내기를 우리 모두 바랍니다. 오늘이 12일 째인데 최악의 고비가 이틀 정도 남았어요.

어제 아침 중국인 신발 장수가 딱 제 발 사이즈의 근사하고 편한 신발을 가지고 찾아왔어요. 주님이 나의 필요를 아시고 그것을 내게 보내주었네 하고 저는 말했죠. 그 신발들은 원래 다른 이의 주문품이었는데 그것이 맞지 않아 신발 장수한테 팔았고, 그는 외국인들에게 그것을 팔러 다니던 중이었던 것 같아요. 만약 어머니가 이미 구두와 모자를 사서 피어스 양 편에 보내셨으면 더 좋아요. 하지만 제 편지가 너무 늦게 도착했다 해도 제가 맨발로 다닐까 봐 낙담하지 않으셔도 돼요.

5월 11일

사랑하는 조지아. 편지를 마무리해야겠구나. 그래, 샤프 씨는 키가 작지만 앨리스도

21 이 시기에 서울에서 일하던 로스 박사는 수잔 로스Susan Ross(1872~1954)와 조엘 로스Joel Ross(1871~1930)가 있음.

그렇지. 그들은 잘 어울리는 한 쌍이야. 샤프 씨 말로는 허먼이 자기만큼 키가 크지 않다네. 그건 냄비가 주전자 보고 새까맣다고 흉보는 것과 같지 않니? 다음 우편에 가슴 사이즈 34짜리 블라우스 패턴을 보내주는 걸 잊지 말아줘. 네가 아직 보내지 않았다면 말이야. 뭔가 새롭지만 실용적인 디자인이면 좋겠어.

쓰고 싶은 내용이 더 많은데 수업에 늦어 이만 마쳐야겠어. 페인 양은 일본인 동네로 외출했어. 우리 모두 잘 있고, 적어도 현재는 너희만큼 안전해. 위험한 일은 없을 것 같아.

많은 사랑을 담아,
룰루

~ ~ ~

이화학당
여성해외선교회 여학교
서울, 조선
1904년 6월 9일

사랑하는 조지아

오늘은 아름다운 날이야. 그동안 비가 너무 와서 거의 장마철 같았는데, 다만 그렇게 덥지는 않았어. 그래서 우리는 이런 날에 감사하고 있어. 공부하거나 가르치는 데 있어 불편함은 없어. 우리는 6월 마지막 날까지 수업을 하고, 가을 중후반까지는 쉴 수 있을 것 같아. 이번 9월에는 몇 가지 좋은 일이 있을 거야. 우리는 외국인을 위한 성경 회의를 가질 계획이야. 일종의 충만의 시간이지. 우린 너무 진이 빠져서 성경 공부나 기도를 위한 "수련회"가 필요해. 그것은 일주일간 지속될 거고, 그중에서 하루는 조선의 개신교 선교가 시작된 것을 축하하는 시간을 가질 예정이야. 너도 알다시피 20년의 세월이야. 애초에 위원회는 여러 다른 나라에서 저명한 외부인들을 초대해 일주일이나 열흘 정도의 규모 있는 행사로 계획했어. 그러나 전쟁은 늘 그와 같은 큰 행사를 단축시키지. 그래서 행사는 하루만 하는 것으로 결정되었어. 북장로회와 남장로회 선교회는 둘 다 연례 회의를 가을에 갖고 남감리회도 그럴 거야. 우리는 그때마다 매번 수업을 해서 회의에 참석할 수 없었는데, 이번엔 아마도 개학을 늦게 하게 되어 우리도 9월에 자유로이 참석할 수 있을 거야.

번팅 양에 대해 네가 물었지. 킨 부인의 집에 살던 귀가 많이 어둡고 친절했던 노처녀를 너 기억하니? 그녀가 필라델피아에 있는 여성해외선교회 보급품 창고의 책임을 맡고 있어. 그녀는 킨 부인의 친척이지. 너 킨 부인에게 편지는 썼니? 그녀가 답신을 했어?

어머니가 편지에다 "잔인한 전쟁은 곧 끝날거다"라고 덧붙이셨네. 어떻게 아실까? 우리는 이제 막 시작한 것 같은데. 일본인은 피 한 방울이라도 남아 있는 한 포기하지 않을 거야. 러시아 사람들은 애국심은 거의 없지만 수적으로 우세하지. 그들이 유럽의 반과 아시아의 반을 끌어낼 수 있으니 천 명의 생명을 잃는 것은 아무것도 아니라 생각할 거야. 그러나 우리는 일본군이 그들을 만주에서 몰아낼 수 있을 거라고 생각해. 그들이 러시아를 하얼빈 너머로만 몰아낼 수 있으면 거기서부터 광대한 황야와 사막이 펼쳐지니 철로를 파괴함으로써 러시아의 보급을 끊을 수 있을 거야. 일본이 이기는 방법은 이것밖엔 없어. 오래 걸리겠지만 물가가 높아졌다는 것 외에는 불편함을 겪고 있지 않아. 나에 대해서는 걱정하지 마.

『리퍼블리칸』지에 실린, 자신을 베이징 공사관의 경비병이라고 소개한 주니라는 남자애의 편지 때문에 나는 깔깔대고 웃었지. 그곳에서 15킬로미터 떨어진 곳에서 전투를 했는데, 그는 대포 소리를 분명히 들을 수 있었다고 했어. 베이징 공사관은 만주와 조선에서 30킬로미터나 떨어져 있으므로(언제 그를 초대해 하루 나랑 보내자고 할까 봐. 하지만 서울에서 베이징으로 가려면 거의 일주일이 걸린다는 사실을 기억해야지) 순전히 허구야! 그러고 나서 그는 자기 어머니에게 걱정하지 말라고 하고, 자기가 국경으로 소환되었다는 등의 이야기를 적어놓았지. 우리 미국 젊은이들이 이곳에 나와 공사관을 지키는 것 외에 무엇을 하겠어? 그는 고향에 있는 불쌍한 사람들에게 쓸데없는 말을 지껄이며 스스로 재미있어하고 있어.

어머니와 네가 서부로 갔다가 안전하게 돌아왔는지 너무 알고 싶을 거야. 어머니는 집을 떠나면 항상 몸이 안 좋았는데, 많이 더워지기 전에 떠나면 괜찮겠지. 너희 학교는 내일 방학이지. 지금 네가 가방을 싸고 있기를 바라. 단지 내 추측이야. 내가 보낸 블라우스감을 동창회 날짜에 맞추어 받았길, 그리고 네가 그걸 좋아하길 바라. 그걸 어떤 식으로 만들었는지 내게 알려줘. 네가 원하는 어떤 모양의 소매든 만들 수 있을 만큼 충분한 원단을 보냈다고 생각해. 내가 부탁한 블라우스 패턴을 바로 보내주는 것을 잊지 마. 이미 부쳤다면 모르겠지만, 안 부쳤다면 새것이 올 때까지 기다릴래. 옛날 패턴으로 옷을 만들긴 싫거든. 우편으로 부쳐줄 수만 있는 것이라면 새로운 스타일의 벨트와 목둘레 장식 패턴은 뭐든 좋아. 피어스 양이 들어올 것 같아. 그녀와 결혼할 밀러 씨는 그녀가 7월에 오리라고 생각하더라.

네가 보내준 "부활절 예배"와 오락 책 고마워. 그런 종류의 제안은 모두 괜찮아.

네가 치과의사를 내게 보내줄 수 있으면 얼마나 좋을까. 나는 지금 치아가 많이 나빠. 이전에는 1년에 두 번씩 치과의사가 왔는데, 지금은 전쟁 중이라 그들이 오지 않네. 물론 내가 원하면 일본에 있는 치과의사에게 갈 수도 있어. 그래도 강제로 가야 하지 않는 한 나는 기다릴 생각이야. 내 머리카락도 모두 빠지더니 이제 치아까지 말썽이구나. 이런 결함들이 이미 갖고 있던 결함에 덧붙어 나를 볼품없이 만들 거야. 다시 고향에 가면 네가 나를 더는 자랑스럽게 여기지 않을 것 같구나. 다음 봄에 집에 갈 예정인데 지금은 그렇게 고무적이지만은 않네. 하지만 시간이 해결해주겠지.

시험이 끝났다니 나도 기뻐. 어머니 말씀이 네가 5월 중순까지 공부할 기간이 있었다고 하시네. 여름방학 내내 공부 걱정을 안 해도 되니 좋겠구나.

5월 5일 자 편지가 내가 받은 마지막 어머니 편지야. 너도 할 수 있으면 자주 편지를 써주렴. 너와 어머니에 대한 모든 것을 알려줘.

너와 어머니가 나처럼 잘 지내고 있으면 좋겠어.

두 사람에게 많은 사랑을 보내.

너의 언니

룰루 E. 프라이

1907년

서울, 조선
1907년 3월 8일

사랑하는 어머니

오늘 아침 우편이 도착했는데 플로렌스 르수드[22]와 안나 콜튼[23]의 편지를 받았어요. 어머니 편지는 없군요. 저는 어머니에게 편지가 오지 않으면 항상 우편이 전혀 오지 않은 느낌이에요. 지금은 전도에 전념하고 있어서 매우 바쁘게 보내고 있습니다. 우리는 3주간 부흥운동을 하고 있고, 놀라운 능력의 계시를 보고 있어요. 평양에서 일어난 일에 대한 설명이 담긴 책자를 어머니에게 보내면서 스왕크 수사와 데이비스 부인에게도 한 부를 보내요. 이것은 웨슬리 시대와 비슷한 것 같아요. 우리 교회에서도 그제 밤에 죄에 대한 여러 고백과 진정한 기도를 했지만 특별한 계시는 없었는데요, 그런데 갑자기 전 교회가 격렬한 울음을 터트려서 모임은 11시까지 진행되었습니다. 어젯밤에는 모든 고해가 눈물과 함께 이루어졌고, 모임은 다시 한번 11시에 끝났어요. 우리 학생들 중 몇 명은 너무나 마음이 무거워 잠을 잘 수 없다며 우리에게 고해하러 들어왔어요. 하나님께서 우리를 인도하시는 방식이 이상해 보이지만 놀랍기만 합니다.

오늘은 프랭크 디킨슨의 생일이고 내일은 제 생일이네요. 어머니는 저에게 생일 인사를 하고 싶지 않으세요? 불행히도 우리는 한 번에 두 장소에 있을 수가 없지요. 육신은 자주 어머니와 함께 집에 있기를 원하는데, 이곳에는 해야 할 일이 너무 많아 저는 가능한 한 오래 이곳에 머물러야만 합니다. 제가 이곳에서도 필요하지만 다른 더 급한 곳이 있으니 아마도 학교를 떠나겠지요. 여러 장소가 저에게 열려 있으니 어디로 갈지는 몰라요. 성경 훈련학교에도 사람이 필요하다고 해요. 남부 지역에 샤프 부인과 같이

22 Florence Boyd LeSourd(1886~1948). 조지아의 시동생과 결혼함.

23 Hannah "Anna" Colton(1855~1943). 프라이의 고향 친구 메리 밀러의 남편인 조셉 콜튼의 여동생.

갈 사람도 필요하고요. 밀러 양이 다음 달에 고향으로 돌아가니 제물포에서 마커 양 Jessie Bell Marker(1875~1957)과 함께 그녀의 자리를 채울 사람도 필요하죠. 그리고 북쪽에서 학교 일을 할 사람도 필요해요. 이들이 구할 수 있는 유일한 사람이 저뿐이라 모든 곳에서 와달라고 요청이 들어옵니다. 저는 내년에 제물포에서 마커 양과 함께 있을까 생각합니다. 고맙게도 일이 넘치는 직장! 일보다 마음에 더 좋은 것이 있을까요? 비록 육신이……

[편지 뒷부분 소실]

영변
1907년 6월 13일

사랑하는 어머니

북쪽으로 오지 않기로 결정한 후 에스티 양이 제게 전보를 보냈어요. 그래서 저는 지금 여기 영변에 있어요. 화요일 오전 8시 반에 서울을 떠나 오후 7시 평양에 도착해서 밤새 머물다가, 네 시간 동안 기차를 타서 11시 30분 안주에 도착했어요. 거기서 영변으로 가는 인력거를 타고 수요일 오후 8시에 이곳에 도착했지요. 이곳에서 월요일까지 머물다가 우리 모두 평양으로 간 다음, 화요일에 열리는 연례 회의에 참석하기 위해 서울로 갑니다. 회의에는 하루 늦을 거예요. 회의가 아침에 시작하는데 저녁까지 그곳에 도착할 수 없기 때문입니다. 이곳은 조선 최북방의 산악지대 사이에 있어 매우 아름답습니다. 뉴욕에서 온 우리 이사회의 레너드 박사가 어제 이곳에 도착했어요. 오늘은 우리 모두 경치를 구경하러 갑니다. 이곳 주위에는 흥미 있고 유명한 장소들이 여러 군데 있어요. 저는 특히 집터를 보러 왔어요. 에스티 양은 내년에 짓기를 희망해요. 그녀는 모리스 부부 댁에서 하숙을 하고 있는데, 이 부부는 이 외진 곳에서 유일한 외국인입니다. 의사는 전혀 없고요. 모리스 부인의 출산기는 생각만으로도 끔찍한 경험이었어요.

말씀드렸듯이 우리는 급하게 출발했어요. 그 전날 저녁 우체국에서 제게 소포가 왔는데 관세 77전을 지불해야 한다는 안내문을 받았어요. 제 옷 같은데 그다음 날 일찍 떠나야 해서 그것을 받으러 갈 시간이 없었죠. 연례 회의에 딱 맞게 왔네요. 그건 정말 잘되었죠? 얼마 전에 중국인 재봉사가 만든 견직 스커트와 정장 재킷을 받았으니 옷은 이제 더 없어도 괜찮아요. 제가 서울에 돌아가면 미국 우편이 있기를 바라요. 어머니가 지금쯤 보스턴에서 조지아와 있을 생각을 합니다. 하지만 이 편지를 읽을 때면 두 사람 다 벨폰테인으로 돌아왔겠지요. 조지아가 여름에 레이크사이드로 가나요? 어머니가 보스턴 여행을 즐기시고 편찮으시지 않기를 희망해요. 우리는 조선에서 정말 아름다운 6월을 맞이하고 있는데, 다음 주 집에 손님들이 가득할 즈음이면 더워질 것 같아요. 우리 식구 다섯이서 일곱 명의 부인과 아기 하나를 접대해야 합니다. 만수는 몇 주 동안 아파서 나오지 못했고 제가 화요일에 떠날 때에도 돌아오지 못했어요. 그는 제가 미국에서 돌아온 이후 항상 몸이 성치 못했죠. 그가 우리 집 요리사인 걸 어머니도 아시죠.

아직 보고서를 한 자도 쓰지 않았는데 벌써 오늘이 토요일입니다. 오늘 오후에는 뭔가 영감이 떠오르길 바라요. 제가 서울로 돌아갈 때까지 다른 시간은 없고, 서울에 가면 일에 파묻혀 글 쓸 시도조차 못 할 정도로 바쁠 테니까요.

6월 20일

회의 중간입니다. 집에 다시 돌아왔어요. 이제 이 편지를 마무리하고 어머니에게 부칠게요. 저는 오늘 예쁜 파란색 새 드레스를 입었어요. 좀 더 자주 옷을 사 입을 수 있으면 좋겠어요. 옷을 만들기 위해 옷감을 고르거나 이런저런 계획을 할 필요가 없으니 너무 좋네요. 저에게서 그런 일을 덜어줌으로써 어머니도 선교사 일에 동참하십니다.

많은 사랑을 담아,
룰루 E. 프라이

서울, 조선
1907년 7월 23일

사랑하는 어머니

오늘 아침 기도 시간에 커틀러 박사가, 고국에 있는 우리 친지들이 이곳의 소요 사태에 대한 신문 기사에 불안해하지 않기를 기도했어요. 후에 저는 “어머니는 제가 제물포에 안전하게 있다고 믿고 있어요”라고 말했어요. 하지만 어머니는 곧 제가 아직 서울에 있다는 말을 듣게 되시겠지요. 우리는 요 며칠 일이 많았습니다. 저는 현장에 있지만 아직 사태를 정확하게 파악하기는 어렵습니다.

아시다시피 조선 황제가 일본과 상의하지 않고 헤이그에 조선을 위한 중재를 해달라고 대리인을 보냈어요. 이에 대해 일본은 매우 분개하여 황제에게 불이익을 주려고 벼르고 있어요. 세 가지 요구가 있었다고 해요. 첫째, 황제가 직접 일본에 가서 사과할 것, 둘째, 그의 왕좌를 아들에게 양도할 것(그 모자란 아들 말이죠), 셋째, 일본이 지난 11월에 제시한 조약에 서명할 것. 이에 사람들은 너무도 분개했고, 거대한 군중이 지난 7월 18일 궁궐의 문 앞에 모여들었어요. 그날이 저물기 전에 우리는 총소리를 들었는데, 일본인과 조선인이 모두 화총을 갖고 있어 양쪽 모두 상당수가 죽거나 다쳤어요. 폭동은 여러 날 지속되었어요. 몇 군데 큰불도 났어요. 조선인들은 내각의 새 대신들 집에 불을 질렀는데 물론 그들은 친일파이지요. 토요일에는 의식이 하나 거행되었어요. 조선인들은 왕세자가 섭정왕이 되었고 황제는 은퇴한 황제가 되었다고 주장하는데, 일본은 왕세자가 황제가 되었다고 하네요. 일본에서 왕세자에게 왕이 된 것을 축하하는 전문을 보냈어요. 마치 왕세자가 황제가 된 것 같은 그 전문에 대해 조선인들은 답하기를 거절했지요. 새 내각의 여러 대신이 이 문제에 관해 황제와 왕세자에게 동조했다는 이유로 어제 투옥되었어요.

이곳 서울에서 거주한 이래 이런 종류의 일을 너무 많이 겪어서 이제는 전혀 불안하지 않아요. 마커 양은 제가 흥분하지 않는 걸 이상하게 여겨요.

매일학교 선생님들을 위한 여름학교를 운영하고 있어서 저는 학교와 이곳의 정기적인 일 외에도 매일 수업을 하고 있습니다. 어머니는 무엇을 하고 계신가요? 조지아에게 정장으로 입으라고 블라우스 원단을 보냈어요. 그 아이가 그것을 제대로 받았기를 바라요.

많은 사랑을 담아
룰루

제 초록색 드레스값으로 어머니에게 10달러를 보내요. 어머니가 에스티 양 편에 보내신 옷 말이에요. 제가 상하이에 가기 전 우체국 전신환으로 부친 40달러를 받으셨나요?

1907년 9월 30일

[조지아에게]

[편지 앞부분 소실]

네게도 그렇고 어머니에게도 최근에는 편지를 하지 않았네. 어머니가 걱정하실 듯하니 네가 카드에다 내가 아직 살아 있다고 써서 보내드리렴. 나는 아직 약간 열이 있고 쉽게 피곤해져. 수업하러 학교에 갔다가 식사 시간에 내 방으로 돌아와 쉬고 있단다. 네가 내 방들을 볼 수 있다면 좋겠구나. 우리가 작년에 위층 서재로 쓰던 방을 내 침실로 정했는데, 마커 양의 침실과 가깝기 때문이야. 우리가 침실로 쓰던 방은 서재로 만들었어. 여학생들의 기숙사와 더 가까워서 좋아. 두 방 다 도배를 다시 했고, 너무나 달라져서 이전 방이 어땠는지 전혀 기억나지 않을 정도야. 어쨌건 그에 대해 생각하는 게 더는 괴롭지 않아.

지금은 내가 바랄 수 있는 최상의 상태야. 마커 양은 너무나 능력 있고 낙천적인 사람이야. 하 부인은 보석 같은 사람이지. 건강만 잘 유지한다면 내가 하고자 꿈꾸는 모든 일을 이뤄가며 우리 학교를 잘 운영할 수 있으리라 생각해. 의사와 간호사를 그만 봐도 될 정도로 건강할 수 있다면 얼마나 좋을까! 내가 뭔가에 관심을 갖고 일을 하려 하면 에드먼즈 양은 가서 누우라고 해. 모든 것을 다른 사람에게 맡기기만 하기는 정말 싫어. 그 때문에 네 생일 선물을 포장까지 해두고도 2주째 발송하지 못하고 있네. 네 생일을 내 마음대로 미룰 수만 있다면 좋겠구나. 하지만 그건 안 되지. 가만있자, 너는 이번에 스물다섯 살이 되는구나.

내 책상에 놓인 두 개의 아름다운 감을 네게 건네줄 수 있으면 얼마나 좋아. 이것들은 너무 맛있어.

우린 도둑 때문에 아주 긴장하고 있단다. 일본인들 틈바구니에 사는 혜택이 이런 것인가? 도둑은 일본인들이야. 두서너 채의 외국인 집들이 밤마다 털려서 스무 채가 되도록 일본 경찰은 그들을 잡지 못했어. 잡을 수 있는데도 잡지 않으려 하는 게 분명해. 일본인 교장 중에서 내가 일본 문제를 가장 자주 의논하던 사람이 있어. 나는 그가 여기 와서 그들 손에 우리가 얼마나 고통받고 있는지 보여주고 싶어. 미국과 캐나다의 일부 여론도 내가 보기에는 일본인에 질려 하고 있어. 그래도 나는 씩씩거리며 큰소리를 내지는 않았어. 우리가 그들과 평화롭게 지내기 위해 잘 다루어야 하는 것이 원칙이고, 어떤 면에서는 그들에게 감탄하고 있기도 하거든. 하지만 일본인들은 자신이 염두에 두고 있는 목표를 달성하기 위해서라면 그 무엇에도 주저하지 않아. 어떤 이들은 그들이 우리를 쫓아내고 싶어 한다고 생각해. 그들은 우리 선교사 중 두 명을 살해하려 했고, 그로 인해 지금은 조선을 떠났어. 이제 편지지가 가득 찼으니 이만 안녕.

사랑을 담아

룰루

1908년

서울, 조선
1908년 6월 25일

나의 사랑하는 동생 조지아

내가 요즘 너무 바빠서 너의 마지막 편지들에 반도 답장을 쓰지 않은 것 같네. 상자를 보내주었다니 고맙구나. 크지 않다고 했지만 훌륭한 것임에 틀림없어. 버피 양 Eleanor Bell Burpee(1879~1950)은 내가 그 상자를 열 때 자기도 같이 보게 해달라고 하더구나. 그녀는 매우 좋은 사람이야. 호머[24]를 잘 기억하고 있더라. 그녀는 우리 공동체의 전담 간호사인데 외국인들이 그녀를 필요로 하지 않는 시간 동안 애비슨 박사가 그녀를 차용하지. 그게 그녀가 장로회 병원에서 일하게 된 이유야. 상자가 오면 지회 임원들에게 편지를 써야겠어.

우리가 최근에 하고 있는 일을 너도 알 수 있도록 초청장과 프로그램 뭉치를 보낼게. 학생들은 추려져서 이제 15명, 아니 20명 정도만 남았어. 얼마나 비가 많이 오는지. 장마철인데 너무 서늘해.

우리 졸업식은 처음부터 끝까지 아주 좋았어. 지금은 모든 것이 새로 시작되려는 시점이야. 우리 여학생들이 이토록 나를 자랑스럽게 해줄 줄은 미처 몰랐어. 내년에는 12명 정도가 졸업할 거야. 졸업식 음악도 정말 훌륭했어. 물론 밀러 부인 덕이지. 그녀의 결혼 전 이름은 피어스 양으로, 여성해외선교회 소속이야. 학생들을 너무나 열심히 훈련시켰어. 그들은 사중창으로 노래했지. 토속곡이 두 개뿐인 조선인들이 음악을 그렇게 잘 배울 수 있다는 것이 정말 놀라워.

나는 지금은 좀 좋아진 것 같은데 신경을 많이 쓰면 무너져. 이런 적이 한 번도 없었는데 말이야. 물론 하루 사이에 좋아질 거라 기대하진 않아.

---

24 호머 르수드Homer Williamson LeSourd(1875~1948). 조지아의 남편.

네가 보내준 블라우스와 다른 옷들을 즐겨 입고 있어. 그런데 베일이 하나 더 필요할 것 같아. 축축한 날씨 때문에 잘 망가지네. 고향집에 있을 때보다 훨씬 빨리 끈적거리고 지저분해져. 접착제가 너무 많이 발리지 않은 종류를 구해줄 수 있을까?

총회 회의록(매일분)을 즐겁게 봤어. 혹시 한 번도 제대로 본 적이 없다면 기회가 될 때 한번 읽어보렴. 회의 진행 중에 사람들이 한 말을 그대로 기록한 내용을 읽는 것은 너무 흥미로워. 그곳에 있는 것 같은 생생함을 느끼지. 물론 그것이 우리에게 도달했을 때는 이미 한 달 정도 지난 시점이지만 말이야.

네가 즐거운 방학을 맞이하기를 바라. 어머니는 옛집에서 행복하시겠지. 젊은 사람들처럼 쉽게 그 집에서 정을 떼실 수는 없을 거야.

많은 사랑을 담아
룰루

네가 페인 부인을 언제 한번 보러 갈 수 있으면 좋겠다. 그녀는 우리에게 참 잘해주셨지.

이화, 서울, 조선
1908년 11월 2일

사랑하는 조지아

방금 중국 영사관을 방문하고 집에 돌아왔어. 너도 예쁜 자수품과 아름다운 국화들을 보았으면 얼마나 좋을까. 이제 국화철인데, 우리는 아니지만 다른 이들은 모두 국화를 키워. 나는 그것을 사러 나갈 시간조차 없구나. 우리는 독일 영사관에도 갔어. 그들은 타일로 된 바닥과 높은 천장, 그리고 비싼 가구들이 있는 아름답고 커다란 관저를 갖고 있어. 우리의 작고 불쌍한 공사관은 이에 비해 하찮아 보이지. 미국은 외국에 있는 건물에 돈을 많이 투자하지 않아.

나는 환자 신세인 것치고는 이번 주를 꽤 유쾌하게 보냈어. 일본 적십자사가 궁중 마당에서 연 가든파티에 갔었지. 엄청나게 많은 연사의 연설이 끝나고 나서 화재 경보가 울리는 것을 들었고, 뛰어가 보니 앞에 집을 나타내는 그림이 붙은 커다란 구조물이 있었어. 연기는 그 뒤에서 나오고 있었고 곧 모든 것이 화염에 싸였지. 소방대가 도착해서 문이 벌컥 열리자 조선인들이 빠르게 달려 나왔는데, 어떤 이는 넘어지고 어떤 이는 지쳐 쓰러져서 구호대장이 가져온 들것에 실려 임시 병동으로 옮겨졌어. 문 위에 "임시 적십자 병원"이라고 적힌 팻말이 있는 것을 보았어. 우리는 여러 병동을 돌며 붕대를 맨 다양한 부상자들을 보았지. 수술실에서 의료진들이 마치 진짜 긴급 상황인 것처럼 신속하게 붕대를 감고 있는 것도 보았어. 의사와 간호사와 환자들은 모두 자기 역할을 완벽하게 소화했어. 현장에서 영어와 중국어로 화재의 진행 상황을 전하는 뉴스 보이도 있었어. 이외에도 일본과 조선의 음악을 연주하는 악단도 있었어. 물론 마지막에는 먹는 차례야. 우린 차와 샌드위치와 케이크를 먹었지.

2주 전에는 새 병원의 개원식에 갔었어. 굉장히 큰 일본 행사였어. 종이꽃으로 아름답게 장식된 커다란 텐트에서 1,000명이 줄지어 앉아 식사를 했어. 병원은 정부 사업인데 조선의 돈으로 일본이 지은 것이야. 60만 엔이니 30만 달러지. 그들이 여러 방법으로 돈을 써서 조선을 점점 더 착취하고 있다고 생각하니 즐거운 마음이 사라져버렸어. 조선인들은 결코 벗어날 수 없을 거야. 그것은 정말 불쌍한 일이지. 내일 일본 영사관저에 가는데 일왕의 생일을 축하하는 가든파티래. 작년에는 그날이 일요일이라 갈 수 없었지만 올해는 화요일이야. 나는 조금씩 다닐 정도로 몸이 괜찮아져서 너무 기뻐. 마커 양과 나는 일주일이나 열흘 정도 일본에 갈 계획인데, 만수가 아파서 못 가게 될까 걱정이네. 나 대신 김장거리를 사고 만드는 일을 그에게 관장하도록 하려 했거든. 조만간 쾌차하길 바라고 있어. 그이는 기껏해야 몇 해 못 살 텐데 그의 도움 없이 내가 어떻게 이곳을 꾸려나갈 수 있을지 막막하네. 그는 너무 충직해. 그의 건강 때문에 우리는 얼마 전부터 부엌 일에서 그를 배제시켰단다.

일요일에 우리 외국인 예배에는 다소 색다른 변화가 있었어. 구세군이 최근에 도착했는데 부부 세 쌍과 한 명의 아가씨야. 그들은 영국 사람이고 매우 좋은 사람들이야. 다른 구세군처럼 무지하지도 않아. 노래도 잘하더라.

어머니가 너와 함께이니 잘 계시겠지. 오늘 어머니에게 긴 편지를 받았어. 곧 답장을 쓸 거야.

이번 겨울 계획은 어떻게 돼?

호머에게 내가 물리를 가르치려 애쓰고 있다고 전해줘. 실험 주간에는 일주일에 한 번은 실험하러 여학생들을 남학교로 데려가. 이화에는 실험 기구가 없거든. 언젠가 우리도 그런 기구들을 구비할 수 있게 되면 좋겠어.

선교회 상자는 일본에서 옮겨 실었다는 소리를 들었는데 아직 도착하지 않았어. 오면 네게 알려줄게. 버피 양은 상자가 도체스터 교회에서 오는 것이니 그걸 열 때 자기를 불러달라고 했어.

페인 양의 어머니가 돌아가셔서 너무 안타까워. 그녀의 아버지 역시 매우 상태가 저조하시대. 이 소식 이후로 페인 양은 아무 소식도 듣지 못했다는구나. 그녀는 시골에 전도 여행 중이야. 우리 추수감사절 식사에 맞춰 올라오리라 생각해. 이 펜은 이 얇은 종이에 쓰기에는 너무 거치네.

그래, 나는 여기 머무는 것이 최선이라고 생각해. 안식년이 오기 전에는 집에 가지 않을 생각이야. 나는 적어도 이곳에서 한 번 더 임기를 마치고 싶어. 나는 다른 사람만큼은 내 미래에 대해 확신이 있어. 우리는 모두 자기의 앞길에 무엇이 기다리고 있는지 알 수 없지. 어머니가 나를 걱정하신다니 속상하네. 내가 너무 바쁘면 편지를 쓰지 말라고 하시면서, 또 아무 편지도 오지 않으면 내가 아픈 게 아닐까 걱정하시지. 요즘에는 너나 어머니 모두에게, 아니면 적어도 한 사람에게 일주일에 꼭 한 번은 편지를 부치려 노력하고 있어.

이제 안녕.

사랑을 담아

룰루

1909년

서울, 조선
1909년 5월 6일

사랑하는 조지아

여러 만우절 이야기가 적힌 너의 편지가 어제 도착했어. 4월 1일에는 누구도 좋은 일을 기대하지 않으니 그것은 확실히 만우절 장난이네.

세상에! 내가 밀튼 근교의 아름다운 언덕들을 너와 함께 드라이브할 수만 있다면 얼마나 좋을까. 언젠가는 나도 서울의 길에 마차들이 굴러다니는 것을 보겠지. 지금은 아주 몇 대만 있지만 모두 개인 소유라 대여는 할 수 없어. 상하이에서는 한나절 내내 거의 돈을 들이지 않고 마차를 빌릴 수 있단다. 예전에 이곳에서 진짜 말이 끄는 마차를 보려고 거리를 달려갔던 기억이 나네. 그러다가 고향에 있는 사람들이 내가 말과 마차를 보려고 달렸다는 걸 알면 어떻게 생각할까 상상하다가 웃음이 터졌어.

지금은 우리에게 매우 바쁜 날이야. 막바지이지. 창립기념일인 6월 30일[25]에 우리는 밖에서 운동회를 할 거야. 그리고 6월 17일이 졸업식이고. 초대장 회신이 모두 다 돌아오지는 않았지만 제대로 진행되고 있어. 미국 공사인 서먼스 씨가 축사를 해줄 것으로 기대하고 있어. 해리스 감독Merriman Colbert Harris(1846~1921)이 우리를 대신해서 졸업장을 수여할 거야. 에타 스네이가 졸업식을 위한 악보 몇 개를 오늘 보내왔어. 그나저나 엘라의 시아버지가 에타의 어머니와 결혼했대! 어머니에게도 말씀드려줘. 또한 어머니에게 책을 보내드리겠다고 약속해놓고 못 보내서 정말 부끄러워하고 있다고도 전해줘. 책장에 가서 책을 찾아보니 "없었어." 어떤 이가 그것을 빌려간 기억이 희미하게 나는데 누구였는지 기억이 안 나네. 만약 책이 발견되면 그길로 기쁘게 보낼게. 지난 일요일에 내가 호머에게 보낸 책에서 언급된 편집자(베델 씨Ernest Thomas Bethell,

25 5월을 6월로 잘못 쓴 듯하다.

1872~1909)의 장례를 치렀어. 심장병으로 죽었는데 그가 자신들의 친구였다고 생각하는 조선인들이 참석해 언덕 전체가 발 디딜 틈이 없었단다.

스웨어러 부부가 어젯밤에 다녀갔어. 그는 건강을 상당히 회복한 상태였고, 우리는 그들을 매우 기쁘게 맞이했지. 그들은 공주로 다시 갈 거야. 남쪽에서의 사역은 너무나 훌륭해. 어딘들 그렇지 않겠어? 조선 전국에 우리 교회들이 가득 차고 있어. 우리가 얼마나 일꾼이 필요한지. 너와 호머가 어머니를 모시고 올 수 없을까?

한 달만 더 있으면 너의 기다림의 시간이 끝나네. 네가 아기 베갯잇을 받았는지 궁금하구나.

어머니와 호머에게 사랑을 전해줘.

사랑을 담아,

룰루

1917년

충주, 조선
1917년 10월 16일

사랑하는 조지아

오늘 아침 내 구역의 가장 오지로 출발하면서 20년 전 조선으로 처음 오던 때가 생각났단다. 나는 매일 인력거를 타고, 그에 더해 8~16킬로미터 거리를 매일 걸어 다녀. 인력거가 다닐 만큼 넓은 길이 많지 않아서야. 오늘 아침에는 전통 가마를 탔는데, 상자 형태로 네 모서리에 기둥이 있고 사면에는 커튼이 쳐 있단다. 나는 양반다리를 하고 앉아 그것을 타고 가다가 가마꾼들이 잠시 쉬려고 가마를 세워둔 참에 너에게 몇 줄을 쓰고 있어. 내 필체를 제대로 읽을지 모르겠지만 이런 짬이 아니면 편지 쓸 시간이 전혀 없어. 어제는 두 개의 일정을 소화했는데, 집으로 돌아오는 게 보통 일이 아니었지. 내가 간 곳은 계곡 지역으로, 오후 6시면 어두워지더라. 우리는 충실한 인력거꾼이 기다리고 있는 장소에 당도하기 위해 산길을 5킬로미터 정도 가야 했어. 그 인력거꾼은 서울에서 데려온 자인데 굉장히 충직한 사람이야. 시간은 늦었고 날이 어두워지자 그가 불안해져서 우리를, 즉 내 전도부인과 나를 찾으러 왔어. 나는 "내 가방은 어디 있어요?"라고 물었지. 그더러 지키라고 인력거 안에 두었거든. 그는 "마부Mapoo"가 그의 말과 함께 인력거 옆에서 기다리고 있다고 말했어. 마부는 우리 짐을 싣는 조랑말을 끄는 사람이야. 그는 수 킬로미터 떨어진 언덕에서 자기 말에 풀을 먹이고 있었는데, 바로 우리가 그 옆을 지나던 참이었어. 어떤 일이건 우연히 일어나는 일이 있을까? 그가 나타난 것이 시간상 더 이상 적절할 수가 없었지. 우리는 빛도 없이 험하고 낯선 길을 가고 있었으니까. 마부는 우리를 기다리고 있었고 우리 뒤에서 조랑말을 끌며 필요할 때마다 인력거를 밀고 당기거나 중심을 잡아주기도 했어. 나루터에서 어떤 사람에게 애걸하여 등불을 하나 샀고, 마침내 숙소에 안전하게 도착했단다. 내 요리사는 저녁 준비를 다 해놓고 세 시간을 기다렸대. 그가 문간에서 요리하고 있는 모습을 본다면 너는 웃음을 터트릴 거야. 보급품을 담은 양동이 하나에 약간의 조리 기구와 접시와 그을린 석탄 화로가 우리가 가진 요리 장비의 전부야. 화로를 제외한 이 도구들과 내 침낭, 시트, 옷들을 싸서 조랑말에 싣고 여기저기로 다녀.

커다란 나무 아래에서 편안히 쉬고 난 다음 우리는 다시 출발했어. 가마꾼 셋과 인력거꾼이 나랑 동행했지. 두 가마꾼이 한 사람은 앞에, 또 한 사람은 뒤에서 어깨에 끈을 매고 가마를 운반해. 그들이 "휴식" 하고 소리치면 나머지 두 사람이 양편에서 가마 밑에 대를 밀어 넣고 나를 공중에 번쩍 올려놔. 그리고 두 가마꾼은 휴식을 취하지. 분명히 편안한 기분은 아니야. 그들은 내 인력거꾼 때문에 무척 재미있어 했어. 그가 가마를 들어본 적이 없어서 어떻게 들어야 하는지 몰라 허둥댔거든. 그들은 뒤에서 오고 있을 마부를 열심히 찾았지만 그는 어디서도 보이지 않았어. 그들은 마부가 인력거꾼과 교대하고, 마부 대신 인력거꾼이 말을 끌기를 원했어. 그 사람이 훨씬 더 힘이 세거든. 이제 나는 작은 "주막"에 들었는데 조선 전국에 이런 것이 있단다. 두 평도 안 되는 작은 방은 비교적 깨끗하고, 나는 편안하게 요리사를 기다리고 있어. 그가 내 점심을 제때 요리하지 못했거든(여기서 잉크가 떨어졌네). 자, 이제 점심이 와서 더 이상 기다리지 않아도 되겠다. 나는 점심 먹는 게 지겨워. 사실 만들 것도 별로 없어. 오늘은 닭요리와 데빌드 에그와 사과를 먹었는데 모두 맛이 좋았어. 요리사는 작년에 내가 데리고 있던 사람이 아니야. 그는 버딕 씨George M. Burdick(1878~1945)의 요리사로, 그와 함께 수년간 이 지역을 여행했어. 버딕 씨가 지금은 미국에 안식년으로 가 있으니 만약 이 요리사가 괜찮으면 그를 고용할까 해. 버딕 씨는 6년간 이 지역의 책임자로 있어서 이후에는 다른 지역으로 전보될 것 같아.

조랑말로는 사흘이 걸리는 거리이지만 쭉 자동차로 올 수도 있었어. 나는 짐만 미리 보내고 나서 제물포로 힐먼 양을 만나러 갔었단다. 지금 그녀는 병이 나서 휴식도 취하고 접골치료도 받으러 일본으로 떠났어. 그녀는 원주 지역의 소명을 포기하고 제물포로 돌아와 밀러 양과 지내고 있어. 수요일에 힐먼 양이 떠났고 나는 그 전주 금요일 밤에 내려왔어. 다음 날 아침에는 수원으로 가는 기차를 탔고, 거기서 자동차로 갈아탔어. 기차에서 일전에 나를 수술해준 의사를 만났는데 그는 내가 시골을 순회하는 것이 매우 용감하다며, "내가 할 수 있는 말은 단지 용감하다라는 말뿐입니다"라고 말해주었지. 그가 의미한 바는 내가 멍청하리만치 무모하다는 것이 분명하겠지만 보다시피 나는 잘 지내고 있어. 하나님이 내게 특별한 힘을 주시는 것 같아. 나는 절대로 걷는 걸 좋아하는 사람이 아닌데 필요하다면 걷는 것도 문제없어. 오전에는 꽤 잘 걷지만 밤에는 술 취한 사람처럼 보일 수도 있어. 조선인들이 나를 잘 보살펴주고 있어. 그건 내 흰머리 덕분이야. 나는 예천까지 차를 타고 왔고, 또 다른 차를 갈아타서 장호원으로 왔어. 그곳에서는 신실한 여인들이 내가 오기를 기다리고 있었어. 나는 그쪽 구역을 순회한 뒤 인접 지역을 여행했고, 이곳까지는 인력거를 타고 오면서 두 군데에 더 들렀어. 장호원으로 떠나기 전에 끔찍한 감기에 걸렸는데, 집으로 오는 자동차를 탈 때까지 인력거를 타고 산으로 올라갔다 내려오는 데 하루씩 걸리는 길에서 많이 아팠어. 나는 여인들과 작은 모임을 가졌어. 옆방에서는 열린 문을 통해 남자들이 듣고 있었지. 그런데 밤중에 숨이 차더니 헐떡이게 되는 거야. 작년에 같은 종류의 감기에 걸려 증세가 전혀 낫지 않은 채 일주일간 누워 있던 기억이 나더라. 이런 상태로는 더 이상 가르칠 수 없다는 것을 알았지만, 되돌아가기보다는 계획했던 대로 나아가기로 결심하고 충주로 가는 길에 교회 한 곳을 더 들렀단다. 만약 충주에서도 나아지지 않으면 집으로 돌아가려 했어. 나는 주님의 심부름을 하고 있기에, 그분이 내가 계속하기를 원하시면 그 일을 가능하게 만들어주실 거라고 믿었어. 목소리를 최대한 아끼면서 한 교회를 방문했고, 충주에서는 조용히 일요일을 보냈어. 어제는 꽤 편안해져서, 말했듯이 시골 교회 두 곳을 방문한 뒤 내가 계획했던 대로 산으로 올라가고 있는 중이야. 이곳은 이전에 방문해보지 못한 곳인데 이 아름다운 산들처럼 사람들도 훌륭하다면 이 긴 여정의 보상을 받는 느낌일 거야. 산속의 시냇물과 봉우리 사이사이의 계곡 위로 구불구불한 길, 그리고 산 옆의 황금빛 계단식 논과 여러 색깔의 꽃과 가을 잎새들은 모두 놀라운 광경이었어. 꼭대기에서 저 멀리 있는 아름다운(실제로는 매우 지저분한) 작은 마을들을 내려다보니 솔로몬서의 한 구절이 생각났어. "꼭대기에서 내려다보라." 우리가 인생에서 거칠고 평범하고 낮은 모든 것을 극복하고 높은 곳에 올라 그것을 바라볼 수 있다면, 이 모든 것 위로 우리의 영혼이 솟아오르듯이 모든 것을 볼 수 있다면 시련과 수고조차도 아름다울 거야.

나는 다시 여정을 떠나야 해. 이 모든 것을 편지에 쓰면서 새로 태어난 내 조카에 대해서는 한마디도 안 했구나. 또 다른 조카가 생겨 부자가 된 느낌이야. 우편을 받고 싶지만 다시 문명 세계로 돌아갈 때까지 기다려야 해.

가마꾼들이 쪼그려 앉아 편안한 듯이 담뱃대로 연기를 내뿜고 있어. 내가 여관에서 출발하려 할 때 가마 주위로 사람들이 몰려들었는데, 한 여인이 "아들은 있어요?" 하고 묻더라. 내가 "아니요, 하지만 딸은 많아요"라고 했더니 그녀는 "딱해라Dakhara!"('재앙이구만'이란 뜻)라고 말했어. 나는 여학생들을 의미한 건데, 그들이 전혀 이해를 못하니 내가 결혼을 안 했다는 등의 말을 하는 건 아무 소용이 없겠지. 그들의 풍습을 생각하면 그들이 아들을 원하는 건 이상하지 않아. 아들은 신부를 자기 아버지 집으로 데려오거든. 하지만 딸들은 다른 집으로 가는 거지. 우리 나라에서 젊은 사람들이 독립된 가정을 꾸리는 게 이들에게는 매우 이상한 거야.

가마를 타고 사흘간 여행한 뒤 충주로 돌아왔어. 산악지대로 올라가 작은 무리의 신도들을 만나는 것은 위대한 일이었어. 내가 그들을 위해 할 수 있는 일은 거의 없어 보였어. 우리는 "가정 교육과정"이 있어서, 그들에게 그 내용을 공부하고 검토해보라고 북돋우며 매년 진도를 나가면 증서를 줘왔어. 첫해가 가장 힘들어. 문맹인 사람이 대부분이거든. 물론 무엇보다 먼저 읽는 법을 배워야 하지. 그들은 주기도문, 사도신경과 십계명을 외우고 성경 읽는 법과 자기 이름 쓰는 법을 배우지. 둘째 해에는 마가복음과 아이를 돌보는 작은 지침서인 "어머니에게 주는 조언"을 공부하고 시편 23장을 외워. 해마다 약간씩 더 어려워져.

내일 나는 자동차로 공주에 가서 내 짐이 다음 목적지에 닿을 때까지 거기서 일요일을 보낼 거야.

공주, 10월 20일

어제 나는 매우 즐거운 여행을 했어. 1시 30분에 충주를 떠나서 세 개의 자동차 노선을 잘 활용해 8시 30분에 공주에 도착했어. 자동차 노선은 정말 편리하더라. 하지만 일본인들이 변형시킨 몇몇 자동차를 본다면 포드 씨가 얼굴을 붉히리라 생각해. 팔걸이를 가운데로 놓아서 겨우 비집고 들어갈 만큼의 공간만 두고, 무릎은 앞 좌석에 닿을 정도지. 뒷좌석에 들어가려면 핸들 위로 기어 들어가야 해. 어제 탔던 차의 뚜껑은 하얀 캔버스 천이었고 차 전체가 탈곡기처럼 털털거렸어. 하지만 어찌어찌 목적지에 도착했고, 우리가 일을 할 때 이런 식의 여행 수단이 있다는 것에 감사하고 있어. 내 생각에 자동차는 모두 중고차야. 길은 좋았어. 산 위로 꼬불꼬불 올라가는 자동차 여행은 매우 볼거리가 많아.

한 번 더 자동차를 타고, 그러고 나서 기차를 탄 뒤 다음 목적지에 도착했어. 내 짐은 오늘 산을 넘어 천천히 오고 있는데 이틀 반이 걸리는 여정이야. 내 요리사는 식료품을 새로 공급받기 위해 월요일에 서울로 가서 내가 월요일 저녁 그곳에 도착할 때쯤 돌아올 거야. 이 편지는 길고 두서가 없구나. 내 휘갈기는 글씨에 익숙한 너만이 읽을 수 있겠지. 하지만 내게 전도 여행 경비로 매년 25달러씩 보내주시는 너네 뉴잉글랜드 부인들에게는 흥미가 있을 거야. 그 돈에 매우 감사하고 있어.

내가 학교를 떠난 후 받은 몇 통의 편지를 동봉한다. 학교에서 내가 떠난 이후 어떤 일들이 일어나고 있는지 알 수 있을 거야. 편지들이 너무 개인적인 내용을 담고 있으니 너 외에 다른 사람은 보지 않기를 바란다.

네 생일이 지나가서야 생각이 났어. 너에게 선물을 보내지 못해 미안하구나. 무한대로 공급되는 내 사랑은 항상 너의 것이란다. 모든 아기들에게 나 대신 입 맞춰줘. 마이라가 이제 큰 소녀가 되었겠네. 식구들이 커가는 모습을 따라갈 수 있게 사진을 더 많이 보내줄 수 있겠니.

많은 사랑을 담아

룰루 E. 프라이

1918년

이화학당
서울, 조선
1918년 3월 11일

사랑하는 조지아

시간이 얼마나 빨리 가는지. 내가 네 마지막 편지에 답장을 했나 모르겠네. 시골에서 너에게 편지 한 장을 썼는데 그 이후 계속 돌아다녀야 했어. 내일 또 시골로 며칠 일하러 떠나.

3월 9일은 내 생일이었어. 이제 쉰 살이 되었단다. 조선 사람들은 예순한 살을 특별히 축하하는데, 내가 그 나이가 될 때까지, 그리고 내가 조선에 온 지 딱 25년이 되는 올 10월까지 기다릴 수 없다면서 지금 축하연을 해야만 한다더니 정말 멋있는 축하연을 열어주었어. 그 전날 밤 6시 30분에 다른 여선교사들이 나 몰래 축하 저녁을 준비해서 영어를 잘하는 조선 남성 네 명과 그 부인들을 초대했어. 그 부인들 중 셋은 이화 출신이야. 이것은 정말 예외적인 초대였어. 남자가 부인과 같이 외출을 하거나, 더구나 부인과 같이 식사를 하는 것은 조선의 풍습에 반하는 것이거든. 식사는 훌륭했고 그들도 즐겁게 어울렸어. 물론 나도 그랬지. 다음 날 아침 6시에 여학생들이 내 방문 밖에서 두 팀의 사중창단을 꾸려 두 곡을 노래해주었어. 12시에는 아름다운 비단으로 된 옷을 가져와 나에게 입히고 내 머리도 조선식으로 올린 뒤 머리 위에다 작고 우스운 모자 같은 것을 씌워주더구나. 조선인들은 나를 보고 아름답고 너무나 젊어 보인다고 칭찬해주었지. 불행히도 외국인들은 그렇게 보지 않았고, "쉰 살밖에 되지 않았어?"라나, 그 비슷한 말을 했어. 하지만 조선인들은 엄청나게 기뻐해주었고 그것이야말로 내가 유일하게 관심을 두는 것이란다.

강당에서 짧은 식을 한 다음 여학생들이 커다란 조선식 향연을 준비해주었어. 선교회 모두와 친한 친구들이 긴 강당 양쪽에 서고, 고운 색깔의 옷으로 차려입은 200

여 명의 학생들이 가운데를 채웠어. 사진을 찍었는데 사진에는 그 모습이 제대로 나오지 않을 거야. 소녀들은 나를 기리는 특별한 노래를 불러주었고 조선식으로 절을 했어. 나는 아름다운 성경책과 몇 가지 은으로 된 선물을 받았어. 그리고 4시에는 교회로 가서 교회 사람들이 준비한 또 다른 잔치에 참석했지. 내 식대로 입을까 해서 검은 태피터 정장을 하고 마사가 보내준 새 모자를 썼어. 그런데 사람들이 내게 조선옷을 입어달라고 부탁했고, 결국 다시 갈아입었단다. 몇 번의 연설이 있고 나서 놋그릇으로 차린 훌륭한 생일상을 선물로 받았어. 그 그릇은 정말 아름다워. 물론 나는 연설을 해야만 했고, 너도 알다시피 나는 연설하는 것을 너무 좋아하는데 조선어로 하는 건 이중으로 부하가 걸리는 일이었지만 그래도 무사히 마쳤어. 내가 받은 예쁜 선물들을 네가 볼 수 있으면 좋겠다.

사랑을 듬뿍 담아서

룰루 E. 프라이

1919~1921년의 일기

1919년 [12월 31일]

1919년의 마지막 날, 내가 시작하려 하는 일기의 서문 격인 글을 쓰려고 한다. 나는 동생 조지아와 밀튼에서 함께 안식년을 보내고 있다. 나는 8월 중순에 조선을 떠났다. 조선의 소요는 그때도 진행 중이었고 지금도 그렇다. 나는 돌아갈 시간이 오기를 초조하게 기다린다. 조지아와 9월에 2주를 메인에서 보내고 난 다음 여기서 2주를 보내고 있다. 신시내티지부로 가는 길에 뉴욕에 들러 옛 친구들을 다시 만나는 기쁨을 누렸다. 헐버트 양Jeanette Charlotte Hulbert(1889~1978)은 나를 자기 집에 묵게 했고 컬럼비아사범대학의 수업에도 데려가주었다. 채핀 부인Anna Margaret Chaffin(1883~1977)은 화이트 박사의 성경학교 수업을 맛보게 해주었다. 조선에서 병이 나 나와 함께 귀국한 에스티 양은 연례 지부 행사를 위해 뉴욕에 머물고 있었다. 존스 부인도 다시 만났고 뉴욕지부 사람들 여럿을 만났다. 펜실베이니아주의 렉스 부부도 방문했고 워싱턴주의 피어스 부인도 방문했다. 훈련학교에서 마르셀라[26]도 만났다.

10월 18일에는 신시내티지부로 가서 힐먼 양과 함께 지냈다. 브라운리 양Georgia Charlotte Brownlee(1876~1970)과 레닉 양도 만났다. 데이턴에 들러 로티 케이스의 행복한 가족, 샬럿, 존, 엘리자베스도 만났다. 벨폰테인에서는 옛 친구를 많이 만났고, 메리의 집에서 융숭한 대접도 받았다. 그녀의 새 며느리는 이름이 버지니아라고 한다. 마사의 가족을 만난 것도 좋았다.

10월 27일부터 11월 4일까지 열리는 집행이사회 회의를 위해 보스턴으로 돌아왔고, 12월 12일까지는 집에서 조용히 머물다가 에스티 양이 수술을 받을 때 곁에 있어주기 위해 뉴욕으로 갔다. 하지만 그 수술은 늦추어졌다. 나는 에지워터에서 헐버트 양과 같이 머물면서 컬럼비아 신학교와 유니온 신학교의 몇몇 강의를 들었다. 또한 채핀 부인과 화이트 박사 댁도 방문했다. 시클리프에 있는 램프리 부인도 방문했다. 그

26 신마숙(1892~1965). 이화학당 대학과 1회 졸업생.

녀는 네 살 난 넬리 루스, 세 살 난 메리, 두 살 난 글레디스까지 소중한 세 딸이 있다. 필라델피아로 가서는 제이슨 박사 가족의 접대를 받았다. 스테파니는 워렌 하디칸과 결혼해서 작고 귀여운 아들 필립 제이슨 하디칸을 두었다. '위위'라고 불리는 둘째 딸아이는 고등학교 졸업반이다. 그들은 펜실베이니아주 시케인에 있는 아름다운 시골집에서 살고 있다. 나는 에스티 양을 보기 위해 병원에 들렀고, 웨스트엔드 애비뉴 697번지(전화: 5887)에 살고 있는 캠벨 부인Josephine Eaton Campbell(1853~1920)을 방문하여 기쁘게 만났다. 크리스마스에 맞추어 보스턴으로 돌아와 호머, 조지아, 마이라, 존과 작고 귀여운 빌리와 행복한 시간을 보냈다. 그다음 주는 목이 아프고 열이 나서 온종일 누워 있었다.

1920년 1월 1일

크리스마스 선물 중 하나인 『세 가지 물건』이란 책을 다 읽었다. 상태가 좋지 않아 온종일 책이나 읽고 편지를 썼다. 메리 클튼, ○○○○○ 씨, 마르셀라, 이 박사, 제이슨 박사 등께 편지를 썼고, 브라운리 양과 에스티 양에게서 각각 편지를 받았다. 에스티 양은 어제 수술을 받을 예정이었는데, 하나님은 놀랍게도 그녀의 필요에 응답하신다.

1920년 1월 4일 일요일

트레먼트 교회의 예배에 참석하여 전도사 멜 트로터의 설교를 들었다. 그를 보고 사람들은 선데이 다음가는 복음 설교자라고 말한다. 그는 요한 1서 2:3, 로마서 8:28, 고

린도후서 5:1을 인용해 "우리는 안다"라는 설교를 했다. 그는 퍼시픽가든 선교회가 수확한 전도사 중 한 사람이다.

❧ ❧ ❧

1920년 1월 9일

오늘 인덕이 다시 체포되었다는 소식을 들었다. 감옥 안이 얼마나 추운지, 그리고 이전에 그들이 어떤 고통을 받았는지 알기에 다른 어떤 일도 생각할 수가 없었다. 하지만 오늘 밤, 인덕이 하나님의 보호 아래 있고 그녀에게 닥친 일은 그녀와 하나님 사이의 일이라는 하나님의 계시가 나를 위로했다. 그래서 나는 그녀를 해하는 자들을 위해서도 기도할 수 있었다. 하나님은 조선에서 일어난 이번 봉기를 통하여 일본 사람들도 구원받을 것이라 말씀하셨다. 하나님은 간혹 우리가 스스로의 생각과 자기 자신에 대해 깨달을 수 있도록 심연으로 침잠하게 하신다. 그리고 이 나라 역시도 그와 같이 하나님을 만나게 될 것이다. 그것은 놀라운 일이 아닌가?

❧ ❧ ❧

1920년 1월 16일

오늘은 금주법이 발효되는 첫날이다. 내가 살아서 이것을 보다니 정말 좋다. 적어도 우리 나라는 올바른 방향으로 가고 있다. 하지만 평화협정 체결을 결정하는 데는 어려운 시간을 겪고 있는 듯하다. 어젯밤엔 오하이오 웨슬리언대학 만찬에 참석하여 여러 졸업생을 만났지만 내가 아는 사람은 거의 없었다. 홀링턴 박사(1892)가 회장이다. 동북 지역 설교자인 포웰 씨와 쿤스 씨 그리고 휴 감독도 동창생이다. 일요일인 11일에는 조선에 관한 회의가 열렸다. 벡 씨와 이 박사가 여기 있었지만 벡 씨와는 이야기할 기회가 없었다.

앨버트슨 양의 남동생도 여기서 만났다. 그 사람도 우리 대학 출신이다. 에스티 양의 놀라운 회복을 알리는 편지가 뉴욕에서 오늘 왔다. 나는 그녀가 고통에서 자유롭기를 바란다. 그녀는 12월 31일에 수술을 받았다고 한다.

1920년 1월 23일

내일은 클리프턴 스프링스로 가는 길에 뉴욕에 들르려 한다. 50달러와 안경이 든 지갑을 잃어버리기 전에 떠났으면 좋았겠지만 그 지갑이 나보다 더 필요한 사람에게 갔을 거라 믿는다. 어떤 이의 삶에 필요한 것을 채워주었기를 바란다. 조선에서 소식이 왔는데 반하트 부인Tracy Cutler Barnhart(1892~1967)이 천연두에 걸렸고, 심하게 아플까 걱정스러운 상황이라고 한다. 인덕은 아직 대구 교도소에 있다.

1920년 2월 1일

어젯밤 에스티 양과 함께 클리프턴 스프링스에 도착했다. 내일까지는 내 프로그램이 무엇인지 알 수 없지만, 여러 종류의 연설일 것으로 짐작한다. 나는 뉴욕에서 즐거운 엿새를 보냈다. 헐버트 양, 채핀 부인, 베이어 양Blanche Rosa Bair(1888~1938), 또한 마이어스 양Mary Darling Myers(1874~1934), 에바 하디 양Eva Lilian Hardie(1889~1955), 대구에 있는 애덤스 박사James Edward Adams(1867~1929)의 아들과 결혼할 데이비스 양(벨폰테인의 데이비스 박사의 딸)을 만났다. J. 모리스 씨가 뉴욕에 있다는데 아무도 그가 어디에 묵는지 알 수 없어서 나도 그를 만나지 못했다. 데밍 부인Edith Cushing Adams Deming(1882~?)도 잠시 만났다. 데밍Charles Scott Deming(1876~1938) 씨가 밴쿠버에서 2월 19일 배로 떠난다. 또한 모리스 씨도 그렇다고 한다. 브라운리 양은 샌프란시스코에서 20일에 배로 떠난다고 한다. 오후에는 푸저우에서 온 월리 부인이 나를 방문했다. 중국 서부에서 온 애나 웰스 양도 또한 여기 휴양소에 있다. 이곳은 식사가 매우 잘 나온다. 오늘 아침 감리회 교회에 가서 "두려움의 극복"에 관한 훌륭한 설교를 들었다. 잠언 29:25. J. 호머 슬러츠 목사.

1921년 1월 14일

지난 기간 동안 일어났던 모든 일을 다 쓰는 것은 불가능하지만 간단히 적어볼까 한다. 나는 4월 30일에 건강해 보이는 모습으로 클리프턴 스프링스를 떠나 총회가 열리는 장소에 가서 17일까지 머물렀다. 그러고 나서 시카고, 인디애나주, 오하이오주, 웨스트버지니아주와 펜실베이니아주에 있는 친구들을 방문하고 뉴욕에서 7월 3일에 호머를 만났다. 6월 어느 날 나는 가슴에 생긴 작은 혹을 발견하고 뉴욕에 있는 허스트 박사에게 검진을 받으려 했는데 하루 사이에 그와 어긋났다.

8월 15일에 포틀랜드에서 검사를 했고, 보스턴에 있는 디코네스병원에서 브루스터 박사에게 수술을 받은 후 회복하기 위해 밀턴의 병원으로 옮겼다. 디코네스병원에서 13일, 밀턴병원에서 3주간 있다가 조지아의 집으로 갔다. 그 이후 3주마다 방사선 치료를 받고 있다. 그것은 끔찍한 경험이지만 하나님이 나와 함께하시고 도와주셨다. 많은 경우 내가 오로지 할 수 있는 것은 "내가 두려워할 때 주님을 의지하리"를 읊는 것이었다.

오늘 밤 여호수아 1장의 메시지가 떠올랐다. "내가 너를 버리지 아니하리라." "강하고 담대하라." 나는 나 자신 외에 다른 일에 신경을 쏟으려고 뉴욕에 있는 화이트 박사의 훈련학교에 와 있다. 오늘 애비슨 박사를 만났고 그에게 검진을 받았다. 그는 7월에 방사선 전문가와 함께 새 기계를 조선으로 가져갈 것이라고 한다.

[연필로 "룰루의 마지막 일기. 안식년의 간단한 요약"이라고 다른 필체로 쓰여 있다.]

Letters of Lulu E. Frey

(Original Text)

Lulu E. Frey

The Year 1893

Steamer China, Pacific Ocean
September 27, 1893

Dear Father:

We are still on the sea and are beginning to realize the size of it.—We average 380 miles a day, having sailed continuously ever since we left San Francisco excepting the one day and night we dropped anchor at Honolulu. We have not seen a speck of land excepting the Hawaiian Islands nor a passing vessel nor anything but the wide wide sea.—Last Friday we passed the 180th meridian and dropped out of our calendar, Saturday. It seemed very strange to have only six days in the week and have Sunday follow Friday. If you have not thought of it before you will readily understand when you remember that we are going west to 180° and gain one half hour per day all the time. If we went around East to 180° (we only go part of the way) we would have to add a day upon reaching it. I find it very different on sea than on the land in a great many ways. Still I think we have a little world to ourselves out here. There are about 200 Japanese steerage passengers who got in at Honolulu and as many if not more China-men on the other end of the boat. There are some 75 or 100 (including the children) who are going first class. These Japanese are a very interesting people. They came to Honolulu under a four years' contract of labor. They were paid poorly and now the time is up are only too glad to go back to their own country. They cannot speak English. I went down to one of these meetings conducted by 2 or three Japanese students who are going back to teach & preach. They asked me to speak to them the next day. I did not dare refuse yet I promised with some fear and trembling. One of the young men interpreted for me and so I preached my first sermon (?) to a heathen audience. They evidently thought it a good thing to do for they asked Miss Harris yesterday. It seems a very queer way to talk to people but the young men seem to think more can be accomplished through the foreigner's speaking than through their own words.

Last evening Mr. Hulbert who is on his way to Corea, gave us a lecture in Social Hall on the country. He made a very pleasant picture of it. He was until recently a Congregationalist and was a government teacher in Seoul. He goes out under our board for the press work. He will preach too. He & his wife are both young and have one little child and are very pleasant company. Yukiye is their servant but we will leave her at Nagasaki Japan. We will have two more weeks travel by water after leaving Yokohama. It is getting a little monotonous. But we have had such beautiful weather all the way. Today it is dark and rainy but not rough which we are all devoutly thankful for, in remembrance of our first two days on board. I am reminded of what Amanda Smith said about the palace on the sea. As I write in the dining room, which is beautiful, the music comes floating down from the Social Hall through the opening overhead. Our state rooms are very comfortable and the bath room is quite complete. The upper deck is delightful especially these beautiful nights of moon-light. Eleven times around the deck is a mile so we walk it for exercise. It was too windy last evening to walk, but heretofore a ship would have had difficulty in making any head-way.

There was a woman among the Japanese who died Sunday night. She would have been buried at sea, but her husband wanted to take her to Japan so a collection was taken to embalm her and she will be taken to her home. Her husband, & she too I think, was a Buddhist. One of the Christian boys read and prayed with her before she died but she could not talk, so we don't know if she grasped the truth or not. Yukiye was quite put out that any Christians should give to the man because she thinks his being able to take the body home and give it a Buddhist funeral helps Buddhism and hinders Christianity. She is a great reasoner, and has very positive opinions of her own.

We have only two more days until we reach Yokohama and I shall not be sorry for it is so warm and all those warm clothes which everyone advised me to take are still in my trunk and my limited supply of thin ones about exhausted. Advise everyone who crosses the ocean on this line to have a supply of thin clothes. I'm not the only one who is not prepared for 3 weeks of hot weather.

While the punkahs are going I'll write to you another page. At 4 o'clock they serve tea & cake and there the China men pull the punkahs which are fans over the tables going the whole length of each one. So I find it quite comfortable being fanned. When you look on the map and see that we have been farther south than Cuba, you will appreciate how warm we find it.

We have on board with us the Chinese Ex-minister, his two wives, a son about 17 years old and a little baby girl, 2 years old. The wives have both bound feet, the first ones I ever saw. The baby is "May Washington." Her feet are not bound and I suppose will not be now she is so old. There is an old Japanese Buddhist priest also. Such a queer looking creature with a shaven head and a long black robe. We have another lecture tonight on "India" by Mr. Lucas. Well the punkahs have stopped and I must go up on deck for some air.

September 28, 1893

We expect to land tomorrow. The sea is like glass today not a ripple, scarcely. We have made excellent time because of the weather. Mr. & Mrs. Hulbert will go on to Kobe to shop. I think we will go to Nagasaki & wait there until they come. I had another opportunity to speak to the Japanese. I had no thought of it before I was asked. It's very queer to talk to so many odd-looking people all sitting on the floor looking up into your face. I hope I shall become as interested in the Korean people as I am in these Japanese.—These associations are very pleasant and in one way I'm loathe to leave the boat but yet I'm anxious to get at my journey's end.—There will be a scattering when we reach Yokohama.

Lovingly,

Lulu.

I expect I've told you a great deal I said in the last letter but it seems so long ago that I've forgotten what I did tell you. Be sure to have mother send me her picture so I won't get it later than Christmas. I have an idea that you will get the letter I mailed at Honolulu a week from today.

~ ~ ~

Seoul, Korea
October 18, 1893

Dear Friends at home:

This letter is my first one from Seoul, so I'll make it general. Word came this afternoon that the mail would go out Sunday so I must get some letters ready. I am studying five and six hours a day, so I am jealous of all my spare moments. I wrote you of my trip as far as Chemulpo. We left Mrs. Jones at 10 o'clock of the night I wrote and went on board the little Japanese steamer. There were six in our party counting Mrs. Hulbert's little girl. We four women slept in the cabin on the floor and you can appreciate the size of the cabin when I tell you that it was barely six ft square & not high enough for me to stand up. About 3 o'clock the little steamer began to puff and we started from Chemulpo for Seoul. We puffed along slowly until about 10 o'clock that morning when we suddenly came to a stand-still. The tide was going out and we were obliged to stop in the mud until the tide went out and came in again which was nearly eight hours. Mrs. J. had given us enough lunch for one meal expecting to reach Seoul in time for tiffin. You can imagine the state of our appetites when we did reach there.

At about six o'clock we moved again and finally we reached Young San 4 miles from Seoul. It was 10 o'clock P. M. and the sedan chairs, which had been there for us all day, had been taken back again. We girls Miss Paine, Miss Harris and I found our way to a Japanese tavern and asked for lodging. We soon doubled ourselves up in the Japanese beds Belle Allen told you of and were soon fast asleep not withstanding we were supperless and dinnerless too. In the morning we found that a man had been left there to go home and order the chairs as soon as we arrived but he had fallen asleep and at six o'clock was just starting to take the word. We decided rather than wait so long we would walk to Seoul so at 8 o'clock we walked up the steps of our house and were welcomed by Mrs. Scranton, Miss Lewis & Miss Dr. Cutler who came out in the Spring.

There are six in our family and we are a very happy house-hold. Miss Paine took me right into her heart as well as her rooms and we are very congenial. She has been alone a year and made up her mind that if she liked me and I did her we would room together. We have a very large study very prettily furnished and a bedroom off of it with a closet with plenty of shelves and books and an abundance of trunk room. We have our own bath-room conveniences off our bed-room. Miss Harris has a little two roomed house close by, but I think I am most pleasantly situated. Miss Paine is a Boston girl who came out last year—by the way she told me to give my mother her love and say that she would take good care of me.

I was telling you about our home. We have a very beautiful parlor—a great many of the things are Mrs. Scranton's, and a very pleasant dining room. We have a good cook and good servants generally, considering. Our meals are excellent and served so nicely. I feel as if I was at a dinner party most of the time. Mrs. Scranton is an Easterner and must have everything done right. We can get most everything that is necessary for food. I find everything much nicer than I anticipated. Our pleasant home and the society of the other foreigners is all we have however. Out house is quite large, including the school, and stands on a hill overlooking the city.

The tops of the houses are the prettiest part of them so we really look down on a pretty sight—but go down into the city and the scene is very different. The houses are about six ft. high with thatched or tiled roofs and remind one with their dirt floors more of pig pens than anything else. They are in an unbroken line along either side of the street which is no more than six ft. wide. Now our dirtiest alley at home is a Michigan Ave. or a Broadway in comparison. You cannot appreciate the filthiness of these so-called streets. There is no sewage and all the filth of any description is in the way. All that is pretty down town is the blue sky over head and you cannot look at that for fear of stepping into something dreadful under foot. I am not exaggerating for I could not make it worse than it is.

Sunday we went to Union Services held by the Presbyterian & Methodist missionaries. Mrs. Fisher Swallen was there and we were so glad to see each other. I went home with her for supper and we had a nice chat together. I was very much surprised to see in Miss Paine's letter I received in Yokohama that Mrs. Swallen had a little baby. She is a very pretty little girl and they are quite proud of her. She wanted me to stay all night but I felt I must go home so she loaned me her sedan chair & Mr. Swallen ordered the coolies. I was afraid the coolies might not know the way and I would be unable to talk with them, but John Wanamaker just then came to my assistance and I was so glad to see him, so I got back very safely. I'll tell you again of John. He is Miss Paine's private servant & is quite an important appendage to our household.

We went over to the prayer meeting held in one of the mission homes nearby tonight. The people are all very sociable and meet together quite often both for prayer meetings and social meetings. The literary meets at our house Friday evening of this week. The foreigners of the place have a library & a tennis court. It is the only place among the eastern countries, they say, where the political people mingle with the missionaries. The Union who own the library building and grounds are composed of missionaries, the ministers from the different countries & their wives and other foreigners of good standing. I think the workers here look so much more healthy than in Japan & I think it is due to these social privileges. Miss Paine is invited to Tiffin at the Russian Legation Saturday. The dinner parties are quite frequent they say. Winter is coming on so I suppose there will not be so much to go to.

One of our girls is to be married next week, I'll tell you about the wedding in my next letter. I am glad it did not come off before I reached here. This wedding & one of the teacher's eyes failing just now and kimchie time near at hand gives us a couple of weeks to study without having to do any work. Kimchie is something like sauerkraut and the girls go home to help make it. I have begun the language. It is very hard, they say much harder than Chinese or Japanese. My teacher knows nothing of English and I know nothing of Korean & it is quite amusing that we get along. It is best to have a teacher who knows no English for then we are forced to talk Korean. It seems at times as if I was making little head-way, but it is very interesting. To my great surprise, my French is going to help me. Not that I know very much or that the Korean is anything like it, but there is a fine French-Korean dictionary gotten up by the French Catholics who have been in the country a number of years, and we have no English-Korean except a very small one with a limited number of words. Miss Paine bought one today and paid $14 for it. Of course, we have to use a French-English dictionary in connection. My teacher comes at half past eight & stays until eleven & from one until four. So I am in school as much as ever, except that I can send him away if I don't feel like studying.

Well, it is getting very late and my room-mate wants to go to bed, so I will bid you good night. I am in hopes a letter will come in a few days from home. It seems a very long time since I heard from you.

Very lovingly Yours —
Lulu E. Frey.

Private

Dear Mother:

I'm going to write you a little note all for yourself. I do hope you are real well and as happy as I am. I want you to tell me about aunt Ann if there is any change in her condition.

It is very late and I've just taken a bath so I must not sit up long, but I wanted to add a few words and the mail goes out tomorrow. I think of you very very often. and I'd like to see you, yet I'm not home-sick. I love you just as much altho' there is 8000 miles between us. I'm real fortunate in getting such a loving room-mate.

When you send me papers you can enclose a handkerchief now and then. I lost 4 on the way, fortunately they were not good ones. I wish too you would have the dress colored & have Jessie make it up prettily. I can't get any black China silk here or Japan and I'll need it badly next summer. Miss Rothweiler expects to come in Jan'y or Feb. and you can send it by her. Of course, if it does not color nicely keep it for linings or something for yourself. You count the cost and when the amount has reached a high enough figure I'll send you the money. I'll not be able to have much now for the winter expenses are very high and I'm only on half pay the first year. I hope you won't trouble about it. After it is colored, let Jessie use her own taste as to making it. I think I should like some lace on it for summer wear.

Well Goodnight—With love and kisses for you.

I am your daughter—

Lulu E. Frey.

Seoul, Korea

November 7, 1893

Dear Sister Georgia:

You tell mamma that she will have to do without her letter this time for I am going to write to you. I thought when I read mamma's letter that you were not in school but when I reread it I found it said you were. I wonder what you would think if you could see our girls in school. I think you would find them just as bright as you are, and I think they look quite as well with their pretty red & white calico dresses on. Just outside the door in the hall is a place for their shoes. You know they don't wear any hats so where you would take off your hat, they take off their shoes. I suspect you could not get much of an idea what we are talking about for the girls know only a little English and I know only a very little Korean, so we talk a little of both. I tell them it is "very good"—"don't forget" and a few phrases I have learned. I think after a little I will know enough to get along nicely.

I like to teach them very much. I wish you could hear these Koreans study. Our girls do not do so badly as those who have Korean teachers. They are not taught to study with their lips closed. When I was in Chemulpo, I stopped in to a boys' school. The little youngsters were sitting on their feet, six in a row & two rows of them, swinging their bodies back & forth to the tune they were studying with. They study at the top of their voices, each one paying special attention to his own book. It is a comical sight but they are not into mischief as some of you are when the teacher thinks you are studying very hard. Our girls have desks, slates & pencils just as you do, but when they go to church they all sit on mats on the floor and when they pray they don't talk as you girls do in Sunday school, for they bow clear to the floor, face down and never peep around to see what other people are doing. I believe American children might learn a few lessons from these little heathen children, don't you?

We have 35 in our school and the Presbyterians have 10. I always feel so badly for the little ones I see on the streets, who have not the privileges these in the schools have. Parents don't like the children to come because they learn the new doctrine. We do not take any little girls in unless the parents will let them stay a good many years. When they grow up, we see that they marry some worthy man who is a Christian.

I study in the mornings and teach in the afternoons and three evenings of the week I study with my teacher. So you see my time is pretty well filled, but it is all what I like to do so I am very happy. The little time I have before dinner & supper and before bed time I write my letters so you know pretty much what I do. I have to take care of the girls' clothes too. They wear out lots of things and I have to keep account of how much each one has and supply them when new ones are needed, overseeing the cutting and making of their garments. I do not do any of the sewing myself, but I keep the goods and the ready-made things. Their clothes are just the same for summer & winter except in the winter they are made double and there is a layer of cotton put between. When they are washed, they are ripped and then put together again. Wouldn't that be funny, to have to make your clothes up every week?

I wish you could see our babies in the hospital. We have three now. We keep them there until they are old enough for school. We have to turn a great many away who would give us their children and we could train them as Christians, but we have not the money.

We teachers are each going to take a little baby as our own, and have a woman to take care of them. It will cost a very little bit, and in time will be a great help to these people for when these girls grow up, they can teach about Jesus to others. You ought to be very glad to be a "Mekuk Ayhe" — (American girl.) How is Florence & Lena now? What a nice time you & Lena will have together this winter.

Well there is the dinner bell. — I suspect by the time this letter reaches you there will be snow on the ground and you will be thinking of Christmas. We are going to have a great time for the girls. There have been several boxes of dolls sent, I think there must be 75 dolls in all and some of them are beautiful and so nicely dressed. There will be enough for our girls and to spare, so we are going to sell some to the mothers of the little American girls here and then use the money for other things. I think there are some very pretty little American girls here. I wish you knew them. There is Augusta, Marian & Katharine Scranton — Dr. Scranton's little girls, Mr. Appenzeller had a very nice little girl your age. Just before I there was a little girl and a little boy — brother & sister — both died in one week and they are buried down by the river. Their mamma and papa have gone back to America and they say the mother is nearly crazy because she lost her little children. Isn't it sad?

My room-mate, Miss Paine, is having a new dress made by a Chinese tailor. Wouldn't you think it queer if you had a man come and make your clothes? He does nice work. Can make anything like anything else he has to look at or like a picture. He looks very queer sitting here in his funny dress and cap with his pig tail hanging down to the floor. There are so many funny things over here, that one should see to fully appreciate. I noticed the fire tonight blazing under the house so I thought perhaps you would like to know how the girls' rooms are heated. The floors are made of stone with a layer of mud on top and then a hard-shining surface made of oiled paper. Underneath is the wood fire and the floors get hot & that heats the room. They do not like our foreign fires.

They bring out their Yoe & Ebal to sleep at night. The Yoe is the first comfort the Ebal is the one they put over them. They don't use chairs so about the only thing they have to have in their rooms is the box they keep their clothes in. These boxes are very pretty — they are usually black and gilt about the size of a small trunk. I wonder how much you would eat if you sat down with our girls. I am afraid I could not stand it myself—some of their things to eat smell so badly that I could not have courage enough to try to eat.

Did you get the letter I wrote you on the way?

November 11

Dear Georgia, I must finish this tonight for the mail leaves tomorrow. I was so disappointed not to get a letter from home. I've only had three mails since I came & three out of the 3 times nothing has come for me from home. I got four letters but all from others. Today has been a big day for the Koreans and for us, for we have viewed the "Kerdong"—that is what they call the King's procession. I wish you could have seen it for it is so different from anything you or I ever saw that it is difficult to describe. The king comes out only once a month or so and then with great pomp. Hundreds & hundreds of soldiers and a great many high men & their servants. The king in his beautiful canopied chair carried by 50 men & followed by a retinue of servants. The queen in a closed chair for the high women never show their faces except to their husbands or to women who may have gained an entrance into their homes. Her maids and dancing girls and their servants. The King's son & wife and all their retinue of servants and oh! I don't know what else. They are fond of gorgeous colors so it was very pretty. We had an excellent view & the King deigned to look upon us and to read the sign of our girls' school. Give my love to all and don't forget your far away sister —

Lulu E. Frey.

21 Atherton Street

Boston, Mass.

December 30, 1893

Dear Mrs. Frey,

I know you will be somewhat surprised to hear from me, a perfect stranger. I am very much interested in your daughter. The one in that "far away land." She is with my daughter Josie Paine. I had a letter from her a few days ago, and she wrote me, "Miss Frey nor Miss Harris did not have a letter from home in the last mail." I do not know how I could get along without the time table of the sailing of all steamers from San Francisco. I know just when to mail my letters, I have to allow six days to go across. You can find out just how much time you will have to allow. I think it will be quite a help to you as mine is a great comfort to me.

My heart just ached for you when I knew she was to leave you to go so far away — I have her photo — and I am delighted to have her with Josie.

Yours truly

S. P. Paine.

Jamaica Plain is our office address.

The Year 1894

Seoul, Korea
February 20, 1894

My Dear Boys:

Have you forgotten me? I've not forgotten you even if I have been so long time writing to you, as I promised. I so often think of you and wish I was back to teach you Sundays. I do not know the language well enough to teach on Sunday yet but through the week I teach English in the school. Now if there was some sort of an air ship that would take me the 9,000 miles very rapidly on Saturday and bring me back as quickly Monday morning I might be with you every Sunday. Which one of you will invent something? Of course, I want if very safe for I should not like the idea of being dropped in the middle of the Pacific, and being devoured by one of those mammoth animals, would you? How nice it would be, then I could tell you all about this funny country and people, which would be so much nicer than this way for both you and me.

Now I want you to look for a few minutes at this little Korean boy. He is just about as big as you are, and he has a face about as white as yours when you have played out in the sun and wind. His hair is black like some of you have, but it is as different as can be. Why do you think it is different? Well I will tell you. Every boy wears his hair in a braid down his back until he is married. If he is married at twelve years of age as many of them are his hair is put up in a funny knot on top of his head. If he is still unmarried at 30 or 40 years of age, he still wears his hair down his back like the little boys. This is very rare, but I have seen a few and they look very strange. There is another thing about the boy that is very different from you. Wouldn't it be funny if you wore white clothes from one Christmas until the next? Your mothers like to put dark clothes on you so you will look clean. This little boy I am showing you is very clean for he has just put on his New Year's clothes and I wouldn't want to show you a dirty one, although they are very easy to find here, but wouldn't you look dirty too, if you had to work and play with white stockings, pants and coat on?

I think they have a very nice kind of shoes. They are made of wood and have two pieces an inch and a half high on the sole of each shoe, which raises the feet above the mud. They wear a long time and they only cost about 10 cents. You are wondering I expect what kind of hat he wears and you will think it funny when I tell you he has none. It isn't because he is poor but because he has no wife. When he is married he can wear a hat. If he should come to see me after he is married, he will leave his shoes on the veranda and wear his hat into the house, while you boys would wear your shoes and take off your hats. You are all polite, the difference is in the customs of the two countries.

This is the New Year Season. It began on our 6th of February and ends today, the 20th. They don't know Jesus and can't have any Christmas time so they celebrate the New Year's holidays. They have very good times. Of course, they have good things to eat—dried fish, seaweed, soup with rice and other things in it, very bad smelling pickles made of turnips, which l have not had courage to taste, raw bread, oranges, nuts, Korean candy, dates &c. I think we might help them eat the latter things because they like the others so much better than we do—don't you think so?

At New Year's they come around to bow to us. They get down on their knees, prostrating themselves until their heads touch the floor. The girls bow some differently and very prettily I think. This is the time of the year for them to fly kites. How you would like to help them, Wouldn't you? I think they can make their kites go higher than yours. They look very strange to me for they are square with a big round hole in the middle and without any tail at all. Almost any time I look out of the window I can see a dozen or more up very high. Do you want to know what the girls do? I can hear them now. They have a see-saw board—one girl stands on one end of the board and another girl on the other end. One jumps <u>down</u> on the board and the other is sprung into the air, and as she jumps down the first girl is sent into the air. At first, I was very much afraid they would fall, but they always come down so nicely on their feet, that I got so fear less I even tried to do it my self this morning, but I was not such a successful jumper as our Korean girls.

These people, (who do not know Jesus nor believe in the heaven where we are going when we die if we know Jesus), have some very queer beliefs and very strange customs. They shoot off a great many bunches of fire crackers on their door steps at night to frighten away the evil spirits. They are afraid of pictures because the bad spirits may be in the faces. Yesterday a friend bought a straw baby to show me. What do you think they do with these babies? They put money inside and throw the baby away. Little boys tear it up to get the money out, and the silly man who threw it away thinks he is safe to live another year, for the straw baby represents him and it was torn to pieces and died once therefore he cannot die again. Next year if he still lives he will do the same thing.

I have not told you what funny houses these people live in nor how they are made. They use twigs from trees instead of lathes and tie these together with rope for they run both upward & cross-wise, making little square holes, then this is plastered with mud & forms the walls both outside and inside. The roof is of straw and the windows are of paper. The floor is stone under which they build the fire to heat the house. My friend, Miss Paine, and myself lived for a week in one of these houses eating from one of their tables a foot and a half from the floor, sleeping as they do on the hot floor, our bed being a few comfort[er]s beneath us and a few above us. We had no chairs, for they sit on the floor all the time. We did not eat their food nor wear their clothes except their kind of stockings, but we did everything else as they do. So many came to see us then we had an opportunity to tell them about Jesus.

We had to live that way because we haven't money to build us a little house over by that church, but when we have the money to build a few rooms, the people can hear about Jesus every day instead of only on Sundays. They say "O, what good news!" and many of them remember the good works they hear and begin to serve God. Wouldn't it seem strange to ask someone who Jesus was and have them say "they did not know" or "they heard yesterday"? These people can't serve God because they never heard of him but what excuse have those at home who have always known of him? These people look a little different from us but their souls are just like yours & mine, and if we all love Jesus and serve Him here on earth when we go to heaven we will all be alike for "we shall be like Him."

I hope I shall hear from some of you, at least one of you. I intended to leave you my address but the last Sunday I was away and did not get to see you again. Address me simply this way:

Lulu E. Frey,
Seoul,
Korea,

and I will get it all right.

Will whoever write me, do so very quickly and send me the names of all the boys in the class, the new ones as well as the old scholars and I shall write you again.

Don't forget to pray for me as you promised, and I will always remember you.

Very lovingly, Your Teacher,
Lulu E. Frey.

Seoul, Korea
February 20, 1894

My Dear Mother,

We waited a long time for our mail, but it accumulated and we had a big mail when it did come. Out of my ten letters four were from you, dated Dec 25, Jan 1, Jan 5, and Jan 7, and Georgia's enclosed. A good letter from Lida, one from Laura, the first I've had from her. One from Emma Dame and one from Bertie Rife. I am still looking for Mary's letter, she is such a procrastinator. You received my schedule; did you get one also from Boston?

Mrs. Paine wrote Josephine that she had one ready to send you. Lida excuses Nettie by saying "you know when she reads a little and dreams a little more there is no time left for much else." I thought that was it, but I think it is much habit. I remember before she was married she used to write such long letters to her friends, but as long as you don't forget me I shall be happy. I have answered Lida's letter.

That was news to me about Mattie Humphrey, how very nice it is for her. Is she in the same school with Lizzie? I hope Grandma is better by this time. I wrote her a letter, have you read it? Aunt Anna has not deigned to answer my letter, or Web either. But no matter my best friends are outside my relatives my immediate family excepted. You suggest my writing to St. Jo. I may write to Guy some time if you send me the address. I have neglected to write it down and am not certain about it. I wish you would tell any who want to hear from me, to write me and I will be so glad to hear from them and will surely answer. I think you understand what I mean. My teacher has come so farewell —

I am studying very hard now to be ready for our March examination. You will notice in the book I sent father some time ago, the course laid out for missionaries. I take the one on the verb next time which is by far the most difficult terms work of all. The rest will be comparatively easy. I have just come back from Mrs. Scranton's room where we take 9 o'clock cup of chocolate.—Miss Paine thinks she gains three pounds every cup she drinks. I do not think I am gaining very much now, I lost one pound last month and Miss P. gained one pound. She weighs an even 200 now. I told her she took my pound. I am glad you liked our pictures, they are taken and finished by a Japanese. They are a very progressive nation. I do not know who Miss P. looks like. I think more like Mary Miller not at all like Laura. She has her build and hair & eyes.

Saturday night, February 24

Miss Paine and I were up to Mrs. Swallen's this afternoon. The mud is something terrible — I never saw anything like this in America. Mrs. S. has had a Chinese tailor to make her some shorts baby clothes and some wrappers for herself. She has a pongee that is beautiful, I think when I can get the tailor I will have me one made too for they are neat and pretty beside being cool. Isn't it strange how these men can make our clothes.

This wrapper he only had a picture of and he cut it from that. Everyone is preparing for the hot weather, I think I am well enough fixed except in wrappers when the dress you are sending me comes. Things are very different in many ways than I thought. There is so much more society than I thought. As I often say we are to each other all there is agreeable for the surroundings are beyond description. We are beginning to plan for the hot summer. They talk of building some cottages on one of the islands near Chemulpo and making it a resort for all the missionaries we have no place to go here like the Chinese missionaries and Japanese. I have not much idea that it will be done this summer.

I am so sorry I forgot the hammock I talked of all summer—you know I tried to get Papa or Georgia to give me one, and when I failed I thought I'd get it myself, but forgot it—I did not think of it when I asked for my dress. By the way, don't forget to send me the expense of my dress and I'll remit to you. When I do get a hammock I want one like Mrs. John Colton's. How is she? I wrote Oscar and Lena soon after I came. Miss Paine and I enjoy the books they gave me very much—scarcely a day passes we do not read in them. We do a great deal of reading together. Now we are reading Victor Hugo's "*Les Misérables*." Isn't it entertaining? We borrowed it from Mrs. Swallen. We can get magazines and paper novels out of the Seoul Union Library—I do not belong yet but put my name in yesterday. Miss Paine wanted me to join so badly. The members have the tennis court in the summer, the Friday afternoon tea and monthly sociables and the use of the library, so of course it is very nice to belong.

I've had the sewing woman fixing my underclothes today. I've never been able to wear them I cut the placket down the front & those plackets on the sides and out under the arms. You know the corset cover and drawers together the ladies made me—With these little alterations so I can get into them, I think I will like them ever so much. I am going to put them on for spring wear and save my thinner ones for summer. Well, I must close and take my bath. The gate man has just brought my water. Miss P. & I have a Chinese tub, it looks more like a majolica ware than any thing I ever saw at home. I like it better than ours for it is always clean, while the zinc is so hard to keep clean. They heat the water down in the laundry and when we ring, they bring it and put it in the tub. I wish you could see the way they carry water. The have a harness which they put on with a board fitting on their back & two projecting poles out each way on the ends of which are hooks and suspended from these by a rope are the buckets. They carry two full buckets—the strain being upon the back rather than the arms. They use their heads and backs for all burdens. Good night my dear darling mother—you don't know how I love you!

Monday morning

My teacher has gone out to buy me some Japanese writing material for our study so while he is gone I will write a little. Yesterday Miss Paine and I went over to the east gate for native service. It was a lovely day and I enjoyed the ride across the city. My chair men were very careful, sometimes they shake one so that there is no comfort at all — by the way our way of riding is not to be compared to those lovely jinrickshas. I long to go back to Japan to get some more of these rides. The roads are so beautiful there. There is nothing pretty in Seoul except the surrounding mountains but the sights are so strange. They think we are very funny. I had a man running alongside of my chair for a while looking at me. Many of them have good laughs at our appearance. In our part of the city where they are used to foreigners it is different, but anywhere we always have the first right to the road and the highest language addressed to us. Have you ever seen Americans make way in a crowd for a foreigner? If we are walking our servant goes ahead & says, "Get out of the way," and every one scatters. "Annie" our girl at the East Gate says she wishes we would hurry and send some foreigners over there. People peep in at the windows & scare her. When foreigners are there she is not molested. Isn't it strange that we are a protection from their own people?

March 1, 1894

Went to the Seoul Union entertainment last evening. Wore my black silk as did a number of others. There were silks, velvets and light henriettaa there. I said at the supper table before I went I thought when I [had] left America all the fuss of "what shall I wear," there. We had a very pleasant evening. Refreshments were served, several kinds of cake, tea and salad. The German Consul, English Consul's wife, Mr. Brown the customs officer, several other diplomats and a number of missionaries. Our American Secretary and wife were not there because he has been quite sick for some time.

Received Georgia's novel letter written in school, Miss R.'s postal & Jessie's letter and was glad to hear from all but was disappointed not to have a scratch from my mother. We expect Miss Rothweiler to arrive at Yokohama the 17 of March and two weeks more at least will bring her to us. I hope we shall like her, for are a very congenial happy family now. Mrs. Scranton is very happy that Miss Rothweiler is on her way, when she arrives we will be seven in number ranging in ages from sixty-one to 25 years. When my dress arrives I will answer Jessie's letter. I read in one of the papers that Grant made you a visit. I anxiously await your next letter telling me of him. Did he get the letter I wrote, if he did why didn't he answer as he suggested? He wanted to hear every three months from me. When the three months had expired I would have written again but did not have his address.

I was glad to hear from father. He wrote me such a nice long newsy letter. I wish he would write often. I had not realized that you considered my letters interesting reading except because they come from me and I thought when you got used to your daughter being a missionary you would not care so much for others to read my letters. My first impressions of course are most interesting and as I see these things over and over they become so common that one would not think of speaking of them. I thought after father spoke of them being "sought and not forced" upon the people that the things I've spoken of in the letters together with the experiences of years with the people would be the things to interest an audience. So if you can keep my letters for me I will find them helpful when I come home and am expected to talk. I shall forget about those things which seemed strange to me at first and the same to you and others, by that time, for already I am becoming accustomed to many things. The thing which shocked the people so, which Mr. Gardner did in Mr. Stewart's back yard is the commonest sight on the streets of Seoul. I see dozens in the act if I walk a block. They think no more of it than we do of blowing the nose. Today my teacher asked to be excused while he went to the water closet. Of course it was said in Korean and did not sound so badly as if it had been said in English. They don't think of it as we do. "To him that thinketh evil it is evil."

I'm so sorry to hear of Grandma's feeble health. Where does Aunt Anna get her littleness; not from Grandma. I am anxious to know the out come of it all. I do not say much in my home letters of family affairs because others could not read them if I did. This letter I've reserved for odd bits I've wanted to say all along but refrained for that reason. I am glad Aunt Martha has gone. Her last days were miserable for her self and others too.

The papers came address by Nettie and father and one with the mittens enclosed. I am glad to get them, they are very nice. The paper had "Frey" on but the writing must have been Adda's sister's. I live from one mail to the next. They are usually 15 days apart. Older missionaries say we will get over that after a while, but I've inherited that from you don't you think?

I'm ashamed to be continually asking you to send me something but I wish you would send in a paper or some way some of that rubber for dress shields Nannie and Nettie used to make out of, enough for several pair of shields, I think that would be better than buying the shields, don't you? Another thing if you would put some American stamps or a dollar bill in now & then I would not need to bother you for little things I want. The exchange is such a nuisance. We take our silver have it exchanged into gold and get a check on the Parent Board at New York in some way. There is so much red tape that one does not want to go through it for a small amount but as soon as I can send you $50 more or less I'll do so. The exchange is so very low now that I would have to lose if I did have it to spare.

Laura writes me that Etta Snay has a position in a Methodist Seminary in Lenore, N. Carolina, a salary of more than $50 and board & washing included. Isn't that nice for her? It is late and I must close for I have several other letters to finish before I go to bed. The letters must go before breakfast.

Love to all—

Lulu.

Etta took my letters with her thinking it would seem creditable to have a Meth. Missionary friend.

~ ~ ~

Seoul, Korea

May 3, 1894

My Dear Little Sister:

I owe you a letter, for the last steamer brought me one from you, and if I want one from you again soon I must answer right away. What a long time it does take for a letter to come, but if we stop to think what a distance the letter has to travel to reach us, it seems very short. It has been raining all day, the most melancholy rain, but it will make the garden grow. Spring is here now and everything looks beautiful, I mean on our grounds. Outside, it is as dirty as ever and as the days grow warmer the odors are worse than ever. We divide our outdoor work. Miss Paine has the vegetable garden to oversee, and I have the fruit garden, Mrs. Scranton the lawn and flowers. Did I tell you we had grapes, raspberries, blackberries currents and strawberries growing besides a good many small fruit trees. These have all been brought from America. We sent to California for our garden seeds. Will you come and take dinner with us some day? I wish you could see the lovely mountains around us. There is one large one at our left which is like one solid grey rock and another on our right which is covered with green foliage trees. They are both pretty, but so totally different.

Last night one of the girls came in with her hair done up on her head and all the short hairs in front curled, and announced that she was Miss Frey. She Wouldn't make a bad looking American, her skin is as white as mine. Her nose is a little too flat and her eyes too small, but I don't think if she was in America and dressed our way she would be taken for a foreigner.

I wish you could hear my class in Arithmetic say their multiplication tables:

"Tule bun han tule isso."

2 × 1 2 is

"Tule bun sate yasit isso."

2 × 3 6 is

They do very well when they study; they are like you sometimes, when they like to play instead of studying. Today they were to review the tables. I noticed on the board some figures like this:

2, 4, 6, 8, 10, 12, &c.

3, 6, 9, 12, 15, &c.

4, 8, 12, 16, &c.

When time to recite came someone had seen me looking at it and rubbed it out. I called one girl up and asked for the "sevens"—She began "ilcope bun," glanced at the board and saw the figures were gone so that was all she could say. I could not help laughing at the way she was caught.

Saturday, May 5, 1894

According to your little calendar which you sent me this is the date and tomorrow I think is Web's birthday. I always remember the birthdays as they come along.

Today the girls are excited over a swing which is being put up for them. The rope is made of straw. I would hardly think it could be strong enough but they make all their rope out of rice straw.

Maggie came in a few moments ago to show me her birds. They take birds when they are very little and feed & pet them and when they are old enough to fly away they go &

when the girls want them they make a noise like the mother bird and they come for their food—now if she makes that noise they open their little mouths and she puts the rice in. She brought them in on her finger, dyed red, blue and green until they looked more like little canary birds than English sparrows. I said "poor little birds they have no mother." "O yes," she said, "I am their mother."

Maggie is such a nice girl—she it was who came in with her hair fixed like mine. Yesterday she brought me in a most gorgeous "chumony" made of deep pink silk with a green string and various colored pendants on the ends of the string. I haven't forgotten that I promised to send mother one but I can't find any silk that I think she would use after I sent it. Miss Paine says she would not wear it any way but would keep it as a curio.

I hope you got the white goods I sent you for a dress and the silk for a sash I sent Nettie to make for you and Martha. The dress goods may shrink a little lengthwise so make the sleeves a little long and put a tuck in the skirt if it is made up before it is washed. If the red dress you made out of mine is as pretty as it looks in the picture, you must look very nice in it.

Well, I suspect you are as delighted over Mary's baby as Lena is. You must tell me what his name is, who he looks like and all about him, when you write me. I hear the Scranton children & Mrs. Appenzeller's little girl out in our yard gathering violets—They are just thick in the grass and little "forget me nots" beside many other little wild flowers. Miss Paine said the other day, "Wouldn't Georgia enjoy picking these flowers—" I said "yes, but she would soon get tired and want to go home."

Well dear—I must write Mamma a little letter so I must close yours. Let me hear from you often—I like your letters so much.

With much love for all, and kisses for yourself—

Your Sister Lulu.

Seoul, Korea
May 5, 1894

My Dear Mother:

I am delighted and feel flattered, that people like to read my letters. You like it too, and I know you love me but don't deny me the pleasure of talking with you at least once in two weeks. The next time you sit down to write me, think to yourself if "this or that" would sound well in print, then you will realize to some extent how I feel when I try to write. I don't let it trouble me much however for I write to <u>you</u>, and then let it go and if it happens to be anything that will please others, I've no objections to your passing it along, but as for writing the public through you I can't do it, for it takes my pleasure in writing away. If I can't <u>see</u> my mother, I <u>must</u> at least open my heart to her once in a while at least by letter.

I enclose two letters—one for Joe and one for Jessie. I have left them unsealed purposely that you may read if you like. There is nothing especially interesting in them but perhaps there may be some little thing I've not spoken of to you. I send Georgia a letter this mail too. I have written Virgie, sending the letter to Columbus. I presume if she and Laura have gone, they will forward it. You asked Miss Rothweiler about trees and whether we had a veranda. We have a front one going clear across in all 90 ft.—You can see part of it in the Conference picture I sent you. I sent to California for a nice hammock—I hope it will be very nice like Mrs. Colton's and will come before the summer is over. The hooks are up just outside our door waiting for it. I send you two pictures of our room, one for Nettie & one for you—choose which yourselves. In one you see the stove (German make), two "changs" purely Korean, one black inlaid with pearl which Miss Paine bought for herself of a pedlar. It is a beauty. The bedroom door is between. The archway also goes into the bedroom & forms a passageway to the water closet. The head of the bed is between the arch & the door—you can see a corner of the pillowcase. The other picture shows Miss Paine's desk, the table where I am now writing, rocking chair I bought of the China man, stove & center table. The two pictures together show only half of our study. Our new book case and another pretty chang we were not able to get in the pictures. The box on the table is our music box I wrote of. Both show very nicely the Korean architecture. Well, my water is waiting so I must take my bath.

Well, as George says in her letter—Now we'll "change the subject." I'm glad you and Mrs. Paine are becoming friends. I said to Josie one day, "I wish our mothers knew each other"—soon after we learned you were corresponding—some day you may meet. Miss Paine writes her mother everything and anything, little silly things that I wouldn't think of writing, so I expect through her you may learn more of our home life than you do through me.—How is Edna Pratt. I wish she would write to me. People hear from me through my letters in the paper and they don't stop to think that I haven't the same way of hearing from them. However I get as many letters and more than I can answer creditably.

I'm so glad you have one of the McCurdy girls with you all of the time, they are worth more to you than if I was at home and soon Georgia will be old enough to care for you, and by the time Georgia is married I may be home to stay with you — altho' now I expect to spend my days here. The years after the first five, one is able to do so much better work since one is not as hampered with learning the language.

I must get ready for bed—so good night. Write me again soon. I'm disappointed always when I don't hear from home.

Lovingly —

Lulu.

Seoul, Korea
May 9, 1894

Dear Mother:

Your letters mailed March 23 & Apr. 4 came today, also one from Grant & Elsie W & several others from those whom you do not know. I will answer in a few days. I send this on the steamer which goes tonight. My head aches so bad that I can't think to write a letter hastily. You don't object to postale. Do people ask for the stamps off of my letters? The big blue ones are rare. I got three Easter book marks in my mail today and an Easter card in the last one. It is so nice to be remembered—one came from Grant. Give my love to all and a kiss for all the children—

I am Lovingly
Lulu.

Seoul, Korea
May 16, 1894

My Dear Father:

My last few home letters, I fear, have been very unsatisfactory, but it couldn't well be otherwise, since I have been sick. I am teaching again now and as soon as I get strong again I will be as well as ever. I went out to "Tennis" yesterday but did not play. Someone remarked at me being well enough to be out. I said, "O, yes, we have a doctor in our house and she gives such nasty medicine that one has to get well in self-defense." Miss

Paine was my nurse all the time and rather enjoyed, it seemed to me, to make me take the doctor's horrid doses. You know I'm not very good taking medicine. Miss Paine is so good to me, I don't know what I'll do when she goes to Japan. She is going for the change of scene alone, for it will be if anything hotter than it is here in the summer.

Notwithstanding all I've said in former letters of the fearful diseases the people here have, Korea is a healthful climate. We must except the six weeks rainy season which comes in July and August, when the green mold stands out on the furniture, and one's dresses, gloves & shoes become spotted. Nothing is safe except cotton goods. I wish I had had my box lined with tin so I could seal up my woolen goods, and kid things. As I have said before it is the filth of the city which makes so much sickness. Every few days we have a wind which blows across this city and gives us all most terrible headaches. Koreans call it "wind headache." At first I laughed at the idea, but I soon came to the conclusion that it is because the wind gathers the impurities in crossing the city.

The fighting still continues in the south. We hear a great many reports, of which we doubt if any are true. In a country where there are no newspapers it is very difficult to know for a certainty anything that is transpiring. There is no immediate trouble here in Söul at any rate. I told you in the last letter not to worry over any of the reports which reach you through the papers. It is quite probable they are false, as many of them are. I wrote of the trouble Dr. Hall's people were having in the north. He is still there—We have heard nothing further so judge all is well with them now. The Koreans are very brutal in their punishment. You read no doubt not long ago of the assassination of Mr. Kim who has been an exile in Japan for some 8 or more years. He favored a revolution of government. He was enticed into China where he was murdered, it is said, by plan of the Korean king. His body, at any rate, was brought here and cut into seven pieces to be taken to each province as a warning to all who may attempt anything against the government. This does seem brutal, but if we look back not more than a hundred years we can see things Americans have done as bad as this—for instance—killing for witchcraft. Wasn't it Cromwell's bones which the English dug up and in mockery placed in a chair with a crown on his head? My memory fails me and I haven't a book to refer to, which will have it.

There is no doubt about it, the country is in a troubled condition. The people are so downtrodden by the gentry. We scarcely know what the outcome will be. But if it should get very bad we would probably all go to Japan.

Our work is prospering well now. Sundays our native churches are full, ready to be taught. As yet I do nothing outside of school work. I see a great deal to be done, but I am like the idols now, with ears that hear not and mouths that speak not. I cannot see that I learn much but I think little by little I am acquiring the language. We have a lecture every Tuesday night in our parlor by Mr. Hulbert who has well mastered Korean.

I received today an invitation to a Garden party at the English legation in honour of the anniversary of the birthday of the Queen, May 24.

Grant's letter came on the last mail, with an explanation of its travels. Since he can not give me a permanent address I will write sometime soon and send to B[ellefontaine]—then you can forward to him. His letter was written in Balt. Md. mailed I think in Richmond, Va. The envelope was so torn that the letters fell out as they were handed to me. Do my letters ever come to you in a bad condition?

I would like to step in and see how you all look. I don't think I'd care to stay long, for my work is here. It isn't such a very long distance after all, and the distance from one side of the globe to the other gets shorter every year that science advances. Think of leaving Korea the 14th of June & reaching Boston the 10th of July! That is what can be done, provided no storms delay the steamers. This is on the Vancouver line.

Well, your letters are very welcome.

Accept love from your daughter,

Lulu.

Seoul, Korea
May 17, 1894

Dear Mother:

We are anxiously awaiting another mail. One steamer will be in tomorrow so by Sunday I think we may have a mail—I'm afraid, however, it comes from China so of course it will bring us no home mail.

We girls are alone this week. Mrs. Scranton is over by the East Gate with our Korean teacher, Mrs. Ye. It makes the work some harder when Mrs. Ye is away. The girls are so afraid of her that they behave out of fear. They have a nice big swing up in the back yard and these pretty days they would rather swing than study. Korean girls in most respects are like American girls. Does Georgia study very much? It is almost time for school to close and I suspect she is not sorry. I hope she will keep her music up during the summer months. I regret that I do not know a little at least.

I wrote father of the Garden party at the English Legation to be the 24th of May. I think I will initiate my white swiss—I think it will be most appropriate. The American Legation is being repaired now. We called on Mrs. Sill a few days before I took sick. Her sister Mrs. Graham is with her they are people about your age. Mrs. Allen, of whom you have heard me speak as the Secretary's wife is quite a young woman. However, there are no young people or old people, for together we are only about 60 foreigners (Europeans). But a nicer community I never saw anywhere.

I am glad Grand-ma still improves. How is Web? I am so sorry to hear that Nettie is suffering again. I wrote to her last but when I can find time I will write anyhow. I am sorry they go to the country again. Lida will go with them? If it is not damp there she may not feel any worse physically than she does in town. She will make the place look cozy, no doubt about that. She has good taste. She is a brave girl, and not so bad off as many another would be situated the same way. She has such a resource in her self. There is a rich old Kentucky lady here whose son is advisor to the king. She is so delighted to have us go to see her—talks about everything and anything and everybody in a most entertaining manner, but when she is alone she is one of the most miserable women who ever lived.

Well I must go into school now. Our school won't be out until the first of July. Miss Paine goes away the 15 of June to Japan. If it were my second summer I certainly would go too, but I can't go as it is now.

School is out and I'm free again. Miss Paine is having the tailor make her a dress out of the goods of which I sent you a sample. He makes a dress easily in two days and does it very neatly for about 40 cts a day in gold.

While I think of it—tell father he need not renew the subscription of the *S.S. journal* for it comes after the lessons are all over and besides we do not use the Int. lessons in our work. I think another year I would like *The Republican*. It will have all the news and come regularly to me. I think if they appreciate my letters they might afford in return to send me the paper. Appreciation does not always go so far as that.

I miss Mrs. Swallen very much now she has gone to Won San. I had a letter from her a few days ago. She says they feel like pioneer missionaries. They are high & cool—right on the sea, but the fish smells are almost unendurable. So it is—There is some objection to most every place but one's own home.

I had such a sweet letter from a little girl in Cape May, N. J. She had read of me and her name is Lulu too, so she would like me to write. Enclosed was a beautiful King's daughter book mark.—So I received another letter from a Kansas friend who also wants a letter. She also enclosed a book mark. Together with the pretty one Grant sent me makes me three in one mail. It is beginning to be such a task to write letters to be read in public and published. It is such a relief to write you a home letter.

Our afternoon tea is ready so good bye—Write soon and often—Only one mail since the first has failed to bring me letters from home.

With love to yourself and all—I am,

Lulu.

Seoul, Korea

May 22, 1894

My Dear Mother:

Your letter of various dates mailed Apr. 14 came today. A nice letter from Georgia and a loving epistle of four words from Father. A good letter from Hattie Frey, one from Etta Snay, one from Emma Daum, one from Mary and another from Mame Hillman all came today. I fear the next mail will not be so big, yet I am happily surprised every mail day.

Let me entreat you mother dear, not to tear my letters to pieces and put together for print. That is how so many misunderstandings arise. Take a paragraph out of its connections and put it in another place and it may mean an entirely different thing. I beg of you not to do it. You may know when I write about everything and anything I am writing to the family and not to the public. You can easily tell when a letter is proper for print. I write you or father a letter which might be printed with one or two omissions on an average once a month and that is much too often. They will soon get tired of me and laugh about them appearing so often. I wrote a page about the eclipse some time ago which, I thought if you liked could be printed and a letter to father about my walk outside the city which I wrote with a thought of the "cold printers' ink." I don't know what more to say to make you understand me fully. When you cut and arrange my letters, change the rhetoric and correct all mistakes it is no longer mine but yours. If a letter is long you can omit personal things here and there but don't mix several things out of as many letters together.

If there are any special things you want me to write about, tell me and I'll do what I can. I feel badly that you care for none of my letters except those with which you can show me off, as it were. I am only an ordinary missionary even if I am your daughter. I would like to see a few of my words which you say people like to read. I get bundles of interesting papers but strange enough, there is never one of my epistles in them.

I know you mean well, and you know well that I like to be appreciated, but to be paraded and shown off is so contrary to my feelings. I am writing this lengthy explanation so I won't have to take up space in another letter. Whatever you do with them don't try to keep it from me. On the last mail, Grant's long looked for letter came. You kept it from me simply that I might not know you were publishing my home letters. This is a small world after all, I had not been in Seoul a month until from four sources I learned my ship board letters were in the people's hands. Put yourself in my place and you will know how I feel. I think you know me well enough to understand me.

You ask about Mrs. Scranton. She is a most lovely, refined New England woman. Her son & wife, Mr. Appenzeller and wife were the first missionaries sent out here in our mission 8 years ago. She accompanied her son, as the first one sent out by the Woman's board. She has started everything. Miss Rothweiler came out three years after.

My friend Mrs. Swallen, as I wrote you is now in Wŏn San on the coast. I miss her very much. She and her husband are very happy and apparently well mated.

Who is Gen. Kennedy to marry?—What a surprise it was to me!

I know you will excuse another short letter. I ought to write the letter to the missionary society, but I feel so badly it is all I can do to write this. I managed to teach an hour in school but that is about all I've done today. Spring is always hard on me, and then I presume I am becoming acclimated. The heat of the sun is different, altho' the thermometer does not go up much higher than at home.

I read such a true book on Korea by Gilmore who was one of the Gov. teachers a few years ago. He says it is here in climate much like Richmond, Va. Clara's letter did not come—I will try to get the letter written to her in a few days, ready for the next steamer. I hope it will reach in time for the Korean meeting.

Yes, I think it is important to use the schedule. I do not believe you quite know how to use it for Miss Paine's mother's letters are always a week later than yours. The one today was dated April 22. I think you write every week but send it one day too late so it lays over from one steamer to the next in San Francisco.

I will enclose the invitation to the Garden party. It has been raining and will be very unpleasant if it is like this then.

I hope Nettie is settled and does not find it as unpleasant as was anticipated. How I would like to see the children! Don't let them forget me.

With Love —

Lulu E. Frey.

Seoul, Korea

May 26, 1894

My Dear Mother:

Another opportunity of writing you a few lines. I told Miss Paine I was going to write and tell you how mean of her to plan to leave me this summer. When my work is over, every day I'm going to spend some time in my hammock with a book, if my hammock comes. I sent to America for one. It was very foolish of me not to bring one. Yesterday was the Garden party at the English Legation. The English, Germans, French, Chinese, Japanese, Portuguese, Russians, Koreans were all represented beside a goodly number of Americans.

I remembered that it was Grandma's birthday too. Can Grandma be seventy-five? I think every mail I will write her a letter again, but it keeps me so busy writing what I call "perfunctory letters." I send two off this mail; one to our missionary girls and one to Topeka, Kan.

Mary writes me Clarabel goes to Lake-side this summer, what a nice time she will have, I hope she will find time to write me from there. Did she go with Mary last fall? Mary talked of taking Clarabel with her but that was after I left.

I divide my time now between the school room & the strawberry patch. We are having enough for two meals a day and soon can have three a day. Our family is not a small one either. It is nice where there is no market to have a nice garden of our own. When I come home I will have various avocations — Grape vine & fruit tree pruning — gardening — teaching, nursing, undertaking, and bossing of all kinds.

I was thinking today what a time our poor servants must have with Mrs. Scranton and six old maids to boss them. They seem to like to stay with us pretty well any way. I guess we pay better wages perhaps. A Korean gentleman can demand a low mans services for almost nothing if he chooses. People, that is Koreans, think it wonderful that they are all paid, who serve us. The one who gets the most gets but three dollars (U. S. currency) per month and thinks he is rich, but as I told you before, perhaps—it is some like Cousin Robert Steward said of India, it takes so many to run things for each man has his work.—It isn't the same exactly for if one man gets rich another will do his work for him, but the natives can't accomplish as much as an American, and one feels tempted to do the work himself to get it done quickly.

I will send the letter to Carrie Butler since Clara is going away. Where are the Whitlocks living? Remember me kindly to them.

I want you to pay my missionary dues. I will send you enough money. Don't despair.—I've more than enough laid by, in the bank now but I do hate to send it while exchange is so low. It will go up surely before long. It is better for us as it is, for it almost doubles our salaries, but to send home it seems a waste.

Well, it is late so I must say goodnight. Give my love to Nettie & Frank and all —

Very Lovingly —

Lulu E. Frey.

Chemulpo, Korea
June 14, 1894

Dear Mother:

Just a year ago today I left Moody school and eight months ago I wrote you on this same table having just landed in Korea. This time I am on my way to Japan on a health trip they say. The Dr.'s & the house hold ruled it, and but three days ago I knew nothing of it. I really don't want to go for it sort of hurts my pride to have to go away the first summer. Now don't worry for I'm not sick, only a little tired and you know in the spring one's appetite is not very good any way. I am going to Kobe from here. Our steamer leaves Saturday morning. We had quite a time getting down here. The harbor is full of Gun-boats Japanese, Russian, English, Chinese & American. The Marines (Japs.) were using the river boats between here and Seoul and when we went down to the river yesterday we found we could not go by boat. We hired our chair men to take us overland. Miss Paine had 8 men I had six and Miss Arbuckle, one of the Pres Ladies, had four and two ponies carried our trunks. We rode through three heavy showers and passed over a thousand Japanese soldiers on their way to Seoul. No one seems to know what all this means. I fear it means a fight between Japan & China on Korean ground. Both countries want poor little Korea. There is an insurrection among the Korean people against the government and we think the other countries think it a propitious time to take the country. The Am[ericans] and the English are here for our protection I suppose. We do not fear any harm for ourselves, but what to expect we don't know.

I received two nice long letters from you last Sunday. I was so glad to get them before I started. I fear the others will have to wait my return for I will be going so many places. We expect to be back by the last of July. It is raining very hard today. I fear the rainy season has set in and a sea voyage will not be very pleasant. I'd rather go back to Seoul. But Miss Paine has said from the first talk of my going that she would not go if I did not, so rather than spoil her long talked of vacation and in hopes that I would get strong again, I've been coaxed into going. Miss Paine gets off at Fukuoka and I go on to Kobe. I did not get any passport so cannot go into the interior. I will get one in Kobe so I can go different places around about Yokohama.

I will write you from Kobe, write me as usual to Seoul for I will be back by the time they reach Seoul.

I hope you keep well. Hattie Frey wrote me Georgia talked of going there for her vacation trip. I had such a nice letter from her. I wish all my friends who want to hear from me would write and not be offended that I don't write first. "What is the matter with Dr. Pratt?" How do I know? I presume he is forgetting me as many people will before I return—don't feel hurt, I don't. You ask about the things you sent. The shawl has never arrived and I am very sorry. I've wanted it so many times. If you had put letter postage on & marked it "letter postage" it would have come safely. It is cheapest in the long run. Don't trouble about the overdue postage on your letters. I never have to pay on yours.

I'm in hopes Nettie will be better as hot weather comes on. It isn't probable she will always have to live as she now is. The home people who live in the worst huts live in palaces in comparison to these mud thatched roof huts. Miss Arbuckle says the Pres. have cut down the salary of single women $100.—She wrote the board a long letter in which she told of the different troubles of mission life. She said on their new property where they want a new house, there are several little native houses, but when she thought of living in one she thought of the luxury of her father's pig pen. She is such a funny girl. She is the one they told me about in Chicago, who was told by Mrs. Capron, Supt. of Moody school, that she wasn't fit to go as a missionary. I hope I never gave such an impression. I think at heart she is a good girl, but is little understood—but the comparison to her father's pig pen was a very apt one.

Give my love to all.—Will write you as soon as I reach Kobe which will be about a week hence.

L. E. F.

Nagasaki, Japan
June 18, 1894

Dear Mother:

On the same mail I presume you will get my letter written from Chemulpo. We decided to come on another steamer. I will stay here two weeks and then go on to Tokio & Yokohama and other places.—Will write you of what I see & hear. Don't be worried about me. I'll have a good time and go back to work well and strong. Yukiye is delighted to have me here. Belle Allen has gone to Vladavastalk, Russia for her health. Such a shame she did not stay while in America. Miss Gheer of the Nagasaki school leaves today for America on a recruiting tour. She looks very badly. I think the climate of Japan is worse than Korea but you will wonder why I come here, for the change. Write me as usual to Korea.—I don't know how I'll stand it not to hear from home until I get back to Korea.

Lovingly —
Lulu E. Frey

Aoyama, Tokio, Japan
July 9, 1894

My Dear Mother,

I think the last letter I wrote was in Nagasaki. I left there in company with Mrs. Van Petten, took a tea ship and was treated royally. The captain was an Englishman. He gave us his private room with a bath room adjoining so we had a nice sea bath every morning. We intended going to Yokohama from Kobe by train but our captain's son-in-law was there who was captain of another English tea ship and he persuaded us to go on with him the following morning offering as an inducement to take us free of charge. We knew the sea was cooler and we would reach Yokohama as soon. We had a most delightful time on the way, but I was glad to reach land again. We found Yokohama had been considerably shaken by the earthquake. Quite a great deal of damage was done all around Tokyo and Yokohama. I found Miss Heaton in Yokohama and we were so glad to see each other after almost a year's separation.

We left Yokohama for Tokio after being there three days, to attend the Japan Conference. Bishop Nind[e] is here with his wife and two boys & Mrs. Mary C. Nind, an old lady of our Missionary Society who is no relation to the Bishop although bearing the same name. Yesterday we enjoyed hearing the Bishop preach. This morning we want to go to the morning session of the Women's Conference and this afternoon to Tokio. Aoyama is a suburb, Miss Allen's home, but as I wrote you she is in Vladavastalk for the summer. Tomorrow we want to start for Nikko, a most beautiful place, they say—we will stay a few days and a few days more in Yokohama and then go on to Nagoya, an inland town where Miss Heaton lives. We will only stay a day there and then go to Kobe & Arima. Arima is a resort for missionaries — we want to stay a week or ten days and then go on to Nagasaki and by that time we will have out run our time and emptied our pocket books.

I am afraid I will not be able to get the jinricksha off this mail. I hope it won't be broken on the way. When I reach Korea again I'll try to give you a description of some of the places I've been and the things I've seen. Japan is a remarkably beautiful country, but I'm satisfied that I was sent to Korea.

Hope you are all well—It seems so dreadful not to have heard from you for so long and no hope for another month.—Don't attempt to write me here for we will be in Korea by the middle of August if the war lets us in. I think things must be very serious there altho' we hear nothing satisfactory—

With love to all—

Lulu E. Frey.

~ ~ ~

Seoul

July 20, 1894

My Dear Miss Paine and Miss Frey

These Korean letters must have a little accompanying note from me. Every letter which we receive from you is very interesting to us. We are glad to know that you are having a good time. Don't let any anxiety about us spoil it. You cannot make one hair white or black. We are in the fray and can't get out of it. What is coming we do not know, but we do know we are in the hands of a Covenant Keeping God. Some sweet words of Whittier's which I learned years ago have been in my mind often of late suggested probably by the very uncertain state in which we live. They run something like this:

I know not where His islands lift
Their fronded palms in air
I only know I cannot drift
Beyond His love and care—

And so beside the silent sea
I wait the muffled oar
No harm from Him can come to me
On ocean or on shore—

Well—well! I did not sit down to quote poetry to you, but perhaps these words will show you something of the condition of my mind—and I believe everybody feels about as I do. We are not worrying; we are taking up the duties of the day one by one as they come to us, and leaving the things over which we have no control in the hands of Him who can mould everything to suit His own wise purposes.

Unless God interferes—war is surely coming. We are doing our best to make the ship tight but we are not trusting very much to anything which we can do. The Baltimore is back again, and the Monocacy is also at Chemulpo, but we understand that the Captain of the Baltimore is in rather a bad frame of mind. He is evidently if reports are correct very angry at having to come to such an uninteresting place as Chemulpo. He accuses the Americans of having meddled with politics and by so doing brought trouble upon themselves, which shows how much he knows about us anyway. But we must not be too hard on him. Of course, the harbors of Yokohama, Kobe and Shanghai are more attractive that anything to be found in our little country and probably he wishes to keep his sword for a nobler fight than the protection of a few missionaries. I think we can get on with out him if we must.

Yuen left Seoul yesterday. Whether he has gone to China or to meet his troops some where else we do not know. Nearly all the Chinamen have left the city.—Even Steward and On Cheong have sold out or packed their goods and are about to depart—and Tick Hing has done the same. So you see nothing remains to us now but the tin cans in our store rooms and native food. We are learning to eat our bread without butter, and to get along with very little meat. The Japanese man from whom we have had our meat so long, has been obliged to give up his foreign customers and devote himself to supplying the Japanese Soldiery. We don't mind it much for the weather is so hot we do not care for meat in large quantities.

Of course it will not be wise for you to think of returning until affairs are in altogether a different state. I don't know as you could come if you tried, but you had better not make the attempt. The Doctor is going to write the Bishop asking him if it will be possible to come to Korea after having attended the China Conferences. We feel as if we could not give up the Bishop's visit, but it now appears as if it would be impossible for him to come next month. The Headlands were advised to go back to Chemulpo two days ago and acted accordingly.

About 30 English troops are at the Legation—We expected ours to be up abound this time, but whether we shall have any at all we do not now know. The Waebers have returned—perhaps I have told you this before however.

I wish I had a list of your personal effects which you have left in Seoul. We are all making out quite full statements in regard to our own things and also mission property. We mean to get ready for all sorts of emergencies—. We are all well—. Hope you are—. If you are obliged to stay long in Japan I shall wish we could send your teacher to you. What a nice time you could have for study—.

With lots of love, Yours as Ever

Sincerely M. F. Scranton

Arima, Japan
July 23, 1894

Dear Home People:

I hope you have read my letter to Mary telling her some thing about Nikko. We left there a week ago tomorrow, went to Yokohama & Tokio, Nagoya and then came here. This a summer resort for foreigners up among the mountains. It is not so high nor so beautiful as Nikko but is very pleasant and cool. Missionaries are here from China and all parts of Japan and three of us from Korea. We feel almost like refugees for the reports of the coming war are so discouraging. We fear we will not get back for some time yet. It is very nice to be visiting, but to feel one is in exile is not so pleasant. We are stopping not in a hotel this time, but in a cottage with Mr. & Mrs. Spencer and several of our special girl friends, which of course makes it quite delightful. We have concluded to make ourselves contented for several weeks. Today we telegraphed to Korea if it was impossible for us to return soon to forward our mail. I am so anxious to get my home letters. The thought often frightens me that you might all be dead, it seems so long since I've heard a word. I wish when you answer this you would one of you write me to Nagasaki, Japan in care of the M. E. Girls School and some other one write to Seoul if I am still in Japan I will receive it & if in Seoul the one sent here will be forwarded.

Our cottage is built Japanese style—just the architecture for a summer house. Yesterday was Sunday and we had a very spiritual morning service. The little church was quite full of foreigners. Two attracted my attention greatly. They were gentlemen of the China Inland Mission. They live like the people and dress like them; think of seeing two foreign men with hair as light as mine with pig tails hanging down to their heels! I don't believe it is necessary to either foreignize the people, or be foreignized oneself in order to Christianize. I have my opinions, you see, if I have been out only a year.

Bishop Nind & family have given up going to Korea. It looks as if the war would keep us from having any Conference this fall. We could not well plan anything while things are in so unsettled a state.

This letter I'll address to Father. I sent Mother a postal from Nagoya. I know she likes them better than father does. The mail leaves tonight so excuse the brevity of this communication.

Give my love to all—This is for the family as you see it headed to all.

Very lovingly,
Lulu E. Frey.

Arima, Japan
July 28, 1894

My Dear Mother:

I wrote a short letter to Father just after my arrival here. As yet we do not know when we will get back to Korea. A letter came from the Bishop this morning, he too is very uncertain about going to Korea. We are quite ready to return, but we do not see our way clear, as the actual hostilities have not yet begun but the Japanese and Chinese troops are over there by the thousands and provisions are getting very scarce. The Chinese stores, which we depended entirely upon when our own store rooms are empty, have "pulled up stakes" and gone back to China. Our people are living on the garden so if we go back now we will be two more to feed. Mr. Sill, our U. S. Minister, advised Miss Arbuckle, who is here also, not to come back for the present. We are very comfortably situated here with Mr. & Mrs. Spencer and our girlfriends and our expenses can't be much more than it is now in Korea when butter is 1.10 yen per lb. It is delightfully cool here. We go once a day if well enough to the mineral spring where waters are "the panacea for all ills"—the parts are iron, sulphur & soda. Last evening we went to the hot springs for a sulphur bath. I never in all my life enjoyed such a bath. We are going every night. If two go in together it costs only 5 sen (2½ cents) I think I will be much better if I can take them for a while. There are several nice waterfalls nearby which supply us with good drinking water and are very beautiful. I have three views of Arima, the spring, the baths & the waterfalls. Don't you think we ought to be content? Miss Paine is very anxious to get back and I would be more so if I was real well but I don't feel that I could be much help feeling as I do now. When it gets cooler I know I will be all right again.

I wrote you in a card that Belle Allen had no appointment this year and would probably go home. If I can I will send you a package by her. I can't burden her with much that is bulky, but some silk I can send. I wish it were possible to send you some dishes like Miss Paine and I bought when in Nagoya. We got over 50 of the most beautiful dishes of all kinds, tea cups, fruit plates, salad bowls, pitchers &c. for about 14 yen, not more than $8 in gold. When I come home I'll try to bring you some.

Have just received a letter from Mrs. M. F. Scranton. She says the war is inevitable and we must not attempt to go back at present. I am a little worried about my heavy clothes. I brought but one heavy dress but one is not out of the world in Japan. Here, every city of any size have Eng. stores in them which furnish us with English goods which is as good and cheaper than American. Of course, one has not the amount to pick from that we have at home, but we are glad to have as much as we have. You have no idea the advancement Japan has made in the last 30 years. Cars to take one anywhere they want to go, almost, telegraph lines running every where, water works in every city, street cars in Tokio, European accommodations almost every place and so many English-speaking natives that one has no trouble whatever traveling without any knowledge of the Japanese language.

As far as the country is concerned, this is a good place to stay, and if we find we are obliged to stay any great length of time we'll probably go to work some where, altho' my heart is with the Korean people now. The way before me looks very gloomy and uncertain, but I can't help but feel whatever may be my inclinations that it is best we are here in Japan. We can only leave ourselves and our interests in God's hands.

I feel so strange writing and writing to you and not hearing a word from home. The last letters from you were written May 3 & May the 7th, gotten just 2 days before I left Korea. They were fortunately 2 of the best letters you ever wrote me, but I want some later ones now. Just think of it, when I used to feel dreadfully if a week passed without a home letter. Did I tell you our cable-gram was sent back to us, the wires were down from Fusan, so we will have to wait now until our letter reaches Korea and they can send our mail to us. I suggested in my letter to Father, that you write me two letters one to Nagasaki and one to Seoul so if I am one place or another I will get a letter write me to Nagasaki, until I tell you what to do further. Letters can easily be forwarded from there to any place I may be, either in Japan or Korea. You cannot know how anxious I am to know how you all are.

The letter just received from Mrs. M. F.—Miss Paine is about to enclose to her mother who will after reading send it on to you. It will give you some idea of how things are. Miss

Paine & I think our mothers will be rejoicing to know we are in Japan, out of the trouble. I wrote many a letter from Nikko, if she has not answered it as I presume she has not, have her address me at Nagasaki, in care of M. E. Girls School, and any others who may be writing me.

Well, I must close and write Mrs. Cowen a letter for this mail.

Love to all—Don't forget me in my exile between my two homes.

Very lovingly Your daughter

Lulu E. Frey.

~ ~ ~

Arima, Japan

July 30, 1894

Dear Mother:

I take the opportunity of sending mail on another steamer. I have not much news to tell, excepting that on the 25th war was formally declared and in a few hours an attack was made on the Chinese by the Japs, a man-of-war sunk with 1,500 on board. This happened at Asan about 75 miles from Seoul. We also heard that a battle had been fought in Seoul but we do not credit the rumor very much. We will probably know more tomorrow & I will write you again and it may be it will catch the Empress on the Canadian line. I feel that you are as interested as we are to know the truth of it all. You cannot put great confidence in the American paper reports.

Am taking a hot sulphur bath every day. I enjoy them so much and begin to feel so much better. We will probably be here a month longer and then go to Nagasaki and bide our time. All may work well and we can go back soon, but God only knows, it looks dark enough now. We are with kind friends and have enough money to pay all our expenses and not be a burden to any one that way.

Miss Paine sends love and says to tell you she is trying to take care of me, and she does. She is so good to me. We are so thankful to be together now we are stranded between our two homes. If we are obliged to stay we will probably do some teaching in Nagasaki. We shall feel so much better doing something than to have to think we are cut off all the time, but when fall comes that will be settled. Another of my college friends, Lola Kidwell, comes out this fall and is appointed to the Nagasaki School. I shall be so glad to see her when she comes. Yukiye is teaching Art there and is doing very good work, seems as fond of me as ever but still has her old fault of prevaricating.

I hope you will send me some late papers when you write me at Nagasaki, not such a quantity but a few of the late ones. I feel that things must have made a big stride since I heard last, it has been so long.

Well, Miss Paine is in bed and I must get there too. I hope Nettie is well this summer. I've not heard from her since she moved into the country. I'm anxious to know what business father has gone into for I've not heard that. You said in your letter of May 7th—"I will tell you in my next letter what your father thinks he will do." I find there are three routes which take letters back and forth and if you get these letters a few days apart it is because they have gone on the different lines—San Francisco, Tacoma (Washington) and Vancouver.

Hope you, Georgia, Father & the children all keep well. How is Grandma? I am going to write her soon. Give her my love.

Well Goodnight—You will soon get up for breakfast. I like to think of what you are all doing—

I am very lovingly Yours,

Lulu E. Frey.

Arima, Japan
August 9, 1894

My Dear Mother:

I think this is the tenth letter I've written home since I left Korea. It is about the most trying thing I ever had to endure in all my life, but I comfort myself with the thought of the good time I'll have reading my accumulated mail. Do you remember the basket full of papers &c. we got after our summer away Centennial year? I imagine something like that, for it may be some time yet before we get it. The boats do not carry passengers to Korea now, and only one regular one is coming now. We tried having the mail detained in Kobe, but being addressed to Korea, it must go on. Miss Paine went down to Kobe a few days ago and saw the officers of the "Higo Maru" and asked one of them to take a note to Mr. Jones in Chemulpo asking him to send a courier up to Seoul to fetch our mail to Chemulpo and this accommodating officer of the Higo agreed to bring it himself back to Kobe. But I must add to this that it is doubtful if the Higo can go any farther than Fusan. The last trip she took she went very cautiously without any light by night for fear of being captured. These ships belong to [a] Japanese company therefore any one of them is liable to be fired upon by the Chinese. If I am able to get a paper with a comprehensive and truthful digest of the trouble, I'll send it to you.

We had a very comfortable feeling to say the least when we received a letter from Miss Rothweiler a few days since. She says they are safe so far, had stocked up the store room since we left before the departure of the Chinese store keepers. We were afraid they were suffering. They do have to do without butter and fresh meat but as long as there are plenty of vegetables, fruit & canned meat they can get along well. Sixteen of our girls have gone into the country with their parents. Our compound is filled with refugees and our ladies have taken into the school many women & children. It looks now as if the war would be a slow one. We have no idea when we can go back to our work. Perhaps not all winter, but we are only looking to the present and hope affairs will take a hopeful turn before long.

This week we are having an interesting Christian Conference of the mission workers of China & Japan. Our Bishop Nind is here now. He came yesterday and will spend a few days with us. He is a very sweet spirited man. We were charmed with Bishop Galloway, he is so witty and so broad in his ideas we were not impressed that he was a southerner but felt he belonged to us, if all were like him there would be no division in our home church.

We have a jolly time together, six of us beside Mr. & Mrs. Spencer and the children. We presented Mrs. S with a lovely set of chimes (bells) the other day and had a lengthy poem full of nonsense which all together had written. The days go so quickly and I get nothing done, not even reading and very little letter writing.

Belle Allen has not yet returned from Vladavastock, in fact I doubt if under the circumstances she gets out of there, for the boats are afraid to go, the naval fight was so frightful. I am undecided what to do. We think we will go to Nagasaki next week or the week after and perhaps will meet her there if she is fortunate to get a ship. Don't bother about my whereabouts if you write me either to the M. E. Girls School, Nagasaki, or to 221 Bluff Yokohama I will get them in good time wherever I am.

I will enclose this last letter from Miss Rothweiler and you can read it and forward to Mrs. Paine. I know you are anxious for authentic news. I hope you are having a restful summer, whether at home or away. I'd like to sleep in my own bed one more night. The Japanese hotels do not furnish the most comfortable foreign beds, but taken on the whole traveling in Japan is quite pleasant and quite reasonable too.

You can't imagine how I long for a home letter to know how Grandma, Nettie, Frank & the children & all of you are. I wrote Georgia the last letter. The conference had pictures taken a few days ago. I will send you one when I get them. The Japanese take pictures so much cheaper than we do at home. The three which I sent you of Arima spring, bath & waterfall, mounted as they are, cost me only about 3 cents. So don't think me extravagant in sending you pictures, I only hope you will enjoy looking at them as much as I do sending them.

Now, I know you are writing me right along, appreciating my circumstances here, and every mail that comes in I think is one less until I hear from you.

You must have gotten my first letter written in Arima, now. Hope you are all well—I am feeling better now excepting a stiff neck which I got in church this morning.

Lovingly,

Lulu.

Nagasaki, Japan

August 18, 1894

My Dear Mother:

I wrote you a card in Kobe but in my shopping, I lost it. You may get it—however this letter will leave here on the boat I wrote the Postal for, because the "Peru" has been in quarantine. This side of the world is quite upset by the war & the plague. Distressing news comes to us from Korea of the dearth of things to eat. I'm afraid if our people stay much longer they will be forced to leave or starve. A very pitiful letter came to me here from Mrs. Swallen. So the trouble is not only in Seoul but in every part of Korea. We arrived here only this morning from Kobe. We expect to stay here some time for it is impossible to go back to our work now. We came up from Kobe on a German vessel, a most beautiful boat and had a delightful time with the passengers.

One young man who has been the king's Electrician in Korea for you know the palace is lighted by electricity, was on board & he gave us a good idea of the true condition of affairs. The Japanese hold the city and the Chinese are rapidly sending more troops to Korea. The Chinese are slow but persistent. They are not a drilled army but in number they are at least 10 to 1 of the Japs. When & how all will end no one can predict.

Our vessel was stopped mid-ocean yesterday by an English man-of-war who took the mail on to Korea. We had an opportunity of sending a letter direct. When we arrived here our mail had been brought over by same ship and our Nagasaki friends knowing how we wanted our home letters forwarded to Kobe but we must have left just before they came, so we have a few more days to wait. Such is life. We have very much to be thankful for. We are neither friendless or penniless so we have only to wait as contentedly as possible. Yukiye is glad to have me back here. Mrs. Van Petten, Miss Paine & I are going for a sea bath this afternoon. We did so dislike to leave the Sulphur baths in Arima but we thought this was the best place for us for the present. It was more expensive there than here with not half the home comforts we have here.

Have heard nothing of Miss Allen. I just asked Mrs. Van Petten after I wrote the above. She says Miss Allen and Miss Simmons are still in Vladavastock running the risk of coming over on a later boat. So I shall probably see her. She is very much better they say. The next time I write I hope to answer all the letters you have written me for some time.

Love to all—
Lulu E. Frey.

Kuwassui Jo Gakko
Nagasaki, Japan
August 27, 1894

My Dear Mother:

We have been so sorely tried about getting our home mail that I must tell you about it. When we found it quite impossible to return we wrote them to send us our letters, but being impatient we decided to cable gram so we might receive them when the next vessel came in, but you know I told you how the wires were down & the messages went no farther than Fusan, the southern part of Korea. Miss Paine went to Kobe, from Arima where we were there, the day the boat was in from Korea and made arrangements for the 1st officer to bring us our mail on his return trip. We suddenly decided to leave Arima and were quite particular that we might reach Nagasaki before the Higo came over from Korea. When we reached here the ladies said "Did you get your mail in Kobe as you came through?" They had sent our package of mail which the Korean folk had forwarded in answer to our letter written in Arima. Miss French, knowing how anxious we were for the letters, forwarded them to Kobe expecting them to reach us since we intended staying there several days, but we just missed them. We immediately telegraphed to the boarding house landlady to forward mail to Nagasaki. We were still on the look out for the Higo thinking it might bring us another package of later news. Saturday afternoon as we were going down the bay to have a sea bath she came in. We were rejoiced and intended going on board and seeing the officers but alas to our great astonishment she whistled and moved out before we returned not staying in port more than a half hour. The boats lie in the harbor at least a day, usually. We telegraphed to Moji, the first stopping place, for the officer to send the letters back to Nagasaki. In reply, one letter came from Mrs. Jones of Chemulpo, saying they had sent word to Seoul, but that the boat instead of going out at 4 P. M. as they said they would went at 4 A. M. and our letters had not come in time. Well—in a few days we received the package sent back to us from Kobe in which were four from you written in May & June, one from father, one from Georgia, one from Nettie, and one from Lida, beside several from my girl friends. How we did devour them all, & have read and reread.

A few days ago we received a couple of letters from Mrs. Scranton. She had in reply to Mr. Jones' letter sent us our second package of home mail but where they have gone we do not know. We anxiously watch for every visit of the postman, but each time we are doomed to disappointment. Mrs. Scranton, knowing how much we want to get home again wrote to Mr. Sill, asking if we might come back. He said it would be very difficult for us to return, but if we did he would protect us as he was the other Americans. We are thinking seriously of going as soon as we can find a safe vessel. We do not think it safe to sail under the Japanese flag. There may be a German or a Russian vessel before long—we have some sewing we want done here for our Chinese tailors have all left Seoul, and we will be unable to get anything done there.

Nagasaki is a nice place to be hedged in, but school is going to open soon and we feel we should be there. I hope before I leave Belle Allen will come back so I can see her. I'll be glad too if Miss Kidwell who was a Delaware friend of mine arrives before I leave. She is to teach in Kuwassui, our girls school, where we are now stopping.

August 28

I don't know as I've anything special to tell you. A vessel goes today to Korea, sailing under the German flag but we can't well go today. If one goes in two weeks that will be a good time to leave here as we will have made all our purchases and will be packed, ready to go.

You have been worried over newspaper reports I know—I beg of you once again—put no faith in them unless you are sure they are true. They sound so ridiculous to us, but we have always known that reporters are better paid for lies, if they make the article more startling. When we go back we do not anticipate any harm for ourselves—don't worry, as you say I am in God's hands—

With love—

Lulu.

Nagasaki, Japan
September 3, 1894

My Dear Father:

Just a year ago, I was in Chicago on my way to San Francisco. It has been a short and a happy year, yet not without its cares. — I left Korea in the Spring by the Doctor's orders, on such short notice, that it took me some time to realize I was in Japan, and by the time I fully realized it, I found myself shut out of Korea indefinitely. I've had some very home-sick times of late, but I'm glad to say only home-sick for Korea. The war will probably be a long one and our American Minister reluctantly gave Miss Paine and I permission to return if we could find passage on a safe vessel. A German freight boat came in port and we engaged passage on it. They promised to stop at no ports on the way expecting to reach Chemulpo in two days and we thought we could stand the discomforts for so short a time as that.

We bought 4 bags of flour, one bag ($164) of sugar, 10 lbs. of butter, and 10 tins of dried beef, and had it put on board to take, as the Chinese store-keepers, whom we depend on for almost all we buy there, have gone back to China. At the last moment word came to Bishop Nind to do all in his power to keep us in Japan. Very much disappointed but quite confident that this had been a Providential interference, we settled down once more to stay indefinitely. The Capt. of the "Chow-Chow-Foo" kindly took our stores over to our friends free of charge and the agents refunded our passage money. The next day letters came saying since all was quiet and probably would be for some time we might return on the German vessel. So now we anxiously await the time for her next trip which will be in two weeks.

You want to know about the war? If you find anything about it in the Am. papers the reports must be very confusing, and I, even, haven't told you much for reliable reports are very scarce, however in Japan we know more about it than our friends in Korea, for Japan has quite a number of English papers beside many printed in Japanese while in Korea they have only one way of circulating news: that is, from mouth to mouth.

For several years there has been a party, called the "Tong Häk." They believed the foreigners and especially the missionaries were accountable for their oppression, and have time and again threated trouble if we did not all leave. This Spring they directed their threats toward the government. Their troops were gathered together in one of the southern provinces, and the King prepared his forces. They had one or two so-called battles, when the King became frightened & sent to China for reinforcements. According to the treaty between Japan & China, China was bound to inform Japan that she was sending troops into Korea. This however she did not do until her troops had started. Japan was so angered by this that she immediately sent 5,000 of her standing army and several men of war. She pretended these were to protect her 2,000 citizens living in Korea, but it is a well-known fact that Japan has been standing many years with a "chip on her shoulder," ready to fight with China on the first provocation. Both countries have had an eye on poor little Korea for a long time and we predict that it will be a long time before it is settled.

In a few weeks after entering the country there was a formal declaration of war between the two countries and on the same day a naval fight, with a loss of a Chinese transport with several thousand Chinese troops on board, and another vessel captured and many of the Chinese taken prisoners, who were most brutally treated. At the entrance of these stronger powers the Koreans seemed paralyzed and the insurrection was at an end. The victories have all been the Japanese' unless the last few days have brought some to the Chinese. Japan's army is well equipped and well disciplined, while the Chinese triple the Japanese in numbers, they are crippled because poorly drilled. It is laughingly said of the Chinese soldiers that they are armed with an umbrella & a fan, which are always in the hands of a Chinaman. While of course this is not true, it is true that the Chinese soldiers are men picked from the streets. Japan drafts her best men and many of our schools are robbed of their teachers because of it.

England & Russia are waiting ready to step in with their armies at the opportune moment willing to fight for their share in the spoils. Russia wants the northern port Wön San and as much more as she can get, but this port she greatly desires for one terminus of the Russian railroad, which is being built. What part in the struggle either country will take we do not yet know, and what the end of all the trouble will be, no one dares even prophesy, for so many powers are complicated.

The capital is held by the Japanese now and as you know is a walled city strongly fortified. Japan will probably hold it without any trouble for some time unless some other power comes to China's aid. China moves slowly and surely. We all think she will not easily give up, but will make serious trouble for Japan yet. My sympathies are with Japan. No doubt she is looking for increased wealth and honor for herself, but she will do well for Korea. She is progressive. The advancement she has made in the past 40 years has been marvelous and she is not standing still now. I notice and appreciate the electric lights, the water works, railroads, hotels and many of the other signs of advancement toward Western ideas, the more because I have just come from a place where every night the city lies in total darkness, where there is no city system of sewage, much less water works, where railroads and hotels are unheard of things. We hope and expect that if Japan wins, these advantages may be ours in Korea under their new government. I wish I might give you a better idea of the situation of affairs at present, but now you know the beginning of it, I'll try to keep you posted as to the progress of the war.

As I said in the beginning of my letter we expect to return to Seoul in about two weeks, but do not be troubled for we will be protected. Our American Minister Mr. Sill is a splendid man; we are very proud of him and have great confidence in his judgment and ability. My work has become a part of me and I feel if it is possible I must go back. You will be anxious to hear from me I know, and I will write every opportunity. I beg of you once again not to believe all the foreign telegrams you read. Not one missionary has lost his life, nor has any been in great peril.

I'm very thankful you all keep well and glad too that I can write you. I am in such good health again. I feel as if I had stored away enough energy to do a long winter of hard work.

Remember me to all who kindly inquire for me and wish me well.

With love to all the family especially for your own dear self.

I am Your daughter

Lulu E. Frey.

~ ~ ~

Kuwassui Jo Gakko
Nagasaki, Japan
September 5, 1894

My Dear Mother:

Your letters written the 7th & 16th of July reached me yesterday, Miss Paine and I saw a steamer coming into the harbor and to our delight found it was the Higo just back from Korea. We hastened to the wharf, took a little boat out and boarded the vessel to inquire of the officers the news. To our amazement four of our friends were aboard. They came away for the rest and to buy provisions to take back with them. They expect to return on the same boat in about ten days and we hope to go with them. The "Chow Chow Foo" which I spoke to you of will not go for 18 days more after the "Higo" so we will run the risk of being taken captive with the others.

Dear me—I wish I could see you for you had such a weary tone to your letter. I've told myself that you have had a hundred moods since that was written. As for Georgia—don't you well remember how many years it was before you thought there was anything hopeful in me? How I used to cry because I thought you didn't appreciate me. I think Georgia only wants some encouragement. We will try to make her think she is going to be something. I always thought she would after she gets over her awkward "harems karem" age she would develop into a strong woman. I'm so sorry Lida Humphrey is so sick. I can't realize it [may] be fatal even before this. She was always so good to me and the others too. Give them all my love. Miss Lansing, who is a Moody School friend of mine, is here now teaching in the Dutch Reform Church girls' school. I think I told you she had gone to China for her health but now she is back much better they think. We are going over there to dinner tonight.

I was very much surprised at the news of Miss Powell's wedding, also Mr. Cassidy &

Miss Howell which Etta Snay wrote me of. These will make changes in the school. The papers have accumulated in Seoul & won't I have a good time reading when I go back, if I find time?

I'm so sorry about Georgia's dress. I sent it most to see if it would reach you for the value was so little that it mattered not if it were lost. You ask the price, I got a bolt 24 yards for 2 yen, about 4½ cents a yard. I have a wrapper like it. It shrunk terribly, so I'll send some more when I get back to Korea. I thought I had sent a big pattern. I have bought a pretty silk dress for her of eight yards. I find that 3½ yds will make me a silk waist, so I judged 3 yds would make Geo. one and surely five yards will make the skirt. I can send back to Japan for more if you find it not enough. The dress I send to you has 15 yards in it. I hope you will find that's enough. These and other few things I hope to send by Belle Allen when she goes. I feel they cost too much to risk the mail. You need not tell Georgia the white is so cheap, she will enjoy it as well. I feel very badly that you have been cheated out of your summer outing because I did not send you the money, I thought now you would rather have these pretty silks and the money will come later. If I had not come to Japan I would have sent you money before this so you & Georgia could have gone.

I did not mean to be selfish and as I've said before would not have gone if all had not urged it so strongly. I feel it is best however, for I feel quite another person. I have tried to remember all in the package I will send you and will make out a list stating for whom they are. Please do not say anything about it yet, I mean them for Christmas presents but if they reach you earlier do as you think best about keeping them until then.

Upon reading your letters over once again I see it is the fear of civil war which worries you. I do hope our Christian country may be spared; that is only to be expected, I hope, between heathen peoples. How dreadful war is! I've written father a letter concerning our war. I fear he will want to publish it and it is not worthy of it for I am so ill versed in political affairs altho' I am intensely interested. Please keep me posted as to the state of affairs at home & I'll try to do so out here.

I am so glad Nettie is to have a new house. She sent me a plan of the old one and I enjoyed it so much. I am going to answer both her letter and Lida's as soon as I reach

Korea again. Then I'll have to cut you short perhaps. Whenever anything happens to me vitally I somehow must write it to you, that is why during these weeks of suspense & waiting I've address all to my mother but of course Nettie & Father reads them too.

I presume Mary is too busy with that new baby to write to me. Please tell her I don't object to a short note. I was very much disappointed when I opened the invitation to Alumni, for I thought it was a letter from her, it was addressed in her hand writing.

I do wish you would have your picture taken to send me. I should have made the effort to have had it done before I left.

I just paused in my writing to ask Josephine if she loved me, wouldn't it have sounded natural to you. I call her Josephine because I like it so much better than Josie, it suits her better, for she is large. She always writes her name Josephine. We have been glad more than once we have been stranded together.

We will send some papers to America today. The ones I send you, you can forward after reading to Mrs. Paine and she will send you the ones she receives. You may enjoy them altho' there is very little satisfactory news in them.

Very lovingly—
Lulu E. Frey.

Seoul, Korea
September 24, 1894

Dear Mother:

I'm glad to write once more at the head of my letters "Seoul." We were unable to get a river boat so we came up from Chemulpo in chairs. We felt a little timid about coming alone, Miss Paine, Arbuckle & myself, but the gentlemen & their wives were not able to come so soon. We left Chemulpo at 2 o'clock arriving here at 10 o'clock—did not even stop to eat the lunch we had prepared. We were so afraid we would be stopped by the Japanese guards along the way but they only looked at us and we went on. We passed a large number of troops who stopped when they reached the "half way house" (as we call the Korean Inn, about half the distance from Seoul to Chemulpo). Then we thought of the river, would we be able to get across but when we reached there we were able to get a boat to ferry us over without any trouble.

Our next fear was the gates of Seoul. What would we do if they were closed for we would [be] two hours late. If we had had John, he could scale the wall & bring us ropes to get us over, but we were obliged to leave him in charge of our baggage and bring it up in a boat. Our fears were useless for when we reached the gate we found it wide open to welcome us. The watchman (Japanese) only opened his sleepy eyes enough to see we were not Chinese and we passed on unmolested.

Our house was dark but we could hear the music from the Library building where the Seoul Union was having an evening entertainment assisted by the Eng. and Am. soldiers. I said as we came through the big city gate so safely & heard the singing, "Is this the danger we have stayed in Japan for two months to avoid?" We are glad we are home I assure you. I will enclose you a program of the entertainment given the foreigners in the legation grounds the evening after we returned.

Last night we were out to the meeting of the Christian Literary Society. A paper was read by Mr. McKenzie, a Canadian Presbyterian who is a self-supporting missionary. His subject was "My impressions for the first four months in Korea," followed by discussions or rather by experiences of others. It was very enjoyable. So you see all goes on notwithstanding rumors or war. Until the capital is attacked we are safe and that will probably not be soon; the Chinese move slowly.

I find myself up to my ears (as that expression goes) in work. Miss Paine & I have full charge of the school which does not mean the teaching only. I have the clothes to see to, see that they are washed & mended as well as new ones made. It looks as if the war would not interfere with the number of our school as I had feared. Almost every girl who left in the summer has returned and several new ones. Don't worry about me I feel very secure now, and no doubt will be all right all winter. Your letters of Aug. 3rd also one dated Sept. 16th received. The last one was too late a date to be believed as I was reading it on Sept. 22nd. I like late news but don't date ahead. Of course I knew you meant Aug. 16th. Don't worry if the letters come irregularly. It is difficult to get there. You might send this letter to grandma. I'll write her as soon as I get my work arranged so I can have time to write.

Lovingly,

Lulu.

Seoul, Korea

October 8, 1894

Dear Mother:

I've felt like writing you a letter all day long, but as is often the case I have not had the time, since I arose this morning, I've not rested a minute except the time I ate my breakfast and dinner and have only gotten in about an hour, with my teacher, of study. This is Monday—it seems very natural to be writing to you on Monday. I wish you could get the letter tomorrow as you would if I were in Delaware, then I could expect an answer Saturday.

Last Saturday Miss Paine and I went over to Chingo-ki to the Post Office to mail some letters and buy a money order. The P[ost] M[aster] always invites us in. As we sat there Miss Paine spied 2 letters in our cubby hole and one was for her and one was for me. They had come over on a soldier transport I presume. Mine was from you forwarded from Yokohama. I read it and reread it. I could not imagine what the samples were—I said surely not Georgia's for Mother hates to see her dressed in blue. She looks better in red or green. I was so sorry when I read the clipping enclosed, the one of Mr. Albritton's trouble. The other was about the war. Dear me, what lies they do tell in the papers at home. At present the Japanese hold the capital and Ping An. The Chinese are driven north. What the next move will be we do not know. The report of 4,000 loss for the Japanese is untrue. The Japs seem to be preparing to attack the city of Peking. If they are successful in taking it they will then have the Chinese pretty well under their thumb. We feel no fear. We really are more afraid of the "Tong Haks"—(The Korean insurrectionists). They are quiet now but are supposed to be massing—ready for an attack on the foreign population, from whom they suppose much of their oppression has come. They include the Japanese in the list—in fact are most bitter toward them and seem to like Americans the best.

We are having our coal balls made now. It looks as if with what we have now and what we had left from last Spring that we will have quite enough fuel after we buy a little wood to last us all winter. Did I tell you we had moved our quarters into Mrs. Scranton's old rooms where we are very comfortably fixed with two large closets & a nice bathroom quite as large if not larger than ours at home. Our study is about the same size as we had on the other side of the house.

I found my clothes in a much better condition after I came back than I anticipated. My gloves however were quite badly ruined, I hated to wear them but since everyone wears that kind, it is some comfort but I wish you would send me a pretty light tan to wear for evening this winter. I think they will come safely in a newspaper.—Buy them of Mr. Butler and have him send them—he knows how to send them as "samples." It is a perfectly legitimate way. I have received all your letters, I think some have followed me many miles, but not entirely lost. I found a great abundance of home papers which I have enjoyed reading immensely. I think the one Father spoke of sending me with one of my letters in it he had quite forgotten to send.

Well we must send this to the P. O. before dark so I must say goodbye to you. You have told me nothing of Lida Humphrey's death. I am very sad to hear of it. I only surmised it from a remark in the letter you forwarded me of Grandma's. Yes—I shall write Grandma as soon as I have a chance. When school is opened longer, things may be arranged so that I'll have more time—besides I'm house keeper now and the cook takes a good deal of my time.

Goodbye once again—much love and a kiss for all—

Lovingly,
Lulu.

Ask Mary if she received the throw I sent her and the tie I sent for Clara before I went to Japan.

Seoul, Korea
October 11, 1894

Dear Father:

One year ago tomorrow morning I arrived in Chemulpo for the first time. The three months I spent this summer in Japan seemed longer to me than all the other months. I have been back from Japan three weeks. Nothing here reminds one of war, excepting the soldiers and sailors at the Legations. They seem to be enjoying themselves and I'm sure they add to our pleasure. We attended an entertainment given by the Russian soldiers last evening. They are stalwart fellows with splendid voices. We couldn't understand a word of course, but we enjoyed it all never the less. The English and American soldiers have also entertained the foreign community. Aside from the sight of the red & blue coats we see nothing warlike. The Japanese are deserving of great praise and those who have been so against them must acknowledge the competence they have shown in their preparation for war and in the carrying out of their plans. At first the Koreans were very bitter toward them, taking sides with the Chinese. Many of them were forced by the Chinese into their army but they did not beg to go into the front ranks as I read in one of the clippings you sent me. They are too cowardly for that. They simply obey the Chinese as a son would a father. They say, "Even though a father should wrong a son, can the son do any thing?" I think many are coming to believe more in the Japanese. They have brought very much with them, but what they have gotten of the natives has been well paid for, which cannot be said of our neighbors on the North. Where their army has passed the country is as if it had been cleared by locusts. Nothing was paid for, and it is said the frightened people fled from their houses to come back and find them empty. Even the unripened rice was torn up by the roots. Why the Chinese have used this policy I do not know. I think they are simply a lawless mob without any army discipline. Even though their numbers are more than the Japanese, the latter with their finely equipped infantry, cavalry, artillery, pontoon bridges, telegraph lines, &c. find it easy to gain every battle. The Chinese have lost so many men of war in their naval battles, that I don't think they will want to test the power of the Japanese war-ships again soon.

The extensive preparations the Japanese army are making make one think they intend to attack Peking next. They feel quite confident since they have had so many sweeping victories. I am sorry for the people in China but it seems no more than right if the two countries must fight that they do it on their own soil and not make the poor Koreans suffer. Perhaps you will understand why it is said there is a famine in Korea. Where the Chinese have been in the north, <u>starvation</u> does threaten the people, but not because of failure of crops but because they have been robbed by the Chinese. I think, however, our people would be very unwise sending grain to Korean government officials as it would never reach the needy people but simply fill the store houses of the already well provided for. I wish I might make you understand what a tangle this government is in. I think however the Japanese are quite capable of straightening matters altho[ugh] their own government is far from perfect. We feel no fear, whatever. If you could be here and see the situation you perhaps would feel as we do. We see the possibility of danger but we don't anticipate it. So do not be troubled concerning me. Our work goes on as usual. We have not quite so many girls as we had when school opened last fall but every day or two a new one come so ran old one returns, so I think before cold weather comes our numbers will be as large as they were last year.

The papers and my letters tell me of the hard times which threaten America again this winter. Someone in a letter said they are not Providential but political. Keep me posted as to America's threatening dangers, and I'll repay you by giving you the war news.

Hoping this will find you all well & happy.

I am, Your affectionate daughter

Lulu E. Frey.

Seoul, Korea

October 22, 1894

My Dearest Mother:

I am anxiously awaiting the next mail as I always am. I wonder if you watch the letters as closely for my mail as I do for yours. Miss Paine received a mission box a few days ago from Boston; a few things were from her mother half of which was for me. This paper is one of the things and a lovely box of candy.

Everything goes on as usual. I find myself very busy this year, and I expect as the years go on and I become more capable I'll find plenty to do. I wish you could step in and see how happy we are with our 30 girls. Yesterday the Presbyterians and the Methodists had a joint meeting celebrating tract Sunday. The women and men of course according to custom had separate meetings. We felt proud of our Christian people. In the afternoon we had our regular Union Church foreign service. It was not exactly regular either for several took part in the exercises. I must tell you about Mr. Sill's talk to us. He was one of the speakers. I'm proud of America every time I think of our Minister and the Democratic party even rises in my estimation when I remember he is their representative. He began by saying he wondered after he had promised to speak what he could say about "tracts." He was reminded of an old story of the tract distributor who was so offensive that people dreaded seeing him come. One day he came to a man's house and made his business known, distributing tracts. "Ah yes," said the man, "Well let me see you distribute some tracts between here and the door and be sure your heels point this way."

So instead of speaking on the subject "tracts" he said he would take the word with the "K" in it. He said Longfellow called them "footprints" and gave the quotation "foot prints on the sands of time." Spoke of the foot prints of Jesus and how while tracts were good "tracks" or the Christ-like life before the people was better. Think of it.—A diplomat preaching to missionaries. If you could see some of the specimens our country and other countries send out to represent them you would be no more surprised than I. We have need to be grateful in this time of trouble that we have a good Minister and Secretary.

This afternoon we are invited to a Tennis party at the German consulate. It is beginning to get cool I am afraid we will not get to play much longer this fall. We play twice a week on the tennis club grounds and the ladies take turns serving tea & cake, but this today is a private affair. We are buying some wood today to go with our coal balls I wrote you about having made out of coal dust. We find our fuel bills very large. I walked over to Chingo-ki a few days ago and got a little stone in my shoe and it raised a little blister. I found my fur slippers just the thing. I hope you will enjoy yours as I do mine. I use them every morning & evening while dressing & undressing. Perhaps at first it will seem odd not to have any heels but you will like them for that for they can be so easily slipped into. I have had no letter as yet from Belle telling what she intends to do.

You spoke of Miss Strong.—Yes, I know her. I know all I think excepting the English sisters who do not believe in exchanging social calls. Miss Lewis is still in Japan but is getting better. We look for Dr. Busteed and wife on the next boat. You will remember he went to America when we went to Japan. We sailed as far as Nagasaki together. He is back now with his bride, whom he married in Brooklyn.

I send this off before the mail comes because I want it to catch the steamer before it leaves Chemulpo. Hope you are all well. I began a letter to George some days ago which I've not yet finished. I wrote Nettie also a short letter and one to Father all of which I hope have been received.

Yours—with much love—

Lulu E. Frey.

I forgot to say all is quiet. The Jap are still planning but have had no late engagements—

L. E. F.

221 Bluff, Yokohama, Japan

November 9, 1894

My dear Mrs. Frey:

When I saw Lulu last, in Sept. she gave me a parcel to take to you if I'd decided to return home; and to send by the first opportunity if I did not go myself. I am so well that I do not need a furlough now, so have decided to stay on; & as I'm sending this to you by Miss Frey, Willoughby, Lake Co., Ohio. She will express it to you when she arrives home and will send you the bill for duty &c. I would be pleased to know when it reaches you.

The war has not disturbed us in Japan at all, but they are living in constant expectation of flight in China. The fear is not from the Japanese but from the terrible violence of the Chinese mob. May our Heavenly Father guard and keep them all!

With love to you & to Nettie & kind remembrances to your family.

Yours most cordially —

Belle J. Allen.

~ ~ ~

Seoul

November 27, 1894

My dear Mother:

Miss Paine, Miss Harris and Rothweiler have all gone to the Memorial service of Dr. Hall. I am able to sit up so will write to you.

Dr. Hall you know I wrote you was very ill of typhus fever. He had gone to Ping An and was taken sick there. Mr. Moffett, a young man of the Presbyterian board brought him back to Seoul. The trip was a hard one for a well man. Coming up the river the boat struck a sand bar and they were obliged to be paddled up in a native "saucepan." The Docs had little hope of him from the beginning. He died Saturday night at 6 o'clock and was buried Sunday after noon, for the disease is so contagious. Mrs. Hall was our Dr. Rosetta Sherwood, I mean sent out by our board and two years ago married Dr. Hall here. She has a little boy a year old and a baby coming in a few months which makes it very sad. She is waiting a few days to see if she takes the fever and then she is going to America.

This is a terrible day. It is dark and raining & the wind sounds as dismal as possible. I don't feel dismal for I'm so thankful to be able to be out of bed. I felt pretty discouraged taking so much nasty medicine and none of it succeeding in taking down my temperature. Today it is normal for the first time in more than two weeks.

The Republicans came on the last mail with your and Georgia's letters. None from father for many months—I think he might find time to write "yours received" at least. He wrote me a note which I received in Japan which he said did not count—he would write again soon but if he has written the letters have miscarried. Yours always come all right.

I am anxious about the tortoise shell jinriksha which I mailed Georgia from Nagasaki and hoped would reach her on her birthday. You have never received it?

I want you to finish about Effie McMillan you merely hinted something was wrong & you would send me papers & tell me in your next letter. You never spoke of it again nor sent the papers.

That was surprising about Rob Colton and Gail Jackson, but quite nice if she prefers money to youth. I know the three girls will have a good time. I guess she will make as good a Methodist as Mary does. Tell Mary not to wait any longer.—Mail comes through all right & I want a glimpse of the baby.

Give my love to Nettie & family & all—

Lovingly,

Lulu.

Seoul, Korea

December 4, 1894

My Dear Mother:

This is Father's birthday, I see. No, it is Grandpa's, Father's was yesterday.

I am well again. I went into school yesterday. Mrs. Scranton protested but I feel all right and there is no one to do the work. It is quite different from home where substitutes can be gotten.

We are busy too getting Esther ready to go home with Mrs. Hall. Esther is one of our girls who married a year and a half ago. Mrs. Hall proposes giving her a medical education, and taking her husband home as her servant. Her home is at Liberty, N. Y.—We all think it will be a little difficult educating & elevating Esther while she keeps her husband a servant. It is not Korean custom that the wife should be so in advance of her husband, nor do we think it best in America. However, I think things will adjust themselves aright in time. It is hard to keep a man down who wants to rise in America. All the Koreans have the fever. I believe if they had the opportunity to go there would not be any left but the aged and the dying. Mary's (our hospital Bible woman a former student of the school) husband went a few weeks ago and is now in the Methodist mission school for Japanese in San Francisco. He has written back the wonders of the land.

Well, I must go to school now, wish I had time to write you more. I wanted to write you a Christmas letter but it is too late now, I was sick when it should have been done. I am sorry you will not have the gifts I wanted you to receive by Christmas, but Miss Allen is slow in going & may not go at all. There may be an opportunity to send by someone else.

Very lovingly Yours

Lulu.

We are looking for mail every day.

Seoul, Korea
December 5, 1894

My Dear Sister Georgia:

Your letters have been received and I suspect you are getting some from me about this time for I wrote you once or twice since I came back from Japan. I'm always so glad to hear from you. Some of your letters I know would make Mr. Hubbard glad, but I'm afraid some would make him ashamed. It isn't because you don't know how to spell, but as I tell the girls sometimes, you are a "chosim upnon ayhe"—a careless girl. They don't like to be called that, but they are more careful the next time with their work. When you are not sure about a word, I know Mamma will tell you, for she always did me.

I'm glad you and Lena have such good times together. So Lena has a new aunt? How nice it is! Everything will be so changed when I get home again that I expect I'll feel like old Rip Van Winkle. So you have grown an inch and a half in seven months, you will soon be as tall as I am. When you were a very little girl you wanted to be like your big sister, but do you now?

You wrote me Nettie had no girl. Is she still without one? Does Martha stay at Grandma Dickinson's to go to school? I'm glad you have a good teacher and are studying well—What do you study out of school? You say you have a great many.

I know you had a good time in Sidney. I wrote Grandma a long letter. I hope she has received it. Grandma has always been so good to me.

We have all been busy this week getting Esther ready to go to America. Esther was one of our school girls. She is married now and Mrs. Hall, whose husband died a week ago is going to take Esther and her husband both to America. Mrs. Hall hopes to give Esther a medical education so she can come back and be able to doctor her people as she teaches them of Jesus. She is 18 years old. She has just been in to see us. Last night she came dressed in her American clothes. You know that old blue cloth of mine, made with a blazier and trimmed in black braid, I gave that to her and by shortening the sleeves and the skirt it made her a right good dress. Mrs. Hall gave her a pretty striped flannel waist to wear under the blazier. She made me think of Yukiye right away.

I just had some chestnuts brought into me tonight. I wish you had some. They are three times as big as our chestnuts and so good & sweet. We have such nice English walnuts here. They are very cheap too. We get oranges from Japan and persimmons grow in abundance here.

I will enclose a package of Japanese play things which Miss Paine gave me to give to you. You put one of the little things in a pan of water and watch to see what it will do.

I wrote Mother a letter yesterday morning. In the afternoon, after I had mailed her letter, our American mail came with a letter from Mamma dated Nov. 1st. I was so sorry to know of Frank's loss. It must have been a great loss to have so large a number of pigs die. Tell Mother I'll answer her letter soon.

I'm back in school this week, but am not doing any studying for the Dr. said I could not do both.

I sent you a little tortoise shell jinrikisha from Nagasaki which I hoped would reach you by your birthday. Did you not receive it? You nor mother have spoken of it. I am sorry if it was lost. I am disappointed that you will not get the things I sent home for Christmas but Belle Allen did not go home and so the package is still in Yokohama, Japan. It is almost Christmas time and will be over before this reaches you. I hope you will have had a very happy Christmas and have gotten the things you wanted and have been able to make someone else happy. We do not know what we will do for the girls yet, but I'll write you about it.

Well I must go to bed and you must get up and go to school.

I hope you keep well and take good care of Papa and Mamma. I'm so sorry Nettie is sick again. I hope she will be better in the new house.

Write me again soon.

Very lovingly Your Sister

Lulu E. Frey.

Seoul, Korea
December 10, 1894

My Dearest Mother:

You write on the outside of your letter "acknowledge." I wrote you a short letter a few days ago and one to Georgia in which I acknowledged the receipt of the letter dated Nov. 1st. I think I must write you two or three letters to your one. I'm not complaining for you always send me a letter on every steamer and that satisfies me.

I just returned from calling. The Presbyterians & Methodists have heretofore been all in one neighborhood but this fall the Presbyterians spread the work and have four houses over in the Eastern part of the city. We have a chapel & dispensary over there and Miss Paine & I had hoped to go there this fall but on account of the war it was thought best not to do so. Now that we are in the school work, and the work planned for the year it seems quite impossible. Well I wish you might have gone with me to see them, not only that you would be interested in the work of your church here but that you might have a ride in a chair and see the sights that I find hard to describe. These funny houses many of them not more than eight feet high with their thatched roofs, narrow streets through which the chair barely passed, so dirty that one is obliged to hold one's breath as much as possible, would all be new to you.

We have had a very warm fall & the doctors think that is why we have so much sickness. There has been on average one death a week among the foreigners since I came back from Japan. But, I was going to say, the odors are not so bad since it is a little cooler. I suspect you would not appreciate our Korean policemen as we do. Always used to seeing the Koreans in long white garments they look so funny in their dark misfitting pants and their tall crowned & narrow rimmed felt hats. Down in the wide street we saw the big oxen with their loads of wood and loads of grass & leaves. Many of the poor people have nothing but this grass & leaves to burn. The ponies looked covered up with their loads for they are so small. I wonder what the people would think to see one of our big horses.

Today we had vacation. Yesterday (Sunday) was Mrs. Scranton's birthday. She is 62 years old. Today she gave a big feast for the girls and women of our church membership. Such a crowd as we have had. There were many outsiders who came & had a good dinner too. Of course, it was no trouble to us for the Koreans did it all. They sent us in some of the good things. They have a kind of noodle soup which is very good, and the fruits & nuts we are fond of. We are trying to plan for Christmas, so we won't have the whole city on our hands, for the benefit of the good things to be had. These people don't think of much else but what they shall eat and wear, and I think they are not much behind some of the other nations who boast of an advanced civilization.

December 11

I'll add a few lines before closing. I do enjoy the papers so much. I noticed you had my Chemulpo letter in, with a grammatical error in the first line. Never mind—but if you see such mistakes please correct them before handing them to the editor. I wrote that letter very hurriedly without any thought of print.

Mrs. Hall left here Friday, but the baby broke out with measles when she reached Chemulpo and as yet she has not started. I sent a little package by her to be mailed in America for it is against the Japanese postal law to send gold or silver through the mail. I send a little pearl ring for Georgia and a paper cutter of tortoise shell for father. The parcel is addressed to Father. Yesterday I mailed 4½ yards of "Whangma" like Georgia's white dress. Hope you will receive all safely—

Yours lovingly & hastily

Lulu.

Seoul, Korea
Monday, December 17, 1894

My Dear Sister Georgia:

It is almost Christmas time. I wonder what you are doing? This afternoon I am having the girls' New Year's clothes cut. The Korean New Year's comes according to the moon, this year it is the 25 of January. They have three weeks of festivities and it is then we will have our vacation. We will have only Monday & Tuesday for Christmas vacation. It is the custom to come out in new clothes New Year's, just as it is at home on Easter. I have such a nice time teaching this year. My girls are so bright. I have to punish some times though, but it hurts me as much if not more than it does them. This morning one of the girls stubbornly refused to answer me, and I asked her if she wanted a whipping, hoping that would make her answer but still she was silent so I had to whip her. I left the room for a few moments and I found when I returned that six of the girls had gone out to play in the first fall of snow which came last night. What should I do with them? I kept them in all recess time and after I rang the bell for the girls to come in I took them one by one to the hall door and washed their faces with snow. I don't think they will take the opportunity very soon again, to go out when I'm not in the room. I'm very proud of my most advanced English class. The other day I gave them three English words to make sentences. I gave them "iron," I forget the other words, but Maggie whom I've written you of several times, instead of waiting as I expected her to do—she handed me three sentences, correct but like this:

I do not know what iron means.
I do not know what ____ means.
I do not know what ____ means.

Then Lucy Brewster gave me a sentence like this, "Iron does not like to sew." We have a little girl in school who has not been baptized. Her Korean name is "Moosil" which means "iron." You see we give them Christian names when they are baptized. I wish you could see my girls.

Only four days till Christmas now for I was interrupted and did not get to go on the day I began. I hope you are well & happy and have had a happy Christmas for when this reaches you Christmas will be almost forgotten.

Write me soon—

Lovingly—

Lulu.

December 19

Dear Mother: The last mail brought me a letter from Father but none from you. He said you had gone out to see Nettie and stay a few days with her. Is she worse than she usually is in the winter time? I do wish she could spend her winters in a warm climate. How do you keep this cold weather? I am feeling all right except a little cold. This cold weather we are having now is good for the fever patients.

Monday night I attended Mrs. Appenzeller's tin wedding. Mr. & Mrs. A. were both dressed in their wedding clothes, and they didn't look so badly as one would think. Mrs. Hulbert who has been married only 6 years said she would look so funny in her clothes, for her dress was made for a bustle and had those three necks in the back which they wore then. I guess styles must come around again every 10 years. By the way—if you get any of those ○○○○○ sheets from the dry good stores as we used to for advertisement, send me one now & then. We like to know what is going on other side of the world.

We had such a pleasant time. The refreshments were so "homey" (that is not honey it is "homey") Food is very different when we can make it. There is a sort of "Chinesey" or "Koreany" taste our cooks serve us with. Mrs. A went into the kitchen & worked with her cook. We don't have time to more than order our meals.

The Presbyterians are having our annual meeting now. The sessions are all in the morning so I cannot go as I am in school all morning. Our Conference which should have been in August is to be sometime in January. The Bishop has closed his China Conferences.

I wish you could come and spend Christmas with us. I often wish I could be home to see you a little while, but never to stay. I look on every mail for your picture. I hope the next mail will bring some Christmas letters. A steamer got in Yokohama the 11th, we give the mail from 8 to ten days to reach us, so it is about time.

I do regret that the package which I made for you several months ago will not reach you for Christmas. I doubt if Belle will see Mrs. Hall to send them by her. I wrote you in the last letter of the pretty pearl ring I sent by Mrs. Hall. I would be disappointed if it is lost, but Mrs. H. had so much baggage that I fear some may be lost. — I sent the Whang-ma for Georgia's summer dress, and while I think of it I want you to relieve me by telling me if the little jinrikisha was lost or not. It was sent in plenty of time with 85 cts postage for letter postage on it so it would surely go and reach her by her birthday. Write very soon—

With an abundance of love —

Lulu.

The Year 1895

Seoul, Korea
Tuesday night, January 15, 1895

My Dear Mother:

I must begin my letter again by telling you how anxious I am to hear from home. The last mail brought me no home letter, but the paper of Dec. 7th told of Nettie's serious illness. I've been so curious to know the particulars. *The Republican* said hemorrhage of the lungs. I do hope it is not so bad. I am listening now to the moans of one of our little girls who in her play tonight fell & broke her arm in a bad place just above the elbow. The doctor has set the bone and we think the bandage too light so it must be bandaged again. Clara, one of our older girls is in the hospital sick. She has an abscess in her leg at the hip joint and as it is affecting the bone the Dr. calls it hip disease. I helped the doctor put her, and another little girl from outside, into beds as Georgia was with weights to the leg. Is it not strange she should have two such cases at the same time exactly alike? So trouble and sickness is not confined to one side of the globe, and while my heart and thoughts are with my loved ones at home, my hands are full here.

The Bishop & wife & two boys came last night. We are entertaining the two boys and find them very pleasant company. Our conference begins in the morning, so I am hurriedly writing tonight for fear I may not be able to find time.

Miss Paine & I took afternoon tea today at Mrs. Dr. Scranton's in honor of Mrs. Isabella Bird Bishop. She has finished her travelling and is about to return to Scotland. She is an English woman, but she has her home somewhere in Scotland. What delightful company she is! It is some[what] doubtful whether she will write a book on Korea or not. I wish I might tell you some of the things she said concerning the country but it is late.

We have our broken arm patient fixed comparatively comfortable for the night.

I'm about well now. My temperature was normal last night and I hope it will stay so. We will probably have 3 or four weeks' vacation for as soon as Conference is over we will be into the Korean New Year.

I know you must have been out taking care of Nettie so missed the last mail, but please impress it upon father to drop me a line or two when it is impossible for you to write. Your letter via Vancouver reached me all right.

I'll write & thank Belle for sending the things on for me. She has gone I see by the appropriation report to Nagoya, where my friend, Carrie Heaton is. I am so glad—

Give my love to all. I do hope Nettie is much better, I can do nothing but pray for you all. I hope to hear from you in a few days. The mail reached Yokohama the 10th so it will be along soon.

I am lovingly,

Lulu.

Seoul, Korea

January 20, 1895

My Dear Mother:

Yesterday's mail brought me Georgia's nice long letter which deserves a better answer than I can write today, so I'll answer yours. I feel as if you intended saying more & didn't for you stop without even the conventional "Yours truly" — I did miss "Your loving mother" — it made me think however of the time you wrote me signing yourself "Your true friend, Emma." But I was so glad to find these few pages on the back of Georgia's letter in your handwriting.

I wish we could hear from Grant. I wonder if he will ever become like other people. I would not mind his roving if he would let us know from time to time where he is. It costs little to send a line each change in location. You treat me badly also for you will not have your picture taken for me. Of course you are changing and when it comes I won't know you if you wait much longer. Please go. I'll send you $3.00 in green backs to pay for them then I shall expect to receive one not later than April. I wish it might reach me by my birthday but unless you have had your sitting before this I can't expect it. I am glad you see some improvement in me. My handwriting grows worse because I write so fast. Now I expect two classes in and before these are through my teacher will be here so I've no time to write carefully to you at least. Of course some of my letters I must take time to make legible.

Today is the coldest day of the year according to Korean Almanac & it verily is. We have a great time keeping warm any time in our rooms. Today we have a fire in our little bathroom also but our study is a very cold room. The Korean houses are badly made. When the mud walls dry and leave cracks in the corners, the wind is very happy to creep in.

We are planning a new house for the East Gate. I am the architect so you see I've developed a new talent. My plan suits the others better than their own. I'll send the plan home to you when it is settled which one is decided upon. I've drawn three, two of which we are undecided which to take as some things in one are liked & vice versa. We all went over to our East Gate property to select a site for the house. It is not decided who will live. It will not be I at any rate for a few years. I'll probably stay in school work until I come back my second time then we do not know how it will be.

I'm glad Georgia is interested in missions but do not encourage her in the thought that she is to be a missionary. You did not encourage me nor did you put anything in my way. If she is a missionary I want her to be a God-made one.

Mrs. Paine writes she has written you & sent you a time table of steamers. I shall hope to get your letters in better time. Miss Paine's are all dated 12 to 15 days later than mine so you must just miss the steamers each time.

Well I must say good bye I've been heading a class, having examinations, entertaining my teacher & a friend and writing at the same time. Goodbye — You don't know how I love you. Don't forget the picture.

Lulu.

~ ~ ~

Seoul, Korea
January 22, 1895

My Dear Mother:

Your two letters dated Dec. 9th and 18th came yesterday. The paper in which I read of Nettie's serious illness received on the 10th of the month was dated the 7th of Dec., so you must have just missed the steamer. I cannot be thankful enough that you feel so encouraged about Nettie. If she can only tide over the spring months without any back sets she will be comparatively well in the summer. The winters in Ohio are too severe for her I fear. We have had a real cold winter but almost snowless. We haven't a particle of snow on the ground now.

I'm so glad the things reached you safely. I only wish I could send you some Korean things also. You know those were all bought in Japan. Mrs. Nind kindly offered to take anything home for me and pay all the express on them, but she has already 20 boxes for missionaries in China & Japan and I dread to burden her more. Another opportunity I can find to send you a few of Korea's pretty things. They are few and not so portable as Japanese manufactures. Yesterday was the second of the four days of the brass ware display. I bought several pretty pieces, but of course I could not send anything so heavy so I'll have to bring some of those things to you.

But I think of you very often. I hope you will find the dress satisfactory. I did not pick it out as I had to order it colored. I selected a pattern which I liked much better than theirs. It was sent direct to Belle so I did not see it in the piece. Be sure to have it made in the summer. I fear eight yards is a very small pattern for Georgia & I'll send to Japan as soon as I get at it for 3 or four yards more. I think you will find your pattern large enough. You found the letter did you not? The slippers I meant for you & I hope you will find them as useful & comfortable as Miss Paine & I do ours.

Georgia & Martha's picture came yesterday safely. How sweet it is. Very good of Martha altho' she shows how she has grown. George looks a little peaked, perhaps it is because she has her hair combed so plainly. I was thinking about asking Georgia to have a picture taken with Martha. So I am very pleased with it. So Georgia misses me—Well I miss her I assure you & it makes a big lump come in my throat & tears in my eyes to think she won't be little Georgia when I get home but big Georgia. That is the saddest of my musings. I have prayed God to spare you all until I get home again & I believe he will. Poor Grant! Why does he treat me so—not very brotherly? He never has written me but once since I came out here. I hope he will keep well in all his travels.

We are entertaining the Bishop's two sons and do enjoy their company so much. One is 16 the other 18 years old. We have the Bishop & wife and Mr. & Mrs. Avison of the Pres[byterian] board here for tiffin today. I'm house keeper so the responsibility falls on my shoulders. We can depend pretty well on our little Chinese cook and our table boy, but if anything goes wrong it is a reflection on the house keeper.

Did Lida ever get my letter and the 'kerchief I enclosed after I returned from Japan and did you never get the little tortoise shell jinrikisha?—The gloves you speak of are not here yet, perhaps another mail will bring them. Pictures have come all right. Miss Paine received several presents both in the Christmas mail & the ones since. I think if my things are lost it must be near home. Now is a chance for father to work up his old beloved employment. I need the gloves badly so hope they will come soon.

Our Conference is still going on and is very enjoyable. Yesterday was the reception of fraternal delegates and the greetings from members of the Northern & Southern Presbyterians, the Baptist man & Minister Sill & the responses from our mission were all so entertaining. We had instruction, wit, and pathos inter mingled.

I have not time to write more altho' my mind is full of things I want to tell you. What a time we will have talking when I'm home again. I sent Father a few days since, *The Korean Repository* for Jan. They are very valuable. Will you tell me from month to month whether he receives them. I think he will enjoy them on account of the correct reports concerning the war & outcome of it. These are interesting times in Korea. I feel as if excavations were being made of the old city and a new one was being rapidly constructed.

Well I must close—I will write you again soon. I try to write every Monday to you as I did while in school. I have more letters to write than I did then, but it is no trial to write my home letters. Give my love to Nettie and the children & Frank & of course to father and Georgia—

Very lovingly—
Lulu E. Frey.

Seoul, Korea
Tuesday, January 29, 1895

My Dear Mother:

Mail came today but brought me no home letter. I hope you are not sick or Nettie is not worse. I don't want you to be driven to write to me. There would be no joy in either the writing or the receiving, but it is always a disappointment to not get a home letter every mail. The last mail brought me two letters, one of which had evidently just missed the steamer the time before. Don't worry about it for I know you are busy and I'm busy and I'm too far away to help you so I'll help as I can by being patient.

Mrs. Nind & the Bishop went away this morning. I had some tortoise shell pins for you, and since she so kindly offered, I thought I'd send them to you & Nettie. The little jinrikisha found itself some other place, I guess, since you have not written of receiving it. I send two fancy hair pins for you & Nettie. I thought you might like the round top & Nettie the one more pointed but suit yourself. The three little ones are Nettie's & the 2 big ones are for you. They are real tortoise shell. Miss Paine sent through the mail a half doz of the little ones and it was opened and her friends had to pay $1.20 duty for them. I don't tell you of their value for you to put them away but that you may appreciate them & wear them for my sake (if they are not out of style by this time).

It is very cold here now. This morning at seven o'clock it was at zero. A cold day for the Bishop's party to ride 27 miles in chairs. Mr. Pauling went too. He is the Baptist young man and has gone to Yokohama to meet the future Mrs. Pauling. We like him very much. He is very earnest and too much of a church unity man to be a narrow Baptist. He communed with us at the close of our conference Tuesday last. He has bought property over by the palace. He says there is a community of 40,000 people and no missionary. There is plenty of room you see even in Seoul to say nothing of the interior of country & other cities.

I had a nice long letter from Lyda today. Poor girl. — She would go back to Nettie in a minute if they asked her to, I know. She says she is slow and perhaps they can get someone who is better.

Write me just how Nettie is every mail. Make Georgia your amanuensis if you are too busy and father finds it impossible to write —

Lovingly Yours Lulu.

I think I acknowledged all pictures received. Hope the ring has reached you for Georgia & the tortoise shell book mark for father.

Nagasaki, Japan
February 8, 1895

My Dear Lulu Frey,

I was very glad to received your letter and wanted to write you sooner than this. But I missed the steamer, so I hope you do not think that I had been neglected. I am very sorry to hear about your sister is sick. I am praying for her every night. I am sure that God will help her to bear her sickness, so don't be sorry my dear which is not necessary to think too much when you are so far away, but just take care yourself. Won't you dear.

So you have Bish Ninde in your place & having a nice meeting. O, I wish I could be there although we had nice weekly meeting and a weekly sermon too one week by another. These meeting had been effected very well upon the people. How did effect after the war in Korea? Are there many Chinese? I like to see deserted Korea after the battle. Do you see very many Japanese? I have no doubt that you will see them with the yell of Japan. Now we hear war news every day from China which is victorious of Japan. We Japanese take in captivity every day, most wonderful news was yesterday's that saying two great Man-of-War were sinked by attraction of Japanese army.

Now Chinese Ambassador has come to make peace with our country, and Mr. Faster came with them but this question did not [be] accepted by our Emperor because they did not come as righteousness, so they stayed Belvue Hotel in Nagasaki so Japanese school children are making fun of them though they do not harm of them, and policemen are watching him so no one can harm them nor enter in that Hotel without any reason. But my dear just to think our Japanese treat them very nicely but Chinese who live here never goes to see them. I say poor Chinese Ambassador shout up in the hotel and they expect to leave Nagasaki on next Tuesday afternoon. Then I must by to see them how they look although I have no doubt they look like a pig tail as ever they are. Dear Lulu did you heard from Mrs. Swallen. Where is she? I like to hear from her and want to write a letter also, so if you know her address, will you please give me? Then I can write to her. Give my love to Miss Paine, and keep yourself plenty.

I am ever yours,

Y. Nakao.

P. S.

If you want to see transcripts of school I will send you. Good-night. I am very sleepy, so hardly keep my eyes, which stop my pen for this time. Give my love to Miss Lewis.

Seoul, Korea

February 15, 1895

My Dear Mother:

This mail brought me one of your welcome letters. I think you don't allow quite time enough for your letters to reach San Francisco for the last few have just missed the steamer so my home news is a little older than it need be. I have Grandma, Aunt Cin, Aunt Cal & Mrs. Paine to pay for this delay, for you wrote them you said in your letter the day before when you should have written me. Now don't think I'm always complaining, but you like to get my letters when they are but a month old and so do I. Yours dated the 28th of Dec.—was received the 13th of February—full six weeks old. But I like them no matter how old they are and read & reread.

Today some papers and the package of gloves came all tight. They are beautiful. You do not know how much I appreciate them. I was glad to see Nettie's hand writing on the papers which came today. I presume this was some left-over mail in Japan. Often we get some missing papers several days after the regular American is in.—I sent yesterday two pictures. I presume you will recognize them please try to. The second number of *The Korean Repository* I sent to Father with this letter. Do not look too soon for the pins I sent by Mrs. Nind for it will probably be some weeks yet before they leave Japan. The ring I hope Georgia has gotten by this time. Tell her to be very careful not to put it in water as she will turn the pearl black. She will appreciate it when she is older more than now. Isn't it pretty? She fared well for Christmas. How nice they sent you a dress from the west. I wish you would send me a sample of it. The waist I have on in my picture is a pink silk one I had made in Japan. I think I sent you a sample.

In the letter I wrote you a week ago, I enclosed you an order on the M[ethodist] E[piscopal] Ch[urch] book rooms of N. Y. for $15. The exchange is very low now. I shall try to send you more when I can. I don't want to be in debt to you, for I know money is not plentiful anywhere now. I do hope times are brightening a little. We are going to build a little church and since we have no funds appropriated we are going to begin it at least out of our own pockets. The work needs it badly.

We are in school again. Maggie Ramsey was quite delighted that you sent her a card and a kiss. If Georgia will write her a letter someday I feel sure Maggie will answer. She writes a very good letter. By the way I'll enclose a letter from Yukiye. Our family had a good laugh and Miss Rothweiler made some copies of it on the hectograph, that is the part about the war. The Japs are set up dreadfully by their success in this war. I hope the Japs will soon put it into the King's mind to clean up the city. Poor King! He doesn't know how dirty it is for the sewers are all covered up the day before he comes out and the streets are swept for his majesty to ride along. The following day everything is again uncovered and things are as bad as ever.—My fever has been coming up again for the last few days and I feel rather discouraged. Mrs. Swallen has written for me to leave the city during the hot months and visit her. She is farther north on the shore, but I shall not accept unless I am obliged to for I don't want to leave again this year. It is some one's else turn to go.

Miss Rothweiler left San Francisco the 28th of Feb. I am afraid the shawl will be pretty dirty if you ever do find it.

We have such a sweet new little girl—she said she wanted to see the old lady so she came down to see me—my light hair is a wonder to these people. I hope we won't spoil her.

Well, Good night—Give my love to all—

Your loving daughter—
Lulu E. Frey.

~ ~ ~

Yokohama, Japan
February 26, 1895

My Dear Miss Rothweiler and our other "sisters" of the girls' school:

Will you excuse a joint letter? I have not forgotten Miss Lewis' admonition, but you know how little time one has when travelling in the Orient. We are now especially cramped for time, as our steamer leaves on Friday and we have yet many things to do. We finally got away from Chemulpo as you doubtless know. I suggested, towards the last of our stay there when it did not seem very improbable that we should have to spend the rest of the winter there, that we hire a house and go to house-keeping. But, alas! There was not a house to be had. The town was overflowing with Japanese colonists. However, we were quite comfortable at Steward's. They were very kind and attentive to us. The Japanese monopolized the town on the anniversary of the founding of the dynasty. It nearly equaled our 4th of July or Decoration Day. The sights and noise were enough to strike terror to the heart of Li Hung Chang or China's emperor if they could have been there.

Unfortunately four drunken coolies attacked our cook on the street and hurt him somewhat which made necessary the interference of the British consul; and they fairly compelled the poor Koreans to drink their abominable hot "sake," which deed called down the indignation and disgust of all enemies of the liquor traffic like ourselves. The "Higo" finally entered the harbor. We should have had a rather dreary time had it not been for the kindness of Mr. and Mrs. Jones during our stay in Chemulpo, and for the companionship of Mrs. Bishop and two customs' house officers stopping at Steward's. We very much enjoyed Captain Jones and the other officers of the Higo. We never met pleasanter ship officers.

We had fine weather to Fusan. Here some of us went ashore and called on the Pres[byterian] Missionaries. We found them very delightful people. We reached Nagasaki in a pouring rain. Dr. Correll and Mrs. Fulkerson came on board in a sampan to meet us. Dr. Correll's daughters, Misses Grace and Edith are on their way to the United States. They expect to sail on the "China." Will also is going to America on the "Empress." Both boats leave Yokohama March 1st. The harbor was rough, the sky overcast, and the barometer falling when we started on our way again. To Shimonoseki we were on the weather side of the land and our ship rolled so that we had to hang on to something to keep from pitching out of our berths. The things in the pantry knocking about made a great deal of noise.

At Shimonoseki we found smoother water and had a delightful passage thro' the Inland Sea. We had a very cold ride on the cars to Yokohama. We looked at Fuji San for hours as we skimmed along his base. He is very clear and beautiful. He is covered with snow more than half way to the base. It seemed nice to be in a comfortable and "civilized" place again after our wanderings since we left your pleasant home. We expect to sail on the Empress of India, March 1st. We prefer to go by Vancouver on account of the Customs and the quicker passage across, and as we want to see as much of the world as possible on this trip, we shall greatly enjoy the Canadian Pacific route.

Papa went to Tokyo for Sunday to preach and to dedicate our Mita church. We shall always remember with joy our happy and homelike stay with you all. I hope Hakbone is well and also Clarance, his servant Mr. — (I have forgotten his name) and Mrs.

"Littlehouse." Please remember us to all our friends in Seoul that you happen to see.

Yours Very Sincerely and Affectionately,
George F. Ninde.

Seoul, Korea
March 2, 1895

My Dear Mother:

Your writing your letter a day or two late for the San Francisco steamer gave me a good turn. The steamer left San Fran. the second, and your letter reached there the 3rd of Feb. It was sent to Tacoma, leaving there the 5th, reaching Yokohama the 22nd of Feb. and received in Seoul today. It is dated the 29th of Jan. The San Francisco mail has not yet arrived, altho' it was scheduled to reach Yokohama the 19th, three days earlier than the Tacoma steamer. This is the freshest letter I've ever had, only a month old. The letter which came two days ago, which I answered yesterday, or rather mailed yesterday, is dated the 11th of Jan, so I must have two letters coming between these dates. Miss Paine had a letter from a friend and your letter were the only two the household received. Write one day earlier so the letter won't lay over in San Fran for 8 or 10 days—but don't ruin your eyes or over-drain your strength in order to do so.

I don't have time to write you letters for publication. I sit down and quickly dash off the things which may have happened and I think will be of interest to you. I've never written a word for the *Heathen Woman's Friend* to which I owe my first spare time. You know it takes more time to write for print than it does to write a friendly or a home letter altho' in the end it may not be so interesting. If my letters are fit for others to see "all well

& good" but I write as I would talk to you, as I like to do, of course it is "mixed up" as you say my letters are. However I shall try to do better.

I enjoyed Aunt Anna's & Web's letters so much. The handkerchief and Web's picture were very acceptable. I'll try and send Aunt Anna something, but I think it will be doubtful if I can get the silk for her as Korea is not a good place. The silks I sent home are Japanese, you know.—I shall be so glad to get *The Delineator*. Nothing would please me better. Clara's letter received two days ago—If nothing but my name and Seoul Korea were on I would get it without any trouble. You forget what an important person I am. (?) You know the foreign community is comparatively small so we are all well known. It is so kind of you to think of giving me a share in the Loan Association. I send you $15 not long ago and will send you more the first of April. I wish you and Georgia might be able to have a summer outing—Father likes restaurant fare, where he can order boiled eggs and beefsteak to his heart's content. I don't want to go away If I can help it, but Seoul is a fearfully hot city to say nothing of the filthiness of it. People could not get away last year on account of the war and there was so much sickness and quite a few deaths among the foreigners. Poor Grandma, Aunt Ann writes, is worrying about the Tong Haks. The foreigners and the Korean officials are not asleep—every tendency toward an uprising is quickly looked into. Whether the beheading of so many of them will diminish the numbers or make the sect only the stronger I don't know. At any rate there is no immediate danger. We sleep as sweetly on this side of the world as you do.

I wrote you some time ago the result of my life policy application. I do not call it a total failure, but they were afraid to take the risk in this time of trouble in Korea. I may not be able to try again soon as there is no agent here now. The company is the old reliable "N. Y. Life." I'm glad to have the statistics you sent as I shall be better posted next time I apply altho' I do not think anything concerning my ancestry stood in the way. I'm so glad Nettie got moved into her new house. I wish I could step in upon her today. I feel she will get well again—I fear never so strong as she was before she married—when summer comes, but I hope she can go somewhere for the winter. I wish I could help her in some way.

I just bought some pretty silk for a waist. Once in a while we get bargains here in

Seoul. I'll send some for Georgia to trim one of her winter dresses. I think there will be some left. Yes I was so glad to get your samples. Anything that pleases or interests you interests me also.—I've not forgotten about Father's nice long letter, will try to answer soon—I can't write the same things to him I can to you. There is only one of me, and there are three of you. I did so enjoy Georgia's & Martha's letters. I sent you a chumony & letter from Maggie Ramsey also a small roll of the writing paper yesterday. In today's letter you ask for it. I almost always leave some for you on my letters but the last time I wrote you on that kind I forgot about it.

Well Goodbye—if I have time Monday before this is mailed I'll write a little more—

Love to all—

Lulu.

Seoul, Korea

March 4, 1895

Dear Georgia:

Your letter & Martha's letter received a few days ago. I will write Martha soon. I am glad you have received all the things I've sent you. If your ring is too big, keep it until you are a little older, you will soon grow into it. Aunt Lucinda gave me the band ring I am now wearing when I was twelve years old & I have worn it ever since. Be careful not to let your ring get wet as it will turn the pearl dark.

It is almost time for your spring vacation and I know you will be glad of the rest. I wish I could spend it with you. What would we do?

I've only a few moments to write before school. I was so delighted to get your and

Martha's picture; they are so good of both of you. Did Mother receive the ones of Miss Paine & myself? Do you like them?

I am troubled about Nettie. You must do all you can for her and for Mamma too. As much as I would do if I were home. Of course when you are in school you can't do much but it won't be long now until the summer vacation.

We are getting ready for the marriage of one of our girls and we are very busy.

Well, Good bye dear—

Lovingly Yours

Lulu.

Seoul, Korea

March 9, 1895

Dear Mother:

I must take time to scratch off a few lines to you on my birthday. Yes I am 27 years old. I don't mind getting old if I have sense commensurate to my years. My friends remembered me well. Miss Paine gave me 1/2 dozen fine linen handkerchiefs. Miss Harris a pretty silk one, Miss Lewis a lacquer box, Miss Rothweiler a Korean stone ink stand such as the Koreans use. Your kid gloves and Aunt Anna's handkerchiefs I count in the list. Today we received from Japan, from the Nind boys, a box of beautiful fine drawn work kerchiefs; 18—3 for each of the family. This is Miss Rothweiler's birthday too. I think she is 41 or 42.

Dr. Cutler has gone to Chemulpo for a vacation of a few weeks—in fact she has gone to help Mrs. Jones. She expects to be confined soon. Miss Paine & I gave her a beautiful baby cloak lined with pale blue silk which we had made in Japan. Mr. & Mrs. Noble will go home soon—Mrs. Noble is very poorly—we fear she has consumption. It is a great trial for them to give up their work here. Bishop Nind told them he would try to get him an appointment in California if he wished it.

I had a lovely letter two days ago from Miss Ricketts who left for Siam under the Presbyterian board a month before I left America. She has been sick ever since she came out and has never had any work assigned. My malaria doesn't interfere with my work much but it tells on my study. I've lost so much because my fever comes up in the afternoon and it is such hard work to study then. I wrote Grant a letter on the 6th his birthday and one to father yesterday which I enclosed in an envelope addressed to Georgia containing a letter from Maggie Ramsey. You say you never hear of the substantials I have to eat? Well last night we had sweet potatoes, onions and pheasant all stewed together—O dear—We have lived on canned vegetables all winter and were glad to pay the exorbitant price to have a change but to have it served up that way! We have a new cook who does very well but this was a new dish we were not expecting.

We are going over to Mrs. Allen's for Afternoon tea so I must say goodbye and close—

Lovingly—

Lulu.

Seoul, Korea
April 8, 1895

My Dear Precious Mother:

Monday has come around again and I must write you a few lines at least. The last letter I hurried so I did not half answer your letter.

About the spoons, I bought them in Nagasaki—all the things I sent you for Christmas I bought in Japan. Korean wares are very crude. I was a little sorry I was obliged to send you the prices of the thing not that I want to deceive you but that I knew it would be told outside. Some time, if I have another opportunity I will send you some of those spoons—you can do as you please about them. They are solid silver and would be sold for no less than $200 a piece in America. I presume it is the cheapness that attracts outside people as well as the beauty. If you sell anything I send home to you, don't sell them for less than American market prices. I'd rather give them away to friends. Perhaps I'm wrong, but I never felt the Dickinsons or Howenstines cared anything for me, but that doesn't matter. The fact is I can't send them now, for I am in Korea, the spoons in Nagasaki & you in America. I like to send presents home but don't care to make a traffic of it. When I come home, if I can save up enough money, I want to bring many of the pretty things I see.

Tomorrow is the long looked for wedding day. Today the professional woman is here pulling out the girl's hair. I wrote you how the hair is evened around the forehead in this shape  at marriage and put up in the back; up to the wedding day the hair is worn girl fashion down the back.

I wish you could be here & have the "Kugung."—It is no little job or expense to marry a girl in Korea. But the awfulness of it is that they have never seen each other. The first three nights they sleep here and the three intervening days the groom is fed on the finest of the land, five meals a day. We are having a week's vacation because of the wedding — no, this is the regular Spring vacation time and we purposely set the wedding day this time.

Dr. Cutler is still rusticating in Chemulpo. Our 33 sick girls have all gotten well. The weather is beautiful now. This morning we went to see what the little rain yesterday had done for our garden. Everything looks fine. I fixed the straw berry bed a few days ago. The grub worms had eaten them off so badly that I had to fill up with new plants. The grubs get into the trees & grape vines till every year we have to cut off so many limbs. Is it so at home? I do not remember hearing father say.

Dr. Underwood has bought a lovely place for the summer down by the river five miles from the city. He has put up a house which will soon be finished then they will go down for the summer. It is a great question what to do for the hot season. If we were home we would go to Chatauqua wouldn't we? The heat out here is so different the air is steamy hot like the heat of a hot-house.

I'll try to send you some money so you can have a week or so outing this summer. Is Father well? He never needs a change, so he says. I wish I could feel Nettie too was having a restful time but I feel more anxious that she be some other place for the coming winter. A summer in Bellefontaine is not bad as far as heat is concerned. I will enclose a letter of George Nind's after they left here. We thought it quite interesting.

Excuse paper. Tell me of Grant—I'm disgusted that he doesn't write to me.

L. E. F.

April 9, 1895

Dear Father and Mother:

This is the date of your 34th anniversary. I hope it will be a very happy day to you. You are still asleep and we have begun our busy day. If you could see how marriages are made in this country, you would be very glad that your lot was not cast in a heathen country.

We call the bride Carrie. She came in last night poor girl to tell us how thankful she was for all we had done for her. Her eyes full of tears and her voice so choked she could hardly speak. She goes into a family of Christians, but near her new home some of her relatives live who are not believers. She has very much trouble about it, but she leaves us with great hope of winning them for Christ. Near her home is one of our chapels and she will be a great help there.

I send Mother $35 for her summer outing. I want her to use it on herself. Do you understand & not on me? I wish I had a wedding present for Father too — will you accept lots of love?

I haven't time to write more —

With much love & the hope you both be spared to me for many years —

I am your affectionate daughter

Lulu E. Frey.

April 12

Was delayed in sending this. — Hope it will reach you safely. The Presbyterians have had a large reinforcement will write you about them soon, I'm feeling very well but am busy.

Lovingly —

Lulu.

Seoul, Korea
April 20, 1895

My Dear Mother:

Today we got a very funny mail.—Each of us got papers but no letters. We think the letters all held. Perhaps the mail was too large for the courier to carry from Chemulpo. So I'm looking for a letter tomorrow. Mch. 12 & 15 Rep. came today. I was delighted to find your name among the voters.

We have been so busy for two weeks, getting our house cleaned. We have had to watch the papers closely.—They steal the paper right under your eye, if one is not careful. Foreign paper is quite desirable.

Our school rooms look real fresh & pretty. We put in more desks today for our school is growing so fast. We turned two away day before yesterday, took one in yesterday and had application for two today. The one we took in yesterday ran away from her master (she is a slave) heard of us through someone who came to the hospital and begged to be taken in. We couldn't turn the poor thing away to be beaten as she has been so we told her if she did no bad work we would keep her. I got her some clean clothes, soap, towel, comb & lice medicine and ordered her to go to the bathroom & wash well. There was quite a transformation in her. Of course we expect her owner to hunt her up, but we feel we have the law on our side. A few days after one of our little girls came to us the woman who put her here came to take her away saying her father had sold her & her mother to a high man. We refused to give her up for according to the new laws no slavery is allowed. We said we would have the man put in prison for breaking the law. The woman refused to tell the man's name, left and we have heard nothing of her or the man since. We shall do the same with the people who demand this girl; should they do so. She is 15 years old now, older than we take girls in in ordinary circumstances.

Our room looks real pretty and summery. We had a mantle drapery of the Corean silk like I sent for Georgia a sash and had it colored light green, the color of our new paper. I sent Nettie samples of the paper. Our curtains the same color made of the "whangma" like Georgia's dress. We bought a new table cover with green & corresponding shades of some Japanese goods. We have the mosquito netting of the same shade. The Koreans are great people to color. They color their dresses every time they are washed as well as their husband's clothes. It looked so funny at first to see the men out in pale blue, pale green, lavender, pink & many other delicate colors. I've told you before that their clothes even to their stockings are all ripped before washing & dyeing.

We begin school again Monday & I shall be glad to get down to regular work again. I haven't been idle I assure you—more busy than on school days. I wish you could see our bright faced girls. Last night Mr. Sill lectured on "Spiders." I felt too tired to go out. Miss Harris enjoyed it ever so much. He is a very entertaining talker. He was chair man of the meeting held in the Reading room for the discussion of a new road. It is to be as near like an Am[erican] road as possible to be an object lesson to the people of what streets in a civilized city should be. It will cost the foreigners at least $1,000.

My letter is stringing out & I've not told you half I want to. It is bed time, too, but I must tell you about the peace declaration. Of course long before this reaches you you will have learned through the telegrams but perhaps not the straight of it. The Chinese promise to pay $450,000,000 (silver), 3,000 oz. of gold, all the ground they have gained by battle, the island of Formosa & another district which I have only heard the Chinese name of. Hasn't Japan feathered her cap well?

We are having great excitement now over the imprisonment of the grandson of Tai Won Kun who is the father of the King. When I know more of it I will write you. No—the King & I are not very intimate(?)—I have seen him & that is all. The home papers are full of descriptions of the King. *Harpers Weekly* had him pictured riding in a beautiful barouche in the most beautiful street. The artist evidently had never seen Seoul or did not have any regard for his own veracity.

Monday Morning, April 22, 1895

This is a beautiful spring morning. The azaleas are blooming beautifully. They bloom before the leaves of the trees are out.

I hope you received my letter safely with the check enclosed.—Perhaps you can go to Lakeside for a few days.—It cost me less than $25 the two weeks I was there. I wrote Nettie a letter last week, also.

So sorry to hear of Mr. Kennedy's death. I was glad not to find any death notices in the last two papers. There certainly will be great changes before I am home again.

You did not say where Grant had gone in your letter but Netties' letter supplemented it. Hope this letter will find you all well. I look for a letter from you today. Sent *The Repository* today—Am glad Father enjoys them.

Very lovingly Yours,

Lulu.

~ ~ ~

Seoul, Korea
July 15, 1895

My Dear Mother:

I wrote Nettie a few [days] ago and am writing a letter to father. Your letter came dated June 7th. Only one arrived this time. I usually receive two from you. I'm sorry to hear Nettie is no better. I think she will feel better after a while. She has a great deal of will power but she is careless. I feel that her own imprudence has brought on a great deal of her sickness. She may yet live longer than some of us strong ones. The letter I wrote her was not worth the postage. I'm not capable, it seems, of writing anything readable lately.

I guess the rainy season has begun. It is raining today. Last night it rained all night. I did not sleep scarcely any. I cannot sleep after I have Sunday work to do; it makes me so nervous. I guess school work is best for me.

Tell me about Ida & Mary McKee. I saw by the paper that they had each gentleman guests. Does that mean that the kindergarten will change hands or be dropped? Girls can't be depended upon. Even the W. F. M. S. workers sometimes marry. Lately two, one from China & one from Japan whom they expected to send out again have married while home on their furlough. It must be disappointing to the ladies, for one certainly must be of more value the second five years than the first.

Did I ever tell you of Miss Johnson? One of the Chicago girls who expected to go out at the same time I did but for some reason was not sent. She was already to start last fall or winter when she was taken sick & died. She was appointed to Fouchou, China.

You ask me about Nettie's pictures.—I have none of any description nor none of you. I think it is so careless of you. The one of Nettie you speak of is in a pasteboard box among some old pictures. The box used to sit on the floor under the parlor stand. She has not looked like that for years. The one I speak of is one with a hat on she had taken, I think, the winter you were south. If she should get well enough to come into town this summer coax her to have her picture taken for me.—You must use tact in reaching her, for she is very sensitive, as all consumptive invalids are.

I am anxiously awaiting Grant's letter. Why he should treat me so I do not know. He is a strange fellow.

I am sorry Grandma gets no better; is even more feeble. I must try to find time to write. They are so critical that I do not like to write to Sidney.

I want to send Aunt Anna something. I wish when you have opportunity you would see if she has any little silver salt spoons. She has most everything you know. I do not want to send her anything cheap or useless unless it is a curio and they are so scarce. Please don't mention it to her as I may think of something else. I sent Etta Snay a half dozen for a present. I think her birthday is sometime this summer. Etta is a good friend of mine. I guess Laura has forgotten me.

Miss Paine has been having boils in a very uncomfortable place. Is better now unless a new one develops. Our strawberries & raspberries are gone—this rain & a little sun will bring out the blackberries nicely. Are you putting up much fruit? We have some apple trees which are bearing quite well this year. When they have their full growth, we will have a good crop. I like to go out now & then and find one to eat. You know apples are one of the things Koreans don't have. I guess they have a kind of a crab apple. I'm so much better when I can have fruit.

I think of you very often & wish I might be with you to share the burden that falls upon you because of Nettie's sickness. I suspect I would be out there with her if I were at home. I try not to worry—Hope for the best every letter which I open from you, yet try to keep prepared for the worst.

It is almost dinner time. I am waiting for the bell—am quite hungry. We have ice-cream every night. Clara—one of our school girls who has been sick in the hospital for months, has taken a notion to it so we send her down some every day. There are a few things of our food the Koreans like. We think our cook likes too many thing[s]. I'd die surely I know if I had to live on Korean food. None of the foreigners attempt it excepting the men on their country trips then they take crackers, tea and sugar to help out. Mr. McKenzie tried it but only lived a year & a half here. I wrote you of his death a couple of letters ago.—We do not yet know the particulars. Well the dinner bell calls me—Goodbye—

Lovingly—

Lulu.

Seoul, Korea

July 22 [1895]

Dear Mother:

I'm almost too tired to think much less thinking and writing both. I'll have to make my letters make up in numbers what they lack in quantity and quality. Miss Paine left suddenly for Japan Sat. A. M. She had been suffering with toothache and went to Japan to see a dentist. I'm left alone in this big house. In the day time I'm too busy to think. At night I have our teacher & Bible woman and general stand by—Susan—stay during the night with me.

I don't know what to say about Nettie—if I think even, I'm crying. There is nothing I can do but wait for the illness which from your letters seems inevitable. I've been careful what I write for the reason you speak of. I've had no heart to send her things for the same reason. As for her being ready to die—I've thought at times she was very spiritual—but you know it is but a consumptive symptom to cling to life. When she finds she must give up life, I think she will be ready for death. While we as Christians are not afraid to die, we do not covet death. Dying grace you wish to tell me is given when the time comes. As for myself—I try to live right from day to day, have no fear of death—when it comes, I'll be ready for it. God gives us a love for life—without it we would be useless.

Cholera is increasing.—We none of us know what we may be called on to do. Don't worry—Every precaution will be taken. Tomorrow we have a prayer service. Eight years ago when people were dying here by the thousands and the doctors said nothing but cold weather would stop it a prayer service was held and in midsummer the scourge was miraculously stayed.

Well what about Mrs. Marquis—? I see nothing of her in the paper. I received a splendid picture of Jasmine Wright and her baby a few days ago. I'm sorry Georgie has been so slow in writing Maggie. She has waited patiently flat on her back these hot days—She would so appreciate one—I will hand her this commencement which you enclosed.

I'm so glad about Annie & Nannie. I wish Nannie would write me I'd like to have her as one of my correspondents but have no time to write the first letter.

I'm afraid I'll not be fortunate enough to get the rest of the silk for George soon as Miss Harris & Rothweiler, on account of the cholera in the north of Japan, will probably not leave Nagasaki. Tell me if you are keeping the silk or if you have done any thing with it.

I answered your question about Nettie's pictures in my last letter. I have none of any description of her. I wish you could see the pretty little desk I'm writing on. I had the China-man make it for me. It is so pretty and convenient. I paid the equivalent of $10 for it. I doubt if I could get it for that at home. The piece above the shelf is carved and has a round mirror in the center; the lid which closes as ours at home does, is prettily carved. The bottom has three big drawers with carving below.—I am quite proud of it.

No, I've not heard lately—I answered Lida's last letter about a month ago.—I must close for I'm so tired. I've done the work of 4 people today—one thing after another until my head is all in a whirl. I'm afraid I'll have to go some place for a rest after all when the others return. Write me as often as you can. Letters often come by Tacoma as well as San Francisco.

Love to Nettie, Frank, children, father and all—

Yours

Lulu.

Seoul, Korea

August 9, 1895

My Dear Mother:

A few days since I wrote you a postal card. Yesterday mail came bringing me two letters from you, June 27 & July 9. Yes, some times the letters go quickly, but not fast enough now that you are in trouble at home. I'm doubly anxious for the next letter to know of Nettie and of Frank. I cannot imagine what the insinuation means. You see by the head lines I am muddled as to time & place. I shall be glad to learn even the worst. I cannot but think Nettie will be better off dead — She has suffered greatly — but the children. — My love for them prompts me to give my life to them if I were at home, yet I feel very distinctly that I'm where God wants me and I'm satisfied that he will provide for them some way. It is natural that Frank should not want to give the children up. If Frank were the one dying we would think it preposterous for the Dickensons to talk of taking the children. We must look at it from this stand point as well as ours.

Misses Paine & Harris are back. Josephine says to tell you she is glad to get back safely to the bosom of her family. We only know how much we love each other by being separated. I have a faint idea that I may yet go to Wönsan to see Mrs. Swallen before school takes up. I'm so tired and I am afraid I cannot get rested with such a lot of people around me. We don't get so tired physically as we do mentally and nervously out here. — It is very different from home tiredness. A few good night's sleep will usually remedy physical weariness.

I don't see how I can go with this wedding coming on, however I'm planning just a little for it. We have $50 travelling money given us every summer if we use it. While that does not go far if one takes an ocean trip as we have to, to go anywhere, yet with a little I have saved I can afford it. Miss Paine and I were so disappointed that you could not go to Boston, but of course Nettie in her condition, it was quite impossible for you to leave. I hope some future time you can go. You & Georgie would enjoy the sights and then you & Mrs. Paine would enjoy each other—I think.

So sorry you did not receive the letter asking about the loan. I wrote a long long letter asking also about my pedigree on my mother's side.—Who were the Ames? Miss Harris' grandfather was Myson Ames, his great-grandfather Henry Ames & Great-great-grandfather Joseph Ames. The grandfather's birth place was Salisbury, Vermont. They afterwards moved to Fair Haven where my grandfather was born. Do you think they may have been cousins? I have in mind that grandpa's mother was an Ames, still I remember your speaking of grandmother Cottington. I am somewhat mixed as to my ancestors. Please write them up at your leisure and inform me.

In the same letter I asked the questions concerning the loans. Miss Paine and I hope to lay up a little in some way. We have about given up life insurance. Do you not think the loan better? What are the payments, what is the interest? We think perhaps we could carry five shares each. Will you find out and write us? If there is any printed matter on the subject please send it, too.

Miss Paine comes back from Japan with quite a few new dresses. I made me a new white shirt-waist and a real pretty pongee wrapper. I do wish I had some new hats. — I'll try and tell you in a few days what I want you to send to Cal[ifornia] for me. We will probably have an order come out in October from San Francisco. I did so enjoy Grant's letter. I wish he would write me often. He says he will write once a month, but he will probably write once a year. Don't you think so?

As yet we are all kept well. The dread disease is sweeping away many hundreds. Today, a mother almost crazed brought her baby to the hospital, but it was too late, the child died in her arms. It is so pitiful to see the distress. The people are very poor & so many orphans are left without homes.

Quite a number out here have bicycles out here, I think I'll get one when I go home again, if we do not find any better mode of travelling than the chair. It is expensive and tire some. I did not mean to seem ungrateful for the loan share you took for me, I simply want to add a few more to the stock. I am sorry if you used any of the money I sent you. Grant tells me he sent father $250 to help him out in something. I'm glad he is in a position to help.

I send you by today's mail the silk like Georgia's dress. Hope it will make up prettily. It will make her a pretty evening dress. It will wash without fading so can be made over if necessary some time. Have you had yours made? If it is not a good black hadn't you better have it recolored?

Miss Rothweiler is still in Japan, not able to return. We look for Bishop Walden next week.

I cannot bear to think of Mr. & Mrs. Havighurst going away. Have they more than the one child? I haven't as yet received the Colton cheque (?) for the new church nor had a letter lately from Mary. Maggie is waiting anxiously for Georgia's letter. She comes in every time a mail comes to know if her letter has come. I am afraid Georgia is not a good correspondent. Miss Paine was fortunate in getting this remnant of silk like Georgia's dress. I hope it is just like it I have no sample here.

Well, with much love to you one and all—

I am Your daughter,

Lulu E. Frey.

Seoul, Korea
September 3, 1895

My Dear Mother:

Your letter written July 30 was gladly received for we had had such a long wait for the mail.—Our Conference closed today. We were obliged to have it without the Bishop for he found it impossible to get here by steamer in time to have conference & take another steamer which would take him in time to his China Conf. We have had considerable writing to do because of the fall conventions or meetings of the W. F. Miss. Soc. We have asked the Ladies at home to send us four new workers and money to build two new houses. We want to build a new foreign house for ourselves and use our school building for school purposes alone. We are in straits for dormitories. We plan to use the front of our house which we have now for the school rooms & make the old school rooms into bed rooms. We can accommodate fifty now. We think with a few alterations the building can be made to accommodate 150 or more. Our school is filling up rapidly altho' we do not expect to open for ten days yet. Almost all of the old girls are back and several new ones. We are so busy preparing for a wedding. Lucy Alderman is to be married tomorrow. She is a very sweet girl and has been a great help to us. We shall miss her very much. She speaks English very well and is quite a bright girl. She marries the Doctor's helper of the Men's hospital.

I am glad you have waited for the silk. I sent it about two weeks ago. Miss Paine was fortunate enough to find that remnant. I hope it will be enough to make her a pretty summer dress. I quite enjoyed the pretty foulard silk I used to have when I was near Georgia's age. Mine would not wash, hers will wash well. About the silk for Aunt Anna, if I go to Japan next summer I will be glad to buy her anything she wants, but I can not get much here. The slippers I bought in Northern Japan. I hardly think I can go there again before I go home. I want to send Aunt Anna something she will appreciate for next Christmas. I am glad you and she are so friendly again—but mother dear, don't be too confidential, I am a little distrustful of her. She does not like me, so don't consult her as to me. I do not want you to mention my financial affairs (if I have any) to anyone, least of all to unsympathizers. I know you will respect my wishes. Yes, she did like Nettie, but never me. I wrote Webb and sent him some stamps. I will try & write Grandma this week. I am so sorry she suffers so much. What beside her age is the trouble? I think they are doing right to send Webb to school—however he is too young yet. He should have finished in high school first.

You did not satisfy me as to Georgia's going to Lakeside. Why did you not go with her? Who did she go with? I hope she will write her sister a letter. She treats me shabbily—don't you think? If you could see us on mail day, you would not regret the time you have taken to write.

Today was the opening of tennis for the fall. We are hoping that the cholera is over now. We still have a few sick ones but not any dangerous ones. There is only a bare difference between cholera and dis entary. If the patient dies it is cholera every time by verdict of the doctors; if he lives it is cholera morbus. I say since cholera is here in such abundance that all cholera morbus is cholera if care is not taken in the beginning. How quick our little Pongui died—12 hours from the time I picked her up in the back yard till she was dead. Sometimes they die in but 2 or three hours. Well you are tired of reading of cholera.

No, Mary has not yet answered my letter. I think she will in time, however. Mame Hillman sent me seven dollars in the letter I got on the last mail from her but she specified it was for the East Gate work. She became interested in that from a letter I wrote from there when Miss Paine and I spent a week there a year ago. We have asked as I said for a new house there for resident missionaries.

I received a letter from Clarabel Miller from Indianapolis.—She wrote from Mr. Oaks'. Don't say anything to offend but mention incidentally that it takes five cents for a letter out here. She and Hattie Frey always put on a two-cent stamp.

I don't know why I have written this so finely I have plenty of paper and you will have to look well through your glasses to read it.—The foundation of the new church is being laid and we have great hopes that before many months it will be ready for us to enter. Little by little the money comes in. A few have given largely, but we so much appreciate the little the poor of the Koreans give. It shows a good spirit in the native church.—

The California address is 414-418 Front Street—Smith Cash Store—. If you have any little thing you can send to them. We will send the order off soon so what you send will have to be sent soon. I do not know of anything practicable to send for I can buy anything there in San Francisco I need.

Next Spring I want you to have me made a pretty black lawn of some sort. I have worn the one Nettie gave me so long, now it looks quite rusty besides being patched. Have it make the spring style & send out with our Spring order? I will let you know in time. don't trouble about sending me much of anything. Miss Paine's box will soon be here now.

Well—bed time bids me stop. Tomorrow will be a full day. Miss Rothweiler is still in Japan. I hope Grant is better. Keep me posted.

Write me as usual—Love to father & Georgia.

Lovingly—

Lulu E. Frey.

Wednesday A. M.

We have a pretty bright day for the wedding. Another thing of importance occurs today. Our Mary who is the Doctor's helper is to go to the palace to interpret at a banquet for the queen. We are glad she will go, for we feel sure she will lose no opportunity for a word for Jesus. She is a very earnest worker. Her husband went to America a year ago. He is in Roanoke College. That is in Virginia is it not? The Presbyterians with but one or two exceptions are still out of the city.

I have an errand to "Japan town" so must close—

Lovingly Yours—

Lulu E. Frey.

Seoul, Korea
September 10, 1895

Dear Georgia:

By this time you are of course busy again with your studies and I know you are happy. Are you not?

I am so glad you went to Lake side for a few days. I know you enjoyed it thoroughly and learned a great many things which books don't tell you.

I was glad to receive your letter. I wish you would write me often. Will you? Write Maggie too. I am ashamed to tell her every mail day that you have not yet written. Mother taught me when I was a little girl to always acknowledge any gift or the receipt of money immediately and it comes quite natural now to do so. Wouldn't it be well if you too listened to her words?

So Nettie has left us. I cannot bear to think of going home and not finding her there glad to see me again. Poor girl, she has suffered so much and now her pain is all over. She was a good sister to us so we must be good to the children. Poor Frank of course he wants to keep them as long as he is able to do so. I hope he will write me.

How is Mary and the baby? Why did she not go to Lakeside? Is Mamma going anywhere? Is she well? Now I have asked you four questions don't forget to answer all. I wrote Grandma a letter last week. I hope she will live until I get home again but then, if she has to suffer all the time I feel it an almost wicked wish.

Yesterday we had a great day. We had the laying of the corner stone of the new church. We took a collection of $143.31 (Mexicans). Mamma will tell you that is considerably less than our dollars would make it. The value of a Japanese or Korean dollar is the same as a Mexican dollar.

Are you saving foreign stamps? I think that would be nice for you to do, for you would learn about so many countries which you are ignorant of now. I want you to know a great deal for I know so very little. Learn every lesson well—then you will never be ashamed when you grow older. I think Mr. Smith will be a good teacher. It is good to have a change, perhaps.

A little girl who was sick in the hospital for a good many months died yesterday and was buried last evening. She had suffered so & wanted to die so badly. We have one of our girls in the hospital very sick too, we think she will die any time now. She too has suffered for many months and we cannot be too grieved when she dies. She made little thimbles & sent them to America and had four dollars for the church yesterday. Our little girls all had saved a string of cash for the collection and were as happy as could be to give it. Pongui, our little girl who died of cholera so suddenly—she was your age—had saved 800 cash (about 16 American pennies that is very much here) which we found in her box. Her mother was here this morning & cried so hard, poor woman. We shall miss her so when school begins for she was so bright. Have you heard from Grant since he went to Europe?

Lovingly—

Lulu.

Seoul, Korea
September 23, 1895

My Dear Mother:

Today is Monday. We have had no school because of the burial of Clara. Poor child she has been sick so long and suffered so much that I cannot grieve much that she is gone. She was so ready to die and longing from day to day to be taken. It was very pathetic to see her selecting a little token from all her gifts for each of her friends. A little card or some pieces of silk or a box—all things she had prized & saved for long. To her old friend & teacher Mrs. Ye, she gave a little perfume bottle to Mrs. Hulbert a half of a little gourd to Miss Paine a piece of ribbon to me some silk piece & an Easter card. The day she died, she was asked if she was going to heaven and she said "Yes I'm going now" and she went like one well prepared for a journey.

It is this sickness and dying which wears on me. You know I've never been used to much and it makes me frightfully nervous. The day Pongui died of cholera & was buried so quickly at night I lay awake all night simply waiting for day light. I can't sleep after such care. A few nights ago one of the girls called me that one of the youngsters had fallen out of the study room window. We examined her, found no ribs broken as we first feared & saw that she was more frightened that hurt, but I had a nervous chill after it was over. It is so foolish, but I can't help it. It is this that wears on me so, not the actual work I do. I had no vacation this summer, I fear that has something to do with it.

We buried our little girl today in the Christian manner with flowers in the coffin and the people were so pleased. The native custom is to bind the body tightly. They said, "Why she looks like she is asleep!" The fear they have for the mummy like body is taken away when they can see the face & form with clothes on.

I have not heard from you since I wrote last and nothing has happened to speak of. The event of the season in Seoul is to be the Decennial meeting to be held Oct. 9 & 10 to close with a banquet. The missionaries have been here ten years and enough has been accomplished to warrant a jubilee (I can't spell any more).

Tennis gives us recreation two afternoons in a week. Some lady serves tea & cake in the library building which is on the tennis grounds and it is quite a diversion.

September 22

Last evening Miss Paine, Miss Harris & myself went to Mrs. Bunker's. She & her husband went to America via Europe two years ago and returned last Spring under our mission board. We took our note books and pencils & took the price of tickets from place to place and the boarding places which she recommended. It is a long time off but I shall make the attempt when my home-going time arrives to go around that way. They say the actual fare is no more and the education & pleasure more than repays the extra money it costs. If I have time today I will copy the list and you can get your geography and take an imaginary trip every place as you like to do. Tell me the things of interest I want to see in each place as you have read or read of them. I have no time for reading except magazine reading which I pick up at odd moments.

School teachers in America do not need to prepare for a geography lesson or a simple reading lesson but when one must teach in a foreign language it takes time to get ready. I don't even have time to do that study justice. Miss Paine and I have planned to go around by Europe together but I do not see how it can be managed. I had thought my first trip home should be by San Francisco for around the other way it takes three times as long for one wants to see all the sights on the way. I have changed my mind and think it best to go my first opportunity for I cannot tell—there may be some hindrance to my coming out again. If you should leave us, I should feel that Georgia needed me a few years. I have great plans for her. I want her to correct some of my mistakes. Do what you can to have her common school education thorough. Don't push her, one grade at a time is enough, no matter if others skip & go ahead. It may be a mortification at the time, but her knowledge will be superficial and not solid. High school Latin is sufficient for all ordinary walks of life. I would have her spend the extra time on modern languages & music. Don't work her too hard but have her keep up her music. I have often thought I would invest my little in a piano which she could use and which I could convert again into money when I found it necessary. What would I have to pay for one in installments? What school I want her to attend I do not know for that would depend on the kind of a young lady she proves to be. But I prefer to not have her graduate in college if she must take all the things required in the course at the expense of some things not in the course which I consider more practicable. One must live and learn. I have learned a few things by experience and intend that she shall profit by it.

Well I must hastily close as we see a mail flag across the city and must send over to the office. No hope of American mail for it is too soon after the date of reaching Yokohama, however it may bring Tacoma mail as it does once in a while—

Lovingly—

Lulu E. F.

I hope father will take a notion to write me and tell me about Nettie.

Seoul, Korea
October 7, 1895

Dear Mother:

It is Monday night. Last week I cut you off with a postal card, a thing I hope you will never do to me. I have just finished a flannel jacket I made to wear to school in the cold winter mornings. There is no Chinese tailor here now so we are obliged to do the little we must have done, ourselves. I cut out a jacket for Miss Paine while waiting for my teacher to come. I expect to fix it for a Korean woman to finish. I consider myself fortunate to know the little I do about sewing. The fact is no knowledge on any line is ever lost, especially in the ends of the earth.

Word came from Japan today that the boxes had been reshipped from Kobe so we will have the pleasure in a few days of opening them; it is such lots of fun.

This is to be a gay week. The Presbyterians have gathered for their annual meeting and the opportunity of their coming made us push the time of the Decennial meeting for this week. I think the Presbytery meets next week. I can best tell you of it after it is over. Mr. Swallen came from Wŏnsan but Mrs. S—could not because of the babies.

I am glad Georgia appreciates money so much and can make it go so far. If she can make a little go a great way, perhaps we can send her to Europe for music & languages. I am anxious that one of our family shall be truly educated.—I don't remember just what I said in my last letter, but I know I was sorry afterward I did not tell you to say nothing about it to Aunt Anna or anybody for that matter. Oh, I know about my return by Europe. People don't understand missionaries—are apt to think us mercenary &c. while it is simply improving the opportunities at hand.

Sorry to hear of Geo. Guy's trouble. I wonder it had not occurred before. A strange mixed up family.

Don't worry about me. The others are back and the cholera is over for the year we hope. I am happy in my work and comparatively well. Have only one degree of fever every day and will not complain if I keep as I am for I can do my work very comfortably.

I hope Grant will not relapse into his former silence, for I've so enjoyed his letters. Where is he in Europe and what business is he in? Surveying? Presume you have received Georgia's silk. I sent it to you in August. Glad she had not cut the silk. Another summer it will make her a pretty dress.

I am going to try to save a few stray pennies so that when I go home you and I can go to Ocean Grove, Chatauqua or somewhere else if I am not called upon to make missionary speeches all the time.

Yes, I have a nice little desk, but it would cost more than it is worth to take it home. I should rather take a piece of Korean furniture home which would be a curio as well. I cannot tell but hope it may be many years before I am "a missionary no more."

Never mind about the box of pills if you have not already sent them for the Dr. has been giving me Cascara Segrada which acts much the same but is in liquid form. I hope you can go to Boston next summer. Mrs. Paine will enjoy having you very much I know, and we will enjoy knowing our mothers are together.

I wrote you did I not that we had sent to China for a Tsunhua rug for our room. I have never seen anything in America anything like them. About 14 by 16 ft in colors of blue & grey. The nap is about two inches long. The pattern is a Grecian border and centre on plain ground. We look for it soon. I have seen many of them, but this may be a little different. They make admirable winter carpets for they are so warm. We paid 23 yen, about $14 gold. We had the Chinese carpenter make a book cupboard to be put under our book case which is exactly the style of ours except not so high and with out the fancy top piece. Now it is raised considerably and the lower part we use for the Korean books which are all paper backs and do not make a neat room if in sight. We had the China man put wooden rockers on a broken legged ratan chair which now is very pretty & comfortable. So little by little we are getting well furnished. Saturday we went on a picnic to such a pretty place a few miles away. The day was perfect and the company most enjoyable. Mrs. Allen & boys, (the Am. Sec.'s wife) Mrs. Waeber (the Russian Minister's wife), Mr. & Mrs. Appenzeller, Mrs. Bunker, Miss Paine & myself and the Appenzeller children four in number. We had such a lot of good things to eat, and came home quite rested at four o'clock for a church Quarterly meeting. The new church foundation is finished. I expect the brick work will have to be postponed for want of funds and the cold weather so close upon us. But in the meantime we will gather force and money.

Miss Paine is in bed & I must follow. Your good cheerful letters are a great comfort to me. I see another of my letters in *The Rep[ublican]*. I should think the people would be getting tired of them, they come so often.

Love to one & all—Good night—

Lulu.

Hope you are enjoying your morning coffee.

L. E. F.

Tuesday A. M.

The political sea is quite ruffled this morning. The Japanese fired on the palace and once more have taken the reins in their hands. Will tell you more again.

L. E. F.

Seoul, Korea
October 14, 1895

My own Dear Mother:

I have so many things to tell you I scarcely know where to begin and my time is so limited that I must be brief. I closed my last letter by saying we were in trouble again. That morning we were awakened at five o'clock by hearing shooting in the direction of the palace. We got out of bed, listened, laughed a little and went back to sleep again. A few days ago the Korean soldiers & policemen got into a big fight. They banded together against each other tearing each other's houses down, the policeman were so worsted that they were not to be seen for several days on the streets. We thought these preservers of the peace were having another meeting, but we learned at breakfast time that the trouble was of a more serious nature. I cannot tell the story straight for so many false rumors have been afloat. I will let *The Repository* which will accompany this letter tell it. Suffice it to say the queen was foully murdered and the King is today like a prisoner in his home—the Tai Won Kun, his father, is on the throne. I was told today that the "powers that be" refuse to recognize the Tai Won Kun and our English, French, Russian, German & American representatives force an entrance and have an audience with the king daily.

Last week was the time for the Decennial and not withstanding the troublous time was a very pleasant occasion. We were wise enough, however to give up the banquet, for this was thought to be no time for feasting. I will enclose a program. We hope to have the papers printed in book form, and I will of course send you a copy, if such should be the case.

The Presbyterians are gathered together for their annual session. I must try to go at least one half day. It is very inconvenient for I teach the same hours every day.

To cap the climax for these days of excitement and various happenings in our quiet community, Bishop Hendricks of the M. E. Church South arrived. It fell to our lot, happily, to entertain them and we are enjoying their company so much. Have just finished writing invitations for a reception we expect to hold here for them Wednesday evening to which we have invited about 60 friends. Our missionary community is not so large as that but as I said before the Decennial and Pres[byterian] Annual meeting has brought us many visitors.

The Bishop gave us a most excellent sermon on Sunday last.—It is so good to hear a real live sermon—our men of the two missions do well, but when they work hard through the week & preach once or twice to the Koreans on Sunday, it is not surprising that they often fail to enthuse us.

The Southern Methodists hope to open up work here. We are so glad for Calvinism has had the precedence for so long and Arminianism will be better balanced. If the Southern Methodists are as nice as the Southern Presbyterian people they will be a great addition to the community. They planned to go into the country a few miles north where Mr. Yun wanted them to open work. He is the one I have spoken of so often in my letters who has such a dear little Chinese wife. He was educated in Vanderbilt University at Oxford, Georgia, now occupies a high political position, is Vice Pres. of the Foreign Office but is not afraid to acknowledge Christ always among his heathen colleagues. So many have lost their heads during this trouble that it is thought best to give up the idea of going to see the lay of the land in the north. Mr. Yun was to accompany them and since he is one who favors progression he might lose his life. The second prince who is progressive is being hid at Dr. Underwood's. The crowned prince has too little sense to be any more than the people in power want him to be. The kingdom is in a pitiable condition!

I see I have failed to mention Dr. Reid who is with the Bishop altho' I've referred to "them" through the letter. He is a very entertaining man. Has been a missionary in Shanghai for 16 years. I think the Bishop means to move him & family here to start the new mission. Because of the trouble he will probably buy & settle here for a time if he comes to Korea.

I got a long, long letter from Laura on the last mail. She told me all the Bellefontaine news. Says you look very natural, that father has aged the most. You and I have our slenderness on our side. When one is fleshy as Father once was and then falls away the change is great. Your letter of the 28 of Aug. came by last mail a little belated. We look for another mail tomorrow or very soon. Enjoyed Georgia's letters as you copied them. Was delighted with the scheme the Presbyterians used for making money, we may want to try it sometime if necessary. Our pockets are pretty well drained as it is, but a little from everyone makes quite a pile and no one feels it.

Suppose ere this you have had my letters written since I knew of Nettie's death. I dare not dwell on it, for my loss would be greater than I could bear. I am overwhelmed at times when I think I can't go home and tell her all these things I find impossible to write of. She was always an interested listener, you know. Her last letter I've not had the heart to read again, it suggested not a thought of death. If I could only have been there I know she would have talked to me. But regrets are useless. She is safe and happy and to sorrow too much only unfits us for life's duties. In time her reward will be ours too.

I had a letter from Grant from Paris. He said simply this "I have nothing to write except that I am this far on the way and will see you in due time." He is such an enigma. I shall be rejoiced to see him but dare not expect him. Well, Good night.

Love to Father & Georgia. Kiss the children if you see them.

Your daughter—
Lulu E. Frey.

Seoul, Korea
November 9, 1895

Dear Mother:

A nice big mail came for me today. Nine letters counting Georgia's page. The one not least appreciated was Frank's. He speaks very tenderly of Nettie. Refers to the breach between you simply by saying Aunt Anna wanted Martha and he said she "should never have her while he had a home in his own name" and was led to say what he thought. "The loss of a dear wife and the eagerness of some to break up my family all in one day caused me to say just what came in my mind." This is all he says and he does not once mention your name but I cannot but think in your eagerness to see the children situated promisingly by, you lost sight of their Father's love for them. How you could have for a moment have entertained a thought of Martha going in Aunt Anna's home? She would dress her well but that is the least important thing. If any thing should happen to you, I beg of you don't give Georgia to her; it makes me shudder to think of the possibility. I think I understand your motives, and Frank's feeling, but for Nettie's sake, let us mend the breach. Don't let Frank know I've repeated this to you, someday perhaps I'll enclose the letter.

I had a nice long letter from Mr. Albritton the first I've had for more than a year. One from Web Sterline and one from Lida Jacobs Brown. She is quite elated over her marriage, says I must pardon her for she was 47 before she married which accounts for it. She says her husband is good to her not because she is new for he was good to his first wife with whom he lived 30 years even up to her dying day.

Monday Morning

Georgia tells me that Grant is improving in the mountain air. I was curious to know whether it was the air of the Andes or the Himalayas or the Rockies but your letter did not mention him. Georgia said she had had a letter from him. However, I'm glad he is improving wherever he is.

Kimtchie making is over and we have school again this morning and the bell is ringing now. I think I shall send the children something for Christmas probably the Korean children's head-gear. I must not let them forget me. No special news. Posters were out that the palace would be attacked today and a number of foreign men went over but no trouble has occurred. The king is frightfully nervous. He is afraid to eat for fear of being poisoned.

I'm so shocked to hear Grandma has a cancer. I thought you called it a fistula. I'm more shocked about Aunt Anna. Has it gone too far for an operation to be of no effect?

Well if the money has made her happy, good: it takes more than money to make any one happy. Enough for my needs and a little to give away is sufficient for me. You will get that much for your self, will you not?

I'm sorry but I have lost Olie Henry's letter & can't remember her husband's name. But some time I'll write her. I'm so sorry she has lost her baby. She is too delicate herself, I wonder she lived through it. I do not need any thing for winter. Don't trouble about me. I hope you will send me your picture I want that most.

I can't put in $200 at once, that is out of the question at present at least. Hope the way I've planned will meet your approbation.

About Mrs. Dickinson. Nettie used to laugh so at her because she disliked to have any one know she was growing old and always had Lucile call her "Ma." The children will know the difference even to Helen I think.

I wish I could step in and see you for a little while. We would have a good talk. Poor Frank says he has no one to tell his aches & discouragements to now Nettie is gone. Things will all be right "some sweet day."

Well school duties call me again so I must close.

Very lovingly

Lulu E. Frey.

Seoul, Korea

December 3, 1895

My Dear Father:

I have not time since it is late to write you a long letter but will hastily write a few lines to let you know I remember that this is your birthday. The days & years are going so fast, you have had three birthdays since I left home.

I'll write you some time of the troubles we are having here. At present we think it wise not to put much in black & white. Ever since the murder of the queen the 8th of Oct. things have been growing worse. We begin to liken it to the reign of terror. We think we are safe, yet we feel we know not what a day may bring forth. The Japanese are in league with the officials who have deposed the King and as far as we know murdered the queen. We look for nothing else but the coming of the Russian troops. Before this we dreaded the thought of their coming but nothing can be worse than this. Yet we fear that Russia's rule here may interfere with our work, as in all probability she will want the Greek church here. But that is ahead. We remember that God reigns and whatever occur she can use to carry out his great purpose. I have seen the troubles war brings & the desolation pestilence leaves behind it, but I've never seen anything like the terror of these days. "It is always darkest just before dawn." I think dawn can not be far off.

Here I've told you much more than I intended. For myself I do not fear but it is terrible to see the persecutions & sufferings of innocent ones & not be able to help in the least.

Well, I trust I've said nothing to worry you. If you could be here & see how comfortable Miss Paine & I are in our private quarters writing & reading, you would see there was no cause for anxiety on my account.

I'm anxiously looking for a letter from you. Do you realize that it has been some time since you have written me a word? The last mail is not in. It is two weeks since it is scheduled to reach Yokohama. The Belgie ran ashore near Yokohama her last trip and if no steamer was put on in her place we shall probably have to wait until the next steamer comes, but we will be repaid by a double mail.

Well Goodnight.—Love to mother, Georgia, and a birthday kiss for yourself—

Lulu E. Frey.

Seoul, Korea

December 9, 1895

My Dear Mother:

I must tell you what a disappointment met me today. Your last letter was dated Oct. 9th telling of Grandma's severe illness, since then I've received no word from you. A mail arrived today which left San Francisco the twelfth of Nov. but it brought me no home letter. I cannot think but the letters & papers between the dates must be some where on the way. The Belgie went ashore in Yokohama on her last trip and if no ship was put on in her place, the mail was probably sent to Tacoma or Vancouver and delayed and your letter probably missed the next mail the 12th of Nov. Don't trouble by the time this reaches you all will be right.

I wrote Father a letter last week, not for publication however. The country is still in a troubled state we do not know what to expect. At present those at the head of the government are of evil intent. The streets look funny today. Since the death of the queen has been proclaimed every man is out in sack cloth clothes (white) and white hats: They must weep for a number of days and wear their mourning clothes for a year.

Miss Paine & I are going out for dinner tonight. We are going to take a few of the older girls out to a friend's near where we go and let them have an outing also. I think Maggie has given up hearing from you & Georgia. She does not ask me lately and I do not tell her the promises for fear you cannot fulfill them. Our girls think so much of letters from America and I feel ashamed that Georgia did not write her a little note acknowledging the little things she received from her.

Christmas is almost here, sorry I have nothing to send you father and Georgie. The money is all I can send you this year. Hope you have received it by this time. I am looking for your picture and hope I shall not look in vain. I should want nothing better.

Mary has not written me since I asked her for the money. I'm sorry if I've lost a correspondent by asking. I'd like to peep in on her in her domestic felicity.

Our California order came a few days ago. We had such a gay time opening the boxes.

We ordered quite a lot of groceries & canned goods, cotton cloth & school supplies beside many little personal things. Miss Paine and I treated ourselves to some nice French candies and I tell you we are enjoying them. We are trying to reserve a few for Christmas eating. The first of Jan. I will send you some more money and I want you to have Jessie or Zoe Purkey make me a pretty black lawn dress and send it to Smith. He is very good about forwarding in someone else's order if we do not happen to have any by that time. We received in our boxes several small packages for other parties. I hope it will not be too much trouble for you. It is difficult to get a tailor here.

[Letter ends abruptly here with no further pages containing signature.]

Seoul, Korea
December 23, 1895

My Dear Mother:

Two letters from you came Saturday. This is Monday. It has been twelve days since I've written you so I fear you have had a wait as I have. I began to feel I'd never hear from you again. The steamers are very irregular. When it came it was good—Ten letters and quite a few papers were my share.

It is almost Christmas and we are very busy for we want the girls to have a good time and to give a service in each of the chapels.

Poor dear grandma—she would not say goodbye to me when I left. Did she ever speak of me during her sickness? Heaven is being peopled by our friends rapidly now. I wonder if any will be left if I am spared to go home again.

Politically all seems quiet. We hear that the men some sixty or more, who have been imprisoned are being brutally treated. The walls of the prison are white washed daily to cover the blood which spurts on them during the beatings. Poor Korea! When will these horrible days be over?

I have not heard from Grant since the letter he wrote me from Switzerland. He gives me no addresses so I do not know where to write. When you speak of hearing from him please always state from where the letter was sent and the date of it. A thing Georgia invariably forgets.

I'm sorry you have so many financial worries. Do not let money matters wear your life away. You will never be in want at any rate. I wish I might help you more but cannot do much now & am afraid next year shall be able to do less, since we have had a cut in salary. I did not come out for money so it matters little.

You speak of the loan. You have no doubt before this received the money I sent—mine to put in the loan for me. I hope you & Georgia will use your share as you think best. I shall put in a $2.00 bill gold for you to buy your birthday present with. It will reach you in time I think.

I'm too busy & hurried to write a long letter this morning. After Christmas I'll write you a better letter. Just received a letter from Mrs. Swallen. She is looking forward to a visit from me next summer. I hope to go & if I can take the trip to Valadavastock Russia for a "kooguen."

We are looking for Dr. Carleton to reenforce us. She is to be transferred from Foochow, China. She came out her second time with me on the "China," so I know her.

I hope to get a lot of letters written after Christmas. I wanted to send Webb something, and I have had a letter in mind & a pretty handkerchief in an envelope ready to send Aunt Anna for a long time. Poor woman, how my heart aches for her. I too hope the legal proceedings will be peaceful. I shall be anxious to hear the end of it.

Emma Dawn sent me a pretty linen handkerchief. I have not heard from her for a year and a half before.

Do be careful of Georgia. I'll write more at length on the thoughts in your letter next time.

Hope you are well & happy. Wish I could see the children.

Lovingly—

Lulu E. Frey.

I receive money from friends for the church. I buy it & put it in the fund—this is how I come to have this bill.

~ ~ ~

Seoul, Korea

December 28, 1895

My Dear Mother:

Two letters received from you today, one dated Nov. 25 a little over a month, not quite so quick a trip as mine made to you. You say it was dutch to you about the "faithful little ruffian." You wrote me one letter and in the following letter said a little boy you had met under the bridge promised to mail it for you at the train and you entrusted it to him. I say he was faithful for I received it all O. K.

I'm starting out to write you a long letter, my late ones must be unsatisfactory because so hastily written. The last one I enclosed a $2.00 greenback for your birthday present. A month from today, it will be. I hope by this time your troubles will be over as far as the law suit is concerned. I do trust it will not be a long bitter struggle and that all parties will be satisfied. When all is over please explained clearly to me.

Who do you think of selling the ground west of the house to? I am so grieved that you and father should have financial anxieties all the time, but I'm very thankful that I am not a burden on you at least. I can help you by not adding to that you already have. I do enjoy my work and the independence which it gives me. I long to see you all and very often say to Miss Paine "O, if I could only see my mother!" Sorry you are not feeling well.—Do take good care of yourself for Georgia's sake.

We will send for some California things on the next mail probably, send the drawers you speak of immediately and they will be in time. If the package is not big it is often put in with any one's goods. We foreigners are like one big family out here. My skirt measure is 44 in. Spring will be time enough for that when I send for a hat to San Francisco. I won't want gloves again until next fall. The Boston boxes came and were very satisfactory—both the personal and the school articles.

We gave the girls a merry Xmas. The big girls each got a towel, 2 handkerchiefs, a Korean book, a plated silver spoon, a banner with picture cards on it and candies, nuts & fruit. The little ones got dolls and scrapbooks, candies &c. We gave the women of our chapel a magic lantern exhibition in the church below Christmas morning. Last night our men servants & each five friends and our personal teachers came & we gave them the views. Scriptural Views of the Pilgrim's Progress, views of American & European scenery & some comic ones. They were most delighted. Our boy said he had to cry when he saw Jesus nailed upon the cross.

That is very surprising about Grant. What a strange boy he is. One can never put their thumb on him. I hope you may have heard definitely about him and let me know. I did not expect to see him.

Yes, about the loan—You had better not try to carry that one for me. If I keep up five that will be a fund for me when I come home to see you again. I do not like to think I am robbing you.

You ask if we are pleased with the carpet. Yes indeed—we are going to send for two like it for the Seoul Reading rooms & one for a Presbyterian lady. She says to duplicate it, she wants it exactly like it. They come in different colors black & brown, blue & brown, red & brown. I'd like to take one home for you but fear I could not afford the expense. Beside it is very heavy and would be difficult to have cleaned where labor is so dear as at home. This morning a little girl was born to Mr. & Mrs. Busteed of our mission. Another girl! Out of twelve children in our mission we have but one boy. The Presbyterians are as dearth of girls. Is it not strange?

I did not tell you of my Christmas presents, did I? Last summer I complained that no one ever gave me vases, so they said all should give me vases for Xmas so I got four. Miss Rothweiler gave me a pretty little lacquer picture, Miss Paine a beautiful gold thimble she ordered her mother to buy, and then I got many little gifts from the girls and a silk handkerchief from Mrs. Bunker. We had our usual gay time at breakfast. Another year we may not all be together. I count the things you sent out in the box my Christmas from you—it was more than you should have given me.

Well, Josephine is locking up tomorrow is Sunday and it is time I was a bed. Goodnight.—Hope you are enjoying your morning cup.

Lovingly,

Lulu.

I'm looking for Father's letter.

December 30

All well and happy but pretty cold. Thermometer down to 10° this morning.

Lovingly,

Lulu

The Year 1896

Seoul, Korea
January 6, 1896

My Dear Mother:

This perhaps is a sad day to you since it is Nettie's birthday. Yes it is best as it is. She has taken the journey we all must take and her troubles are all over. Altho' at the time she did not under stand why she must go, she knows the Father's will now.

Christmas and New Year's are past. We had three guests for dinner Christmas, Mr. & Mrs. Yun, whom I have often spoke of. He is a Korean & she a Chinese. Then we had a Russian young man who speaks English. We had quite a variety of nations represented for a small table full. We count Miss Rothweiler German for her parents were both born in Germany. We five Am[ericans] represented 4 different states. We received New Year's callers. Did not have as many as formerly for various reasons. The order to cut the hair had gone out and the Korean men were afraid to come out in large numbers.

The foreigners were invited to the palace at one o'clock and to the Diplomatic club at 4 o'clock. Some came late & some early and taken all together had a goodly number but as I say not so many as last year and the year before. New Year's night, Miss Paine & I were invited to a party at Dr. Underwood's, and had a very gay time playing games &c. Half past twelve was later than we habitually keep. This is the week of prayer. We have service at half past four at the houses of the missionaries. We meet today at Mr. Miller's of the Pres[byterian] board.

The news is all about the hair cutting. It goes hard with the Korean to lose his top knot. Haven't time to write at length on it, will do so later. School opened again today and when the machinery goes we must also.

We sent our order off last week to Smith brothers. I will try to send you some money in my next letter to buy my dress with and to have it made, also some more for the loan.

Buy a good strong piece of lawn; line the waist but not the sleeves; trim i[n] lace or ribbon anything so it is pretty neat & stylish. Things get old fashioned soon enough. I want to get off to Wön San the first of July or earlier so if you send it by March to California, Smith will see I get it through some ones else order.

People order early so as to have their garden seeds for an early garden so many send very early as we do, but there will be some orders leaving in March I know. This letter will probably reach you not later than Feb. 10 so I think you will have time to see about it. Perhaps I had better not trouble you since you are so busy, but maybe I can repay you in some way. I have made the order out for $25 gold. I have allowed $10 for the dress. I judge it will be in the neighborhood of that if more I will pay the extra. The fifteen is for the March payment of the loan. Hope it will reach you all right and find you well. Have not heard from you lately. Mail came yesterday brought me a good letter from Etta Snay but none from home. Dec. 4 paper *Republican* also came. Every other mail seems to be my luck now.

Lovingly—
Lulu

~ ~ ~

Seoul, Korea
January 9, 1896

My Dear Mother:

"Uncle Sam" was unusually good to me this time. Today I received 6 letters, Mary's picture and the one of the children beside my home papers which I've not had time to read yet. Your letter was dated Nov. 26th via Vancouver. We are told the next mail has already reached Chemulpo, so I hope we will have later news tomorrow or next day. I did enjoy your letter so much. No, I'm not home-sick but I am always anxious to hear from home.

I was so glad too to receive the pictures. The one of Mary side view is very good & the baby is as sweet and bright as can be. I'll not have time to write her this week so please tell her I received them in good condition. I like the one of Grant & Helen—they are excellent but Martha looks so different. Has she changed that much? Yours has not yet appeared?

I had the queerest letter from Laura a few days ago. She has taken up with the so-called "Theosophy." I know nothing of it except that it is said to be somewhat Buddhistic in belief. If you find anything on the subject please send it to me. Poor Laura, between you and me I fear that she is going to be like her mother. From the sound of her letter I fear she is going to be a chronic invalid. Etta Snay says Laura looks so well.—Mame Hillman sent me a very pretty book "Hiram Golf's Religion" for Christmas which I received today. The Japanese are so excessive in their celebration of New Year's, which comes the same time as ours, but they are not satisfied with one day of it. For that reason the mail has been delayed and here now we are getting two mails together.

What did we have for Christmas dinner? I really don't remember but we don't fare badly. We get stores from California at the beginning of each season. In the summer we have our own garden & fruit. During the winter we have canned tomatoes, pear, corn and asparagus, Ham, dried beef, salmon & sausage which we get from California. Then, we are able to get fish, chickens, pheasants & beef any time. I often think of you when I go into the store room to give the cook the day's rations. We keep butter, sugar, flour, corn meal, germ meal, oatmeal, beans, canned meats, vegetables and fruits in large quantities. Of course it is expensive but is the only way to live out here. You always wished you had a stock of things to depend on. We wish we had some good stores in the city where we could buy what we need now & then.

Did I ever tell you about how we buy eggs here? They are done up in straw ten in each string put end to end:  so there is no danger of breaking & the bundle can be carried like a stick. We get delicious nuts, we call at home English walnuts, and chestnuts. We have Japanese oranges every meal. I'd like to exchange a dozen for an apple now & then, however. So my "must have fruit" is satisfied. If we were cut off from the home stores we could subsist on the rice, which the country affords more or less in large quantities.

Last night I was invited out to dinner. We had tomato soup, fish, goose, potatoes, canned string beans, mashed boiled chestnuts, salad, cherries, coffee, cake and nuts.

Did I tell you I wore my green silk New Year's Day? That was the first time I have worn the whole dress. I wore the skirt a great deal last summer with shirt waists. It is large for me but I was afraid I'd take cold so I put on an extra flannel shirt of Josephine's (for my flannel are all union suits) so it looked exceedingly well. I felt as if I wasn't so out of style after all. We sent mince pies over to the Am. soldiers for Christmas. The cook made the pies. Mrs. Scranton & Appenzeller sent cakes and I think the Presbyterians sent them some things for New Year's. I feel sorry for them so far from home and nothing to do. I shouldn't be happy if I had to sit & wait for something to happen. I need not say they have nothing to do for they guard us at night, but they are on for only two hours each.—I'm so glad to know you will soon receive the package I sent you, by this time no doubt you have received it and perhaps the ring & bookmark of tortoise shell I sent to Georgia & father, by Mrs. Hall.

Give my love to all —

Lovingly,

Lulu.

Miss Rothweiler is at the East Gate so I will answer your questions in the next letter.

Seoul, Korea
January 13, 1896

My Dear Mother:

I really have nothing to write you for I've sent you two letters since I've heard from you. You know how hard to write in such a case. I am waiting anxiously to hear again from you about Grant and also the outcome of Grandpa's will. I do hope you will have no trouble and that the breach may not be broadened between you & Aunt Anna. What would not one sacrifice for the sake of peace?

I sent you in the last letter money for my dress and money for the spring quarter of my loan accumulation. Of course if you can get my lawn bought & made & expressed for less than $10—you can have the remaining pennies, if it should come to more I will make it up to you. I do not know how much you must pay for making now Jessie is a "dress-maker" & not a "serving girl."

I haven't gotten the letter written to father about the hair-cutting but it is still going on and I want to write it all together when I see how it ends.

Have you heard me speak or rather have I written you of Dr. & Mrs. Busteed? Mrs. Busteed gave birth to a baby girl, their first one, and it died when but twelve days old. I felt so sorry for her, for she had looked forward to the pleasure and had so many sweet little dresses & clothes for her. We cannot always understand God's providences, but it is a comfort to know He does all things well.

I summoned courage to write to Mr. Colton for the money I asked of Mary. She is so bound up in her home and baby that she can't think of anything else. We do so want to begin our church so we can finish by fall. We had hoped the board would help us some but they have appropriated $1,200 less for Korea on account of the debt they have concurred during these hard times. I think Mr. C. is well able to give us something and I know he is a generous man and a business man. I think I shall at least hear from him. Please do not speak of it to them however. Did you say Mary was "enciente" again?

Our W. F. M. S. board have appropriated us $1,600 for our home at the East Gate and promised us a new doctor transferred from China, but we fear she will not come.

We have been having quite severe weather lately. I can fancy you with a hood upon your head. How would you like one of their "nambowie" like I sent the children? I have thought because they were open on top you might not like them but that is the Korean fashion. I've never sent you one of the Korean pockets because I could not find suitable silk to make them of.

I think when I get some more thimbles, the girls will make some, perhaps Georgia can sell them for the church. I sent some to a little correspondent in Chicago & she send me a dollar in the last mail asking for more also for stamps to sell.

I haven't much to write but I'm well & happy and send you & father & Georgia an unmeasurable quantity of love.

Good-night —

Lulu.

How about those photographs of you?

~ ~ ~

Seoul, Korea
January 28, 1896

Dear Mother,

I began thinking I would write to someone else but the date reminded me that it was your birth day. Are you 57 today? Twice as old as I am. I will be 28 in March you know.

We are anxiously looking for the mail again. This cold weather makes the mail come to us very irregularly. I haven't felt satisfied with your letters for some time for they are six & seven weeks old. When I've finished reading I want the next mail to come quickly.

January 29

The mail arrived today bringing me your letter of the 18th (Dec.). Miss Paine's the 25th, so you are still behind the schedule. It was avery satisfactory letter however, telling of the removal of the dead in Sidney among other things. Speaking of my ancestors—Miss Harris received a letter today from an "Ames" who is writing a history of the family. Is end you the address. Suppose you write him. "Dr. Azel Ames" #161 Shawmut St. Chelsea, Mass.

No you did not speak of Zoe's sickness. I wrote her only yesterday. Sorry she is in such trouble, wish I might help her some way. I am glad you are doing what you can for her.—Yes, send the books out. I think you will find they come out cheaper by mail than to freight them. Yes, send the "Talks with Jesus," I think I will find them very helpful in my teaching. We get the magazines all right, mark them "books" and they will come for at most four cents per copy. I will pay the expense. Do not roll but send flat the paper is not so apt to break.

Yes my heart aches for Aunt Anna. I sent her a beautiful handkerchief a few weeks ago. In Web's letter I have not written Aunt Anna since Grand-ma's death. I wrote Grandma Sept. 6. You made a mistake saying she di[e]d Sept. 16th. In looking up your back letters I find one of Oct. 17" saying "Grandma died yesterday." It is hardly possible that she ever knew I had written her.

You have never sent me any of Grant's letters altho' I have asked for them often enough, so I have none to return. I gave you directions and sent you money about my dress a short time ago. Hope it has not been a great trouble to you. Do not attempt to do so much for me. If you keep up the one share you started for me a year ago that will make me six shares and that will be something for me when I [am] home again.

I sent Georgia a letter a few days ago. She is improving. You speak of the diary I wrote in early days. The funny part is I was so ashamed that I had neglected it so many months that when Lizzie Frey visited me I attempted to fill up. I was quite sure I had washed my face & combed my hair & put my clothes on every day, but to relieve the monotony I omitted to mention all three for each day. Then I was quite sure on five days I had gone to school; on the sixth had played & on the seventh had gone to Sunday School. I deserve some credit after all for the way I got out of having so many blank pages.

You speak as if Nannie was having hard times. What is Mr B.['s] business? and have you reason to think they are needy? Glad you speak of Edna receiving the thimbles. I received $1.00 today in payment for ten I sent and received [$]1.00 two mails ago. So by the pennies the church is going up. Write me immediately when you hear from Grant for I too am anxious to know his whereabouts.

Yes I wrote Frank immediately after receiving his letter but have had no reply. I look for one now in a mail or so, for I think if the children receive the little gifts I sent he will acknowledge them. You said something at first of your thought that he would marry again quickly. What did you found your suspicions on and what do you think now? I received a letter & a picture today from Miss Burnham, a friend whom I knew in Chicago. She is a Senior in "Women's Medical College" Phila., but a Presbyterian. If she were a Methodist I would see that she came to Korea now in our great need. We have not yet heard from Dr. Carleton who was to be transformed from Fouchow, China. By the way did I give you Dr. Hall's address so you could acknowledge the receipt of Georgia's ring &c. which you received a year ago? She lives in Liberty, N. Y. I do not know whether she will come back to Korea or not, not this year at any rate. I sent the spoons 1/2 doz. and some red silk for Georgia, which I have spoken of before, I sent by Mrs. G. H. Jones. Her father's home is in Pomeroy, O[hio]. I have told her you would pay any duty there may be on them.—As I was sitting at the supper table the gate man brought me a letter which had gone to some other house from Martha. What a sweet little letter it was! If she composed it she did remarkably well. I shall answer it before many days go by. An exceedingly good letter for a youngster not yet 9 years old.

I'd like to step in and see you for a little while—but it is a great comfort that we can write to each other. I am looking forward to another letter. Mail reached Yokohama last Sunday so in another week it will be here. We give them 10 days' time usually to reach here altho' we often receive them in a week.—Please take me in your confidence as you say you do Georgia. What is the amount of the mortgage on the house and what is

Father's hope of lifting it?

Love to one and all—

Your loving Lulu.

Seoul, Korea
February 13, 1896

Dear Father:

I am going to begin, at least, this long promised letter today. We are having three days' vacation for this is the Korean New Year's. An attempt was made to celebrate the 1st of Jan. but among the common people it was not very successful. In time they may give up theirs, but it can't be expected that they will adopt all our customs at once.

This is a very queer New Year's. Day before yesterday I wrote mother a postal saying everything was quiet and we did not anticipate any serious trouble. My card had scarcely reached the post office before I learned that we were having another political earthquake. You remember I wrote you in October of the attack on the palace, the murder of the queen and the imprisonment of the King. The instigators of the scheme were backed up by the Japanese. Since then we have lost much of the admiration we had for the Japanese at the time of the war.

For a few weeks the Japanese by the aid of this cabinet had things their own way, unmolested. The 30th of Dec. a large body of the king's sympathizers attempted to enter the palace, hoping to reinstate the king but they were unsuccessful.

Some escaped to China afterward; many were seized and cast into prison; others sought refuge among the foreigners. The prison punishments are terrible. It is said that the prison walls were white washed daily to cover the blood stains after the brutal beatings.

To show their power, the cabinet prepared an order, forced the king to sign it, demanding the people to cut off their top knots. To us it did seem laughable but to them a more terrible calamity never befel them. They have suffered because of war, famine and pestilence yet these are nothing as compared to the loss of their beloved top knots. I've sent you pictures of the Korean men, showing how they wear the knot on top of the head, I think. There was weeping and wailing and mourning as for the dead when the husbands and fathers came home top-knot-less. It was quite a serous thing for it threw a great many out of work in the middle of winter for the net, pins and ornaments which they wore in their hair gave occupation to a great many.

Every one prophesied that this government could not last long, yet the change when it came was a shock to us. Two days ago by the clever strategy of some of the palace-maids [the King] escaped from the palace and sought refuge at the Russian Legation. For several days the women had been going out and in and the guards had ceased to look in the chairs, they had become so accustomed to them. At seven o'clock in the morning of the 11th of Feb. the King, Crowned Prince & Princess passed out of the palace gates in these same chairs and were received by the Russian Minister. His Majesty has been busy since forming a new cabinet and giving orders. He ordered the arrest of some of the old cabinet. The people were so furious that they seized two of the ministers and killed them on the "big road" in the centre of the city. They were not satisfied with this but after they lay dead, they stoned the bodies until they were scarcely recognizable. A Japanese was standing by, and in their fury they attacked him killing him and two others who came to his assistance. The Koreans feel very bitter toward the Japanese and I do not know but they have reason for this hatred. Killing the queen as they did is not a thing likely to be quickly forgotten.

We do not know what action the Japanese will take. We have looked for war between Russia & Japan, but since Russia has been so cautious, and the King sought protection of her, there seems now no ground for fighting. Time will tell, however.

This has been a very quiet New Year's Day. We usually have a great many Korean callers, especially children. It is custom for the children to bow and receive a penny or some candy and cake. But today our street is guarded by many soldiers, Russian & Korean. Our servants can only go out and come in with a permit which we receive for them from the Am. Minister. We foreigners can go & come as we please.

There is nothing monotonous about life in Korea. One needs these nerves repaired now & then. I am hoping to go off to Geun-san for a few weeks, when school is out, if Russia and Japan do not make it unsafe to travel on the water.

I hope this trouble won't interfere with the mails for we have waited long already, and I'm hungry for a home letter. Your letter has been unusually long on the way, hasn't it? Do write me soon.

Your loving daughter,

Lulu.

Seoul, Korea
February 22, 1896

My Dear Mother:

Finally the mail came bringing me two letters from you bearing the dates of Christmas and Jan 6 two anniversary days. A good long letter from father. As I just wrote him a letter last week, I'll wait until some news develops before I answer. His excuses for not writing me are not very satisfactory. He should write not because he wants to get a letter from me nor because he has anxiety for me or my work but because it gives me pleasure when I'm so many miles away from home to hear from him. There is little danger of many telling me the same thing for my B[ellefontaine] correspondents are few—besides every one writes in his own style and every side of a story is a little different. However, it isn't news I want altogether but exchange of thoughts just as we would have if we were talking together at home. I too thought of Nettie on her birthday—I cry more now than I did when I first heard of her death—not so much because she is gone but because of the lonely way she died and that I wasn't there to help her. She would let me do many things for her—but God knows best, and I'm sure I came here because He led me. I could not have served him in two places. Yet I can't help but feel if I had been home things might have been a little different for she seemed to understand me.

I'm glad you had a pleasant Christmas. One nice thing is that, while I am reading of your Christmas time you are probably reading of ours, but it is natural I presume that we each should want to know later news. I hope the Japs won't give us another three weeks wait.

It would seem real funny to me if Emma should marry after all. I'd begin to think I too might some future day do the same thing. Let me see, she is older than Nettie was. She must be 35, is she not? Yesterday was Miss Paine's 27th birthday. Mine will be here before many days. I wonder if you have at this date received my letter I wrote you your birthday. It seems to me I sent you some money for a present but I forget. Perhaps money is just as acceptable as anything to you—at any rate I remember I sent you something for your pictures did I not? Please do ask Mary to pose you for I am so anxious to get the picture before you are much changed for of course I expect to find you some different as time changes every one. As for Nettie's picture—don't trouble about it as far as I am concerned—if we had a good picture or more of these old ones with the blue velvet dress on, I would be glad; but there is something so uncanny about copies.

I do hope you won't indulge in a Japanese rug. What are the colors of Aunt Anna's? I see many of them in blue and white, but they are mostly cotton. Our Chinese rug is beautiful in shades of brown & blue, all wool and 12½ by 13½, and we paid but little more than your rug. A Japanese rug of 5x4 will cost—We paid about $13 gold for it. Be patient and I'll bring you one when I come home, if possible. I should use the parlor tapestry for the sitting room and shut up the parlor if you are not able to buy a new carpet for the parlor. Perhaps by the time Georgia is old enough to have beaux, you can buy a nice one (carpet I mean) for her. That is what I think is best policy. Don't let Georgia go with the boys too young, for she will get tired of them by the time she is old enough to enjoy their company. My first beau was Johnny Hamilton & I wasn't much more than 12 years old—Don't you remember how you knocked on the door at eleven o'clock? I did not have sense enough to be moderate. I was so insulted that I told him to stay an hour longer. Georgia is a dear good girl—if she benefits by our mistakes, she will be ideal. I hear she is growing to look like you did. Laura said she looked like your early pictures.

No, I think it is useless to try to get a life insurance policy now there is so much political trouble, that is why we failed before. I have but little money to invest. If I put some in the loans that is all I can lay away at present. Perhaps I can make it $100 before the year is over.

I bought me a new dress, I'll enclose a sample. I think I'll have it made this spring and can wear it for traveling but I am beginning to think it is too good for that. Several of my wool dresses have gotten so dirty and after I washed them they have become too short. I wish I were where I could make them over for Georgia.

I do not agree with you that I am a fair composer. I fear I could not make much of a living that way. I'm too much like you—lack confidence in myself. I'm glad the Blessing children do so well. However I'm not thinking of changing my vocation. If as you say health would not permit me to return some time I'm quite sure some thing would be provided.

I did not know of Uncle Sam's illness before. Isn't it sad? I think you mentioned some months ago that he was not well but I had no idea it was very serious.

I had a letter from my friend Miss Ricketts of Siam. She is back at her home in Delphi, Ind. and has so far recovered her health she has hopes of returning in the fall. I am so glad for her. The doctors thought the bone of her spine affected but it proved to be only the nerves. I had a letter from Hattie Frey too. She writes me quite often. They all had a happy Christmas with Lottie in Dayton.

Do you hear from Mrs. Paine often? Has she sent you a schedule? Your letters still date a week behind hers, but it doesn't matter just so they come. I have not heard again from

Frank. I thought they would find the "headgear" convenient when the[y] ran out doors for a few moments.

A little more about the loan. I do not quite understand. Suppose I should put in $100 every year, then as many hundred as I had would be so many paid up shares. Is that the meaning? I can do that I think after this but not for the present as I have planned to take a summer trip which will take my extra money. Perhaps in the fall quarter I can do it.

Someday I'm going to make a nice cottage plan and then when we have enough to build a house, we will rent the big one and live cozily in the little one, won't we? Have you sold that strip of ground yet on the west side of the house? I've intended asking you many times where you keep the horse. Did you build a stable? From Father's description you must be very comfortable and a very happy contented family. I'd like to step in and see you. Our measle patients, 21 all together so far are doing nicely. But we are shut out from everything. Mrs. Allen gives a Washington birthday party but didn't invite one of us. We can't go to church or prayer meetings.—Missed the Seoul Union Entertainment and the Christian Literary Meeting last evening. Everyone is afraid.—Mrs. Hulbert gave birth to a nice baby boy last night. The second boy in the mission now. Inclosed is sample of my new blue dress—7 yards cost me $15 silver—divide by 2 and you have the approximate in gold—56 inches wide.

Good bye.—Hope you will all be well when this reaches you. Accept much love from Your daughter—

Lulu.

P. S. Glad to hear you are going to send me *The Delineator*.

Seoul, Korea

March 4, 1896

Dear Mother:

Mail came yesterday. I received two letters from you with one inclosed from Georgia and one also from Father. Your last was dated Jan 21; written the same day Miss Paine's mother's was. You said in your letter that father would tell me about Grant but he failed to do so in his letter. I'm real anxious to know where he is and how he is but you gave me not a hint. You also said you would enclose a clipping (of what or about what I don't know) which you doubt the wisdom of sending but want to know if it is true. Since you did not enclose the clipping I'm unable to give you the information you want.

Some Tacoma mail came in today, a couple of *Rep[ublicans]*, Georgia's two pictures but no letters from America. Georgia is young ladified beyond my most serious thought. I try to imagine how 3 years has changed her but I cannot. Zenade has the same face, the same expression I remember her to have had. Of course she must change (in a few days I pass my 28th mile stone) we are both almost three years older than when I left home, but it seems to me she is quite so for a 13 year old girl. They all said she looked sixteen in the picture. She always was old though for she grew up in old atmosphere. She looks some like Lottie Frey, but I am more glad to see a more striking resemblance to you. I was so shocked to see the notice of the deaths of Connie Kernan and her mother, I could not help but think of Mrs. Whitworth's sorrow for I remember how long it was before she recovered from the shock of her Father's death.

I'm sorry to hear of Zoe Purkey's troubles. She certainly is having a hard fight and it is sincerely hoped that her hopes in her little boys may be fully realized someday and in her old age will be peaceful and without care.

I received a letter from Web yesterday. I sent him some stamps—now he wants some coin. I wonder if Aunt Anna has received the handkerchief I sent her in Web's last letter. I do hope there may be some remedy for Aunt Anna. It is a terrible thing, I do not believe that Web realizes it, does he?

Another letter today from Mrs. Swallen tells of the unsettled condition of affairs in the North. I was quite surprised to see my note to Father appear in the paper. It is to be hoped that he isn't the only one who appreciates my ungrammatically written epistles. I hope he does not force them upon the Editors. The mistakes are so much more noticeable in print that in writing.

I was quite amused at the letter written from Cal. by an Ohio girl. Do you know whose friend she is? I judge she is a Presbyterian by her talk.—I think the missionary spirit she shows admirable. If she were a Methodist I'd like to hunt her out for Korea.

By the way, we hear a Miss Spear is coming to us from the Philadelphia branch. Mrs. Hall comes back in '97.—I hear the Baptists are looking for a new man. We will look for him too after the hint you gave us.

I had to part with one of my back teeth not long ago. I couldn't do as Miss Paine did, go to Japan, and I could not stand the pain any longer so I got out of bed, went to the hospital and had it out. This is part of the "missionary's sacrifice" we hear so much about. Really I did feel it to be altho' I laugh usually at the way we are pitied because of the life we have chosen. George wants to know if I'd come home if I had a chance. Ask her what she thinks.

All well. No special news—

Lulu.

Let me urge you again to keep the fact that I am putting money in the loan or sending you money a secret. I'm in a somewhat different position from the school teachers at home. L. E. F.

Seoul, Korea
March 10, 1896

Dear Mother:

Twenty-eight years ago yesterday I came into the world and altho' it is a good many years ago I suspect you have not forgotten the trouble I made you then. Father can't well appreciate since he was absent when that important event took place. Grant's birthday also passed by and I intended writing him but since you mentioned him in your last letter I thought I would wait until the next mail is in and see if you tell me where he is and anything about him. I also thought of Frank on his birthday. You know it is the day before mine. I have not heard from him again. I hope the children will grow stronger as they grow older. I was well remembered on my birthday. Mrs. Scranton gave me a picture of herself, Miss Harris a fan, Dr. Cutler a book, Miss Lewis, a lantern (something you don't need in your electric lighted city) Miss R[othweiler] a silk handkerchief, Miss Paine a pair of pretty vases. Wasn't I lucky?

Yet I don't feel very happy over my gifts, how can we be when there is so much suffering in the country? The King is still secure in the Russian Legation. I think the people would feel more content if he returned to the palace, but he cares more for his life than the condition of his people. In the country the rioting is terrible. We hear that whole villages are being burned and the people murdered, and we also hear threats of the rioters coming to burn Seoul but as from year to year we have heard almost as serious things we feel content to wait and not worry. But the trouble I began to speak of is the great poverty. A few moments ago the woman I have here sewing told me of three in a family she knew who starved to death. The doctor has five little urchins picking up stones in the garden for their meals today. But it is a beautiful day and it makes hope brighter. There will surely be a way out of this trouble before long. We hear of the Japanese fortifying the south mountain, so they are certainly contriving something. What Russia has on foot we don't know. — In fact we really know nothing. We only await events. Something is inevitable.

I don't know what the Japs can mean by keeping the mail so long. We have had two or three steamers in lately from Japan but they fail to bring us the American mail which is long ago due. We haven't lost any yet, but the delays are provokingly long.

Long ere this you have received money and direction as to one new frock. I have my new dress made which I sent you a sample of in my last letter. I do not feel so good in Chinese made clothes as I do in home ones, but the tailor did very well and I suspect it cost me less than if I had had the work done at home. I sent to Shanghai by Mrs. Busteed for a couple of sailor hats. The tailor made Miss Paine & I each a silk skirt. I'll enclose sample so with shirt waists we will be well fixed. We had them made a new pattern, that is it is over five yards wide, perhaps now they are making them narrow again in America. I told Miss Paine a few days ago that when I go home to stay I believed I'd join the Deaconesses or the Salvation Army in order not to be bothered with styles.—When I write these things to you please don't send to anyone else. Perhaps it isn't even interesting to you.

Miss Arbuckle of the Presbyterian Mission goes back to America—starts this week not strong enough to do the work. She came out about a year before I did. Miss Davis of the Southern Presbyterian goes as far as Japan with her ordered off on account of ill health. I'm thankful I'm well this Spring and hope I may be able to keep so, but if it is a possibility, I shall try to miss the hot weather in Seoul. Miss Lewis and I were the only ones of our household in Seoul all last year so we are entitled to a vacation this coming year. Miss Paine was not gone long but it was a change never-the-less.

Can't begin our building yet, things too unsettled. But expect to begin on the East Gate building as soon as it is possible. As for our place here, we have fifty girls and find it quite crowded but something must be done for the carpenter condemned our house a few days ago. The mud walls are not strong enough to support a heavy Korea roof of tile. The beams are leaning in some rooms. It is no uncommon thing for a Korean home to collapse. Miss Paine says she wouldn't dare write this to her mother so don't repeat it for the carpenter thinks there is no immediate danger. Miss Paine also says you will be wanting me to get my life insured. I explained did I not that they refused to give us policies on account of the trouble in Korea not because my ancestral record was not straight.

Lovingly yours—

Lulu E. Frey.

∾ ∾ ∾

Seoul, Korea.

March 10, 1896

Dear Sister Georgia:

Your letter came a few days ago and later came your pictures. I was so happy to get it and have it now above me so I can see it all the time. You look quite a little lady and I am very proud of you. You have had a happy winter skating and sliding, what are you going to do through the summer? You will soon have your Spring vacation and then you & Zenade & Lena will make the most of time. It won't be long before the picnic time is here. Where do you have picnics now, at the lake?

So you are naughty in school? If you are naughty, be sure it is after all your lessons are learned. I'm afraid I used to play and then if there was any time left, I would study. If you could hear me scold the girls for being idle or playing in study hours, you would think I had been a very good little girl. I am quite ashamed now that I wasn't. My teacher Mrs. Wallace explained the doctrine of predestination to me once by saying—"Every day I tell you you must not whisper in school and I even seat you where you will have the least temptation but I know you will whisper before the day is over." I could see the point she was making but she didn't make a Calvinist of me never the less and I'm glad that I don't believe God brings any one into the world with the fore ordination that they are to be lost. Let me see I was talking of school wasn't I, and I got switched off. Do you go to the new building next year? Will Tom Hubbard be your teacher again? I did not get that letter written about Korea you wanted, but never mind some other time you may want it.

What a nice town Bellefontaine is getting to be. I will hardly know it when I come back. I'll feel like *Rip Van Winkle* or like the old woman in *Mother Goose* who had her skirts cut off—"If it be not I the dogs will bark." I've forgotten my Mother Goose.—Poor Grandma was distressed because I couldn't quote scripture correctly and I'm glad she can't know that my memory fails me even when it comes to Mother Goose's rhymes.

Do you read very much? Miss Paine and I are reading "*Barnabas*" now. Web wrote me he had read it some time ago. But the sweetest story is the one we read a few weeks ago "*Titus*" or "*Comrade of the Cross*." I wish you could read it. It is a prize story by Miss Kingsley—comes in paper edition. I think Mamma & Papa would enjoy it also.

Do you take good care of the children? It is almost a year now since Nettie left them. I cannot bear to think of it. I've so much I wanted to tell her. I came across the last letter she wrote me a few days ago. She was better she said & would now be strong if she didn't have the grippe again. If I could only have been there to have helped her in those lonely last days. But there are so many who need to be helped and one can't be everywhere. Those last days of hers was when I was all alone with my Korean girls fighting the Cholera away from our door, for I watched hourly for any symptom, & when I saw the slightest I used the remedies. God knows best always.

Write me again. Tell me about Grant. I hope the day just opening to you is as bright a one as this closing one has been here. Goodnight—

Your loving Sister
Lulu E. Frey.

No, I'll not be back before my five years are up "even if I have a chance" unless I am forced to go. Then I expect to return again.

Seoul, Korea
March 18, 1896

My Dear Mother:

Patience or more truthfully speaking, impatience was rewarded today for the mail came. Your letter of two dates Jan. 27th & Feb. 3rd came, also a nice letter from Clara Miller and one from Maggie. I had 16 sen overdue postage to pay on Clara's for she always writes on one side of thick paper. Do not mention it however. She also started it on its journey with a two cent stamp. The letter however was worth it all, for she tells me the girls are going to send me nightgowns for our girls. Isn't that lovely? Maggie writes me you are to be invited to visit her this summer. I think you would enjoy it—you and Georgia.

I must unburden my mind about your buying the Bush property. If you have bought it I shall be sorry I said anything but I cannot think you intend to. No doubt in your mind you have invested your prospective dollars in a thousand ways. I can't bear to think of your going there. Don't you remember when you did not move out of the house Nettie said you never would try to better yourself. You do not, surely, intend to go back into that little inconvenient house again now that Georgia is growing into woman hood. No hall, no closets, no bathroom, little bedrooms and a little kitchen in the middle of the house. The suggestion makes me sick. I know you will be better off in a small house but build a modern one. Brooklyn Heights is the best part of town. What do you mean by being far out of town? Four blocks from the Courthouse. Leaving all personal feelings out for I may never live at home again, I do not think unless it is necessary I would go back. I've been turning it over in my mind and have been wondering if Mrs. Blessing has not been persuading you. It is next door to her, I remember. Don't go back there.

You say nothing of Grant. Don't be so afraid of duplicating news. I've been so anxious to know about Grant and now you know and neither you, father, or even Georgia tell me of him, thinking one of the others has. You wrote last of him hearing he was attending the Atlanta Exposition. Was that true?

Miss Paine is down with the grippe. I hope I shall escape. I've been very well this winter. The fever still troubles me a little, but my appetite has been good. One never feels well in the spring so altho' I feel a little "dragging" I do not feel discouraged.

I feel so sorry for Aunt Anna. I have no picture now but think I'll try to get one some time. Why? Does she want one?

I think I have told in a previous letter that we can have binding done here but perhaps you had better keep them now until I go home unless you have already sent them, for after all we do not know what may occur tomorrow in this country. I have heard the revolutions called "political summersaults." A good name—It will cost much to get them out by freight and I fear they are too bulky to burden any one with bringing. You know how inconvenienced I was bringing that battery for Belle Allen. We feel we must favor one another, yet I do not like to burden anyone with any large thing. Thank you for those books. I shall enjoy them I know.

You are probably worrying about my dress about this time. I am sorry to trouble you. As I think of it I almost wish I hadn't asked you.

Glad to hear the picture is coming. Yes, Georgia's pictures reached me two weeks ago. I hope she is not so mature as she looks in the picture. She writes as if she were still the child I left.

No political news. A few days ago 3 Japanese spies got into the Russian Legation, but they were caught. Now the road is guarded even more closely.

I hope you are feeling well this spring. Don't overwork or over worry. Take life as easy as possible. It is too real to be easy. I often wish I were a child again, so I might shift all my cares on my mother as I used to do. Yours are no lighter I fear for you bear my burdens yet even though I bear my own. Even though we are grown we are still children in God's sight and can rest secure in Him. Goodnight—

Lulu.

Seoul, Korea
March 23, 1896

Dear Mother:

Miss Paine is out of bed today and we are so glad. It has been very hard on her and leaves her as La Grippe does every one, weak. I have so far escaped and do not feel as if I were going to take it at all. I have been unusually grateful for if I too had been sick it would have been difficult for both of us and I fear we should have been obliged to close school. As it was I took all Miss Paine's work & my own also for the past week. Of course I was obliged to give up my study. By the way the examining committee have prepared for us some conversations in Korean which we must commit. I dread the undertaking for Miss Paine and have our school work to prepare. A teacher in America must prepare her lessons, but how much more must we in another language. While I can't preach (?) in Korean yet, I am getting so I can talk a little. We are getting quite worried about our California order. We ordered it a long time ago but have heard nothing of it. We hear that the Rio Janeiro has been out from San Francisco 36 days and has not been heard from. I do not think you had a letter on it for you mentioned that you had three days to catch the mail but the letter was late & came on the next steamer. Of course the goods is insured so there will be no money loss, but we need many of the things badly. Everything is quiet. Our friend Mr. Yun goes to Russia as Sec. of the Embassy, for six months; his little wife has gone to China for a well-deserved change. She has proved herself a plucky little woman. Miss Rothweiler has gone to Chemulpo & there abouts on Evangelistic tour. I must close.

Love to all—

Lulu.

Have you heard from Grant?

I hope you keep well. Will send George some thimbles. She can sell them for 10c a piece & send me a dollar bill for the church.

L. E. F.

~ ~ ~

Seoul, Korea
March 26, 1896

My Dear Precious Mother:

Two letters came from you today Feb 10 & 12. No I do not think any of your letters are lost. If you put down the dates you write letters to me and cancel them off as I acknowledge them you will see if you receive them all. Maggie has received Georgia's letter but you have never written her. You often said you would & often put messages for her in your letters to me. I am afraid we will be obliged to marry her off this spring for her mother is very anxious and since the 7 years for which she was placed here have expired we think it best. She is sixteen now. We had great ambitions for her for she is exceptionally bright.

The steamer I wrote you of put in at Honolulu (altho not scheduled to go there) for repairs hence the delay. The mail she carried came today. We learned of the California order. It is on the way so that worry about its safety is over. We will probably receive it in a few days. I was so delighted to learn of the coming of a box, and even the looking for it will give me many days pleasure.

It was so kind of the girls to make the gowns for me. You will be late sending anything by Mr. Steadman so I do not expect anything but a letter from Oscar Carlton. Never mind I really need nothing. Sometimes send some little things to Miss Paine for Mrs. Paine always remembers me when she sends to Josephine. Miss Paine is up and taught school this afternoon, and I had a little chance to study. I found out that I could do the work alone so if she goes home and I have no one to help me I can do it. I hope by that time to be better able to use the language. They don't send us workers very fast. I had a letter today from Lyda Jacobs. She said she was asked if this story of me was true. The natives put me in a box and shut me up so that when I got out I could not stand up. What ridiculous nonsense!

Now about that dear brother of mine. I must confess your letter made me feel serious concerning him, but I will not allow myself to worry about it, since you simply inferred. I wish you would tell me facts. Have you heard from him at all since you had a letter from Switzerland and he started as he said for India? You speak as though you thought he were coming to me. He will never come here to meet my friends until he comes with his head up. If he is escaping, he will not come here. What do you mean by "they are inquiring for him"? Who are "they"? I'm very anxious to know of him.

Yes, I continue to pray for him. As for the woman question, I know nothing but this little story he wrote me about a French girl nursing him there (Switzerland). She has been with him he says in Paris, Australia, and America. He writes "to amuse me since he knows it will be odd to one in my world." If he only knew it I see more of the kind of life he intimates here than I ever knew in America. I took it for a lie, made up to shock me. If I allow myself to think I am so thoroughly disgusted and ashamed of him that I can't cry over it. I shall burn your letter with the talk of him in it.

As for your picture, you surely don't look natural. Do go again and take a side view, your face and features are some like mine and a side view is much better. You look so fleshy in the picture that it changes you greatly. Are you growing fat? Perhaps the finished picture will be better, but please ask Mary to take you and have a partial side view taken. I know I will not like this front view. I've tried many times to get a good picture here of myself and you know how well (?) I have succeeded. Last fall Miss Paine & I tried to get cards taken together but my half was a failure. Hers was good so she had some finished of her leaving me out. I shall try again this spring before I lose the little fat I've put on during the winter. Miss Lewis and I are planning a nice trip this summer. We expect to take the boat ride up to Vladivostok (Russia) & back via Japan and Wön San where I hope to stay a couple of weeks with Mrs. Swallen. We must not set our hearts on it too steadily for it is too uncertain in this country.

We have had a very good prayer meeting here tonight. Our Baptist friend Mr. Pauling led the meeting. Dr. Jaison was present also. I cannot tell you much of him except that he is a Korean gentleman who went to America a number of years ago, became an American citizen, graduated from a medical college with honor, married an American woman. His Korean name is Sau Chai Pil. I think he is here to help on the Reforms if possible.

Affairs in the country are very discouraging. In one of the Southern provinces the people have set up another King. The King seems to have little idea of how to govern. He is weak, does as he is bidden by the cabinet in power, anything to save himself.

Glad to hear the good news of Oscar & Lena. How are Mr. and Mrs. Colton?—Has Mary McKee returned to her kindergarten work? You will find my first attempt writing for the "*Friend*" in the February number. Nothing to be proud of but perhaps may be of a little interest to some friends of our work here.

Well must say goodnight, for I must write a little note to Esther before bedtime. Glad the financial trouble is being straightened amicably. You don't say whether you bought the Bush property or not? Hope not.

With love—

Lulu E. Frey.

Seoul, Korea

March 28, 1896

Dear Mother:

The China brought us a splendid mail today. Two from you Feb. 20th & 28th, also your picture, a letter from Laura P. from Ga. where she is for the benefit of her health. I maybe misjudging her but I feel as if she literally was "enjoying poor health" as "Samantha Allen" expresses. She has inherited the inclination to give upto her feelings. Elsie W. wrote me a good letter, also Mame Hillman and receive done also from Miss Heaton of Japan. It was such a good mail for it came unexpectedly only six days after reaching Yokohama. It takes away half the pleasure to wait so long and find the mail so stale when it does come. I don't mean to scold you—you are so good to write often—but never delude yourself that three days will carry your letter to San Francisco. I've been disappointed but a very few times. I've had four this week for the late mail came two days ago & this was early. Your letter exactly a month old.

Well of course you look a little changed. I don't know but the proof you sent would have made a better picture, but I want you to go to a common every day Bellefontaine artist and have a half profile taken. I'm so glad to have this picture even if it does not do you justice, and cannot keep my eyes off it. The forehead, hair & nose look natural and the position is very good but the expression of the eyes & mouth are not natural. You have a giddy frock on.—Did Aunt Cal & Aunt Cin give it to you or did you choose it yourself? It is very pretty.

Well, I don't need much. In the fall you can send me some fleece lined black stockings. I sent to Shanghai for some hats.—Miss Harris got a very pretty hat today. Her sister sent it out by mail. It was light-wire and lace.

Miss Paine is ready to send to Chingoki so I won't say more now. Miss P's mother is sick—a nervous breakdown.

Tell Mary I expected her to treat me better than her other correspondents. Sorry her baby had such a fall.

Hope to hear good news of Grant before long. You will keep me posted. I wrote you yesterday or day before. Will write again next week, if all goes well. I sent off *The Repository* today. You will find a full account of the murder of the queen in it besides other things of interest. A little article of Dr. Jaison of whom I wrote you.

Much love to one & all. Don't be too proud of me. I am simply one like many thousands. The glamour of "foreign" is around me and Americans go crazy over things foreign. I'm just the same as I was when you saw me in flesh & blood.

L. E. Frey.

∾ ∾ ∾

Ewa Hak Tang,
GIRLS' SCHOOL OF
The W. F. M. Society
Seoul, Korea
November 23, 1896

My Dear Father:

It has been a long time since I've heard from you. Perhaps it is my fault, yet I'm quite sure I wrote you soon after my return this fall.

Things are going very much as usual. Once in a while something happens to break the monotony of work which is as interesting as mine can be called monotonous.

I'll enclose the invitation & program of the corner stone laying of the Independence Arch. There are a few progressive men in the country who have formed a club which they call the Independence Club. Dr. Jaisohn, of whom I have written you much is the most active member. He has so much of the American's independence that he inspires all others. He is a host in himself. The club have converted an old temple into a nice large club house and the surrounding grounds they hope in time to make into a large park. At the time when the progressive spirit was high—after the war, the old arch erected by the Chinese 300 years ago was taken down and buried to show that the power of the Chinese was destroyed. Since then there has been several turns of the government—the progressionists ruling a while & then the conservatives &c. but for the present the progressionists are in power. The poor king finds his hands full seeing that he is in a safe place and that he still lives. He is abiding yet in the Russian Legation. The queen's body still lies in state, at least all they could find, the two fingers and a tooth which I spoke of in my last letter.

I see I've wandered.—I was going to tell you of the laying of the corner stone. The foreigners were invited. The high-class Japanese & Russians, Germans, French, English and Americans (Americans are all high class here whether of the diplomatic circle or missionaries). Everything passed off beautifully, even to the banquet following, at which they served foreign cakes, salads &c. We were exceedingly proud of the Koreans. (My teacher came this morning asking if we had gone there last Friday. Then with terror in his face he told us of a plot which had been discovered before it was too late, to kill the members of the club, who are the present cabinet, & the Governor of this province, and other prominent men and the foreigners). We were all blissfully ignorant of the danger we might have been in and enjoyed the occasion to its fullest extent. Five of the men in the plot have been imprisoned, and they are searching for others.

This week Thursday is Thanksgiving. We have some nice geese fattening for our feast. Turkeys don't "grow" out here, so I'm looking forward to a turkey dinner when I'm home in a couple of years. We are invited to the American Legation for the Annual Reception. Mr. Sill is a capital entertainer so we anticipate a good time. We are all rejoicing over McKinley's election; we had the news the next day. I do hope he will send us as good a representative as President Cleveland did. We dread to see Mr. Sill go for fear we will not have such an exceptionally good minister again.

I'd like to see you, Mother & Georgia and all my friends today, but it will not be long before I shall be with you again. It does not seem possible that I've started in on my fourth year in Korea. Please write me often. Remember me to friends who remember me.

Yours Lovingly,

Lulu E. Frey.

The Year 1898

Seoul, Korea
January 24, 1898

My Dear Father:

Your nice long newsy letter was very gladly received. I don't promise you know to write for publication and this is one of the letters which is not intended for the public eye altho' I do not know that I have anything which is strictly private to write of. A few days ago the things which mother sent me and the box of ointment which is your gift reached me safely. Miss Paine and I had an interesting time unsoldering the box but finally managed to do so without injuring the lid in the least. It would not have been safe to send it without soldering it securely. Thank you very much for it. Miss Paine made a joyful exclamation when she read "itch" on the outside of the box. One poor child presented herself mournfully to me today and I took her into the bedroom and tried the new cure and much to her relief allowed her to go back again to the school room. I hope we may find it helpful in that line. ———

We are enjoying the memory of a very pleasant visit from Dr. & Mrs. Baldwin. They came last Friday and left this (Monday) morning. A very short visit but one which brought us some American sunshine. You cannot know what a pleasure these visits are from these home friends. Dr. & Mrs. Baldwin are both influential people in missionary circles. He is one of our Missionary Sec[retaries] of the General board and she is the President of the New York branch of the W. F. M. S. We were glad they came just now for they have seen our needs and I'm sure will make it more clear to the home boards than a hundred letters laboriously written would do. My disappointment was so great at not receiving anything to finish our new building that I was almost beside myself with worry as to how we were to work situated as we are, but the Lord knows our need always and sent us these friends to encourage us and take back to the home land a true idea of our situation. I feel that the board have only to know our need really to do something for us. I speak of the Woman's board. You know the men's board is in debt and cannot do their part because of that. We have hoped from year to year that the Parent Board would do something for our new church, but as yet have been able to do nothing.

By the way what do you think of the missionary debt? Is it the fault of the Christians at large? I am inclined to think that the ministers themselves can rightfully take a large share in it, for unless they have improved in preaching missions since I left America, they do not keep the people well informed. I believe if people were to know the plans & results of mission work in all these countries they would go deeper into their pockets. I fear the ministers themselves are not well informed—how else have the members (except those of the W. F. M. S.) a chance to know of the work? I believe that if our preachers made fewer trips to the Holy land and instead visited the mission stations of the church the benefit would reach a much larger number of people.—Well what a dissertation I've made.—My point is that I think the men of the church & the women too aside from a few loyal W. F. M. S. workers, know so little of the great work going on in China, India, Japan, Korea &c. that their interest is not deep enough to bring up more than a few coppers when the collection basket is passed in behalf of Foreign missions. What church paper do you take? I am taking *The North-Western Christian Advocate*. I think I like the Western the best but Miss Rothweiler takes that & I have the benefit of the reading in it. The Methodist Church is a grand big church & growing so very rapidly. I think we all ought to keep up with her progress & be familiar with the names & work of those who lead in the work. I do so enjoy *The Ram's Horn*. It certainly is a means of grace to read it and you knowing the Editor makes it a little more interesting to me. I've thought several times I'd write a little of Korea for that paper but I can't find the time, and besides what I write sounds so queer to me that I feel dissatisfied with it. You & mother are so used to overlooking my faults that you perhaps don't criticize but others less interested do I'm sure. It is easily understood also, that they do not tell you or mother their criticisms. However we must even be willing to be considered a fool for Christ's sake, and I realize that the work of grace has not gone deep enough yet in my heart to make me all I should be. I do want to sacrifice all of the self in my life as well as my body for His sake, that in some way I may be able to make the world a little better for having lived in it.

There is no special news to tell you. Everything is going on as usual. England's ships in the harbor tell Russia plain enough that she can go so far but no farther. We would not be surprised any time to know the Russians had gone too far and Japan & England were about to interfere. I am afraid it may come to that. I think I should rather see the bloody war than to know Russia had taken full possession of this little country.

Miss Paine is studying the railroad maps and the steamer schedules very diligently lately. That means she is thinking of leaving me to hoe the row alone. I shall miss her more than you can know and then she will have to come back & miss me a year for my time is almost up. I'll have been away six years when I get home again. I wonder if you will look very different. Laura Patterson says you & mother have changed very little. Georgia, of course, is the one who has grown most away from me. Helen & Grant won't even remember me. Martha may slightly.

Miss Rothweiler & I have made out the Hardware order for our new house. I wish you could have been here to have loaned us your experience. Don't you see how a missionary ought to know everything? Why didn't I look into your boxes and inquire as to the best kind of locks, window fasteners &c.? What a lack of knowledge I discover I have every day. Teach Georgia to observe every thing. There is such an education in just observing nature as we see it, character in those around us, how things are done in all branches of work. I believe a child ought to be impressed that he may need to know this or that thing, altho it may seem most improbable, and encouraged to observe. Well my letter has lengthened and it is late so good bye & goodnight with love for yourself & all—

Your daughter Lulu.

Seoul, Korea
February 4, 1898

My Dear Mother:

Mail came in Jan'y 28th. It would have been appropriate to have gotten a letter from you at least for it was your birthday but I did not get a single letter, a thing which has happened but a few times since I've been here, but it is disappointing, for you know how disappointed you feel if the carrier passes you by, but to wait two or three weeks and then get nothing, is not that worse? Today was mail day and as usual Miss Paine said "Who will you hear from today, your mother?" "Yes" I said "I'll get two from mother" but not even one came. Father remembered me the last night of the old year and that letter came today. He said you were going the next day to Cincinnati, so I made up my mind that you would write me while away or after your return about your visit. I do hope you went. Miss Paine got an overdue letter a little while ago and had to pay 20 sen on it. I said I'd be only too glad to pay it if it were from you. I wrote you a letter enclosed in one to Father Jan. 25th. I am anxious to know what you think of Harriet, Hattie Frey I mean. I do hope her lungs are not hopelessly affected.

We have been having the most beautiful weather lately, just like spring. I am glad we improved the opportunity and made some calls for today it is raining and may turn cold after the rain. There is a Shakespeare reading at the Reading Rooms this afternoon but I guess I'll not venture out. Miss Paine is over her cold now. I am afraid for her to go out much in the damp for her throat is susceptible to changes in the weather. She says I'd better put her in a glass case and be done with it. Did I tell you she got well on a strange cure, salol & quinine?

I do hope we can have an early spring for I am anxious to see the work commenced again on our building. We have a few hundred dollars yet and I hope that by the time more is needed more will be at hand. There is to be another meeting of the Executive Committee of the W. F. M. S. in March and we are hoping they can do something for us then altho that is really not the time to appropriate. We have asked for the balances which some of the branches have here, claiming that it was our good management that they have a balance at all. We want at least enough to build us a kitchen & dining room & bathroom for the girls so we can use the dormitories being built now.

Father says my letters are so filled up with hats and dresses that they are readable to no one but you, and so I've intended them to be, however I'll try to improve. I must thank you anyway for the nice little telescope you put my hat in. I was somewhat disappointed in the hat. It is very pretty straw but I do not like the color or the trimming. Couldn't you go to Miss Young when I want a hat, tell her something of what I want and then leave it to her as you do the making of my dress? Mrs. Jones, Miss Harris & Miss Paine all came out with new hats, probably not the latest styles but stylish looking to us and I don't care particularly about style so my clothes look neat. This hat I got from Shanghai while it is very pretty, I paid an <u>enormous</u> price for it. It does trouble you so to get the things for me. I'll be glad when Georgia can relieve you of the bother. Does she use her own taste as to hats & dresses? Does Zoe make her clothes? My dress fit me <u>exactly</u>. I have not worn it yet as I had to let these amsinthedressoutand I haven't got them pressed yet, so you see I haven't changed a bit. I asked you in the last letter to have me a lining cut and fit. Do you suppose Jessie would do it, I have some summer dresses which I want the tailor to make and he fits me so wretchedly. I wish I had some way of doing something for you. I have not forgotten you asked for a tortoise shell pin and I will get you one if I go to Japan this summer. I do not think I'll get there, but if Miss Paine goes to America she can buy you one on the way.

I'm sorry to hear of Uncle Curtis' death. One by one they go. The changes will be so great before I get home that I fear I won't care to go. As long as you and father live, I shall always want to go. I shall be very much disappointed if I don't get home my sixth year. I am counting on seeing Georgia graduate and then having some trips with her before I come back. I'm afraid I'll be so tired by that time that I won't be very agreeable, I'm almost there now. I try to live only a day at a time but this year's school work has been hard on me nervously. I can't help but let the work worry me. Father seems to think my letters do the people so much good. I fear my presence would not add anything.

I guess I have made an uninteresting letter all too long. It is time to climb the hill for supper. Write when you can.

We are all well. The whole family has been at the table most of the time lately.

Hope you keep well —

Very lovingly

Lulu E. Frey.

~ ~ ~

Ewa Hak Tang,

GIRLS' SCHOOL OF

The W. F. M. Society

Seoul, Korea

February 17, 1898

My Dear Father:

Your welcome letter of Dec. 31st reached me safely. Your description of the improvements in Bellefontaine always interest me. When ever I read of the changes in the town and surrounding country either in *The Republican* or in your letters, I try to see it as described, but I can't very well. I still think the old land marks must be there. So it is with the faces I shall miss. I try to realize it as I learn from time to time some dear friend has passed away, but I'm sure I do not, nor can I until I'm back again and find the vacant places. In my mind's eye the babies I left are still babies; in fact no one has grown any older. I dreamed of you and mother last night and your hair was greyer than when I saw you both last, but in my waking thoughts of you, there are no changes. It is very foolish of me for time is making changes rapidly on this side of the world which has always been called slow. How much faster must things be going in America!

Last night as we were coming home from prayer meeting someone remarked on the improvement the street lights had made. I said to a gentleman who arrived only a few days since and to whom I know things must [seem] very strange as yet, "You don't notice the improvements." He laughingly said, "No." One of our new ladies who has been here but two months assured him she could see the improvements. There have certainly been many changes in the 4½ years I have been in the country, but that is not saying much for what has been done is but a drop in the bucket compared to what should be done.

Many of the streets have been widened and made passable for all kinds of weather, so if we keep on the principal streets walking is not bad but if one's call takes him into the byways it is quite different. The city used to be in the blackest darkness, now a little coal-oil lamp at the gate of each house furnished by each house holder, make the city look quite gay. The filthy open sewers at the sides of each street are very unsightly, but under the circumstances I fancy the city is more healthy than if the ditches were closed to light and air.

A gentleman speaking last night of the new street to be opened from the palace to the West Gate said the Ewa Haktang (our school) would soon be on one of the back streets. I said not as long as we were on the way to the Russian Legation. Things go about as the Russians dictate now altho Korea is an Empire and her ruler is called an Emperor. However England and Japan are by no means asleep. England had a fleet in Chemulpo a short time ago, a few of the vessels are still there and the others are in waters near by. Japan has a fleet of ten on their way. I inquired of the Japanese vice-consul a few days ago what would be done when they arrived. He shrugged his shoulders and laughed, and was as I expected him to be, diplomatically silent. The king seems a little uneasy of late. He begged admittance to the American legation, but as Uncle Sam's policy forbids any meddling in political matters with other countries, Dr. Allen said he could do nothing for him except try to put a little backbone into him. — The steamer leaves tomorrow so I must close so this letter can soon be on its way to Chemulpo.

With loving remembrance to all friends—

Lulu.

Seoul, Korea
September 24, 1898

Dear Mother:

It is after 10 o'clock and Saturday night but I must write a little before I go to bed—mail in today nothing from home. Father sent me the paper with the notice of Belle's accident. They say she is doing nicely. It was a very sad affair. I've just rolled up three of our Annual reports for you. We have had only four hundred printed and the supply is limited, but I thought there might be those whom you might want to give to. I want to send to several whose addresses I do not know so I guess I'll have to mail them to you and have you forward them to the friends. Only a few are from the press as yet but in a few days more I'll send them. A letter from Miss Paine today; she talks seriously of coming back this fall—if she does as she now plans she will be with you about the time this letter reaches you. I have some pictures ready to send but as one is not finished I am waiting so I can send all together.

The mission picture has some eight or nine who are not members of the mission besides several children so we are not so big a force as the picture represents.

A[h]—I'm so sleepy—for I've worked hard all day—Saturday is often a busier day than school days and Sunday is as tire some as the others. I am very tired but oh—so thankful I am well!

September 25

If Miss Paine comes by B[ellefontaine]. Send me out a winter jacket of some sort and a plain felt hat to match in color, either a walking hat, sailor or turban something small I mean to wear a veil with. I've enjoyed wearing that little green hat you sent me very much. I'll refund the money. Mr. Appenzeller is away and I cannot get an order till he returns. I wish you might send the hat & jacket by some one if Miss Paine changes her mind and does not come till spring. However if it is too much trouble I can do without them, but I felt shabby last winter.

Mr. Campbell does not send me the paper again. Please do not speak of it to him but send me some of your county papers occasionally. Georgia can wrap them up and save you the worry & bother of it.

School is running smoothly and house building is going on though as it seems to us, slowly.

Monday, September 26, 1898

All well—With love and haste

Lulu E. Frey.

Ewa Hak Tang,
GIRLS' SCHOOL OF
The W. F. M. Society
Seoul, Korea
November 23, 1898

Dear Father:

I was made glad again by another of your good letters, and have been intending to answer it for several days, but everything has been so unsettled that I have been at a loss to know how to write. Nor is it much better now but I'm going to attempt a letter any way. I think I have mentioned in a number of my home letters the independence club; then the last *Repository* gave a very good account of this organization so I'll not go back to that but only say it was organized by Dr. Jaisohn, an energetic Korean who has been able to do a great deal for Korea. He is a very bright man and a naturalized American which gave him necessarily many advantages. He is in America now, and in his place stands Mr. T. H. Yun an exceptionally fine Korean who was educated at Vanderbilt University but altho' in America long enough he was not naturalized and unfortunately has not the protection Uncle Sam could give him. You cannot know how fond we grow of Uncle Sam out here — by the way, tomorrow is Thanksgiving and in lieu of a turkey we have a goose. I was going to say I haven't seen a turkey since I left home, but I saw two in the American Legation compound last year and they looked fine. They are not native to Korea.

Well to return to the topic of the day.—Things were going along very quietly when one morning about two weeks since Mr. Yun came rushing in just after we had finished breakfast. His story was soon told. He had been called to the palace the night before and had been asked some very strange questions by His Majesty. "Where did he sleep at night?" and "Did he sometimes stay at the printing office?", "Was the press building foreign property?", &c.—He is editor of *The Korean Independent*—a few days before a petition of the Club was granted asking that a council be formed and the Club be allowed to elect half of the members from among their men. Someone told the king they wanted to make Korea a Republic which of course displeased him, to put it mildly, and he forthwith ordered the arrest of these men. Mr. Yun was at home that night, was awakened early in the morning by a scream, suspected danger, jumped into his clothes and while his brave little Chinese wife held the officers at bay he escaped through an unknown gate, reached the railroad camp in safety and there getting a closed chair came through the gates unmolested to the Women's hospital.

The man who screamed was a friend who had come to warn him and was himself arrested with sixteen others. No doubt had Mr. Yun been caught the lives of all would have been lost. Mr. Yun after a cup of coffee went to Mr. Appenzeller's the next house in our compound and has been comparatively safe, for no one can be arrested on foreign property. But the people have not rested night or day since. I never before saw such spirit among the Koreans. For days, hundreds of Koreans stood in front of the police station and begged to be imprisoned also as they were no less guilty than their leaders, but the police accommodations did not warrant so many guests at one time. Sympathizers grew until the Independence Club was lost sight of and the people by the thousands clamoured for a public trial for these men:

"Five days passed and the crowd showed no abatement in their determination. Neither cold nights nor bitter frost nor rain seemed to have any effect upon them. Contributions from $300.00 to a few cents pour in while poor vegetable sellers give their all to keep up the struggle for justice and freedom. A wood merchant from the country gave to the meeting an ox load of fuel for the night when it rained in the afternoon of the 8th, over one hundred & fifty oil hat covers we resent in by the paper merchants of the city. A few nights ago a barrel or two of Japanese wine was presented to the meeting by a wine store. But the leader soft he popular gathering passed a motion not to drink the liquor lest it might produce disorderliness."

I have quoted the above from *The Independent* to show you the spirit of the people now and I believe before His Majesty is through with this he will find out that his subjects are not those meek, subdued people he has had to deal with before.

The sixth day of the trouble the King had the wisdom to free the 17 men who were imprisoned. The crowd in the meantime had moved down in front of the palace and His Majesty felt a little nervous to have them so near. The petition they presented asked for six things. One was the arrest & punishment of the "Five Villains," so called, who told the king these lies and caused all the trouble. They were all men of high positions. The crowd refused to disperse until this was granted. It was evident the longer they met and talked the stronger grew the spirit of bitterness against the King and the present form of government. Men talked until they were hoarse and wept like children. They were desperately in earnest. Finally their petition was granted but as no measures were taken to carry out the Six Articles and until they had some assurance it would be enforced they refused to disperse. They had reason to doubt the intentions of the King. The officials who have caused the trouble backed probably by the King sent into the country and by promising to give 60 cents a day managed to gather together several thousand men, who armed with clubs, came to subdue the people clamouring for justice. They wore queer white hats with a tuft of white cotton on either side, and carried lanterns made of bamboo & oiled paper. While the People's meeting knew of these preparations they stood their ground unarmed and were of course routed. As soon as the store keepers heard the news they closed their shops and followed the crowd starting back to fight the peddlers, so called, because most of them belong to a guild of travelling merchants, and in past years were in great favor with the royal family.

November 30

Sorry I did not get to finish my letter when I began it but other duties pressed and my letter writing had to give way. I was writing Wednesday night when everything was at white heat. The peddlers were driven outside the city gates and barred out by soldiers. There was something about it all inexplicable. They were kept out of the city, yet for several days were paid well by the government. In the meantime, the King, failing to redeem his promise, the people, not the Club, but the rabble, leveled houses belonging to unpopular & unjust officials until 9 houses had been about destroyed. I think if the King had not come to his senses when he did the city would have been fired by the excited populace. Some think it was quite the most serious time—the most dangerous to foreigners of any time since the opening of Korea, with possibly the exception of the storming of the palace by the Japanese in [18]94.

Our ever-cautious Minister, Dr. Allen, ordered the Americans to hoist the stars and stripes on all American property. I put my girls to work and we soon had one floating over us. The next day the people were to carry out some of their desperate threats and the peddlers were to come in and subdue them. Great excitement prevailed, many thought they had seen their last day. I over heard the girls talking as they were making the flag. One said—"I was wondering if I should die tomorrow whether I'd go to heaven." A great many people kept their clothing on every night ready to flee at a moment's warning. The girls said, "When Miss Frey keeps her clothing on all night we will too."

One day at dinner a man came and handed me a note. It was from Mr. Yun introducing Mr. Ko, one of the principal men in the Club asking a hiding place for him so we had several (five in all I think) refugees in our gate house for two days or more. I was interested to see how it was coming out but I had no fear. The first night of the trouble one of the members of our mission came up to tell us just how serious it was and "to sleep with one eye open." He had borrowed a revolver from the American Legation and was prepared. We got one at the time of the war but as we had had no occasion to use it I had put it away so carefully that I had no idea where it was and as I thought I'd probably be more frightened with it than without it. I did not even look for it. "Thou shalt not be afraid of the terror by night," was quite as good as any weapon, and the promise was verified to me; with it I lay down in peace and slept.

Well to make my story short—to our amazement morning (this was the tenth day) brought us word the King had decided to meet the people and hear their petitions in person. This in all the history of the country had never been done before and the people were greatly pleased. So that the day which in the beginning promised bloodshed ended in shouts for the long life of the King. However, up to the present time he has not redeemed his promise to the people altho' he said in plain words before many witnesses that he would not deceive them. The people have little reason to trust him. He only cares to be safe and comfortable himself. So we wait and hope for the best.

I expect to go to Chemulpo to meet Miss Paine next Saturday after birthday, by the way, I'll spend it on the river boat. Miss Paine's boat comes in Monday the 5th. I'm so glad she could go to Bellefontaine and see all my friends. It will be almost as good as seeing them myself to see her and hear about them. Hope this letter will find you all well. The new year will be begun probably before this reaches you. While you are reading this remember I am anxiously awaiting another letter.

Your loving daughter,

Lulu E. Frey.

The Year 1900

Chemulpo, Korea
July 11, 1900

My Dear Father:

We are taking a few days rest here. It is restful to be here, but we did not really come to rest. The Seoul-Chemulpo rail-road was completed a few days ago, the first train running on Sunday July 8th. You remember the road was begun several years ago by an American company but fearing there might not be money in it, sold it to the Japanese before it was finished. When I arrived last March it was completed as far as the river. We had to take a ride across the sands in hand cars, pushed by coolies. This took about an hour, and then we were ferried across the river. Sometimes we were so unfortunate as to reach the river after the tide was out and had to be carried to the little row boat on the back of a coolie. A most humiliating experience! On the other side of the river we took the Electrics, & had a three mile ride into the city. This was a fine way of travelling compared with our day's journey over land in a chair, but now we feel more civilized that we can go all the way to Chemulpo in the cars. You may not think 27 miles in two hours is very rapid travail but you have never lived in the East where things move slowly.

Monday soon found quite a party of us on the train. The crowd at the depot and the lemonade stands made one think a circus had come to town, but the people had only gathered to "see the wheels go round." We came down to be here when the "Genkai" would come in from China thinking some of our friends might be on board. Then Dr. Cutler starts today for America & Dr. Harris takes another steamer for Pyeng Yang where she will spend her vacation with her sister, Mrs. Follwell.

Yesterday we went out to see Mr. & Mrs. Jones who live here, & Mr. & Mrs. Appenzeller who have a summer house here. We were invited to take dinner with Mrs. Allen. Dr.

Allen (our Am. minister) has a beautiful brick summer residence overlooking the sea. It is furnished so nicely in American style—nothing to make you think you are in a heathen country.

I presume you are interested in the "China trouble".—Dr. Allen was telling us about Mr. Colburn's experiences. He is one of the men sent here to build the electric road. He was in Tientsin (China) and hearing of the trouble he asked Admiral Seymour if it was safe to go on to Peking. He replied "My dear man, go when you want to, and stay as long as you want to stay." He added, "This will soon blow over."—So Mr. Colburn went. He told the hotel proprietor that he had only a day to stay and wanted to see the most interesting things. The man said "You will not go out of this hotel; it is not safe. Ask your minister if you do not believe me." He thought then it was best to go. While he was waiting for the train, some foreigners came up to him and said, "What are you here for, don't you hear what these people are saying?"

"No, I don't understand Chinese," he replied. "They say they are going to kill you. We have our wives in the upstairs room but there is no train to take us away in." Mr. Colburn, being a rail road man said, "If you will interpret for me I'll see what I can do."

So by bribes he got the Chinese engineer to start with them in the already steaming engine. The excuse was that a bridge was burned down a few miles ahead, but when they came to it they found all around burned but the steel bridge still there so they safely crossed. A little farther on, they found hundreds of dead Chinese. The Chinese Engineer was so frightened that he left them and Mr. Colburn with the help of the fire man who stayed by them took them safely to Tientsin. This was the last train out of Peking. No authentic word has been received from the foreigners shut up in Peking since the 18th of June.

Our North China Mission was just having its annual conference in Peking and the city was full of foreigners of all nations. The American Board were having their annual meeting also at that time. The last we know of them the missionaries and 600 native Christians were in our M. E. Church which they had fortified as best they could by placing sand bags around and making holes to put their guns through the walls. If they have not been killed, they have been starved out I fear by this time. Many families are separated, for the men all went up to Conference while in some cases the wives stayed in their homes.

We went but on the "Genkai" when she came in yesterday. There were two families who belong to the Pres[byterian] Board going to Seoul and Dr. & Mrs. Hopkins of our mission on their way to Japan and many others from other boards. There are already two families of refugees in Seoul and two down here in Chemulpo. These left with only such things as they could pick up in a moment and are most destitute for clothing. Isn't it all terrible?

A letter just received from Mother. I hope you are not worried about me, for we are very safe here. Japanese troops are being sent to the north to keep the Chinese from overrunning our little country.

We go back to Seoul this afternoon. We hope to get Dr. Cutler off at 3 o'clock. She is very tired and nervous. Five years is quite long enough to be away from one's native soil. She has stayed too long.

We are going out to the boat now to say goodbye. We must get back by four o'clock so as to catch our train. We have our flock and our new building to see to. Three days away at a time is all we can risk. We may have to have much of the work undone as it is.

I've waited a long time for a letter from you. When is it coming?

Your loving daughter,
Lulu E. Frey.

~ ~ ~

Seoul, Korea
October 2 [1900]

Dear Mother:

Our steamers are so very irregular now that mails both going & coming are delayed.

Mr. & Mrs. Appenzeller got off last week but they had to go second class on a very small steamer. There is a large party waiting to go to China, expected to get off today but the steamer broke down in Nagasaki & is not coming. We think our mail is on her.

Miss Paine has gone down to meet Esther Pak who comes across from Kobe. If the mail did not get started on the other steamer it may be on this one. We expect Esther to be with us a few days before going on to Pyeng Yang. You see Mrs. Hall took her to America & saw her through medical school so has first claim to her.

I'll tell you all about her in my next letter.—This letter I am hastening off to send you the enclosed order for $50.00—I promised to send you my balance on the money I advanced on our goods from America, but I expected to be able to get my money back long ago. Now the invoice is lost, it will be a long time before I can make out the bills. Yesterday was pay day and my 4th Quarter's salary came $50.00, of which I send you on the painter's bill. I hope this, with the balance you have after paying your debt, may be enough for the house painting—

I keep hoping every letter you will send me a statement of how the money is used so I'll know how I stand.—Is it not fair?

Dear Mother: This page I write for your eye: The letter I had ready to post yesterday has in it an order for fifty dollars—only a drop in the bucket compared to what I know you must need. This reason makes me wish you had cabled me, yet it would have cost you more than the inconvenience of waiting. I think the $100.00 which I sent you must have reached you about that time.—I am so thankful I am in a position to help you and Georgia. I could do it better if I were getting the same amount and we were living together, but I am sure with economy here and at home we can live, save our house and perhaps in time build a nice little home for you and Georgia and rent the big house. But that is future—cannot be thought of before the old house is free from debt and Georgia is in a position to help me.

In the meantime cannot you do as I planned for you, rent the west half of the house? As I planned it, three doors cut will be sufficient the double ones between parlor & library. Use father's bedroom for the Kitchen and cut a door into the pantry. The third one an outside door to the pantry, but if you use the side porch door for a back door that need not be done. The doors cut would not spoil the house for a whole house.

In my letter yesterday I asked for a statement.—What I want to know is what your expenses are so I can send you enough to cover them provided I have enough. We will manage it some way. Reckon fuel bill, gas, loan, taxes & living expenses for a year and then I'll send you what I can quarterly. I have heard that Stewart has an invoice of our last goods so I can soon find out how I stand financially and will send you more in my next letter.—Be clear and definite to me what your needs are and I will be so glad to send you money from time to time—.

May God keep you in health and strength for Georgia's sake and mine.

With a heart full of love—
Your daughter—
Lulu E. Frey.

Ewa Haktang,
Girls' School of the W. F. M. Society
Seoul, Korea
October 10, 1900

Dear Mother:

How it would comfort me this morning if I could know how you & Geo. are and what you are doing. I haven't had a good night's sleep since the news of Father's death reached me. I am not troubled about him. It is only a matter of time till we shall all be with him—but of you & Georgia alone I continually think. It worried me too that I knew the next letter you would have received was the one I wrote concerning money matters. How could I foresee that you would receive it in such a time of sadness? I do hope you have felt free to use the money as you have needed it most. Some day we will be clear and all will be going well I am sure. As long as you live I want you to have a home to live in. That is why I am anxious for us to keep out of debt to spare the home. I never expect to be home to stay unless you should need me, or my own health should fail. I hope I may go quickly as Father did and be buried here.—My school bell is ringing—oh it is so hard to do my work, and yet I think the worry would kill me if I did not have something to do all the time. I cannot understand why last night's mail brought me nothing. A *Republican* dated Sept. 7th, Miss Paine's mother's letter dated the 10th. I've had nothing from you later than Aug. 28th, just after the funeral. It worries me so. Are you sick or what can the matter be? I must wait now five days till another steamer comes in, and unless it brings a stray letter, it will have no mail for it leaves Japan before the next regular steamer is in from San Francisco.

Afternoon

Our new missionary a young man from Pyeng Yang, came to Seoul this morning. Mr. Morris, an Irishman, but a naturalized American. He stopped off at Ireland on his way around as I came, to see his people whom he had not seen for twelve years. Mrs. Cowen writes me Mame Hillman will probably be sent out this fall. The two young ladies from New York Branch are being held because they think missionaries from China will come to us, but their hearts are in China, and they don't care to transfer unless there is no hope of going back, and we don't care to have them just for a little unless they care to come and cast their lot among us for good. The roof timbers are going on the house and it sounds encouraging, yet there seems too much work yet to be done before the plastering can be done and the house must be plastered before the cold weather sets in, or it will freeze and crack.

We are having a long drain fixed from the back of the house to the front to carry off the kitchen slops and the rain from the spouts. If we could only have glazed tile like we have at home but we have to make them of stone bottom, sides & top, and it costs an awful lot of money but it is very necessary to have our ground property drained with as many people on the place. They say the next improvement will be city water works. The city has electric lights now, but we can't afford to have them put in we find. Seoul would be greatly improved if we had some system of drainage to carry off the filth. It is the filth which makes it unhealthy here, not the climate.

I am enclosing for you two handkerchiefs which were given me, I do not intend to go into mourning out here for several reasons. I hope you will not go into the deepest, it is so gloomy and neither helps the living or the dead. I'll put one in this letter & one in the next. How I long to be with you till I could help you. It is like beginning life over again almost to be without father—I am sure you know how anxiously I await your letters telling me all about your selves. Have Georgia write me often too. I sent one letter with $50.00 and one with $30.00 a few days later. Will send more as soon as I hear what your immediate needs are.—You will have to be patient with me—my salary comes quarterly and I can better tell at the end of the quarter what I can send. I have some heavy bills coming in this month when they are over then I'll know what I can do—but you too must have winter fuel.—Buy it, if you haven't. The money will come. How I do thank God for health & strength and a position such that I can do something for you. I do love you so dearly—I am sure you know it.

I have nothing more to say till I can hear from you again. I do hope I may not have to wait long.

With love to Georgia.

Your loving daughter,

Lulu E. Frey—

Seoul, Korea
October 18 [1900]

Dear Mother:

This is Georgia's birthday I see as I write the date—I wish I could see her on her 18th birthday. I so long to be with you these first lonely days. Yes, the time seems long to me too. Two weeks only since the word of Father's death reached me and I feel as if I had been fatherless for years. We will miss Father but little by little the pain will grow less—we do not like to admit it, but it is so. Not because we love the lost one any less. Emerson in his essay "Spiritual Laws" explains it very beautifully. He says, "Behind us, as we go, all things assume pleasing forms, as clouds do far off." I can't quote it all. Then he says, "For it is only the finite that has wrought & suffered: the infinite lies stretched in smiling repose." It is only the flesh which grieves at our loss; our spirits rejoice with Father that his journey is over and he is safe in the Home he talked and sung about so much.

I have such a beautiful little poem I copied a few months ago. I think you will like it for you sacrifice and have all your life and scarcely know it. I'll copy it on a separate piece of paper.

Yesterday the long looked for mail—(just two weeks, but it seemed the next letters would never come—) arrived, and I was so comforted. It is so hard for me to be patient. I want to be with you and help you, but I know you and Georgia will plan everything all right. I do wish we could afford to cut a door from Father's room into the pantry—with the cellar door and the door from his room on to the side porch you could get along very nicely without a back door but I do hope you will not give the renters the pantry for they have the cupboard in the dining room & the sink in the kitchen with the place below.—You & Georgia must have the pantry. If you have given it to them it will be hard to get it for yourself now. I'll see that the door is paid for in time. I hope you will give me an idea of what things cost you. Now you say the big bills are the funeral expenses.—I haven't the faintest idea what they come to. I should guess $125 to $150. The coal bills of last year & this—this I guess at $20 each making $40.00. Then the taxes—something like $50.00 and the monthly loan $11.00—total at a guess about $250. I wish you had told me what these bills are that are staring you in the face. I wish I could send you the full amount now but I can't. I did send two checks one for $50.00 and one for $30.00 which will help you out some way. Mother, dear, I am not selfish with what I have. All I have is yours as long as you live. I'm only distressed that I can do so little—but I feel sure with the house's help, Georgia, yours & mine, some day we will be so we can be somewhat care-free.

Only one sentence in your letter hurt me. It was all so sweet but that—"I feel for you and do not wish you to be deprived of your money." Did my letter sound so—I did not mean it to, for I love you too much to be so selfish as that. All I want is that you tell me what you need and how far what I send goes toward that. You do not say, but I take it for granted the $100 paid your bank debt. If you needed it for living expenses, all right. I was glad when you said you did not know what you would have done last winter if it had not been for the $50.00 in the loan. I was glad you had it to use. I only want to know how my money helps you. Is it unreasonable and does it hurt you that I ask it? If I send you some for one thing and you have to use it for an other it is all right, only tell me so and then I can plan again. How I wish we could have a day to talk things over, one can never do it satisfactorily on paper.

Georgia's letter was so good. She told me all about everything so well. Now all that you haven't told me was what you did when you realized he was really dead. Whom did you call to help you and what did you do first? How terrible it must have been for you! I could not keep the tears back when I read that the ladies of the Miss[ionary] Soc. sent a floral offering—that was for my sake—of course. How thoughtful everyone was! I wish I could express my gratitude to them. How nice of Ida Cowman to come and help you and Georgia's girls too.

So glad Mr. Colton recovered. I was afraid you were going to say he too had gone. I seem to hold my breath expecting something in every letter. Aunt Anna's letter was so nice—of course I read yours first. This last mail brought me Georgia's letter & yours enclosed of the 16th of Sept. and two other letters of earlier dates.

Miss Paine and I have been busy yesterday and today with China-men getting our new school desks set up. I ordered them from New York through our board, and bought the Piqua, C desk. We are pleased with it, but alas out of fifty we have but 31 we can use.—Miserably packed.—Think of cast iron packed in straw! I intend to write a letter—whether we can get any redress or not I do not know.

Friday

Esther got off for Pyeng Yang this morning. Miss Glenk leaves for Japan tomorrow, hoping to get back to Fouchow. The trouble in China is by no means at an end. Everything seems quiet here. In the country they say there is quite a little resentment against the foreigners.

There was a big fire inside the palace walls early last Sunday. The little temple containing the pictures & spirits of the kings & queens for several hundred years, burned.—Just how no one knows. Our Christians very unguardedly said the fire came down from heaven—I feared if it reached the ears of the King we might be blamed for it—but everything is quiet and soldiers & others inside the palace, suspected, have been seized. Always something to keep life from being monotonous, here.

We had no school today for we are waiting to get the stoves set up. Mrs. Hulbert will come & give the girls music. We ought to take our flowers in tomorrow, for it is beginning to get cold. We did have frost one night but we had the flowers covered up. I do wish our house was done so we could put them right in the conservatory. It will be nice when it is done—three arches  all filled in with glass getting south and east sun—almost all day—

I am glad Georgia stands a chance of a position. She is young yet and a little private study will help her. I read the questions over in the newspaper & I know I could never pass on them. I am out of practice & out of the world almost. I have sent over to Mr. Bunker's for an order for $60.00. Fifty I send for your Dec. taxes and the balance for the Dec. loans. Unless in another letter you tell of something very urgent I do not think I can send you anymore this quarter. However if we must borrow, I'd rather borrow here than have you borrow there. If you do though, you will let me know, won't you?

If the order does not come when I'm ready to send this it will come in the next letter—

With love to both—Yours—

Lulu E. Frey.

Will put the poem in my next letter.

~ ~ ~

Ewa Haktang,
Girls' School of the W. F. M. Society
Seoul, Korea
November 6, 1900

Dear Mother:

Mail came in last evening & brought me a letter from Mame Hillman and one from Etta Snay but no home letters. These do well enough for dessert but I want a home letter for the substantial part of the meal. Miss Paine's mother's letter was dated Oct. 5th, nine days after your last one was written. Probably you just missed the steamer and two will come on the next steamer. A week will pass quickly if I make up my mind I must wait that long. I shall be so glad when we get caught up—that is when you get my letters, written after Father's death, and I get your answers to them.

I am sure we will be all right soon. Many another family have been left in a worse condition than we have been. Women before us have been left dependent and have shown themselves capable of taking care of themselves. We shall probably make mistakes but we will learn as we go along. Do write me often, all your plans & hopes—and how your plans are turning out. Georgia too—her last letter was so very interestingly written.

The Republicans are next to my home letters. They are very welcome. Have you subscribed for it again for me or does Mr. Campbell send it of his own accord? If you pay for it, it is not necessary to acknowledge to him—if not I ought to write him. You have said nothing about them.

The sound of hammer & nails continues, but I fear we will not be in by Christmas. It is hard to get coolies and the sleepers for the lower floor are not here. We so hoped to get into the dining room and kitchen before winter for it is so inconvenient to run out doors at meal times. A[h], the work we have to do on the place as soon as the building is done. We have to put up a new wall & gate houses on the street.—We have torn down our row of out houses up by the home to give the children more play room, and will rebuild them down below. The position of the new house necessitates the changing of the path & the 3 flights of stone steps on the terraces—but some day we expect to look very fine. We have sent to America for trees and shrubs and many flower seeds so as to make a garden of Eden if we can. Our place used to be very pretty before we began to build four years ago, but so many workmen and timbers & bricks around, have killed most everything.

This is our "Kimtchie" making season, so the children are all busy getting ready for their winter's eating. We always have a small hospital after it is over for they do all the work out doors in this raw November weather, having their hands in cold water all the time & necessarily get wet from top to toe. I had planned to go over to see Miss Pierce this morning but it is so damp after the rain of last night; and as it is cloudy today the sun has no chance to dry things up, I fear wheeling will not be very good. When the sun does come out things dry very quickly on account of the intense heat from the sun. I wonder why it is different from home when the thermometer runs about the same. In summer the heat is almost unendurable when the thermometer stands only at 85 degrees while at home I would not mind 95 degrees any more.

How I wish I could see you this morning. How soon will the air ships be done which will take us back & forth at a rapid rate?

This is the time of year (Kimtchie vacation) when Miss P. and I get our letters written, but this year it does seem quite impossible to get at them, so many other things take our time. I'm sure our friends would excuse us if they could see what we have to do every day; and when night comes a little reading is all we are fit for.

Since Father's death I have been so absorbed in planning for you and Georgia in my letters that I haven't told you much of what I am doing here. Have I told you of our baby? Grace was married when I was home and is our mainstay as teacher in the school. She has a dear baby we had named Dorothy. We think she is about as sweet as can be made. She comes every day and sleeps in the girls' dining room and her mother feeds her at recess &c.

On Sundays Miss Paine and I take turns going to services for it is too hard to go to all of them. So we take turns in taking care of Dorothy. We never would have believed a year ago we could be so absorbed in a baby.

Thursday morning, November 8

Miss Paine has gone to Chemulpo to get a box from Japan. We sent over for some cups and saucers. You do not know how hard it is to keep dishes here. The servants are so careless. We are tempted to dock them some times but their wages are so pitifully small compared to ours we can't do it. To pay for a foreign dish would take a big slice out of their wages. We were having company a few days ago and Miss Paine came over in despair. Not enough glasses alike. Not enough soup plates to go around even of two kinds knives & forks too few. I gave her my knives of grandmother's and she got out her solid silver forks & spoons she keeps put away and we made the dishes do but it is discouraging. We will have to start in with an entire new set I imagine when we get in our new house. We must make what we have do for the present. The servants are having prayer, then there is the giving out of the wood.—We count our wood by the sticks when we buy it. Split wood comes at about [$]0.40 per hundred sticks, it is brought to us in bundles of about 100 sticks on the back of ponies. We must count it when it is put away and then every morning we count out that we use for the day in the school and in our house. So while I am waiting for one of the men to do this I am writing you a little.

Last night the news of McKinley's election reached us. Dr. Allen sent around a circular on the envelope of which he had written—"A full dinner pail for four years more."—We have been anxious about the election even at this distance. It would make a big difference in our salaries if Bryan was elected and we would lose Dr. Allen—but besides this I could not see but what a change in Administration just now would give U.S. such a shock that no telling what would happen, and it seems enough wise men were left in America to see it. So Will is a Democrat—I had forgotten that.

We sent for a small order from Sears Roebuck and Co. of Chicago. I ordered a fur cape—Baltic seal trimmed down the front & collar with Siberia marten price $19.75. It was billed according to order but when I opened the box, behold it was an astrachan fur cape and I am just sick over it. It is long and full & quite good looking but if I had wanted an astrachan cape I would have sent for one. I felt so disappointed—What can I do about it at this distance? When one pays that much money & the freight & duty which will make it about [$]30.00 gold one wants what his mind was made up for. I shall ask them how they can rectify such a mistake for they claim to rectify mistakes they make. Day after tomorrow the mail goes so I'll write more later.

Friday a. m.

This is one of my days off, so I am lying down trying to be as comfortable as possible and reading. I went out on my wheel yesterday did quite a few bits of business. Miss Paine has gone to have a Jap. dentist fill one of her teeth. I saved one my last year by doing that then I had it properly filled when I went home.

I do so hope tomorrow's steamer may bring me a home letter. I know you know just how anxious I am about you and how much I want to know all about you. Even the little details of your life are interesting.—How hard to realize father is really gone. I have your picture and his on my desk in a pretty double lacquer picture frame. I like his very much but yours always looked so sad to me and now it looks doubly worse to my eyes. They have been together on my desk ever since yours came, before that I had Father's & Grant's together. Well my paper is filled so I'll close.

With unlimited love to both—

Yours—Lulu.

The Year 1901

January 1, 1901

Dear Mother:

To you shall be my first letter of the new year. This morning we were very busy getting the parlor fixed for callers. Now we are ready to receive. We went to Chemulpo yesterday to meet our new ladies. Dr. Ernsberger, Miss Pierce, Miss Paine, myself, and Mr. Cable & Mr. Swearer. Mr. Moose of the M[ethodist]. E[piscopal]. Ch[urch] South, too was with us. He was looking for a lady from Baltimore to join their mission but she did not come. We took the 8:25 train getting into Chemulpo at 10—Before the train stopped we could see the steamer coming around the island. We took a little oar boat and went out for the ship anchored in the outer harbor. There was Mame the dear girl, and two ladies from the New York branch. Miss Estey and Miss Hammond, both very nice. They are to board with us and one is to work at Mrs. Scranton's and the other may go to Pyeng Yang when the river opens in the spring.

January 2

Callers came and shut off my writing and we had a very pleasant time. I begin to feel launched into the new year already. I cannot wonder what it holds in store for me. I have had two letters from you lately up to Nov. 22. I ought to have a later one soon. Miss Paine had a big mail yesterday, no night before last, but I got nothing but a letter from the Moody Institute which I had to pay 20 cents to get. One of your letters brought me another dollar bill and the one before, one came which I do not think I have acknowledged. Altogether I think I have received four. Do not rob yourself altho' they are very convenient to have.

Have I asked you how much coal you use and what it is a ton. I fear I did not allow you enough. Do be comfortable! I suffer so with chill blains. I never had them at home but almost every year here I am troubled. Miss Paine & I are not saving on coal and wood we believe in keeping warm, yet my feet suffer. We are having beautiful weather the thermometer is 37 degrees today.

I want to get over to see Mame Hillman this afternoon.—I do hope she will like it out here. Her mother does not love me very much for she says if it had not been for me, Mame would not have thought of coming out here. She is with Dr. Harris and Miss Lewis. Miss Lewis goes home in the spring.

I enjoyed Georgia's nice long letter telling me of her visit in Columbus. Tell her I am very interested to know where that gold belt is. I've never received it. Did she send it by mail when she sent her letter? I would not have it lost for anything.

I shall try and get some more money off for the loan soon. Have not yet received my salary and my bank book is not worth much at present.

I think we all feel the same about the selling of the house. Who are your renters—you said a long time ago the upstairs room was rented for [$]3.00? I found a letter from a little girl in Georgia's letter. Have you a family in the room or a lady and a little girl? I am curious to know.

January 3

Two years today brother Grant was buried.—How full the years get of sad anniversaries! About the Equiole—save me a few boxes 1/2 dozen say. I am using the first box out of the dozen he gave when I was home. So you need not send it. Is it true the prescription is lost? I should not want you to make it but if we had the prescription we might have it made. If I should stay home with you—we must find some

[rest of letter missing]

Saturday, January 12, 1901

Dear Mother:

A flag is on the pole and I am looking for the post man every moment but he comes not. I have a few spare moments while I oversee the sewing woman so will begin my weekly letter. This is Saturday, the day I usually write to you. I spent about an hour over the girls' clothes, giving out patches for their clothes, needles, thread, bath & washing soap, fitting two new girls with clothes to wear. One girl of eleven came yesterday, one fifteen-year-old day before. We let two of our girls who have been with us a long time go home with their mothers. They will probably go into the Southern Presbyterian church & I hope will make us proud of them. We let them go before marrying because neither of them have good health and we prefer to have the parents take the responsibility of marrying them. Then we buried one of our girls who would have been 18 at New Year's time. I was glad to see her go she has suffered so long with tuberculosis. We had such an experience getting her buried. We bought a piece of land 8 or 9 years ago and we have buried eight or more girls there. We always according to the law send for a permit to bury. Our servant went back & forth all day from office to office but no permit was granted. We sent for the Am. minister Dr. Allen & the next day through the Gov. of Seoul we received the necessary paper. While we were burying the girl 9 policemen came upon us and said we could not. We produced the permit which they said was no good &c. We went on burying our dead never the less.

January 14

The Koreans are still making trouble about our burying ground. The country is so full of cheats, that no one believes anyone else. I think probably the land was sold us by someone who had no business to sell at all—it being government land. Our Minister Dr. Allen will straighten it out. You don't know how much of this kind of work we have. A few days ago I went to get a woman out of her own house where she had been locked in a cold room without food. Her son had deserted in the army and as they could not find the boy, they locked the mother up for witness. We took her with us for the night and then the next morning she went to Chemulpo where she is nurse in a foreigner's house.

The next night I had a scare about the girls. It was week of prayer and some of the evenings the services were at the South Gate (Mrs. Scranton's). I had 9 girls with me and I lost three on the way, think of it! I don't yet understand how except they dragged behind & then turned the wrong way. They rarely ever go out & never alone. I was so frightened for no Korean woman is safe in Korea. They inquired of someone the way & after a long hunt for them I found they had gotten to the church.

So the days go.—Dr. Avison of the Presbyterian Mission is very low of typhus fever. We look every moment for news of his death. It seems as if we could not spare him. But God knows best always. He is in charge of the Gov't hospital under the control of the Presbyterians. Has just gotten money for a fine up to date hospital which he is planning. Has a wife and six children, all young.

Our new ladies are pegging away at the language and declare it terribly hard. They are so very nice. Mame Hillman, dear girl, is out at the East Gate and I see very little of her. I presume she too is studying too hard to spare time to come.

I am sending you in this letter $12.00. It will pay one month on the loan. Miss Paine & I have just sent off an order to California which took $240.00 and makes us both a little short as we haven't had our full quarter's salary yet. You haven't told me yet what was the expense of Father's funeral. I feel as if I'd like to hear that if I can. He gave me my education which I very much appreciate. I never considered it a debt to him for I think it is the parents' privilege to educate their children if their means allow—& for the same reason I did not offer to pay my board at home last summer. I thought we would all feel better if I didn't but let me help now to pay the taxes, the loan & the funeral expenses. If you have not told me yet when you receive this, you will I am sure. The gas bill you mentioned in your letter I will keep in mind and if I can spare something for it I will but I can't do it now. The coal too I am sure when I sent you money for it I did not allow enough. What is your coal bill for the year? I just know how you have to scrimp to make ends meet, and it just makes my heart ache. Please don't keep anything from me.

I had a nice letter from Minnie on the last mail—that is my last mail for two have come in and brought me nothing. Again last night I was disappointed. They always come in time, two or three at once sometimes, but it takes patience.

Your birthday will be very soon now. Wish I could be with you. I do so want to see you sometimes more than ever now father is gone. I dreamed I saw him last night coming up the walk at home, dressed in Korean mourners' clothes. How strange!

Give a kiss to Georgia for me & imagine one for yourself.

With much love—

Lulu E. Frey.

~ ~ ~

Seoul

February 12, 1901

Dear Mother;

I must write you a little before I go into school. We look for a mail today. My last letter was finished Jan. 1st. Miss Paine got a letter from her mother since then but it was dated only two days later Jan. 1st. — Miss Paine got a letter from her mother since then, but it was dated only two days later, Jan. 3rd.

Everything goes on as usual. Last evening Mame Hillman came over and stayed all night with us. We do enjoy talking over old Delaware times. She has been a little homesick but I think is beginning to throw herself into the work and will make a fine addition to our force. The other two girls are dear to us and we will miss them so when they are gone for the Methodist wheel will send one to Pyeng Yang and one helps Mrs. Scranton, going to live with her as soon as rooms can be fixed for her over there. All three are studying so hard on the language. I pity them for I know what work it is and how long it takes to learn to say anything. I have a woman's meeting again today. I wish I was equal to teaching them as they ought to be taught.

That was quite a novel money-making scheme—combining that with New Year's custom. I want to know what was made.

The only thing we have by way of diversion is the Seoul Union. We are having quite nice entertainment, one a week.—Last week's was quite elaborate. Mr. Sands, who used to be the U. S. Sec. but is now King's advisor spared no expense to make it nice, and I am sure the costumes for the children cost no little amount, embroidered satin &c.

This week we are to be amused by a Japanese jug[g]ler. Miss Pierce & Mrs. Scranton are on the Committee with others; some thought it wicked to get up such an affair and refused to have any thing to do with it. I told Miss Pierce (who was in favor of it) that such entertainments were on the lecture courses now days, that it was becoming scientific.—Ask George for me if you do not remember what the modern word for "jug[g]ler" is. I was so sorry not to have seen that one, but Georgia wrote me of it. So they reconsidered and the tender consciences have had to withdraw. Next week we come on with our entertainment. I think we will have a program of music, readings, &c.—appropriate to the 22 of Feb. By the way tomorrow is Martha's birthday. I must write her for I did so enjoy her letter & want her to write again.

I am finishing this letter on that 13th. Yesterday was such a very busy day for me. School in the morning & a meeting in the afternoon is about all I can stand. It is very hard to work through a foreign language all the time and such a one as this is! I am so tired and nervous I can hardly wait till vacation which I am thankful to say is no farther away than next week.

I wonder what you and Georgia are doing. I always think of you as bearing up for each other and therefore very happy. I ought to be sending you some money but Miss Paine hasn't anything on the society account and therefore has not been able to pay us our full salaries yet. I do hope you will not need anything before I can get it to you. Miss Rothweiler said she would be glad to help you in any way she could but I had hoped you might not need to call upon her. However I would prefer that to you borrowing from the bank, for then people must know you are hard up. A bold front goes a long ways—You like me are one who does not care to have everyone know your business. Time will get us out of our present difficulty. We can't do all at once but let us plan to do the most important things first. Had we better not paint the house before the funeral expenses are paid in full. From principle I'd like to wipe the debt out first, but the house does so need the paint. I don't see how I can do both the spring quarter.

We still look for the mail steamers to be in from Japan one today & one tomorrow & one next day, surely one out of the three will bring us good letters & money too we hope. Of course we look for our mothers' letters first. By the way, Mrs. Paine inquires in all of her letters for you and Georgia. Wonders why you don't write her. I think Georgia ought to do so.

It is so bitter cold now. The Koreans call it spring but it certainly is not spring weather. So long as this weather keeps up just so long it will be before we can get our building finished. Then comes the awful thought that just as we finish the King may want it. He has bought the Presbyterian property across the street which is low in situation while we are high and will look down on him which he can't stand. The property to our left is his also. We are quietly thinking if we have to build again we will move the school to Chemulpo where we will have the sea breezes for ourselves & the girls. However it may be years yet before it comes to it, but we have fears. We will sell at a good margin but that will not pay for the work and worry.

Dr. Avison has recovered from his attack of Typhus fever. We feared we would lose him.—Mrs. Scranton seems a little better but is failing fast. She so wants to live until the doctor's wife comes back. She is in Switzerland with the children and wants to stay until the oldest one graduates which is two years yet I think. She still has her hands on the work and is so glad to have Miss Hammond to help her. Miss Hammond has a beloved in school at Oberlin O—and she has promised to serve the Society 5 years then be married. He hopes to come to Korea.

I must close and go to work. In my next, I will <u>try</u> to send you some loan money. In April, the money to paint the house and in May, the June taxes. That makes more, I'm afraid, than I can do the Spring quarter, but I can borrow at the bank here.—I mean overdraw my account if necessary and pay interest for the few weeks till my next quarter's salary is due. I'll be so glad when the house painting and the debts are off our minds. The summer quarter I'll try to pay the funeral debt, then the taxes and loan will not be so bad to carry along. Tell me all you can about the loan. Perhaps someday we can begin to pay off faster than $11 a month.—I do so regret I did not inquire into it when I was home, but of course I did not anticipate this emergency.

With much love I am
your daughter—
Lulu E. Frey.

ᔓ ᔓ ᔓ

Chemulpo, Korea
March 1, 1901

Dear Mother:

Just a year today by date of month since I landed in Chemulpo, really a year yesterday for it was Thursday. Today is Friday. We came down Wednesday morning took dinner at Mrs. Jones' and then came into Chemulpo where we have been resting at the Japanese hotel. We don't get all the luxuries of home here, but there is no one to interrupt in any way no need of visiting with anyone. We had *"Alice of Old Vincennes"* to read and nothing else to do but eat & sleep. We go home this afternoon. Really two days is all one wants of that kind of rest but there is nothing quite so quieting to nerves as a little change and absolute rest.

We have one more week's vacation. I hope I may be able to accomplish something in it. I begin to feel rested, I must pick of the threads of my work and do some visiting among the probationers and write some letters which have been awaiting my inclination for a year more or less.

I feel so thankful whenever I think of Georgia's success. You can apply Father's verse again. I hope we may never be left to beg. As for work, I'm not afraid of it—prefer to feel I am earning my own bread and butter.—Georgia will feel so too. It is different with you, you have long ago earned all you may ever get from Georgia or me. I am all the more anxious for home letters, to know how she will stand the steady strain of teaching. She teaches more hours than I do but she has no responsibility of the children after she leaves her schoolroom door at night. But it will be a strain on her to stand so much of the time. See that she gets proper rest. I need sleep I find, & if I don't get it at night I must sleep late in the morning. She can't sleep late in the morning so she ought to go to bed early. This is some more of my "grandmother" advice which Georgia doesn't enjoy.

I am hurriedly writing this for we take the two o'clock train home. I hope a letter from you awaits me for a steamer came in from Japan this morning. It is only a Tacoma mail, but I often get your letters that way so I am hopeful.

I am starting in on another year—so four more years and I'll be due home again. What is in store for us all in the meantime.—God only knows. He has been very good to us in our troubles—I do not complain.

It is so strange—as I look forward to troubles it seems as if I never could stand this or that, but when it comes I find I have strength to bear it.

Write often. Tell me all about yourselves—that is the most important news to me—after that news of the town &c. Will write soon again if I find a letter from you—but for fear there is not I'II get this off to catch this outgoing steamer—

Hastily but with love—

Lulu E. Frey.

Seoul, Korea
March 5, 1901

Dear Mother:

Your letter of Jan. 22 came yesterday all by itself. I had two home papers in which I enjoyed the news. Don't you think for an instant that the newspaper will take the place of your letters. I have been reading for some time of your library lawsuit and wondered why you did not mention it in your letters, and so with other things.

New Year's festivities close with today the 15 of the moon, but as it is the middle of the week the girls won't be back till Friday or Saturday and school begins Monday. We have had about 35 girls with us during vacation.

We spent a few days in Chemulpo and there I wrote you a short letter and mailed it before I came up. We read in the papers of the sinking of the "Rio Janeiro," so one of my letters will be missing—I wonder which one. I have only sent you one letter with money in—oh dear me, and looking at the date I boh[bought] the check from Miss Paine, I see it would have caught that steamer. I only sent $12 gold that time anyway. Let me know if you got it or not. The letter was dated probably the 12th of Jan. Hope you will get it all right. We are so afraid our Smith Order with money enclosed was on that steamer, nearly $200.00. We can get the money back in time for it was a C. D. on the Mission, but we want our flour, butter & other eatables we ordered and are depending on for spring & summer eating. When one thinks of the lives lost & the friends waiting for the passengers which were on board whom they will never see again, these little things are nothing.

Aunt Anna said to say if there was anything I wanted for myself and she would see I got it. I can beg for the work but not for myself. I would like a few things to come out in the box, & I will give you the order and you can buy and send over to Sidney. You will have to buy them soon—enquire of Aunt Anna how soon the box starts on its journey. You will notice they are things I want for next winter's wear, as the box will not get here before fall.

March 6

This is brother Grant's birthday. The years are filling with sad anniversaries. Three more days & I'll be 33 years old, and wrinkles and grey hairs coming fast. Georgia is getting old too. I felt awful old when I was 18, I remember. Where will she go to Normal school—if she selects a cool comfortable place she can combine comfort, pleasure and work. It will be very lonely for you all summer without her. I dread to think of you staying home alone. Wish you could spend the summer with me. I am so <u>very</u> thankful you have your pension. That will be sufficient for your clothes and club, church dues & necessary little things. Perhaps the proceeds of the Equiole will board you. $48.00 yours & Georgia's together is quite enough to comfortably keep two board, clothes, fuel & lights, &c. but it will not pay the extras on the house—but I know now you need not suffer for anything and need not go into debt. By degrees we will get out of debt and then we will never go in debt again, will we? I am so sorry but I dare not send you anything yet. It is on my mind & you may be sure I'll get it off as soon as I can. Funeral expense, house painting, June taxes, and the loan for 3 summer months if possible—it staggers me to think of doing it in six months' time with a present bank account of $40 and last month's board bill unpaid. I'm not complaining only planning. The next quarter comes in the first of April. As soon as money comes we will get the balance of this quarter, some of which is still due us. Miss Paine got $900.00 a few days ago, but as the bank here is only a branch of Japan National Bank the drafts all have to go to Japan & be sold before we get the money here, so as soon as the banker hears from Japan we can use it. If I thought you were in absolute need of money I would borrow, but I'll get the paint money & tax money there in time — but I am afraid the funeral bill will have to wait till fall. It always seems disgraceful to not pay doctor's and undertaker's bills but we are coming out all right, and I believe God will spare me till it is done. You will write me about the loan if we can pay it off any faster if we choose, & what that interest (?) was with which you paid last June's taxes. Was it the amount which would have been deducted making the debt that much smaller than last year? I confess I do not understand the loan. I presume a part of each $11.00 is interest on the loan & a part is applied to lessening of the debt. I only know that the sooner the house is yours without any claims to it, the better it will be for us all. Please ask at the rate we are paying how many years it will be before we have cleared it. I can't bear to think of 12 to 13 years of this bondage & according to my figuring I make it that long. Wouldn't it be nice if it could be done by the time I go home again? I am expecting Georgia to pay the loan from now to June & I'll pay the summer months. Her help so soon was quite unexpected to me. God is good to us. Must go to bed.

Thursday, March 7

This is—no tomorrow is Frank Dickenson's birthday. So Mrs. Irwin got a pension at the same time you did. I did not know she was a widow. I know the family well. So Mrs. Beals has another consumptive husband—Sorry to hear it and about Helen too—I doubt if Cal[ifornia] does her any good, for it has not been the climate of Ohio which has caused Helen her trouble.

Why doesn't Georgia ride her wheel back & forth from school? The North building isn't so far away but she could come home to dinner in good weather. She ought not to stay in the school room all through noon—she cannot feel fresh for afternoon.

You always speak of the "lady and child upstairs"—haven't they any names? Is she in the house all day or is she too away all day?

I am glad you have escaped the grip.—Hope you may altogether. We have 14 lovely Calla Lily buds. The 7th of April is Easter this year & they will be in their glory by that time; a few of them past perhaps but they open slowly. Just a month from today—I was with you last Easter.—Don't you remember my first speech? Do you think father enjoyed my visit home?

I will try to send you the paint money for I feel it ought to be done not later than May anyway. I can only send $100.00. If it takes more than that the painter will have to wait for the balance till later if you and G. can't give it. Make arrangements as soon as possible. I'll try to put the money in the next letter. Am hoping for another letter today or tomorrow.

Lovingly Yours—

Lulu.

~ ~ ~

Seoul, Korea
March 11, 1901

Dear Georgia:

Your letters and one from Mother came a few days ago—the day before my Birthday, and by the way on the same mail came a book inside of which was—"with love from Mollie." Who is Mollie? Can it be Mary Miller is calling herself Mollie in these "latter" days? I do not know who to thank unless it is she.—No letter came with it. There was two little bits of gold which I guess was intended to put on the ends of ribbon or some neck wear. I am so delighted for any bit of new style but instructions should always accompany it or I may make a guy of myself.

Do you remember father telling about that girl in Florida who was a witness or gave him some clue on a case when he was inspector & he wanted to give her a present, so the next time he went there (in the back woods somewhere) he took her a blue sateen corset and she thought it so pretty she wore it outside of her dress. The book came from Ed Cowmans and the writing looks like Mary's but I have not heard from her for so long that I almost forget what it looks like.

I have such an awful cold that I have to lay down my pen every few moments and attend to my nose. School began again today. I had a good rest during vacation and would feel all right if I hadn't taken this cold & I know how I got it. Saturday was my birthday—(33—think of it!) and I went over to the East Gate on a wheel. Miss Paine gave me a cyclometer and I wanted to try it. I so enjoyed the ride over but coming back was slightly upgrade and I had to face an awful strong wind so that I was in a perspiration when I reached Mrs. Scranton's on my way home, & sat down & fanned myself.

I got several such pretty presents. A lovely Japanese lacquer waiter which I use as a plaque, a cup & saucer & a little wooden shoe from Switzerland, a box of candy and the cyclometer & this book from America & another little booklet.

I wrote mother of my trip to Chemulpo but saved a little bit of it for you. While we were at the hotel, Mrs. Jones came and took us to call on Mrs. Deshler. She is a very pretty little Japanese woman, between 25 & 30 years old. Her husband is about her age but American, in fact his mother is Gov. Nash['s] wife which makes him stepson of Gov. Nash. He came to the East as so many young men do, was captivated by the sweet pretty face & gentle ways of this little woman & so lived with her secretly. When he went back to America a year or more ago he put her in a convent in Yokohama, Japan. While at home he was very sick and the thought of his sin preyed upon his mind. He promised the Lord if he ever lived to get back, he would make it right with her; so he came back and made her his wife. They have a most beautiful home—I wish you could see it—like a little city home & the grounds are like a little park. Everything in the house—table linen, silverware, furniture, everything indicates plenty of money. The doors, windows, inlaid wood floors &c. all came ready made from America & were set up here. You could not imagine the little woman being bad; at heart she surely never was but the Japanese girls are reared for this very thing and it is not their fault so much as the fault of their parents. He is a handsome young man they say, I've never seen him to know him. He mingles very little with other foreigners, is satisfied with his business and home life—is self-conscious I presume because of his sin. In the bedroom was a little raised mat about 6 ft. square with a little Japanese table, little "fire pot" with tea kettle on it in Japanese style. In the midst of this foreign grandeur was this little bit of her old home life. This was very pathetic to me. There were several rooms besides these which were purely Japanese style to entertain her guests.

Our wallpaper came today so we expect to begin to paper before long. We so want to be fixed up by Annual Meeting time, in fact before for Mrs. Hall is coming down for a rest before Annual Meeting and we look for Nora Seeds over to spend her April vacation. Mother remembers Miss Seeds with whom she talked once in the depot. Dr. Martin too (one of the China refugees—one who was in the Peking siege) may come also.—O yes, and as Mrs. Follwell also expects to come with the children, she will stop with her sister Dr. Harris a few weeks before Annual Meeting and Mame Hillman will come over here to put the "licks" in on her language study so as to pass her first year's exam at Annual Meeting. So thankful I have none to look forward to. Nothing worse than an annual report to write.

Tell Mother that I've tried to scrape together the $100 for the house painting but cannot do it now. I'll send it surely by the first of April so she can have it by the first of May, which will be just the month to paint. don't let her put it off; engage the man for the second week in May and unless the ship goes down or there is some unforeseen misfortune the $100.00 will be on hand. My second quarter begins with April 1st.

I guess I've rambled quite enough. O, I always forget to tell you that Mr. Swearer's sweetheart went back on him and never gave back the Korean gold and the pearl, either. He was very attentive & it is said he is engaged to Alice Appenzeller, a girl of 16, who has gone to America to get her education. If someone else came along to charm he might not want to wait so long. I rather think in her school life she may see someone else who suits her better altho he is a very nice young man.

Do I ever dream? Yes, I often dream of Nettie, Grant & Father but nothing so horrible as that you tell of only of seeing one of them and always thinking or saying I had thought they were dead but am so glad it is not so. To me these deaths have no horrors, perhaps, because I did not see any of them dead. I always think of them as having gone away to a place where I shall surely go, too, and where I shall see them again.

You will have vacation soon & I suspect you will be glad for a little rest. School teaching will keep you quite strait laced you can't "gad" so much can you? But I'll trust you to have a good time out of it anyway.

If Uncle George gets a position in Sidney will Aunt Anna go to Chicago too? Our relatives are getting very few. So many are dying and none are being born. I lay awake the other night thinking of you and mother, if one should die, what would the other do? I have always felt I did not want to receive a cable gram but I've changed my mind. Every letter I read from home cheers me but I wonder how you are now always, for I realize that you might die a thousand times in the time the letter is crossing the water to me. If you promise to cable me should one of you die, then I'll know as long as the cable doesn't come you are both living — don't you see the comfort? Should it come, it would give me five or six weeks more time to decide what is best to do. Just the word; & particulars in the letter following which I would anxiously await.

So I must close & go to bed.—Do inquire who sent me the book & ornaments & how I am to use them. Write often and I'll answer often.

With much love—

Lulu E. Frey.

Your picture is a great comfort to me. I kiss it sometimes.—Is that too sentimental?

Ewa Haktang,

Girls' School of the W. F. M. Society.

Seoul, Korea

March 16, 1901

Dear Mother:

Your letter & Georgia's came together. I wrote her last Monday & intended sending yours a few days later. It is now Saturday. Mail came in yesterday, bringing me two home papers & a few others but no letters—I read the papers with a great deal of interest. The Commercial Club and the "Carrie Nation" discussion to be in M. E. Ch[urch]. Personal items of interest &c. By the way, I see McElden Dun & family continue to find their names in the paper weekly.

I told you the Presbyterians are going to build new houses. The King has bought their property just across from us for $24,000 and ground in equal number of acres. He is looking at us up on our beautiful hill too.—He will never stand it to have us look down on him, so he will want our place also. Our hope has been as long as the American Legation is where it is that we need not go but now we hear there is talk of the King buying that so we come next I fear. O—how dreadful if we have to build again. We'll have one summer any way on our cool verandas. Of course the Presby's do not move away until their new buildings are finished. They have sent for an architect so I suspect they will have some good buildings. We have done the best we could and we really think we will have a comfortable, convenient building if it is not elegant. I lie awake at night trying to fit the furniture we have into so many new rooms. The society gives us no money to furnish our house with, only a private study and bedroom each. Our dining room, parlors, halls, spare bedroom & kitchen furniture must come out of our own pockets.

We have ordered our paper from America & it came a few days ago. Cheap but very pretty—19¢ & 24¢ a roll, I think window curtains & wallpaper & a carpet are the main things in a room, if they are pretty the chairs & tables &c. will come in all right. They are plastering now & putting the woodwork on as fast as it is dry then the doors & windows & a few other finishing touches & we will be ready for the painter. Inside painting I mean, for the house is brick. I do hope you are not disappointed that I cannot send you any money now—have patience it is coming. I am as anxious to get the house painted as you. It ought to have been done three years ago. You will see to it as soon as the money reaches you, won't you?

Where will Georgia go to Normal school? In Columbus? It is so hot there.—I'm not familiar with Summer Normal schools.

It has been too cold to get our garden planted yet. Miss Paine hopes to get the peas in this afternoon. It is a little warmer but not thawed except in the sun & there I guess not very deep.

That was very funny about Frank Blessing—the whole affair was very amusing. One word I could not make out, when Grace asked him "whose kids" what did he say, something like "restar...ers" the letters in between I could not decipher. I want to ask too who this Miss Miller is whose place Georgia takes in school and if she gave up school to be married or why?

I have had a fearful cold for a week, a very uncomfortable one.—I don't call it grip but if I had not had to be in school I'd have taken it easy on my couch, but it seems to be the rage and I guess it will wear itself out before long. I've been very well up to this time. I'm so glad you keep well & Georgia must too, take care of herself.

Two children waiting for a dose of medicine so I must close. Time to get our letters off besides.

With much love—

Lulu E. Frey

Seoul, Korea

April 10, 1901

Dear Mother:

I hardly know how to write you, for mail came in yesterday but there was no home letter. I hope it is nothing more serious than that you missed the steamer. I had a long letter from Miss Rothweiler. She spoke of stopping off to see you on her way somewhere. I hope she did for I want you to meet her, also Dr. Cutler, both of whom I think a great deal of. Miss Paine had two shirt waists come in the mail from her mother. I asked Georgia to remember me with one.—I want it particularly for the style of making. Each year the changes are slight. I hope you got the list of things I wanted for winter in time to send them in the box if you did not never mind they can come with our fall order.—I'll let you know the time if you do not get them off.—Let me know.

How nice and warm it is getting—the buds are showing on the trees. Yesterday was your wedding anniversary. We are awfully busy I wish you could see us now. I counted fifty men at work on the place yesterday. Carpenters, painters, masons, stone cutters, men digging & carrying dirt & making walls. We are grading now. We are so anxious to get the grass seed in soon. Think of watching all this work & even having to take shovel & hoe to make them understand how we want it. Well a good time is coming, surely. Mrs. Hall is coming tomorrow and the spare room not done now, but we will put her in a cot in our room till we can get the windows in & painting done & furniture setup. Miss Estey and Miss Hammond are in our present spare rooms. When Annual meeting is over then we will have to part with them for Miss Estey goes north to help Dr. Hall & Miss Hammond to the South Gate—Mrs. Scranton's work. Mrs. Hall is not at all well, and is coming down to have a little rest before Annual meeting. She will be here with us until then & then go to the East Gate with Dr. Harris & Miss Hillman. We will entertain Mr. & Mrs. Jones and may find we have some others on our hands.—I learn Mrs. Hall will stay in Chemulpo a few days and then come up here sometime next week so that will give us time to get ready for her.

April 11

I began this letter yesterday in school, writing with the copy book pens which the girls use, which accounts somewhat for the scratchy appearance. I am finishing it in the school room again, while my class are having a written examination. I am so happy that I shall be able to send you the promised $100.00 to paint the house, it will be one thing off my mind when I know it is done. Let me know your plans. How soon does Georgia go to school and how long will she stay, where will she go and how can you get along without her. I wish it was so I could spend my summer vacation with you, but alas the cheap swift ships are yet to be invented, something left for the 20th century to accomplish. I hate to think of you alone—oh—I forgot about the lady in the house with you. You never have even told me her name, and have only spoken of her incidentally so no wonder I forgot about her. So I won't worry if she is there. I wish it were possible for you to get a family in the house with you but as long as our money is so short I presume it is wise not to cut the doors, however you would soon make it up in rent. Mrs. Jordan (Lewis' mother) had harder work to make a double house out of their house than you would have. I wish I were home I'm sure with my building experience, I could manage it.

We are having our terraces, walks & steps remade. We have three terraces, about 10 steps each in the three flights so you see we are quite high from the road, and on our second story we have a beautiful view of the city and I'm sure we'll always have a nice breeze; so it will not be so bad to be shut in through the summer as we have to be with the girls. I am looking for a Moody school friend, Dr. Burnham, a Presbyterian from China to spend June with me. She cannot go back into the interior yet. She would have come last summer but was caring for (nursing) English soldiers for two months during the war. I suspect has had some very interesting experiences. Miss Seeds has failed us again she has been coming to see us so often, something always prevents.

Today is Miss Hammond's birthday.—Must close; school is out and other duties await me—I'm glad to be busy. Those who have little to do are usually the ones who mope over life's trials.

With much love —

Lulu E. Frey.

The Year 1902

EWA HAKTANG
GIRLS' SCHOOL OF W. F. M. SOCIETY,
SEOUL, KOREA
Seoul, Korea, October 16, 1902

Dear Georgia:

I received two nice long letters from you written while you were at St. Jo. I am so glad you had such a nice long rest and gained 12 lbs. Mother says you will be better fortified for your hard winter's work. Do you really like teaching or is it a drudge to you? By the way I had a nice letter from Minnie Leonori last evening. She is an enthusiastic school teacher. I think most work is drudgery if we work simply because we must have the money we earn but if we have a motive such as you & I may have in our work, the building of character, and take the money because "the labourer is worthy of his hire" it makes all seem different.

I am thankful too that mother kept well while you were away from her. I am sure it must have worried you quite a little—remembering how father was taken away from you while you were away.—Two days more and you will be 21 years old, can it be? I was almost 22 when I went to college and graduated the June after I was 24. I felt quite old then I wonder if you do? I feel about the same now ten years later.

We are looking forward with great pleasure to our reinforcements, Dr. Cutler, Mrs. Hall, Miss Edmunds and Miss Robbins. If the board would only send us some men! They have not even filled the vacancies of Dr. Scranton & Mr. Appenzeller. We hope for something from them after their fall meeting. If Bishop Moore does not work up something for us while home I'll think he is not much good. Our woman's board is very good to us and seems to hear our cries for need, both for workers and buildings. We are now putting up a big building in Pyeng Yang—a house for four ladies. Next year Chemulpo will come in for a house. The girls are now living in a rented house—Mrs. Appenzeller's summer home.

We had a thief night before last, not in our yard but the girls saw him prowling around in the next yard and made such a racket, we were all awake. He stole Mr. Reynolds's glasses and the poor man is helpless without them. He prepared to carry off a great deal more but was frightened away before he got them loaded up. Last night we had our gateman patrol the place and his steps on the gravel walk kept us awake most of the night, so we have lost sleep two nights.

Miss Paine's bicycle has just come and now she is going to learn to ride it. I hope she can but I doubt it for she is so short winded, I fear she will not like it.

I do so enjoy my wheel it goes rolling along with scarcely an effort. If you should thank Miss Colton every time you see her you could not fully express my gratitude. I am in mortal terror all the time for fear someone may steal it. There has been quite a craze for stealing bicycles, so I keep mine well locked.

I felt so badly about Grace Short. It is so often hard to understand the why of some providences, yet we know He makes no mistakes. I had a letter last night from Mrs. Ha, our Korean who is in Delaware. She says Prince Weiwha is there to attend school. What a fine thing that he should go to a Christian college! I have met him on one or two occasions. The Crown Prince you know is imbecile, so doubtless Prince Weiwah stands good chance of the throne in case of his Father's death. I wish sometime you would have Mrs. Ha come to Bellefontaine for a few days. You would enjoy her and I would like to have her know you & Mother. You would not find her hard to entertain I am sure. Her husband who is the highest official "Camsa" in Chemulpo pays all her expenses in school.

I enclose a check for $50.00 which I send for the Dec. taxes as usual—I have asked Mother to subscribe for *The Delineator* another year for me, the balance can help with your monthly loan. Does the rent of the house cover the loan assessment? This is all I can send home now for we must lay in our fuel for winter, which is very expensive. I see by the papers the coal strike will make coal dear in Am. also. Then our winter food supply takes so much.—I keep thinking I'm going to get ahead so I can lay by a little each quarter for necessity but every quarter brings its own needs.

Hope you & mother keep well—

Lovingly—

Lulu E. Frey.

The Year 1903

Chemulpo
September 4, 1903

Dear Mother:

I am on my vacation—Josephine and I came down here Monday and go home tomorrow, Saturday. The girls got off to Japan last Saturday and left instructions that the boys were to entertain us as if they were here, we were to be their guests just the same. So the servants have done their best and are feeding us on the fat of the land, that is out of Miss Hillman's garden. Corn, beans, tomatoes, cabbage & potatoes. They even left the store room key for us to take anything we need for they claim they visit us in Seoul more than we do them here, but of course we have not made free with their things. We brought canned meats and butter & milk and plenty of bread & cake with us. Have had to draw on their store room for milk & butter as we ran short. Alice and Bob (that is Mr. & Mrs. Sharp) came down Wednesday and stayed with us till this morning.

As I sit and write here on the veranda I can see the harbour full of ships and enjoy the delightful sea breezes, a thing which we miss in Seoul, 25 miles inland. We can see the trains as they go back and forth a stretch of the track a quarter of a mile or more, 12 passenger trains a day, so you see it is quite interesting here, but there are some drawbacks too. We haven't had a good night's sleep yet. The delightful breezes by day, by night become perfect gales, rattling the windows so that it is impossible to sleep soundly. Rainy season is not over yet and last night we had a terrific rain storm. The rain came in through the bricks altho the walls of the house are a brick & a half thick. Miss Miller's room, which is on the front of the house was beautifully papered in the spring and it has been just ruined by this season's rains. Everything is damp and moldy. I am so afraid I won't have any gloves to wear this fall. I've watched & sunned my blue kid ones you sent me to go with my dress.

I went into town two mornings to get our girl started in the day school here. We married one of our Ewa girls to a young Chemulpo man and the ladies are going to use her for their day school teacher. She was a little girl when I first came to Korea. It was so amusing to watch her teach & discipline her pupils so much like we do that I told Miss Paine she & I were doing it by proxy. We imitate our old teachers and now our girls imitate us. So the world moves on from generation to generation. We are not always able to so impress our girls. We sent one to her father yesterday because we were hopeless of doing anything with her, so for the good of the other girls we thought best to get rid of her. It is a disappointment after spending years of time and money to have to let them go.

Our school opens week after next and we must get ready next week. I do not think we will have a very big school the beginning of the fall. We began by making the rule that only those whose clothes were furnished from outside should be received, so we did not have many, and until the people forget that we once furnished the clothes I suspect they will be slow to send their children. Actually they seem to think they are being cheated out of their rights. You people in America have no idea the problems we meet in the work. We are anxious to push self-support.

My ink has given out in my pen. Is Georgia back in school again? I have not yet received any word of her trip. I do hope she will give me a full description.

Seoul will be busy soon for the Presby's of the Southern Church & the M. E. South both hold their annual meeting there this month. The Northern Presby's hold their meetings in Pyeng Yang, and it opens on the 9th of Sept. We have our next one the 17th of Feb. (think of it) so that Bish. Moore can get through all his conferences in time to get home for the May Gen. Conf.—which meets in Los Angeles.

Seoul—Saturday, September 5

Took a notion to come back home last night—one's own bed is best after all. Steamer leaves today I fear I am too late to catch it but will try to get it off in time.—Found Georgia's good letter awaiting me.

Yours—

Lulu—

EWA HAKTANG
GIRLS' SCHOOL OF W. F. M. SOCIETY,
SEOUL, KOREA
September 12, 1903

Dear Mother:

Your letter of Aug. 10 just at hand doubly welcome because the last mail brought me no home letter altho' a nice one from Miss Lowry came in which she said you and Georgia were both well.

You must read between the lines. Are my letters so blue? I'll try to do better. I am hastening an answer off tonight for two reasons. A mail goes tomorrow and so you may be able to get a comparatively fresh letter and then school takes up Monday so I might be so busy that it would be several days into next week before I'd get a letter off.

We have just been reading about the proposed tunnel under Bering Str[ait] ($20,000,000). If I go home via Siberia this time the next time perhaps the shorter R.R. route will be finished and think of missing the sea altogether! Georgia doesn't think she would mind the sea. Some people never get sick. You and I are too bilious to stand it rough.

I am so glad Laura is going to write me. Her letters are worth waiting for but I've waited almost 2 years already. I'm afraid she will have to squander a good deal of post age on it. Her last one came to me in an envelope almost the size of one of our reports and was unfolded.

Yes, Mr. & Mrs. Morris were probably married two days ago. We expect them about the 23rd and they stop with us.

Don't fear for Miss Paine or me. I guess we are getting too old for such a radical change in our ways of living. If one marries at all it had better be on the sunny side of 30 anyway. If I had an annuity of 1,000 dollars a year I'd like nothing better than to spend my remaining years with you and your newspapers, but alas! I see no prospect of any rich relative leaving us a fortune that would bring us the desired income.

Things seem to be at a standstill politically. I think Russia & Japan will compromise.

It is time to get the mail off so must close. I do hope this will find you and Georgia well and happy. Wish I could look in upon you tonight.

Much love

Yours —

Lulu E. Frey.

I am walking but my ankle is yet bandaged & badly swollen. A week tonight since I fell.

The Year 1904

129 W. Church St.
Urbana
January 1904

My Dear Aunt Emi,

I have had you and yours so much upon my mind lately & each I have thought I would write to you. I have of course kept myself posted daily as to the probability of the war in the Orient, feeling anxious about Lulu and I want to know what you know of her—in case of War, will she come home, &c.—I wrote to her two months ago, tho' have heard nothing from her lately. Did you ever write the paper for the Club in reference to Lulu's work? You said when you were here that you had been requested to write such a paper, if so will you let me have it to read to our Missionary Soc. in a month or two? Or if not that, have you anything of the kind that has been read before your Soc. That would do. Our Pres. is anxious for me to get something of the kind from you.

I hope you are well. I wished the weather had permitted of me insisting upon you and Georgia coming down X-mas week. Sister Annie did not get here as usual, her short vacation & the necessary expense of travel kept her home. She has been appointed by the State Supt. of W. Va. to assist the City Supt. in preparing the W. Va. School exhibit for St Louis, & as I understand it goes with it. She did quite a little Institute work last summer & I judge from the papers was quite successful, this may interest Georgia.

Harold Emerson and a Mr. Smith from Bellefo't[Bellefontaine] came to see Mary today. I did not see them tho' was sorry after they left that I did not go in to see Harold E.—I hope when the "Gentle Spring" comes & the cars get to running smoothly that you and I will see more of each other. Mary was one of a party to go to Mr. Gerard's (in the country) the other evening to a nice party, it is a place where Martha visits. I believe Mrs.

G. was a Dickinson.

We are well, but all wish for warmer weather. I would not care if I were rich & did not have to spend so much time in the kitchen. Hasn't it been cold? Give my love to Georgia and write to me when you can. I do not know much news. I have stayed at home this winter owing to the cold & I have had company part of the time, the children's friends.

Love for yourself from

Nannie

EWA HAKTANG,

GIRLS' SCHOOL OF W. F. M. SOCIETY.

SEOUL, KOREA

January 2,1904

Dear Mother:

I wonder if the rumors of war have reached you and whether they are making you anxious. There are days when we are all holding our breath to know what will happen next. I feel as if I were at the death-bed of a dear friend for I cannot see how Korean can maintain her independence. The Japanese are landing troops and storing provisions in great quantities. The American guard of 150 or so men are expected any day from Manila. Poor things—won't they find protecting us cold work after the warm climate of Manila. We anticipate no trouble for ourselves, only feel sorry for the poor Koreans who will suffer. Everything will be high and work scarce in war-time. We have a pretty full store room and are bringing rice & wood to last should we be inconvenienced for any length of time.

I fancy we will get over it without much fighting for Russia lies like a dog in the manger in Manchuria and her interests are too much at stake to weaken her force there in order to save Korea from Japan. She may let Japan have her way now and later try for Korea when Manchuria is secured. All is speculation. No one but God himself knows what may be the outcome of the present situation. Affairs do not trouble Emily Brown, the Empress, for she only exists in the brain of some highly imaginative reporter. They say that story started in Germany. Mrs. Allen our minister's wife said that all through Europe and Am. people asked about Emily and were not easily convinced of the fiction of the story.

Yesterday was New Year's Day as you will see by the date of the letter and we had lots of callers. Misses Hillman & Miller were up from Chemulpo to receive with us. Last night we were invited to the home of Dr. & Mrs. Underwood for an evening company. Had a good jolly time playing "sharads"(?) and fishing for little brass fish. It was very enjoyable for a change. Dr. & Mrs. U. always have watch night service in their house the last night of the old year & a party the first of the new year.

Now don't worry about us. Dr. Allen is very cautious and I have no fear for ourselves. The Japs nor the Russians have anything against us — we may be a little inconvenienced but it "all come[s] in bringing the Gospel to the heathen."

I hope this will find you both well and happy.

Lovingly Yours

Lulu E. Frey.

EWA HAKTANG,
GIRLS' SCHOOL OF W. F. M. SOCIETY.
SEOUL, KOREA
January 13, 1904

Dear Mother:

I fear I have waited too long for a letter from you and my delayed letter has given you needless worry. Things have looked rather war-like for about two weeks but as nothing has yet happened we forget that we are in the place toward which all the world is looking. We feared if all the nationalities brought guards here we would be short of rations as everything is so expensive we could not buy it, and the guards many have come, Russian, American, Italian, Eng. and perhaps the French, besides we know not how many Japanese soldiers who have been pouring into Seoul in citizens' clothes. So we laid in an extra supply. We had just gotten a big Cal. order late in the fall flour can goods of all sorts to last a year, $200.00 gold order; and butter some over 100 lbs in brine. We corned 65 lbs beef and dressed and hung up to freeze 12 chickens. Laid in 300 eggs, three cases of cream (48 cans in a case) since cattle disease in the fall we have not had a cow. We could not get but 150 lbs of potatoes for the merchant who had them said he must supply all his customers with a few. No danger of starving or freezing either if you could see the wood we have laid in both for house & school. We bought 50 bags of rice, each as big as two big bags of flour, 500 dried fish and I don't know how many measures of beans all for the school. So if you hear of us in siege don't worry for we won't starve for many months, but don't worry at all for while Korea is the bone of contention there is no special grudge against the foreigners for the Koreans, poor things, aren't in it at all, they simply sit by and are looking to see what will happen next. You know as much of not more than we do of the political situation, but it looks now as if all Japan wants is fair play and if Russia concedes to Japan's wishes there will be fighting, if she doesn't there will be fighting without doubt for Japan will make no compromise, and I believe she is right. My sympathies are with Japan entirely—naturally too—for Russia I fear would not tolerate Protestant missionaries at least would make it very uncomfortable for us.

We are all well and everything is going on as usual. We still have our boarder Mrs. Bacheller and baby with us. She expects her husband in about two weeks now and then they go on to Southern China.

January 14

I think I'd better send this off so you may know I am safe and there is nothing to worry about. Please write right along regardless of newspaper articles for I shall be waiting. I have not heard from you for a whole month, not since Dec. 12th.

With much love—

Lulu E. Frey.

FWA HAKTANG,
GIRLS' SCHOOL OF W. F. M. SOCIETY.
SEOUL, KOREA
January 26, 1904

Dear Georgia:

Saturday's mail brought me two letters from Mother Dec. 16th & Dec. 21st. Glad to know you were both well, that you secured my little gifts and the $50 for taxes &c. all right.

I wish you would cease worrying about the lies you read in the paper. Of course the war cloud hangs over us but the reports are so exaggerated that they are far from the truth. We are living in perfect peace outwardly and inwardly, interested of course to know what is going to become of our little empire. We anticipate no personal danger.

I am sending you in this letter a C. D. for 200 gold. Please as soon as you cash it take it to the Building & Loan office and cancel that much of our debt. It will make the assessment for the monthly payments less for you and mother to worry over. When the March dividends are made out I want you to send me a statement of just how we stand and the am't of payment, monthly, for the coming year. I will try to send the insurance money in the spring so neither that nor the tax money need worry you and mother. The monthly loan dues and your & mother's running expenses, I realize is quite enough of a drain on you. We can't lay up anything with debts staring us in the face. I think this will lessen the loan to something under $500.00 if my calculations are right. You did not write me last March how we stood.

We have been having a lot of school work worries, but the work goes on some way. We have a new teacher for the school and she seems to be doing well. Our children are all in school except one just recovering from bronchitis. It is fearfully cold from 5 to 10° below zero every morning, Mother says you have it cold too. I wrote Mary Miller a long letter mailing it Saturday if she gets it before this comes she may let you read it. Is Lena Colton engaged, the last you wrote they were unwilling for her to marry—Johangten[Johantgen] I think you said. Have they been reconciled? I'm glad Mother liked the little doilies. The Japanese do nice work. I thought you would like the pillow cover for its Oriental look, but I do not know your taste very well.

I am glad Martha is having good school advantages. I hope Grant & Helen may not get so far behind that they will be ashamed to take advantage of town schooling if the opportunity comes to them. They write me so seldom. Is it my fault? I think I wrote the last letter one to Martha, & one later to Helen & Grant.

Miss Paine & I are much interested in a book called the "*Letters of a Diplomat's Wife*." It gives one such good ideas of court life and customs. We have not had a real good story book since we read the "*Four Feathers*."

I hope Florence has recovered. Mother wrote me how ill she was. Married life is a hard one. The worries this little woman has with her baby—I told Miss Paine last night, the Lord had spared us a mother's worry.

A scattering mail just arrived—a nice long letter from Etta Snay. It has been more than a year since I've heard from her. The long-promised letter from Laura has not come yet. Tell her I am still waiting.

With much love—

Lulu E. Frey

ꟷ ꟷ ꟷ

EWA HAKTANG,

GIRLS' SCHOOL OF W. F. M. SOCIETY.

SEOUL, KOREA

February 2, 1904

Dear Mother:

Mail came last night bringing me your Christmas and your New Year's letters. One was begun by Georgia but she evidently grew weary in well doing, so you had to finish it. I wrote Mary a few days ago not a very interesting letter I can't do that but a few pages to let her know how I appreciated her letter to me. Then last week I wrote Georgia and enclosed an order for $200.00 which I shall be anxious about until I know it is safely deposited in the Building and Loan Association. That 200 deposited means 200 saved in interest according to your figures. I feel like borrowing to pay it off, yet that seems like robbing Peter to pay Paul. But the 200 with what you put in last year will reduce it to about $500.00 I reckon from the figures you sent me two years ago. Please don't fail to send me a statement of the account. Of course I could send direct to the office but I prefer to do the business through my own family.

How pretty Georgia must look in her new dress & hat, I wish I could see her in them. I am glad she liked the pillow cover and you the doilies. The dollars are quite as acceptable as anything else except that picture of you & Georgia I asked for as I cannot buy that with the dollars unless you go to the gallery & pose. I shall look for it for my birthday. I want it this year for next year I shall see you both face to face D. V.—By the way, as I want that dress to travel in Europe in, I want it somewhat up to date so do not order till I tell you to, for of course we cannot tell so far ahead when we can go if at all next year, so don't worry about it. If I had a summer hat I wouldn't need another thing. Hats are so hard to get out. Miss Hillman's mother sent her one by mail but it cost $2.00 gold postage. I'll find out if anyone is going to have an order come out from Smith's Cash Store this spring; if so, I'll have you buy the hat and send it by express to California and it can come in someone's box.

Miss Paine has been sick with the grip over a week but is downstairs today.

Today is so bright that Mr. Groundhog has surely seen his shadow. There does not seem to be any change in the political situation from what it has been for a month or more. Don't worry it may go on this way indefinitely, for Russia seems bent on making time and Japan does not seem to be able to help herself.

How did that squib about Miss Pierce come to be in *the Republican*? he is not a missionary but Agent for the British & Foreign Bible Society, salary about the same. A good young man some 3 years younger than Miss Pierce, homely enough to stop a clock, and a Scotchman. He is devoted to her and I believe they will be a happy pair.—Yes, I had heard of the Chicago fire, one day during the week of prayer someone spoke of the cablegram. Awful!

Write soon & often

With love—

Lulu E. Frey.

EWA HAKTANG,
GIRLS' SCHOOL OF W. F. M. SOCIETY.
SEOUL, KOREA
February 6, 1904

Dear Mother:

Your letter of Jan. 5th surprised me yesterday morning. I am so glad you do not unduly worry about me. It looks more war like every day, yet I cannot feel at all frightened. Of course we are right in the midst where we can see the fire works if they attempt to take the palace and any resistance is made, but as the flags of all nations are around us I think we are pretty safe. Reporters from all quarters of the globe are as thick as bees, and a very little truth furnishes columns of copy, so don't believe all you read. We do not know if we will be able to have Annual meeting at all. This may scare the Bishop, but surely an old veteran of the civil war will not show the white feather now. I have great faith in the little Japs yet I fear this is a great undertaking. Surely the other nations will help her to humiliate this common foe. The Korean government is bought up by the Russians, consequently is pro-Russian. In case of land fighting the Korean army some 15,000 men are at the disposition of the Russians. This makes it rather serious, yet I've great hopes for the Japs.

I was so glad you spoke definitely of *The Delineator*. Immediately went over to the Press and had Mr. Beck order *Delineator, Success, & S.S. Times* for the coming year for me. I could not get them in a club however. Never mind about the money. We have access to all the most popular magazines of both English & American at the "Seoul Union" just across the road, and then someone kindly sends me *The Review of Reviews* and *Ladies' Home Journal* and a letter from Delaware where I wrote a letter once & a Society are sending me *The Outlook*, then Miss Paine has several papers besides our church papers. Our reading takes the place of other amusements. Our Book Circle is the finest thing out I think, Miss P and I pay 5.00 yen together 1.25 gold a piece and we have a new book to read every week or ten days. We have just finished "*The Letters of a Diplomat's Wife*" and now have "*American Diplomacy in the East*," both intensely interesting to me, both of them very expensive books. In this way we have the reading of some fifty of the latest books every year.

I am so glad you told me of the Richards girls who are with you. I often wonder you do not speak oftener of your neighbors. I feel better to know when Georgia is away over night that you have someone in the house with you.

I may see Uncle Fuller alive yet when I come home. His vitality is remarkable—he never looked as robust as Grandfather. How do they compare in age? Is Uncle not about the age Grandpa was when he died? By the way, I want you to prepare for Georgia and me a list of grandfathers & grandmothers, their <u>names</u> and <u>birthplaces</u>. For instance, the names of the two who started the Frey family in America. Where in Germany did they come from—and then the branch of the family we belong to—not a whole family tree but I would like to know just a little about my ancestors. I don't even know the names of my grandparents on both sides, much less the great & great-great &c. There won't be anyone left to enquire of before long. You did not write me if Carleton Kelsey died—you were expecting to hear & promised to tell me in your next letter but you did not mention it. Uncle Ed is all left of the brothers of father. It is a dreadful feeling to have all your relations dying, such a lonely feeling it gives one.

I think I told you all I know of Cameron Johnson, the cousin of Mrs. Wren, who spoke of her to me. We invited them around to tea one afternoon, they wanted to see the school but they were so hurried packing to return to Japan that they sent a note saying they could not come. He is a missionary to the missionaries in a way. He and his wife are so good about doing any shopping in Kobe for any of us.—The material you spoke of is a little like <u>bolting cloth</u>, is it not? It is Japanese. Mrs. Louise Ogilvy Morris' wedding dress was of that material, and it was <u>beautiful</u>. She bought it and Japanese white silk for underdress on her way home and had it made in America. I never saw a daintier wedding dress. It is bought by the bolt, is about 20 in. wide. We use it for hat trimmings in the absence of chiffon, it hardly takes the place for it is much stiffer but it is pretty nevertheless. I have not called on Mrs. Gillet yet. When I do, I will tell you about their little home &c. She is a dainty little brunette while he is a tall fair man—a very nice looking couple. I have met her several times. He is so full of fun. When he introduced me to her, he said, "my wife is almost a relative of yours." To know someone, even who knows someone you know out here, is often a bond.

Etta Snay sent me the clipping you speak of about Laura. I don't think I should like notoriety gotten quite in that way, but it is just like Laura. Mr. Mead is so good natured. I want to write Laura a note today. It is her birthday and she has gotten several such reminders, but she still remains silent.

Today is Saturday. We have school next week then New Year's vacation for 3 weeks. Our Annual meeting comes at a convenient time as far as our school work is concerned. We do not know definitely when Bish. Moore can get here, but the date for the opening of the conference is Feb. 17th.

Today is so beautiful and bright. It is the Jan. thaw we are having, I guess. One always feels it so when it gets cold again in March. Miss Paine is getting over her spell of the grip nicely. I'm well except for my malaria. I had a temperature of 100° yesterday haven't tried it today. It takes good old America to get the fever out of one's blood.

I hope you got the 200 dollars I sent to Georgia. I had hoped to save & borrow till I could pay the debt all off at once, that was my ambition, but this war made me fear I might lose my little all in the bank (Japanese) so I thought I'd pay off that much and when I could pay some again.

I must close for today—

Will write a little note to Georgia—

Yours—Lulu.

EWA HAKTANG,
GIRLS' SCHOOL OF W. F. M. SOCIETY.
SEOUL, KOREA
February 12, 1904

Dear Mother:

Just a week ago yesterday I wrote you a letter. After it had gone I found that was the last steamer going indefinitely. No steamer has gone or come in since then for as you probably know before this, we are in the midst of big fighting. On the 9th a naval battle was fought in Chemulpo. Two Russian men of war and one passenger boat were lost, at least after a fight outside the harbor the Russian boats went back inside, disabled and rather than be captured by the Japanese they blew up two and set fire the third boat. On the same day the Japanese fleet went to Port Arthur and fired on the Russia fleet—disabling at one time four battle ships and three cruisers. We hear later that nine others have been badly injured. Then they bombarded the city, that splendidly fortified Port Arthur I wrote you of when I visited there two years ago. I cannot see how they could have accomplished anything but they killed quite a few and we shall probably hear of other victories over there. The Japanese seem bent on getting into Manchuria. The Russian Legation had no flag over it today and tonight it is as dark as can be over there. We watched them preparing for their departure. The Japanese gave them an escort and a special train to Chemulpo today and the French man of war takes them on to Port Arthur. When the battle was going on the other day we could plainly hear the report of the cannon up here to Seoul 28 miles away.

Bishop Moore came on the Russian vessel that was burned up in the harbor and it has looked as if he would have to stay with us, but a little tub of some sort ventures out tomorrow to Japan, so Bishop Moore goes on it and is kind enough to take this letter to mail in Japan to you. I hope a mail may come in soon. Please write as usual the letters may be held in Japan but they will come sooner or later. I should be so disappointed to have the steamer come in and bring me no home letter. We had Annual meeting only one day but our guests from Chemulpo have been with us several days leaving this afternoon.

We have decided not to send the children home for fear the parents would marry them off to any one in these exciting times and all our labor would be lost on them. I think we will be safe. We have a good supply of eatables if we are hemmed in, and one of Uncle Sam's boats to take us off if it is necessary to go, so don't have a moment's worry. If Japan continues victorious the war will soon be over, but of course after this first shock Russia may wake up. She has not realized she had anything to fear in Japan.

Well I must close. If the letters don't come don't think it is because any thing has happened to me only that there are no boats to carry my letters.

With bushels of love—

Yours

Lulu E. Frey—

EWA HAKTANG,
GIRLS' SCHOOL OF W. F. M. SOCIETY.
SEOUL, KOREA
February 20 [1904]

Dear Mother:

Just a little word today to let you know I'm safe and happy. We can't realize in the quiet of our home that we are in the midst of war, as we do when we go over to "Jap-town" and see the soldiers starting for the north with their knapsacks all ready for a long march overland. The fighting will probably be on the border between Manchuria & Korea along the Yalu River. They may drive the Japanese back some distance and for that reason Dr. Allen is ordering all the missionaries' and miners' wives and children down to Pyeng Yang and further developments will show whether they must come on down to Seoul. The hope is that as the Russians have no provisions on this side of the Yalu that they may not come down upon us.

If you look on the big map I left at home the big red spot in the center is Seoul, and on the next large river two provinces north is Pyeng Yang marked so. As yet the river and sea is so frozen that a boat can get no farther than Haiju, on the coast half way to Seoul. So you see our people are practically frozen in. A few more weeks and boats can run up further there if it looks as serious as now one of Uncle Sam's boats will bring them down and perhaps take them on to Shanghai, for Dr. Allen fears our provisions may run short if we have more mouths to feed. Of the missionaries up there, there are 23 women and 30 children. The shelves in the three provision stores we have here begun to look very slim. We bought more yesterday fearing we might have to share with some driven in from their homes. The Songdo people, Southern Methodists, have already been called into Seoul and the Wonsan missionaries on the East coast of Korea have been ordered to Japan.

I cannot think anything else but that Japan will be victorious, yet when I think seriously I can see an endless chain of Russian soldiers coming across from Siberia & an unlimited supply of provisions coming from Russia. The Japanese have much in their favor—have a finely disciplined army while the whole Russian system is said to be rotten. But how long will it be, who can tell? I may be home yet, next year or before.

I've nothing but war to write—we hear nothing but war. How our poor people will suffer! Well good bye—every few days I'll write so as to catch some steamer. However don't worry if the letters don't come as there are no steamers except transports going and coming.

With love to both of you and the children. Martha's letter reached me on her birthday the 14 of February—

Yours—

Lulu E. Frey.

P. S.

I'll not send any more checks until I hear you have received and deposited the last one. The one I sent Georgia I refer to.

EWA HAKTANG,

GIRLS' SCHOOL OF W. F. M. SOCIETY.

SEOUL, KOREA

February 23, 1904

Dear Minnie:

Do you owe me a letter or do I owe you one? At any rate it has been a long time since I have heard from you. In fact it has been quite a time since I've heard from any one. I do not know what has become of the mails. Mother's last letter was dated Nov. 17th and she writes me once a week. I ought to get three or four home letters at once unless they are lost entirely. We have been looking for mail all day as a steamer was to have come today.

What do you read about the war out here? You did not realize what a desirable bone Korea was, did you?

I do not know when I began this letter, it sounds as if it might have been a month ago. Today is the 23rd of February.

Japan has been successful in several Naval battles and now is on the way north to meet the Russians on land. We look for news every day of a land engagement and hope Japan may continue to be successful for she will not interfere with our work, while I fear Russia would not tolerate Protestant missions in Korea should she be in power here. Poor little Korea! I fear we are about to witness her death throes. I only feel sorry for the common people poor & oppressed. The King and his officials deserve nothing better than to have the power they have so abused taken from them.

We are quite safe so far, praying that we may not be forced to leave our work. Our people would all be scattered so, it would be almost like beginning over again when we returned, like the missionaries of North China have had to do. Uncle Sam has made provision for us, however, by detaining three transports in the harbor for our use should the need arise.

Our people in the north are shut in by the ice or they would have been down to Seoul before this. The weather is breaking, so I hope they may be able to get the ship up to Chemulpo in time to get the women and children out of Pyeng Yang before the fighting begins. Please write me. We receive and send mail in Japanese transports all the vessels that sail the seas now.

Love to all—
Lulu E. Frey.

EWA HAKTANG,
GIRLS' SCHOOL OF W. F. M. SOCIETY.
SEOUL, KOREA
February 27, 1904

Dear Mother:

Your good letter of Jan 22nd reached me two days ago. I am so thankful our mail comes and so long as the Japanese control the Yellow & Japan Seas we will have. We couldn't go home now if we wanted to for there are no boats but it is nice not to be cut off entirely from you. I only hope you get my letter right along. You may just believe anything you read of in the paper that I do not mention is of little importance for if it makes no impression on my mind, it isn't much, for really I write you all there is of consequence. One day some weeks ago someone suggested in the papers that the foreigners better be killed off, but we heard nothing more about it, and are alive yet. Dr. Allen thought it wise for ladies not to go out on the streets unattended, but we know the Koreans so well that we have gone when necessary just the same and are never the least molested, in fact I'm more afraid of our drunken Am. guard than of the natives.

Everything is quiet here except for the marching north of the soldiers every day. The Japs took 70 cannons in their procession today. We met many in Chingokai today ready to start, both infantry and cavalry. We hear rumors of the Russian invasion in Pyeng Yang Province but have no authentic word of the movements of the Russians.

The Presbyterian doctor, Dr. Avison, took his two little boys, 4 and five to Japan by transport to the Pasteur institute yesterday. They were bitten by their own little dog who went mad. At least we hope he obtained permission to go on the transport. Isn't it dreadful to think of? I never saw such a country for mad dogs.

I was so pleased to have Uncle's picture. I cut it out of the paper immediately. So he is already 90 years old. Grandpa was 89 when he died, was he not? Miss Paine's Father's birthday is the same as yours, he was 66 on the 28 of Jan.

Yes, I'll summon courage soon and write Mr. Campbell an account of affairs as they are at present. It is not that I do not know how to properly write on one side of the paper in Editorial style but I don't know how to <u>say</u> things properly for print. But I'll try—however I want it printed just as I write it after I do, for sometimes in changing the English the thought is apt to be destroyed.

Do you think we can afford oatmeal cookies in war time? Well I cut it out as you suggested and tried half the receipt so I Wouldn't waste too much if they were not to our taste, but they were so good I wished I'd made the whole recipe. We have to use condensed milk and cream in all we make for we have no cow now. So I had to use baking powder instead of soda. They were light & delicious. We can't get any more potatoes so are eating rice instead, but we get along nicely, have plenty of stores for three months or more and then our gardens will be coming on if we are still shut in. Now you are not to worry one single bit nor lose one hour's sleep over me. I'm in no personal danger now and if danger does come Dr. Allen will do his best for us.

Write me as you do, often. Give Georgia my love, much for yourself.

Yours—

Lulu E. Frey—

So sorry to hear about Jennie Elliot. Will she have to suffer like Aunt Anna?

We send our letter by Japanese post now, as we consider it safer.

EWA HAKTANG.
GIRLS' SCHOOL OF W. F. M. SOCIETY
SEOUL, KOREA
Seoul, Korea, March 5, 1904

Dear Mother:

This is your name-sake's wedding day. I named her Emma for you when she was baptized and afterward heard that her patron's name was Emma Hoffmeyer, so she takes the whole name. She is 20 years old and marries a good Christian lad of Chemulpo and will probably be their day school teacher. On account of the war their day school is closed now. Miss Hillman and Miss Miller are up for the festivities.

There seems to be no war news. Russians & Japanese are both at work fortifying along the Yalu. Dr. Allen is sending an Am. vessel up to Chemulpo in a few days to bring down the women and children. It is going to be a problem to know how to stow away all the people. We have so few Methodists it will make us little trouble. It is best for them to come altho we do not think their danger imminent, but when it does come it will come suddenly up there, time enough for the men to get out probably but for women & children very difficult.

I began a letter for *The Republican*, but I've been so busy all week that I've had no time to write any more. War has made no difference with us in our work. The girls are all here yet and we hope to keep them till summer vacation. I feel so relieved to have Emma well married and if we could find suitable husbands for three others we would be glad. She goes off on the three o'clock train this afternoon.

Have had no letter from you since I last wrote you. We hope a mail may be in today but it is doubtful. The transports are landing their soldiers farther north now the weather is moderating so we may not get our mail as regularly as we have the last two or three weeks.

I have bought a birthday present for both you and Georgia, yours too late Georgia's too early, but I want her to have it to wear through the summer. I'll register the package so it will go safely to you. It will not be on this mail as I'll try to go to Chingokai to mail it myself, and will write Georgia a letter about it.

I've no especial news, except that we expect the people down from the North next week. I've told you this twice so you see how rattled I am. I began this before the wedding and am finishing it this afternoon.

Wish I could see you a little while—

Am well—with much love—

Yours—

Lulu E. Frey.

EWA HAKTANG,

GIRLS' SCHOOL OF W. F. M. SOCIETY.

SEOUL, KOREA

March 12, 1904

Dear Mother:

One little word today. We are all well and everything is peaceful around Seoul at least. We are expecting our people from the North the first of next week. The Cincinnati was dispatched yesterday to bring them down. They do not want to come, naturally, but no one can be assured of their safety. Likely it will be some time before anything serious is known to happen yet it may come at any time. I moved beds around and got ready for Miss Estey, Mrs. Hall & Sherwood.

Monday morning there is to be a big funeral procession. The concubine of the former King died of a good old age a few weeks ago. She has to be buried with all the old-time pomp and glory even in war times.

Mail came in two days ago but brought me no letter from home. I am still looking forward to getting it any day a transport may come in. I have not gotten your package off yet.

We have company again. Mr. and Mrs. Cable are up for a few days while Mr. Cable is working on the revision of the hymn book. Mrs. Cable wants me to go to the Legation to call with her so I can't write long. I must go out and give out the rice for Sunday before I begin to dress. I do not find much time to waste. We have had two circle books waiting to be read sometime. By the way, the last book I read was "A Doctor of Philosophy." Have you read it? A pathetic story with a point. A sad end for the heroine but how could it have been otherwise? I'm so glad I was born in the North!

School is going as usual. We sent one of our girls off a week ago today and she is very happy in her new home, and is falling into line in the church work in Chemulpo.

The letter I promised has grown a few lines since I wrote you last but there are so many many things to take my time.

You say insurance in the spring but not the month. I'll get it off by the first of April. No war news at all—I wonder if things will drag on this way indefinitely.

Must close, with love—

Lulu E. Frey.

Seoul, Korea

March 15, 1904

Dear Mother:

You say in your letter received today that you are trying hard to be brave, knowing nothing, only hoping for the best. I wish you could look in upon me now and see how safe I am. The accounts you read in the papers are greatly exaggerated but so long as you hear of victory for the Japanese, you may know I am all right. Yesterday, while we were looking at the Queen Dowager's funeral procession, we learned of the fall of Port Arthur. Doubtless you heard the news as soon as we did. I can scarcely believe it yet although the report was verified again today. You remember three years ago when on my way to Peking I stopped one day in Port Arthur and saw its fortifications. The opening to the harbour is only just wide enough for one ship at a time to pass carefully through, rising on either side are high cliffs which entirely hid the city from view. These hills were fairly bristling with guns, I never saw anything more formidable. I still have some doubt about the Japanese being in full possession of Port Arthur and will see what news the next few days bring us before I fully believe it to be true. The reports we read in our home papers of the naval engagement on the 9th of February in Chemulpo are greatly exaggerated. The three Russian boats in the harbour were ordered out by the Japanese, and were fired upon when a few miles out. One boat was badly damaged at the waterline after about 40 minutes firing; the others received no serious injury. They returned to the harbour but rather than fall into the hands of the enemy, they blew up two of the vessels and set fire to the third. When I was in Chemulpo a few weeks ago I saw the vessels at low tide. I think the Japanese will probably raise the Coryetz and repair her. She was a beautiful vessel, worth several million it is said.

I see the reporters have "Emily Brown" dead now. If there had been any truth in her existence and she had died, we saw how she might have been taken to her tomb. I have seen a great many royal processions, attended the Queen's funeral, yet I thought this would be worth getting up at four o'clock to see. I believe it will be the last for sure if the Japanese are victorious, as we hope they will be, we will see the dawn of the new Korea.

We rode three miles across the city to the East Gate and were allowed to sit at the top of the long flight of steps leading up into the gate. When the people seeing us up there attempted to come up the steps, the policemen would drive them back and they would ask why the foreigners were allowed there. "Are they not guests in our country and must we not treat them as guests?" was invariably the answer. There are many privileges we as foreigners have in Korea that are denied the natives, yet you worry when you read the newspaper reports about the foreigners being mobbed & killed. I have never received any but the kindest treatment from the natives. There is a lawless band of people in the country called the "Tonghaks" who are something like the Boxers in creed, who often threaten us but the Koreans are too cowardly to ever attack us as the Chinese did the foreigners.

I was telling you how Emily Brown might have been buried if it were her body instead of the old Queen Dowager who was being carried to her tomb. We could see for two miles up the big street the soldiers, the gay banners, and the horsemen. First came the red silk box-like chairs which carried her personal belongings, some twenty or more, each carried by ten men dressed in long pink coats, followed by fifty or more mourners on horseback. These were dressed in sack-cloth. Several hundred Korean soldiers dressed in uniform, dark blue and red, were followed by four devil-scarers. They were men, hauled on carts, with false faces, the most hideous imaginable each with four brass eyes, tusks and large bells for ear rings. None but the lowest would run the risk of so gaining the disfavor of the spirits. There were two biers very gay in green, red, blue and yellow. The first one was empty so as to deceive the spirits. These were carried by 500 chair bearers dressed in sack cloth. Soldiers, mourners and officials in squads of fifty or more lengthened the procession till it took three hours in passing. The most curious things were the horses made of paper, three times the natural size of a horse, drawn on carts. There were six; two grey, two white & two brown. Their huge red tongues were wagging from side to side and their manes waved as they joggled along the road. They were burned so she might have horses to ride on in the spirit land.

There has been no special war news since the destroying of the forts at Port Arthur. We hear that 4,700 Russians are on the border-line between Korea and Manchuria, and the Japanese have been going North for several weeks so there will certainly be a land engagement before many days. Dr. Allen sent the Cincinnati up to bring the missionaries down but very few came. They preferred to run the risk of danger rather than leave the work. We hope no harm will befall them.

We get our mail regularly, but no freight. We have a good supply of stores on hand so do not anticipate any suffering. Of course everything is very expensive. We pay twice the price for a pound of beef we paid a month ago.

The mail leaves today, so I must close and post this. Remember me to inquiring friends.

With much love

Your daughter Lulu.

Seoul, Korea
April 20, 1904

Dear Mother:

Friday night we had a big fire in the palace. Miss Paine and I had just retired when I heard policemen whistling back and forth and the sound of many voices and was just about to see what was going on when someone called "fire." We soon saw it was in the palace, and as we are so close we dressed quickly, were not quite dressed till the electric lights were cut off and I had to hunt around for a candle. It was about eleven o'clock. The hospital patients, some 14 or 15, were moved up here in the school dining room, for the hospital is near the road, a short distance from the palace. The church was the nearest to the fire and we made all the preparation possible to save it, but the walls of the palace inclosure were thick and high and so kept the fire within its bounds. I never saw anything so beautiful. There was a fearful wind so it was impossible to save any building which once caught fire. The palace means a small city inside the palace walls. I should judge the burnt district would be equal to six city squares. Some pigeons were disturbed in some old trees and continued to fly back and forth in their unrest. The reflection of the fire made them look like gold against the dark sky. We remarked about them many times. The next day the cause of the fire was much discussed and the story of the "fire birds" sent from heaven gained credence with many people. The Emperor himself feeling he may have offended heaven in some way has asked that some of his dishes be cut off for several days that he may atone. We did not go to sleep till five o'clock, we were so afraid the sparks would set something nearer us on fire.

Everyone thinks the sensible thing for His Majesty to do would be to move back to one of the other palaces, two of which are beautiful, but he announced to his court immediately that anyone who should mention such a thing to him would be no friend of his. So preparations are going on for the rebuilding of the buildings at an expense of 2,000,000 yen. He came into our part of the city to be near the foreigners and he feels more secure here. He has bought a strip of land just opposite us, lying between the

Russian and American legations, which connects with the palace proper by a private road back of the American legation. The English legation is on the other side of the palace. He has two or three good sized foreign-built brick buildings, which he is using now. I do not know where he is stowing away his three hundred, more or less, palace women. We fear he looks on our property with envious eyes. We can look down on him from our superior height. The little Prince, six years old, has been playing about in the grass of the palace opposite our gate for several days. He has an attendance of some eight of ten men and women who are at his heels every step he takes.

War news still seems scarce. We hear of losses by the Russian navy now and again. You read of these doubtless as soon as we do. It is interesting to see the part wireless telegraphy is taking. The Japanese are up-to-date, well prepared to fight the Russians in every way except their cavalry. Their horses are small and quite untrained, so our greatest fear is a dash through the country by the Russian horsemen. We would never know we were having war in Korea, if it were not for seeing a regiment or two of Japanese soldiers now and then. The Russian legation looks dark and deserted. The French Minister who has charge of the property, is said to have offered it to the Emperor for a temporary residence, but the Japanese would hardly allow that.

We are unable to get any stores from America as all firms refuse to risk sending their goods to Korea. We have planted our garden and are able to buy meat so we will have no famine till fall at least. We have butter, canned milk and flour to last us several months. If it comes to the worst, Dr. Allen can have a special ship bring us a supply of stores from China. As for our work, it goes on much the same. The ladies are not permitted to travel in the country at present altho' it seems safe enough and the people seem more anxious than ever to hear the gospel message.

April 23

I must close my letter and mail it today. The American guard left early this morning. I think some twenty stay, however, to guard the Legation. There seems to be no danger of mobs or anything at present. We are as happy and peaceful as you are this morning in Bellefontaine. We very much appreciate the inquires friends make concerning us. It is always pleasant to feel remembered. Please tell them so.

Lovingly your daughter,

Lulu E. Frey.

~ ~ ~

Seoul, Korea

May 10, 1904

My Dear Mother:

Yesterday a nice mail came bringing me a letter from both you and Georgia. I am glad to know that you have gotten the loan down to under $500.00. We begin to see daylight now. You will find it easier from month to month to pay 5 something than 8 something which you had last year. But does it not seem a pity to have more than half go for interest every month? Georgia said she wished you and she could go somewhere this summer and I was glad then I had sent you the money to go west in my last letter. I think I allowed a margin not enough, however, to take you both. I hope you will both arrange to go some way, for a few days at least, say start Monday from B[ellefontaine] and leave for St. Jo Saturday.

You had gotten the letter about my package. It probably did not reach you till long after the letter, for I think Mrs. Johnson was to have been in Japan two weeks or more.

We just finished two days session of mission meeting before Mr. Noble went home. We have all sorts of plans for the work not-with-standing the war. Our latest is to get a native Japanese minister over to organize a Methodist church among the Japanese who are pouring into the country.

You remember how May Lemon Stough's friend came to Korea & married Mr. Gillett of the Y. M. C. A.? He is very sick of Typhus fever. His wife had an accident a few weeks ago. We went to call and found her propped up in a chair with a broken arm. She was out riding on her wheel & in trying to get out of the way of a Korean she ran into the car track and was thrown on her arm, the ligaments were loosened, quite as bad if not worse than a broken bone. She is still helpless; can't comb her hair at all, so is unable to do much to help in nursing and Typhus is such a deadly disease that people can't offer help as they would like to. Miss Brown and Miss Wambold are both fine nurses and Dr. Ross is a young doctor who is also helping to nurse him. Dr. Avison is the doctor. With such good care and a good physical condition to fight disease with, we all hope he will pull through. This is the 12th day, two more days till the crisis comes.

Yesterday morning a Chinaman came to the door with a nice pair of walking shoes just my size. I said the Lord knew my need and sent them to me. I presume they came in someone's order and then sold them to a shoe man because they did not fit & he peddled them around among the foreigners. If you have already bought the shoes and hat and sent by Miss Pierce—so much the better—but if my letter reached you too late, you need not feel badly and imagine me going barefoot.

May 11

Dear Georgia—I'll finish my letter to you. Yes, Mr. Sharp is little but so is Alice—they are a nice couple. Mr. S. says Herman is not quite so tall as he—so is that not a case of the pot calling the kettle black? Don't forget to send me a shirt-waist pattern—Bust 34—on the next mail if you have not already done so, something new in style and yet practicable.

I've more to write but I'm already late for school so must close. Miss Paine is off for Jap-town. We are all well and as safe as you are, at present at least, and do not anticipate any danger.

With much love—

Lulu—

EWA HAKTANG,
GIRLS' SCHOOL OF W. F. M. SOCIETY.
SEOUL, KOREA
June 9, 1904

Dear Georgia:

Today is a beautiful day. We have had so much rain it seemed almost like rainy season except that it has not been hot. So we appreciate a day like this. We have not felt uncomfortable either studying or teaching. We may run school till the last of June and not take up so early in the fall. Next Sept. there are to be several nice things. We hope to have a Bible Conf. for the foreigners—a time of filling up. We get so drained that we feel the need of "going apart" for Bible Study and prayer. It is to last a week, then we have one day to celebrate the opening of Protestant Missions in Korea. It has been 20 years you know. The Comm. had planned a big affair of a week or ten days with many outsiders of note invited from different countries but the war has put an end to anything so big as that, so it is resolved to one day. The Presby. Mission North & South both have their annual meetings in the fall and the Southern Meth. as well. We always have school then and can't attend their meetings so perhaps by keeping school late we can have Sept. free.

You asked about Miss Bunting. Do you not remember the nice old maid at Mrs. Keen's who was so deaf? She has charge of the W. F. M. S. depot of supplies in Phila. a relative of Mrs. Keen's. Did you write to Mrs. Keen and she answered it?

Mother adds to her letter "The cruel war will soon be over."—How does she know? We think it only began. As long as there is any blood left in Japan they will not give up, and while the Russians have little patriotism they have numbers; to lose a thousand men is little when they have half of Europe & half of Asia to draw on. However we hope that the Japs may be able to drive them out of Manchuria. If they can drive them beyond Harbin it is all a vast wilderness or desert from there on and by destroying the R. R[railroad] the Japs can cut off their supplies. This is our only hope of Japan winning. We think it will be long but we are suffering no inconveniences except high prices. Don't worry about me.

I had a good laugh over the letter printed in *The Rep[ublican]* from the Juiney boy who signed himself Legation Guard at Peking. They had had a battle 10 miles from there and he had heard the cannon distinctly. They were 20 miles from Manchuria and Korea (I might invite him over to spend the day with me sometime but I remember it took me a good part of a week to get to Peking from Seoul). Pure fiction! Then he urged his mother not to worry—he was called to the front &c.—what have our Am. boys to do out here but guard the Legations? He was just stuffing his poor home-folks and having a laugh over it himself.

I'll be so anxious to know if you both go West and are back safely. Mother always gets sick away from home but if you go before it is too hot. I hope you are packing your trunks now I presume your school closes tomorrow—I am only guessing. I hope you got your waist in time for Alumni, and that you like it. Tell me how you made it up. I thought there was enough goods to make your sleeves most any way you wanted them. don't forget to mail me that shirt waist pattern I asked right away if you have not already done so I do not want to make up anything with an old pattern so I am waiting for the new one. New style belts and neck fixings are always acceptable if you can find anything that will come by mail. Miss Pierce will come out I think. Mr. Miller whom she is to marry seems to think she will come in July

Thank you for the "*Easter Services*" and the entertainment book you sent me. All suggestions of that kind are very acceptable.

I wish you could send me a dentist. My teeth are in a bad condition. We have dentists here twice a year but on account of the war they have not come. Of course if I choose I can go to the Jap. dentist but unless I am forced I'd rather wait. My hair is all falling out and next my teeth—these defects added to the ones I already have will not make you proud of me when I am home again. Next Spring I am due home but it does not look very encouraging now. However time will tell.

I am glad your exam is over. Mother said you had till the middle of May to study. Nice not to have it hanging over you all summer long.

Mother's letter of May 5th is the last one I've had. Write as often as you can and tell me all about yourselves.

I hope this will find you and mother as well as I am.

With much love to both—

Yours—

Lulu E. Frey

The Year 1907

Seoul, Korea
March 8,1907

Dear Mother,

Mail came in this morning bringing me a letter from Florence Le Sourd and Anna Colton but none from you. — I always feel, as if the mail had not come at all, if it does not bring me a letter from you. I am very busy now, especially since there is special effort to reach the people. We have been having revival work now for three weeks and have been seeing some wonderful manifestations of power. I am sending you an account of the work in Pyeng Yang, under another cover, also one for Bro. Swank and Mrs. Davies. It reads quite like the times of Wesley. Night before last, in our church, after a number of confessions of sin and earnest prayer, but no special manifestation, suddenly the whole church broke out in violent weeping and the meeting could not be closed until 11 o'clock. — At last night's, every confession was given with tears and again it was eleven o'clock. Some of our girls were too burdened to go to sleep, so came in to confess to us. — It seems a strange way God is leading us, but is most wonderful.

Today is Frank Dickenson's birthday, tomorrow, mine. — Wouldn't you like to give me a birthday greeting? Unfortunately, we cannot be in two places at once. The flesh often wants to be home with you, but there is so much to do here. I must stay as long as possible. I shall probably go out of the school, though I can see I am needed here, perhaps not so much as other places. Where to go, when so many places are open to me. — Someone is needed for the Bible Training School. Someone ought to go with Mrs. Sharpe in the South District. Miss Miller goes home next month and someone ought to take her place with Miss Marker in Chemulpo. Then someone is needed for school-work in the North. As I am the only available person, I am asked to go to each place.—I think

I will go with Miss Marker in Chemulpo for the coming year—Work—blessed work! Is there anything better for the mind than work? Though the body gets……

[rest of page is cut off and rest of letter is lost]

~ ~ ~

Yeng Byen
June 13, 1907

Dear Mother:

After deciding not to come north, Miss Estey sent me a telegram and so here I am. I left Seoul Tuesday A. M. 8:30 & got into Pyeng Yang at 7 P. M. stayed all night there and then took the train for Anju getting there after a four hours' ride at 11:30. There I took a jinriksha for Yeng Byen reaching here at 8 P. M. Wednesday. I stay till Monday when we all go to Pyeng Yang and from there to Seoul for Annual Meeting Tuesday. We will be one day late for the Conf. opens in the morning & we cannot get there till evening. It is beautiful up here among the mountains in the most Northern province of Korea. Dr. Leonard of our board from New York came up yesterday. We all go off to see the sights today. There are many interesting & noted places up around here. I came especially to see the house site. Miss Estey hopes to build next year. Mr. & Mrs. Morris, with whom Miss Estey boards, are the only other foreigners in this out of the way place. No doctor at all. Mrs. Morris' experience when their baby was born is most terrible to think of.

I came off as I said in a hurry. The evening before I received the P. O. office notice that there was a package for me, duty 77 sen. I presume it is my dress but I had no time to send for it as I left so early the next day. It is just in time for Annual meeting.—Won't that be nice? I just got a pongee skirt & jacket suit finished by the Chinese tailor, so I am all right for clothes. I hope there will be American mail when I get back to Seoul. I think of you now as being in Boston with Georgia, but when you read this you will both be back in Bellefontaine. Does Georgia go to Lakeside for the summer? I do hope you are enjoying your Boston trip and will not get sick. We are having a most lovely June in Korea, but I presume it will be hot enough next week when the house is full of company. We entertain seven ladies & one baby & our own family number five. Mansu has been off sick for a couple of weeks & was not back yet when I left Tuesday. He has not been at all well ever since I came back from America. He is our cook, you know.

I have not written a word of my report yet and this is Saturday. I hope I may have an inspiration this afternoon, for I'll have no other time till I get back to Seoul & then I [will] be in the midst of things and be too busy to attempt to write.

June 20

In the midst of Conf. home again. I will just close & send you. I am wearing my pretty new blue dress today. Wish I could afford them oftener. It is such a delight not to have to select or plan the making. It is missionary work for you to relieve me of it.

With much love—

Yours

Lulu E. Frey.

Seoul, Korea
July 23, 1907

Dear Mother:

Dr. Cutler prayed in our morning prayers this morning that our friends at home might not be disturbed by the newspaper stories of the trouble out here. I said afterward, "Mother thinks I am safe in Chemulpo"—but you will soon get the word that I am still in Seoul. We have been having it rather lively for several days. It is hard though I'm on the spot to get the straight of the affair.

You know the Korean Emperor without saying "May I" to the Japanese sent representatives to the Hague to intercede for Korea. The Japanese were quite indignant over this and evidently intend to punish the Emperor. Three demands are said to have been made. 1st that the Emperor go in person to Japan and apologize, 2nd that he give up the throne to his son (who, by the way, is an imbecile), 3rd that he sign the treaty the Japanese made out last November. The people were so indignant that great crowds gathered around the palace gates last Friday the 18th. We heard shooting before the day was over both Japs and Koreans having fire arms & numbers of both were killed & wounded. The rioting has kept up for several days. Several large fires have occurred. The Koreans setting fire to the homes of several of the new members of the Cabinet who are of course pro-Japanese. A ceremony of some sort took place on Saturday. The Koreans claim that the Crown Prince was made Prince Regent & the Emperor has become the Retired Emperor while the Japs say the Crown Prince has become Emperor. A cable from Japan to the Prince congratulating him came.—The Koreans refused to answer it as though the Crown Prince were Emperor, and several members of the new cabinet because they agreed with the Emperor & Crown Prince on that point, were cast into prison yesterday.

I've gone through so much of this sort of thing since I've lived here in Seoul that I do not feel the least disturbed. Miss Marker has wondered that I've not been excited.

We are holding a Summer Institute for our day school teachers, so I'm teaching every day, besides the regular work for the school & place. What are you doing?—I sent Georgia the waist for her dress. I hope she has gotten it all right.

With much love—

Lulu.

I am sending you $10.00 to pay for my green dress, the one you sent by Miss Estey. Have you yet received the $40.00 I sent before I went to Shanghai—By Post Office order?

September 30, 1907

[To Georgia]

[The start of the letter is missing.]

Your letter not off yet & none to Mother lately. I fear she may worry so get her a card off saying I'm alive. I still have a little fever and get tired very easily. I go to school for my classes and then back to my rooms for meals & rest. I wish you could see my rooms.—I have taken the room we had for a study upstairs last year for my bedroom because it is nearer Miss Marker's bedroom & have made our bedroom the study & it is better for it is nearer the girls' dormitories. Both rooms have been repapered & all looks so different that there is little to remind me of the past—it isn't painful any more to think of it anyway.

My environment is all I could ask. Miss Marker is so capable and so optimistic. Mrs. Ha is a jewel & I feel our school is going to be a success—if I were only strong enough to do all I am ambitious to do. If I can just get out of the hands of my doctor & nurse! Miss

Edmunds, just as I get interested in doing something makes me go & lie down. I hate to ask someone to do everything for me and for that reason your birthday present is not off yet, though I've had it wrapped up for two weeks. If I could only hold your birthday off in the same fashion—but I can't—let's see you will be 25 this time.

I wish I could hand over to you these two beautiful persimmons I have on the table before me. They are so delicious.

We are having the most exciting time with thieves and are proving the benefits of having the Japanese in our midst. They are Japanese and altho' two or more of the foreign houses are entered nightly until the list has grown to about twenty, the Japanese police are not able to catch them—they are able but apparently do not want to. Of all of the Masters of the Academy I think the oftenest of the one with whom I discussed the Japanese question. I have wished I had him here to show him a little of what our people are suffering at their hands. Some parts of America & Canada I see are having about enough of them. I do not sputter like this out loud for it is policy since we have them to deal with to get along peaceably with them & in many ways I admire them. But they hesitate at nothing to accomplish their end they may have in view. Some think they want to drive us out. In fact the attempted murder of two of our number have made them leave Korea. Well my paper is filled so goodbye.

With love—

Lulu.

The Year 1908

Seoul

June 25, 1908

My Dear Sister Georgia:

I've been so busy I feel I've not half answered your last letters. I do appreciate the fact you are sending me a box. I'm sure it will be a nice one though you say it is not large. Miss Burpee says she thinks she ought to be present when I open it. She is very nice—remembers Homer very well she says. She is our community nurse but Dr. Avison claims her time when the foreigners do not need her. That is how she happens to be in a Presby. Hospital. I'll write the ladies when the box comes.

I am sending you a bunch of invitations & programs to let you know what we have been doing lately.—The girls are about weeded out only about 15 left—perhaps 20. How it is raining [much] too cool for the rainy season

Our Commencement was just fine from beginning to end—these are the days of first things and I did not really expect the girls to make me so proud of them. Next year we will have a class of perhaps 12.—Our music was just fine—no thanks to me of course for Mrs. Miller who was once Miss Pierce of our W. F. M. S. worked hard to train them. They sang the four parts—really it is wonderful how the Koreans can learn music when they have only two native tunes.

I am some better I think, though it is hard to tell if some extra worry comes along—I collapse. I never used to be this way, but of course I need not expect to get well in a day.

I enjoy wearing the shirt waists & other things you send me. Am almost ready for another veil. The damp weather is hard on them. They get sticky & stringy in a much shorter time than at home. Perhaps you can get a kind that hasn't so much glue in it.

I have enjoyed the Gen. Conf. Advocates (daily). If you have never read them I advise you to take it next time, it is so interesting to read the proceedings taken verbatim, nearly as good as being there. Of course they are nearly a month old when they reach us.

I hope you are having a pleasant vacation. Mother is happy in the old home, I presume. She can't get weaned from it as easily as a younger person can.

With lots of love—

Lulu.

I wish you would go to see Mrs. Paine someday. She was so good to us.

~ ~ ~

Ewa—Seoul, Korea
November 2, 1908

Dear Georgia:

I'm just home from a call at the Chinese Consulate. I wish you could have seen the pretty embroideries and the lovely chrysanthemums. Now is the season & everybody is raising them except us. I haven't had time to go out and buy any. We went also to the German Consulate. They have a beautiful large residence—tile floors, high ceilings & rich furniture. Our poor little Legation looks insignificant in comparison. Uncle Sam does not put much in his foreign buildings.

I've been quite gay this week for a semi-invalid. Saturday I went to a garden party given in the palace grounds by the Japanese Red Cross Soc. in Korea. After speeches galore we heard the fire bell begin to ring & we ran to find a large framework with paper front painted to represent a house. The smoke was coming up behind & soon all was in a flame. The fire department arrived and the door was burst open & Koreans came running out at full speed some fell down apparently exhausted, others were rescued then appeared the relief corps with stretchers and they were carried to a temporary hospital ward. Nearby over a gate, we saw "Temporary Red Cross Hospital." We passed from ward to ward & saw the victims bandaged up in various ways. In the operation room we saw them do the bandaging with all rapidity just as if it were all a real emergency. The doctors, nurses, & patients all played their parts to perfection. They even had the news boys on the scene with the latest about the fire in both English & Chinese. Besides this there were bands of music—Japanese & Korean side shows. And of course the eating at the end—tea, sandwiches & cakes.

The week before I went to the opening of the new hospital. That was a big affair—Japanese—A thousand sat down to dinner in a big tent beautifully decorated with paper flowers—The hospital is a government enterprise built by the Japanese at Korea's expense 600,000 yen 300,000 dollars. It takes some of the pleasure away when I think of the money they are using in various ways making Korean more & more indebted to them. They can never free themselves. It is pitiable. Tomorrow we go to the Japanese Consulate Residency they call it to a garden party in honor of the Japanese Emperor's birthday. Last year it fell on Sunday so we could not go but this year it is Tuesday. I am so glad to be well enough to go a little. Miss Marker & I had planned to go to Japan for a week or ten days, but I am afraid we will be disappointed for Mansu is sick & I was depending on him to buy and attend to Kimtchie making for me. I do hope he will be better in a few days. He will not live many years at the much & what I shall ever do without him, I do not know. He is so faithful. We have not used him in the kitchen for some time on account of his health.

Sunday we had a little diversion at our foreign service. The Salvation Army have lately arrived, three couples & one lassie. They are English & very nice people not illiterate like so many of them. They can sing so well.—

I hope Mother is with you and well. I had a nice long letter from her today. Will answer it soon.

What are you planning to do this winter?

Tell Homer I am trying to teach a class in Physics. I take the girls over to the boys' school once a week for experiments because Ewa does not own any apparatus. Someday I hope we will have.

The Mission box has not yet arrived, though I've heard it has been trans-shipped from Japan. Will write you about it. Miss Burpee asks to be present when I open it because it comes from Dorchester Church.

I feel so sorry that Miss Paine's mother is gone. Her father too was very low. She has heard nothing since. She is on a country trip. I think she will be up for our Thanksgiving dinner. This pen is too hard for this thin paper.

Yes—I presume it is best for me to stay here I am not thinking of going home until my furlough is due. I want to round out at least one more term of service on the field. I presume I am quite as sure of my future as anyone. None of us know what awaits us. I am sorry Mother worries about me. She writes me to not write if I am too busy & then worries for fear I am sick if no letter comes. I try to get a letter off to one or both of you once a week.

Well good bye—

With love—

Lulu.

The Year 1909

Seoul, Korea
May 6,1909

Dear Georgia:

Your letter reached me yesterday telling me of your various April fools. They certainly were "April fools" for no one expects anything nice on the 1st of April.

My—. How I wished I could have a ride with you over the pretty hills around Milton. Someday I expect to see carriages rolling over the streets of Seoul. There are a few but all private; none to rent. In Shanghai one can rent a carriage all afternoon for almost nothing. I remember running up the street one day to get a sight of a real horse and carriage. Then I just laughed to think of what people at home would think of running to have a glimpse of a horse & carriage.

These are busy days with us now—the home stretch. We have our outdoor sport on the 30th of June—"Founder's Day"—then our Commencement the 17th of June. That is well on the way, though the "returns" are not all in. I hope we are. Minister Mr. Summons may consent to give us the main address. Bishop Harris will give the Baccalaureate for us. Etta Snay has sent me some music which came today for Commencement. By the way—Ella's husband's father has married Etta's mother!—Tell Mother about it. Tell Mother too that I am so ashamed about that book I promised to send her. I went to the bookcase to look for it and it "was not."—I have a faint remembrance of someone borrowing it but who I do not know now. If it turns up it will go on its way rejoicing. The Editor who is spoken of in Homer's book I sent (Mr. Bethell) was buried last Sunday—died of heart trouble—the whole hillside was covered with Koreans who felt he was their friend.

Mr. and Mrs. Swearer came last night. He has quite recovered his health & we are so glad to have them back. They will go to Kong Ju again. The work is so wonderful in the South.—Where is it not? All over Korea our churches are filled. How we need workers. Can't you and Homer bring Mother & come?

One more month and your time of waiting will be over. I wonder if you have gotten the little pillow cover yet?

Give my love to Mother & to Homer.

Yours with love—

Lulu.

The Year 1917

Choong Ju, Korea
October 16 [1917]

Dear Georgia:

I am transported 20 years back in my experience as I start out this morning to the farthest point on my territory. I have traveled by 'ricksha' every day walked 5 to 10 miles besides, for many places the roads will not be wide enough for 'rickshas.' This morning I'm in an old-fashioned native chair, a box-shaped affair with curtains on 4 sides & poles underneath. I sit cross legged and when they let me down to rest I write a few lines to you. I do not know if you can make much out of it, but I really have no other times to write. Yesterday I went to two places. We had a great time getting home. I was away in the valley & it got dark at 6 o'clock. We had about three miles to follow the trail to get to where my faithful ricksha man was waiting. I brought him from Seoul & he is always devotion itself to me. It was late & dark & he was anxious so came to hunt us, my Bible-woman and me. I said, "Where is my bag?"—I had left it in his care in the ricksha. He said the "Mapoo" came by & was waiting at the ricksha with his horse. He is the man who furnishes the pack pony for my load. He had his horse grazing out on one of the hills several miles away and happened along our road. Can anything ever just happen to us? His coming could not have been more timely for we had no light and a rough unknown road to travel. We found him waiting and as he walked behind leading his pony he pushed, pulled back, or steadied the ricksha as the need required. At the ferry we were able after much begging to buy a lantern from a man and so got home safely. My cook had waited my dinner three hours. You would laugh if you could see him cooking on the door step. A basket of supplies & a few kitchen utensils & dishes, and a burned charcoal fire pot are the outfit. These, excepting the latter, with my bed, bedding & clothes are the pack the pony takes from place to place.

After a nice rest under a big tree we are off again. I have three men and my ricksha man. Two with strops over their shoulders walk in front and behind & carry the chair. Every once in a while they call out "rest" and then the other two men run a pole side ways under the chair & suddenly raise me into the air & rest the two chair bearers. It is a decidedly unpleasant experience. They seem to get a lot of fun out of my rickshaw coolie who doesn't know how to do his part as he has never tried chair carrying before. They are anxiously looking for the man with the pack pony who is coming somewhere behind, yet quite out of sight. They hope he will take the place of the coolie and let him lead the pony. He is much stronger. Now I'm in the little "Way side Inn" such as we have all over Korea. The little 8 x 8 room is fairly clean and I am comfortably waiting for the cook who had not quite finished my lunch so I did not wait for it.—(Ran out of ink at this point.) Here it is so I'll be hungry no longer. I do get so tired of lunches. In fact there isn't much to fix. I've chicken today, however, & deviled eggs and an apple and it all tastes good. My cook is not the one I had last year. He is Mr. Burdick's and has traveled this district many years with him. Mr. B is now in America on furlough. If I find him satisfactory I'll keep him as Mr. B. has been Dist. Sept. on the district 6 years & will probably be transferred to some other district.

I could have come all the way here by auto, tho' it is a three day's journey for the pony. I sent my load on ahead and then I went to Chemulpo to see Miss Hillman. She is sick and has gone to Japan for a good rest and osteopathic treatment. She has had to give up her work on the Won Ju Dist. and go back to Chemulpo to live with Miss Miller. She left on Wednesday and I went down the Friday night before. The next morning I took the train for Suwon and got the auto there. On the train was my doctor who operated on me. He said he thought it very courageous of me to go country itinerating—"very ... well I'll say only, courageous." He doubtless meant fool-hardy, but you see I get along fine. God gives me special strength I think. I never was much of a walker but when necessity requires I can walk very well. In the mornings quite well—at night I might be taken for a drunken man. The Koreans take good care of me. That is what my grey hair does for me. I came by auto to Yechun and changed for another to Chang Ho Won. There some of the faithful women awaited my coming. I traveled that circuit and the adjoining one and then came by ricksha on here making two stops on the way. I took a dreadful cold before starting for Chang Ho Won and when I got way up in the mountains a day either way by ricksha till I could get an auto for home, I was quite sick. I had held a little meeting with the women—the men listening through the open door in the adjoining room. In the night I found myself gasping for breath and my breath gone. I remembered last year when I was a week in bed without any relief, with the same kind of a cold. I knew I could teach no more in this state, but I resolved to go on as I had planned [to] make one more church on the way to Choong Ju instead of going back, and then if when I got to Choong Ju I was no better, I'd go home. I knew it was the Lord's errand I was on and if he wanted me to go on he could make it possible. I used my voice as little as possible on the way, visiting one church, spent a quiet Sunday in Choong Ju, and yesterday I was quite comfortable and as I say visited two village churches, and am on my way up the mountain as I had planned. I've never visited this place before but if the people are as nice as the mountains are beautiful I'll feel repaid for the long trip. The mountain streams and the winding path up the valley between the mountain peaks, and the golden rice fields terraced up the mountain sides, and many colours of flowers & autumn leaves make it all a wonderful sight and as I look down from the heights on the little villages so beautiful in the distance (tho' in reality they are very dirty) I think of a verse in the Song of Solomon which says, "Look from the top."—If we could always get above everything that is coarse, common & low in life & look at it from the height, see it all as our spirits rise above these things, even trials & troubles would be beautiful.

I must be on my journey again: To think I've written all this & haven't said a word about that new nephew of mine. I feel quite rich to have another one. I'd like to have my mail but must wait till I get back to civilization again.

The men have stopped and are puffing their pipes contentedly as they sit on their haunches. As I was starting from the Inn the people gathered around the chair, one woman said, "Have you any sons?"—I said "No but I have many daughters" and she said "Dak hara!" (What a calamity!). It is no use telling them I'm not married &c. for they can't understand it at all, I meant the school girls. When I think of their custom I do not wonder they want sons for the sons bring their brides to their Father's house, but the daughters go into other homes. It is very strange to them that the young people in our country start homes of their own.

Back in Choong Ju after three days' trip in the chair. It is a great thing to go up into the mountains and see the little groups of believers. It seems as tho' there is so little I can do for them. We have a "Home Study Course" and I inspire them to study and examine them in it, give passing cards to them each year. The first year is the hardest because I find so few who have learned to read & of course that has to be learned before anything else. They commit the Lord's Prayer, Apostle's Creed & Ten Commandments & know how to read their Bibles & write their names. The second year they study Mark's gospel & a little book "Advice to Mothers" on the care of children and recite the 23rd Psalm. Each year is a little more difficult.

Tomorrow I am taking the auto to Kong Ju and will spend Sunday there while my load gets to my next destination.

Kong Ju, October 20

I had a very nice trip yesterday. Made good connection on three auto lines leaving at 1:30 and reaching Kong Ju at 8:30. Their auto lines are most convenient. I think Mr. Ford would blush however if he could see some of them after they have undergone changes at the hands of the Japanese. A hand rest is put in the middle so that the space is enough to just to squeeze in, knees touching the seat in front. To get in the back seat one must climb over the wheel. The cover of one yesterday was white canvas and the whole thing rattles like a threshing machine, but we get there just the same & much appreciate this mode of travel in our work. I presume they are all second-hand machines. The roads are fine—winding up over our mountains make the rides most interesting.

Another auto ride and a train ride gets me to my next point. My load is slowly coming today over the mountains a two & half day's journey. My cook is going to Seoul Monday for fresh supplies of food and will be back by the time I get there Monday evening. This is a rather long & disconnected letter & only you who are used to my scratching can read it, but it may be interesting to your N. E. ladies as they give me 25 dollars a year itinerating money, which I much appreciate.

I am enclosing a few letters I've received since I left the school. You can see what is going on there while I'm away. They are too private I fear for any eyes except yours.

I thought of your birthday as it passed & was sorry I'd not sent you a present. My love in an unlimited supply is always yours. Kiss the babies all around for me. Myra must be a big girl. Can't you send me some more snap-shots just to keep up with the progress of the family?

With much love—

Lulu E. Frey.

The Year 1918

Ewha Haktang
Seoul, Korea
March 11, 1918

Dear Georgia:

How the time flies. I wonder if I answered your last letter. I wrote you one in the country but have been on the trot since and am off for a few days' country work tomorrow, again.

March 9th was my birthday and I was 50 years old. The Koreans could not wait till I was 61, the time they especially celebrate, nor till October when I would be here 25 years, but must have the celebration now and they certainly did it up brave. At six thirty the night before, a surprise dinner party was given in the home by the other ladies inviting 4 Korean English-speaking men & their wives, 3 of whom were old Ewha girls. This was quite an aberration because it is contrary to custom for a man to walk out with his wife or ever eat with her. It was lovely & they enjoyed it fully, & so did I. The next morning at six, the girls sang two songs outside my door—double quartette. At 12 they brought me a beautiful silk suit of clothes & did my hair up in Korean fashion & put a funny little bonnet affair on my head. I was pronounced beautiful & so young by the Koreans. Unfortunately, the foreigners couldn't see it that way but said, "Was I only fifty?" & such remarks, but the Koreans were immensely pleased & that was all I cared.

A big Korean feast gotten up by the school girls after a little program in the chapel. All the mission & near friend[s] lined the sides of the long chapel & the school girls filled the centre, about 200 all dressed in beautiful colors. A picture was taken but it will never show up in a picture. The girls sang a special song about me & bowed Korean fashion. I got a beautiful Bible & several silver things presented to me. Then at 4 o'clock I went to the church to another affair gotten up by the church people. I had planned to be myself & had put on my black taffeta suit & my new hat Martha sent me but they sent up special word for me to wear the Korean clothes so I did, & after some more speeches I was presented with a beautiful table of brass dishes. They are lovely.—Of course I had to make a speech, which you know I enjoy so much doing, and when it comes to doing it in Korean, it is a double dose, but I lived through it. Wish you could see all my pretty things.

With lots of love—

Lulu E. Frey.

Last Journal(1919~1921)

1919

On this the last day of the year 1919, I want to write the foreword if I may call it so, of the journal I am to start. I am in Milton with my sister Georgia spending my furlough year. I left Korea the middle of August. The Korea trouble was then going on & still is, and I am impatiently waiting the time to come when l can return. Two weeks with Georgia in Main[e] in Sept. then two weeks here. On my way to Cincinnati Br. I stopped in N. Y. and enjoyed meeting old friends again. Miss Hulbert took me in and gave me a taste of Columbia Teacher's classes & Mrs. Chaffin the classes at Dr. White's Bible School. Miss Estey who was sick in Korea & came home with me was in N. Y. for Branch Annual. I met Mrs. Jones again and many of the New York Br. people. I visited Mr. & Mrs. Rex in Penn. then Mrs. Pierce in Washington. Saw Marcella at the Training School. On to Cincinnati Br.

Oct. 18 & was with Miss Hillman. Saw Brownie & Miss Renick. Stopped off at Dayton & saw Lottie Case's happy family, Charlotte, John, Elizabeth. At Bellefontaine I met many old friends, was beautifully entertained at Mary's. Her new daughter in law's name is Virginia. Martha has a nice family.

Came back to Boston for Er. Er last of October 27–Nov. 4. Stayed by at home quietly till 12th of Dec. when I went to New York with Miss Estey for her operation. It was delayed. I stayed with Miss Hulbert [at] Edgewater and attended some of the lectures at Columbia & Union Theological. Also with Mrs. Chaffin, Dr. Whites, visited Mrs. Lamprey at Sea Cliff. She has 3 dear girls—Nellie Ruth 4, Mary 3, Gladys 2. Went to Philadelphia & was entertained by Dr. Jaisohn's family. Stephanie is married to Warren Hardican & has a dear little boy Philip Jaisohn Hardican. The second girl they call her Wee. She is in high school, senior year. They live in a beautiful country home at Sicane, Pa.—I stopped at the hospital to see Miss Estey and called on Mrs. Campbell at 697 W. End Ave. (Phone 5887) and had a delightful visit. Went back to Boston for Christmas and had a happy time with Homer, Georgia, Myra, John & dear little Billie. Spent the next week in bed with a sore throat & fever.

~ ~ ~

1920
January 1

Have finished reading one of my Christmas presents, "The Three Things." Not real well I've just read & written all day. Letters to Mary Colton, Mr. ○○○○○, Marcella, Dr. Rhee, Dr. Jaishon[Jaisohn] and others. Had two letters one from Brownie & one from Miss Estey. Miss E. was to have had her operation yesterday & God was so wonderfully meeting her need.

~ ~ ~

January 4, Sunday

Attended the services at Tremont Temple and heard Melville Trotter, the Evangelist whom they say is second only to Sunday. He preached on "We Know" I John 2:3 Rom. 8:28 and II Cor. 5:1. He is a not her of those Evangelists the fruit of Pacific Garden Mission.

~ ~ ~

January 9

Today word reached me that Induk had been arrested again. I've not been able to think of anything else knowing how cold it is in the prisons & what they suffered before. But tonight God comforts me by showing me that she is in His care & what comes to her is between Induk & God. Then I could pray for those who are wronging her & the words came to me that through this uprising in Korea would come the salvation of the Japanese people. Just as God often lets a person sink to the depths in order that he may see himself and his mind, so He will meet this nation. Wouldn't it be wonderful?

January 16

This is the first day of National Prohibition. It is wonderful that I should live to see it. At least our nation is all right, but they seem to have a hard time deciding upon signing the Peace Treaty. Last night I attended the O. W. U. banquet and saw many graduates but few whom I know. Dr. Hollington (1892) was chairman. Mr. Powel & Mr. Coons two N. E. Preachers and Bishop Hughes are alumni. On the 11th, Sunday, a Korea meeting was held. Mr. Beck and Dr. Rhee were here, but I did not get to talk with Mr. B. I also saw Miss Albertson's brother here. He, by the way, is an O. W. U. boy. Letters from N. Y. today tell of Miss Estey's remarkable recovery. I do hope she will be free of pain. Her operation was the 31st of Dec.

January 23

I am leaving tomorrow for N. Y. on my way to Clifton Springs, I wish I had gone before I lost my pocket book with 50 dollars & my glasses, but I presume someone needed it more than I do. I hope it filled a need in some life. Word from Korea says Mrs. Barnhart has small pox and they fear she may take ill. Induk is still in prison in Tai Ku.

February 1

I arrived in Clifton Springs last night in company with Miss Estey. Will not know till tomorrow just what my program is to be but suppose it will be talks of various sorts. I had a nice six days in N. Y. Saw Miss Hulbert, Mrs. Chaffin and Miss Bair, also Miss Meyer, Miss Eva Hardie and a Miss Davies (Dr. Davies' daughter of Bellefontaine) who is to marry Dr. Adam's son of Tai Ku. Mr. J. Morris was in the city but no one could find where he was stopping so I did not see him. I stopped with Mrs. Deming. Mr. Deming sails the 19 of Feb. from Vancouver, also Mr. Morris I understand, Miss Brownlee sails the 20th from San Francisco. Mrs. Worley from Foochow called on me this afternoon. Miss Anna Wells of West China is also here at the Sanatorium. They certainly have good things to eat here. Went to Methodist church this morning & heard a good sermon on the "Passing of Fear" Prov. 29:25 Pastor, J. Homer Slutz.

1921

January 14

It would be impossible to write all that has happened between these dates but I will briefly tell. I left C[lifton]. S[prings]. apparently well the 30th of April went to Gen. Conf. & stayed till the 17th. Then visited friends in Chicago, Indiana, Ohio, West Virginia & Penn., meeting Homer the 3rd of July in N. Y. Sometime in June I noticed a small lump on my breast and intended asking advice from Dr. Hirst in N. Y. but missed him by one day.

In Portland I was examined Aug. 15th and was operated on the 20th in Boston in the Deaconess Hospital by Dr. Brewster. I was taken to the Milton Hosp. to convalesce. Was 13 days in the Deaconess Hospital & 3 weeks in Milton then went to Georgia's. Since then I've been having X-ray treatments every three weeks. It has been a terrible experience but God has been with me & helped me. Many times all I could do was to say, "What time I am afraid I will trust the Lord."

Tonight the message in Josh. I comes to me: "I will not fail you" "Be of good courage, be not dismayed." —I am in New York at Dr. White's training school just to get my mind on something else beside myself. I saw Dr. Avison today and he examined me. He tells me he has an X-ray expert and new apparatus to take back with him in February.

[In another hand in pencil: "Lulu's last diary brief summary of furlough—"]

기타 서신

Lulu E. Frey

지네트 월터가 미국의 친구들에게 (1919.01.09.)

이화학당
서울, 조선
1919년 1월 9일

친애하는 친구들에게

미국에 있는 여러분이 독감으로 고통을 겪고 있는 요 몇 주 동안 우리는 그것을 잘 피할 수 있어 감사할 뿐입니다. 마지막 편지에서 여기는 유행병이 거의 지나갔다고 썼는데, 그다음에 찾아온 것은 김치 만드는 일이었습니다. 그 옥외 작업은 이미 허약해진 소녀들에게는 추위에 엄청나게 노출되는 일이었습니다. 여러 날 우리는 그들을 제외할 계획을 세우고, 힘든 일을 도와줄 사람을 고용할 돈을 마련했습니다. 마침내 우리는 집으로 갈 수 있는 모든 여학생을 보내기로 결정했고, 그들의 식대로 쓰이던 돈으로 도우미를 고용했습니다. 기숙사에 남아 있던 학생 누구도 재발하지 않았고, 비록 집에 다녀온 몇몇은 다시 아프기도 했지만 병이 도지거나 죽은 사람은 없었습니다.

병이 유행하던 어느 날 한 노부인이 나를 찾아와 함께 자기 집에 가서 손녀딸을 봐달라고 청하더군요. 하지만 내가 그녀를 만날 시간을 내기도 전에 그녀는 떠났고, 나는 그 부인이 어디 사는 누구인지 알아내는 데 어려움을 겪었어요. 마침내 내가 한 번 방문했던 집인 것을 알아냈는데, 이 작은 소녀만 제외하고는 모두 신도가 아니었어요. 아이는 병이 심했고, 고통 속에서 자신을 위해 노래해줄 외국인을 찾았던 것입니다. 내가 그곳에 당도했을 때 이 작은 생명은 거의 사그라들고 있었고, 열은 맹위를 떨치고 있었습니다. 나는 그 아이를 간호했고, 다음 날 그 애는 한결 나아 보였습니다. 아이의 가족은 너무 감사해하며 이렇게 말했어요. “당신이 이 아이를 낫게만 만들어주신다면 우리 모두 신자가 되겠어요.” 나는 최선을 다했지만 작은 소녀는 결국 의식을 회복하지 못했습니다. 우리는 그 아이가 기독교 학교에서 배운, 또 그리도 듣기를 원한 노래들을 불러줄 수 없었어요. 하지만 그녀의 마지막 말은, 자신에게 사랑하는 법을 알려주신 예수님을 믿어달라는 가족을 향한 간청이었지요. 아이는 가족에게, 그들이 단지 하나님을 사랑하기만 하면 하나님이 자신을 낫게 하실 것을 확신한다고 말했어요.

선교회는 작년과 마찬가지로 가을 생쥐통을 여는 연례 행사를 해서 9달러 정도를 모았습니다. 그 돈으로 쌀과 장작을 사서 크리스마스 때 가난한 사람들에게 나눠주는 데 사용했어요. 티켓을 받은 가난한 사람들이 와서 한 끼 식사를 마련하기 충분한 쌀과 장작을 선물로 받아 가는 모습을 여러분이 모두 보셨으면 좋았을 텐데요. 그들에게는 이 식사가 오래 기억할 크리스마스 저녁이 되었겠지요.

작년에 여러분에게 말씀드린 것 같은 크리스마스트리와 프로그램이 올해도 있었습니다. 하지만 일요일 저녁에 학생들이 연 크리스마스 음악 프로그램에서 우리 모두가 받은 영감은 결코 잊지 못할 것입니다. 교회는 조선인과 외국인으로 꽉 차 있었습니다. 새 파이프오르간이 연주되기 시작했고, 바깥마당에서는 “기쁘다 구주 오셨네”가 들려왔어요. 흰옷을 맞춰 입은 두 합창단이 기쁜 소식을 노래하면서 회랑을 행진했어요. 파이프 오르간이 여학생들에게 영감을 준 것인지, 아니면 특별히 노랫말의 의미에 관심을 둔 덕인지 몰라도 학생들은 보통 때와 다르게 사람들의 마음을 울리는 노래를 마음껏 불렀습니다. 꽉 찬 실내는 으레 어수선한 법이지만, 이 여학생들이 노래할 때만큼은 바늘 떨어지는 소리까지도 들릴 정도였고, 앞마루에 앉은 어린 소녀들은 입까지 벌리고 집중했습니다. 미국 총영사의 어머니는 여든한 살의 노인인데 이렇게 말씀하시더군요. “난 그들이 하는 말을 한마디도 알 수 없지만 마치 이해가 되는 것 같아요. 사람들이 저렇게 주님을 찬양하니 우리 주 예수님이 얼마나 기뻐하시겠어요.”

이 프로그램의 결과로, 배재학당 당장인 신 씨가 우드 양과 두 명의 여학생에게 그와 함께 가서 남감리회 본영 중 한 곳에서 부흥회 모임을 갖자고 부탁했어요. 여태까지 노래 부르는 것은 그저 여흥에 가까웠고, 복음 찬송은 행해진 적이 없어 그것은 새로운 모험이었습니다. 하지만 신 씨가 그런 찬송을 이롭게 사용하는 법을 안다고 생각해서 여학생들은 갔고 사람들은 감동을 받았습니다. 헬렌 김이 “주님은 누구도 멸망하기를 원하지 않네”라고 노래하자 한 노인이 흐느꼈고, 그는 나중에 일어나서 그 노래가 얼마나 자신의 가슴에 와닿았는지 말했습니다. 이제 여학생들은 그와 같은 감동을 줄 찬송가를 찾아 조선어로 번역하는 데 관심을 갖기 시작했어요. 남감리회 학교의 선생님 중 한 사람이 말했어요. “이 두 작은 전도사의 영향력이 우리 기숙사에 번졌습니다. 그것은 내게 고등교육이 가치 있음을 보여주는 증표가 되어서, 우리 여학생 중 몇몇은 이화에서 대학 생활의 기회를 갖도록 할 계획입니다."

올해는 크리스마스 선물이 많지 않아서 집에 가지 못한 학생들에게만 꾸러미를 주었어요. 학생들은 산타의 선물이 적을 것이라 이해하는 것 같았고, 모두가 자신이 받은 것에 대해 보통 때보다 더 감사해했어요. 몇 년간 기다려온 잠옷을 받지 못한다는 건 크리스마스 기분을 포기하는 것일 뿐 아니라 진짜 희생이지요. 여러분 모두가 다른 요구도 많았을 올 한 해 보여준 노력에 큰 감사를 전합니다. 여학생들이 트리 옆에 모여 있을 때, 그들은 미리 준비한 작은 연극을 선보였습니다. 우체국에서 우편물을 찾는 사람들의 모습을 보여주는 연극이었지요. 어떤 이들은 양팔 가득 가졌음에도 적다고 불평했지만, 자기 어머니의 건강이 나아졌다는 엽서만을 받은 아이는 기뻐하면서 행복하게 돌아갔습니다. 보시다시피 우리 역시 선물이 없는 크리스마스 정신을 누렸답니다.

학교 일꾼들과 가족들을 위한 트리가 저에게는 크리스마스의 가장 행복한 이벤트였습니다. 남자 하인들과 그들의 아이들이 프로그램을 진행했는데, (얼마 전 읽는 법을 엄청난 노력 끝에 배운) 하인 하나가 크리스마스 이야기를 읽었고, 그의 다섯 살 난 작은 딸이 아버지를 올려다보며 이렇게 말했어요. "어머나, 우리 아빠 잘 읽지 않나요?" 열두 살 난 한 소년은 단독으로 노래하다 음정이 약간 흔들렸는데, 그의 아버지가 초조해하며 옆에 앉았다가 그를 도와주려 했습니다. 하지만 아버지는 한 번도 제 음정을 맞추지 못했어요. 각자 자기 가족들을 뽐내면서 아주 뿌듯해했습니다.

지난가을 우리 학교는 정식 인가를 받았고, 이제 정부의 규제 아래 있습니다. 이 일은 글로 쓰면 모두 좋아 보이지만 우리 입장에서는 상당한 걱정거리를 의미합니다. 이제 수업을 일본어로 진행해야 해요. 아주 작은 어린아이들도 일본어를 너무 잘 배워서, 우리가 그들에게 일본어로 이야기할 때 어떤 변화도 알아채지 못하는 것 같습니다. 가장 큰 문제는 선생님들이 교사 자격증을 갖추고 있어야 한다는 것인데, 그 말은 봉급이 두 배가 되어야 하며 더 많은 선생님을 고용해야 한다는 의미입니다. 모든 일꾼의 봉급이 올라갔고, 두 배 이상 뛴 높은 쌀값 때문에 우리는 어디선가 도움이 올 것이란 믿음을 갖고 지탱할 수밖에 없습니다. 우리 학교는 주님께 속하고, 주님만이 보살피실 것임을 확신합니다.

우리 이화고등학교 졸업생 한 사람이 3년 전 서울의 국립 고등사범학교에 진학했습니다. 그곳에서 그녀는 유일한 기독교인이었고, 고등학교 졸업생임에도 학생 신분으로 다시 돌아가 일본어로 고등 과정을 공부하는 것이 매우 힘들었겠지만 그녀는 기꺼이 그렇게 했습니다. 언젠가 하나님이 그곳에서 자신을 사용하실 것이라는 비전을 그녀가 가졌기 때문입니다. 우리는 이 학교 학생들과 연이 닿을 수 있는 기회라고 느꼈고, 숙자에게 기독교에 가장 관심이 있는 여학생들의 목록을 가져다달라고 했습니다. 우리 '공주회'의 대표들은 각자 여학생의 이름을 받아 그들을 위해 기도하면서, 무엇보다 이들을 교회로 이끌어달라고 기도했습니다. 그들이 여학생 한 사람, 한 사람을 위해 기도하면서 우리 학생들은 기뻐했습니다. 봄에 숙자가 성경반을 구성해서 박 씨에게 지도를 부탁했어요. 첫 번 모임에서는 단지 세 명의 학생만 출석했는데, 각자 다섯 명의 학생을 다음번 모임에 데려오겠다고 결심했습니다. 다음 모임에 열일곱 명이 왔고, 그다음 여름방학 후 그 학생들은 똑같은 열정으로 돌아왔습니다.

하루는 숙자가 신문에서 공고문을 하나 보았어요. 근처 마을에 사는 한 여자아이의 어머니가 오랫동안 앓다가 죽어 큰 빚을 남겨놓았는데, 그 아이가 어머니의 빚을 대신해 사창가의 관리인에게 팔린다는 공고였어요. 이 아이에게는 도와줄 사람이 아무도 없었어요. 숙자가 기숙사 학생들에게 이 이야기를 하자 그들의 가슴은 동요했고, 다음 일요일에 그들의 선생님에게 이야기를 전했다 합니다. 선생님은 학생들에게 단지 몇 마디로, "너희가 그 아이라면 무엇을 하기를 원하겠니?"라고 물었습니다. 여학생들이 울음을 터트리자 그는, "우는 것은 아무 소용이 없다. 너희는 일을 하고 희생해야 한다"는 말로 일축해버렸답니다. 학생들은 기숙사로 돌아갔지만 모두 마음이 편치 않았습니다. 그래서 그들은 기도했고, 조선 사람들만 할 수 있는, '가난 중에서도 모금'을 하기 시작했어요. 금액은 많지 않았지만 은수저와 옷과 그들이 만든 수예품 등을 내놓았지요. 기독교인이 된 30명의 여학생들이 많이 내놓았고, 무엇보다도 학교의 모든 학생들이 각자 25센트 정도씩 내어 모두 50달러를 모금했습니다. 하지만 이 소녀를 수치스러운 삶으로부터 속량하려면 110달러가 필요했지요. 학생들이 자신들의 노력의 결과를 교회에 알렸을 때, 에이드 소사이어티가 나머지를 메꾸어 그 소녀를 빼내 와주었어요. 이제 박 선생님이 그 아이를 입양해 학교에 입학시켰습니다. 아이가 도착하던 날 모든 비기독교인 소녀가 보러 왔고, 그때 목사님 중 한 분의 강력한 메시지를 전해 들었습니다. 숙자는 전혀 자기 공이라고 주장하지 않았어요. 모든 것은 여학생들이 기도했기 때문이라고 말했죠. 작년 이맘때 그 학교에는 세 명의 기독교인 여학생이 있었는데, 이제는 30명이 되어 또 다른 30명을 위해 열심히 노력하고 있습니다.

지도자를 키워 그 아이가 우리가 감히 해내지 못하는 일을 해내는 것을 보는 것은 얼마나 놀라운 일입니까. 씨앗을 준비하고 여의치 않은 환경 속에 그것을 심어, 그 씨앗이 생장해서 30배로 증가하는 것을 보는 것은 얼마나 놀라운 특권입니까.

진심을 담아, 당신의
지네트 월터[1]

~ ~ ~

Ewha Haktang,
Seoul, Korea
January 9, 1919

Dear Friends,

As you have been struggling in America with the influenza all these weeks, we can only be thankful that we have escaped so well. When we last wrote the epidemic here was almost over and then came the problem of the pickle making, which is outdoor work and would be a great exposure to the girls who were still weak. For days we tried to plan to excuse them and still have money enough to hire help to do the hard work. At last we decided to send every girl who could possibly go to her home and use the money that would pay for her board for the help needed. No girl who stayed in the dormitory had a relapse and although some who went home were sick again there were no complications and no deaths.

One day during the epidemic an old woman came and called me to her home to see her granddaughter. She left before I had even time to see her and I had difficulty finding

1 Althea Jeannette Walter(1885~1977).

out who she was and where she lived. I found it was a home where I had called once and all were heathen except this little girl. She was very sick and in her distress she called for the foreigner to sing. When I got there I found the little life almost gone and the fever raging. I cared for her and the next day she seemed better. Her people were so grateful and said "Oh if you only make her well, we will believe." I tried my best but the little girl never came back to consciousness and we were not able to sing for her the songs that she had learned in the Christian school and so longed for, but her last words were words pleading for her people to believe in the Jesus she had learned to love and she told them she felt sure God would make her well if they would only love Him.

The missionary society had their usual fall mite box opening as last year and received about $9.00. It was used to buy rice and wood to give to the poor on Christmas day and I wish you could have seen the poor people who had gotten tickets coming and going away with their gifts, a little bag of rice and wood enough to cook one meal. Theirs was a Christmas dinner long to be remembered.

There were the usual Christmas trees and programs like we told you about last year, but the inspiration we all received, from the program of Christmas music given by the girls on Sunday evening, will never be forgotten. The church was crowded with Koreans and foreigners. The new pipe organ began to play and from out in the yard we heard "Joy to the World" and the two choruses dressed in white, marched down the aisle singing the Good News. Whether it was the pipe organ which inspired the girls or whether it was because special attention had been given to the translation of the songs, the girls seemed to have unusual freedom and sang to the hearts of the people. In a crowded house usually we have much disorder but as these girls sang, one could have heard a pin drop and the little boys on the floor in front sat with wide open mouths. The American Consul General's mother, an old woman of 81 years said "I don't know a single word they are saying but I seem to understand. How it must please the Lord Jesus to have people sing His praises like that."

As a result of this program, Mr. Cynn, the principal of Paichai school came and asked for Miss Wood and two of the girls to go with him to hold a revival meeting in one of the Southern Methodist stations. As singing heretofore has been more for entertainment and evangelistic singing has not been done, it was a new adventure. But knowing that Mr. Cynn would know how to use such singing to advantage the girls went and the people were touched. As Helen Kim sang "He was not willing that any should perish," an old man sobbed and later rose and told how that song had touched his heart. Now the girls are interested in finding the songs that will appeal at such times and getting them into their own language. One of the teachers in the Southern Methodist school said "The influence of these two little evangelists in our dormitory has been felt and it has been a proof to me that Higher Education is worthwhile and I'm going to try to plan for some of our girls to have the opportunity of College life at Ewha."

As Christmas presents were not plentiful this year we gave packages only to the girls who did not go home. The girls seemed to understand that there would be little coming from Santa this year and all were unusually grateful for what they did get. To give up getting a night gown that you have been waiting for years is not only putting aside a Christmas sentiment but is a real sacrifice. We are so thankful to you all for the effort you have made this year when there have been so many other demands. When the girls gathered around the tree, they gave a little program and then a play which represented a post office scene and people calling for their mail. Some grumbled because they got so little even tho' their arms were full but one who got only a post card telling of the improvement of her mother's health went away glad and happy. So you see we too have gotten the spirit of a giftless Christmas.

The tree for the school helpers and their families was one of the happiest events of Christmas day to me. The boys and their children gave the program and as the house boy stood to read the Christmas story (he had just learned to read with great effort) his little five-year-old daughter looked up and said, "My, can't my papa read good!" One twelve-year-old boy, while singing his solo became a little shaky and his anxious father sitting nearby tried to help him. But the father never once hit the tune. Each man was bursting with pride as he showed off his little family.

This fall our school became registered and is now under government regulation. This sounds all very well to put down on paper but it means much anxiety on our part. All the work is done in Japanese now and even the tiny tots are learning it so well they never seem to notice a change when we speak in Japanese to them. The great problem is that the teachers must be qualified and that means salaries doubled and more teachers must be hired. With the salary of every helper raised, because of the high price of rice, which has been more than doubled, we can only go on having faith that help will come from someplace, for we know that the school belongs to the Lord and He will care for it.

Three years ago, one of our Ewha High School graduates went to the Higher Government Normal School of this city. She was the only real Christian there and as she was a H.S. graduate it was very hard for her to have to go back and study in the grammar grades in the Japanese but she did it willingly after she had a vision one day that perhaps God could use her there. We felt that to get in touch with one of these schools was an opportunity so we had Sukcha bring a list of names of the girls most interested in Christianity. Each one of our King's Daughters leaders took a name and began to pray for that girl, first of all that she could be influenced to go to church. As they went one by one, our girls were delighted. In the Spring Sukcha organized a Bible class asking a Mr. Pak to teach. After the first meeting at which only three girls were present, each girl decided that she would bring in five girls for the next meeting. That day 17 were present, then came the summer vacation after which the girls returned with the same enthusiasm.

One day Sukcha saw a notice in the paper of a girl in a nearby town, whose mother had been sick a long time and then died and left a great debt for which the girl was obliged to sell herself to the manager of a house of ill fame. The girl did this unwillingly but she had no one to help her. When Sukcha told the dormitory girls about this, their hearts were stirred and they told their teacher the next Sunday. He merely asked a few questions as, "What would you want done if you were that girl?" The girls broke down and cried and he dismissed them with the words, "Weeping will not help, you will have to work and sacrifice." The girls went to their dormitory but there was no peace for them, then they prayed and began to give out of their poverty as only the Koreans know how to do. There was little money but there were silver spoons, clothes and embroidered things they had made, these they all gave. The thirty girls who had become Christians all gave much and best of all every girl in the School gave at least 25 cents each and altogether they raised $50.00. It required $110.00 to buy this girl from her life of shame and when they reported the result of their efforts to the church, the Aid Society did the rest and the girl was sent for and put into the home of Mr. Pak, the teacher, who has now adopted her and put her in school. The day of her arrival every non-Christian girl was present to see her and at that time heard a strong message from one of the pastors. Sukcha does not claim any of the credit, she says it was all because the girls here prayed. Last year at this time there were three Christian girls in that school, now thirty are working earnestly for the other thirty.

What a wonderful opportunity to train a leader and live to see her accomplish things that you could not possibly do: What a wonderful privilege of having a little part in preparing a seed and seeing it planted in a place where conditions seemed unfavorable and finding it to grow and multiply even thirty-fold.

Sincerely Yours,
Jeannette Walter

이승만이 룰루 E. 프라이에게 (1920.09.08.)

호놀룰루 J. H.
1920년 9월 8일

친애하는 프라이 양

보내주신 8월 11일 자 편지를 얼마 전 받아 보고, 당신의 소식을 듣게 되어 기뻤습니다. 결혼식 초대는 감사하지만 아무래도 갈 수 없을 것 같군요. 터틀 양Ora Mary Tuttle(1879~1924)에게 초대에 감사한다고 전해주십시오. 낙관적으로 느낄 만한 일이라곤 한 가지도 없지만, 그래도 대체로 낙관적이라고 말하겠습니다. 저를 독려하는 근원은 두 가지인데, 우리 하나님과 우리 국민입니다. 나는 하나님의 손이 이 운동을 인도하고 있다고 믿습니다. 때가 되면 우리가 우리의 꿈을 이룰 것임을, 그리고 그때가 멀지 않았음을 나는 완전히 확신합니다. 나는 누구에게도 이런 식으로 나 자신을 표현하지 않습니다. 그들이 나를 비웃을 테니까요. 하지만 나는 그에 대한 믿음과 희망을 가지고 있어요. 우리 국민은 이전보다 훨씬 결의에 차 있습니다. 그렇게 많은 사람이 고통을 받고 죽는 건 안타깝지만 어쩔 수 없는 것 같습니다. 그들에게 할 수 있는 나의 유일한 말은 "행복하게 죽으라"입니다. 그들은 이 지상이 아니라면 어딘가에서라도 보상을 받을 것입니다. 나는 이 말을 그들 모두에게 전할 수 있기를 원합니다.

아름다운 메인주에서 여름을 보내다니 당신은 행운아군요. 마르셀라는 그 더운 도시인 워싱턴에서 일하고 있습니다. 그곳에서 일하는 그녀와 다른 이들이 잠시라도 그 도시를 벗어날 수 있으면 좋겠습니다.

아펜젤러 양에게도 안부를 전해주십시오. 그녀가 조선으로 돌아가기 전에 볼 수 있기를 바랍니다. 나는 상하이로 갈 준비를 하고 있는데, 올해가 가기 전에 워싱턴으로 돌아올 수도 있습니다.

조선에 간절히 전하고 싶은 말이 있습니다. 고국에 있는 우리 지도자들과 나는 계속해서 연락을 주고받아야 합니다. 그들에게 우리가 미국 은행 중 한 곳의 조선 지점을 낼 계획이며, 워싱턴 및 다른 지역의 친구들 몇몇이 조선의 항구를 경유하는 기선 노선을 구성하고 있음을 알려주십시오.

행운을 빌며
당신의 진정한 벗
승만 리

~ ~ ~

September 8, 1920
Honolulu, J. H.

Dear Miss Frey:

Yours of August 11th reached me here some time ago and I was glad to hear from you. The wedding invitation is interesting although I cannot accept it. Kindly thank Miss Tuttle for it when you write her. To confess the truth I cannot point out any one thing that makes me optimistic, except in a general way. — My encouragement comes from two sources, our God and our people. I believe God's hand is guiding in this movement. I am perfectly confident that in due time we'll realize our dreams & that due time is not very distant. I would not express myself in this way to anyone else, for they will laugh at me but I believe it and I am hopeful. Our people are more determined than ever before. It is pity that so many of them suffer and die but that cannot be helped. My only word to them will be — "die happy," for they will be rewarded somewhere if not here. I wish I could send these words to them all.

You are very lucky to spend the summer in beautiful Maine. Marcella is working hard in Washington that hot city. I wish she and others that are working there could get away from that city for a while.

Kindly remember me to Miss Appenzeller. I hope to see her before she goes back to Korea. I am preparing to go to Shanghai. I may return to Washington before the end of this year.

I am very anxious to send some words to Korea. I must keep in touch with our leaders at home. Let them know that we are planning to have one of the banks in America establish a branch office in Korea and that some of our friends in Washington and elsewhere are organizing S. S. lines that will touch Korean posts.

With best wishes,

Yours truly

Syngman Rhee

마리 처치가 조지아 르수드에게 (1933.12.30.)

이화고등학교
서울, 조선
1933년 12월 30일

친애하는 르수드 부인[2]

이곳에서의 하루하루가 소중한 룰루 프라이를 수천 가지 방식으로 상기시켜주네요. 그래도 특별히 크리스마스의 계절이 그녀에 대한 기억을 떠올리게 합니다. 그녀의 학생들이 노래할 때 그녀가 얼마나 자랑스럽게 상기되었던지요! 올해 이화여자전문학교 글리클럽이 아름답게 완성한 성가 콘서트가 널리 라디오로 퍼졌답니다. 저는 동대문-서대문 전차를 타고 있었는데, 가는 내내 확성기에서 울려 퍼지는 노래를 들으며 천국에서 그녀가 얼마나 기뻐할까 생각했습니다.

우리를 매년 기억해주셔서 감사합니다. 아펜젤러 딩징은 (받은 후원금을) 지희 고등학교[3]와도 공유합니다. 우리가 후원받은 몫 덕에 시험을 앞둔 한 소녀가 퇴학의 위기에서 벗어날 수 있었습니다.

진정으로,
마리 처치[4]

보내주신 카드도 감사드려요.

---

2 프라이의 여동생 조지아.
3 이화여자고등보통학교.
4 Marie Elizabeth Church(1884~1972).

Ewha High School
Seoul, Korea
December 30, 1933

Dear Mrs. Le Sourd,

Every day is a reminder in a thousand ways of dear Lulu Frey. But most especially does the Christmastide bring its memories. How she glowed with pride when her girls sang! This year a beautifully finished sacred concert by the Ewha College Glee Club was radioed far and wide. I was on the East-West Gate street-car and heard it from loud speakers the length of the ride and that of how she rejoices in heaven over it all.

Thank you for remembering us each year. Miss Appenzeller shares with the high school. The part we received was enough to prevent a girl from having to stop school just before exams.

Sincerely
Marie Church

Thank you also for the cards.

샬럿 브라운리가 조지아 르수드에게 (1934.01.03.)

서울, 조선
1934년 1월 3일

친애하는 르수드 부인

보내주신 예쁜 빨간색 실크 드레스는 잘 받았습니다. 정말로 감사해요. 잘 입을게요.

보내주신 아름다운 우편엽서도 잘 받아서 아이들에게 전해주었습니다. 신경 써주셔서 감사드립니다.

제가 지내는 곳은 부인의 언니께서 사용하시던 방인데, 이곳이 매일 그녀를 떠올리게 하네요. 그녀의 두 번째 조국인 이곳 조선에서 맞이하는 행복한 나날을 우리와 함께 누릴 수 있었다면 얼마나 좋았을까요.

우리는 아름다운 크리스마스를 보냈지만 대부분은 독감이 걸려 침대에 머물렀답니다. 방학 중이니 그렇게 힘들지는 않았어요. 월요일부터는 다시 수업을 할 수 있을 것입니다. 내년에는 더 나은 크리스마스를 맞기를 바라요.

다시 한번 우리에 대한 당신의 깊은 배려와 사려에 감사를 전합니다.

진심을 담아, 당신의
샬럿 브라운리

추신.
새해에는 부인과 가족 모두에게 기쁨과 행복이 충만하기를. C. B.

Seoul, Korea

January 3, 1934

My dear Mrs. Le Sourd:

The pretty red silk dress you sent came to me. Thank you very much. I'm sure I'll get much good wear out of it.

The post cards you sent were lovely. I gave them to the children. It was good of you to take the trouble to send them.

I live in the room that your sister lived in for so many years and every day something comes up to remind me of her. How I do wish she could have lived these happy years with us here, in her adopted country.

We had a lovely Christmas except most of us had the flu and had to stay in bed. That's not so hard to do when it's vacation. I think we will all be up for teaching on Monday. Better luck next Christmas I hope.

Again I thank you for all your kindness and thoughtfulness for us.

Sincerely Yours

Charlotte Brownlee

P. S.

May the New Year be filled with joy and happiness for you and yours. C.B.

룰루 E. 프라이 연보

년도	룰루 E. 프라이 관련 활동 사항	사회 일반
1868	미국 오하이오주 시드니에서 출생(3.9.)	–
1892	오하이오웨슬리언대학 졸업(6.)	–
1893	시카고 사범학교, 무디성경학교 등에서 선교사 교육 샌프란시스코에서 조선으로 출발(9.) 서울 이화학당 도착(10.) 고종의 거둥 목격(11.)	–
1894	건강이 나빠져 일본으로 휴가 가는 조세핀 페인과 함께 요양을 떠남(6.) 청일전쟁이 발발하여 조선으로 돌아오지 못하고 나가사키, 아오야마, 아리마 등에서 기다리다 9월 24일 조선으로 돌아옴 윌리엄 홀 박사 추모식 참석(11.27.)	동학농민운동 발발(2.) 청군, 아산만 상륙. 일본군, 조선 파병(6.) 일본군, 경복궁 점령. 일본군에 의한 김홍집 친일 내각 출범(7.) 청일전쟁 공식 선포(8.1.) 동학군, 조선 관군과 일본군에 우금치 전투 패배, 동학군 진압(12.)
1895	동대문 스크랜튼 홈 건립 계획. 룰루 프라이 설계(1.) 언니 네티의 병세를 알게 됨(1.) 네티의 죽음(7.9.) 정동교회 정초식이 거행되고 모금 활동을 함(8.)	시모노세키조약 체결. 청은 조선이 완전한 자주독립국임을 인정함(4.) 을미사변(10.) 김홍집 내각, 단발령 공포(12.)
1896	동대문 스크랜튼 홈 건축 시작 독립문 정초식 참석(11.21.)	아관파천(2.) 『독립신문』 창간호 발행(4.) 러시아제국 니콜라이 2세 대관식 거행. 민영환과 윤치호 등이 조선 사절단으로 참석(5.) 독립협회 설립(7.)
1897	이화학당 메인홀 건립 시작	고종이 러시아 공사관에서 경운궁으로 환궁(2.) 조선, 국호를 대한제국으로 변경(10.) 대한제국 건국, 고종이 환구단에서 황제 즉위식 거행(10.) 대한제국 공식 선포(10.) 독립문 완공(11.)

년도	룰루 E. 프라이 관련 활동 사항	사회 일반
1898	메인홀 일부 완공 경운궁 앞에서 열린 만민공동회 시위 목격(11.)	흥선대원군 사망(2.22.) 만민공동회 시위(11.~12.) 고종, 독립협회 해체령 포고
1899	오빠 그랜트 뉴욕시에서 사망(1.) 안식년으로 미국행(2.)	한국 최초의 철도 노선인 경인선이 노량진-제물포 간 완공(7.)
1900	안식년에서 귀국(3.1.) 아버지 존 프라이 자택에서 사망(8.) 박에스더 귀국(10.)	-
1901	메인홀 완공(6.)	-
1904	헌종계비 홍 씨 효정왕후 장례식 목격(3.)	일본군, 여순항의 러시아 함대 기습(2.) 일본, 러시아에 선전포고(2.) 1차 한일협약 체결(8.)
1905	안식년 휴가(1905~1906) 동생 조지아, 호머 르수드와 결혼(7.12.)	러일전쟁: 러시아 해군기지 포트 아서(여순항)가 일본군에 항복(1.) 일본-미국의 가쓰라桂太郎-태프트W. Taft 협약 체결(7.) 포츠머스Portsmouth 조약 체결(9.) 을사늑약 체결(2차 한일협약)(11.) 호머 헐버트, 고종의 밀명을 받아 미 국무부에 을사늑약 무효를 알리는 공식 서면 전달(12.)
1906	-	통감부 설치(2.)
1907	평양 대부흥회 개최 이화학당 제4대 당장 취임	헤이그 특사 사건(6.) 고종 강제 퇴위(7.20.) 일본, 대한제국 군대 강제 해산(8.) 순종 황제 즉위, 연호가 광무에서 융희로 변경(8.)
1908	이화학당 중학과 제1회 졸업식 제1회 창립기념행사 개최(메이퀸 선발 시작, 학교색 제정)	-
1909	-	『대한매일신보』를 창간한 어니스트 베델 심장 비대증으로 사망(5.1.)
1910	이화학당에 대학과 신설	한일강제병합(8.) 대한제국 국호 폐지, 조선으로 개칭(8.)
1912	안식년 휴가(1912~1913)	-
1913	어머니 에밀리 켈시 프라이 사망(12.11.)	-
1914	이화학당 대학과 제1회 졸업식 이화학당에 유치원 신설	-

년도	룰루 E. 프라이 관련 활동 사항	사회 일반
1915	심슨 기념관 준공 이화학당에 유치원사범과 신설(4.)	–
1917	충주 지역 선교 여행	–
1918	50세 생일 및 내한 25주년 기념 축하연(3.9.)	–
1919	3·1독립만세운동으로 교사 박인덕과 학생 유관순을 비롯한 다수 투옥(3.) 제암리 교회 학살 사건 현장 수습과 구호에 참여(4.) 안식년으로 미국행(8.)	고종 황제 덕수궁에서 승하(1.21.) 3·1독립만세운동(3.1) 고종 황제의 국장 거행(3.) 대한민국임시정부 수립(상하이)(1.) 일제에 의한 제암리 교회 학살 사건 발생(4.)
1920	유방암 수술(8.)	유관순, 서대문형무소에서 순국(9.28.)
1921	보스턴에서 별세(3.18.) 벨폰테인 공동묘지에 안장(3.21.)	–
1923	이화학당 대학과 전용 건물인 프라이홀 봉헌식(10.)	–

찾아보기 (인명)

(ㅅ)

(ㅇ)

(ㅈ)

(ㅊ)

(ㅋ)

이화 창립 150주년 기념 총서 1

룰루 E. 프라이 서신 자료집

펴낸날 1판 1쇄 2025년 1월 24일
엮은이 이화역사관
옮긴이 정덕애 · 최주리
펴낸이 주소현
펴낸곳 이화여자대학교출판문화원
주소 서울특별시 서대문구 이화여대길 52(우 03760)
등록 1954년 7월 6일 제9-61호
전화 02) 3277-2965 (편집), 02) 362-6076 (마케팅)
팩스 02) 312-4312
전자우편 press@ewha.ac.kr
홈페이지 www.ewhapress.com
책임편집 김가영
디자인 정혜진
찍은곳 한영문화사

ISBN 979-11-5890-538-5 94990
979-11-5890-537-8 (세트)

값 42,000원